契約書製作範例

●李永然 主編　張吉人、林裕山 編著

五南圖書出版公司 印行

修訂序

在現今這個繁忙的工商社會裡，雖然網路科技之進步是一日千里，整個世界更朝向全面電腦化發展，使得生活上許多事務甚至是各種買賣，交易之雙方甚至無須見面或通話，皆可於網路上透過鍵盤完成；且由於網路時代人際關係之疏離，相較於過去那種「一諾千金」的注重，現代人已越來越不在意個人的「誠信」問題，許多人說話不算話、答應後又反悔的情況每天都在社會上發生。

既然口頭承諾已無法產生信賴，在從事交易買賣、房屋租賃、受僱工作、甚或企業經營等種種法律行為時，為避免雙方僅有口頭約定致日後發生爭議時無所憑據，在法治國家中，仍是建議以「書面」契約清楚約定雙方間之權利義務關係及相關罰責，以維護有誠信遵守契約該方之權利；若因此產生訴訟時，亦可作為證明雙方關係之證據。

然而現今社會上之契約種類多如牛毛，舉凡有最基本的買賣契約、租賃契約、僱傭契約、保密契約、授權契約……等等數百種，每種契約皆有不同之特色，若非專業律師，一般民眾根本無能力自行擬定。本書於民國80年付梓時，即係希望一般民眾能透過本書參考契約訂定時之注意事項，可以自行擬定各種生活上運用得到之契約，進而加強一般民眾之法律常識。因本書出版後頗受好評，亦廣為企業經營者及民眾參酌使用，為因應近年來諸多法律之修正，為此本書特再修正，使內容能更加完善，祈讀者大眾繼續不吝指教，併此致謝！

李永然律師
民國九十七年十一月十三日
序於永然聯合法律事務所

李　序

現代的工商社會生活中，每個人都難免會面對契約，這些契約除了「口頭契約」之外，也包括「書面契約」。其中又以書面契約最為困擾。筆者於十餘年來執行律師業務的生活中，親朋好友及當事人對於契約書的疑問也最多。

說實在的，訂立一份「契約書」必須要以慎重的態度面對，原因是契約的目的，乃為拘束當事人雙方，也是當事人雙方權義的基礎；如果訂立不周延、不明確，或未依法定方式，即可能導致糾紛，也可能發生無效的情形。

國人對契約書的訂立事前極不重視，事後發生糾紛，則懊惱不已。筆者認為「一諾千金」的農業時代已過，邁入工商業時代的每個人對於契約書內容務求慎解之後，才能簽字，才不致於後悔莫及！

契約書的簽訂既如此重要，即要如何簽訂妥適的契約呢？其實「有病求醫，有法律問題找律師」，這乃不在話下；但有時候，當事人覺得契約內容所涉及的標的價值極低，不值得擾煩律師，此時當如何是好？因而多年來屢有友人問及，市面有無可參考的契約範例書籍？筆者覺得這類書籍確有必要。好友榮川兄提及五南圖書出版公司有此構想，筆者立即響應，認為這本書確有必要，而且有出版叢書系列的必要。

目前此一系列的第一本──「契約書製作範例」業已由張吉人、林裕山兩人編著完成。這本書兼具學理與實務，首先對於各種契約書的擬訂通則加以介紹，並將常見的缺失列出，提醒讀者，極具參考價值。

其次，將民商法中主要的契約，區分為「債權相關契約」、「物權相關契約」、「動產擔保交易法相關契約」、「親屬關係相關契約」及「繼承相關契約」、「商務契約」……等。而且對各類型的常見契約，均舉出相關的契約書範例，俾供參考，極具實用性。

就以債權相關契約而言，我國民法債編的「各種之債」，所規定的「有名契約」有二十四種，即：買賣契約、互易契約、交互計算契約、贈與契約、租賃契約、使用借貸、消費借貸契約、僱傭契約、承攬契約、出版契約、委任契約、居間契約、行紀契約、寄託契約……等等，足見其涵蓋面之廣，無一漏列。

本書業已出版，而本系列亦將逐一推出，盼讀者能對本書之出版提供卓見，俾供日後出版之改進！

李永然

民國八十年四月四日（婦幼節）

序於永然法律事務所

主編簡介

李永然

學歷

國立台灣大學法律學系學士

國立台灣大學法學碩士

國立台灣大學法律學研究所博士班研究

中國政法大學法學博士

經歷

永然聯合法律事務所所長

中國人權協會理事長

擔任台北市政府「台北市人權保障諮詢委員會」委員

擔任中華民國仲裁協會爭議調解中心委員

行政院大陸委員會諮詢委員兼台商張老師

永然文化出版股份有限公司、永然法律研究中心、永然法網科技股份有限公司負責人

經濟日報、民眾日報、青溪通訊、榮光周刊、青年日報、台北建築月刊、台灣新生報、台北市商會月刊、大成報……等法律專欄執筆

教師資格職銜

輔大影視傳播系、銘傳大傳系兼任講師

曾任行政院陸委會諮詢委員、教育部兩性平等委員會委員

代表著作

訴訟書狀範例（五南出版社）

勞基法與你（永然出版社）

公寓大廈管理服務人之管理與保全實務（永然出版社）

工程及採購法律實務Q & A（永然出版社）

委建與合建（書泉出版社）

契約書之擬定與範例（永然出版社）

房地產法律談（永然出版社）

執業專長

不動產法令、公平交易法、公司法、訴願法、行政訴訟法、證券交易法、政府採購法、智慧財產權、財經法律事務、兩岸法律事務、談判調解、法律顧問、信託管理、契約審核、律師見證、商務仲裁、債權處理

目　錄

第二編　各種契約書的記載要領

第一編　契約總論

第一章　契約之成立

一、合意

契約，是指雙方當事人合意而生法律上效果的行為。

〈例一〉

王先生走進一家書店，向老闆詢問：「有沒有六法全書？我想買一本。」老闆說：「有。一本原價五百，您是老顧客了，打九折賣您四百五十元。」

前例中，王先生要買書，老闆願意賣，兩個人就有了買賣的「合意」，成立一個口頭上的買賣契約。這時候王先生得付錢，而老闆應該給書；反過來說，老闆給書時有權利向王先生要錢，而王先生付錢時有拿書的權利，這兩人之間有了權利義務的「債之關係」，這「債之關係」，便是前面所說的「法律上效果」。

契約的範圍相當廣泛，除了前面所提及以發生債之關係為目的之契約，還有物權契約（如設定抵押權）、身分契約（如結婚、收養）、保險契約、著作權契約、勞動契約……等等。無論是哪一種契約，其成立的最重要前提便是「雙方合意」的存在，也就是契約於當事人互相表示意思一致時成立。契約成立之後，不但一方當事人自己受到拘束，同時也拘束他方當事人。

所以民法第153條第1項規定：當事人互相意思表示一致者，無論其為明示或默示，契約即為成立。在前述買賣的例子中，王先生與老闆對於買賣的標的物（六法全書一本）與價金（新臺幣四百五十元）都十分清楚而且同意這樣的條件，所以契約成立。

〈例二〉

小陳才在朋友阿丁家玩過電腦的益智遊戲，便跑去電腦公司表示要買乙套個人電腦，公司業務員小李表示像店面展示的這一套定價三萬五千元，小陳跟小李說就是要買像這樣的，但等到電腦送到家中再付錢。小陳回家後打電話給阿丁，阿丁問他買的電腦規格如何？硬碟容量多大？有沒有附贈軟體？小陳都搞不清楚，阿丁便笑他當冤大頭。隔天小李將電腦送來時，小陳便表示自己對於電腦設備規格都沒弄清楚，所以買賣契約不成立，要小李把電腦搬回去。

在這個例子中，小陳與小李對於買賣的標的物（店面陳設的電腦設備乙套）與價金（三萬五千元）互相意思表示一致，但是對於主機的規格、設備、是否提供軟體、是否有售後服務等等方面都投提及，買賣契約是否成立？

民法第153條第2項規定：當事人對於必要之點，意思一致，而對於非必要之點，未經表示意思者，推定其契約爲成立，關於該非必要之點，當事人意思不一致時，法院應依其事件之性質定之。

買賣契約中，標的物和價金是必要之點。而且民法第345條第2項亦規定：當事人就標的物及其價金互相同意時，買賣契約即爲成立。因此小陳並不能以對產品規格不明白或沒有談妥贈品爲理由，主張該買賣契約不成立。

二、要約與要約之引誘

要約是指以訂立契約爲目的所爲的意思表示（如文例1-1-1，見第11頁）。要約既是一種意思表示，必須適用民法總則編中相關的規定，譬如意思表示之內容有錯誤時，表意人得將其意思表示撤銷之（參民法第88條第1項）。

要約之目的在於訂立契約。如果相對人對要約表示承諾，契約就成立。但另有一種意思表示，目的在使他人向自己爲要約，並不發生法律上效果，稱爲「要約之引誘」。「要約」與「要約之引誘」實際上並不容易區別，原則上可以視表意人之表示或是依民法規定決定，在解釋時的區別標準有：

(一)表示之內容

如果意思表示之內容已經十分具體，相對人得據以承諾者，是要約。例如老李對老許表示「我的房子願以五百萬賣出」，是要約；若是老李的意思表示並不具體，只說「我的房子考慮要賣」，只能算是「要約之引誘」。

(二)意思表示是否注重相對人

要約並不注重相對人是誰。相反地，表意人如果要考慮相對人之資力或其他條件所爲意思表示，則是要約之引誘。例如在街頭、校園設置自動販賣機，便是一種要約。而張貼租屋告示或徵才廣告，則是要約之引誘。

(三)依交易習慣

例如標賣之表示，通常可解釋爲要約之引誘，但如表意人明白表示願意賣給出價最高之投標人，則應視爲要約。

民法第154條第2項：貨物標定賣價陳列者，視爲要約。但價目表之寄送，不視爲要約。所以百貨公司、便利商店、超級市場中將商品貼上標價，都算是要約；但郵購商品目錄或廣告，則是要約之引誘。

三、要約之效力

契約之要約人，因要約而受拘束（參民法第154條第1項前段）。這就是要約對於要約人的效力。所謂拘束，即要約人不得將要約的內容再擴張、限制、變更或撤回。但要約當時，預先聲明不受拘束或依其情形或事件之性質，可認當事人無受其拘束之意思者，不在此限。例如：小宋分別向同學表示要賣機車，誰先來買就賣給他。此時對較晚到的同學，小宋即不受自己要約之拘束。

對於相對人來說，因爲要約而取得承諾的能力。除非法律有明文或規定（如醫師法第21條：醫師對於危急之病人，應即依其專業能力予以救治或採取必要措施，不得無故拖延。）承諾並非是義務。即使要約人表示如果在期限內不答覆就視爲承諾，相對人亦不受拘束。最明顯的例子如志明寄信向春嬌求婚時說：「妳如果不回信，就表示願意嫁給我。」春嬌即使不願意回信，並不會因此而成立婚約。

要約人於要約時逕寄送現物，例如某雜誌社寄上「天天學英語」創刊號一本，附上劃撥單與說明表示：「一星期如未退還，即視爲願意訂閱，請速劃撥！」這種方式稱爲「現物要約」。對於現物要約，受領人並沒有保管雜誌或必須劃撥之義務。

要約之表示，在相對人可以了解時發生效力。在存續期間內，要約之受領人均可以爲承諾而成立契約（如文例1-1-2，見第11頁）。但在尚未承諾以前，因下列原因而失去效力：

(一)被拒絕

民法第155條：要約經拒絕者，失其拘束力。特定人拒絕要約時，要約即失去拘束力。例如在夜市購買衣服，老板甲已經從一千降價到八百，顧客乙仍不肯買，過了一會兒乙回頭再說要買，老板的要約已失拘束力，並沒有義務非賣不可；但乙拒絕要約時，對在旁的其他人來說，仍爲有效。

(二)已逾存續期間

要約僅在存續期間內有拘束力。民法第156條：對話爲要約者。非立時承諾，即失其拘束力。所稱「立時」，應依照社會上通常觀念來解釋。例如在餐廳約談房屋買賣事情時所提出的要約，只要離席前承諾即可，並不是非「馬上」承諾不可。民法第157條：非對話爲要約者，依通常情形，可期待承諾之到達時期內，相對人不爲承諾時，其要約失其拘束力。在此「可期待承諾之到達時期內」，包含要約傳遞時間，相對人考慮時間與承諾傳遞時間，因事件之不同而有伸縮餘地。以上兩種情形都是未定承諾期限。如果在要約時即預先定明承諾期限，依民法第158條規定，非於其期限內爲承諾，失其拘束力。

(三)撤回

撤回是指要約人將使要約不生效力的通告（如文例1-1-3，見第12頁）。在以對話爲意思表示時，於相對人了解時，發生效力（參民法第94條），因此必須限於相對人尚未了解前才能撤回。而非對話之意思表示，依民法第95條第1項規定解釋，要約之撤回必須與要約同時或更早到達相對人，才有撤回之效力。如果撤回之通知遲到，但在通常狀況下應先時或同時到達，其情形爲相對人可得而知者，爲發避免使要約人誤信撤回有效，相對人應向要約人即發遲到之通知（如文例1-1-4，見第12頁）。例如某甲以平信表示願將古畫以五萬元賣給乙，信才寄出一小時，即有某丙願以十萬元買該古畫，甲馬上以限時信通知乙撤回要約。不料郵遞延誤，限時信比平信遲到二日，此時乙應依民法第162條第1項規定向甲通知其撤回已經遲到。如果乙沒有通知甲，則依同條第2項規定：甲撤回要約之通知，視爲未遲到。甲仍可以將古董賣給丙而無須負擔契約不履行之負任。

四、承諾

承諾是要約之受領人向要約人表示願使契約成立所爲之意思表示。必先有要約，然後才有承諾。而且承諾的內容與要約之內容必須一致。

前曾舉例百貨公司或便利商店中，將商品標上價格陳列在貨架上的行爲是要約。當顧客取出欲購買的商品到櫃臺結帳時，就算是承諾。因此承諾是一種意思表示，但不一定是明示，默示也可以，但如果雙方約定必須以特別的方式（如書面承諾），則必須依特約來履行。

民法第161條第1項：依習慣或依其事件之性質，承諾無須通知者，在相當時期內有可認爲承諾之事實時，其契約亦爲成立。例如向餐廳定酒席，餐廳雖未回電確定，但已經先預留空位或將寫有「某先生訂位」的牌子掛出，則這個預留之事實，便可視爲承諾而成立契約。學說上稱之爲「意思實現」。

將要約擴張、限制或爲其他變更而承諾者，例如老板表示一件外套賣三千元，而顧客說願以二千八百元買下來。此時依民法第160條第2項規定，視爲拒絕原要約而爲新要約（如文例1-1-5，見第13頁），換言之，顧客拒絕一件外套三千元之要約而提出一件外套二千八百元之要約，如果老板承諾願意賣了，則成立買賣契約。

五、承諾之效力

承諾之效力即爲契約成立。因之承諾生效的時期就是契約成立的時期。承諾人以對話方式向要約人爲承諾者，於要約人了解時，發生效力；以非對話方式爲承諾者，以承諾之通知到達要約人時發生效力。

然而承諾如果未在要約存續期間（即承諾期限以內）到達要約人，應如何解決？民法第160條第1項：遲到之承諾，除前條情形外視爲新要約。換言之，把已遲到的承諾擬制爲新的要約，如果原要約人仍願意接受，可就此新要約逕予承諾。例如郵購商寄發函件表示欲購買該公司商品者，於限期內訂購可享七折優待。

但顧客乙願購買之回函逾期限始寄達，此時郵購商仍可承諾應賣。

如果承諾之通知，按其傳達方法。依通常情形在相當時期內可達到而遲到，其情形爲要約人可得而知者，要約人應向相對人即發遲到之通知（民法第159條第1項）。若是要約人怠於發通知給承諾人，其承諾視爲未遲到。因此前例中如果郵購商不願以七折賣出，便應該通知顧客其承諾已遲到而無效。

承諾在未生效以前也可以撤回。但「撤回之通知」亦應與「承諾之通知」同時或先時到達，始有撤回之效力。依民法第163條準用第162條之規定，撤回承諾之通知。

如果因途中障礙而遲到時，要約人應即發出遲到之通知，如果怠於通知，即視爲未遲到，承諾即視爲已經撤回而不能成立契約。

如果雙方約定契約須用一定方式才成立，依民法第166條規定，在該方式未完成前，推定其契約不成立。例如在契約條款中寫明：本契約必須經雙方皆簽名並且加蓋印章才生效。則在一方只蓋章而未簽名以前，契約尚未成立。

六、懸賞廣告

以廣告方法，聲明對完成一定行爲的人，給予報酬的行爲，稱爲「懸賞廣告」。刊登廣告的人稱爲「廣告人」；完成一定行爲的便是「行爲人」。

懸賞廣告之用途很廣，舉凡尋求遺失物、找尋失蹤人口、徵求目擊者或提供線索、獎勵學術發明或創作等等皆是（如文例1-1-6，見第13頁）。其法律性質有契約說與單獨行爲說兩種，前者以廣告爲要約，而行爲人完成一定行爲可認爲是承諾而成立契約。後者則主張廣告本身是單獨的法律行爲，只要一定行爲完成後就有報酬請求權。

懸賞廣告的成立要件有二：

(一)意思表示

應以廣告之方式爲之。包含刊載在報紙雜誌或利用電視廣播傳送，張貼公告或在街頭說明均可。廣告對象是不特定的多數人，但可加上適當限制（例如針對學校學生、臺南市市民等）。

(二)對完成一定行為者給予報酬

一定行爲包含作爲或不作爲，但其目的是爲了公益或私利，則沒有限制。報酬亦可以是金錢、財物或其他獎勵如給予獎狀、獎牌等。

因懸賞廣告而生的法律效果是報酬請求權。而廣告人即負有給付報酬之義務，對於不知有廣告而完成該行爲之人亦同。例如王先生的小孩失蹤，而在報上刊登廣告找尋愛兒，對提供消息因而尋獲者給予五萬元。則路人李小姐即使不知道有此廣告，當他將路上收容回來的小孩查明住所送還給王家時，仍可以請求五萬元之報酬。

如果有數人先後分別完成一定之行爲，或數人共同或同時分別完成時，應如何處理？民法第164條第2項：數人先後分別完成前項行爲時，由最先完成該行爲之人，取得報酬請求權；數人共同或同時分別完成行爲時，由行爲人共同取得報酬請求權。所以報酬究竟歸誰所得，有二種情形：

(一)數人共同或同時分別完成一定行為

於此情形，應以廣告內容爲準，廣告內容無記明時，則由數人共同取得債權。

(二)數人先後分別完成一定之行為

於此情形，由最先完成者取得報酬請求權。即使有人因先通知而先領取報酬，最先完成者亦可以依「不當得利」規定請求返還。但是在廣告中若聲明報酬只給予最先通知者，則以廣告內容爲準。此時先完成但較遲通知者，亦喪失報酬請求權。

懸賞廣告在行爲完成前可以撤回（如文例1-1-7，見第14頁）。但其聲明撤回之方式應與廣告之方式相同。如果行爲人因該廣告善意所受之損害，應負賠償之責。但以不超過預定報酬額爲限（民法第165條第1項）。若是廣告人能證明行爲人不能完成其行爲，例如廣告人聲明對拾獲皮夾者給予報酬十萬元，但事實上皮夾掉在廣告人家中，除了廣告人以外行爲人不可能完成其行爲，此時廣告人亦不必負賠償之責。

七、優等懸賞廣告

如果在廣告中聲明只有經評定最優之行爲人才給予報酬，這樣的廣告稱爲「優等懸賞廣告」。例如：徵文比賽、小說獎、新產品命名、建築物設計等等，新修正民法第165條之1至第165條之4訂有明文規定。

一般而言，優等懸賞廣告有下列特徵：

(一)以廣告聲明對完成一定行爲者，須經評定優等者始給與報酬。

(二)須有應募期間。

(三)完成一定行爲者須在期間內通知廣告人以接受評定。

(四)規定評定之標準、評定人與程序。

(五)報酬之種類與給付方式。

(六)如涉及著作權、專利權、所有權等問題時，其歸屬爲何人之約定。

而廣告人應以公平、公正、誠實信用之方式對完成一定行爲者加以評定。因完成一定行爲而可取得一定權利者，其權利屬於行爲人。但若廣告中另有聲明的話，往往約定歸廣告人所有。（民法第165條之4準用第164條之1）

〈文例1-1-1〉

契約要約書

本人願以新臺幣參萬元整購買閣下所有之民國九十三年三陽迪爵機車乙部。請於○○年五月十四日前答覆是否願賣？

此致

王○○君

要約人：林○○

住　址：

中　華　民　國　○　○　年　五　月　一　日

〈文例1-1-2〉

承諾書

閣下之要約書已收到。本人所有之民國九十三年三陽迪爵機車，願以新臺幣參萬伍千元出售予閣下。

此致

林○○君

承諾人：王○○

住　址：

中　華　民　國　○　○　年　五　月　四　日

註：本通知名為承諾書事實上已將原要約之價款變更再予以承諾。依照民法第160條第2項規定，應視為新要約而不是承諾。然而相對人也可以逕行承諾，雙方再會同訂定買賣契約。

〈文例1-1-3〉

要約撤回通知書

本人於民國○○年五月一日所發出願以新臺幣參萬元購買閣下所有機車乙部之要約，因故予以撤回。

此致

王○○君

通知人：林○○

住　址：

中　華　民　國　○　○　年　五　月　二　日

〈文例1-1-4〉

要約撤回遲到通知書

閣下於民國○○年五月一日所寄之要約書已於民國○○年五月三日收到。本人並已於五月四日上午寄發承諾書，但閣下於民國○○年五月二日寄發之要約撤回通知書，雖以限時信寄出，遲至五月四日下午始寄達本人。謹依民法第一百六十二條規定即發遲到之通知。

此致

林○○君

要約人：王○○

住　址：

中　華　民　國　○　○　年　五　月　五　日

〈文例1-1-5〉

契約不成立通知書

本人前於民國○○年五月一日寄發願購買機車之要約書，因故後於五月二日寄發要約撤回通知書，該通知書係以限時信寄出，原本應較要約先時或同時寄達但卻遲到。閣下於五月五日寄發之遲到通知已收到。故本人之要約並未生撤回效力。但閣下於五月四日寄發之承諾書，係變更本人原先之價款而承諾，依民法第一百六十條第二項規定，視為拒絕原要約而為新要約。該新要約所訂新臺幣參萬伍仟元價款本人歉難接受，謹此通知契約未成立並致歉意。

此致

王○○君

要約人：林○○

中　華　民　國　○　○　五　月　一　日

〈文例1-1-6〉

懸賞廣告

本人所飼養之純白色西施母犬（如照片）於民國○○年○月○○日下午五時左右，在臺北市民生東路、合江街口附近走失，如有仁人君子拾獲送回本人，願致贈新臺幣五千元以為酬謝。

連絡電話：（○二）○○○○○○○○

地　　址：臺北市民生東路○巷○號

連 絡 人：林建民

中　華　民　國　○　○　年　五　月　十　五　日

〈文例1-1-7〉

懸賞廣告撤回啟事

本人於民國○○年五月十五日刊登尋找遺失小狗之懸賞廣告，因小狗已於五月十六日晚間自行返回，原懸賞廣告撤銷。謹此向所有熱心人士致謝！

刊登人：林建民

中　華　民　國　○　○　年　○　月　○　○　日

〈文例1-1-8〉

優等懸賞廣告

臺灣之歌甄選比賽

壹、主旨：臺灣自開闢以來，已逾四百年，山川秀麗，人民勤奮，遂有今日成就。本基金會為發揚臺灣文化，特徵求臺灣之歌，以為今日臺灣之代表。

貳、主辦單位：新臺灣文化基金會

參、辦法：

一、時間：自即日起至民國○○年○○月○○日止。

二、應徵資格：不限。

三、歌詞內容：自由創作，但以表達新臺灣文化者為優。

四、應徵者請將詞曲繕寫成歌譜形式，於期間內寄至本基金會（臺北郵政○○○信箱）。

五、本會將聘請音樂與文化專家評選，分為初選與複選。
初選選出優等十五首，複選選出第一、二、三名及佳作五名。於民國○○年○○月○○日公告。○○月○○日頒獎。

六、獎勵：第一名獎牌乙面獎金新臺幣伍萬元。
第二名獎牌乙面獎金新臺幣參萬元。

第三名獎牌乙面獎金新臺幣貳萬元。

佳作者每人獎牌乙面獎金新臺幣壹萬元。

七、參賽作品須為尚未公開發表者。凡經評選為前三名及佳作者，其詞曲之著作權均歸本會所有。未選中者恕不退件，請自留底稿。

肆、其他未盡事宜，本會得隨時公告補充。

第二章　契約之效力

壹、契約之效力

契約成立後在法律上所發生的效果，即爲契約之效力。雙方當事人必須依照契約規定行使權利、履行義務。但在研究契約之效力以前，必須審究契約是否成立。換言之，契約成立乃是契約效力之前提。

因爲契約是基於雙方當事人合意而生，所以其成立與否，與意思表示是否有效、當事人是否具備權利能力與行爲能力、契約之標的是否合法、可能、確定等等因素息息相關，茲歸納分述如後：

一、權利能力

權利能力指在法律上能夠享受權利並負擔義務的能力。唯有權利主體、具有人格者才有權利能力，民法規定：自然人均有權利能力。自然人的權利能力，始於出生、終於死亡（參民法第6條）。另外，由法律創設的「法人」，在法令限制內亦有享受權利、負擔義務之能力，但專屬於自然人之權利義務（如結婚）不在此限（參民法第26條）。一般而言，法人之權利能力，始於登記成立，終於清算終結時。

沒有權利能力，自然就不可能行使權利、履行義務，亦無從爲契約之簽訂。不具我國國籍之外國人，原則上也有權利能力，但須受法令之限制。在經貿交流日益頻繁的今天，我國法令對外國人絕大多數皆與國人平等對待。

二、行為能力

行爲能力乃能獨立爲有效法律行爲之能力。行爲能力須以意思能力爲前提，在民法以年齡爲行爲能力有無之抽象標準。現代民法以當事人的意思自由爲基本原則，如果欠缺判斷自己的行爲在法律上發生效果的精神能力（即意思能力或識別能力），自然無法實現意思自由原則。

民法規定滿二十歲爲成年（參民法第12條），未滿七歲之未成年人，無行爲能力。滿七歲以上之未成年人，有限制行爲能力。未成年人已結婚者，有行爲能力（參民法第13條）。除了未滿七歲之未成年人外，因心神喪失或精神耗弱致不能處理自己事務而被宣告禁治產的「禁治產人」，也無行爲能力（參民法第14、15條）。無行爲能力人所爲的法律行爲完全無效，應由法定代理人代爲法律行爲。

限制行爲能力人得自己爲法律行爲，但應得其法定代理人之允許。未得允許所爲之單獨行爲，無效（參民法第78條）；所訂立的契約，須經法定代理人的承認，始生效力（參民法第79條）。但限制行爲能力人純獲法律上利益（如接受贈與）或依其年齡及身分在日常生活所必須的行爲（如飲食、購書、搭車等），則可以不必得法定代理人之允許或承認就有效。

與限制行爲能力人訂契約之相對人，可以定一個月以上期限催告法定代理人確答是否承認，代理人逾期不確答者，視爲拒絕承認（參民法第80條）。如果限制行爲能力人在限制原因消滅後（例如訂約時未滿二十歲且未婚，訂約一個月後滿二十歲），承認其所訂立之契約，其承認亦使契約有效成立。

如果限制行爲能力人故意以詐術使人相信其有行爲能力或已得法定代理人之允許，例如僞造身分證或法定代理人之同意書，爲了保護善意的相對人，其所簽訂契約亦爲有效。

三、意思表示之瑕疵

意思表示是表意人將其內心希望發生一定法律效果之意思表現在外部的行爲。例如以說話、寫信等方式表達願意購買某產品，都是一種意思表示。由於契約須在相對人合意的基礎上才能成立，所以有瑕疵之意思表示，將影響契約之成立。所謂意思表示無瑕疵，指意思表示沒有以下列舉之任一情況：

(一)心中保留

又稱眞意保留。法律上的定義是「表意人無欲爲其意思表示所拘束之意，而爲意思表示」例如當朋友稱讚某甲手上戴的勞力士錶非常好看，某甲一時心花怒放，說：「如果喜歡就送給你！」這種意思表示並不因此而無效。換句話說，原則上還是有效的。

(二)通謀虛偽意思表示

即雙方串通的意思表示。例如債務人為了逃債，與朋友一起寫下虛假的借據，或是假裝將土地賣給友人以逃避強制執行等。通謀之虛偽意思表示在相對人之間是無效的，但不得以其無效，對抗善意第三人。例如小王與小陳通謀虛偽意思表示將小王的機車出賣給小陳，但小陳又將機車賣給不知此事的小李，此時小王與小陳之間買賣契約無效，但小陳與小李之買賣契約則有效。所以小王只能要小陳賠償損失，但不能要小李把車還給自己。

(三)錯誤

表意人為意思表示時因認識不正確或欠缺認識而使心中之效果意思與外部表示不一致，稱為「錯誤」，例如要買名畫真跡而誤買仿製品。意思表示之內容有錯誤或表意人若知其事情即不為意思表示者，表意人得將其意思表示撤銷之。但以其錯誤或不知事情，非由表意人自己之過失者為限。此撤銷權之期限為自意思表示後一年內（民法第90條）。表意人行使撤銷權時，對於信其意思表示為有效而受損害之相對人或第三人，應負賠償責任。但其撤銷之原因，受害人明知或可得而知者，不在此限。例如大牛到電器行想買日本製新力牌隨身聽，老闆則拿新加坡製的新力牌隨身聽給他，大牛沒有仔細辨認產地就買下來，回家後才發現。此時大牛是因自己過失未發現，所以不能以錯誤為由行使撤銷權。

(四)誤傳

意思表示，因傳達人或傳達機關傳達不實者，表意人也可以撤銷其意思表示。此時對於非因過失而受損害的相對人，亦應負賠償責任。

(五)詐欺

故意欺騙他人使其陷於錯誤而為意思表示的情況稱為「詐欺」。民法上的詐欺只以「故意欺騙而使人陷於錯誤」即可成立，與刑法上詐欺罪尚須「不法之意圖」條件不同。

(六)脅迫

以故意加害他人之事預告使人發生恐怖心理而為意思表示，稱為「脅迫」。因被詐欺或被脅迫所為之意思表示，表意人得於發見詐欺或脅迫終止後一年內撤銷其意思表示。但自意思表示後經過十年，不得撤銷（民法第93條）。詐欺係由相對人以外之第三人所為者，以相對人明知或可得知此詐欺事實為限，才得撤銷。而且被詐欺而為之意思表示，其撤銷不得對抗善意第三人。至於表意人如果是被強拉著手簽名或蓋章，則因其根本沒有自主的餘地，意思表示當然無效，不生撤銷的問題。

四、契約之標的

契約之標的必須合法、可能、確定，契約才能成立並且具有效力。

(一)合法

契約之標的，違反強制或禁止之規定者，無效。有背於公共秩序或善良風俗者亦無效。例如約定願終生為奴或嫁與作妾之契約無效。

(二)可能

契約之內容如係以不能之給付為契約標的者，其契約為無效。所謂不能，是指以社會一般之觀念，債務人應為的給付，不能依債務本旨實現而言。

例如約定購買鄰近河川之土地，但該土地遭洪水氾濫而流失，則此契約為無效。但契約之不能情形可以除去，而當事人訂約時並預期於不能之情形除去後為給付者，其契約仍為有效。例如某甲與某乙訂約表明買賣標的為某丙之房屋，約定俟某乙向某丙買到房屋時必須再移轉給某甲，此契約則為有效。

(三)確定

契約之標的應該在成立時即為確定，如果成立時未確定，也必須在履行契約時可以確定，才算是有效之契約。如果契約之標的不能確定，勢必造成許多不利的影響。

貳、雙務契約之效力

雙務契約為雙方當事人互負對價關係之契約。所謂「對價關係」，是指雙方之給付有報償之相對性關係而言。例如買賣契約，一方須支付價金，另一方須給付標的物。就是典型的雙務契約。

雙務契約之一方如因契約不成立而無法履行義務時，另一方之義務亦隨之消滅；因雙務契約所生之債務，在一方未履行前，他方所負債務亦得拒絕履行。換言之，雙務契約無論在成立或履行時，均有牽連關係（如文例1-2-1，見第24頁）。因此而衍生出「同時履行抗辯權」與「危險負擔」之問題。

一、同時履行抗辯權

民法第264條第1項前段：「因契約互負債務者，於他方當事人未為對待給付前，得拒絕自己之給付。」這種以對方未為給付為理由拒絕由自己先履行義務之權利，稱為「同時履行抗辯權」。基於公平之原則並減少無謂之紛爭，故設此制度。

同時履行抗辯權只能暫時拒絕自己債務之履行，當他方為對待的給付時，就不能再以此為理由。如果依法律、契約或習慣自己有先為給付之義務時，也不能行使此抗辯權。例如承租人應於約定之期間給付租金、看電影前先買票等。他方當事人已為部分之給付時，依其情形，如拒絕自己之給付，有違背誠實及信用方法者，不得拒絕自己之給付（參民法第264條第2項），這也是不能任意行使同時履行抗辯權之限制。例如約定購買轎車乙部，當汽車公司交車時，買主發覺原先說好的贈品「車用空氣清淨機」未附贈，此時買主並不能以對方未完全給付為由，拒絕付清全部車款。

當事人之一方，應向他方先為給付者，如他方之財產，於訂約後顯形減少，有難為對待給付之虞時，於他方未為對待給付或提出擔保前，得拒絕自己之給付（參民法第265條），這是學說所稱的「不安抗辯」。換句話說，即使訂約時言明一方須先給付，但在訂約後因情事變更而對方有難為對待給付的情形，也可以據此拒絕先為給付。例如購買預售屋者，通常須按工程進度先付價款，但在建商出現財務危機可能無法完工時，若建商無法提出擔保，購屋者即可據此拒絕再給付價款。

總而言之，雙務契約之雙方當事人爲給付時，以同時履行爲原則。故有「同時履行抗辯權」之規定。對於依契約、法律或習慣須先行給付者，雖不能主張同時履行，但可行使「不安抗辯權」，以保障契約雙方彼此之權益。

二、危險負擔

民法第225條第1項：因不可歸責於債務人之事由，致給付不能者，債務人免給付義務。但在雙務契約中，雙方面既是債權人也是債務人，如果其中一方當事人所負債務，因給付不能而免除給付義務時，這時的損失要由自己或對方負擔呢？

爲解決此一問題，民法定有「危險負擔」之制度。在使一方給付不能之事由皆不可歸責於雙方時，損失由債務人負擔。即「因不可歸責於雙方當事人之事由，致一方之給付全部不能者，他方免爲對待給付之義務，如僅一部不能者，應按其比例，減少對待給付。」（參民法第266條第1項）。例如某甲將頂樓加蓋之房間租給乙，隔鄰失火，該房間被火焚燬而無法使用。此時甲既無法以房間租給乙，而乙即不必給付租金。如果某乙給付租金是先住而於月底給付之方式，而乙又已經住了半個月，便須按比例付一半房租。若乙在月初即付清全月租金，則依民法第266條第2項規定「……已爲全部或一部之對待給付者，得依關於不當得利之規定，請求返還。」亦即乙得請求退還半個月之房租。

另一種情形是「當事人之一方，因可歸責於他方之事由，致不能給付者，得請求對待給付。但其因免給付義務所得之利益，或應得之利益，均應由其所得請求之對待給付中扣除之。」（民法第267條）。亦即此時損失由可歸責之一方負擔。例如甲向喜慶禮服公司租禮服一套，結果甲穿了一天就不愼撕破而無法穿用，此時該公司雖無衣服可租給甲，但甲仍應付租金。又甲除了支付租金外，尚須負損害賠償責任，這是另一個問題。

參、第三人負擔契約

以第三人之給付爲標的之契約稱爲「第三人負擔契約」。例如食品公司與廣告公司簽定，由廣告公司負責安排其廣告於特定時段在電視上播出之契約，其契約標的是電視臺之特定時段，即爲一種第三人負擔契約。

契約在原則上僅拘束簽約之當事人，第三人既未列爲當事人，又未參與其間，所以並不受契約之拘束，因此「契約當事人之一方，約定由第三人對於他方爲給付者，於第三人不爲給付時，應負擔損害賠償責任。」（參民法第268條）。換言之，在第三人負擔契約中，債務人須擔保第三人對他方爲給付，但也可以特約限制債務人僅負責促使第三人爲給付。

肆、第三人利益契約

當事人約定，債務人應向第三人爲給付之契約，稱爲「第三人利益契約」。因此契約而取得債權之第三人亦稱爲受益人。常見的第三人利益契約如甲和乙貨運公司簽訂運送契約，乙公司須負責將貨物運交給丙。又如人壽保險契約通常亦約定保險事故發生時，保險公司應向受益人爲給付（如文例1-2-2，見第24頁）。

對於第三人而言，當第三人利益契約成立時，可以直接向債務人請求給付（參民法第269條第1項後段），至於權利的內容則依契約來決定。但如果「第三人對於當事人之一方表示不欲享受其契約之利益者，視爲自始未取得其權利」（參民法第269條第3項），該契約將因而無效。然而在「第三人對於前項契約，未表示享受其利益之意思前，當事人得變更其契約或撤銷之」（參民法第269條第2項）。所以第三人利益契約，因第三人爲受益之表示時而確定（如文例1-2-3，見第25頁）。

對於債權人（要約人）而言，僅得請求債務人向第三人爲給付，並不得請求債務人向自己給付，在債務人不履行時，得請求債務人賠償因未向第三人爲給付所生之損害。

至於債務人，依民法第270條規定，得以由契約所生之一切抗辯，對抗受益之第三人。例如期限未屆至、同時履行抗辯權、瑕疵擔保責任等等得以對抗債權人之抗辯權，均可用以對抗第三人。

〈文例1-2-1〉

雙務契約拒絕履行通知書

敝公司於民國○○年四月十七日與貴廠簽訂零件供應契約，約定貴工廠應於民國○○年五月十日交付第一批螺絲成品。但貴廠遲至五月十二日始交貨，經抽查竟有百分之二十精度不合原訂規格。因此敝公司將拒絕給付貨款新臺幣壹拾萬元。請貴廠於五月三十日前依約更換所有瑕疵品，否則將依法解除契約並要求損害賠償。

此致

○○鋼鐵工廠　王總經理

再春機械股份有限公司

總經理　蘇子平

中　華　民　國　○　○　○　年　五　月　十　七　日

〈文例1-2-2〉

第三人利益契約

立契約書人陳地利（以下簡稱甲方）、劉天民（以下簡稱乙方），雙方茲議定條款如後：

第1條　乙方將其所有之裕隆尖兵轎車乙輛（車號BI—○○○○）售予甲方。

第2條　汽車總價為新臺幣貳給伍萬元，甲方依照下列方式支付價款：

一、定約日甲方先付新臺幣壹拾萬元

二、乙方辦妥汽車產權移轉登記之日，甲方支付新臺幣壹拾萬元。

三、乙方將汽車點交予甲方指定第三人之日，甲方支付尾款新臺幣伍萬元。

第3條　汽車辦理過户登記所需費用均由乙方負擔。但汽車保險所需費用，由甲方負擔。

第4條　乙方須保證所交付之汽車並無瑕疵。自交付之目起三個月內如有汽車機件在正常使用狀況下故障，其修護費用仍由乙方負擔。

第5條　乙方應將汽車過户予甲方指定之第三人趙正心。

本契約壹式貳份，由甲、乙雙方各執乙份以為憑證。

甲方：陳地利　印

身分證號碼：

住址：

乙方：劉天民　印

身分身號碼：

住址：

中　華　民　國　○　○　年　月　十　七　日

〈文例1-2-3〉

利益享受通知書

本人對於陳地利與劉天民於民國○○年五月十七日所簽訂契約，由劉天民將其所有裕隆汽車移轉過户予本人之利益，願意享受。特此通知。

通知人：趙正心

身分證號碼：

地址：

中　華　民　國　○　○　年　○　月　○　日

第三章　契約不履行

壹、債務履行

契約是民法債編中「債之發生」事由之一，因之債編之規定大多適用在因契約所生之債權債務關係。民法第199條規定債權人基於債之關係，得向債務人請求給付。給付不以有財產價格者爲限。不作爲亦得爲給付。給付，就是債務履行，例如買賣汽車契約成立後，買主得請求賣車者交車，賣車者得請求買主付車款。交車與交付車款，均是基於買賣契約之債權債務關係所爲之給付。在無償委任之情形，例如老陳委託老李到花蓮購買石雕觀音乙尊而並沒有報酬，此時老李到花蓮購買觀音之行爲，雖然沒有報酬，也是給付。又如某房屋仲介商爲求手上房屋容易賣出，與隔壁棺木行老闆簽定契約，由仲介商給付三十萬，但棺木行必須改由後門巷道出入，不得由前門出入。這個「不得由前門出入」是「不作爲」，但也是給付。

民法第148條第2項規定：行使權利，履行義務，應依誠實及信用方法。事實上「誠實及信用原則」已經是私法體系普遍適用之原則。在契約之履行上，也必須就債務人與債權人雙方利益衡平考量，依具體之事實來運用。例如某甲向乙承租房屋，甲將房租存入乙原來委託之收租人丙帳戶內，但乙卻以甲未將租金存入本人帳戶內而拒絕受領，並以甲未支付租金爲由終止租賃契約。本案經法院判決即認爲乙行使債權有違誠實及信用方法。

貳、債務不履行

未能依照債之關係爲給付，便是債務不履行。債務不履行的情況有三種：不能給付、給付遲延和不完全給付。民法第227條規定：因可歸責於債務人之事由，致爲不完全給付者，債權人得依關於給付遲延或給付不能之規定，行使其權利。因不完全給付而生前項以外之損害者，償權人並得請求賠償。因此，凡是債務不履行之情況下，債務人必須負擔損害賠償的責任。此外，債務人因債務不履行，致債權人之人格受侵害者，準用民法第192條至第195條及第197條之規定，負損害賠償責任（參民法第227條之1）。

債務人就其故意或過失之行為，應負責任（參民法第220條第1項），而且故意或重大過失之責任，不得預先免除（參民法第222條）。即使債務人之代理人或使用人，關於債之履行有故意或過失者，債務人也應負責。

參、給付不能

給付不能，是指債務人不能依債務本旨為給付而言。如果只是給付困難，例如因為材料費用忽然上漲致使無法將貨品製造完成，則並非給付不能。

不能之觀念，在民法上又有以下之分類：

一、自始不能與嗣後不能

以契約成立時為準，在成立之前已確定為不能者稱為「自始不能」，例如約定買賣活恐龍乙隻；在契約成立之後因故而不能給付，稱為「嗣後不能」，例如預定買賣房屋一棟，但簽後因失火而焚燬。以不能之給付為標的者，其契約為無效。

二、主觀不能與客觀不能

主觀不能是指因為債務人本身之事由而不能，例如因失業而無法給付借貸之利息；客觀不能是指任何人皆不能實現而言。民法第225、226、266、267條所指的給付不能，僅限於自始主觀不能與嗣後不能。

因不可歸責於債務人之事由，致給付不能者，債務人免給付義務。債務人因前項給付不能之事由，對第三人有損害賠償請求權者，債權人得向債務人請求讓與其損害賠償請求權，或交付其所受領之賠償物。例如甲與乙簽定房屋與基地一併買賣契約，但甲所有之房屋因隔鄰失火而燒燬致不能給付，此時甲對房屋部分，免除給付義務。但仍應給付土地。甲對鄰居丙之損害賠償請求權可以移轉給乙行使，但乙應支付房屋與土地之價金才可行使代償請求權。

因可歸責於債務人之事由致給付不能者，債權人得請求損害賠償。給付一部不能時，其他可能給付部分，債務人仍應給付。但若其他部分之履行，於債權人無利益時，債權人得拒絕該部之給付，請求全部不履行之損害賠償。例如甲公司向乙工廠訂製貨品一批運往國外，但乙工廠因本身之事由而僅能交出一半貨品，此時甲公司已因逾期而無利益，自可拒絕乙工廠之給付而請求賠償。

肆、不完全給付

債務人未依債之本旨而爲給付，稱爲「不完全給付」，不完全給付可分爲瑕疵給付與加害給付三大類：

一、瑕疵給付

因爲可歸責於債務人之事由而爲不完全之給付，例如數量不足、品質不良、給付之時間、處所或方式不妥當等等，稱爲瑕疵給付。此時債權人得請求補正（例如要求更換新品、補足差額等）或是拒絕受領。如果其瑕疵之情形可以補正，但逾清償期限仍不補正者，依民法第227條第1項。因可歸責於債務人之事由致爲不完全給付者，債權人得依關於給付遲延或給付不能之規定行使其權利。

二、加害給付

因債務人給付之瑕疵，致使債權人因而受損害者，稱爲加害給付。例如供應商販賣已受病毒感染之磁碟片，導致顧客原有之檔案遭破壞之情形。此時債權人依民法第227條第2項之規定，對於因此遭受之損失，也可以請求賠償。

伍、給付遲延

債務人對於已屆清償期之債務，能給付而不爲給付，稱爲給付遲延。換言之，給付遲延之要件爲：

一、須有債務存在

亦即契約已有效成立，而債務人未履行其債務。

二、須已屆給付之期限

給付有確定期限者，債務人自期限屆滿時起，負遲延責任。給付無確定期限者，債務人於債權人得請求給付時，經其催告而未爲給付，自受催告時起，負遲延責任（如文例1-3-1，見第36頁）。其經債權人起訴而送達訴狀，或依督促程序送達支付命令，或爲其他相類之行爲者，與催告有同一之效力。前項催告定有期限者，債務人自期限屆滿時起，負遲延責任（參民法第229條）。

三、須在給付期內可能為給付

即標的係確定或可得確定之物，且無不能給付之情形。

四、須可歸責於債務人

如因不可歸責於債務人之事由，致未爲給付者，債務人不負遲延責任（參民法第230條）。

債務人於給付遲延時所應負之責任爲：

一、賠償因遲延而生之損害

民法第231條第1項規定，債務人遲延者，債權人得請求賠償因遲延而生之損害。

二、賠償因不可抗力而生之損害

債務人在遲延中，對於因不可抗力而生之損害，亦應負責。但債務人證明縱不遲延給付，而仍不免發生損害者，不在此限。

三、賠償因不履行而生之損害

遲延後之給付，於債權人無利益者，債權人得拒絕其給付，並得請求賠償因不履行而生之損害（民法第232條）。例如預定結婚喜宴但餐廳竟忽略未準備，則其補辦婚宴對新人已無利益，餐廳應賠償不履行之損失。

四、對於金錢之債應支付利息及賠償損害

遲延之債務，以支付金錢爲標的者，債權人得請求依法定利率計算之遲延利息。但約定利率較高者，仍從其約定。對於利息，無須再支付遲延利息，但債權人證明有其他損害者，並得請求賠償。

債務人之遲延責任，因爲提出給付，債權人同意延期或是債之關係消滅而終止，但已經產生之損害，債權人仍得請求損害賠償。

陸、受領遲延

債權人對已提出之給付，拒絕受領或不能受領，稱爲受領遲延，亦稱爲債權人遲延。其成立之要件有二：

一、債務人已提出給付

債務人須依債之本旨提出給付，債務人非依債務本旨實行提出給付者，不生提出之效力。但債權人預示拒絕受領之意思，或給付兼需債權人之行爲者，債務人得以準備給付之情事，通知債權人，以代提出（參民法第235條）。

二、債權人拒絕或不能受領

債權人對於已提出之給付，拒絕受領或不能受領者，自提出時起，負遲延責任（民法第234條）。拒絕受領，是指明白表示拒絕或是給付兼須債權人之行爲而不爲（例如定作衣服一套卻不肯提供布料）等情形。然而因債務人爲不完全給付而拒絕受領時，則無須承擔遲延責任。所謂不能受

領，是指債權人主觀不能而言，例如訂購油畫一幅，送達時恰好購買者出國旅遊不能受領。

爲使債權人有受領給付之準備，給付無確定期限，或債務人於清償期前爲給付者，債權人就一時不能受領之情事，不負遲延責任。但其提出給付，由於債權人之催告，或債務人已於相當期間前預告債權人者，不在此限（參民法第236條）。

受領遲延之情況下，債務人之責任應酌予減輕，其得減輕之責任包括：

一、僅就故意或重大過失負責

在債權人遲延中，債務人僅就故意或重大過失，負其責任（參民法第237條）。

二、無須支付利息

在債權人遲延中，債務人無須支付利息（參民法第238條）。

三、僅就已收取之孳息負返還責任

債務人應返還由標的物所生之孳息或償還其價金者，在債權遲延中，以已收取之孳息爲限，負返還責任（參民法第239條）。

四、得請求賠償因提出或保管之必要費用

債權人遲延者，債務人得請求其賠償提出及保管給付物之必要費用（參民法第240條）。

五、得自行消滅其債務

有交付不動產義務之債務人，於債權人遲延後，得拋棄其占有。其拋棄應預先通知債權人，但不能通知者，不在此限（參民法第241條）。此處以拋棄占有消滅債務之方式，僅限於不動產之交付，至於動產，則應提存。如給付物不適於提存，或有毀損滅失之虞，或提存需費過鉅者，清償

人得聲請地方法院拍賣而提存其價金。

債權人遲延之狀態，因債權消滅、債權人受領給付或雙方合意延期等行爲而終止。

柒、損害賠償之債

以賠償損害爲標的之債稱爲損害賠償之債，損害係指受不利益之狀態，包括財產上之損害與非財產上之損害。前者如車輛遭撞擊而損毀，後者如生命身體、健康、名譽、自由等所受之精神上損害。財產上之損害又可分爲積極損害與消極損害；例如計程車在十字路口遇黃燈減速停車，卻遭後方轎車追撞受損，此時修復計程車所需費用，爲積極損害，修理期間因無法載客而減少之收入，爲消極損害。

損害賠償之債，以加害人爲債務人，受害人爲債權人，其成立之要件有四：

(一)須有發生損害之原因

有由法律規定而生者，其中以因侵權行爲及債務不履行所導致者最多，又如民法第91、110、176、268、353、360、563、593、791、792、977、1056條等規定所生亦屬法定損害賠償之債；另有由法律行爲而生者，如保險契約、職務保證契約等。

(二)須有損害發生

損害賠償之債以塡補損害爲目的，以實際發生損害爲成立要件。至於損害之定義已如前述。對於將來可能發生之損害，原則上不得預先請求賠償，但是對於已經發生之損害，如將路人腿骨撞斷所需之治療費用，雖尚未支付，仍應負賠償責任。又如契約定有違約金或依法得請求支付遲延利息者，債務人並不能以債權人實際上無損害而免除損害賠償責任。

(三)因果關係

發生損害之責任原因與損害之間須有因果關係。法律上對於因果關係之解釋係採「相當因果關係說」，意即「無此行爲，雖必不生此損害；有此行爲，通常即足以產生此損害，爲有因果關係。無此行爲，必不生此損害，有此行爲，通常亦不生此損害，即無因果關係。」如某甲爲計程車司機，因過失導致乘客乙趕不上原訂班機，而改搭下一班，結果飛機失事乙遂死亡，乙之死亡與甲之過失，並無法律上之因果關係。

(四)須賠償義務人有過失

民法原則上採過失責任，即必須在有故意或過失之情形下，才須負損害賠償責任。但也有採「無過失責任」之例外。如民法第231條第2項、第224、444條、第538條第1、2項、第606、607、634條等。

一、損害賠償之方法

(一)回復原狀

負損害賠償責任者，除法律另有規定或契約另有約定外，應回復他方損害發生前之原狀。債權人得請求支付回復原狀所必要之費用，以代回復原狀。因回復原狀而應給付金錢者，自損害發生時起，加給利息（參民法第213條）。民法對於損害賠償之方法，以回復原狀爲原則，例如撞毀他人汽車，應負責修復原狀。所謂法律另有規定，例如身體健康之傷害應以金錢賠償；契約另有約定，例如租看影碟有損害時，約定應賠償二千元。至於因回復原狀而應給付金錢，例如侵占他人之款項而須賠償，必復以金錢返還爲回復原狀之方法，此時應加計利息。若是不能回復原狀而代以金錢之情形，並不適用本規定。

(二)金錢賠償

應回復原狀者，如經債權人定相當期限催告後，逾期不爲回復時，債權人得請求以金錢賠償其損害（參民法第214條）。若是不能回復原狀或回復顯有重大困難者，應以金錢賠償其損害（民法第215條）。例如打破古董花瓶已無法回復原狀，砍倒鄰人果樹，回復原狀顯有重大困難，凡此均得請求以金錢賠償。

二、損害賠償之範圍

損害賠償，除法律另有規定，或契約另有訂定外，應以塡補債權人所受損害及所失利益爲限。依通常情形，或依已定之計畫、設備，或其他特別情事，可得預期之利益，視爲所失利益（參民法第216條）。所謂「契約另有訂定」，是指約定賠償範圍而言。例如保險契約約定於被保險人意外死亡時，保險人應給付受益人新臺幣一千萬元。

債權人所受損害，即積極損害，如車禍造成被害人身體健康受損而發生精神上之損害、支出醫藥費用之損害，而車輛損毀之修復費用，亦是此處之損害。

債權人所失利益，即消極損害，包括：

(一)確實可以獲得而未獲得之利益

例如出口商向工廠訂製傢俱一批，已接獲國外訂單及訂金，不料工廠未如期交貨而導致原來可賺取之金錢未能獲得。

(二)依通常情形可預期之利益

例如計程車同業調查，通常每日可賺得新臺幣一千零八十九元，則計程車被撞毀時，修復期間加害人仍須支付此一可預期利益。

(三)依已定計畫設備或其他情事可得預期之利益

必須是客觀確定可得之利益。例如電影公司計畫拍片但因原定主角違約另外拍攝他部影片，致未能於預定檔期上映賺取之利益。

此外，債權人若基於同一原因事實受有損害並受有利益者，其請求之賠償金額，應扣除所受之利益。

三、損害賠償之減免

損害賠償在特殊狀況下亦可抵免，依民法之規定有：

(一)過失相抵

損害之發生或擴大，被害人與有過失者，法院得減輕賠償金額或免除之。重大損害之原因，爲債務人所不及知，而被害人不預促其注意或怠於避免或減少損害者，爲「與有過失」（參民法第217條）。例如路人甲橫越高速公路而被行車超速之乙開車撞死，乙雖然過失肇禍，但甲本來不應走進高速公路，因此法院得斟酌雙方過失之程度輕重而決定賠償金額之多寡。另於被害人之代理人或使用人與有過失者，亦有準用之餘地。

(二)義務人之生計有重大影響

損害非因故意或重大過失所致者，如其賠償致賠償義務人之生計有重大影響時，法院得減輕其賠償金額（參民法第218條）。本條係著眼於道德之考量，若賠償義務人非出於故意或重大過失，法院應兼顧其家庭生計而可減輕其賠償。

(三)損益相抵

債權人基於同一原因事實，受有損害並受有利益者，其請求賠償之金額，應扣除所受之利益。例如受委託出售股票而未及時處理，遇上證券交易稅調升而須多付稅捐，但股票也有增值，此時須多村稅金之損失應與股票漲價之利益相抵。

四、權利讓與請求權

關於物或權利之喪失或損害，負賠償責任之人，得向損害賠償請求權人，請求讓與基於其物之所有權或基於其權利對於第三人之請求權。（參民法第218條之1）。此外，並得準用同法第264條之規定，行使同時履行抗辯權。

〈文例1-3-1〉

催告（給付遲延）

本人於民國〇〇年七月十五日借貸新臺幣壹拾伍萬元予閣下，當時既未要求閣下支付利息亦未約定返還期限。但目前因本人將購置房屋，急需款項自用，謹此通知閣下於民國〇〇年七月十五日以前將前述壹拾伍萬元無息返還本人。

此致

許昭立先生

催告人：江秋月

地　址：

電　話：

中　華　民　國　〇　〇　年　〇　月　〇　日

第四章　契約履行之確保與契約之解除

壹、定金

為確保契約之履行，所交付於他方之金錢或其他代替物稱為定金。定金以主契約之成立為前提，而以支付為成立定金契約之要件。定金之種類，因其目的不同而可分成四類：

(一)證約定金

為證明該契約之成立所交付之定金。

(二)成約定金

以交付定金為契約成立要件之定金。

(三)違約定金

以定金為契約不履行之損害賠償擔保。

(四)解約定金

為保留解除契約權而交付之定金。付定金之當事人得拋棄定金而解除契約，而受定金之一方得加倍返還而解除契約。

訂約當事人之一方，由他方受有定金時，推定其契約成立（參民法第248條），因此原則上只要證明已支付定金，即推定契約已成立。定金除當事人另有訂定外，適用下列之規定（參民法第249條）：

(一)契約履行時，定金應返還或成為給付之一部。

(二)契約因可歸責於付定金當事人之事由，致不能履行時，定金不得請求返還。

(三)契約因可歸責於受定金當事人之事由，致不能履行時，該當事人應加倍返還其所受之定金。

(四)契約因不可歸責於雙方當事人之事由，致不能履行時，定金應返還之。

民法第249條規定之定金，性質上屬於違約定金，如契約雙方未就定金性質另行約定，即可適用。

貳、違約金

當事人為確保債務之履行，約定債務人不履行債務時，應支付之金錢或其他給付，稱為違約金。違約金於約定債務不履行之事由發生時，即變為獨立之債務。

當事人得約定債務人不履行債務時，應支付違約金。違約金，除當事人另有訂定外，視為因不履行而生損害之賠償總額。其約定如債務人不於適當時期，或不依適當方法履行債務時，即須支付違約金者，債權人除得請求履行債務外，違約金視為因不於適當時期或不依適當方法履行債務所生損害之賠償總額（參民法第250條）因此違約金依其作用不同可分為二種：

一、賠償額預定性之違約金

如債務人給付不能時，債權人只能請求給付違約金以代替損害賠償。即債務人給付遲延或不完全給付時，債權人如請求支付違約金，毋須證明損害之數額，但損害超過違約金者，亦不能再請求賠償。

二、懲罰性違約金

此類違約金以強制債務之履行為目的，於債務不履行時，債務人除須支付違約金外，關於其因債之關係所應負之一切責任均不因而受影響。債權人除得請求支付違約金外，並得請求履行債務或請求損害賠償。

一般契約多約定懲罰性違約金，如無特別約定時，則視違約金為賠償最高額度。為防止債權人藉機牟取重利，債務已為一部履行者，法院得比照債權人因一部履行所受之利益，減少違約金（參民法第251條）。約定之違約金額過高者，法院得減至相當之數額（民法第252條），但此處核減之權限均屬於法院職權，如運用「仲裁」時，仲裁庭亦有此一權限。對於違約金過高之事實，應由契約之債務人負舉證責任。

參、契約之解除

契約當事人之一方，因行使解除權而使契約自始歸於消滅，並回復訂定契約以前之狀態，稱爲契約之解除。契約一經解除，當事人即負回復原狀之義務。

契約之解除必須由有解除權之一方當事人爲之，但雙方當事人基於合意，方可以再訂立一個契約，約定將原來之契約歸於無效，稱爲合意解除。

解除與撤銷，都可以使契約溯及失去效力，但是解除權發生的原因，是在契約成立之後，且可預先由當事人約定。而撤銷權發生之原因存在於意思表示成立之時，而且是法律所規定之事由，例如：意思表示錯誤、被詐欺或受脅迫等，已如前述。

一、解除權之發生原因

解除權之發生原因，或爲法律之規定，或依當事人之約定。契約之法定解除原因有二：

(一)給付遲延

因給付遲延而解除契約之情形如下：

1.債務人給付遲延時，債權人雖然可以請求履行或請求不履行之損害賠償，但在雙務契約，仍不能免除自己之給付，所以法律規定得解除契約。

2.契約當事人之一方給付遲延者，他方當事人得定相當期限催告其履行，如於期限內不履行時，得解除其契約（民法第254條）。此項催告，如未定期限，則不生效力。在給付無確定期限的情形下，須先經債權人催告而未爲給付，債務人始負遲延責任。所以債權人須再催告一次，才能做本條規定解除契約。債務人如已履行，即不得解除契約。

3.依契約之性質或當事人之意思表示，非於一定時期爲給付不能達其契約之目的，而契約當事人之一方不按照時期給付者，他方當事人得不爲前條之催告，解除其契約（參民法第255條）。例如訂製今年國慶日慶祝牌坊，逾期仍未給付，就可以逕自解除契約。

(二)給付不能

債權人於有民法第226條之情形時，得解除其契約（參民法第256條）。即因可歸責於債務人之事由，致給付不能，或給付一部不能而他部分之履行，於債權人無利益時，毋庸先行定期催告，即得解除契約。但在給付不能之情形，除給付期前已確定不能者外，應待給付期限屆至後，始得解除契約。

二、解除權之行使及消滅

解除權之行使，應向他方當事人以意思表示爲之。契約當事人之一方有數人者，前項意思表示，應由其全體或向其全體爲之。解除契約之意思表示，不得撤銷（參民法第258條）。

解除契約之意思表示，沒有一定之方式（如文例1-4-1，見第42頁）。其於訴訟上以書狀表示者，於訴狀送達他方時發生效力。對於數人爲解除契約之表示，如果不是同時爲之，應於最後之意思表示生效時，始生解除之效力。

解除權消滅之原因有三：

(一)法律或契約規定之期間屆滿。例如民法第514條第1項規定，定作人之契約解除權，因瑕疵發見後一年間不行使而消滅。

(二)解除權之行使，未定有期間者，他方當事人得定相當期限，催告解除權人於期限內確答是否解除，如逾期未受解除之通知，解除權即消滅（民法第257條）。

(三)給付物不能返還。有解除權人，因可歸責於自己之事由，致其所受領之給付物有毀損、滅失，或其他情形不能返還者，解除權消滅。因加工或改造，將所受領之給付物變更其種類者，亦同（民法第262條）。因爲已經不能回復原狀，所以解除權也消滅。

肆、契約解除之效力

契約一經解除，溯及訂約時失其效力，與自始未訂契約同。所以債務未履行者，即毋須履行。契約解除之效力尚有：

一、回復原狀

契約解除時，當事人雙方負回復原狀之義務，除法律另有規定或契約另有訂定外，依下列之規定（參民法第209條）：

(一)由他方所受領之給付物，應返還之。

(二)受領之給付爲金錢者，應附加自受領時起之利息償還之。

(三)受領之給付爲勞務或爲物之使用者，應照受領時之價額，以金錢償還之。

(四)受領之給付物生有孳息者，應返還之。

(五)就返還之物，已支出必要或有益之費用，得於他方受返還時所得利益限度內，請求其返還。

(六)應返還之物有毀損、滅失，或因其他事由，致不能返還者，應償還其價額。

契約之解除，只有債權之效力。如果應返還之標的物已經被第三人取得所有權時，原所有人不得向第三人請求返還，而只能請求償還價額。例如甲乙二人訂房屋買賣契約，並已移轉登記給乙，乙又將房屋轉賣給丙，亦辦妥所有權變更登記，嗣後甲行使解除權解除與乙之契約。此時甲僅能請求乙返還出售房屋之價金，而不能請求丙返還其房屋。

二、損害賠償

解除權之行使，不妨礙損害賠償之請求（參民法第260條）。所以解除契約後，仍得請求賠償因債務不履行所生之損害，但不因契約解除而另外發生新的損害賠償請求權。

三、解除契約之相互義務

當事人因契約解除而生之相互義務，準用民法第264條至第267條之規定（參民法第261條）。所以解除契約時，當事人之回復原狀與損害賠償義務，亦可看作是雙務契約互負債務的情況，因之在他方未爲對待給付前，可以拒絕自己之給付。請參閱第一編第二章之說明。

伍、契約之終止

契約之終止，是指契約因終止權之行使，而使契約嗣後歸於消滅之行為。解除契約，將使契約溯及而自始為消滅，但契約之終止，因係嗣後消滅，所以無回復原狀的問題。

契約得行使終止權者，以「繼續性之契約」為限。如僱傭、委任、合夥、租賃、借貸等等。所以契約之法定終止權，個別規範在債編「各種之債」中，並沒有概括的規定。但契約當事人也可以約定終止契約之事由，只是約定事項不能牴觸法律之規定。例如土地法第100條規定出租人只於一定事故發生時，才可以收回出租之房屋（參文例1-4-2，見第43頁）。因此租賃契約若約定不屬於這些事由之終止契約規定，則此約定是無效的。

民法第263條規定，第258條及第260條之規定，於當事人依法律之規定終止契約者，準用之。亦即終止契約，應向他方當事人以意思表示為之。而終止權之行使，也不妨礙原來之損害賠償請求權。

〈文例1-4-1〉

契約解除通知書

本公司與貴廠於民國○○年四月十七日簽訂零件供應契約，但貴廠既未依約準時交貨，所交之螺絲精度與規格不符，瑕疵比率在百分之二十，遠超過約定百分之二，經再次通知仍未改善。本公司僅能做原訂契約第二十條規定解除契約，並依契約請求貴廠賠償損失新臺幣貳拾萬元。

此致

○○鋼鐵工廠

再春機械股份有限公司

總經理　蘇子平

中　華　民　國　○　○　年　○　○　月　○　○　日

〈文例1-4-2〉

契約終止通知書

本人與閣下於民國○○年九月三十日簽訂租賃契約，約定將本人所有位於臺北市和平東路二段○號七樓房屋租予閣下一年，契約第五條明定不可再轉租他人，豈料閣下仍以房間轉租予第三人，本人依契約第十條規定終止與閣下之租賃契約，請閣下於民國○○年五月三十一日以前將所有屬於閣下之物搬離原租賃處。至於原已付之租金及保證金共計新臺幣肆萬伍仟元，將於閣下搬遷日無息退還。

此致

邱清風先生

通知人：孫寶華

中　華　民　國　○　○　年　○　○　月　○　○　日

第二編　各種契約書的記載要領

緒論

契約書的世界像大海一樣浩瀚，本編對整個契約世界而言，所扮演的可謂是指南針的角色。

本編只說明契約的形式、標題、簽名章、備忘錄等製作文件時所須注意的事項及契約當事人間的權利義務關係。

此外，也列舉說明哪些契約書將造成無效、得撤銷及解除等應予注意的事項。

希望透過本編的解說，使您能更了解如何者寫契約書。

第一章　檢視契約書的危險形式

壹、先從契約的形式談起

核對契約書的格式，必須從形式和內容二方面齊下，並非只要內容正確，形式即可不管，其實在契約書的格式中形式是非常重要的。

一、契約書的形式

包括：

(一)當事人的表示（就借貸來說，爲借方與貸方）。

(二)當事人簽名（或記名）蓋章。

(三)騎縫章。

(四)契約的標的如爲物，則應有所表明（如：買賣的標的爲土地，則地址、地號、地目、土地面積等）。

(五)日期。

爲何說契約的形式非常重要呢？因爲如果形式不完整，就無法作爲證據資料，或者證據力較爲薄弱，其後果是相當危險的。如依法只要簽名，契約即可有效成立，但在契約須蓋章及騎縫章的場合，若無蓋章及騎縫章則可能遇到抗辯，認爲契約仍在簽署中未完成，那麼契約須以圖章作爲證據資料時，僅以簽名表彰，將無任何證據力價值。又書寫契約時，若忘記記載當事人的地址，將如何呢？無論是自然人或法人都必須寫明姓名和地址（或公司所在地），契約當事人才特定。若只爲○○人或○○公司、商號……等的情形，雖不能說契約無效，但會失去契約的價值。所以，必須清楚地記載姓名或地址才可。

二、形式欠缺是否無效

就契約書來說，輕微的欠缺尚不至於造成嚴重的後果，如租賃契約的標的若爲建築物，即使漏列當事人的地址，因爲承租人的住所爲此建築物，不至於不知當事人的地址所在。總之，在契約書中可運用其它客觀的資料來彌補一些輕微的小缺失。

另外，漏貼印花或印花漏蓋註銷章是否使契約書無效？事實上，契約書的有效性完全不受印花稅的影響，若要說有，則可能適用於印花稅法罰則的規定。

與登記有關係的契約書，譬如：抵押權設定契約書、不動產買賣契約書，若形式有欠缺或不完整，就無法成爲登記的原因證明書，如此則會有危險。但此時只要不把契約書當原因證明使用，而把申請登記的委託書加入契約的內容，再塡上申請書抄本申請即可。

此外，若是拿公家機構所發的文書作證明時，當事人應仔細核對簽名蓋章及騎縫章等。

貳、危險形式的原因出自契約無效、撤銷或觸犯刑責

就核對契約格式而言，除了解當事人的權利義務內容之外，契約形式亦應詳細檢查，方不致違反法律導致契約無效、撤銷或解除的後果，甚且有涉嫌觸犯刑法的危險。例如，依借貸契約書中訂立下列一個條款：

第○條　借方應就本金一百二十元，按日息三分五釐的比例支付貸方遲延的賠償金。

根據民法第233條第1項、第3項，可以請求遲延利息及賠償金，最高限度爲週年20%（參民法第205條）。而日息三分五釐爲127.75%，較法定最高利率超出107.75%，貸方對於超過部分之利息依民法第205條規定無請求權，債權人貸方僅就週年20%之限度，有請求權，所以保護經濟弱者之債務人借方也（參最高法院27年上字第3267號判例）。

且就所舉的例子而言，貸方甚至有受到刑罰制裁的危險。如刑法第344條重利罪規定：「乘他人急迫、輕率或無經驗貸以金錢或其他物品，而取得與原本顯不相當之重利者，處一年以下有期徒刑、拘役或科或併科一千元以下罰金。」事關當事人權益，不可不注意及之。

除民法最高利率之限制外，在契約書的格式中和一般人有密切關係的

危險形式多半與租賃房屋、土地有關。此點留待其他部分作說明。總之，契約內容違反強制或禁止規定及違背法定方式時，將歸於無效。

法律條文多如牛毛，同樣地，契約條文也錯綜複雜，欲清楚其中規定則必須花費龐大的時間與精力，但對於無效的契約書的危險形式，並非沒有一般的核對重點，只要能根據重點所在仔細檢查，則不難發現其缺失。當然，精通法律者只須稍微閱讀契約書的條文，即能直接聯想該當的法律條文，一般人則較爲困難，主要須注意以下幾點：

一、違反公共秩序、善良風俗的契約無效。

二、濫用權利，違反誠實信用的契約歸於無效。

即使有以上的規定，但因法律用語難懂，所以較難一看即能理解其義。不過法律所根據者絕非以理論或只憑高尚理念，乃依據一般健全的常識，亦即一種公平的制度。因此，趁人之危迫使繳付高利息，構成「暴利行爲」，依民法第74條規定，利害關係人得聲請法院，撤銷其法律行爲，溯及使契約失效；又以賣春爲目的控制女人的契約，違反公序良俗亦無效。

又如土地租賃，承租人積欠租金額，除以擔保現金抵償外，達二年以上時，出租人得終止租約收回土地（參土地法第103條第4款），並拆除地上建築物。地租應每月交付，遲延或拒絕支付都違反約定。如果連如此簡單的條款承租人都無法履行的話，理所當然的，除以擔保現金抵償欠租外，當承租人遲延二年的期間後，出租人即可終止租約，請求拆屋還地。雖然法律保護地主的權益，但就一般情況來說，即使地主未收到二年的租金，通常並不因此使其生活陷於窘境。除非將數千坪土地租予大企業，以土地租費維生者，否則五十坪或一百坪的土地租費，通常無甚影響。另一方面，承租土地的人並非付不起或不付，僅因一時疏忽未納地租，即令其房子須遭拆除，將使土地承租人之生活出現嚴重的困窘。站在當事人的立場若欲公平解決此種情形，至少出租人應定相當期限，催促承租人繳付租金，使對方注意，如仍不支付，才可採取行動，而不該突然終止租約，立即拆屋還地，如此才能實現法的正義。所以只單方面利於地主的契約規定，可說是危險的格式。

民法的大原則雖爲契約自由，但基於保護消費者或經濟上弱者的立場，凡契約內容違背法令強制或禁止規定或違反公共秩序善良風俗或與法定要式規定不符者皆使之無效，甚且當事人爲無行爲能力人或係在無意識或精神錯亂中所訂的契約，概爲無效（參民法第75條）。

以下列舉關於這方面的法律規定：

一、分期付款買賣

在分期付款買賣契約中，法律爲保護以分期付款方式購買東西的人，規定如出賣人欲解除契約需定相當期間，催告買受人履行支付價金義務方合法。同時亦規定出賣人請求買受人支付價金全部之限制及出賣人解約扣款的限制（參民法第389條及第390條），凡違反這些規定者都將視爲無效。

二、關於身分保證的法律

某些行業於新人甫進公司時，必須提交身分保證人，這類身分保證與一般金錢保證有所不同，往往保證人有意想不到的損害賠償，或者於被保證人服務期間，經常有因保證而引發的責任問題，基於以上原因，所以才成立此法律規定。

三、民法

原則上在民法中契約是自由的，但是每一條民法都含有相當的限制與例外規定，所以製作契約書時應仔細加以核對。就基本觀念而言，原則上與債權、債務有關的部分可自由決定（其中方有如民法第205條最高利率限制一類的例外），然而，依民法第757條規定之立法意旨，物權不得以契約或依習慣創設之，因我民法採用「物權法定主義」之故也（參最高法院30年上字第2040號判例）。故與物權有關的契約書中，若有扭曲民法物權編規定者是危險的。又以動產質權來說，所謂動產質權是債權人爲其債權之擔保，占有債務人或第三人之物且就其物有優先受償之權利也。所以若不占有標的物，即使契約書上載明質權成立，也完全不發生設定質權的效力（參民法第884、885條）。且僞造之貨幣、麻醉藥等，因爲不能買賣轉讓，所以若爲質權標的物，有關這類的契約是無效的。

參、核對危險內容的方法

一、核對點在何處

請參看下方的格式，本土地買賣契約書的格式，雖屬一般性，到處可見，然而就買方而言非常重要，稍不注意可能有莫大的缺失或危險出現。

主要爲下列各點：

1.所有權移轉書上的登記與交付日期無法確定。

2.第4條「尾款支付與所有權移轉登記」，必須定爲同時履行。

3.第7條的「明顯遲延者……」文意曖昧不清。

4.第7條對買方甚爲不利，依民法第353條規定土地產權發生糾葛，毋須經雙方協議買方即可解除契約向賣方請求債務不履行或權利瑕疵擔保之損害賠償。

5.規定不須經催告解除契約相當危險。

6.作爲買賣標的的土地表示，應根據土地地籍圖謄本（標明本約土地位置）或其他方式作更清楚的表明，否則，缺失的出現將成爲契約當事人日後爭執的原因，雖說可以實測判定，但是若能將它明示於契約上則較妥當，而且有必要明示是否包含私人道路（關於這一點請參考土地的書寫格式說明部分）。

土地買賣契約書

（甲方）賣方

（乙方）買方

第一條　此契約為甲方以新臺幣○○元，將土地出賣給乙方，由乙方買受之。

內容

○○縣市○○鄉鎮○○村里○○路街○○號

本公司承租地　五十坪

第二條　乙方支付甲方定金新臺幣○○元，由甲方領訖。

第三條　餘款由乙方根據下列方式支付給甲方。
　　一、中款於○年○月○日前　新臺幣○○元
　　二、尾款於所有權移轉登記時新臺幣○○元
第四條　前條第二款的尾款支付後，甲方應就本土地的所有權，對乙方立即進行正式的移轉登記手續。
第五條　前條所有權移縛登記完畢後，本土地的所有權即歸為乙方。
第六條　各當事人雙方有任何一方不履行契約約定時，得對不履行的一方，不經由催告通知即解除契約。若甲方不履行契約，則應支付乙方第二條金額一倍的賠償金；若為乙方不履行時，則不得請求歸還第二條的金額。
第七條　賣方應保證該土地產權無任何糾紛，如有糾葛致使無法交付或交付明顯遲延者，得經由甲、乙雙方協議後，解除本契約，此時不得請求賠償損失。
——以下略——

二、為什麼會有危險

核對契約收的缺陷時，如不先探討形成危險的原因，則將很難把工作繼續進行下去。所謂契約係約定做某件事，如出售物或購買物是一種約定，也是一種契約，和完全能信任的人洽辦事物時當事人不會任意忽視忘記，能遵守約定的人之間是不須契約的。另外，如贈與契約，雖爲一種約定，但是沒有人會把它訂爲契約，這如同父親並非受到約定才替兒子繳付學費一樣。而製作明示約定內容的契約書，可以使自己不容易忘記與別人的約定；舉個例子而言，通常債權人不容易忘記借錢給人，但是債務人則易於遺忘借錢的事，所以雙方需要彼此訂立契約，以提醒對方。

肆、如何修正契約內容

一、履行日期應確定

不僅土地，舉凡物的買賣，須明定付款時間及交貨日期。於契約書中應把履行日期加以確定，如：○○年、○月、○日。就前頁之契約格式來說，移轉所有權登記的期限（就購買土地的買方而言，此是最重要部分）不清楚，這是相當危險的，因爲貣方可找藉口拖延移轉登記土地所有權予買方，如付給買方賠償金轉賣他人較有利時，甚至賣方可不履行契約。

二、本契約第7條顯然不周全

買賣契約，賣方應負債務不履行及瑕疵擔保之責，法有明文，賣方一旦違約，如因中途發生土地權利糾葛致不能履行契約時，買方得定相當期限催告賣方解決，倘逾期買方仍不解決，買方得解除本契約，解約時賣方除應將既收價款退還外，還應附加利息，並承擔損害賠償（參民法第259、260條），其因本契約之解除而致買方與本約土地上之房屋買賣契約亦需解約時，買方所受之損害，賣方亦須負賠償責任。以上述條款明訂於契約，當事人雙方權利義務方能確定，才不致於造成日後爭執。

以上這種作法目的在使契約格式簡單化，並符合民法的規定。民法債編關於契約雙方權利義務的規定極爲合理，所以當事人與其特別加上冗贅的約定導致內容紊亂或形成危險的格式，不如以此簡單的格式將契約的標的物明白界定，同時正確表示當事人，且清楚規定履行期，反而不容易招來危險。但要採取這種方法，必須要有民法知識爲基礎。總之，想要把一切事項規定於契約格式中是不可能的。一般的事項都有法律規定，法律無規定的事項，則由常識、習慣及誠實信用原則公平解決，這種情形法律稱之爲社會的一般觀念。

三、為什麼會造成危險格式

所謂社會的一般觀念，乃防止發生契約危險格式的武器。它公平的根本在於防止一方意圖獲取不當之利益，使對方受損的現象發生。又例如「推人下水」一類使對方招致危險陷阱的格式，往往也是使自己帶來危險的格式。然而根據公平觀念所訂定的契約格式，對雙方當事人也是稍有危險。一般人認爲沒有慾望的人不會受到詐欺，這是因爲有公平感覺的人，不容易爲利益引誘的關係。

四、「協議」二字的危險性

為何契約的格式會經常出現危險的情形？契約通常是經由當事人協議而成立的。契約的訂立，如果雙方商量談判無法獲得滿意的結果，而逕以「由雙方當事人協議決定之」，則事後通常會有爭執，例如不動產的買賣，地價稅、土地增值稅及代書登記手續費的負擔，究竟應歸於哪一方等細節性問題，雖然可寫成「日後再協議的方式」，但是，如果連履行日期和貨款等重要部分，都得於「日後再協議」的話，那麼訂立契約的最終目的到底何在？製作契約書的目的乃使雙方能留下書面約定要旨的證據，所以契約的內容如果留下曖昧不清的疑點，都將失去其意義。假如契約因協議事項而引起爭執，甚至演變為訴訟，或爭執數年都無法解決，則契約等於一無用處。因此，製作契約書時，應注意者為不要留下「日後協議事項」。

五、危險的部分在哪裡

如前述之土地買賣契約書之第4條規定：賣方尾款受領後應即刻移轉登記本土地的所有權於買方，此類寫法對買方而言極為危險！在這種情況下絕對要使用「互換文句」。原則上法律所採用為相互履行的方式，稱為「同時履行抗辯權」（參民法第264條）。但是該條款以「支付尾款」為優先，則買方欲以賣方不履行契約事由而解除契約時，必須自己先履行支付尾款之契約義務殊非公平。假如支付尾款和移轉土地登記的日期為同一天，則即使無正式言明為交換，那麼根據前面所引用的民法規定，等於是交換履行，此時自然可放下心來了！

如果所舉條文類似本契約格式，則買方若想請求貸方移轉所有權登記，就必須預先給付餘款；而對方若拒絕收取款項時，有必要把款額暫時寄存於提存所等處。

若只為交換的目的，則買方付清餘款後，賣方應同時交付已移轉登記之土地所有權狀（土地登記簿謄本）。

六、儘量避免使用曖昧不清的規定事項

第7條：「明顯遲延時」。法律用語有所謂「相當期間」一詞，需依具體客觀的事實決定。本契約明顯遲延意義不明，易造成糾紛，故與履行期間同，應加以確定。其他協議事項亦同，應儘量避免使用類似的曖昧語句，除非訴請法院裁判，否則，將很難解決契約中的文句，以至遭致危險！

七、其他注意事項

例如無催告而逕行解除契約的契約條款相當危險、作爲買賣標的的土地標示應指明清楚，並詳細寫出。這些以前業已討論，可再參考一次。

伍、寫保證契約時的危險格式

以前面所舉土地買賣契約爲例核對危險格式的重點，只能大略說明普遍性的現象。契約常因其種類，如買賣、設定擔保物權、消費借貸等的不同，而有特殊性的危險。因爲一般性的說明無法完全包含於內，所以下面根據各種契約，作說明核對的重點。

首先談「保證契約」，所謂保證一般指支付金錢方面的保證，該契約成立於債權人與保證人間，當主債務人不履行債務時由保證人代負履行之責（參民法第739條），而連帶保證係指保證人與主債務人負同一債務，對於債權人各負全部給付之責任而言（參民法第272條第1項），故連帶保證與普通保證不同，保證人不得主張於債權人未就主債務人之財產強制執行而無效果前，對於債權人得拒絕清償之先訴抗辯權（參最高法院45年臺上字第1426號判例）。例如繼續商品買賣，保證人與買方立於連帶債務人之地位，對未來交易發生的金額負連帶給付之責，這種連帶保證契約如同抵押權設定契約，使債權人之債權因而獲得保障，惟連帶保證契約應使用下列文句。

第○條　此保證契約，保證人與買方連帶保證支付，買方與保證人根據契約，由現在起至將來應連帶負擔關於○○物品的賒帳債務及票據債務等，債務金額無任何限制。

此項保證人以不限定的金額和買方連帶支付，買方與保證人根據本契約，自此以後必須連帶負擔有關購買商品的賒帳及票據一切債務。通常連帶保證人皆爲公司的法定代理人，同時與公司的交易相關。所以此種契約書當董事長個人死亡時，債權人即無法對連帶保證人，亦即董事長個人，追索保證債務。於是爲避免這類危險的發生，應以公司職員以外之第三人爲連帶保證人，方能保障債權人的權益。

陸、抵押權設定契約的危險格式

由從社會的多元化，爲因應我國經濟的發展，活潑金融，民國52年乃制訂頒行了動產擔保交易法，其立法目的乃爲適應工商業及農業資金融通及動產用益之需要，並保障動產擔保交易之安全。是以動產抵押之利益有三：一、設定抵押權後，債務人（抵押人）仍得占有該動產爲使用收益，所以有利於抵押人；二、抵押權人不負保存標的物之義務，而能取得完全之擔保權，有益於抵押權人；三、標的物仍存於抵押人之手，並無妨礙抵押物之改良，對於社會有利益。惟依動產擔保交易法第5條規定，動產擔保交易，應以書面訂立契約。非經登記，不得對抗善意第三人。故動產抵押爲要式契約，且必須向主管機關（見動產擔保交易法施行細則第3條）依法登記，方得對抗善意占有標的物之第三人。反之若未辦理登記，善意第三人依民法第801條即取得該動產所有權。其次爲維護交易之安全依動產擔保交易法第25條規定，抵押權人依本法（動產擔保交易法第17、18條），實行占有抵押物時，不得對抗依法留置標的物之善意第三人（參民法第445、612、647、932條之1）。

就不動產抵押設定契約言，除當然應以書面爲之外（參民法第760條），非經登記，不生效力（參民法第758條），因此縱立有抵押權契約，仍必須向地政機關登記，才能發生抵押權設定的效力（物權之公示性）。

惟抵押權設定契約爲避免危險格式發生，應注意者說明如下：

一、被擔保債權之範圍：抵押權所擔保者除契約另有訂定外爲原債權、利息、遲延利息、違約金及實行抵押權之費用（參民法第861條），而債權額及如有利息約定者其利率二者爲依法應登記之事項，故其範圍應予界定。

二、如爲最高限額抵押，應明訂其範圍：客戶與銀行經常融資而爲銀行所信任時，銀行常允許該客戶設定最高限額抵押，而所謂最高限額之抵押契約，係指所有人提供抵押物，與債權人訂立在一定金額之限度內，擔保現在已發生及將來可能發生之債權的抵押權設定契約而言（參民法第881條之1）。故約定限額之範圍必須表明，否則無法辦理抵押權設定登記。惟最高限額抵押係就將來應發生之債權所設定之抵押權，其債權額在結算前並不確定，實際發生之債權額不及最高額時，應以實際發生之債權額爲準（參最高法院62年臺上字第776條）。

三、確定雙方當事人辦理抵押權期日，以避免無謂爭執。

四、抵押物應付之一切稅捐，究應由何方負擔應明訂於契約中，以確定當事人間之權利義務關係？

五、動產擔保交易之標的物，依動產擔保交易標的物品類表有一定之限制，如不符合標的物之品名，將無法完成抵押登記，當事人訂契約時對此應詳加審查。

柒、土地、房屋租賃契約書的格式例

依　國父遺教意旨，「住」爲民生最重要的問題，所以房屋租賃及土地租用建屋契約在經濟上頗爲盛行，本文僅就該契約危險格式說明如下：

一、租賃契約注重當事人之資格，本於當事人間的信賴關係，所以租賃物爲房屋者，應明訂承租人不得將房屋轉租於第三人，以維護出租人標的物所有權的完整（參民法第443條）。又約定承租人應就承租房屋投保火險、盜險，以及承租人之代理人造成出租人之損失或損害時，承租人須付賠償之責，亦是保障出租人的好方法（參民法第423條）。

二、租賃土地標的物，應依土地登記薄謄本，詳載該筆土地地號（如土地座落臺北市○○區○○段○○小段○地號○○坪），又租賃契約最好約定期限（如自民國○年○月○日起至○年○月○日止，計○年爲限），以避免出租人日後終止契約，收回土地之困難。且出租人於租賃期限將屆滿之際須以存證信函通知承租人表示不再續租之意，或於租賃契約中明訂租期屆滿不再續租（參民法第451條）。

三、當事人雙方爲保障自身權益，出租人可約定租賃期滿不遷讓房屋或交還土地者得逕受強制執行，亦可以應繳未繳之租金及違約金載明逕受強制執行爲約款，而承租人可以押租金之返還載明逕受強制執行。惟依公證法第13條規定約定逕受強制執行事項，必須經公證人公證，作成公證書，才具有執行力。又爲減少困擾，有關當事人間之通知、送達或催告必須在契約上註明以書面爲之。而土地租用契約之期間通常較長時，有時可增列租金調整之條款。至於地上建物因天災地變而消滅時，如無特別約定，承租權不當然消滅。因而可以表明地上建物不幸遭天災地變致受損害時，爲承租人喪失租用權之事由。

四、我國民法並未強行規定出租人必須爲所有權人，所以承租人必須先審查確定出租人爲土地或房屋所有權人方訂立租賃契約（從土地或建物登記簿謄本即可查得），以避免爾後產權爭執。

捌、危險的金錢借貸格式例

金錢借貸的事例甚多，但製作借貸憑證卻非簡單的事。以下以實例作說明：

第一條　甲乙雙方約定，由甲方貸給乙方新臺幣○○萬元。

第二條　乙方每月以百分之三的利率作為利息付予甲方。

第三條　如乙方未能於期限日，即○○年○月○日前，還清第一條之款項時，則應以每月百分之六的利率支付遲延賠償金。

第四條　乙方支付甲方信用調查費五萬元，佣金及手續費五萬元。

第五條　如乙方不支付利息，即使於期限前，也視同失去清償期的利益，此時須原本加利息支付全額。

第六條　乙方遲延支付利息時，甲方得經由催告而乙方不償還時，甲方得將遲延利息滾入原本中。 ——以下略——

此契約即爲有缺陷的金錢借貸契約，雖非致命性的「缺陷」，但，製作契約書的目的既然是在清楚說明事項，於是不符合契約目的的要求，即稱爲「缺陷的格式」，亦即「危險的格式」。

第一，缺陷在於未爲明債務人——借方受領○○元的事實，正確寫法應爲「借用：○○元，乙方於中華民國○年○月○日確實收訖」。消費借貸契約爲要物契約，如不支付金額則契約不生效力（參民法第475條）。所以於書寫格式時，爲表示借貸契約合法成立，應寫明借方收到所借款項的日期，或表明自中華民國○○年○月○日起，至○○年○月○日止，借貸期間爲○年，期滿乙方應連同本利一併償還甲方。

也許有人會說，從收據上可證明嘛！但是，如果收據上只爲「收到新臺幣一百萬元」，那麼是借、送或還呢？若能於備註欄上詳細註明「○○年○月○日借貸契約書上所借的款項」，然後與契約書合訂一起，即可避免上述的危險。

第二，第5條的期限利益喪失時間未明；同時，第6條的利息滾入原本規定，也未知究從何時算起。

第三，未定支付債務的場所，此點最好能加入。通常債權人的住所是支付的地點，因爲民法規定清償應於債權人之住所爲之（參民法第314條第1項第2款），所以，即使未寫也不至於造成重大的危險。

第四，就第6條而言，民法規定利息如不遲付一年以上，就不能滾入原本（參見民法第207條），因此，即無法以每半年計算遲延利息。

第二章　契約書格式的必備知識

壹、契約與書寫格式的要點

一、契約與契約書的關係

契約的成立極為簡單，只要契約雙方相互意思表示一致，契約就立即成立。所以一方提出說：「我要買。」一方同意「我要賣」，則買賣契約就立刻成立。又譬如某甲說：「請把這東西借我」。某乙同意：「好的，請便。」則借貸契約就成立了。因此，若認為契約的成立，必須經過雙方在契約書上簽名蓋章，否則便無法有效地成立，或是無法互換文件，這實在是個錯誤的想法。事實上，法律並未明文規定，無契約書，契約就不能成立或是不能生效。

「契約自由原則」是私法自治的一大原則，基於此項原則，除了特定契約外，只要契約雙方的當事人意思一致，而且是基於自由意志，那麼契約的訂定是不計任何形式的。所以，如果單純地以為沒有契約書，契約就不存在，或者未在契約書上簽名蓋章，契約就不能產生法律上的效果，那就大錯特錯了。事實上，許多人在社會上，就因為欠缺對契約的充分認識，而吃虧上當的例子很多。例如：地主甲先生在租賃土地給乙先生時，認為如果正式地簽訂土地租賃契約書，那麼乙方事後可能會堅持長久的租地權，或者提出一些麻煩的要求。所以甲先生故意不與乙先生訂約換文，而直接租地給乙先生。甲先生還沾沾自喜地向人誇說：「一般地主因為與人訂有租地契約，所以事後常常會自尋煩惱，麻煩極了。不如學我，不訂契約，那麼對方要要求什麼權利，都無憑無據，一切操之在我。老實說，在沒有契約之下收地租，才是最安全妥當的出租方法。」

甲先生如此說法眞是一個可笑的錯誤想法，雙方雖然沒有正式締結租地契約書，但實際上，租地契約仍然是有效地成立的。如果地主想推拖義務，租方在必要時，只要檢具一張租金收據，便可以正正當當地要求對方承認其租地權。屆時即使甲先生驚愕、恐慌亦於事無補了。更可怕的是，依據民法第422條：「不動產之租賃契約，其期限逾一年者，應以字據訂立之，未以字據訂立者，視爲不定期限之租賃」的規定，地主甲要收回租賃地，可能要大費周章了。

還有一個實際的例子。某機車廠商營業部經理葉先生有一次因業務出差，而與當地機車店老闆李先生熟識，兩人並作了口頭約定，葉經理承諾約聘李先生的機車店爲公司的特約代理店。在這位經理的看法，是準備依照公司正常的程序，先委派分公司或營業處，對李先生作信用調查，調查沒有問題之後，再將公司的「代理店契約書」遞交李先生，俟李先生與保證人簽名蓋章，寄回公司之後，公司始將貨品運到李先生的代理店出售。不料，經過公司調查的結果，李先生的條件不符規定，於是公司方面不了了之。但是，李先生在獲得葉經理的口頭承諾之後，立刻高興地積極準備，更新招牌、分送宣傳海報，並招徠了許多訂戶。但是在公司方面貨品久久不見送達之下，李先生頻頻去函催送，而公司方面卻不理不睬。最後一狀告到法院，要求公司賠償違約損失。

公司方面卻認爲契約並未成立，葉經理與李先生之間的要約與承諾，只是契約之前的談判，並未立下契約書，也沒有簽名蓋章爲憑證，所以不予承認。然而，李先生則堅持，這並非只是單純的談判，所有批貨日期、數量、指定價格，以及手續費等，都是經過深入討論後而達成協議的，並已將這些內容都記在備忘錄上。

顯然地，這項契約已經成立了。最後，公司方面屈服了，只好在賠償金上討價還價，終以和解收場。以上的例子均證明如果一廂情願地以爲，除非訂立書面契約，否則契約就不存在的想法，是錯誤的。

二、需要訂立書面契約的情形

前面說過，訂定契約的方式，乃是個人自由，無論口頭或書面，其作爲契約在法律上的效果是同等的。但是也有例外，在下列情形下，法律特別規定必須錄爲文字，使契約書面化，才能生效：第一，不動產之租賃契約，其期限逾一年者，應以字據訂立之，未以字據訂立者，視爲不定期限之租賃（參民法第422條）；第二，不動產物權之移轉或設定，應以書面爲之（參民法第760條）。

除此之外，尚有其他法律條文，也有類似應製作契約書的規定。如果法律規定契約應以書面爲之，而當事人沒有締結書面契約，雙方發生糾紛時，依民法第73條規定：「法律行爲不依法定方式者無效，但法律另有規定者，不在此限。」如不動產物權書面未合法成立，則不生物權變動的效力（參民法第780條）。

在訂定契約的時候，有時會因爲以口頭或書面的方式訂立，而使得法律上的約束力產生差異。例如，將財物無條件地贈與別人，如果只在口頭要約與承諾，亦即訂立口頭契約時，是可以片面毀約的。但是，如果經公證之贈與，或爲履行道德上義務而爲贈與，則不能因反悔而取消契約了（參民法第408條第1項及第2項）。因此，當有人要贈送財物給自己時，如果不希望節外生枝，那麼，最好還是用公證方式來確定比較有保障。

三、為何要製作契約書及其他文件

有人說：「所謂契約書，如果說得徹底一點，就是人們因爲互不信任所帶來的產物。」這種說法，也有幾分道理。契約本來是因爲雙方同意才成立的。唯有如此，它才能充分發揮法律效果，因此，實在沒有製作契約書的必要。然而，人是複雜的動物，社會環境也往往是瞬息萬變的，如果對方因某種原因而漠視契約的存在，不依約履行義務，那麼，怎麼辦呢？如果想依法追究對方的責任，應該到哪兒去找到明確的證據呢？此時，見證人的證詞是一項有力的證據。但是，人的證言，主觀色彩太濃；更何況，如果見證人與當事者中的一方有利害關係時，我們怎能對獲得公平的證詞抱著太大的期望呢？

遇到這樣的情形時，最確實有力，並有決定性的證據，莫過於契約的客觀存在了。簡單地說，也就是契約文件的記載。客觀性證據的效力當然要比見證人的主觀證詞更有價值。況且，契約的當事人，既已簽名蓋章，立下白紙黑字，如果想在事後反悔，也是無濟於事的了。訂立契約後，契約的成立和契約內容，便是日後最有力的證據，它是手中握有的最大一張王牌。所以，如果想要高枕無憂，還是製成契約書比較妥當。

契約書製作的目的，既然是要作爲有力的證據，那麼，如何才能稱其爲有力呢？以下便是製作契約書時，應當特別注意，明確標示的幾個要點：

(一)契約生效的日期及有效期限

如果契約在當事人雙方簽名蓋章後，立時生效，這種情形，可另當別論。否則，契約的有效期限，應明白寫出「自民國○○年○月○日起，至民國○年○月○日止」。

(二)契約書當事人

誰和誰所訂立的契約？契約效力所及的權利者和義務者各是誰？應該明白標示。尤其，公司與個人、保證人與見證人、本人與代理人，都應區別清楚，明白記之。

(三)契約的旨趣和目的

所訂立的契約，究竟是買賣契約、借貸契約、或者是承攬契約……等，何種旨趣？契約雙方究竟要達成何種目的？都應該有清楚的認識，並且要將它們整理出構成的順序與構成的項目。

(四)契約的對象和標的物

買賣契約所要買賣的究竟是什麼？建築物租賃契約所要租賃的是建築物的那一部分？所有契約對象的場所、品目、數目及單價，都應明確地加以特定。如果是建築承攬契約，則所要建築的標的是什麼？其種類、構造，及設計等，應該以說明書或圖面仔細地表達出來。一般違反契約的情形，最容易在這一點上發生問題，因此如果契約書上的標示模糊不清，那麼，便不能發揮其爲契約書的功能了。

(五)雙方的權利和義務

甲方對乙方享有哪些請求權？乙方對甲方應盡哪些義務？這是契約書中最重要的關鍵。例如買賣契約，買方要求賣方應將何項商品於何時送達何地？商品如有瑕疵，如何退還？以及如何作商品售後保證？售後服務的情形如何？都應仔細地規定。又賣方要求買方何時支付價款？支付方式是現金或支票？遲延付款時應該怎麼辦？都應加以明文規定。

契約上的糾紛，大多是因爲沒有詳明契約義務範圍所引起的，也就是權利的一方，沒有積極的要求將其應享的權利，條列在契約書中。所以，將權利與義務有關的條項明列出來，才能將契約解釋上的疑義釐釐清。將糾紛防患於未然。

四、如何書寫契約書

契約有法律為後盾，當契約內容不明確，或不慎漏列某些條項時，如果法律上有與此同一或類似的條款，則可彌補契約本身不夠完備之處。例如，訂立買賣契約時，訂約費用應如何負擔的問題，如果當初遺漏而未加以約定，那麼，可依民法第378條第1項第1款的規定：「買賣契約之費用，由當事人雙方平均負擔。」又如，訂立房屋租賃契約後，承租人未經出租人同意，而將房屋之全部而轉租給他人，或把承租權轉讓出去。如果當初在契約上未就此情形明文約定，出租人仍然可依民法第443條第1項規定，請求終止租賃契約及賠償。

像這些情形，雖然沒有在契約書中明白約定，但仍然有法律上的依據，因此，將之省略於契約書之外，也無所謂。總之，與契約有關的事項如法律上有規定，即使未明訂於契約，對當事人權利義務亦無影響。

匆促的情況下，或是同時訂立許多契約的情形下，特別應該簡單而有效率地訂立契約，契約書上的條項，應該儘量符合「必要之最小限度」的原則，既能掌握住契約的重點，又能言簡意賅，鉅細靡遺，這才是契約書製作的眞正技術。那麼，製作契約書時，哪一點應該列入契約書中、哪一點可以省略呢？

簡單地說，凡法律上之規定，有與契約要點同一旨趣的條款，是可以略而不寫的。以前述的例子來說，如果買賣雙方協定，製作契約的費用由雙方平均分攤，那麼，因為民法上本來有此規定，便可以在契約書中省略。相反地，凡雙方所約定的事項，在法律中沒有明文規定，或者是與法律的「任意規定」有所不同時，則應該明確地載入契約書裡。以前述的例子來說，如果買賣契約的費用，雙方協定，由賣方負擔全額費用，那麼，就一定要在契約書中寫明：「第○條買賣契約所需費用，一切由賣方負擔。」如果不把這點明確地條列，則買方亦有依照民法第378條第1項第1款負擔一半費用的責任。

又買賣契約有「危險負擔」的責任問題。這是指雙方在訂立契約之後，至商品交付前這一段期間，如果商品因風災、水患、地震等一切不可抗力的自然因素，而遭致毀損危險時，必須由誰負責的問題。在民法第373條有規定，買賣標的物之利益及危險，除契約另有訂定外，自交付時起，均由買受人承受負擔。因此，契約書上有關「危險負擔」的責任問題，就買方而言，自然是以不另約定較爲有利；就賣方而言，如果不願負擔危險，平白損失的話，就應該要求在契約書上，明白約定「第○條　本商品交付買方之前，無論何種原因所造成之損害，一切由買方承擔」。

貳、簽名與蓋章的要點

一、簽名與記名有何不同

在契約書上或收據、保管證等，都應簽名或蓋章，以表示此約確實無誤的意思。因爲，「在一定文件上簽名或蓋章，才能作爲法律上之文件，充分發揮效果」。

特別是交換的文件，如果沒有簽名或蓋章時，究竟這份文件是否根據其本人的意思所立，將成爲日後糾紛的來源。因此，契約書及其他具法律效應的文件，在訂立時，切勿忘記簽名或蓋章。所謂的簽名或蓋章，既然如此重要，那麼，它們在法律上究竟具有什麼樣的意義呢？

在法律上，有「簽名」和「記名」兩個名詞，它們是有所區別的。所謂簽名，是指親自書寫其姓名，也就是說，自己簽寫自己的名字。道就是我們一般常講的簽名，或是本人之署名。而記名，是指以打字機代替他人打上其姓名。

爲什麼法律上要特意區別簽名和記名的不同呢？這是因爲簽名時不必蓋章，而記名時一定要蓋章。之所以如此，是因爲簽名或記名，一定要是本人在自由意志下所行使或同意的行爲，才具法律意義，又因爲法律所要求的是確切的證明，所以其要求的第一原則是簽名，其次才是代替簽名的記名蓋章。

在相關的法律中，如民法第3條第2項規定：「如有用印章代簽名者，其蓋章與簽名生同等之效力。」承認記名蓋章與簽名具有同樣的法律效果。除此之外，在票據法亦有類似的規定，如「票據上之簽名，得以蓋章代之」爲票據法第6條所明訂。

二、簽名時是否亦需要蓋章

前面已經說過，記名時需要蓋章，而簽名時則不必，但這是法律原則。我國自古有蓋章的傳統習慣，直到今天，這種習慣還是根深蒂固。因此，儘管法律上規定，簽名時不必再加蓋印章，但是人們總覺得，光只簽名仍嫌不夠，心中猶惴惴然，總要在簽名之下再加上蓋章，才有安全感。也就是說，在對方蓋章之後，才會覺得「萬事OK」，如果對方只是簽名，而未蓋章，就會覺得好像文件尚未完成，對方仍然有所保留。

事實上，只簽名而沒有蓋章的文件，雖然在法律原則下，其效力與簽名又蓋章是同等的。但是，因蓋章是我國自古以來的習慣，想到這點，那麼，在製作契約、字據等文件時，要求對方在簽名之下再加蓋印章，可說是更加安全妥善的辦法。

又雖然在票據法上，規定只簽名票據便算有效，但是銀行爲了對照印鑑方便起見，所以要求顧客必須提出印鑑證明。此外，以社會現狀來說，光只簽名而不蓋章，往往給人不確實、不自然的感覺。由此可見，蓋章在今天的社會上，仍有其重要性。

三、如何簽名或記名

無論是簽名或記名，如果是個人，應以連名帶姓，完整正確地表示出來爲原則。當然，如果是本人親筆寫的文件，能夠清楚地顯示出是出自他的手筆，那麼，有時也可以只簽姓或名。又有的時候不必一定要簽戶籍的名字，也可以用筆名或字、號代替。重要的，是要把權利、義務的主體明確地表達出來，以滿足其必要性，這才是簽名或記名所要顯示的意義。

在簽名或記名時，如果不加以注意區分公司或個人，是很容易發生問題的。例如，如果公司的負責人，以公司的名義借款，簽名時，只在借據上簽下「債務人　李四郎」。此種表示法，只具李四郎個人的文件效力，公司方面並沒有法律責任，如果對方要向公司要求還債，公司是可以拒絕償還的，因爲債務人已變成「李四郎」個人了。相反地，本來是將錢借給個人，但因爲債務人在簽名中，附上了多餘的頭銜，因此，在法律上，公司變成了債務人，個人被判定爲不具還債義務，而產生糾紛。爲了避免發生這樣的錯誤，以下所說明的簽名及記名的要點，應謹記在心，以製作法律上無缺陷的文件。

以公司為債務人、買主或承租者等，總之，也就是以公司作為法律上的當事人來負法律上的責任，在其簽名或記名時，無論如何，應依照如下的範例簽名或記名：

甲上商業股份有限公司 　　董事長　李四郎

此例包括了三項要點：(1)商號：「甲上商業股份有限公司」。(2)代表資格：董事長；(3)代表者姓名：「李四郎」。其中代表者如非董事長而為董事時，其代表者之董事應在公司登記名稱下註明為現任董事長親自委託才具資格（參照公司第205條第1項）。此外，又有所謂的「共同代表」，即兩人以上的代表。共同代表應該有全體的連署簽名，否則在法律上不具效力。有「共同代表」規定的公司，除了應把全體代表的姓名寫下之外，同時應該將該公司全體代表的印鑑蓋下，根據其印鑑證明之章，就能作成完整的簽名或記名。

像這樣，將(1)公司商號；(2)代表資格；(3)代表者姓名明確地表示出來，所製作的文件，才具有代表公司簽名、蓋章的法律意義。這三項要素，如果遺漏了任何一項，即使文件上蓋有公司印章，它是否為公司的正式文件，日後仍可能發生問題。

相反地，如果把錢借給「李四郎」個人，而在訂立契約書時，以為只是頭銜，沒什麼關係，而讓他簽名時寫下「甲上商業股份有限公司　董事長　李四郎」，那問題可就大了。因為這樣一來，債務人變成了公司，而非「李四郎」個人，還債的義務變成應由公司負責。如果這家公司的信譽卓著，財政充裕，債權人以公司為對象還能收回債帳，那就無所謂，但是，如果該公司經營不善、財政短缺，那麼債權人可就得為討債一事發愁了。社會上有人就故意針對這個法律漏洞，設立像稻草人一般的公司，負責人平時很體面，以個人資金來贏得他人信任，一旦在合約上簽名時，則把「○○公司　董事長」的頭銜加上去，將法律上的責任轉嫁給稻草人公司，而自己卻坐享漁利。此外，亦有故意將公司與個人分開的情形。所以，在簽名或記名這件事上，千萬不要掉以輕心，讓對方有可趁之機。

如果對方當事人是個人時，其簽名應該這樣表示：

地址：縣　鎮　里　路　巷　號 李四郎

像這樣，簽上個人姓名，也可以將其住址或身分證字號一併寫上去，但絕不能讓他附上頭銜。

四、代理人如何簽名或記名

簽名時必須本人親筆簽具，前已述及。但如其中一方因某種緣由不克親自簽名時，如何才能讓他有效且恰當地蓋章呢？通常遇到這種情形，一般採用如下兩種方法：

第一、由契約當事人甲委託丙代其保管印章並代甲簽名爲法律行爲，在契約書上，丙代爲簽上甲的姓名，並在下面蓋甲的印章。此稱爲「代理簽名」或簡稱「代簽」。亦即由丙代替甲簽上其名，並蓋其章。

第二、由甲正式委託丙代理從事契約之締結與契約之簽名蓋章。在契約書上，丙某應寫上「甲代理人丙」之頭銜，然後簽上自己的姓名，並蓋上自己的印章。這種實際上要丙某在契約上簽自己的名字，蓋自己的章的情形，此時的丙某，就是意定的「代理人」。契約本來的當事人是甲，因從「甲代理人丙」代理資格的表示，便能識別原契約當事人——此爲代理制度的特色。

以上所列的兩個方法，都是有效的方法。但是，如果想避免日後橫生枝節，那麼還是採用第二個方法較爲穩當。因爲，如果採用第一個方法，事後若甲來個一概否認，辯稱：「我不知道有這項契約的存在，這上面的簽名也不是我的筆跡。」但事實上丙本來是受甲之委託，這樣一來，發生三角糾紛，那可就麻煩了。而如果採用第二個方法，在契約書之外附上如下的委託書，甲對這份契約書，便無否認的餘地了。以下是委託書的範例：

<table>
<tr><td>
委託書
　　本人甲○○以丙○○為代理人，委託以下事項：
一、本人與乙○○之間，締結○○縣○○鎮○○里○○路○○號之房
　　屋買賣事宜，及其訂金之收受等。
二、有關事項委託如下。
　　　　　　　　委託人　甲○○　印
　　　　　　　　地址：
中　華　民　國　○　○　年　年　○　月　○　日
</td></tr>
</table>

並且，甲名下所蓋的印章，爲了證明其爲本人的印章，最好附上印鑑證明，那麼就更完美無缺了。

由代理人代理簽約事宜，通常是以因爲本人身在遠處，不克親臨其事時，才有這種情形。但是，如果當事人爲滿七歲以上之未成年人時，也會有代理的問題。因爲，未成年人訂立契約時，必須徵得法定代理人的同意（參民法第79條），或法定代理人允許限制行爲能力人處分之財產，限制行爲能力人，就該財產有處分之能力（參民法第84條）。值此情形，應作如下表示，以讓法定代理人代理簽名蓋章事宜。

<table>
<tr><td>
縣　　鎮　　里　　路　　巷　　號
　　　　　　　　張三郎
同上址
　　法定代理人　　父　張大德　印
　　同　　　　　　母　張林阿妹　印
</td></tr>
</table>

五、如何在契約書上蓋章

(一)實印與認定印

有人說：「印章等於腦袋。」也有人說：「蓋章時要和你的結婚典禮一樣慎重。」自古以來，蓋章的重要性一直被強調。但另一方面，連小孩都可以隨時隨地請人刻印，也是相當諷刺的現象。印章有實印和認定印的區別，讀者可能從字面上便能領略它們的意義。所謂「實印」，在個人時，是指在本人戶籍所在地的鄉鎮區公所，有提出印鑑證明，作爲實印登記印鑑的印章而言。而在公司方面，則是指在公司登記的所在地，向有關單位申請印鑑證明，作爲代表公司的印章而言。也就是說，在某文件上蓋章時，那顆印章確實是自己的印章，由鄉鎮區公所或有關單位的印鑑證明，能加以證實的印章，便是「實印」。而沒有印鑑登記的普通圖章，則稱爲「認定印」。

一般社會上，通常對實印非常重視，在蓋實印時，非常慎重；而對認定印的處理，則往往隨隨便便，這實在是非常錯誤的觀念。如果在文件上蓋章時，其所顯示的意義，有「我確實答應了」，或「收受無誤」等旨趣時，無論是實印或認定印，它們的法律效果應是相同的。總之，在文件上簽名或記名時，是否本文件爲依照其本意製作而簽名或記名，這才是最重要的問題。至於所蓋的印章是實印或認定印，並無影響。

(二)重點在於簽名，不在蓋章

實印是很重要的，這點不容否認。但實際上，在文件中，簽名要比蓋章來得更加重要。爲什麼呢？因爲萬一在日後，文件發生糾紛時，對方如果是個狡猾的傢伙，說不定會對實印以外的認定印，辯稱說：「這不是我的印章啊！」對於實印，也可能狡辯：「這是我的印章沒錯，但是我並沒有在這文件上蓋過章；這一定是有人偷了我的印章來蓋上去的。」相反地，如果這份文件有對方的親筆簽名，那麼對於這一點，他就無從狡辯了。因爲以筆跡鑑定的方法，便能很容易地證明本文件是否爲其親筆的簽名。因此，要讓對方在契約等文件上蓋章時，一定要先要求其親自簽名，然後再蓋章。如果只注意蓋章，讓他的姓名用打字機打上去，或是讓他將附有公司名號及頭銜的印章蓋上去，比較不保險。

總之，在文件上，讓對方本人在自己眼前親筆簽名，才是最安全妥當的方法；而如果對方身在遠處，不能在自己眼前親筆簽名，而由他人代理時，要求對方使用實印，並附上印鑑證明，以證實的確是對方的文件無疑，這是十分必要的。

六、如何在契約書上「捺指印」或使用其他符號

簽名、蓋章爲契約中最普遍的方式，惟社會中經常使用「指印」符號以代替簽名，關於這方面亦有說明的必要。依民法第3條第3項規定，「如以指印、十字或其他符號代簽名者，在文件上，經二人簽名證明，亦與簽名生同等之效力。」所謂「代簽名」者，或用指印，或用十字，或用其他符號，均無不可。惟此種簽名方法，不似親自簽名之正確，故必須經二人簽名證明，始與親自簽名生同等之效力。例如訂立移轉或設定不動產質權之書面以十字代簽名者，若證明者二人亦僅簽十字時，立書面人以十字代簽名，當然不能與簽名發生同等的效力。但法律行爲法定方式之欠缺，並非不許補正，一經補正，該法律行爲即屬有效。（參照司法院28年院字第190號解釋）。因此，當證明者二人業經補正簽名證明時，立書面人以十字代簽名的契約行爲即與親自簽名產生相同的效力。

參、標題前文與結尾的要點

一、書寫契約書標題的作用

一般的契約書，常見到一些標題，如「買賣契約書」、「借貸契約書」等。通常，一眼看了這些標題，便立刻能了解，這份契約書是爲何種目的而製作的；同時，契約的種類與本質，也達到了讓對方立即明瞭的效果。此外，在將契約書分類整理時，這樣的標題，也的確能成爲很方便的索引。然而，契約書的標題，只能達成這些功能，在法律上，它幾乎不具有任何意義。

契約書上所記載的內容，如果都是有關借貸的事宜，而標題卻寫成「買賣契約書」。即使像這樣離譜的情形，契約書也不會因此而無效，或成爲契約解除的原因。在法律上，並未規定契約書應該以何種型式製作。

因此，契約書的型式自由，要附上什麼樣的標題，可以按照自己的意思，或參照一般傳統的慣例，自由選擇製作，甚至不附上標題，也無不可。

所以，作爲契約書的標題，只簡單地寫上「契約書」或「證書」，抑或是寫成「協定書」、「誓約書」等等皆可。不會因標題而影響契約書本身在法律上所具備的效力。總之，契約當事人成立一定的契約書時，契約書的法律效果即表現在契約內容的文件上，不會受標題型式的影響。

二、如何適切地附上理想的標題

儘管標題在契約書上可有可無，但是前面已經說過，標題在契約書上仍有其重要的功能，所以，依照契約書內容的性質，附上適當的標題，對契約的明確性有很大的幫助。那麼，應該如何製作一個好的標題呢？

如果契約的內容單純，例如：在契約書上只規定了有關買賣的事項，其他事宜都未涉及在內，那麼便能很精確的附上「買賣契約書」的標題。又如契約書上只記載有關租屋問題，則便能很容易地附上「房屋租賃契約書」的標題。

如果契約書的性質具有單一性，那自然較好處理標題。但是事實上，一般契約書的內容，具有複合性的情形也很多。例如契約書上同時記載了「繼續性商品交易契約的條款」與「抵押權設定的條款」，此時，便可以正式地把標題寫成「繼續性商品交易及抵押權設定契約書」。不過這樣的寫法，一方面不夠簡潔，一方面也容易有所疏漏，不如寫成「繼續性商品交易等契約書」，以「等」字來包羅有關內容，更具彈性，不失爲安全穩當方法。原因在於，即使正式地附上「繼續性商品交易及抵押權設定契約書」這樣的標題，如果本契約書內，除了抵押權的規定之外，尚有一條款有關預定以某種抵押品抵償債務的記載，而看起來，這一條款，似乎不在標題之內。對方如果是個狡猾的傢伙，說不定會辯稱：「我對於抵押權的設定，沒有異議；可是我並沒有答應以該不動產來作爲抵押品的契約，這點從契約書的標題便可以明白了。對方在標題以外，故意加入其他條款，趁我沒有注意之際，讓我簽名、蓋章，因此，那一部分的契約，我不予承認。」像這樣故意吹毛求疵的可能性，也不是沒有。

所以，契約內容的性質爲複合性，而非單一性時，製作「××等契約書」的標題，用「等」字將內容的範圍擴大，或只簡單地寫上「契約書」這樣廣泛包羅的標題，可說是較為妥當的。

在與人訂立契約時，如果想要讓對方心甘情願地簽名蓋章，順利地完成契約的訂定，那麼應該把握適當的分寸。因為，人們都不喜歡作繭自縛，如果只提讓單方面負很重的義務，那麼在其簽名蓋章時便會遲疑，契約的完成便會發生困難。像這樣，引起對方逃避或無謂的心理抵抗，因而無法獲得對方的簽名蓋章，契約書訂得太嚴苛往往是一個很大的原因。

遇到這種情況時，想起前面說過契約書製作型式自由的原則，可以儘量將標題寫得柔和一點。例如：在要求交易對手的公司董事長，個人提出擔保時，與其把標題直書為「保證承諾證書」或「保證責任契約書」，不如簡單地寫成「字據」或「備忘錄」這樣的標題，更能緩和對方的緊張感，而獲致很大的心理效果，順利地完成簽名蓋章。像這樣緩和對方心理上的抗拒感，是讓他能順利地在契約書上簽名蓋章的方便法門。依照當時的氣氛和契約的內容，選擇最適當、最有效果的標題，才是製作契約書的要領。

契約依其內容和性質，契約當事人之間，權利、義務的關係即有所不同。一般的契約，多半規定雙方互相負有應盡的義務；而在某些契約中，只有規定單方面應負的義務、而另一方卻享盡權利，不負任何義務的情形，亦有之。例如：在買賣契約中，賣方對買方有交付商品的義務；同時，買方對賣方有支付款項的義務（參民法第345條第1項），這是雙方互負義務的典型事例。另外，以贈與契約為例，答應贈送財物給對方的贈與者，有依約將財物贈與對方的義務；而免費接受贈與的受贈人，卻沒有必須接受的義務（參民法第406條），這是單方面負義務的典型事例。

一般說來，「雙務契約」的情形，契約當事人雙方將權利、義務的內容記載於書面上，然後由雙方簽名蓋章。這種契約，以幾件一式兩份，雙方各執一份較為理想。而在標題上，多半寫為「○○契約書」的型式。而「片面契約」的情形，則通常由只負義務的一方，在契約書上特別承諾「將依本契約書履行義務」，簽名蓋章於後，交付給對方便可以了。而在標題上，則只簡單地附上「字據」或「承諾書」的型式。

三、如何書寫前文

一般的契約書，在標題之後，條文之前，常會寫上如「○○公司（以下稱甲方），與○○公司（以下稱乙方）之間，訂立有關銅線買賣之契約如下」。或如「張三郎（甲方），與乙上公司（乙方）之間，就關於甲方所有之店面，出租予乙方之相關事宜，雙方協議如下」等，此稱爲契約書的前文。契約書前文的要點，通常必須具備：1.誰與誰所訂立的契約，也就是契約當事人的名稱；2.爲了避免雙方的名稱在往後行文中重複地繁雜出現，故明定以甲方、乙方爲代號；3.將契約的目的與內容的要點，簡明地揭示。當然，正如前面所說的，契約書的型式自由，有沒有寫出前文，對契約書本身的效力並無影響。亦即從契約書全體看來，如果能夠確定誰和誰所訂立的契約，契約的目的和旨趣是什麼，那麼，也沒有特意書寫前文的必要。但是，話又說回來，前文也能表現它的功能。

(一)契約當事人的確定

契約當事人究竟是誰和誰，一般人對這一部分，以爲是可以一目瞭然的。但事實並非如此，其中大有文章。當我們看了契約書末尾的簽名蓋章部分之後，好像便能確定契約的當事人。但是，在實際問題上，當契約的代理人代替本人簽名蓋章時，究竟代理人本身是當事人，或者本人才是當事人，並不容易明白地確定。有時，簽名者可能會說：「那是我做爲見證人所簽的名，而不是契約的當事人。」像這樣，便容易發生糾紛。而這種糾紛，多半是發生在分不清楚契約的當事人，究竟是公司，抑或是董事長個人的情形時。當公司爲契約的當事人時，原則上，代表公司具有締結契約權限的董事長，應以「○○公司　董事長　○○○」的方式簽名，也就是應包含三個要素：(1)公司商號，(2)代表資格，(3)代表者的姓名。但是，如果簽名者他堅稱，寫上「○○公司董事長」，純粹只是將頭銜附帶上去，並沒有其他意義。此時，我們就很難斷定，契約眞正的當事人究竟是○○公司，還是董事長個人了。

因此，如果在前文上明白揭示：「○○公司爲甲方，○○公司爲乙方，甲乙雙方訂立契約如下。」這樣，便可以毫無疑問地確定，契約的當事人是公司，而非個人。這不是省卻了很多不必要的麻煩嗎？不過，有一點應該特別注意，如果在契約的前文寫上「○○公司　董事長　○○○爲甲方」，這種表示方法，在識別上又容易混淆了，應該加以避免。

(二)契約書的旨趣和目的

在契約書的前文，將它的要旨和目的明白地揭示，其功用在於一旦契約書中條款的解釋產生疑義時，便可以根據前文的綱領來加以指導，而使之明確。當然，將這種指導的地位讓給契約書的第1條，在第1條將基本事項提綱挈領的說明，亦無不可。總之，不管用那一種方式，將契約書的本質明白地揭示，絕對不是多此一舉的事情。

此外，在根據基本契約書而製作協議書時，爲了讓它與前項契約關聯清楚，無論如何，有記載如下前文的必要：「根據甲乙雙方於民國○○年○月○日，所訂之繼續性商品交易契約書第○條，將銅線買賣之條件協議如左」。如果不這樣寫明，那麼協定所記載的個別契約，與基本契約之間，可能會被視爲毫無關聯的兩份契約，因而違背了協議書製作的目的。

(三)各種契約書前文範例

從契約書的前文，不僅可看出訂立契約的當事人，亦可知道訂立契約的理由及原因，將來契約內容條款發生疑義時，有助於探討當事人之眞義。同時契約書內容條款經常出現的名詞，亦可於前文中簡單予以表示。一般而言，契約前文的格式以買賣契約爲例可分成下列兩種：

○○買賣契約書

印花

賣　方：○○○（以下簡稱甲方）
買　方：○○○（以下簡稱乙方）
保證人：○○○（以下簡稱丙方）

印花	○○買賣契約書 　　立契約人○○○（以下簡稱甲方）、○○○（以下簡稱乙方），茲就○○買賣事宜訂立本契約，條款如後：

四、結尾的重要性

契約書的結尾（又稱尾款）為契約的重心，通常包括契約作成份數、保管人、簽署及訂立契約年月日。

(一)如何表明立約者

契約立約者除了當事人以外，還包括見證人、介紹人、代筆人、保證人，這些契約簽署者對於契約本文內容的疑義，甚至對於契約內容的爭執而涉訟於法院時，均可為訴訟程序中的證人，當然契約若經由公證人的公證，是最有保障的了。又當事人為契約主體，由於我國向來注重蓋章的效力，為了確認是否本人簽署，除了簽署本人眞實姓名外，為避免爭執及容易證明起見，契約文件應蓋印鑑章，俾與一般普通印章區別。如由代表人或代理人替本人簽署，更須注意是否具有代表資格或代理權限，當然代表人或代理人亦應簽名、蓋章方具契約效力。其次當事人或當事人以外第三人於契約文件中所使用的印鑑章，為確保其證明力，應附上鄉鎮區戶政事務所提供的印鑑證明書。

(二)如何書寫立約日期

契約「年月日」關係契約權利義務的起迄以及意思表示一致的時期，不能省卻或草率，因而於契約結尾日期的格式中，中華民國的「中」字（或西元、公元）應書於契約格式最頂格（天格），而年月日的「日」字則應書於格式中的最底格（地格），如此方能表示契約書結尾的終結，並且明確彰顯契約的時、日。為明瞭起見，將契約結尾格式說明如下：

……………………………………………………。

本契約壹式參份，當事人及保證人各執乙份為憑。

甲方：
公司名稱：○○○有限公司
公司地址：
負責人：○○○ 印
住址：
身分證統一編號：
公會會員證書字號：
乙方：
公司名稱：○○○有限公司
公司地位：
負責人：○○○ 印
住址：
身分證統一編號：
公會會員證書字號：
連帶保證人：○○○ 印
住址：
身分證統一編號：

中 華 民 國 ○ ○ 年 ○ 月 ○ 日

惟契約當事人爲自然人（表2-2-1），或與公司以外的社團法人（表2-2-2）、財團法人（表2-2-3）或與經營企業有關的特殊法人（例如合作社、農會參表2-2-4）訂立契約書時，經常表示如下列四種格式：

表2-2-1

……………………………………………………。

本契約壹式參份，當事人及見證人各執乙份為憑。

甲方：○○○　印

住址：

身分證統一編號：

乙方：○○○　印

住址：

身分證統一編號：

中　華　民　國　○　○　年　○　月　○　日

表2-2-2

……………………………………………………。

本契約壹式貳份，當事人及見證人各執乙份為憑。

甲方：

社團法人名稱：○○○工會

社團法人地址：

董事：○○○　印

住址：

身分證統一編號：

乙方：○○○　印

住址：

身分證統一編號：

中　華　民　國　○　○　年　○　月　○　日

表2-2-3

……………………………………………………。

本契約壹式貳份，當事人各執乙份為憑。

甲方：

財團法人名稱：○○○協會

財團法人地址：

代表人董事長：○○○ 印

住址：

身分證統一編號：

乙方：○○○ 印

住址：

身分證統一編號：

中　華　民　國　○　○　年　○　月　○　日

表2-2-4

……………………………………………………。

本契約壹式貳份，當事人各執乙份為憑。

甲方：

法人名稱：○○○農會

法人地址：

代表人理事：○○○ 印

住址：

身分統一編號：

乙方：○○○ 印

住址：

身分證統一編號

中　華　民　○　○　年　○　月　○　日

註：公司以外的社團法人、財團法人的代表權由董事所掌握；惟與經營企業有關的特殊法人，如農會、合作社的代表權歸屬理事（參合作社法第34條第1項）。

其次與不具備法人資格的無權利能力之社團訂立契約時，爲追究代表人的個人責任起見，有需要取得個人的保證。其契約格式可增列如下的條款：

……………………………………………………。

第○條　有關○○研究會，因本契約而負債務時，則代表人○○○與○○研究會共同連帶保證負履行契約之責任。

本契約壹式參份，當事人及連帶保證人各執乙份為憑。

甲方：

社團名稱：○○○研究會

社團地址：

代表人理事長：○○○　印

住址：

身分證統一編號：

上代表人共同連帶保證人：○○○　印

住址：

身分證統一編號：

乙方：○○○　印

住址：

身分證統一編號：

中　華　民　國　○　○　年　○　月　○　日

惟與合夥訂立契約，最謹慎的方法，乃將全體合夥人的名字都列舉在契約書上，其方法如下：

……………………………………………………。

本契約壹式肆份，當事人各執乙份為憑。

甲方：

合夥地址：

合夥人：○○○ 印

住址：

身分證統一編號：

合夥人：○○○ 印

住址：

身分證統一編號：

合夥人：○○○ 印

住址：

身分證統一編號：

上合夥人同代理人：○○○ 印

合夥人：○○○ 印

住址：

身分證統一編號：

乙方：○○○ 印

住址：

身分證統一編號：

中 華 民 國 ○ ○ 年 ○ 月 ○ 日

但如能從委託書、合夥契約等，證明合夥已經將代理權賦予訂立契約之業務執行人的事實時，則可以簡略方式表示如下：

……………………………………………………。
本契約壹式貳份，當事人各執乙份為憑。
甲方：
合夥名稱：○○合夥
合夥地址：
負責執行
業務合夥：○○○　印
住址：
身分證統一編號：
乙方：○○○　印
住址：
身分證統一編號：
中　華　民　國　○　○　年　○　月　○　日

又，與複代理人訂立契約時，不妨在文件上表示如下：

……………………………………………………。
本契約壹式貳份，當事人各執乙份為憑。
甲方：○○○
住址：
身分證統一編號：
代理人：○○○
住址：
身分證統一編號：
複代理人：○○○　印
住址：
身分證統一編號：
乙方：○○○　印
住址：
身分證統一編號：
中　華　民　國　○　○　年　○　月　○　日

上表加以簡化，則可如下所示：

<table>
<tr><td colspan="11">……………………………………………………。
本契約壹式貳份，當事人各執乙份為憑。
甲方：○○○
住址：
身分證統一編號：
代理人：○○○
複代理人：○○○
乙方：○○○
住址：
身分證統一編號：</td></tr>
<tr><td>中</td><td>華</td><td>民</td><td>國</td><td>○</td><td>○</td><td>年</td><td>○</td><td>月</td><td>○</td><td>日</td></tr>
</table>

再與法定代理人（父母或監護人）訂立契約時，其表示方法如下表2-2-5、表2-2-6：

表2-2-5

<table>
<tr><td>……………………………………………………。
本契約壹式貳份，當事人各執乙份為憑。
甲方：○○○
住址：
身分證統一編號：
法定代理人：
父：○○○ 印
住址：
身分證統一編號：
母：○○○ 印
住址：
身分證統一編號：</td></tr>
</table>

乙方：
住址：
身分證統一編號：
中　華　民　國　○　○　年　○　月　○　日

表2-2-6

……………………………………………………。
本契約壹式貳份，當事人各執乙份為憑。
甲方：○○○
住址：
身分證統一編號：
法定代理人：
監護人：○○○　印
住址：
身分證統一編號：
乙方：○○○　印
住址：
身分證統一編號：
中　華　民　國　○　○　年　○　月　○　日

立於公司使用人地位的經理、課長、銷售店員工，由於具備代理業主參與公司業務之權，因而與這些員工訂立契約時，當事人的表明方式並不一定要勉強表示爲代理人。只要有公司之總公司、分店名稱、職稱員工簽名蓋章即可。其例如下：

……………………………………………………。

本契約壹式貳份，當事人各執乙份為憑。

甲方：○○○

公司名稱：○○○股份有限公司

公司地址：

○○分公司經理：○○○ 印

住址：

身分證統一編號：

乙方：○○○ 印

身分證統一編號：

中　華　民　國　○　○　年　○　月　○　日

……………………………………………………。

本契約壹式貳份，當事人各執乙份為憑。

甲方：

公司名稱：○○○股份有限公司

公司地址：

鋼鐵經理：○○○ 印

住址：

身分證統一編號：

乙方：○○○ 印

地址：

身分證統一編號：

中　華　民　國　○　○　年　○　月　○　日

最後，爲清算中公司的表示方式，通常，契約書上的表示方式如下：

> ……………………………………………………。
> 本契約壹式貳份，當事人各執乙份為憑。
> 甲方：
> 公司名稱：○○○股份有限公司
> 公司地址：
> 清算人：○○○　印
> 住址：
> 身分證統一編號：
> 乙方：○○○　印
> 地址：
> 身分證統一編號：
> 中　華　民　國　○　○　年　○　月　○　日

如果定有清算代表人，同時也依公司法第83條第1項向法院聲報時（參公司法第85條第2項），則其表示方式如下：

> ……………………………………………………。
> 本契約壹式貳份，當事人各執乙份為憑。
> 甲方：
> 公司名稱：○○○股份有限公司
> 公司地址：
> 清算人：○○○　印
> 住址：
> 身分證統一編號：
> 乙方：
> 地址：
> 身分證統一編號：
> 中　華　民　國　○　○　年　○　月　○　日

肆、正本與副本的要點

一、契約書正本與副本的意義

通常在契約書的末尾，常會出現類似這樣的句子：「本契約壹式貳份，雙方各執乙份爲憑。」契約書視當事人的人數製作，經每個當事人簽名蓋章之後，各持一份，這是處理契約書的一般慣例，但這只是一般的慣例，事實上，契約書要製作幾份，以及是否要當事人各自持有一份，法律上並無明文規定。所以，如果契約書只作一份，由當事人的一方保管，也不會因此而喪失契約書在法律上的效力，同時，也不會失去約束對方約力量。

無論作了幾份契約書，只要上面有當事人的親筆簽名和蓋章，即使在上面註明其爲「副本」、「謄本」或「複印本」等，也不會影響其作爲契約文件內容的地位。

一般而言，在製作契約書時，多是視當事人的人數而決定份數。例如買賣契約，如果只有買方和賣方兩人時，則應幾件一式兩份。如果除當事人雙方之外，尚有保證人的連署時，則應製作三份。這樣的方法之所以成爲慣例，是因爲它具有如下的實際利益：

第一，萬一契約的當事人之一，將所持有的契約書任意加以竄改，例如將「契約期限二年」，悄悄改爲「三」年，或將契約書上條款的文句修改，以符合自己的利益等，如果本契約書只製作一份，日後對方發現了提出抗議：「這部分被偷偷修改過。」或者「這部分與當初訂定時的文句不同」，但是因爲苦無與原文比較對照的證據，便容易吃暗虧。這時候，如果雙方各持有一份契約書，那麼，便能彼此比較對照，則竄改之處，就容易分辨了。

第二，契約書如果只製作一份，而由一方保管時，多半給旁人的印象是，這可能是單方面的利益，而非以對等的條件所締結的契約，因此坐享利益者，不願另作一份，交給對方。或者以爲，這份契約中可能有陷阱，草擬的一方，趁對方沒有留意，而讓他簽名蓋章，同時，又怕對方發覺，因此特意只作一份，單獨保管。

由於會有這種主觀印象，所以，萬一雙方發生糾紛而訴諸於法院裁判時，對未持有契約者而言，可能會有不利於己的心證情形發生。

契約書各執一份，表示契約的公平性與開明性，尤其當事人在彼此履行契約上的義務時，更經常必須以契約書上所記載的內容，作爲指針，依照它來執行契約的效果並指導自己的行爲。故意不把契約書交給對方收執，而卻指責對方行爲未遵照契約本旨履行義務，這在誠信原則上，是一種不能被輿論所贊同的失當措施。

當契約書製作二份或二份以上時，何者爲正本？何者爲副本？又正本應由誰保管？這些都可以由當事人自行決定。如果不是以複印爲目的時，副本應與正本同樣，要求各當事人簽名蓋章。此時，在法律上，正本與副本的效力是沒有差別的，其作爲證明文件的功能完全相同。

二、契約書保管的重要性

契約書是很重要的證據文件。契約的成立、契約的內容、契約當事人彼此間的權利、義務關係等，萬一發生問題，彼此見解南轅北轍，而將糾紛帶上法庭時，決定是非曲直的重要證據，就是這份契約書。原本契約書便是爲了作爲立證手段的目的才製作的。所以，如果因爲疏於保管，而在最需要契約書證據的時候，卻找不到契約書，那麼，所製作的契約書便不能發揮其功能了。是故，契約書應妥爲保存，以便在必要時能立即取出，發揮效用。

妥善的契約書保管方法，尤其是契約規定的金額極爲龐大，內容極其重要時，應將契約書加以拍照存證，或複製影印本，以防萬一原件失落時，亦能充分發揮代用證據的價值。如果更爲慎重，將正本寄放於銀行保險櫃中，而影印本則經常置之身邊，必要時得以隨時取出加以利用，不失爲一個聰明保險的保管方法。

此外，某些契約書如和解契約書，有時必須提交政府有關單位或保險公司，遇到這種情形，契約書應多製作幾份，較爲理想。如果只製作正、副兩份時，則應複製影印本，儘量將正本或影印本之一保存下來。

又如，在金錢消費借貸聲請抵押權設定登記時，契約書爲登記證件之一，必須提交給地政機關登記，俟地政機關蓋上登記完畢的印章之後，再將此抵押權設定契約書與消費借貸契約證明書一併領回，作爲登記完畢的證明書。日後若要塗銷登記或從事其他登記時，應將之附於聲請文件上，提交地政機關，所以有將它好好保存的必要。

三、契約書保管的期限

契約書究竟應該保管多久，才算穩當呢？不用說，在該契約書的有效期限內，必須妥善保存，是毋庸置疑的，但即使契約已經終止，在契約期限內所發生的種種事故，可能在日後才被訴追於法院，或者契約上的義務履行不充分，而在日後被指出。因此，當交易完成，契約期限屆滿後，最少應將契約書再保存二年，以備不測。

另外，關於金錢消費借貨的債務人，或是附有抵押權的金錢消費借貸契約的債務人，在將債務全部清償完畢後，有權請求債權人將借據、抵押權設定契約書等一切文件返還或塗銷負債之字據（參民法第308條第1項前段）。

又如買賣契約書，尤其是有關土地、建築物等的買受人，只要仍然保有該土地或建築物所有權，便應該將買賣契約書作爲長期保存的文件，加以妥善珍藏，才是安全。如果將買進土地或建築物時的契約文件丟棄或遺失，日後可能會有意想不到的後果發生。例如某甲在八年前向某乙買了一處土地和房屋，花費二百萬元，在辦完登記過戶手續後，搬進去住。但八年之後，某乙卻突然提出民事訴訟，表示八年前的二百萬元，是他向某甲借來的，雙方約定無限期、無利息金錢消費借貸，而以土地和房屋作爲抵押，並先暫時移轉登記。如今他將償還二百萬元的借款，希望取回土地和房屋的所有權。遇到這樣的要求，某甲驚慌失措。這是因爲八年之間，房地的價值飆漲了數倍，因此某乙想辦法找藉口，欲用原價二百萬元將土地和房屋取回。某乙的企圖是非常明顯的。遺憾的是，某甲因丟棄了當時買賣的契約文件，因而缺乏反擊某乙不當請求的有力證據，只好在法院艱苦纏訟了。這就是證明契約書保管的重要，最恰當的例子。

伍、字據、備忘錄、承諾書、協議書的要點

一、字據與備忘錄的標題，其效用有何不同

契約書的標題採自由擬定的方式，譬如可以不寫爲「○○契約書」或「契約證書」等。即使寫成「備忘錄」或「協定書」，只要書面內容有一定的契約條款，即能作爲契約替充分發揮其效用。

就一般習慣，契約當事人雙方，一方簡稱爲甲方，另一方簡稱爲乙方，文件以雙方簽名蓋章的方式，一律稱爲「契約書」。這種形式的契約書如買賣契約中，買方與賣方，雙方皆各負有義務的契約書，稱爲雙務契約，是所有契約書中較理想的形式。

無可否認的，即使是雙務契約，如果契約當事人只有一方承認履行自己的義務，而把單方面的承諾以書面交予對方的例子，絕對不少。例如房屋租賃契約，出租人對於自己的土地和建築物有義務讓給承租人使用收益，且房東更有修繕房屋的義務（參民法第429條），但是此點特別義務的規定，並非只有出租人片面地負契約義務。以書面表示房屋租賃契約時，出租人與承租人不採取雙方簽名蓋章的形式，而採取只要承租人簽名蓋章後，交給出租人的契約方式較爲常見。茲述之如下：

房屋租賃字據

茲向臺端承租後述房屋，誓言嚴守下列條款，並與連帶保證人○○○簽署後，訂立本契約：

一、租金每月新臺幣○○元，至翌月○日以前繳清。

二、承租的房產不得轉租或轉讓租賃權。

三、承租的房屋如未經臺端之同意，不得任意改變裝潢或整修等事。

四、騰出承租的房屋時，不得有騰出費、轉移費或任何其他名義上金錢的請求。

承租人：○○○ 印
連帶保證人：○○○ 印
出租人：○○○
中　華　民　國　○　○　年　○　月　○　日

房屋租賃契約雖爲雙方當事人之合意，但只有承租人將其租賃契約義務明訂於契約，另一方出租人對於履行自己的義務上，並無向對方作任何的誓約。類似此種現象，多見於契約當事人的一方居於優越地位之時。從上述例子可看出契約內容爲房屋的租賃契約，在保護承租人立場來說，即使契約上無記載出租人的義務，但出租人亦負有民法債編第二章第五節租賃契約規定上的種種義務，因此承租人大可放心。

就民法一貫保護經濟上弱者的精神而言，承租人屬經濟上弱者，卻單方面將自己的義務表明於書面上，再交給出租人的作法將導致萬一出租人不履行自己的義務時。承租人缺乏追究不履行責任的依據。若只承租人被追究不履行契約責任時，將造成不公平的現象。因此，應儘可能不使用這種方式，而採取一般契約的格式，亦即當事人雙方表明相互間的權利義務，然後簽名蓋章較爲妥當。

二、單方面交付義務形式的字據、備忘錄

契約當事人只有一方簽名蓋章，把字據或備忘錄交給對方，所以只有限定當事人一方的義務，因而契約內容如具備以下的格式較爲理想：

例一（A）契約當事人的賣方證明單方面放棄對對方債權的文件。買方從這些文件中，能獲得利益而毋須負任何義務。因此，這種契約是可以接受。但相對的，如債權的放棄並非無條件，而是約定對方付清幾成的帳款才放棄餘額債權，在這種情形下當買方同時負有一定的義務時，則可在例一（A）的文件上，附記此點，「本公司對貴公司擁有的帳款金額○○萬元，如貴公司將上述款額中的百分之○○，於○○日前付清，則本公司將放棄餘額○○萬元的債權」，如此便可確定當事人的權利義務關係。

然而這種表示方式並無記明買方的義務，因此，仍舊以例一（B）中，雙方簽名蓋章的形式爲較佳的契約書製作方法。另外，關於土地、房

屋的租賃，若只有租地人與租屋人負義務時，當租賃契約終止時，承租人返還空地、空屋以例二（A）的方式，對地主和房東都較爲有利。

相反的，如地主或房東必須支付騰出費或免除承租人支付遲繳租金義務時，以例二（B）所示，採用雙方簽名蓋章的方式，則對於雙方均最安全又確實。

例示如後：

例一（A）字據

本公司（以下簡稱甲方）對貴公司（以下簡稱乙方）所積欠的帳款○○萬元債權，於本日放棄，以後將完全不要求上述款額。

為免口説無憑，交付本字據一份。

甲方：
公司名稱：
公司地址：
負責人：
住址：
身分證統一編號：
公會會員證書字號：
乙方：
公司名稱：
公司地址：
負責人：
住址：
身分證統一編號：
公會會員證書字號：

中　華　民　國　○　○　年　○　月　○　日

例二（B）字據

○○股份有限公司　稱為甲方

○○○　稱為乙方

甲乙雙方訂約之事項如下：

一、乙方對甲方確實負有支付帳款新臺幣○○萬元的債務。

二、乙方應於○年○月○日前將上述金額內的○○萬元，送交或匯款予甲方。

三、甲方於乙方在前條日期前付清上述○○萬元額款後，免除乙方支付餘額○○萬元的義務，並同意不再請求前述餘額。

四、乙方未於第二條日期內清償債務時，只要甲方請求，則乙方必須支付第一條總債務金額。並自請求之翌日起，至清償之日為止，附加日息○分○釐，作為賠償金的給付。

甲方：

公司名稱：

公司地址：

負責人：

住址：

身分證統一編號：

公會會員證書字號：

乙方：

姓名：

住址：

身分證統一編號：

中　華　民　國　○　○　年　○　月　○　日

例二（A）誓約書

關於本人臺端所租後述土地（房屋）的租賃契約，本日獲得臺端同意予以終止。故確定對上述土地（房屋），不再擁有任何權利，於〇〇年〇月〇日以前，將該

土地以空地（空屋）交付臺端。交付時，不作騰空費、移轉費，乃至其他任何名義上金錢的請求。

承租人：
出租人：
土地座落：
房屋所在地及使用範圍：

中　華　民　國　〇　〇　年　〇　月　〇　日

例二（B）備忘錄

甲方（〇〇〇）與乙方（〇〇〇）之間的契約如下：

一、甲乙雙方於民國〇〇年〇月〇日有關下述土地、房屋的租賃契約，本日經由雙方同意予以終止。（土地、房屋的表示省略）

二、乙方應於民國〇〇年〇月〇日前，將第一條之土地、房屋騰空後（稱為完全空屋），交還甲方。

三、乙方於前述期限內交還時，甲方應支付乙方支出的騰空費〇〇元。

同時乙方免除對甲方支付遲繳租金〇〇元的義務。

四、若乙方未能依第二條之規定騰空時，除失去第三條請求騰空費的權利外，並且必須立即支付前條的遲繳租金〇〇元：且從第二條期限屆滿第二天起，至交還土地、房屋之日止，應另外支付一天〇〇元的違約金。

五、甲乙雙方之約定，除本備忘錄所規定的事項外，不擁有其他任何權利。

甲方：○○○ 印
住址：
身分證統一編號：
乙方：○○○ 印
住址：
身分證統一編號：

中　華　民　國　○　○　年　○　月　○　日

三、協議書與基本契約書的關係

接下來談「協議書」。「協議書」有時必須以「備忘錄」作爲標題的特殊說明。通常「協議書」乃契約當事人之間，彼此約定契約的基本事項；而「基本契約」則是詳細規定基本事項文件，因此使用極爲普遍。如果基本契約的內容爲：「第○○條　根據本契約，甲方賣給乙方的物品名稱、數量、單價、交易條件、貨款支付方法及其他買賣所必須的條件，除本契約所規定之外，得由甲乙雙方另外依據個別買賣需要，經由協議後訂定。」亦即瑣碎具體的事項另需額外製作協議書，且將內容記明於協議書中。由此可知，「基本契約書」與「協議書」皆採雙頭並進的方式有彈性地，或補充、或變更契約的內容。最重要者其又具如下三大優點：

第一，契約的內容如係只限於一次、單純的交易，則即使把一切契約條款，毫無遺漏的寫於一張契約書上，也不至於覺得繁雜。若所交易的標的物品，無論是貨品或數量，爲數眾多或交易次數、方法、價格等，亦瑣碎繁雜時，就契約的內容而言，光是將這些事項羅列記載，即足以使契約當事人難以辨識契約的基本條款，再則，僅僅適合於特別條款的特殊例子，又將如何研擬契約內容較妥等。以上這些皆爲擬定交易契約時，所常遇到的困難，當萬一發生問題時，只爲解釋這些契約條款，反而惹出更多的事端。

如果契約內容爲繼續性交易契約，且期間長達二年，乃至三年時，理所當然，開始即可能訂立有關交易方法、交易標的商品有所改變、或數量有所增減時應處理的事項。此時如爲因應情事變更，修改契約部分內容的細節，而又能保持契約的架構，無論如何，最好亦最方便的方法，爲採取基本契約和協議書雙頭並進的方式。

第二，凡繼續性交易契約，有不動產、設定抵押權以擔保債務之清償或約定有保證人保證債權人之債權獲得滿足時，也一定要採用以上的方式。因爲，抵押權和保證的作用，主要在於保障，它所根據的主契約——繼續性交易契約（假定爲A契約），保證其交易結果所發生的銷售款項等償權獲得清償。但是，除了A契約以外的B契約或C契約等，所發生的交易款項，卻完全無法發揮物保或人保的效用。

於是，如甲方與乙方的交易行爲想完全依靠抵押或保證作爲債權保障，首先必須視A契約爲基本契約，作爲整個契約的條款，然後寫明於基本契約上，除此之外，細節條款則留於協議書上。因此，日後延伸出的B契約及C契約等，應視爲以A契約爲基礎的個別契約。如此才是收回A、B、C三契約債權最有保障的方法。

陸、製作公證書的要點

一、公證書有哪些效力？

無論契約書製作得如何精細完善，畢竟只是契約書而已。若是有一方違反時，即使將契約書送往法院民事執行處強制執行，這時民事執行處之法官也無法就該契約書，執行扣押或拍賣對方的財產。除非將契約書作爲訴訟證據，因而獲得勝訴判決，否則，絕不可做契約內容請求法院依法強制執行。換言之，契約書只在於訴訟時，作爲使自己獲勝的證據而已。這即是指一般私人所製作的契約書——所謂的私製證書——其製作有一定的限制範圍。

同樣爲契約書，但有法院公證處或民間公證人公證的公證書，其性質即有所不同。

一旦對方違反契約時，公證書如記明應逕受強制執行者，即可做該公證書聲請強制執行，不須等待提起訴訟獲得勝訴判決。債權人直接依該公證書請求民事執行處扣押債務人財產後加以拍賣，再將賣得的款額就債權額取償。亦即持有公證書時則可不必花費時間於訴訟上，便可迅速地依法強制執行，發揮其效力。

因此，與對方訂立契約時，不以製成私人證書便感滿足，即使稍嫌麻煩，也應至公證人處製成公證書，以節省訴訟上的致用與時間。此外，並可獲得如下許多效果：

(一)公證書具有強大的證據力

凡經法院或民間公證人作成的公證書，將來如涉訟時，當事人毋庸舉證。

(二)公證書有執行力

一般民眾對於1.金錢或其他代替物或有價證券應給付一定數量爲標的；2.以給付特定之動產爲標的者；3.租用或借用房屋約定期間並於期間屆滿時應交還房屋者；4.租用或借用土地約定非供耕作或建築爲目的，前於期間屆滿應交還土地者。當事人在辦理公證時，請求於公證書內記明應逕受強制執行者（參照公證法第13條第1項），此種公證書與勝訴之確定判決效力相同，將來借用人或承租人不爲償還或支付時，貸與人或出租人即可持該公證書直接聲請法院強制執行，不須經起訴，判決等麻煩手續。

(三)公證單位永久有案可查

如爲一般契約書的正本燒毀或遺失，可能造成無法挽回的損失。但凡經公證的事項永久保存在法院及公證人事務所，當事人所執的公證書如有遺失，可隨時向原法院公證處或民間公證人事務所請求查閱公證書之內容，亦可請求再發給公證書繕本，毋須擔心證據之滅失或損壞情事。

二、何種情況下製作公證書較有利？

由以上可知，契約書製作成公證書的方式，有各種益處，然是否將一切的契約書製作爲公證書，皆能發揮如此的效率？絕對不然！有無需要應視契約的種類和性質而定。因爲有些情況下，即便將契約書製作成公證書，亦不見得有多大好處。那麼，哪些契約書才適合爲公證書？又哪些不適合爲公證書？

(一)以金錢或其他代替物應給付一定數量為標的的契約書

契約中有所謂貸款契約及還債契約，亦即契約的目的爲向對方要回金錢。關於此類契約，由法律認同的公證書賦予執行力，經強制執行向地方法院民事執行處聲請扣押債務人的財產並加以拍賣換得金錢，再從拍賣所得的金額，以相當比例分配給債權人。因此，以金錢或其他代替物應給付一定數量爲標的的契約書，通常最適於製作成公證書。對於有價證券（支票、匯票、本票、股票等），以給予一定數目爲標的的契約，亦可於公證書內載明逕受強制執行（參公證法第13條第1項）。所以不僅金錢的支付，就以支票、匯票、本票、股票爲標的的契約，若能製成公證書，則可保護私人權利及澄清訴訟的根源。

(二)以支付金錢或其他代替物或有價證券以外的事項為標的的契約

契約中，所謂租地契約、租屋契約，乃至給付特定之動產爲契約標的，其目的並非單純向對方取回租金債務。對違反契約的承租人，出租人或債權人得請求對方返還該土地、建築物或交付特定之動產，這才是契約的最後目的。以上這些類型的契約最適於製作公證書，因爲，依公證法第12條作成的公證書，並且記載有「應逕受強制執行」者，即有執行力。也就是說，賦予公證書的執行力應善加利用，將來萬一發生違約情事，毋須訴訟即可強制執行，因此，我們可以說，執行力是公證最重要效力。

(三)另外二個要素

公證書依公證法第13條第1款所述限於以給付金錢或其他代替物或有價證券爲契約標的，才能發揮其原始的執行力。但此時仍需具備如下二要件，才稱完善，只要缺乏其中任何一要素，便無法據以強制執行。

1.金額一定，或其他代替物或有價證券的一定數量：公證書必須記載一定的金錢或證明能明確計算出一定的金額，或一定數量的代替物或有價證券，才得以強制執行。爲何必須如此？因爲法律只承認「以給付金錢或其他代替物或有價證券之一定數量爲標的者」，公證書才具有執行力（參公證法第13條第1項第1款）。所以，於公證書上務必清楚記明「乙方願意於○月○日歸還甲方借款新臺幣壹百萬元」或「根據○○，借款新臺幣伍萬元，按月分拾次付清」。若能表明一定的金額或可根據契約而計算得知明確的金額，則自然無枝生的問題。但是，如果金額模稜或不明確，譬如：「根據本代理契約，萬一將來乙方無法對甲方支付所欠的款項、票據或其他債務時」，這種契約即使製作成公證書，也無法據此要求強制執行，這是非常重要的一點。

2.必須寫明同意強制執行的本旨事項：另一重要因素，即公證書上必須註明「萬一我違反本契約書時，將接受臺端之強制執行而無異議」——這一則條款通常稱為「承認強制執行條款」。這是雙方極應注意的一點，因為，儘管製作成公證書，如遺漏此項聲明，即無法為強制執行。契約的違反，必然引起訴訟，為終局判決後，才能做強制執行法第4條第1項第4款聲請強制執行，若無明確表明本條款，則將完全失去公證書所具意義。

三、如何製作公證書？

公證書應由契約雙方當事人或其代理人，請地方法院公證處所設置的公證人或民間公證人代為製作。

此時，若經辦的公證人與當事人間不相熟識，則雙方當事人有必要使公證人明白自己的身分為當事人抑或代理人。於契約蓋章時——在個人方面，必須提出國民身分證或其他身分證明文件，並蓋經過登記的印鑑（如個人印鑑證明書中的印鑑）；如為公司，則應蓋已向總公司主管機關登記過的印鑑，且公司代表人應提出其代表人或管理人之資格證明文件，並蓋能證明代表人的印章為準，惟必須一併攜帶能證明所用圖章為其正的印鑑證明書（印鑑證明書於各鄉鎮區戶政事務所辦理申請）。

當事人雙方或一方，為公司或其他法人時，除需具備上述所言之外，另外要攜帶資格證明書，及能證明公司或法人代表人身分的登記簿副本，交予公證人。然後於「公證請求書」，填明應予公證之事項，並載明應逕受強制執行，雙方當事人簽名、蓋章，經法院公證處公證後，公證書即算正式完成。

四、委託代理人製作公證書

契約的一方忙碌得難於脫身時，則很難由本人親自前往法院公證處辦理公證事宜，但是爲迅速正確地製作公證書，可由本人製作委託書，委託代理人洽辦。

委託書

本人委託○○○為代理人，辦理下列事項：

一、○○○。

二、○○○。

委任人：○○公司

代表人：○○○

住址：○○鄉（鎮）○○村（里）○○鄰○○路○○號

身分證統一編號：

受任人：○○○

住址：○○鄉（鎮）○○村（里）○○鄰○○路○○號

身分證統一編號：

中　華　民　國　○　○　年　○　月　○　日

委託書上最好能將委託事項詳細寫明。如爲空白委託書或只簡略記載「有關公司的一切事項」等字樣，則於事後根據這份委託書所製作的公證書強制執行時，對方可能以委託書記載不清楚公證書應歸於無效爲由而提出異議，強制執行將因而受到阻礙。

所以，委託代理人辦理契約審公證時，應多影印契約書數份連同委託書合訂一起，並蓋上騎縫章，委託書委託事項寫明「如附帶的契約書所記」，如此才是正確的作法。

又，假使委託書的事項能明確訂出，則不管代理人爲誰，都不至於發生問題。因此代理人的名字可空白，於日後委託辦理公證事宜時，只須委託適當的人選，攜同本人印鑑及印鑑證明書，前往各縣市地方法院公證處或民間公證人事務所辦理。至於公證請求書於公證處即可取得。

第三章　訂約當事人應行注意的事項

壹、契約當事人一般的注意事項

一、何謂契約當事人

所謂契約當事人，就形式上來說，即爲以甲方或乙方之名義在契約書上簽名蓋章者。就實質上來說，所謂當事人，係指雙方約定的事項在法律上能對其發生效力的人。

譬如，甲方對想買土地的乙方，表明願將土地賣給他，而乙方亦承諾購買該筆土地，此時土地買賣契約即告成立，賣方甲及買方乙，即爲契約當事人。由此可知，所謂當事人，即係因爲契約而必須負某種義務或取得某些權利之人。故欲知契約中之當事人究竟是誰，將當事人正確地表明在契約書上，由當事人簽名蓋章，誠屬必要條件。

二、確認正式的契約當事人

與財經界要人或擁有數家公司的企業鉅子訂契約時，往往會發生一個問題，即：究竟當事人是誰？即使不是什麼顯要，也難免問題雜沓而來。就日常生活最常見的事來說，家務事項往往不知契約當事人是妻子抑係丈夫。茲舉一例闡明之。假定欲將不動產賣給、或者把錢借給一家公司的總經理，往往不知是總經理個人或是公司要買？是公司借貸抑係總經理個人借貸？有時，以擁有數家公司者爲對象時，往往弄不清楚是不動產公司A要借貸？抑係保齡球場B要借貸？甚或運動器材C公司要借貸？如果交涉時，未談清楚究竟誰是契約當事人，則契約書的簽名蓋章階段，往往問題叢生。

因此，務必要寫清契約當事人，是個人或是法人？是丈夫或是太太？抑係是夫妻或是父子？又，由同一人經營數家公司時，要弄清楚究竟是哪一家公司？待完全釐清後，再正式簽約。否則，將導致一些糾葛難解的事情發生。例如，原係將貨品售予總經理個人，但因爲事實上買方的名義爲公司，及至買方公司倒閉時，賣方就會因高額售帳弄得焦頭爛額，又無法對總經理個人請求賠償，陷於極度困窘之地。

三、確認當事人是否為所有者

舉例來說，土地的買賣成立後，契約書亦製作完成，但調查的結果，出售土地的人，卻並非擁有土地的所有者，甚至也並非地主代理人等情況。果眞如此，就等於將他人的土地作爲買賣的對象。民法上雖不禁止「買賣他人之物」（參民法第348條第1項）但如果，一開始就知道係買賣他人之物，情況尙屬明朗，不致陷於糾紛。然而土地買賣，不似鋼鐵，木材之類可從任何地方調度過來的東西，土地所有人獨一無二，只要地主本人不表首肯，買賣他人土地的契約是無法履行的。因此，必須一開始就直接洽詢地主，若被拒絕時，可立時索回定金，以後纔不致留下困擾的遺症。否則若訂約的對方爲人不端，甚至將導致無法索回定金的後果。不動產仲介業者、掮客等，往往使用這種不當手段，因此，須格外謹愼行事。總之，應與財產所有人，亦即有處置權利的人，作爲當事人而訂契約，因避免糾紛而杜訟源。

貳、公司爲當事人應行注意的事項

一、必須標明公司的正式稱呼

以公司的身分訂契約時，契約書上必須註明公司的名義。所謂公司，包括有兩合公司、無限公司、股份有限公司以及有限公司之分。就公司來說，商號的名稱中，一定要冠以「股份有限公司」或「有限公司」或無限公司或兩合公司等文字（參公司法第2條第2項）。譬如，將「三菱重工業股份有限公司」簡稱爲「三菱重工」，這種情形儘管用在廣告說詞上絕不會混淆不清，用在有法律效果的契約書上時。卻不可僅用「三菱重工」的字樣。因爲社會中也許還有名爲「三菱重工」的個人企業，或者其他行業。即使名稱一樣，但股份有限公司與有限公司卻是不同的法人。譬如：「東洋社有限公司」與「東洋社股份有限公司」二者即成爲完全不同的法人。單稱爲東洋社，無法知道是哪一種法人。

有時，會寫作（股），用以代表股份有限公司，或寫作（有），用以代表有限公司，這種簡稱的寫法不能正式使用。有人認爲既然社會上通用，也就無可厚非，但在契約書中，無論如何必須使用正式的商號名稱。爲了不致使契約產生負面的影響，書寫公司名稱時，務必須與公司的登記簿一致。

二、具名總公司所在地的地址

無論是股份有限公司或有限公司，欲確定爲同一公司時，（亦即從書面可以看出就是這家公司），必須將總公司地址正確予以具名。

當然，即使未塡寫總公司所在地，或將股份有限公司六字漏寫，契約也不致於無效。只要法院認同該公司（參照其他資料），則契約書上所列明的權利，即可兌現，但，許多時候，權利往往很難獲得實現。尤其，總公司或商號名稱寫錯時，就無法做爲不動產登記（設定抵押權或移轉所有權等）的原因證書。申請登記時，往往招致駁回，必須大費周章，花一番口舌之勞，纔能獲得法院首肯。因此，即使能夠取得權利，也將耽擱不少時日。

三、公司代表人的具名方式

契約書上雖載有「甲方　○○股份有限公司」之字，但如果沒有具名代表人或代理人，則往往會發生許多困擾。既然是合約，則作爲當事人的甲方與乙方，意見應該一致，但如果契約的當事人爲公司時，則必須能夠從契約上看出何人代表公司發言，表明公司的意願，或此人是否有代表公司訂立契約的權限。這是因爲公司並沒有眼和口，因此除非由自然人（普通人）來代表公司行動，否則就無何意義可言。

契約書的正式款式如下：

甲方　○○○股份有限公司 　　　　　　　　代表人　○○○　印

當然，只有公司寶號，沒有具名代表人的姓名，僅憑公司戳記，契約

還是有效，畢竟契約書只不過是證明契約成立的證據而已。只是，無可否認的，歲月一久，作爲見證的人，其影響力即會亞於白紙黑字明文陳列的契約書了。因契約而負債的當事人，說不定會編織一些詭異的狡辯之詞，因否認契約書的價值。也許他會揚言該契約書是董事長簽名、蓋代表人印章之前，即已改變主意、不欲訂立契約了，他最好的藉口是，契約書只有公司的名稱而已。

近來，甚至許多規模龐大的公司，也往往不再使用董事長的名稱了，代之冠以總經理的頭銜，但就公司法第208條第3項而言，擁有代表權的還是董事長，因此，總經理並不一定能夠代表法律上賦予代表權的董事長。換言之，公司的代表權在董事長，總經理並沒有代表權，因此要儘量具名爲董事長。欲確認是否爲代表人，可以從公司的登記薄謄本或抄本來查證。

四、股份有限公司以外的公司代表人

在數目上，僅次於股份有限公司的，可能即爲有限公司。有限公司在原則上，係由董事代表公司（參公司法第101條第2項）。有限公司和股份有限公司相同亦可置有董事長（同條第1項第7款後段），只要看公司的登記稱，就可以知道是否由董事長或由共同代表公司。

無限公司原則上各股東均得代表公司（參公司法第56條第1項後段），但亦可以章程特定代表公司之股東一同條項前段）。

兩合公司的股東，分爲無限責任與有限責任兩種。兩合公司亦與無限公司一般，由無限責任的股東，亦即執行業務的股東，做爲代表人，但也可以從數名執行業務的股東中選出代表人。

五、與代表人以外的人訂立契約時

若契約當事人爲股份有限公司時，是否除了董事長以外，不能與其他人訂立契約呢？不，這是無稽之談。無論契約內容如何，前述所以說契約上必須有董事長簽名蓋章，係基於安全需要之故，同時，這也是正式的格式。

姑且不論與整個公司命運攸關的事項、或公司重要交易，或其他問題，有時候，除了董事長以外的人，也被賦予代表公司簽約的權限。其中一人，就是經理。經理對本身有關的業務也得代表公司簽訂契約或爲其他法律行爲（公司法第8條第2項），不過經理代表公司買賣不動產或設定負擔時，須經公司書面授權，始得爲之。又，監察人、重整人、清算人等，雖是公司聘雇之人，但在執行職務範圍內卻有代表公司訂契約的權限。因此，在規模龐大的公司，其支票等咸以經理的名義代表公司開立，此時由經理人所簽訂之契約，對公司亦發生效力。

由上可知，訂立契約者有可能是以公司董事或常務董事的名義來訂契約，有時可能由總經理或副總經理等名義來訂契約，這種情形依公司法第8條皆對公司發生效力。當然，如果這些人是公司的董事，則不會發生任何事故。衹要登記爲公司董事，則不論是否實際上具有權限，大致可視爲具有代表公司的權限。即使在契約書上沒有表示爲「董事長兼副總經理」，只要查驗訂立契約書時之登記簿，即可證實是否確爲董事。實際上，即使不是董事，但公司卻經常使用總經理或副總經理，副董事長或常務董事等名稱，公司對於這些人代表公司所簽訂的契約都必須負責。

由此可知，以公司爲對象訂立契約時，如果負責簽名蓋章者或從事談判的人不是代表人，則必須加以注意。但一般說來，與公司訂立有關不動產的契約或與整個公司營運有關的契約時，則必須請董事長簽名蓋章。惟如果對方係規模龐大的公司，又契約只是日常性的交易時，則代表人即使是營業部經理或業務部門的經理都無妨。

參、與公司以外的法人訂立契約時

一、公司之外的法人究竟是什麼？

公司法中所規定的公司，計有：股份有限公司、無限公司、兩合公司及有限公司等。此外，民法中尚規定有：社團法人、財團法人等社會組織。以公益爲目的之社團及財團法人，這兩種法人稱爲公益法人，與公司等營利法人成立的組織迥然不同。但儘管稱爲公益法人，也並非完全從事慈善事業。他們也從事商業、也做不動產買賣，但是所獲利潤需從事於公益用途。

除上述之外，還有特殊法律組成的許多法人。例如農會亦爲法人，學校爲學校法人，醫院爲醫療法人等，都分別由各該法律監督約束。

二、與社團法人或財團法人訂立契約時

社團法人的代表權由董事所掌握。董事由一人或數人組成（參民法第47條第1項第3款）。多數社團法人都使用「董事長」或「代表人董事〇〇〇」的名稱，

但並不表示，其他董事不具有代表權，亦即不能認爲，和董事長或董事代表以外的董事訂立契約爲無效。即使對董事的代表權加以限制，但如果第三者不知悉此事實，則一旦發生問題時，不能歸咎於第三者。民法第27條第4項規定：「對於董事代表權所加之限制，不得對抗善意第三人。」

因此，與社國法人訂立契約時，祇要與董事交涉即可。由於董事的姓名、住址都記載在登記簿內，只要查驗登記簿即可知悉。在契約書上經常如下表示：

社團法人名稱：〇〇〇工會
社團法人地址：
董事：〇〇〇　印
住址：
身分證統一編號：
中　華　民　國　〇　〇　年　〇　月　〇　日

當然，若頭銜書以董事長，董事代表等，亦無妨。

財團法人亦與社團法人完全一致，董事具有代表權。在契約書上通常如下表示：

<table><tr><td>財團法人名稱：○○○協會
財團法人地址：
代表人董事長：○○○　印
住址：
身分證統一編號：
中　華　民　國　○　○　年　○　月　○　日</td></tr></table>

三、與公益法人訂契約時應注意的事項

以公益爲目的之社團法人或財團法人，於登記前，應得主管機關之許可（參民法第59條）。根據公益法人的特性，對於處理資產、借貸等除章程另有規定外，取決於全體董事過半數之同意（參民法第27條第1項後段），又公益法人，其業務屬於主管機關監督，主管機關得檢查其財產狀況及其有無違反許可條件與其他法律之規定（參民法第32條）；但受設立許可法人之董事或監察人，不遵守主管機關監督之命令，或妨礙其檢查者。得處以五千元以下之罰鍰。前項董事或監察人違反法令或章程，足以危害公益或法人之利益者，主管機關得請求法院解除其職務，並爲其他必要之處置（參民法第33條），而且公益法人違反設立許可之條件者，主管機關得撤銷其許可（參民法第34條）。

法人依民法第27條第4項亦可對董事之代表權加以限制，如果不知道這些限制而與該董事訂立契約時，則自然不致於受影響，但如果明知而故犯，則所訂立的契約實屬無效．並且遭遇對方的抗辯，言明契約效果不及於法人。因此，訂立重要契約時。或貸款給公益法人時，除查驗登記簿之外，也有必要查看規定條款。

若係捐款行爲，倘若公益法人的董事侵吞款項時．訂約的對方往往遭遇非常危困的處境。

四、與其他法人訂立契約時

與經營企業有關的特殊法人，計有：合作社（合作社法）、農會（農

會法）等，合作社設置有理事代表，由理事代表來代表合作社（參合作社法第34條第1項）。因此。應與理事代表訂立契約。理事代表通常可能均使用理事長的頭銜。農會亦有理事，但和合作社同樣，代表權在理事長，可視同合作社一般處理之。通常，當事人的表示方式如下：

法人名稱：○○○合作社
法人地址：
代表人理事長：○○○ 印
住址：
身分證統一編號：
中　華　民　國　○　○　年　○　月　○　日

由此可知，代表該組織的人，因法人之性質不同而有所差異。因此，訂立重要契約時，必須審慎其事，譬如查核約束法人的法律以及登記簿，與其他規定等。

肆、與法人以外的團體訂立契約時

在法律上，有一種團體，稱之為「無權利能力的社團」。這種團體為公司法及民法中所訂之不能成為法人的團體，同時，實際上，將具有健全組織、選出有負責人為代表、代表方式及其財產管理並訂有規則的團體，由於未取得法人登記的緣故，所以統括稱之為「無權利能力的社團」。實際的例子有研究團體、俱樂部等。唯有些登記為社團法人者（公益社團法人）則具有法人資格，但如果沒有被賦予法人資格者，就稱為無權利能力的社團。

無權利能力的社團，雖然擁有社團財產，但無法登記為法人時，終至只得由代表人登記為個人財產。惟存款可以用「○○研究會○○○」等的名義，來和個人財產區分。與無權利能力的社團訂立契約時，須稍加留意，可能發生的問題為：若在契約書上做如下表示者，必須由代表者個人負擔責任方可。

社團名稱：○○研究會
社團地址：
代表人理事長：○○○回
住址：
中　華　民　國　○　○　年　○　月　○　日

就此例而言，代表人○○○即使係有資產的人，也不能以他個人的資產爲追究責任的標的，因此，履行契約時，無論如何要針對無權利能力的社團「○○研究會」爲追究責任的目標。但，○○研究會就算有本身的財產，但卻不能以該會的名義登記不動產，也不能以該會的名義保管財產，追究責任時，難免糾葛。因此，與無權利能力的社團訂立契約時，爲以防萬一，並追究代表人的個人責任起見，有需要取得個人的保證。其契約可增列如下的條款：「第○條　有關○○研究會，因本契約而負債務時，則○○○與○○研究會共同連帶保證負履行契約之責任」。

伍、與合夥訂立契約時

一、何謂合夥

民法所規定的合夥，指由兩名以上的人出資、約定共同經營事業者（參民法第667條第1項）。

經常遇到的例子爲聯合會計師事務所、聯合律師事務所……等。

二、應確認合夥的代表為誰

合夥並不是法人，因此，法律上並無規定代表人應爲誰。所以，對於合夥，必須以代理的關係來處理。如果合夥契約中訂有由合夥中某一人爲代理人時，只要與此人訂立契約即可。但如果合夥契約中並沒有規定誰是代理人時，則就必須審慎判定究竟誰是代理人了。

最高法院28年上字第1533號判例中謂擁有執行業務權的合夥人有代理權，倘若並未規定執行業務者爲誰時，則全體合夥人都擁有代理權。但依民法第168號規定，這時候亦應由全體合夥人共同爲代理行爲，若僅由其中一人爲之，即屬無權代理行爲，非經其餘合夥人共同承認，對於合夥不生效力。

三、與合夥訂立契約的安全方法

與合夥訂立契約時，最安全的方法，乃係從書面上確認實際從事談判或訂契約時之合夥人是否具備代理權。確認方法，只要能取得全體合夥人的委託書，即可保萬全。

若無法取得委託書時，亦應取得合夥契約、規章抄本等，以確認誰爲正式的代理人，同時與合夥訂立契約，應將合夥規章或合夥契約抄本與契約書合訂，並加蓋騎縫印章。

其次，以合夥契約或合夥規章與契約書合訂時，則應確認訂立契約時的談判對手爲執行業務之合夥人。

四、契約當事人的表明方法

合夥不具有法人的資格，因此，最好避免與以合夥名義做爲契約當事人的方式訂立契約。而最謹愼的方法，乃將全體合夥人的名字都列舉在契約書上。作爲代理人的合夥人，除了蓋代理人印章外，也要蓋合夥人章，換言之，要簽名蓋章二次。又，如能將每位合夥人的住址亦一併列出，則更爲完備。其表明方法例示如後：

合夥名稱：○○合夥
合夥地址：
合夥人：○○○　印
住址：
身分證統一編號：
合夥人：○○○　印
住址：
身分證統一編號：

合夥人：○○○　印 住址： 身分證統一編號： 上合夥人同代理人：○○○　印 合夥人：○○○　印 住址： 身分證統一編號：
中　華　民　國　○　○　年　○　月　○　日

若以簡略方式表示，則如下：

合夥名稱：○○合夥 合夥地址： 負責執行業務合夥人：○○○　印 住址： 身分證統一編號：
中　華　民　國　○　○　年　○　月　○　日

即使用上述的簡略方式表示，如能從委託書、合夥契約等，證明合夥已經將代理權賦予訂立契約之業務執行人的事實時，契約即可視爲有效成立。如果向合夥以分期付款方式出售冷氣機或日常工業商品交易等，均可以簡略之方式訂閱契約。然而，如係處置合夥龐大財務時，或把鉅額款項借貸合夥時，如以簡略方式表示，則難免日後引起爭議。

由此可知，重要的契約應全體合夥人列名於契約書上，請合夥人一一簽名蓋章，或者至少要求取得其他合夥人的委託書。同時，委託書中應具體記載契約的名稱，明示已將代理權賦予執行業務合夥人。

五、追究合夥人責任的方法

我國實務上認合夥雖不屬於非法人團體，但仍具有當事人能力，依司法院22年院字第918號解釋債權人可以合夥爲被告訴請返還欠款，經判決確定，其效力及於合夥人，因此對於合夥財務產強制執行後，不足清償之債權額，自得對合夥人執行。惟即使合夥財產總額少於債務總額，各合夥人亦僅對於不足之額連帶負責，並非對於合夥之債權人的債權全額負連帶之責。（最高法院28年上字第1864號判例）。

陸、與代理人訂立契約時

一、何謂代理人？

契約可由代理人來訂立。但與代理人之間訂閱契約，或透過代理人而訂立契約，往往發生種種問題。因此，爲防患應於未然，在契約中表明代理人與代理意旨是訂立契約時不可忽視的要項。

代理人完全替本人行動，其結果，在法律上的效果就會直接影響本人（參民法第103條第1項）。譬如不動產公司以授權書委任他人訂立建築物買賣契約，則該他人所代理訂立之出賣房屋契約，該不動產公司。不得反悔售價偏低，因爲，此等結果和本人直接交易完全一樣。故在與代理人訂立契約時，須注意下列事項：

(一)代理人的種類

代理人的種類有二：一爲意定代理人，一爲法定代理人。所謂意定代理人，乃指接受代理事項之人，如幫本人從事實土地的行爲，或稱本人完成交易等。而法定代理人，乃指如父母對未成年子女，在法律上爲有親權的代理人。未成年子女所擁有的不動產，父母必以法定代理人的身分代爲訂立契約（參民法第1086條）。

意定代理人究竟擁有多少權限，須由本人與代理人依據約定決定之。法定代理人的權限有法律上的規定，此項留待以後再予闡述。此外，還有一種爲複代理人，即代理人所選定的代理人。惟雖係代理人所選定的代理人，卻非代理代理人爲法律行爲，而係代理本人（參民法第103條第1項），但他的權限衹限於代理人所擁有的權限範圍。

(二)應確認委託書

以代理人的身分簽訂契約書時，最重要的問題，即在於委託書。爲法定代理人時，則需要戶籍謄本等正式文件證明；如爲意定代理人時，因爲是由本人與代理人之間約定，所以第三者無法知道是否有代理權、或代理權的範圍如何等，因而引起許多疑慮不安。委託書即可解決此類疑慮與不安。換言之，委託書乃證明代理人具有代理權、以及代理權的範圍包括哪些等的文件。如果將之與契約書附在一起，就能發揮與本人在契約書上簽名蓋章同樣的證明力。

委託書須記載代理人姓名，並由本人簽章，至於簽章是否眞正，如附有本人印鑑證明書，大致可作爲擁有代理權限的依據。此處應注意者，爲印鑑證明書的日期早於委託書時，則不生效。印鑑證明書的日期應較委託書爲遲，同時，愈接近委託書的日期愈佳。

(三)空白委託書應注意之事項

對於只持有空白委託書的代理人，應加以留意、因實際訴訟中發生爭執的，並非純粹係僞造委託書的案件，而多半是濫用空白委託書、印鑑證明書及印章等。

就發行空白委託書的本人來說，即使代理人做了約定外之事，事後亦不能有任何反悔。例如：爲借款約定以替本人之不動產設定抵押權因而發行空白委託書，但此不動產卻被賣出，萬一有此等狀況發生，是難以彌補的憾事，本人只得認了。又，若以每坪售價十萬元以上做爲條件，要求銷售本人之土地爲約定而發行空白委託書，但所交付的空白委託書卻以每坪八萬元賣出該筆土地，則本人事後亦不得收回土地。

另一方面，以僅持空白委託書者爲對象，訂立契約的一方雖終達目的（根據表見代理的原理），卻有可能發生各種問題，故必須加以注意。最好的方法是會見本人，對委託內容加以確認，或以電話聯繫而確認之。

(四)指印的處理方法

原則上，委託書是不能使用指印的。因爲指印往往可以隨便改變委託書內容。擁有用指印大幅度修改內容的委託書，此等代理人不堪信賴。修正或更正幅度大的委託書，應要求更換之。

偶而，對方也會使用並非指印，而係一開始就作爲改正印使用之委託書，但此情形往往見於改變住址等動手腳的詐欺行爲，故應防備之。最好的情況是將改正印印在錯誤之處，但此亦非可保萬無一失。總之，不用指印而用印章，纔是安全之策。

(五)委託書的內容應詳盡

委託書的內容應詳盡，具體填寫各項事實。有些人，請人出售不動產，即將空白委託書、印鑑證明書以及登記證明書等一齊交付給代理出售不動產的某家公司，實在是危險的莽撞行爲。委託書上面的措詞若抽象不明，或概略籠統，譬如：「委託出售後述之土地、建築物等」，則與空白委託書幾無二致。

(六)委託書應訂有效期限

明示委託書的有效期限，也是重要的事項。雖然，委託書可隨時終止（參民法第549條第1項），但終止委託契約係屬於委託人與受託人（代理人）之間的事，與代理人交涉的對方，可能毫不知情。雖然代理權不存在後原受託人所訂的契約，如果對方不知其眞象時，是能有效成立的（參民法第107條及第169條本文），但仍易滋生糾紛。因此，如果委託書上能加上有效期限，即可有效防止此類危機至最少限度。

二、各種代理人的表示方法

與代理人訂立契約時，代理人在契約書上的表示方式如下：

賣方：甲方
姓名：
住址：
身分證統一編號：
代理人：○○○ 印
住址：
身分證統一編號：
中　華　民　國　○　○　年　○　月　○　日

代理人應在契約書上簽名蓋章且印章必須爲代理人私章。

公司所屬職員以外的人代表總經理而行動時，其表示方式如下：

賣方：甲方
公司名稱：○○○股份有限公司
公司地址：
總經理：○○○　印
住址：
身分證統一編號：
代理人：○○○　印
住址：
公會會員證書字號：
中　華　民　國　○　○　年　○　月　○　日

又，上表可簡略如下：

賣方：甲方
公司名稱：○○○股份有限公司
公司地址：
代理人：○○○　印
住址：
身分證統一編號：
公會會員證書字號：
中　華　民　國　○　○　年　○　月　○　日

如果係爲公司員工訂立契約時，有時員工並不表示爲公司代理人的身分，換言之，員工實際上是在執行職務範圍內本於公司負責人的地位訂立契約，其表示方式如下：

賣方：甲方
公司名稱：○○○股份有限公司
公司地址：
經理：○○○ 印
住址：
身分證統一編號：
公會會員證書字號：
中 華 民 國 ○ ○ 年 ○ 月 ○ 日

由於公司經理擁有代理公司從事日常營業上交易的權限（參民法第553條第1項）因此，相信不至於發生法律上的問題。法律規定，代理人必須載明爲本人代理之旨而爲法律行爲（參票據法第9條），上述經理人的頭銜雖未表示爲代理人，但事實上，等於表示他代理公司本人爲法律行爲（參公司法第8條第2項）。

又，與複代理人訂立契約時，不妨在文件上表示如下：

賣方：甲方
姓名：
住址：
身分證統一編號：
代理人：○○○
住址：
身分證統一編號：
複代理人：○○○ 印
住址：
身分證統一編號：
中 華 民 國 ○ ○ 年 ○ 月 ○ 日

上表加以簡化，則可如下所示：

賣方：甲方
姓名：
住址：
身分證統一編號：
代理人：〇〇〇
複代理人：〇〇〇　印
中　華　民　國　〇　〇　年　〇　月　〇　日

若雖然實際上行使代理權，但在訂立契約時並不塡寫本人姓名，而被他人認爲是代理人爲自己訂立契約，則契約之效果應直接歸屬於代理人，對方得對代理人請求履行契約義務。

在契約書上簽本人姓名或蓋本人印章，以表示代理人的本人即爲當事人，商場上的交易，通常如此。根據民法規定，原則上，應表示本人的姓名，並表示係代替本人訂立契約（參民法第103條第1項）。但雖未表明本人之姓名，就周圍之情勢，可得而知孰爲本人時亦可。這是因爲在商業交易中，同樣的交易，往往重複數次，即使未表示爲「本人〇〇〇」，交易的對方也能不言而喻，這是因爲原先同一代理人的緣故。此情形，稱之爲不具名主義，又例如在一定的營業所內文受僱人之行爲，一般被視爲係爲業主（本人）而行使。

三、未表示為代理人姓名時

代理人以本人之姓名在契約書上簽名蓋章的事例，所在多有。就實質方面來說，係代理人替本人訂立契約，不過契約書上未表示代理人的姓名而已，譬如妻子拿著丈夫的私章訂購公寓的契約即爲一例。又公司的總務課長攜來總經理的印章，因總經理的名義訂立契約亦屬同一範例。這些均可視爲擁有代理人的正式權限所表現的行爲。但有時候實際上並非代理人，而祇不過是跑腿的而已。不管跑腿的也罷，代理人也罷，祇要他擁有權限，就不致發生什麼問題。惟妻子隨便拿丈夫私章以高利貸方式借款，或總務課長隨便拿總經理印章處置公司財務，即會發生問題。

因此，在契約書上簽名蓋章的人，與契約當事人不同時，有需要詳細調查是否有代理權限。就調查方法而言，可打電話給本人或總經理以確定之，或實際會晤他們，更爲可靠。還有一種方法是，請對方拿來「印鑑證明書」實際所用之印章核對是否相符，但此方法亦非萬無一失。

柒、與法定代理人訂立契約時

一、與未成年人訂立契約時應注意事項

父母爲未成年人（未滿二十歲之人）的法定代理人，與未成年人交易，而未獲得其法定代理人或監護人同意時，有可能被取消（法定代理人的拒絕承認及契約相對人的撤回，參民法第80條及第82條）。

倘若未成年人爲契約當事人，必須負契約義務時，原則上，由有親權者做爲法定代理人。此時，其表示方式如下：

賣方：甲方：
姓名：
住址：
身分證統一編號：
法定代理人：
父：○○○ 印
住址：
身分證統一編號：
母：○○○ 印
住址：
身分證統一編號：
中　華　民　國　○　○　年　○　月　○　日

父母共同成爲未成年子女的法定代理人（參民法第1086條）。若父母兩願離婚時關於子女之監護，由父母協議決定由誰來擔任親權者。惟裁判離婚者，法院得爲子女之利益，酌定監護人（參民法第1055條第1項但書）。

無父母或父母無法行使親權時，除未成年人已結婚者外，由監護人做爲法定代理人（參民法第1091、1098條）。監護人具有管理被監護人之財產和代表監護人的權限（參民法第1097、1100條）。

二、與監護人訂立契約時

未成年人無父母、或父母不能執行親權時，法院可選定監護人，或由最後執行親權者遺囑指定（參民法第1093條）。與監護人訂立契約時，在契約書上應如下表示之：

賣方：甲方
姓名：
住址：
身分證統一編號：
法定代理人：
監護人：〇〇〇　印。
住址：
身分證統一編號：
中　華　民　國　〇　〇　年　〇　月　〇　日

需要監護人者，並非僅限於未成年人，精神狀態有問題的人，如果被法院宣告爲禁治產者（參民法第14條前段），也必須指定監護人（參民法第1110條）。倘若夫妻中有一方被宣告爲禁治產者時，另一方就順理成章成爲監護人（參民法第1111條1項1款）。至於禁治產人之監護人之決定順序爲：(1)配偶(2)父母(3)與禁治產人同居之祖父母(4)家長(5)後死之父或母以遺囑指定之人（參民法第1111條第1項）。不能依上述規定其監護人時，由法院徵求親屬會議之意見選派（參民法第1111條第2項）。

三、調查法定代理人的權限

法定代理人的地位與權限，有法律上的規定，但何人係正式的法定代理人，必須根據戶籍謄本來調查。如果沒有任何附註，只要父母有婚姻關係，則父母雙方均可成為未成年人的法定代理人；如果父母離婚，則視監護人決定為誰。

沒有父母時（即使有而不能執行親權時），除未成年人已結婚者外，應規定監護人。此等情形，因戶籍謄本均有記載，只待查證即可知悉。

契約書亦應與委託書同，如當事人係為未成年者或禁治產者，為了一眼便知法定代理人的資格起見，添附戶籍謄本較為方便。

捌、與使用人訂立契約時

如果契約當事人為企業單位時，無論是否為私人企業，受僱員工可代理公司或業主而從事契約的法律行為，這是因為在一定的營業所內受僱人之行為，一般被視為係為業主（本人）而行使，所以受僱人之行為，也算得是一種代理人。譬如銷售產品時，通常，銷售課長有代理業主訂立銷售契約的權限。至於營業經理，可以有代理業主訂立與銷售產品有關契約的權限是毫無疑義的。同樣的，銷售經理、材料經理均有代理業主訂立與生產材料之購買有關契約的權限（參民法第553條第1項及公司法第8條第2項）。

一、與經理訂立契約時

經理一詞，目前有被一般大眾濫用的現象。正式的經理必須登記（商業登記法第9、12條）而一般所謂的經理，大部分並沒有登記，經過正式登記的經理，才擁有廣泛的代理權。

經理能代理業主，可以參與公司業務的一切行為。以房屋租賃業為例，某大廈的經理可以從事租賃契約的訂立、收取租金、終止租賃契約之訴訟（參公司法第8條第2項）等。經理人就所任之事務，能代理訴訟，可以說，算得上是擁有廣泛的代理權（參民法第555條）。因此，公司並不能主張本公司經理只得收取租金，而沒有訂立租賃契約的權限。換言之，即使對於經理的代理權加以限制，但如果對方不知有此限制，而與經理訂立契約時，業主不得否認經理有訂立契約的權限（參公司法第36條）。就經理所負的任務觀之，人們可安心與該經理訂立交易契約。

但就實際情況來說，大部分所謂的經理，都沒有經過登記，尤其如餐廳、飲食店、酒吧、夜總會等，濫用經理的名稱，更爲普遍。與已登記過的經理及擁有經理頭銜的人進行交易，或訂立與業務有關之契約時，可視爲業主正式代理人，但如果對方知道雖然使用經理頭銜，卻無實際代理權時，即變成與不具有正式代理權之經理人從事交易（參民法第557條及公司法第36條）。因此，即使與已登記過的經理訂立契約，仍不如與董事長訂立契約，較爲安全可靠。

二、與經理、課長、銷售店員工訂立契約時

從經銷商品的店舖員工手中買回某種商品，結果，那名員工祇是店舖的櫃檯人員，並沒有銷售商品的權限，亦即沒有與顧客訂立商品買賣契約的權限時，往往產生一些糾紛。惟如前所述，在一定的營業所內受僱人之行爲，一般被視係爲業主（本人）而行使，所以該名員工理所當然有此權限，亦即可代理業主出售商品。

課長亦爲員工之一。一般認爲他們在從事業務時具有一定的代理權限。另營業經理，就公司或業主的商品而言，擁有全盤代理業主或公司訂立契約的權限。同樣的，財務經理被視爲有就借款訂立金錢借貸契約的權限。此點，課長、主任、股長等，情況也雷同。與這些員工訂立約時，當事人的表明方式並不一定要勉強表示爲代理人，只要有公司之總公司、分店名稱、職稱員工簽名蓋章即可。其例如下：

賣方：甲方
公司名稱：○○○股份有限公司
營利事業統一編號：
公司地址：
○○分公司經經理：○○○　印
住址：
身分證統一編號：
中　華　民　國　○　○　年　○　月　○　日

賣方：甲方 公司名稱：○○○股份有限公司 營利事業統一編號： 鋼鐵經理：○○○　印 住址： 身分證統一編號：
中　華　民　國　○　○　年　○　月　○　日

三、與員工訂立契約時應注意事項

與公司員工交易時，可在談判階段決定簽名蓋章的人。如果係爲公司，要求總經理等代表公司；如爲個人企業時，則要求業主本人，不僅較爲安全，也是正式的方法。尤其與處置不動產有關的契約，或與企業組織有關的契約，即使是經理，也無此權限。（參民法第554條第2項）

只要員工簽名蓋章就夠的契約，畢竟是屬於日常業務交易的契約。關於這一點當事人雖可以不必擔心，然而對於無代理權或屬於權限之外、效力不及於業主者，則必須加以留意。如果係屬於公司全盤性問題所訂立契約，代表人與業主又不參與時，則員工需持有公司委請訂立契約權限的授權書，方得代理公司訂立契約。

總之，訂立契約最不可忽略的一點，即係與員工訂立契約的範圍，何者能對公司發生效力，何者則否。

玖、與父子、夫妻訂立契約時

契約當事人是其他任何人很難來代理的。當事人以外的人，即使在契約書上簽名蓋章，除非係當事人的代理人，否則不能發生契約預期的效果。

不過，在這方面，父子、夫妻往往被忽略不論。譬如：丈夫將妻子名義下的土地拿來做爲自己的財產而處分之，或丈夫出售妻子名義下的土地時，會在契約書上填寫妻子的名字。此時，夫之處分，倘未取得妻之授

權，屬於無權處分之行為，如妻不願承認，夫之出賣行為自始不發生效力。（參民法第28條）

父子的情況與夫妻的情況，並無二致。並非因為父子或夫妻的關係就理所當然有代理權或處置權。無論在什麼情況下，都必須由當事人本身在契約書上簽名蓋章，如果係本人以外的人，至少必須確認有無代理權。由於，父子、夫妻相互間擁有做為法定代理人的權限，事後萬一發生問題，可依循法律途徑解決，因此，有必要調查對方是否有代理權。

拾、沒有法人資格時契約當事人為誰

一、有表示代表人時則由該代表人負個人的責任

契約書上表示為「社團法人○○研究會」，但調查的結果，並沒有此等法人存在，應該怎麼辦呢？又，自認為契約對象為「股份有限公司○○餐廳代表人○○○」，但登記簿上卻沒有這家公司，遇到此情形時，又該如何呢？就前例來說，雖然沒有登記為社團法人，但○○研究會，實際上是社團資格時（請參考無權利能力的社團說明部分），則可對此社團追究履行契約上的義務或責任，因此，即可以○○研究會的財產（可能係為個人名義）清償債務。但如果○○研究會實際上係地下社團，換言之，為無權利能力的社團，或沒有具備合夥實際條件等，則應追究契約書上面所表示的代表人，也就是個人責任。「股份有限公司○○餐廳」也一樣，如果為了經營餐廳而數人合資訂立合夥契約，並出資準備將來登記為股份有限公司時，可視為合夥，同時當合夥財產不足清償債務時，可對各合夥人要求履行契約上的責任。但如果實際上不具備合夥條件，換言之，係為地下公司，即可以對契約書上所示之代表人「○○○」個人，請求履行契約上的義務。譬如請求還清債務，此時，「○○餐廳」可視為○○○個人所經營的店號。

二、不是公司卻使用公司名稱時

不是公司的組織，不得使用公司的名稱。若為公司，則名稱中須使用無限公司、兩合公司、股份有限公司、有限公司等字樣（參公司法第2

條）。又，法律禁止不是公司的組織使用公司名稱（參公司法第19條第1項），因爲社會上有不少不是股份有限公司卻使用股份有限公司名稱的實例，所以應查看登記簿，或要求附謄本。總之，訂立契約前應做好調查工作。

對於不是公司卻使用公司名稱的人，可處行爲人一年以下有期徒刑、拘役或科或併科新臺幣十五萬元以下罰金，並負民事責任，並由主管機關禁止其使用公司名稱。而行爲人就其法律行爲負責，惟行爲人二人以上者，則連帶負責（參公司法第19條第2項）。

拾壹、與清算中的公司訂立契約時

一、清算公司的代表人為誰？

公司法人解散後，於清算期間，法人仍然存在（參民法第40條第2項、公司法第25條）。因此，有時，有可能與消算中的法人訂立契約。公司在清算期間，由清算人代表公司（參公司法第324條），如定有代表清算的代表人時，也與普通代表一樣，由清算代表人負責訂立契約（參公司法第85條第1項前段）。

亦有由數名清算人共同代表公司（參公司法第85條第1項）者，如遇到此種情形，只要查閱公司登記簿即可一目瞭然。

二、與清算中之法人訂立契約時須注意事項

清算中法人存在的目的，祇在於清算（參公司法第26條）。因此，清算目的既然爲清理債務、分配剩餘財產，可知清算人的職務權限限於此範圍（參民法第40條第1項、公司法第84條第1項）。

因此，原則上，清算中公司不能購買工廠、機器及借款等。只是，就借款來說，如果係做爲大批不動產出售之前的周轉資金，換言之，是充當清算費用而借款，則有可能發生此種情形。由此可知，與清算中法人訂立契約時，必須調查該契約，是否與清算中法人的目的一致。

最後，當事人爲清算中公司的表示方式可例示如下：

公司名稱：○○○股份有限公司 公司地址： 清算人：○○○　印 住址： 身分證統一編號： 中　華　民　國　○　○　年　○　月　○　日

如果定有清算代表人，同時也依公司法第83條第1項向法院聲報時（參公司法第85條第2項），則其表示方式如下：

公司名稱：○○○股份有限公司 公司地址： 清算人代表：○○○　印 住址： 身分證統一編號： 中　華　民　國　○　○　年　○　月　○　日

惟契約內容應注意事項，請參考以上所述，以資訂立有效而適切的契約。

第三編　各種契約書製作要點及範例

第一章　債編相關契約

壹、買賣契約

一、說明

民法上規定的買賣是指當事人約定一方（出賣人）移轉財產權於他方（買受人），他方支付價金之契約。只要當事人就標的物及其價金互相同意時，買賣契約即為成立（參民法第345條）。

二、契約當事人之法定權利義務

(一)出賣人之義務

1.移轉財產權之義務

物的出賣人負交付其物與買受人並使其取得所有權之義務。而權利之出賣人負使買受人取得權利之義務。如因其權利而得占有一定之物者，並負交付之義務（參民法第348條）。

2.瑕疵擔保責任

包括權利瑕疵擔保責任和物的瑕疵擔保責任。出賣人對於標的物的瑕疵（缺點）須對買受人負擔保責任。

(1)權利瑕疵擔保責任之內容，包括：

①出賣人應擔保權利完整無缺，不得有第三人對標的物主張任何權利。

②債權或其他權利的出賣人應擔保其權利確係存在。

③有價證券（如股票、債券）之出賣人應擔保其證券未因公示催告而宣告無效（參民法第349條、第350條）。

(2)物的瑕疵擔保責任即出賣人在交付其物時應擔保其物：

①無滅失或減少價值之瑕疵。

②無滅失或減少通常效用之瑕疵（如冰箱不冰）。

③無滅失或減少契約預定效用之瑕疵。

④具有出賣人所保證之品質。

如其物有瑕疵，則買受人有權利請求解除契約、減少價金，損害賠償或請求交付其他無瑕疵物（參民法第354、359、360條）。

(二)買受人之義務

1.交付價金之義務

買受人對出賣人有交付約定價金之義務。除法律另有規定或契約另有訂定或另有習慣外，價金與標的物之交付應同時並於標的物之交付處所爲之。但買受人如有正當理由，恐第三人主張權利致失其因買賣契約所得權利之一部或全都者，得拒絕支付價金之一部或全部（參民法第368條第1項、第369條）。

2.受領標的物之義物

買受人如拒絕受領，應負遲延責任（參民法第367條）。

3.保管檢查之義務

買受人對所受領之物應從速檢查，如有瑕疵應即通知出賣人（參民法第356條第1項）。

(三)買賣雙方對利益及費用之分擔

買賣標的物之利益（物之使用收益權）及危險（不可歸責於雙方當事人之事由如天災致該物毀損滅失）除契約另有約定外，自交付時起由買受人承擔（參民法第373條）。

除了法律另有規定、契約另有訂定或另有習慣外，買賣費用之分擔情形如下：第一，買賣契約之費用由雙方當事人平均負擔；第二，移轉權利之費用，運送標的物至清償地之費用及交付之費用由出賣人負擔；第三，受領標的物、登記及送至清償地以外處所之費用由買受人負擔（參民法第378條）。

三、買賣契約應訂明之基本條款

(一)出賣人及買受人。

(二)標的物之明細表及其交付方法、時間、處所。

(三)價金及其給付方法、時間、處所。

(四)其他特約事項（如違約金）。

四、訂立買賣契約應注意事項

(一)買受人於契約成立時知有權利之瑕疵者，除契約另有訂定外，出賣人不負擔保責任（參民法第351條）。

(二)買受人得以特約免除或限制出賣人之瑕疵擔保責任。但如出賣人故意不告知其瑕疵者，其特約無效（參民法第366條）。

(三)買受人因物有瑕疵而請求解除契約或減少價金時，其解除權或請求權，於買受人依第356條規定爲通知後六個月間不行使或自物之交付時起經過五年而消滅（參民法第365條1項）。

(四)買賣攸關所有權之移轉，爲明權利移轉時機及釐清危險負擔，買賣契約務必說明標的物之移轉交付日期。

五、契約範例

〈範例3-1-1〉

房屋買賣契約書(一)

（九十年七月十一日內政部臺（九十）內中地第9082362號公告頒行）

中華民國九十年七月十一日內政部臺（九十）內中地字第9082362號公告頒行（行政院消費者保護委員會第七十八次委員會議通過）

契約審閱權

契約於中華民國　年　月　日

經買方攜回審閱　日（契約審閱期間至少五日）

買方簽章：

賣方簽章：

成屋買賣契約書範本

內政部　編印

中華民國九十年七月

立契約書人買方＿＿＿＿＿＿＿＿賣方＿＿＿＿＿＿＿＿茲為下列成屋買賣事宜，雙方同意簽訂本契約，協議條款如下：

第1條　買賣標的

成屋標示及權利範圍：已登記者應以登記簿登載之面積為準。

<table>
<tr><td rowspan="4">土地標示</td><td colspan="4">土地坐落（　縣　市）</td><td colspan="4">面　積</td><td rowspan="2">權利範圍</td><td rowspan="2">使用分區種類或編定用地種類</td><td>備註</td></tr>
<tr><td>鄉鎮市區</td><td>段</td><td>小段</td><td>地號</td><td>公頃</td><td>公畝</td><td>平方公尺</td><td>平方公寸</td><td rowspan="3"></td></tr>
<tr><td></td><td></td><td></td><td></td><td></td><td></td><td></td><td></td><td></td><td></td></tr>
<tr><td></td><td></td><td></td><td></td><td></td><td></td><td></td><td></td><td></td><td></td></tr>
</table>

<table>
<tr><td rowspan="4">建物標示</td><td rowspan="2">建號</td><td colspan="8">建物門牌
（　縣　市）</td><td colspan="8">建物面積
（平方公尺）</td><td colspan="3">附屬建物</td><td rowspan="2">權利範圍</td><td rowspan="2">用途</td><td rowspan="2">共同使用部分建號</td><td rowspan="2">應有部分面積</td><td>備註</td></tr>
<tr><td>鄉鎮市區</td><td>路</td><td>街</td><td>段</td><td>巷</td><td>弄</td><td>號</td><td>樓</td><td></td><td>層</td><td>層</td><td>層</td><td>層</td><td>層</td><td></td><td></td><td>合計</td><td>用途</td><td>面積（平方公尺）</td><td rowspan="3"></td></tr>
<tr><td></td><td></td><td></td><td></td><td></td><td></td><td></td><td></td><td></td><td></td><td></td><td></td><td></td><td></td><td></td><td></td><td></td><td></td><td></td><td></td><td></td><td></td><td></td><td></td></tr>
<tr><td></td><td></td><td></td><td></td><td></td><td></td><td></td><td></td><td></td><td></td><td></td><td></td><td></td><td></td><td></td><td></td><td></td><td></td><td></td><td></td><td></td><td></td><td></td><td></td></tr>
</table>

本買賣範圍包括共同使用部分之應有部分在內，房屋現況除水電、門窗及固定設備外，買、賣雙方應於建物現況確認書互為確認（附件一），賣方於交屋時應維持原狀點交。

第2條　價款議定

本買賣總價款為新臺幣＿＿＿＿元整。土地、建物及車位價款分別如下：

一、土地價款：新臺幣＿＿＿＿元整。

二、建物價款：新臺幣＿＿＿＿元整。

三、車位價款：土地部分新臺幣＿＿＿＿元整。

建物部分新臺幣＿＿＿＿元整。

第3條　付款約定

買方應支付之各期價款，雙方同意於＿＿＿＿（地址：＿＿＿＿＿＿＿＿＿），以□各該期付款日當天之即期支票交付賣方。□現金

付款期別	約定付款金額	應同時履行條件	備註
簽約款	新臺幣＿＿＿元	於簽訂本契約同時由買方支付之（本款項包括已收定金＿＿元）。	
備證款	新臺幣＿＿＿元	於＿＿年＿＿月＿＿日，賣方備齊所有權移轉登記應備文件同時，本期價款由買方支付之。	
完稅款	新臺幣＿＿＿元	於土地增值稅、契稅稅單核下後，經＿＿通知日起＿＿日內，本期價款由買方支付之；同時雙方應依約繳清稅款。	
交屋款	新臺幣＿＿＿元	□無貸款者，於辦妥所有權移轉登記後，經＿＿通知日起＿＿日內，本期價款由買方支付之。同時點交建物。 □有貸款者，依第4條約定。	

賣方收取前項價款時，應開立收據交買方收執。

第4條　貸款處理之一

買方預定貸款新臺幣＿＿＿＿元抵付部分買賣價款，並依下列規定辦理貸款、付款事宜：

一、買方應於交付備證款同時提供辦理貸款必備之文件及指定融資貸款之金融機構；未指定者，得由賣方指定之。

二、貸款金額少於預定貸款金額時，應依下列方式處理：

(一)核貸金額不足抵付時，買方應於貸款核撥同時以現金一次補足。

(二)因可歸責於買方事由，致貸款無法獲准時，買方應於＿＿＿＿通知日起十日內以現金一次付清或經賣方同意分期給付。

前項貸款因金融政策變更或其他不可歸責買方之事由而無法辦理貸款時，除本契約另有約定外，雙方同意解除契約，賣方應將已收之價款無息退回買方。

賣方因債務關係提供本買賣標的物設定之抵押權，其所擔保之未償債務（金額：新臺幣＿＿＿＿元），依下列約定方式處理：

□賣方應於交付交屋款前清償並塗銷抵押權。

□買方承受者，雙方應以書面（附件二承受原貸款確認書）另為協議並確認承受日期、承受貸款金額並自價款中扣除，承受日前之利息、遲延利息、違約金由賣方負擔，自承受日起之利息由買方負擔。

□（買賣雙方自行約定）＿＿＿＿＿＿＿＿＿＿＿＿＿＿。

第5條　貸款處理之二

買方應於交付完稅款同時開立與未付價款同額且註明「禁止背書轉讓」之本票（號碼：＿＿＿＿）或提供相當之擔保予賣方；買方並應依＿＿＿＿通知之日期親自完成辦理開戶、對保並授權金融機構將核貸金額逕予撥入賣方指定之帳户或由＿＿＿＿通知雙方會同領款交付，賣方收受該價款時應將本票返還買方或解除擔保。買方未依約交付未付價款，經催告仍拒絕履行者，賣方得行使本票或擔保權利。

第6條　產權移轉

雙方應於備證款付款同時將移轉登記所須檢附之文件書類備齊，並加蓋專用印章交予＿＿＿＿專責辦理。

本件所有權移轉登記及相關手續，倘須任何一方補繳證件、用印或為其他必要之行為者，應無條件於＿＿＿＿通知之期日內配合照辦，不得刁難、推諉或藉故要求任何補貼。

買方於簽約時如指定第三人為登記名義人，應於交付必備文件前確認登記名義人，並提出以第三人為登記名義人聲明書（附件三），該第三人應在該聲明書上簽名。第三人

□同意
□不同意 與本契約買方所未履行之債務負連帶損害責任。

辦理所有權移轉時，除本契約另有約定外，依下列方式辦理：

一、申報移轉課稅現值：

□以本契約第2條之土地及建物價款申報。

□以＿＿＿＿年度公告土地現值及建物評定現值申報。

二、公定契約書買賣價格：

□以本契約第2條之土地及建物價款申報。

□以＿＿＿＿年度公告土地現值及建物評定現值申報。

三、賣方若主張按自用住宅用地優惠稅率課徵土地增值稅時，應於契約書內（附件四：按優惠稅率申請核課土地增值稅確認書）另行確認後，據以辦理之。

第7條　稅費負擔

本買賣標的物應繳納之地價稅、房屋稅、水電費、瓦斯費、管理費、公共基金等稅費，在土地、建物點交日前由賣方負責繳納，點交日後由買方繳納；前開稅費以點交日為準，按

當年度日數比例負擔之。

辦理產權移轉時、抵押權設定登記應納之印花稅、登記規費、火災保險費、建物契稅等由買方負擔。

土地增值稅由賣方負擔；如有延遲申報而可歸責於買方之事由，其因而增加之土地增值稅部分由買方負擔。

簽約前如有已公告徵收工程受益費應由賣方負責繳納。其有未到期之工程受益費

□由買方繳納者，買方應出具續繳承諾書。

□由賣方繳清。

本買賣契約有關之稅費、代辦費，依下列約定辦理：

一、簽約費

□由買賣雙方各付擔新臺幣____元，並於簽約時付清。

□____。

二、所有權移轉代辦費新臺幣________元

□由買方負擔。

□由賣方負擔。

□由雙方當事人平均負擔。

三、如辦理公證者，加收辦理公證之代辦費新臺幣________元

□由買方負擔。

□由賣方負擔。

□由雙方當事人平均負擔。

四、公證費用

□由買方負擔。

□由賣方負擔。

□由雙方當事人平均負擔。

五、抵押權設定登記或抵押權內容變更登記代辦費新臺幣________元

□由買方負擔。

□由賣方負擔。

□由雙方當事人平均負擔。

六、塗銷原抵押權之代辦費新臺幣＿＿＿＿元，由賣方負擔。

七、如有其他未約定之稅捐、費用應依有關法令或習慣辦理。

前項應由賣方負擔之稅費，買方得予代為繳納並自未付之價款中憑單抵扣。

第8條　點交

本買賣成屋，應於□尾款交付日

□貸款撥付日

□＿＿＿＿年＿＿＿＿月＿＿＿＿日

由賣方於現場點交買方或登記名義人，賣方應於約定點交日前搬遷完畢。點交時，如有未搬離之物件，視同廢棄物處理，清理費用由賣方負擔。

關於本買賣標的物如有使用執照（或影本）、結構圖及管線配置圖或使用現況之分管協議、住戶規約、大樓管理辦法、停車位使用辦法、住戶使用維護手冊等文件，賣方除應於訂約時將其情形告知買方外，並應於買賣標的物點交時一併交付予買方或其登記名義人，買方或其登記名義人應繼受其有關之權利義務。

賣方應於點交前將原設籍於本買賣標的之戶籍、公司登記、營利事業登記、營業情形等全部遷離。其如未如期遷離致買方受有損害者，賣方負損害賠償責任。

第9條　擔保責任

賣方擔保本標的物產權清楚，並無一物數賣、被他人占用或占用他人土地等情事，如有出租、設定他項權利或債務糾紛等情事，賣方應於完稅款交付日前負責理清，但本契約另有約定者，從其約定。

有關本標的物之瑕疵擔保責任，悉依民法及其他有關法令規定辦理。

第10條　違約罰則

賣方違反前條第1項約定，致影響買方權利時，買方得定相當期限催告賣方解決，逾期仍未解決者，買方得解除本契約。解約時賣方除應將買方已付之房地價款並附加法定利息全部退還買方外，並應按房地總價款百分之十五支付違約金。但該賠償之金額超過已付價款者，則以已付價款為限，買方不得另行請求損害賠償。

買方逾期達五日仍未付清期款或已付之票據無法兌現時，買方應按逾期款部分附加法定利息於補付期款時一併支付賣方，如逾期一個月不付期款或遲延利息，經賣方以存證信函或其他書面催告，經送達逾七日內仍未支付者，賣方得解除契約並沒收已付價款充作違約金，但所該沒收之已付價款以不超過房地總價款百分之十五為限，賣方不得另行請求損害賠償。

除前二項之事由應依本條約定辦理外，因本契約所生其他違約事由，依有關法令規定處理。

第11條　其他約定

履行本契約之各項通知均應以契約書上記載之地址為準，如有變更未經通知他方或________，致無法送達時（包括拒收），均以第一次郵遞之日期視為送達。

因本契約發生之爭議，雙方同意

□依仲裁法規定進行仲裁。

□除專屬管轄外，以雙方不動產所在地之法院為第一審省管轄法院。

本契約所定之權利義務對雙方之繼受人均有效力。

建物被他人占用之情形：

占用他人土地之情形：

出租或出借情形：

第12條　契約分存

本契約之附件及廣告為本契約之一部分。

本契約如有未盡事宜，依有關法令、習慣及誠實信用原則公平解決之。

本契約壹式兩份，雙方各執乙份為憑。副本由＿＿＿＿留存。

立契約人

買方：　簽章

國民身分證統一編號：

地址：

電話：

賣方：　簽章

國民身分證統一編號：

地址：

電話：

見證人

姓名：　簽章

國民身分證統一編號：

地址：

電話：

姓名：　簽章

國民身分證統一編號：

地址：

電話：

中　華　民　國　年　月　日

六、簽約注意事項

(一)買賣意義

稱買賣者，謂當事人約定一方移轉財產權於他方，他方支付價金之契約（民法第345條）。當事人就標的物及其價金互為同意時，買賣契約即為成立。故買受人為支付價金之人，出賣人為負移轉標的物之人。民間一般契約多以甲方、乙方稱呼之，為使交易當事人直接、清楚理解自已所處之立場與權利義務關係，乃簡稱支付價金之買受人為買方，負移轉標的物之出賣人為賣方。

(二)買賣標的

1.土地、建物標示採表格化，以利填寫。建物、基地之權利範圍、面積，常因筆誤肇致與登記簿登載不符，故明示不符時，以登記簿為準，以杜糾紛。

2.由於契約書之應記載事項繁多，為防止填寫筆誤或疏漏，建議將土地使用分區證明書、土地、建物權狀影本（或登記簿謄本）、共同使用部分附表、車位種類、位置、分管協議、住戶規約等重要文件列為本契約之附件，視為契約之一部分。

3.樓頂平臺、法定空地、露臺等約定專用部分，宜特別註明，如有分管協議或住戶規約者宜列為附件。

4.買賣雙方對於買賣標的物是否包含違章建物、冷氣、傢俱……或其他附屬設備等，時有爭執，本契約範本乃設計「建物現況確認書」，由買賣雙方互為確認，以杜糾紛。

5.未依法申請增、加建之建物（定著物、工作物）仍得為買賣標的；惟政府編撰之契約書範本不鼓勵違章建築物之買賣，故未於契約本文明示，而移列於「建物現況確認書」。

6.買賣標的之價值或其通常之效用，有滅失或減少之瑕疵，除當事人有免除擔保責任之特約外，出賣人應負法律上之擔保責任，為釐清瑕疵擔保責任歸屬，關於違章建物、房屋漏水……等瑕疵，由買賣雙方於「建物現況確認書」確認之。

7.所有權人於公寓大廈有數專有部分者，於部分移轉時（如二戶僅移轉一戶）其基地之應有部分多寡，依內政部85年2月5日臺(85)內地字第8578394號函規定，係由當事人自行約定，惟不得約定爲「零」或「全部」。然爲防止基地應有部分不足致買方申請貸款被金融機構駁回等情事，買賣雙方於訂約時應查明基地應有部分比例是否合理、相當，以維護買方權益。

8.由於停車位之登記方式不一，故簽約時應查明停車位之產權登記方式、有無分擔基地持分等事實。

(三)價款議定

1.本契約範本例示土地、房屋分別計價，有益建立土地及房屋各自之交易價格資訊，又分開計，房屋再出售時，本契約書得爲財產交易所得之原始取得憑證，倘僅列明買賣總價，依財政部規定，出售時，必須按公告土地現值與房屋評定現值之比例計算房屋交易價格。

2.車位買賣時，其標的或爲所有權或爲使用權，或有分配基地應有部分，或無分配基地應有部分，因其態樣繁多，難以列舉，故車位僅以土地、建物分別計價。

3.賣方爲法人時，其建物價金應註明營業稅內含或外加。

4.如買賣標的包含違章建築，或整幢透天厝之空地、一樓前後院空地有被占用者，雙方得預爲議定其扣減之價額，俾利違章建築物於交屋前被拆除或被占用部分無法於限期交付使用時，買方得自買賣總價額中扣除減損標的物效用之價值。

(四)付款約定

1.明訂給付之內容、期間與對待給付之條件，俾利雙方履行。並依一般交易習慣，買方按簽約、備證、完稅、交屋四期付款；賣方則同時履行其相對義務。

2.民法第249條第1款規定「契約履行時，定金應返還或作爲給付之一部」，故明定第一次款包含定金在內，以杜買賣價金是否包括定金之爭議。

3.關於各項付款之期間或對待給付之相對條件僅爲例示性質，當事人得斟酌「同時履行」原則，按實際需要增減之。

(五)貸款處理

1.基於確保交易安全及衡平原則，一般交易習慣，多由買方開立與未付款同額之本票作爲擔保；惟行政院公平交易委員會第三二四次委員會議決議，賣方應提供買方合理之選擇餘地，故本契約範本提示買方得開立本票或提供相當之擔保，俟核貸撥付賣方帳戶或雙方「會同」領款時，賣方即應將本票返還買方。設若買方屆時未履行債務，賣方得依票據法或民法規定，聲請法院裁定對買方之財產進行強制執行。

2.買方應衡量個人債信及先向金融機構洽辦貸款額度。

3.買賣標的物原已設定抵押權者，此乃權利之負擔，依契約之本旨原係以無負擔之完整所有權爲交易標的者，即構成權利瑕疵，依民法第349條規定，原則上，賣方應先塗銷原有抵押權；惟實務上，賣方以自行提供之資金清償債務，尚不多見，故買賣雙方宜於附件「買方承受原貸款確認書」簽字確認，以明責任歸屬，並提示買方應爲債務人變更等行爲，以保障其權利。

4.有關賣方所投保之火災保險，賣方如未辦理退保，於房屋所有權移轉於買方時，可由買方繼受取得。

(六)產權移轉

1.課稅標準、買賣價格攸關稅費負擔之多寡，其申報日期、申報價格等尤宜於契約書中約定。

2.自用住宅用地優惠稅率，係以實際使用狀態予以認定，賣方若主張享受優惠稅率，專業代理人應告知賣方有關法令規定並事先查明是否符合面積限制、設籍限制、出租營業限制、一人一生享受一次之限制。倘經稅捐機關否准其申請時，賣方同意按一般稅率繳納土地增值稅與否，均宜事前約定。

(七)稅費負擔

1.依法令規定及民間慣例確立買賣雙方應負擔之稅費。

2.土地增值稅係配合本契約範本第7條約定之產權移轉時間計算，如有延遲申報，而可歸責於買方之事由，其因而增加之稅費由買方負擔。

(八)房地點交

公寓大廈管理條例第24條規定「區分所有權人之繼受人應繼受原區分所有權人依本條例或規約所定之一切權利義務」。但公寓大廈管理條例施行前，公寓大廈之分管協議依大法官會議決議第349號解釋，賣方如未向買方明示，且買方亦無可得而知之情形，買方得不受其拘束，故有關分管協議、住戶公約等宜列入交待。

(九)擔保責任

民法第348條至第366條明定賣方應於產權移轉登記前排除任何瑕疵，確保買方完整取得產權及使用權。

(十)違約罰則

1.訂定契約之目的在於求某種契約內容之實現，而違約金者，乃以確保債務之履行爲目的。違約金之種類可包括損害賠償預定性違約金與懲罰性違約金兩種。民法第250條第2項規定之違約金係以損害賠償額預定性質爲原則，本契約範本從之。但當事人仍得依契約自由原則訂定懲罰性違約金。

2.以往爲促使契約內容之實現，其懲罰性之違約金多以已收價款總數或加倍爲之，依契約自由原則而論，當事人約定之金額，無論高低，皆有其自由；然我國民法基於保護債務人經濟能力之考量，倘訂約之際債權人要求之違約金過高時，允許法院爲酌減（民法第252條參照）。又內政部頒行之「預售屋買賣契約書範本」及消基會版範本爲保護較無經驗之消費者權益，其違約金屬於損害賠償預定性質，並分別以房地買賣總價百分之二十爲上限；惟本契約範本設定之適用對象非企業經營者，適用民法債編之規定，基於衡平原則，違約金未採用酌減規定。若企業經營者採用本契約範本爲定型化契約者，適用消費者保護法，基於保護消費者權益之考量，其違約金宜酌予降低。

(十一)其他約定

1.買賣雙方履行契約之各項權利義務皆由專業代理人代為通知雙方，專業代理人多採用非對話之意思表示，其意思表示，以通知到達相對人時，發生效力，惟為慎重起見宜以「存證信函」方式通知，以利到達時間之舉證及避免糾紛。

2.諸如下列特殊情形者，應依相關法令規定處理：

(1)父母處分其未成年子女之財產。

(2)法人處分財產。

(3)土地法第34條之1、第104條、第107條優先購買權。

3.上述特殊情形依土地登記規則應由申請人切結負責事項，專業代理人基於善良管理人之注意及為避免訟端，專業代理人在處理有關案件時，應將各項法律關係詳為告知買賣雙方，並由賣方於辦理移轉登記前依有關程序辦理。

4.房屋有被他人占用或占用他人土地或出租之情形，買賣雙方協議內容應於第11條載明。

(十二)契約分存

1.民法第148條第2項規定「行使權利，履行義務，應依誠實及信用方法」，乃適用於任何權利行使及義務之履行，故如有未盡事宜，悉依誠實信用原則處理。

2.契約附件種類，諸如：權狀影本、登記簿謄本、規約、車位分管協議書等。企業經營者採用本契約範本時，應向消費者說明附件之內容及效力，經消費者充分瞭解、確認，以杜糾紛。

買賣若透過仲介業務之公司（或商號）辦理者，應由該公司指派經紀人於本契約簽章。（不動產經紀業管理條例第22條）

附件一

建物現況確認書

項次	內　容	是否	備註說明
1	是否有包括未登記之改建、增建、加建、違建部分： □壹樓______平方公尺 □______樓______平方公尺 □頂樓______平方公尺 □其他______平方公尺	□□	若為違建（未依法申請增、加建之建物），賣方應確實加以說明使買方得以充分認知此範圍隨時有被拆除之虞或其他危險。
2	□地上　□平面式 車位情況為 □地面第______層 □機械式車位編號：______號 □有□無獨立權狀 □地下　□其他（　　） 是否檢附分管協議及圖說	□□	有關車位之使用方式，依本契約第8條第2項規定。 所稱機械式係指有上下車位，須以機械移動進出者。
3	是否有滲漏水之情形，滲漏水處：____________________。 若有滲漏水處，買賣雙方同意：□以現況交屋 □賣方修繕後交屋	□□	
4	是否曾經做過輻射屋檢測，檢測結果：______。輻射是否異常□是 □否 □以現況交屋 □賣方修繕後交屋	□□	民國七十一年至七十三年領得使用執照之建築物，應特別留意檢測。 如欲進行改善，應向行政院原子能委員會洽詢技術協助。

5	是否曾經做過海砂屋檢測（氯離子檢測事項） 檢測結果：________。	□□	參考值：依CNS 3090規定預力混凝土為0.15 kg/m^3，鋼筋混凝土為0.3kg/m^3。
6	本建物（專有部分）於賣方產權持有期間是否曾發生兇殺或自殺致死之情事	□□	
7	是否有消防設施 若有，項目：(1)____(2)____(3)____。	□□	
8	自來水及排水系統經雙方當場檢驗是否正常，若不正常，由 □買方 □賣方 負責維修	□□	
9	現況是否有出租或有被他人占用之情形，若有，則 □賣方應於交屋前 　□終止租約 　□拆除 　□排除 □以現況交屋 □買賣雙方另有協議______。	□□	
10	現況是否占用他人土地之情形，若有，則 □賣方應於交屋前 　□終止租約 　□拆除 　□排除 □以現況交屋 □買賣雙方另有協議______。	□□	

11	是否約定專用部分 □有（詳見住戶規約） □無	□□	
12	是否有住戶規約 □有（檢附住戶規約） □無	□□	檢附住戶規約
13	是否有管理委員會統一管理 若有，管理費為□月繳____元 □季繳____元□年繳____元□ 其他____。	□□	
14	下列附屬設備 □計入建物價款中，隨同建物移轉 □不計入建物價款中，由賣方無償贈與買方 □不計入建物價款中，由賣方搬離 □冷氣____臺 □沙發____組 □床頭____件 □熱水器____臺 □窗簾____組 □燈飾____件 □梳妝臺____件 □排油煙機 □流理臺 □瓦斯爐 □天然瓦斯（買方負擔錶租保證金費用） □電話：____具（買方負擔過戶費及保證金） □其他____。		

注意：

一、買方對本成屋是否為輻射屋或海砂屋（氯離子檢測事項）有疑義時，應於簽定契約後支付第二期款前（或一個月內）自行檢測之；買方（檢測人員）為前項之檢測時，賣方不得拒絕其進入。

二、輻射屋檢測，輻射若有異常，應洽請行政院原子能委員會確認是否為輻射屋。海砂屋檢測，海砂屋含氯量，將因採樣點及採樣時間之不同而異，目前海砂屋含氯量尚無國家標準值。

其他重要事項：

1.

2.

3.

賣方：____________________（簽章）

買方：____________________（簽章）

簽章日期：_____年_____月_____日

附件二

承受原貸款確認書

本件買賣原設定之抵押權之債務，承受情形如下：

1.收件字號：_____年_____月_____日_____地政事務所_____登字第________號

2.抵押權人__________。

3.設定金額：　　元整

4.約定時買方承受本件抵押權所擔保之未償債務（本金、遲延利息）金額新臺幣　　。

5.承受日期____年____月____日。

6.債務承受日期前已發生之利息、遲延利息、違約金等概由賣方負擔。

7.買受人承受債務後是否享有優惠利率，應以買受人之資格條件為斷。

賣方：____________（簽章）

買方：____________（簽章）

簽章日期　____年____月____日

附件三

以第三人為登記名義人聲明書

茲指定＿＿＿（身分證字號＿＿＿）為登記名義人，登記名義人應與買方負連帶履行本契約之義務。

買方：＿＿＿＿＿＿＿（簽章）

登記名義人：＿＿＿＿＿（簽章）

簽章日期＿＿＿年＿＿＿月＿＿＿日

附件四

按優惠稅率核課土地增值稅確認書

賣方主張按自用住宅用地優惠稅率申請核課土地增值稅。但經稅捐稽徵機關否准其申請者，賣方同意即以一般稅率開單繳納之。以上事項確認無誤。

確認人：＿＿＿＿＿（簽章）

簽章日期＿＿年＿＿月＿＿日

〈範例3-1-2〉

房屋買賣契約書(二)

立買賣契約書人○○○（以下簡稱甲方）、○○○（以下簡稱乙方）本件房屋產權買賣事項，經雙方一致同意訂立條款如後，以資共同遵守：

第1條　房屋標示：

第2條　房屋價款：房屋總價為新臺幣○○○元整，依左開期限支付之：（略）

第3條　點交房屋：乙方應自○○之日起○個月（或天）內將房屋交

付甲方點收，但因不可抗力致不能如期交屋者，得由雙方協定延展之。

第4條　產權登記：自○○之日起○天內，由雙方會辦或委由他人代辦，限○天內辦理完畢，不得拖延。為登記須甲乙雙方提出有關證件及應繳納稅捐，均應依規定期日、種類、內容及數額提供及繳納，如因一方延誤致影響產權登記者，因而遭受之損害，應由延誤之一方負賠償責任，他方於延誤中並得定期催告，延誤之一方逾期仍不履行者，他方得解除契約。契約解除後，依第6條違約處罰之規定處理。

第5條　稅捐負擔：應負擔之稅捐，除依法律規定外，關於產權登記費、印花稅、契約、代辦費，各項規費及臨時或附加之稅捐，均由甲方負擔。

第6條　違約處罰：

一、乙方交屋，除因不可抗力之事由外，每逾一日按總價千分之○計算違約金與甲方。乙方不履行契約，經甲方催告仍不交屋時，甲方得解除契約，契約解除後乙方除應將既收之價款全部退還外，並應賠償所付價款同額之賠償金與甲方。

二、甲方全都或一部不履行本約第2條規定付款者，其逾期部分，應加付按日千分之○計算之滯納金，於補交時一併繳清。如逾期經乙方催告而仍不遵期履行者，乙方得按已付款百分之五十計算請求損害賠償，如甲方仍不履行時，乙方得解除契約，並將已付款扣除滯納金及賠償金後無息返還甲方。

第7條　連帶保證人與被保證人應負連帶履行本契約之義務。

承買人（甲方）：

出賣人（乙方）：

連帶保證人：

中　華　民　國　○　○　年　○　月　○　日

〈範例3-1-3〉

預售屋買賣定型化契約書範本

（九十年九月三日內政部臺（九十）內中地字第9083628號公告修正）

中華民國八十五年二月十六日內政部臺（八十五）內地字第8573654號函頒行

中華民國八十五年八月十二日內政部臺（八十五）內地字第8580531號函公告修訂

中華民國八十九年三月二十七日內政部臺（八十九）內中地字第8979013號函公告修訂（行政院消費者保護委員會第六十六次委員會議通過）

中華民國九十年九月三日內政部臺（九十）內中地字第9083628號公告修訂（行政院消費者保護委員會第八十次委員會議通過）

契約審閱權

本契約於中華民國　年　月　日經買方攜回審閱　日（契約審閱期間至少五日）

買方簽章：

賣方簽章：

預售屋買賣契約書範本

內政部　編印

中華民國九十年九月

立契約書人：買方：＿＿＿＿＿ 賣方：＿＿＿＿＿ 茲為「＿＿＿＿」房地買賣事宜，雙方同意訂定本買賣契約條款如下，以資共同遵守：

第1條　賣方對廣告之義務

賣方應確保廣告內容之真實，本預售屋之廣告宣傳品及其所記載之建材設備表、房屋及停車位平面圖與位置示意圖，為契約之一部分。

第2條　房地標示及停車位規格

一、土地坐落：

____縣（市）____鄉（鎮、市、區）____段____小段____地號等____筆土地，面積共計____平方公尺（____坪），使用分區為都市計畫內____區（或非都市土地使用編定為____區____用地）。

二、房屋坐落：

同前述基地內「____」編號第____棟第____樓第____戶（共計____戶），為主管建築機關核准____年____月____日第____號建造執照（建造執照暨核准之該戶房屋平面圖影本如附件）。

三、車位部分：

(一)買方購買之停車位屬□法定停車位／□自行增設停車位／□獎勵增設停車位　為地上（面、下）第____層□平面式停車位／□機械式停車位總停車位____個，該停車位□有獨立權狀／□無獨立權狀，編號第____號車位____個，其車位規格為長____公尺，寬____公尺，高____公尺（可停放長____公尺，寬____公尺，高____公尺之車輛），另含車道及其他必要空間，面積共計____平方公尺（____坪）。平面式停車位其誤差在百分之二以下且長未逾十公分、寬未逾五公分、高未逾五公分，視為符合規格；但機械式停車位其誤差在百分之一以下且長未逾五公分、寬未逾二公分、高未逾二公分者，視為符合規格（建造執照核准之該層停車空間平面圖影本如附件）。

(二)買方購買之停車位屬自行增設或獎勵增設停車位者，

雙方如應另訂該種停車位買賣契約書，其有關事宜悉依該契約約定為之。

第3條　房地出售面積及認定標準

一、房屋產權登記面積：

本房屋面積共計____平方公尺（____坪），包含：

(一)主建物面積計____平方公尺（____坪）。

(二)附屬建物面積（即竣工圖上之陽臺、平臺、雨遮及屋簷等）計____平方公尺（____坪）。

(三)共同使用部分面積計____平方公尺（____坪）。

二、土地面積：

買方購買「____」____戶，其土地持分面積　　平方公尺（____坪），應有權利範圍為____，計算方式係以地政機關核發建物測量成果圖之主建物面積____平方公尺（____坪）與區分所有全部主建物總面積____平方公尺（____坪）比例持分（註：或以其他明確計算方式列明），如因土地分割、合併或地籍圖重測，則依新地號、新面積辦理產權登記。

第4條　共同使用部分項目、總面積及面積分配比例計算

一、共同使用部分除法定停車位另計外，係指□門廳、□走道、□樓梯間、□電梯間、□電梯機房、□電氣室、□機械室、□管理室、□受電室、□幫浦室、□配電室、□水箱、□蓄水池、□儲藏室、□防空避難室（未兼作停車使用）、□屋頂突出物、□健身房、□交誼室□____及依法令應列入共同使用部分之項目（____）。本「____」共同使用部分總面積計____平方公尺（____坪）。

二、前款共同使用部分之權利範圍係依買受主建物面積與主建物總面積之比例而為計算（註：或以其他明確之計算方式列明）。本「____」主建物總面積計____平方公尺

（____坪）。

第5條　房屋面積誤差及其價款找補

一、房屋面積以地政機關登記完竣之面積為準，部分原可依法登記之面積，倘因簽約後法令改變，致無法辦理產權登記時，其面積應依公寓大廈管理條例第四十四條第3項之規定計算。

二、面積如有誤差，其誤差在百分之一以內者（含百分之一）買賣雙方互不找補；惟其不足部分，如超過百分之一，則不足部分賣方均應找補；其超過部分，如超過百分之一以上者，買方只找補超過百分之一至百分之三之部分為限（即至多找補不超過百分之二），且雙方同意面積誤差之找補，係以土地與房屋價款之總數（車位如另行計價時，則不含車位價款）除以房屋面積所計算之平均單價，無息於交屋時一次結清。

三、面積如有誤差，其不足部分超過百分之三以上，不能達契約預定之目的者，買方得解除契約。

第6條　房地總價

本契約房地總價（含車位價款_____佰_____拾_____萬_____仟元整）合計新臺幣_____仟_____佰_____拾_____萬_____仟元整。

一、土地價款：新臺幣____仟____佰____拾____萬____仟元整。

二、房屋價款：新臺幣____仟____佰____拾____萬____仟元整。

第7條　付款條件及方式

付款應依已完成之工程進度所定之付款明細表之規定繳款，如賣方未依已完成之工程進度定付款明細表者，買方得於工程全部完工時一次支付之。

第8條　逾期付款之處理方式

買方如逾期達五日仍未繳清期款或已繳之票據無法兌現時，買方應加付按逾期款部分每日萬分之五單利計算之遲延利息，於補繳期款時一併繳付賣方，如逾期二個月或逾使用執照核發後一個月不繳期款或遲延利息，經賣方以存證信函或其他書面催繳，經送達七日內仍未繳者，雙方同意依違約之處罰規定處理。但賣方同意緩期支付者，不在此限。

第9條　地下層共同使用部分權屬

一、本契約房屋地下室共____層，總面積____平方公尺（____坪），除第4條所列地下層共同使用部分及依法令得為區分所有之標的者外，其餘由賣方依法令以法定停車位應有部分（持分）產權另行出售予本預售屋承購户。

二、未購買法定停車位之承購户，已充分認知本房地總價並不包括法定停車位之價款，且所購房屋坪數其地下室應有部分（持分）面積亦未含法定停車位之應有部分（持分）面積。除緊急避難及公共設施維修等共同利益之使用及其他法律之規定外，已確認並同意對本預售屋之地下室法定停車位應有部分（持分），並無使用管理權等任何權利。

第10條　屋頂使用權屬

一、共同使用部分之屋頂突出物不得約定為專用，屋頂避難平臺應為共同使用部分，除法令另有規定外，不得作為其他使用；至於非屬屋頂避難平臺之樓頂平臺，其依主管機關核准之建造執照所附圖面上已有約定專用之標示時，應依中央主管機關所定規約範本制定之規約草約約定之。但經區分所有權人會議另有決議者，應從其決議。

二、前款約定專用，以依主管機關核准而有不妨礙避難逃生之專用使用設計，並已明確在設計圖説上標示者為限。

三、有關非屬屋頂避難平臺之樓頂平臺之使用方式，經規約草約約定或區分所有權人會議決議之內容，不得違反法令之使用限制。專用使用權人，應依其使用面積按坪數增繳管理費予住户管理委員會或管理負責人。

第11條　法定空地之使用方式

一、法定空地產權應登記為全體區分所有權人共有，倘依主管機關核准之建造執照所附圖面上已有約定專用之標示時，除區分所有權人會議另有決議者外，應依中央主管機關所定規約範本制定之規約草約約定之；不得將法定空地讓售於特定人或為區分所有權人以外之特定人設定專用使用權或為其他有損害區分所有權人權益之行為。

二、前款約定專用，以依主管機關核准而有不妨礙避難逃生之專用使用設計，並已明確在設計圖説上標示者為限。

三、有關法定空地之使用方式，經規約草約約定或區分所有權人會議決議之內容，不得違反法令之使用限制。專用使用權人，應依其使用面積按坪數增繳管理費予住户管理委員會或管理負責人。

第12條　主要建材及其廠牌、規格

一、施工標準悉依核准之工程圖樣與説明書及本契約附件之建材設備表施工，除經買方同意，不得以同級品之名義變更建材設備或以附件所列舉品牌以外之產品替代，但賣方能證明有不可歸責於賣方之事由，致無法供應原建材設備，且所更換之建材設備之價值、效用及品質不低於原約定之建材設備或補償價金者，不在此限。

二、賣方保證建造本預售屋不含有損建築結構安全或有害人體安全健康之輻射鋼筋、石棉、未經處理之海砂等材料或其他類似物。

三、前款石棉之使用，不得違反主管機關所定之標準及許可之目的用途，但如有造成買方生命、身體及健康之損害者，仍應依法負責。

四、賣方如有違反前三款之情形，雙方同意依違約之處罰規定處理。

第13條　開工及取得使用執照期限

一、本預售屋之建築工程應在民國____年____月____日之前開工，民國____年____月____日之前完成主建物、附屬建物及使用執照所定之必要設施，並取得使用執照。但有下列情事之一者，得順延其期間：

(一)因天災地變等不可抗力之事由，致賣方不能施工者，其停工期間。

(二)因政府法令變更或其他非可歸責於賣方之事由發生時，其影響期間。

二、賣方如逾前款期限未開工或未取得使用執照者，每逾一日應按已繳房地價款依萬分之五單利計算遲延利息予買方。若逾期三個月仍未開工或未取得使用執照，視同賣方違約，雙方同意依違約之處罰規定處理。

第14條　建築設計變更之處理

一、買方申請變更設計之範圍以室內隔間及裝修為限，如需變更污水管線，以不影響下層樓為原則，其他有關建築主要結構、大樓立面外觀、管道間、消防設施、公共設施等不得要求變更。

二、買方若要求室內隔間或裝修變更時，應經賣方同意並於賣方指定之相當期限內為之，並於賣方所提供之工程變更單上簽認為準，且此項變更之要求以一次為限。辦理變更時，買方需親自簽認，並附詳圖配合本工程辦理之，且不得有違建管法令之規定，如須主管機關核准時，賣方應依規定申請之。

三、工程變更事項經雙方於工程變更單上簽認後，由賣方於簽認日起____日內提出追加減帳，以書面通知買方簽認。工程變更若為追加帳，買方應於追加減帳簽認日起十天內繳清工程追加款始為有效，若未如期繳清追加款，視同買方無條件取消工程變更要求，賣方得拒絕受理並按原設計施工。工程變更若為減帳，則於交屋時一次結清。若賣方無故未予結清，買方得於第15條之交屋保留款予以扣除。雙方無法簽認時，則依原圖施工。

第15條　驗收

賣方依約完成本户一切主建物、附屬建物之設備及領得使用執照並接通自來水、電力、於有天然瓦斯地區，並應達成瓦斯配管之可接通狀態及完成契約、廣告圖説所示之設施後，應通知買方進行驗收手續。買方就本契約所載之房屋有瑕疵或未盡事宜，載明於驗收單上要求賣方限期完成修繕，並得於自備款部分保留房地總價百分之五作為交屋保留款。

前項有關達成天然瓦斯配管之可接通狀態之約定，如契約有約定，並於相關銷售文件上特別標明不予配設者，不適用之。

第16條　房地產權移轉登記期限

一、土地產權登記

土地產權之移轉，應於使用執照核發後四個月內備妥文件申辦有關稅費及所有權移轉登記。其土地增值稅之負擔方式，依有關稅費負擔之約定辦理。

二、房屋產權登記

房屋產權之移轉，應於使用執照核發後四個月內備妥文件申辦有關稅費及所有權移轉登記。

三、賣方違反前二款之規定，致各項稅費增加或罰鍰（滯納金）時，賣方應全數負擔；如損及買方權益時，賣方應負損害賠償之責。

四、賣方應於買方履行下列義務時，辦理房地產權移轉登記：

(一)依契約約定之付款辦法，除約定之交屋保留款外，應繳清房地移轉登記前應繳之款項及逾期加付之遲延利息。

(二)提出辦理產權登記及貸款有關文件，辦理各項貸款手續，繳清各項稅費，預立各項取款或委託撥付文件，並應開立受款人為賣方及票面上註明禁止背書轉讓，及記載擔保之債權金額及範圍之本票予賣方。

(三)本款第一目、第二目之費用如以票據支付，應在登記以前全部兌現。

五、第1款、第2款之辦理事項，由賣方指定之土地登記專業代理人辦理之，倘為配合各項手續需要，需由買方加蓋印章，出具證件或繳納各項稅費時，買方應於接獲賣方或承辦代理人通知日起七日內提供，如有逾期，每逾一日應按已繳房地價款依萬分之五單利計算遲延利息予賣方，另如因買方之延誤或不協辦，致各項稅費增加或罰鍰（滯納金）時，買方應全數負擔；如損及賣方權益時，買方應負損害賠償之責。

第17條　通知交屋期限

一、賣方應於領得使用執照六個月內，通知買方進行交屋。於交屋時雙方應履行下列各項義務：

(一)賣方付清因延遲完工所應付之遲延利息於買方。

(二)賣方就契約約定之房屋瑕疵或未盡事宜，應於交屋前完成修繕。

(三)買方繳清所有之應付未付款（含交屋保留款）及完成一切交屋手續。

(四)賣方如未於領得使用執照六個月內通知買方進行交屋，每逾一日應按已繳房地價款依萬分之五單利計算遲延利息予買方。

二、賣方應於買方辦妥交屋手續後，將土地及建物所有權狀、房屋保固服務紀錄卡、住户規約草約、使用執照（若數户同一張使用執照，則日後移交管理委員會）或使用執照影本及賣方代繳稅費之收據交付買方，並發給遷入證明書，俾憑換取鎖匙，本契約則無需返還。

三、買方應於收到交屋通知日起____日內配合辦理交屋手續，賣方不負保管責任。但可歸責於賣方時，不在此限。

四、買方同意於通知之交屋日起三十日後，不論已否遷入，即應負本户水電費、瓦斯基本費，另瓦斯裝錶費用及保證金亦由買方負擔。

五、賣方應擔任本預售屋共同使用部分管理人，並於成立管理委員會或管理負責人產生後移交之。雙方同意自交屋日起，由買方按月繳付共同使用部分管理費。

六、賣方於完成管理委員會或管理負責人產生後，應將申請使用執照專户儲存之公共基金及公共設施之驗收後（或未專户儲存者應提列新臺幣____元）併同移交之。

第18條　保固期限及範圍

一、本契約房屋自買方完成交屋日起，或如有可歸責於買方之原因時自賣方通知交屋日起，除賣方能證明可歸責於買方或不可抗力因素外，結構部分（如：樑柱、樓梯、擋土牆、雜項工作……等）負責保固十五年，固定建材及設備部分（如：門窗、粉刷、地磚……等）負責保固一年，賣方並應於交屋時出具房屋保固服務紀錄卡予買方作為憑證。

二、前款期限經過後，買方仍得依民法及其他法律主張權利。

第19條　貸款約定

一、第6條房地總價內之部分價款新臺幣____元整，由買方與賣方洽定之金融機關之貸款給付，由買賣雙方依約定辦妥一切貸款手續。惟買方可得較低利率或有利於買方之貸款條件時，買方有權變更貸款之金融機關，自行辦理貸款，除享有政府所舉辦之優惠貸款利率外，買方應於賣方通知辦理貸款日起二十日內辦妥對保手續，並由承貸金融機關同意將約定貸款金額撥付賣方。

二、前款由賣方洽定辦理之貸款金額少於預定貸款金額，應依下列各目處理：

(一)不可歸責於雙方者，其貸款金額不及原預定貸款金額百分之七十者，買方得解除契約；或就貸款不足百分之七十以上之金額部分，以原承諾貸款相同年限及條件分期清償，並就剩餘之不足額部分，依原承諾貸款之利率，計算利息，按月分期攤還，其期間不得少於七年。

(二)可歸責於賣方時，其貸款金額不足原預定貸款金額，賣方應補足不足額之部分，並依原承諾貸款相同年限及條件由買方分期清償。如賣方不能補足不足額部分，買方有權解除契約。

(三)可歸責於買方時，買方應於接獲通知之日起____天內一次或經賣方同意之分期給付。

三、有關金融機關核撥貸款後之利息，由買方負擔。但於賣方通知之交屋日前之利息應由賣方返還買方。

第20條　貸款撥付

買賣契約如訂有交屋保留款者，於產權登記完竣並由金融機關設定抵押權後，除有輻射鋼筋、未經處理之海砂或其他縱經修繕仍無法達到應有使用功能之重大瑕疵外，買方不得通知金融機關終止撥付前條貸款予賣方。

第21條　房地轉讓條件

一、買方繳清已屆期之各期應繳款項者，於本契約房地產權登記完成前，如欲將本契約轉讓他人時，必須事先以書面徵求賣方同意，賣方非有正當理由不得拒絕。

二、前項之轉讓，除配偶、直系血親間之轉讓外，賣方得向買方收取本契約房地總價款千分之____（最高以千分之一為限）之手續費。

第22條　地價稅、房屋稅之分擔比例

一、地價稅以賣方通知之交屋日為準，該日前由賣方負擔，該日後由買方負擔，其稅期已開始而尚未開徵者，則依前一年度地價稅單所載該宗基地課稅之基本稅額，按持分比例及年度日數比例分算賣方應負擔之稅額，由買方應給付賣方之買賣尾款中扣除，俟地價稅開徵時由買方自行繳納。

二、房屋稅以通知之交屋日為準，該日前由賣方負擔，該日後由買方負擔，並依法定稅率及年度月份比例分算稅額。

第23條　稅費負擔之約定

一、土地增值稅應於使用執照核發後申報，並以使用執照核發日之當年度公告現值計算增值稅，其逾三十日申報者，以提出申報日當期之公告現值計算增值稅，由賣方負擔，但買方未依第16條規定備妥申辦文件，其增加之增值稅，由買方負擔。

二、產權登記規費、印花稅、契稅、代辦手續費、貸款保險費及各項附加稅捐由買方負擔。但起造人為賣方時，建物所有權第一次登記規費及代辦手續費由賣方負擔。

三、公證費由買賣雙方各負擔二分之一，但另有約定者從其約定。

四、應由買方應繳交之稅費，買方於辦理產權登記時，應將此等費用全額預繳，並於交屋時結清，多退少補。

第24條　產權糾紛之處理

一、賣方保證產權清楚，絕無一物數賣或無權占有他人土地。訂約後如有上述糾紛致影響買方權利時，買方得定相當期限催告賣方解決，倘逾期賣方仍不解決時，買方得解除本契約，雙方並同意依違約之處罰規定處理。

二、解約時賣方應將所收價款按法定利息計算退還買方。

第25條　賣方與工程承攬人財務糾紛之處理及他項權利清理之時機

一、賣方與工程承攬人發生財務糾紛，賣方應於產權移轉登記前解決；如因賣方曾設定他項權利予第三人時，賣方應於取得買方之金融機關貸款時，即負責清理塗銷之。倘逾買方所定相當期限仍未解決，買方得解除本契約，雙方並同意依違約之處罰規定處理。

二、解約時賣方應將所收價款按法定利息計算退還買方。

第26條　不可抗力因素之處理

如因天災、地變、政府法令變更或不可抗力之事由，致本契約房屋不能繼續興建時，雙方同意解約。解約時賣方應將所收價款按法定利息計算退還買方。

第27條　違約之處罰

一、賣方違反「主要建材及其廠牌、規格」、「開工及取得使用執照期限」、「產權糾紛之處理」、「賣方與工程承攬人財務糾紛之處理及他項權利清理之時機」之規定者，買方得解除本契約。解約時賣方除應將買方已繳之房地價款及遲延利息全部退還買方外，並應同時賠償房地總價款百分之____（不得低於百分之十五）之違約金。但該賠償之金額超過已繳價款者，則以已繳價款為限。

二、買方違反有關「付款條件及方式」之規定者，賣方得沒收依房地總價款百分之____（最高不得超過百分之十五）計算之金額。但該沒收之金額超過已繳價款者，則以已繳價款為限，買賣雙方並得解除本契約。

三、買賣雙方當事人除依前二款之請求外，不得另行請求損害賠償。

第28條　疑義之處理

本契約各條款如有疑義時，應依消費者保護法第11條第2項規定，為有利於買方之解釋。

第29條　合意管轄法院

因本契約發生之消費訴訟，雙方同意以房地所在地之地方法院為第一審管轄法院。

第30條　附件效力及契約分存

本契約之附件視為本契約之一部分。本契約壹式貳份，由買賣雙方各執乙份為憑，並自簽約日起生效。

第31條　未盡事宜之處置

本契約如有未盡事宜，依相關法令、習慣及平等互惠與誠實信用原則公平解決之。

附件：

一、建造執照暨核准之房屋平面圖影本乙份。

二、停車空間平面圖影本乙份。

三、付款明細表乙份。

四、建材設備表乙份。

五、申請建造執照所附之住户規約草約。

立契約書人

買方：

國民身分證統一編號：

户籍地址：

通訊地址：

連絡電話：

賣方：

法定代理人：

公司統一編號：

公司地址：						
公司電話：						
中	華	民	國	年	月	日

七、簽約注意事項

(一)適用範圍

本契約範本僅適用於區分所有建物預售買賣時之參考，買賣雙方參考本範本訂立契約時，仍可依民法第153條規定意旨，就個別情況磋商合意而訂定之。

(二)契約審閱

關於契約審閱，按預售屋買賣契約屬消費者契約之一種，買賣雙方對於契約內容之主客觀認知頗有差異，是以建築投資業者所提供之定型化契約應給予消費者合理期間以瞭解契約條款之內容，此於消費者保護法施行細則第11條已有明訂。另依據行政院公平交易委員會88年3月10日第383次委員會議決議：建築投資商銷售預售屋時，有下列行爲之一者，即可能構成公平交易法第24條所規定顯失公平之行爲：

1.要求客戶須給付定金始提供契約書。

2.收受訂金簽約前，未提供客戶充分之契約審閱期間。契約審閱期間至少五天。

(三)廣告效力

第1條廣告效力中之建材設備表、房屋平面圖與位置示意圖係指廣告宣傳品所記載者，至房屋平面圖及建材設備表則指賣方提供之定型化契約所附之附件。

(四)土地使用分區部分

第2條房地標示第1款土地坐落部分，依法令規定，如屬都市計畫內住宅區者，係做爲住宅居住使用；如屬非都市土地編定爲甲種建築用地者，係供農業區內建築使用；如屬非都市土地編定爲乙種建築用地者，係供鄉村區內建築使用，如屬非都市土地編定爲丙種建築用地者，係供森林區、山坡地保育區及風景區內建築使用；如屬非都市土地編定為丁種建築用地者，係供工廠及有關工業設施建築使用（即一般所稱之工業住宅）。

(五)車位部位

第2條房地標示第3款車位部分，若勾選自行增設停車位或獎勵增設停車位者，應另訂該種停車位買賣契約書，其有關事宜悉依該契約約定為之。本契約範本有關停車位部分，僅適用於法定停車位。

(六)第4條共同使用部分項目、面積及面積分配比例計算

1.共同使用部分之項目，乃屬例示性質，應依房屋買賣個案之實際情況於契約中列舉共同使用部分項目名稱。

2.第2款共同使用部分面積之分配比例計算，法定停車位雖列入共同使用部分登記，但其權利範圍乃另行計算，至其他共同使用部分項目面積以主建物之比例而為計算，而另有購買法定停車位者，再行計入。

3.依據行政院公平交易委員會84年9月6日第204次委員會議決議，認為房地產買賣合約書應明定各共有人所分配之公共設施面積或其分配比例，否則即可能違反公平交易法第24條之欺罔或顯失公平之規定。

另該會於同年11月29日第216次委員會議針對業界之導正期限與執行方式作成如下決議：

1.契約中應說明共同使用部分（公共設施）所含項目。

2.契約中應表明公共設施分攤之計算方式。

3.各戶持分總表應明確列示，並由業者自行決定採行提供公眾閱覽、分送或自由取閱等方式。

4.導正期限訂為85年元月底止。

5.基於不溯及既往原則，本導正計畫實施前已簽訂之房地產買賣契約，不予適用。自85年2月1日起，業者如未依前開決議執行，即認定違反公平交易法第24條。

(七)交屋保留款之付款規定

本契約範本附件付款明細表所訂自備款之各期期款，賣方應依已完成之工程進度訂定之。房地總價之百分之五交屋保留款訂於最後一期（交屋時），但賣方未依已完成之工程進度定付款明細者，買方得於工程全部完工時一次支付之。

(八)輻射鋼筋及未經處理海砂之檢驗

1.第12條第2款有關本預售屋之材料不含輻射鋼筋部分，按自84年7月1日起，針對施工中建築物業已實施「施工中建築物出具無輻射污染證明」制度，消費者如有疑義，可委託經行政院原子能委員會認可具偵檢能力之輻射偵測單位進行偵檢，詳情請洽詢行政院原子能委員會「輻射鋼筋事件處理專案小組」。

2.同款有關本預售屋之材料不含未經處理之海砂部分，消費者如有疑義，可攜帶六百公克結構物之混凝土塊或五十至一百公克之砂樣逕送財團法人工業技術研究院工業材料研究所（新竹縣竹東鎮中興路4段195號七七館）委託檢驗（檢驗費用由委託者負擔）或郵寄至該所工業服務室登錄辦理（備妥委託單、樣品及費用），詳情請洽詢(03)5918483。

(九)有關擅自變更設計之責任

第14條第2款之室內隔間或裝修變更，如有違建築法令或未經主管機關核准時，將有導致保固請求權喪失及損及鄰近房屋之損害賠償之虞。

(十)房地產權移轉登記期限

第16條房地產權移轉登記期限第1款土地產權登記，依據行政院公平交易委員會84年8月16日第201次委員會議決議：建議業者應於84年10月1日以後簽約之契約中明定關於土地移轉之年度或日期。否則，即違反公平交易法第24條之規定。

又該會第218次委員會議決議：有關以不特定之約定期間表示土地移轉時間，如「簽約後三個月內」、「使用執照取得後」、「使用執照申請後」等方式，「簽約後三個月內」之表達方式，因簽約日有契約上明確記載，易於推算，可予認同；而後二者隱含土地產權移轉時間之不確定性，可能造成土地增值稅負擔爭議，仍請依本會第201次委員會議決議辦理。

(十一)住戶規約草約

第10條第1款、第11條第1款及第17條第2款之住戶規約草約依公寓大廈管理條例第48條及第49條規定，係指賣方依內政部營建署所訂之「住戶規約範本」所制作，依該條例第44款第2項規定，本住戶規約草約於第一次區分所有權人會議召開前，視同規約。

(十二)買方自行辦理貸款之規定

買方如欲自行辦理貸款，除於訂約時明示自行辦理外，並預立貸款撥款委託書予賣方，賣方則須配合買方貸款需要提供房地權狀或配合辦理貸款手續，賣方如因而增加之費用支出得向買方求償。

(十三)優惠貸款之類別

第19條第1款所稱政府所舉辦之優惠貸款係指國民住宅貸款、公教人員貸款及勞工貸款等。

(十四)房地轉讓條件

關於第21條房地轉讓條件，按預售屋賣方會同買方辦理房地轉售時，需說明契約內容及提供相關資料，俾辦理契約簽訂等其他相關事宜，其所需成本似得准收手續費。故本範本爰例示約定手續費爲房地總價款最高千分之一，以供參考。

(十五)違約金之約定

關於第27條違約金之約定，按違約金數額多寡之約定，視簽約時社會經濟及房地產景氣狀況而定，是以買賣雙方簽約時，就違約金數額之約定，仍應考量上開狀況磋商而定。

(十六)消費爭議之申訴與調解

因本契約所發生之消費爭議，依消費者保護法第43款及第44款規定，買方得向賣方、消費者保護團體或消費者服務中心申訴；未獲妥適處理時，得向房地所在地之直轄市或縣（市）政府消費者保護官申訴；再未獲妥適處理時得向直轄市或縣（市）消費爭議調解委員會申請調解。

(十七)消費者保護法對消費者權益之保障

本預售屋買賣契約所訂之條款，均不影響買方依消費者保護法規定之權利。

〈範例3-1-4〉

土地買賣契約書(二)

立賣賣契約書人買主○○○（以下簡稱甲方）賣主○○○（以下簡稱乙方）本件土地產權買賣事項，經雙方一致同意訂立條款如後，以資共同遵守：

第1條　土地標示：（略）

第2條　土地價款：土地總額為新臺幣○○○元整，簽約日支付新臺幣○○○元，產權登記完畢後支付新臺幣○○○元，尾款新臺幣○○○元於土地點交後一併付清。

第3條　產權登記：土地移轉登記，應自本契約成立後○天內，由雙方會同辦理或會同委任他人代辦。

第4條　稅捐負擔：土地移轉過戶前之地價稅及移轉過戶時應繳納之土地增值稅，由乙方負擔，土地移轉登記費、契稅及代辦費用，由甲方負擔。

第5條　違約處罰：

一、乙方中途發生土地權利糾葛致不能履行契約時，甲方得解除契約，乙方除應將既收價款全部退還甲方外，並應賠償所付價款同額之損害金與甲方。其因本契約之解除而致甲方與本約土地上之房屋買賣契約亦需解除時，甲方因解除該房屋買賣契約所受之損害，乙方應負賠償責任。

二、甲方全部或一部不履行本約第2條規定付款時，其逾期部分甲方應加付按日千分之○計算之滯納金，於補交時一併繳清。如逾期經乙方催告限期履行，逾期仍不繳付時，乙方得按已繳款項百分之五十計算損害賠償，如甲方仍不履行。乙方得解除本契約，並扣除滯納金及賠償金後，無息退還已繳款項。

第6條　乙方保證土地產權清楚，如有設定他項權利，應自行解決，倘發生任何糾葛與甲方無干，甲方蒙受損害時，甲方除得解除契約外，乙方並願負責加倍賠償。

第7條　連帶保證人與被保證人應負連帶保證履行本契約之義務。

承買人（甲方）：

出賣人（乙方）：

連帶保證人：

中　華　民　國　〇　〇　年　〇　月　〇　日

〈範例3-1-5〉

房地買賣契約書(二)

立契約書人買方〇〇〇（以下簡稱甲方）賣方〇〇〇（以下簡稱乙方），茲因不動產買賣事宜，雙方協議同意訂立各條款如左：

第1條　乙方所有下列不動產同意出賣予甲方。

土地：〇〇市〇〇區〇〇段〇〇小段〇〇〇地號土地乙筆，面積〇〇〇公頃，持分〇〇〇〇（或所有權全部）。

房屋：前述土地地上物即〇〇市〇〇路〇〇號第〇層房屋壹戶，面積〇〇〇平方公尺所有權全部（或持分〇〇〇〇）。

第2條　本約買賣金額共計新臺幣〇萬〇仟元整。其付款方式如次：

第一次付款：新臺幣〇萬〇仟元整，於簽訂本約之同時，由甲方支付予乙方。

第二次付款：新臺幣〇萬〇仟元整，於乙方交付產權移轉登記有關文件之同時，由甲方支付予乙方。

第三次付款：新臺幣〇萬〇仟元整，於買賣標的物移交之同時，由甲方支付予乙方。

第四次付款：新臺幣◯萬◯仟元整，於辦妥產權移轉登記手續之同時由甲方支付予乙方。

甲方若以支票方式付款，倘支票全都或一部分不能兌現時，視為違約。

第3條　本約不動產所有權移轉登記，所需乙方印鑑證明一份，户籍謄本三份，最近一期房屋税單，土地前次移轉資料及土地、房屋所有權狀等，訂於民國◯年◯月◯日交付與甲方或甲方委請之登記代理人。

第4條　本約不動產訂於民國◯年◯月◯日現場移交。

第5條　本約不動產確係乙方所有，乙方保證產權清楚來歷清白，若有任何產權糾紛或債務瓜葛，均由乙方負資理清，不得連累甲方，若因此致使甲方受有損害時，乙方願負完全賠償責任，絕無異議。

第6條　本約不動產移交之日以前，若有應繳而未繳之税捐費用，悉由乙方負責繳清，移交之日以後，悉由甲方負擔。

第7條　本約不動產買賣登記，其土地增值税依法由乙方負擔，其房屋契税及監證費依法由甲方負擔，至於登記費、印花税及代辦費等亦由甲方負擔。

第8條　本約不動產所有權移轉登記時，乙方同意甲方自由指定自己以外之名義人為權利人。

第9條　本約不動產所有權移轉登記時，如需乙方補印或補辦證件時，乙方應無條件照辦，不得藉詞刁難或要求任何其他條件之補償。

第10條　本約不動產在未移交前，如遇天災地變或其他原因受有損害時，應由乙方負責，概與甲方無涉。

第11條　本約甲乙雙方，應忠誠履約，若甲方違約，所付款項，由乙方無條件沒收。如乙方違約，所收款項，應於違約日起拾日內加倍返還予甲方雙方各無異議。

第12條　本約如有未盡之事宜，適用現行有關法令規定及一般社會慣例。

第13條　本約自簽訂日起生效。

第14條　本約同文壹式貳份雙方各執乙份為憑。

印花各自購貼

立契約書人甲方：
住址：
身分證統一號碼：
立契約書人乙方：
住址：
身分證統一號碼：
見證人：

中　華　民　國　○　○　年　○　月　○　日

〈範例3-1-6〉

房地買賣契約書(三)

立房地買寅契約晉人買主○○○（以下簡稱甲方）、賣主○○○（以下簡稱乙方）本件房地產買賣事項，經雙方一致同意訂立條款如後，以資共同遵守：

第1條　房地標示：
一、土地座落：（略）
二、房屋座落：（略）

第2條　房地總價及支付時期：（略）

第3條　交付房地期限：乙方應自本契約成立之日起○○日內，將房地交付甲方，不得延誤。

第4條　產權登記：房地產權登記，應自本契約成立之日起○○日內由甲乙雙方會同辦理或委由代理人辦理之。

辦理房地產權移轉登記時，其應由甲方或乙方提供有關證件及應繳納稅捐，甲方或乙方均應依規定期日、種類、內容及數額提供及繳納，如有一方延誤，致影響產權登記者，他方得定期催告履行，逾期仍不履行者，他方得解除契約，如受有損害並得請求延誤之一方賠償。

第5條　稅捐負擔：甲乙雙方應負擔之稅捐，除依有關法律規定外，並依下列規定辦理：

一、土地移轉過户前之地價稅及移轉過户時應繳納之土地增值稅由乙方負擔。

二、產權登記費、印花稅、契約、代辦費、各項規費及臨時或附加之稅捐由甲方負擔。

第6條　違約處罰：

一、倘乙方逾期交付房地時，每逾一日應按房地總價千分之○計算違約金付與甲方。乙方不履行契約經甲方催告限期履行，逾期仍不交付房地時，甲方得解除契約。解約時乙方除應將既收價款全都退還甲方外，並應賠償所付價款同額之賠償金與甲方。

二、甲方全部或一部不履行本約第2條規定應付價款時，乙方得定期催告甲方限期履行，逾期仍不交付時，乙方除得解除契約外，並得將甲方已交付之價金全部沒收。

第7條　連帶保證人與被保證人應負連帶履行本契約之義務。

承買人（甲方）：

出賣人（乙方）：

連帶保證人：

中　華　民　國　○　○　年　○　月　○　日

〈範例3-1-7〉

土地買賣預約書

預約者李民（以下簡稱甲方）與預約權利者王大（以下簡稱乙方）對以下不動產，按照下記約定成立買賣預約；並得到預約權利者王大承諾。契約標的：○○市○○路○號地（地段地號）

第1條　本預約契約之買賣價款為新臺幣○○○元整。

第2條　乙方至中華民國○○年○月○日止，可表示應買意願。

第3條　當乙方表示前條應買意願時，買賣契約成立。甲方必須會同乙方對於本件物件辦理所有權移轉登記手續。乙方在上記登記手續辦理之同時，必須將第一條的買賣價款支付給預約者。

第4條　本預約之相關費用及前條登記所需之登錄規費和登記手續費用，由乙方負擔。

第5條　本契約書壹式貳份，於簽名蓋章後雙方各執乙一份。

甲方：李民
地址：
乙方：王大
地址：

中　華　民　國　○　○　年　○　月　○　日

〈範例3-1-8〉

不動產買賣契約證書（土地、建物通用）

賣主李四（以下簡稱甲方）和買主陳安（以下簡稱乙方）對於下述不動產按照下列方式締結買賣契約：

買賣標的物：○○○○○○

第1條（契約的成立）

甲方將其所有的上述不動產賣給乙方，由乙方購買。

第2條（買賣的價款）

買賣價款為新臺幣○○○元整。

第3條（定金）

乙方在訂約日將契約定金新臺幣○○○元支付甲方，由甲方親自簽收。定金不附帶利息。

第4條（買賣面積的基準）

買賣標的物的面積。以地政機關複丈結果為準。

實際丈量的結果，若買賣標的物的面積有增減時，則以每坪單價新臺幣○○○元之比例，對第2條所訂立的買賣價款重新核計。

買賣標的物的複丈費，由甲方、乙方各負擔一半。

第5條（契約履行的日期）

契約履行的日期為中華民國○○年○月○日。

第6條（賣主的交付義務）

甲方屆前條所定日期，應將辦理買賣標的物所有權移轉登記必要的一切文件，交給乙方或乙方指定的第三者，並須交付標的物。

第7條（乙方的價款支付義務）

乙方應於第5條規定的日期，將買賣價款扣除定金後之總額支付給甲方，因交換前條所規定的文件及標的物。

第8條（所有權移轉的時期）

買賣標的物的所有權按照前條規定，在價款完全付清時由甲方移轉給乙方。

第9條（甲方的瑕疵擔保責任）

若買賣標的物有任何瑕疵，會妨礙各項權利設定或所有權的完全行使，或尚有稅金沒有完全繳納時，甲方到第5條規定的日期之前必須將各項權利、瑕疵及負擔全部去除，將完全所有權轉移給乙方。

若有前項記載的諸權利設定、瑕疵、負擔及其他妨礙所有權行使之事由存在時，致日後發生糾葛之情事時，甲方必須全權負責。

第10條（收益的歸屬）

關於標的物的收益，以買賣價款的餘額清償日來劃分，在此之前歸屬甲方，而在買賣價款的餘額清償日之後，歸屬乙方。

第11條（負擔的歸屬）

關於買賣標的物的任何租稅負擔，以買賣價款餘額清償日來區分，在此之前由甲方負擔，在買賣價款餘額清償日之後的部分則由乙方負擔。

前項的核算在買賣價款餘額收受時進行。

若買賣標的物的所有權移轉登記尚未完成，以甲方名義課徵之房屋稅、地價稅及其他稅金，全部由乙方負擔；甲方將稅單交給買主後，乙方必須立刻繳納規定的金額。

第12條（危險負擔）

買賣標的物在交付前，若全部或一部分因不可抗拒之外力或天災而損失或毀損，或有因徵收、建築限制、土地重劃等公法上的負擔時。其損失由甲方負擔。

若因前項之故，乙方無法達到締結契約的目的時。可解除本契約。

乙方依照前二項的規定解除本契約時，甲方必須立刻將定金退還給乙方。

第13條（買賣的費用）

所有權移轉登記必要的證書製作費用及附帶費用，由甲方負擔；所有權移轉登記必要的規費及附帶費用，由乙方負擔。

第14條（喪失權利約款）

甲方或乙方任何一方未履行本契約所訂定之義務，則對方可給予一週的寬限期並進行催告，若逾期而受催告的一方仍不履行義務時，對方可即時解除本契約。

第15條（違約金）

由於乙方不履行本契約，而甲方依前條約定解除本契約時，甲方可沒收定金，無歸還之義務。

若甲方未履行本契約，乙方依前條之規定解除本契約時，甲方必須歸還乙方已支付之定金，同時必須支付與定金同額之違約金。

甲方或乙方因對方不履行義務而遭受損失時，除了前項的違約金之外，亦可向對方請求損害賠償。

第16條（契約份數）

本契約書壹式貳份，於各自簽名蓋章後雙方各持乙份。

甲方：李四

地址：

乙方：陳安

地址：

中　華　民　國　○　○　年　○　月　○　日

〈範例3-1-9〉

公寓大廈規約範本（內政部頒定）

第1條　本規約效力所及範圍

本規約效力及於本公寓大廈全體區分所有權人、無權占有人及住戶。

本公寓大廈之範圍如附件一中所載之基地、建築物及附屬設施（以下簡稱標的物件）。

第2條　專有部分、共用部分、約定專用部分、約定共用部分。

一、本公寓大廈專有部分、共用部分、約定專用部分、約定共用部分之範圍界定如后，其區劃界限詳如附件一標的物件之圖說。

(一)專有部分：指編釘獨立門牌號碼或所在地址證明之家戶，並登記為區分所有權人所有者。

(二)共用部分：指不屬專有部分與專有附屬建築物，而供共同使用者。

(三)約定專用部分：公寓大廈共用部分經約定供特定區分所有權人使用者，使用者名冊由管理委員會造冊保存。

(四)約定共用部分：公寓大廈專有部分經約定供共同使用者。

二、本公寓大廈法定空地、樓頂平臺為共用部分，應供全體區分所有權人及住户共同使用，非經規約或區分所有權人會議之決議，不得約定為約定專用部分。但起造人或建築業者之買賣契約書或分管契約書已有約定時，從其約定。

三、本公寓大廈周圍上下、外牆面、樓頂平臺及不屬專有部分之防空避難設備，如有懸掛或設置廣告物之情事，應依法令及下列規定辦理（就下列三者勾選其一，未勾選者視為選擇1.之情形）：

□1.有關懸掛或設置廣告物依公寓大廈管理條例第8條規定辦理。

□2.非經規約規定或區分所有權人會議之決議，不得懸掛或設置廣告物。

□3.應符合下列規定：（選此項者，應配合就得懸掛或設置廣告物之範圍、懸掛或設置廣告物之規格等加以規定）。

四、停車空間應依與起造人或建築業者之買賣契約書或分管契約書使用其約定專用部分。無買賣契約書或分管契約書且為共同持分之停車空間，經區分所有權人會議決議授權管理委員會得將部分之停車空間約定為約定專用部分供特定區分所有權人使用，其契約格式如附件二。

五、區分所有權人及住户對於陽臺不得違建，如需裝置鐵窗時，不得妨礙消防逃生及救災機能，應先經管理委員會同意，方得裝設。

六、共用部分及約定共用部分劃設機車停車位，供住户之機車停放，其相關管理規範依區分所有權人會議決議為之。

第3條　區分所有權人會議

一、區分所有權人會議由本公寓大廈全體區分所有權人組成，其定期會議及臨時會議之召開，依公寓大廈管理條例（以下簡稱本條例）第25條之規定，召集人由具區分所有權人身分之管理負責人或管理委員會主任委員擔任。

二、區分所有權人會議，應由召集人於開會前十日以書面載明開會內容，通知各區分所有權人。但有急迫情事須召開臨時會者，得於公告欄公告之；公告期間不得少於二日。管理委員之選任事項，應在前項開會通知中載明並公告之，不得以臨時動議提出。

三、下列各目事項，應經區分所有權人會議決議：

(一)規約之訂定或變更。

(二)公寓大廈之重大修繕或改良。

(三)公寓大廈有本條例第13條第2款或第3款情形之一須重建者。

(四)住户之強制遷離或區分所有權之強制出讓。

(五)約定專用或約定共用事項。

(六)管理委員執行費用之支付項目及支付辦法。

(七)其他依法令需由區分所有權人會議決議之事項。

四、會議之目的如為專有部分之約定共用事項，應先經該專有部分之區分所有權人書面同意，始得成為議案。

五、約定專用部分變更時，應經使用該約定專用部分之區分所有權人同意。但該約定專用顯已違反公共利益，經管理委員會或管理負責人訴請法院判決確定者，不在此限。

六、會議之目的如對某專有部分之承租者或使用者有利害關係時，該等承租者或使用者經該專有部分之區分所有權人同意，得列席區分所有權人會議陳述其意見。

七、各專有部分之區分所有權人有一表決權。數人共有一專有部分者，該表決權應推由一人行使。

八、區分所有權人因故無法出席區分所有權人會議時，得以書面委託他人代理出席。但受託人於受託之區分所有權占全部區分所有權五分之一以上者，或以單一區分所有權計算之人數超過區分所有權人數五分之一者，其超過部分不予計算。代理人應於簽到前，提出區分所有權人之出席委託書，如附件三。

九、開會通知之發送，以開會前十日登錄之區分所有權人名冊為據。區分所有權人資格於開會前如有異動時，取得資格者，應出具相關證明文件。

十、區分所有權人會議討論事項，除第3款第一目至第五目應有區分所有權人三分之二以上及其區分所有權比例合計三分之二以上出席，以出席人數四分之三以上及其區分所有權比例占出席人數區分所有權四分之三以上之同意行之外，其餘決議均應有區分所有權人過半數及其區分所有權比例合計過半數之出席，以出席人數過半數及其區分所有權比例占出席人數區分所有權合計過半數之同意行之。

十一、區分所有權人會議依第10款規定未獲致決議、出席區分所有權人之人數或其區分所有權比例合計未達第10款定額者，召集人得就同一議案重新召集會議；

其開議應有區分所有權人三人並五分之一以上及其區分所有權比例合計五分之一以上出席，以出席人數過半數及其區分所有權比例占出席人數區分所有權合計過半數之同意作成決議。前揭決議之會議紀錄依本條例第34條第1項規定送達各區分所有權人後，各區分所有權人得於七日內以書面表示反對意見。書面反對意見未超過全體區分所有權人及其區分所有權比例合計半數時，該決議視為成立。會議主席應於會議決議成立後十日內以書面送達全體區分所有權人並公告之。

十二、區分所有權人會議之出席人數與表決權之計算，於任一區分所有權人之區分所有權占全部區分所有權五分之一以上者，或任一區分所有權人所有之專有部分之個數超過全部專有部分個數總合之五分之一以上者，其超過部分不予計算。

十三、區分所有權人會議之決議事項，應作成會議紀錄，由主席簽名，於會後十五日內送達各區分所有權人並公告之。

十四、會議紀錄應包括下列內容：

(一)開會時間、地點。

(二)出席區分所有權人總數、出席區分所有權人之區分所有權比例總數及所占之比例。

(三)討論事項之經過概要及決議事項內容。

第4條　公寓大廈有關文件之保管責任

規約、區分所有權人會議及管理委員會之會議紀錄、簽名簿、代理出席之委託書、使用執照謄本、竣工圖說、水電、消防、機械設施、管線圖說、公共安全檢查及消防安全設備檢修之申報文件、印鑑及有關文件應由管理委員會負保管之責，區分所有權人或利害關係人如有書面請求閱覽或影印時，不得拒絕。

第5條　管理委員會委員人數

為處理區分所有關係所生事務，本公寓大廈由區分所有權人選任住戶為管理委員組成管理委員會。管理委員會組成如下：

一、主任委員一名。

二、副主任委員一名。

三、負責財務管理之委員（以下簡稱財務委員）。

四、委員○○名。

前項委員名額，合計最多為二十一名，並得置候補委員○○名。委員名額之分配，得以分層、分棟等分區方式劃分。並於選舉前十日由召集人公告分區範圍及分配名額。

主任委員、副主任委員及財務委員，由具區分所有權人身分之住戶任之。

主任委員、副主任委員、財務委員及管理委員選任時應予公告，解任時，亦同。

第6條　管理委員會會議之召開

一、主任委員應每二個月召開管理委員會會議乙次。

二、管理委員會會議，應由主任委員於開會前七日以書面載明開會內容，通知各管理委員。

三、發生重大事故有及時處理之必要，或經三分之一以上之委員請求召開管理委員會會議時，主任委員應儘速召開臨時管理委員會會議。

四、管理委員會會議應有過半數以上之委員出席參加，其討論事項應經出席委員過半數以上之決議通過。管理委員因故無法出席管理委員會會議，得以書面委託其他管理委員出席。但以代理一名委員為限，委託書格式如附件三之一。

五、有關管理委員會之會議紀錄，應包括下列內容：

(一)開會時間、地點。

(二)出席人員及列席人員名單。

(三)討論事項之經過概要及決議事項內容。

六、管理委員會會議之決議事項，應作成會議紀錄，由主席簽名，於會後十五日內公告之。

第7條　主任委員、副主任委員、財務委員及管理委員之資格及選任

一、主任委員由管理委員互推之。

二、副主任委員及財務委員由主任委員於管理委員中選任之。

三、委員應以下列方式之一選任：

(一)委員名額未按分區分配名額時，採記名單記法選舉，並以獲出席區分所有權人及其區分所有權比例多者為當選。

(二)委員名額按分區分配名額時，採無記名單記法選舉，並以獲該分區區分所有權人較多者為當選。

四、委員之任期，自○年○月○日起至○年○月○日止，為期○年○月（至少一年，至多二年），其中主任委員、財務委員及負責監察業務之委員，連選得連任一次，其餘委員連選得連任。

五、主任委員、副主任委員、財務委員及管理委員有下列情事之一者，即當然解任。

(一)主任委員、副主任委員及財務委員喪失區分所有權人資格者。

(二)管理委員喪失住户資格者。

六、管理委員、主任委員及管理負責人任期屆滿未再選任或有本條例第20條第2項所定之拒絕移交者，自任期屆滿日起，視同解任。

七、管理委員出缺時，由候補委員依序遞補，其任期以補足原管理委員所遺之任期為限，並視一任。

第8條　主任委員、副主任委員及財務委員之消極資格

有下列情事之一者，不得充任主任委員、副主任委員及財務委員，其已充任者，即當然解任。

一、曾犯詐欺、背信、侵占罪或違反工商管理法令，經受有期徒刑一年以上刑期之宣告，服刑期滿尚未逾二年者。

二、曾服公職虧空公款，經判決確定，服刑期滿尚未逾二年者。

三、受破產之宣告，尚未復權者。

四、有重大喪失債信情事，尚未了結或了結後尚未逾二年者。

五、無行為能力或限制行為能力者。

第9條 主任委員、副主任委員、財務委員及管理委員之權限

一、主任委員對外代表管理委員會，並依管理委員會決議執行本條例第36條規定事項。

二、主任委員應於定期區分所有權人會議中，對全體區分所有權人報告前一會計年度之有關執行事務。

三、主任委員得經管理委員會決議，對共用部分投保火災保險、責任保險及其他財產保險。

四、主任委員得經管理委員會決議通過，將其一部分之職務，委任其他委員處理。

五、副主任委員應輔佐主任委員執行業務，於主任委員因故不能行使職權時代理其職務。

六、財務委員掌管公共基金、管理及維護分擔費用（以下簡稱為管理費）、使用償金等之收取、保管、運用及支出等事務。

七、管理委員應遵守法令、規約及區分所有權人會議、管理委員會之決議。為全體區分所有權人之利益，誠實執行職務。

八、管理委員得為工作之需要支領費用或接受報酬，其給付方法，應依區分所有權人會議之決議為之。

第10條 公共基金、管理費之繳納

一、為充裕共用部分在管理上必要之經費，區分所有權人應遵照區分所有權人會議議決之規定向管理委員會繳交下列款項。

(一)公共基金。

(二)管理費。

二、管理費由各區分所有權人依照區分所有權人會議之決議分攤之。但第一次區分所有權人會議召開前或區分所有權人會議未決議時，買賣契約或分管契約有規定者從其規定，未規定者，各區分所有權人應按其共有之應有部分比例分擔之。

三、各項費用之收繳、支付方法，授權管理委員會訂定。

四、管理費以足敷第11條第2款開支為原則，公共基金依每月管理費百分之二十收繳，其金額達二年之管理費用時，得經區分所有權人會議之決議停止收繳。

五、區分所有權人若在規定之日期前未繳納應繳金額時，管理委員會得訴請法院命其給付應繳之金額及另外收取遲延利息，以未繳金額之年息10%計算。

第11條　管理費、公共基金之管理及運用

一、管理委員會為執行財務運作業務，應以管理委員會名義開設銀行或郵局儲金帳户。

二、管理費用途如下：

(一)委任或僱傭管理服務人之報酬。

(二)共用部分、約定共用部分之管理、維護費用或使用償金。

(三)有關共用部分之火災保險費、責任保險費及其他財產保險費。

(四)管理組織之辦公費、電話費及其他事務費。

(五)稅捐及其他徵收之稅賦。

(六)因管理事務洽詢律師、建築師等專業顧問之諮詢費用。

(七)其他基地及共用部分等之經常管理費用。

三、公共基金用途如下：

(一)每經一定之年度，所進行之計畫性修繕者。

(二)因意外事故或其他臨時急需之特別事由，必須修繕者。

(三)共用部分及其相關設施之拆除、重大修繕或改良。

(四)供墊付前款之費用。但應由收繳之管理費歸墊。

第12條 重大修繕或改良之標準

前條第3款第三目共用部分及其相關設施之拆除、重大修繕或改良指其工程金額符合下列情形之一（請就下列三者勾選其一，未勾選者視為選擇1.之情形）：

□1.新臺幣十萬元以上。

□2.逾公共基金之百分之五。

□3.逾共用部分、約定共用部分之一個月管理維護費用。

第13條 共用部分修繕費用之負擔比例

共用部分之修繕，由管理委員會為之。其費用由公共基金支付，公共基金不足時，由區分所有權人按其共有之應有部分比例分擔之。但修繕費係因可歸責於區分所有權人或住戶所致者，由該區分所有權人或住戶負擔。

第14條 共用部分及約定共用部分之使用

住戶對共用部分及約定共用部分之使用應依其設置目的及通常使用方法為之。

第15條 約定專用部分或約定共用部分使用償金繳交或給付

共用部分之約定專用者或專有部分之約定共用者，除有下列情形之一者外，應繳交或給付使用償金：

一、依與起造人或建築業者之買賣契約書或分管契約書所載已擁有停車空間持分者，或該契約訂有使用該一共用部分或專有部分之約定者。

二、登記機關之共同使用部分已載有專屬之停車空間持分面積者。

前項使用償金之金額及收入款之用途，應經區分所有權人會議決議後為之。但第一次區分所有權人會議召開前或經區分所有權人會議之授權或區分所有權人會議未決議時，由管理委員會定之。

區分所有權人會議討論第1項使用償金之議案，得不適用第3條第4款提案之限制。

第16條　專有部分及約定專用之使用限制

一、區分所有權人及住户對專有部分及約定專用部分之使用，應依使用執照所載用途為之。

二、區分所有權人及住户對於專有部分及約定專用部分應依符合法令規定之方式使用，並不得有損害建築物主要構造及妨害建築物環境品質。

第17條　財務運作之監督規定

一、管理委員會之會計年度自○年○月○日起至○年○月○日止。

二、管理委員會應製作並保管公共基金餘額、會計憑證、會計帳簿、財務報表、欠繳公共基金與應分攤或其他應負擔費用情形、附屬設施設備清冊、固定資產與雜項購置明細帳冊、區分所有權人與區分所有權比例名冊等。如區分所有權人或利害關係人提出書面理由請求閱覽或影印時，不得加以拒絕。但得指定閱覽或影印之日期、時間與地點。

第18條　糾紛之協調程序

一、公寓大廈區分所有權人或住户間發生糾紛時，由管理委員會邀集雙方當事人進行協調。

二、有關區分所有權人、管理委員會或利害關係人間訴訟時，應以管轄本公寓大廈所在地之○○地方法院為第一審法院。

第19條　違反義務之處置規定

一、區分所有權人或住户有妨害建築物正常使用及違反共同利益行為時，管理委員會應按下列規定處理：

(一)住戶違反本條例第6條第1項之規定，於維護、修繕專有部分、約定專用部分或行使權利時，有妨害其他住戶之安寧、安全及衛生情事；於他住戶維護、修繕專有部分、約定專用部分或設置管線，必須進入或使用其專有部分或約定專用部分時，有拒絕情事；於維護、修繕專有部分、約定專用部分或設置管線，必須使用共用部分時，應經管理負責人或管理委員會之同意後為之；經協調仍不履行時，得按其性質請求各該主管機關或訴請法院為必要之處置。管理委員會本身於維護、修繕共用部分或設置管線必須進入或使用該住戶專有部分或約定專用部分，有拒絕情事時，亦同。

(二)住戶違反本條例第8條第1項之規定，有任意變更公寓大廈周圍上下、外牆面、樓頂平臺及不屬專有部分之防空避難設備設備之構造、顏色、設置廣告物、鐵鋁窗或其他類似行為時，應予制止，經制止而不遵從者，應報請主管機關依本條例第49條第1項規定處理，該住戶應於一個月內回復原狀，屆期未回復原狀者，由管理委員會回復原狀，其費用由該住戶負擔。

(三)住戶違反本條例第9條第2項之規定，對共用部分之使用未依設置目的及通常使用方法為之者，應予制止，並得按其性質請求各該主管機關或訴請法院為必要之處置。如有損害並得請求損害賠償。

(四)住戶違反本條例第15條第1項之規定，對於專有部分、約定專用部分之使用方式有違反使用執照及規約之規定時，應予制止，經制止而不遵從者，應報請直轄市、縣（市）主管機關處理，要求其回復原狀。

(五)住戶違反本條例第16條第1項至第4項之規定有破壞公共安全、公共衛生、公共安寧等行為時，應予制止，或召集當事人協調處理，經制止而不遵從者，得報請地方主管機關處理。

二、住戶有下列各目之情事，管理委員會應促請區分所有權人或住戶改善，於三個月內仍未改善者，管理委員會得依區分所有權人會議之決議，訴請法院強制其遷離。而住戶若為區分所有權人時，亦得訴請法院命其出讓區分所有權及其基地所有權應有部分：

(一)積欠依本條例及規約規定應分擔費用，經強制執行再度積欠金額達其區分所有權總價百分之一者。

(二)違反本條例相關規定經依本條例第49條第1項第1款至第4款處以罰鍰後，仍不改善或續犯者。

(三)其他違反法令或規約，情節重大者。

三、前款強制出讓所有權於判決確定後三個月內不自行出讓並完成移轉登記手續者，管理委員會得聲請法院拍賣之。

第20條　其他事項

一、共用部分及約定共用部分之使用管理事項，本規約未規定者，得授權管理委員會另定使用規則。

二、區分所有權人資格有異動時，取得資格者應以書面提出登記資料，其格式如附件四。

三、區分所有權人將其專有部分出租他人或供他人使用時，該承租者或使用者亦應遵守本規約各項規定。

四、區分所有權人及停車空間建築物所有權者，應在租賃（或使用）契約書中載明承租人（或使用人）不得違反本規約之規定，並應向管理委員會提切結書，其格式如附件五。

五、本規約中未規定之事項，應依公寓大廈管理條例、公寓大廈管理條例施行細則及其他相關法令之規定辦理。

六、本公寓大廈公告欄設置於○○○。

第21條 管理負責人準用規定之事項。

本公寓大廈未組成管理委員會時，應推選管理負責人處理事務，並準用有關管理委員會應作為之規定。

第22條 本規約訂立於民國○年○月○日。

附件一、規約標的物件登錄表、圖說

物件名稱		○○○○公寓大廈
建物	構造等	○○造、地上○○層、地下○層、屋頂突出物○層。 ○○層《鋼筋混凝土造》○棟。 總樓地板面積○○○○平方公尺。 建號：
	專有部分	專有部分共計○○○○個獨立使用單元。 總樓地板面積○○○○平方公尺。
附屬設施		停車場設施、機踏車停放處、垃圾堆積處、外燈設備、植樹等之建物附屬設施。
基地	土地座落	地段地號：○○○○○○○○等○○筆。 門牌地址：○○○○○○○○等○○棟。
	面積	基地面積：○○○○○○○○平方公尺。 建築面積：○○○○○○○○平方公尺。
	權利關係	標記區○部分為共用部分。 標記區○部分為約定專用部分。 標記區○部分為約定共用部分。
	使用執照或建造執照文號	○○○○○

附件二、停車空間使用契約書

〇〇公寓大廈管理委員會（以下簡稱「甲方」）依區分所有權人會議決議，對區分所有權人〇〇〇（以下簡稱「乙方」）設定本公寓大廈停車空間之約定專用權，如附圖所示之〇〇部分。使用約定專用部分時，乙方應遵守下列規定事項，如有違反之情況，甲方得終止本契約。

每月月底將次月之約定專用權使用償金〇〇〇元繳交甲方。

遵守甲方另定之停車空間使用規則。

事先向甲方登記使用該停車空間之車輛所有者、車輛號碼及車種等。

契約有效期限為〇〇年〇〇月，自簽約之日起生效至〇〇年〇〇月〇〇日止。如欲續約，乙方應於到期前三個月內主動與甲方協議更換契約，否則視為自動放棄續約權利。

立契約書人

甲方　〇〇公寓大廈管理委員會

代表人　主任委員〇〇〇　（簽章）

住址　〇〇〇〇〇〇〇

乙方　〇〇〇〇〇〇〇

國民身分證統一編號　〇〇〇〇〇〇（簽章）

住址　〇〇〇〇〇〇〇

中　華　民　國　〇　〇　年　〇　〇　月　〇　〇　日

附件三、會議出席委託書

會議出席委託書

致〇〇公寓大廈區分所有權人會議

有關本公寓大廈預定於〇〇年〇〇月〇〇日〇〇〇〇時舉行之區分所有權人會議，本人謹委託〇〇〇先生（女士）出席區分所有權人會議，並於區分所有權會議中行使各項本人應有之權利。

區分所有權標的物標示(門牌地址)

委託人(區分所有權人)　姓名　○○○　(簽章)

代理人　姓名　○○○　(簽章)

代理人住址

中　華　民　國　○　○　年　○　○　月　○　○　日

附件三之一、會議出席委託書

會議出席委託書

致○○公寓大廈管理委員會會議

有關本公寓大廈預定於○○年○○月○○日○○○○時舉行之管理委員會會議,本人謹委託○○○先生(女士)出席管理委員會會議,並於管理委員會會議中行使各項本人應有之權利。

區分所有權標的物標示(門牌地址)

委託人(管理委員)　姓名　○○○　(簽章)

代理人(管理委員)　姓名　○○○　(簽章)

代理人住址

中　華　民　國　○　○　年　○　○　月　○　○　日

附件四、區分所有權人資格申報書

區分所有權人資格申報書

致○○公寓大廈區分所有權人會議

茲申報有關取得及喪失○○公寓區分所有權,資料如下:

區分所有權標的物標示(門牌地址)

○○○○○○○○○○○○○○○○○○○○○○○

取得區分所有權者　姓名:○○○

喪失區分所有權者　姓名:○○○

地址(將遷往地址)

區分所有權變動日期:中華民國○○年○○月○○日

取得人：○○○　（簽章）

中　華　民　國　○　○　年　○　○　月　○　○　日

附件五、租賃（或使用）契約書及切結書

租賃契約書

○○條　承租人（或使用人）使用標的物件時，應確實遵守○○公寓大廈規約之規定。

承租人（或使用人）違反前項規定時，出租人得終止本契約。

租賃切結書

本人向○○○（出租人或貸與人）承租（或借用）○○公寓大廈○○路○○巷第○○號○○樓，承諾同意將確實遵守本公寓大廈規約之規定事項。此致

○○公寓大廈管理委員會

立切結書人　○○○　（簽章）

國民身分證統一編號　○○○○○○○

住址　○○○○○○○○○○○

中　華　民　國　○　○　年　○　○　月　○　○　日

〈範例3-1-10〉

土地建物買賣契約書

賣主王天（以下簡稱甲方），買主李文（以下簡稱乙方），甲方之間按照下列約定締結買賣契約：

第1條　甲方將後記表示之土地建物依現況轉賣乙方，而乙方承買

之。

第2條　買賣價格的總金額為新臺幣〇〇〇元整，計算基礎以土地實際丈量面積為基準，依每坪為新臺幣〇〇〇元，來計算建物的價款。

乙方以下列方式支付甲方價款：

一、訂約日支付定金〇〇〇元整（支付剩餘價款時，定金充當部分價款）

二、剩餘價款〇〇〇元整，到中華民國〇〇年〇月〇日止，在後記土地建物的所有權移轉登記申請時一併支付。

第3條　後記土地建物，到中華民國〇〇年〇月〇日為止，在前條第2項第2款之剩餘價款支付時進行交換，甲方必須申請將所有權移轉登記予乙方且須一併交付該建物予乙方。

第4條　後記土地建物點交前若因不能歸責於甲方或乙方之事由而導致後記建物損毀或滅失時，由甲方負責，必須即時自助解除本契約，並歸還第2條第1項乙方所支付之定金。

第5條　甲方對後記土地建物，必須移轉沒有設定任何負擔或限制的完全所有權予乙方。

第6條　關於後記土地建物之相稅，到所有權移轉登記申請的前一天為止，由甲方負擔；申請之日以後，由乙方負擔。

第7條　後記土地建物的所有權移轉登記必要之登錄規費及登記申請所需之各項費用，由乙方負擔；上記所有權移轉登記的前提之必要登記申請所需之各項費用及登錄規費，由甲方負擔。

第8條　甲乙任何一方若未履行本契約時，則甲方對乙方必須加倍償還定金，乙方對甲方則必須放棄定金，解除本契約。

第9條　甲方或乙方不履行本契約上之債務時，對方可以書面催告，並於期限屆滿時解除本契約。

因前項原因而解除本契約時，若為甲不履行契約，必須歸還定金，同時支付同額的損害賠償金；若為乙不履行契約，則甲所收之定金充當損害賠償金。

第10條　甲方對乙方關於後記表示的建物，從本契約締結之日開始半年內，須負瑕疵擔保責任，經過上記期間後，概不負責。

根據前項規定甲負擔之瑕疵擔保責任，僅限定於修繕。

第11條　本契約書壹式貳份，甲乙雙方各持乙份。

附件：不動產的標示

(1)土地所有權狀標示：

所在地：○○市○○路○○號地（地段地號）。

地號：○○號。

地目：宅地。

面積：○・○平方公尺（或坪）。

（實際測量）：○・○平方公尺（圖面——省略——後記建物存在）。

(2)建物所有權標示：

所在地：○○市○○路○○號地。

住屋編號：○○號。

種類：住宅。

構造：木造平房。

占地面積：○・○平方公尺。

（現況）：占地面積○・○平方公尺，無居住者或占有者。

賣主（甲方）：王天

地址：

買主（乙方）：李文

地址：

中　華　民　國　○　○　年　○　月　○　日

預售停車位買賣契約書範本

中華民國87年2月11日內政部臺(87)內地字第8780610號公告頒行
中華民國95年1月23日內授中辦地字第0950724728號公告修正
行政院消費者保護委員會第129次委員會議通過

契約審閱權
本契約於中華民國____年____月____日攜回審閱____日。（契約審閱期間至少為五日）
買方簽章：

立契約書人 買方________________ 賣方________________ 茲為下列停車位產權之買賣事宜，雙方同意訂定本買賣契約條款如下，以資共同遵守：

第1條　賣方對於廣告之義務

賣方應確保廣告內容之真實，本預售停車位之廣告宣傳品及其所記載之建材設備表、停車位位置示意圖，為契約之一部分。

廣告圖說應與建築執照圖說相符。

第2條　買賣標示及停車位規格

一、停車位基地座落

____縣（市）____鄉（鎮、市、區）____段____小段____地號等____筆土地，使用分區為都市計畫內____區（或非都市土地使用編定為____區____用地）。

二、停車位面積之權利範圍

停車位面積____平方公尺、買賣權利範圍____。（所有依竣工圖所劃車位加總之面積，應等於全部停車場部分主建物面積。）

三、基地持分

土地面積____平方公尺（____坪），應有權利範圍為____，持分計算方式係以地政機關核發建物測量成果圖之非停車位之專有部分面積____平方公尺（____坪）及停車位（格）面積（機械車位則以其垂直投影面積為準）之總和為分母，個別車位（格）面積為分子計算應分攤之基地持分比例（註：或以其他明確計算方式列明）。

四、停車位性質、位置、型式、規格、編號

買方購買之停車位屬□停車塔□自行增設停車空間□獎勵增設停車空間為□地上□地面□地下第____層□平面式□機械式□其他____，依建造執照圖説編號第____號之停車空間計____位。其規格為長____公尺，寬____公尺，高____公尺（可停放長____公尺，寬____公尺，高____公尺之車輛）。

五、停車位平面圖及建造執照

本停車位以主管建築機關核准之停車空間平面圖為準（影本如附件一），建造執照為主管建築機關____年____月____日____字第____號。

第3條　停車位數量及價款

本契約總價款合計新臺幣____千____百____十、____萬元整。

本契約停車位數量為____位，個別價款如下：

編號	土地價款（新臺幣／元）	建物價款（新臺幣／元）	合計價款（新臺幣／元）
第號	百十萬元整	百十萬元整	百十萬元整
第號	百十萬元整	百十萬元整	百十萬元整
第號	百十萬元整	百十萬元整	百十萬元整
第號	百十萬元整	百十萬元整	百十萬元整

第4條　付款條件及方式

付款應依已完成之工程進度訂定之付款明細表（如附件三）

之規定繳款，除另有約定（____日）外，每次付款間隔，不得少於三十日，如賣方不依工程進度定付款明細表者，買方得於工程全部完工時一次支付之。

間隔日數未記載者，以三十日計算。

第5條　逾期付款之處理方式

買方如逾期達五日仍未繳清期款或已繳之票據無法兌現時，買方應加付按逾期期款部分每日萬分之二單利計算之遲延利息，於補繳期款時一併繳付賣方。

如逾期二個月或逾使用執照核發後一個月不繳期款或遲延利息，經賣方以存證信函或其他書面催繳，經送達七日內仍未繳者，雙方同意依違約之處罰規定處理。

但前項情形賣方同意緩期支付者，不在此限。

第6條　主要建材及其廠牌、規格

施工標準應依核准之工程圖樣與說明書及本契約附件之建材設備表施工，除經買方同意，不得以同級品之名義變更建材設備或以附件所列舉品牌以外之產品替代，但賣方能證明有不可歸責於賣方之事由，致無法供應原建材設備，且所更換之建材設備之價值、效用及品質不低於原約定之建材設備或補償價金者，不在此限。

賣方保證建造本停車位不含有損建築結構安全或有害人體安全健康之輻射鋼筋、石棉、未經處理之海砂等材料或其他類似物。

賣方如有違反前二項之情形，雙方同意依違約之處罰規定處理。

第7條　開工及取得使用執照期限

賣方應提供停車位種類及產權登記說明書（格式如附件五）予買方，並就說明書內各項詳實填註，如有虛偽不實，由賣方負法律責任。

本預售停車位之建築工程應在民國____年____月____日之前

開工，民國____年____月____日之前完成使用執照所定之必要設施，並取得使用執照。但有下列情事之一者，其期限得順延之：

一、因天災地變等不可抗力之事由，致賣方不能施工者。

二、因政府法令變更或其他非可歸責於賣方之事由發生時。

賣方如逾前項期限未開工或未取得使用執照者，每逾一日應按已繳停車位價款依萬分之二單利計算遲延利息予買方。若逾期三個月仍未開工或未取得使用執照，視同賣方違約，雙方同意依違約之處罰規定處理。

第8條　驗收

賣方完成本契約停車位必要設施及領得使用執照後，應通知買方於七日內進行驗收手續。

買方就本契約所載停車位瑕疵或未盡事宜，得載明於驗收單上要求賣方限期完成修繕，並得於自備款部分保留停車位總價款百分之一作為點交停車位保留款，於賣方依前開期限完成修繕後給付之。

第9條　停車位產權移轉登記期限

土地產權之移轉，應於使用執照核發後四個月內備妥文件申辦有關稅費及所有權移轉登記。其土地增值稅之負擔方式，依有關稅費負擔之約定辦理。

建物產權之移轉，應於使用執照核發後四個月內備妥文件申辦有關稅費及所有權移轉登記。

賣方違反前二項之規定，致各項稅費增加或罰鍰（滯納金）時，賣方應全數負擔；如損及買方權益時，賣方應負損害賠償之責任。

賣方應於買方履行下列義務時，辦理停車位產權移轉登記：

一、依契約約定之付款辦法，除約定之點交停車位保留款外，應繳清停車位移轉登記前應繳之款項及逾期加付之遲延利息。

二、提出辦理產權登記及貸款有關文件，辦理各項貸款手續，繳清各項稅費，預立各項取款或委託撥付文件，並應開立受款人為賣方及票面上註明禁止背書轉讓，及記載擔保之債權金額及範圍之本票予賣方。

三、本項第1款、第2款之費用如以票據支付，應在登記以前全部兌現。

第1項、第2項之辦理事項，由賣方指定之地政士辦理之，倘為配合各項手續需要，需由買方加蓋印章，出具證件或繳納各項稅費時，買方應於接獲賣方或地政士通知日起七日內提供，如有逾期，每逾一日應按已繳房地價款依萬分之二單利計算遲延利息予賣方，另如因買方之延誤或不協辦，致各項稅費增加或罰鍰（滯納金）時，買方應全數負擔；如損及賣方權益時，買方應負損害賠償之責任。

第10條　通知點交期限

賣方應於領得使用執照六個月內，通知買方進行點交停車位。於點交時雙方應履行下列各項義務：

一、賣方付清因延遲完工所應付之遲延利息於買方。

二、賣方就停車位之瑕疵或未盡事宜，應於點交前完成修繕。

三、買方繳清所有之應付未付款（含點交保留款）及完成一切點交手續。

四、賣方如未於領得使用執照六個月內通知買方進行點交，每逾一日應按已繳停車位價款依萬分之二單利計算遲延利息予買方。

賣方應於買方辦妥點交停車位手續後，將土地及建物所有權狀、保固服務紀錄卡、規約草約、停車場管理規章、使用執照（若數户同一張使用執照，則日後移交管理委員會）或使用執照影本及賣方代繳稅費之收據交付買方使用，本契約則無需返還。

買方應於收到點交通知日起__日內配合辦理點交停車位手續，否則賣方不負保管責任。但可歸責於賣方之故意或重大過失時，不在此限。

買方同意於通知之點交日起三十日後，不論已否使用，即應負本停車位水電及管理費等。

第11條　保固期限及範圍

本契約停車位自買方完成點交停車位日起，或如有可歸責於買方之原因時自賣方通知點交停車位日起，除賣方能證明可歸責於買方或不可抗力因素外，結構部分（如：樑柱、樓地板等）負責保固十五年，機械設備及固定建材部分負責保固三年，賣方並應於點交停車位時出具停車位保固服務紀錄卡予買方作為憑證。

前項期限經過後，買方仍得依民法及其他法律主張權利。

第12條　貸款約定

停車位總價內之部分價款新臺幣____元整，由買方與賣方洽定之金融機構之貸款給付，由買賣雙方依約定辦妥一切貸款手續。買方可獲較低利率或有利於買方之貸款條件者，買方得自行辦理貸款，買方應於賣方通知辦理貸款日起二十日內辦妥對保手續，並由承貸金融機構同意將約定貸款金額撥付賣方，但買方享有政府所舉辦之優惠貸款利率，不在此限。

前項由賣方洽定辦理之貸款金額少於預定貸款金額，應依下列各款處理：

一、不可歸責於雙方者，其貸款金額不及原預定貸款金額百分之七十者，買方得解除契約；或就貸款不足百分之七十以上之金額部分，以原承諾貸款相同年限及條件分期清償，並就剩餘之不足額部分，依原承諾貸款之利率，計算利息，按月分期攤還，其期間不得少於七年。

二、可歸責於賣方時，其貸款金額不足原預定貸款金額，賣方應補足不足額之部分，並依原承諾貸款相同年限及條件由買方分期清償。如賣方不能補足不足額部分，買方有權解除契約。

三、可歸責於買方時，買方應於接獲通知之日起____天內一次或經賣方同意之分期給付。

有關金融機構核撥貸款後之利息，由買方負擔。但於賣方通知之點交停車位日前之利息，應由賣方返還買方。

第13條 貸款撥付

買賣契約如訂有點交停車位保留款者，於產權登記完竣並由金融機構設定抵押權後，除有輻射鋼筋、未經處理之海砂或其他縱經修繕仍無法達到應有使用功能之重大瑕疵外，買方不得通知金融機構終止撥付前條貸款予賣方。

第14條 停車位轉讓條件

買方繳清已屆期之各期應繳款項者，於本契約停車位產權登記完成前，如欲將本契約轉讓他人時，必須事先以書面徵求賣方同意，賣方非有正當理由不得拒絕。

前項之轉讓，除配偶、直系血親間之轉讓外，賣方得向買方收取本契約停車位總價款千分之____（最高以千分之一為限）之手續費。

第15條 地價稅、房屋稅之分擔比例

地價稅以賣方通知之點交日（含）前由賣方負擔，點交日之翌日起由買方負擔稅款，其稅期已開始而尚未開徵者，依前一年度地價稅單所載該宗基地課稅之基本稅額，按持分比例及年度日數比例分算賣方應負擔之稅額，由買方應給付賣方之買賣尾款中扣除，俟地價稅開徵時由買方自行繳納。

房屋稅以通知之點交日（含）前由賣方負擔，點交日之翌日起由買方負擔稅款，並依法定稅率及年度月份比例分算稅額。

第16條 稅費負擔之約定

土地增值稅應於使用執照核發後申報，並以使用執照核發日之當年度公告現值計算增值稅，其逾三十日申報者，以提出申報日當期之公告現值計算增值稅，由賣方負擔，但買方未依第9條規定備妥申辦文件，其增加之增值稅，由買方負擔。

產權登記規費、印花稅、契稅、代辦手續費、貸款保險費及各項附加稅捐由買方負擔。但起造人為賣方時，建物所有權第一次登記規費及代辦手續費由賣方負擔。

公證費由買賣雙方各負擔二分之一，但另有約定者從其約定。

應由買方應繳交之稅費，買方於辦理產權登記時，應將此等費用全額預繳，並於點交時結清，多退少補。

第17條　規格誤差之處理

平面式停車位之竣工規格尺寸，誤差在百分之二以下且長未逾十公分、寬未逾五公分、高未逾五公分者，視為符合規格。

機械式停車位其因誤差在百分之一以下且長未逾五公分、寬未逾二公分、高未逾二公分者，視為符合規格。

竣工規格之尺寸產生誤差，致規格尺寸之減少超過上述標準者，買方得解除契約，或請求減少價金。但依情形，解除契約顯失公平者，買方僅得請求減少價金。

第18條　產權糾紛之處理

賣方保證產權清楚，絕無一物數賣或無權占有他人土地之情形。訂約後如有上述糾紛致影響買方權利時，買方得定相當期限催告賣方解決，倘逾期賣方仍不解決時，買方得解除本契約，雙方並同意依違約之處罰規定處理。

依前項解約時賣方應將所收價款按法定利息計算返還買方。

第19條　不可抗力因素之處理

如因天災、地變、政府法令變更或不可抗力之事由，致本契約停車位不能繼續興建時，雙方同意解約。解約時賣方應將所收價款按法定利息計算返還買方。

第20條 財務糾紛之處理及他項權利清理之時機

賣方與工程承攬人或第三人發生財務糾紛，賣方應於產權移轉登記前解決。

賣方曾設定他項權利予第三人時，賣方應於取得買方之貸款時，即負責清理塗銷之。倘逾前述期限仍未解決，買方得解除本契約，雙方並同意依違約之處罰規定處理。

依前二項解約時賣方應將所收價款按法定利息計算退還買方。

第21條 違約之處罰

賣方違反「主要建材及其廠牌、規格」、「開工及取得使用執照期限」、「產權糾紛之處理」、「財務糾紛之處理及他項權利清理之時機」之規定者，買方得解除本契約。解約時賣方除應將買方已繳之停車位價款及遲延利息全部退還買方外，並應同時賠償停車位總價款百分之____（不得低於百分之十五）之違約金。但該賠償之金額超過已繳價款者，則以已繳價款為限。

買方違反有關「付款條件及方式」之規定者，賣方得沒收依停車位總價款百分之____（最高不得超過百分之十五）計算之金額。但該沒收之金額超過已繳價款者，則以已繳價款為限，買賣雙方並得解除本契約。

買賣雙方當事人除依前二項之請求外，不得另行請求損害賠償。

第22條 疑義之處理

本契約條款如有疑義時，應依消費者保護法第11條第2項規定，為有利於買方之解釋。

第23條 合意管轄法院

因本契約發生之消費訴訟，雙方同意以本契約第2條土地所在地之地方法院為第一審管轄法院。但不影響消費者依其他法律所得主張之管轄。

第24條　附件效力及契約分存

本契約之附件視為本契約之一部分。

本契約壹式貳份，由買賣雙方各執乙份為憑，並自簽約日起生效。

第25條　未盡事宜之處置

本契約如有未盡事宜，依相關法令、習慣及平等互惠與誠實信用原則公平解決之。

附件：

一、停車空間該樓層平面圖影本乙份。

二、建造執照影本乙份。

三、付款明細表乙份。

四、建材設備表。

五、停車位種類及產權登記說明書。

六、規約草約及停車場管理規章各乙份。

立契約書人

買方：　(簽章)

國民身分證統一編號：

户籍地址：

通訊地址：

連絡電話：

賣方：

法定代理人：

公司統一編號：

公司地址：

公司電話：

經紀業：

名稱：　(公司或商號)

地址：

營利事業登記證：(　　)字　號

負責人：
國民身分證統一編號：
不動產經紀人：　　(簽章)
電話：
地址：
國民身分證統一編號：
經紀人證書字號：

中　華　民　國　年　月　日

附件五

停車位種類及產權登記說明書

項次	內容	選項	備註
1	種類	□停車塔____位 □自行增設停車空間____位 □獎勵增設停車空間____位	編號第____號 編號第____號 編號第____號
2	位置	□室內：□地上____層□地面□地下____層 □室外：□地上□地面	
3	型式	□平面式 □立體式 □機械式：□垂直循環式□平面往復式□升降機式□水平循環式□多層循環式□方向轉換裝置□汽車用升降機□簡易升降式□多段式□升降滑動式□塔臺式	

4	規格	長：□5.5公尺□5.75公尺□6.0公尺□11.75公尺□12.0公尺□其他____公尺 寬：□2.2公尺□2.25公尺□2.5公尺□3.75公尺□4.0公尺□其他____公尺 淨高：□1.8公尺□2.1公尺□其他____公尺	
5	登記方式	□以主建物持分編號登記 □以主建物持分登記 □其他____	
6	使用性質	□標準型車停車位□小型車停車位□機械設備停車位□大型客車停車位□小貨車裝卸位□大貨車裝卸位□機車停車位□其他____	
7	使用方式	□須供公眾使用 □須簽立分管協議書□租用□其他____□所有權人自用（約定專用）	
8	車道寬度	□3.5公尺□5.5公尺□10.0公尺□其他____公尺	
9	出入口高度	□1.6公尺□1.8公尺□2.0公尺□2.2公尺□其他____公尺	

賣方保證以上記載屬實，如有虛偽不實，願負一切法律責任。

賣方簽章__________

八、預售停車位買賣契約書範本簽約注意事項

(一)適用範圍

建築物之室內停車位可分三種，即法定停車位、自行增設停車位及獎勵增設停車位。

1.所謂法定停車位，係指依都市計畫書、建築技術規則建築設計施工編第59條及其他有關法令規定所應附設之停車位，無獨立權狀，以共用部分持分分配給承購戶，須隨主建物一併移轉或設定負擔，但經約定專用或依分管協議，得交由某一戶或某些住戶使用。自行增設停車位指法定停車位以外由建商自行增設之停車位；獎勵增設停車位指依「臺北市建築物增設室內公用停車空間鼓勵要點」、「高雄市鼓勵建築物增設停車空間實施要點」或當地縣（市）政府訂定之鼓勵建築物增設停車空間有關法令規定增設之停車位。

2.自行增設停車位與獎勵增設停車位得以獨立產權單獨移轉。

3.前揭各種停車位如何區分？地方主管建築機關於核准建築執照之設計圖說時，在每一停車位上均有明確標示爲法定、自行增設或獎勵增設。爲避免糾紛，消費大眾在購買前最好先查閱設計圖說，以瞭解所購買停車位之類別。

4.本契約範本僅適用於自行增設停車位、獎勵增設停車位或停車塔等其他可做爲獨立產權登記之停車位預售買賣時之參考，買賣雙方參考本範本訂立契約時，仍可依民法第153條規定意旨，就個別情況磋商合意而訂定之。

5.至有關法定停車位，請參考適用內政部90年9月函頒「預售屋買賣契約書範本」第2條房地標示及停車位規格第3款及第9條地下層共用部分權屬。

(二)契約審閱

關於契約審閱，按預售停車位買賣契約屬消費者契約之一種，買賣雙方對於契約內容之主客觀認知頗有差異，是以建築投資業者所提供之定型化契約應給予消費者合理期間以瞭解契約條款之內容，此於消費者保護法第11條之一已有明訂。

(三)停車位基地權利範圍之計算

關於第2條第2款，停車位於公寓大廈中應分攤之基地權利比例，係以全部主建物及停車位面積之總和爲分母，個別之停車位面積爲分子，計算其應分攤之基地比例；其停車位面積依建築技術規則第60條規定之規格計算之。

(四)產權登記期限

依據行政院公平交易委員會84年8月16日第201次委員會議決議略以：業者應於84年10月1日以後簽訂之契約中明定關於土地移轉之年度或日期，否則即違反公平交易法第24條規定（註：有關以不特定之約定期間表示土地移轉時間者，如「使用執照取得後」、「使用執照申請後」等方式，係屬不特定之約定期間；另有關特定之約定期間如「簽約後三個月內」之表達方式，因其簽約日有明確記載，故可予認同。）

(五)買方自行辦理貸款或火險之規定

買方如欲自行辦理貸款或火險，除於訂約時明示自行辦理外，並預立貸款撥款委託書予賣方，賣方則須配合買方貸款需要提供土地、建物權狀或配合辦理貸款手續，賣方如因而增加之費用支出得向買方求償。

(六)轉讓條件

按預售停車位賣方會同買方辦理轉讓時，需說明契約內容及提供相關資料，俾辦理契約簽訂等其他相關事宜，其所需成本似得准收手續費。本契約範本爰例示約定手續費不超過停車位總價款千分之一，以供參考。

(七)違約罰則

按違約金數額多寡之約定，係視簽約時社會經濟及房地產景氣狀況而定，是以買賣雙方簽約時，就違約金數額之約定，仍應考量上開狀況磋商而定。

(八)消費爭議之申訴與調解

因本契約所發生之消費爭議，依消費者保護法第43款及第44款規定，買方得向賣方、消費者保護團體或消費者服務中心申訴；未獲妥適處理時，得向停車位所在地之直轄市或縣（市）政府消費者保護官申訴；再未獲妥適處理時得向直轄市或縣（市）消費爭議調解委員會申請調解。

〈範例3-1-12〉

農地買賣契約書

立契約書人買方○○○（以下簡稱甲方）、賣方○○○（以下簡稱乙方），茲就農地買賣事宜訂立本契約，條款如後：

第1條　農地標示：座落○市○段○○小段○○地號，田地目一筆，面積○○公頃。

第2條　農地價款：農地總額為新臺幣○○○元整，簽約日支付新臺幣○○○元，產權登記完畢後支付新臺幣○○○元，尾款新臺幣○○○元於農地點交後一併付清。

第3條　產權登記：農地移轉登記，應自本契約成立後○○天內，由雙方會同辦理或會同委任他人代辦。

第4條　稅捐負擔：農地移轉過戶前之地價稅及移轉過戶時應繳納之土地增值稅。由乙方負擔，農地移轉登記費、契約及代辦費用，由甲方負擔。

第5條　違約處罰：

一、乙方中途發生農地權利糾葛致不能履行契約時，甲方得解除契約，乙方除應將既收價款全部退還甲方外，並應賠償所付價款同額之損害金與甲方。其因本契約之解除而致甲方與本約農地上之房屋買賣契約亦需解除時，甲方因解除該房屋買賣契約所受之損害，乙方應負賠償責任。

二、甲方全部或一部不履行本約第2條規定付款時，其逾期部分甲方應加付按日千分之○計算之滯納金，於補交時一併繳清。如逾期經乙方催告限期履行，逾期仍不繳付時，乙方得按已繳款項百分之五十計算損害賠償，如甲方仍不履行，乙方得解除本契約，並扣除滯納金及賠償金後，無息退還已繳款項。

第6條　乙方保證土地產權清楚，如有設定租債權或他項權利，致使本契約無效時，甲方蒙受之損害，乙方應負責加倍賠償。

第7條　連帶保證人丙方與被保證人乙方應負連帶保證履行本契約之義務。

第8條　本契約壹式參份，當事人及連帶保證人各執乙份為憑。

買方（甲方）：○○○　印
住址：
身分證
統一編號：
賣方（乙方）：○○○　印
住址：
身分證
統一編號：
連帶保證人：○○○　印
住址：
身分證
統一編號：

中　華　民　國　○　○　年　○　月　○　日

〈範例3-1-13〉

工廠買賣契約書

出賣人○○○（以下簡稱為甲方）買受人○○○（以下簡稱為乙方）保證人○○○（以下簡稱為丙方）茲為工廠及機器連同附屬物件買賣經居間人○○○、○○○之介紹各方面同意議定買賣契約條件於下：

第1條　甲方願將其獨資設置於○○市○區○○里○○路○號○○工廠及廠內設備生財機器連同附屬物件（詳細如後開買賣標示

記載），全部出賣與乙方而乙方願依約付價承買之。

第2條　本件買賣價金經雙方協議分別訂定如下：

一、廠房連同附屬建物全都議價為新臺幣○○○元整。

二、機器連同附屬物件全部議價為新臺幣○○○元整。

三、發電機議價為新臺幣○○元整。

四、廠內水電施設工費補貼議定為新臺幣○○○元整。

共計價金新臺幣○萬○仟○佰○拾元整。

前項價金於契約訂立同日由乙方全部一次付清與甲方，經居間人等見證之下甲方親自點收足訖並於價金項下蓋章為據而不另立收據。

第3條　甲方授受前條價金同日，由甲方會同乙方及保證人、居間人至契約第1條所載工廠地址，將工廠建物（包括所著門窗户扇廠內隔屏添造物電氣自來水設施等在內）及生財機器連同附屬物件全部逐件驗對，交付乙方前去管業收益納課清楚。

第4條　甲方對於買賣標的物交付同時已告知乙方並經乙方驗明所接交之標的物件以為完整確認，並無物上任何之瑕疵無誤。

嗣後乙方不得以標的物件之瑕疵為由，向甲方請求減少價金而退還其部分價金等情。

第5條　甲方於契約成立同日將出賣工廠之經濟部工廠登記證（字號）及○○縣政府之商業營業登記證（字號），並其他有關證件全部移交乙方以便名義變更或繼受之手續。

第6條　本件買賣成立後，甲方對於買賣標的工廠建物應備齊有關產權登記文件於乙方，指定日時會同向管轄地政事務所申請辦理所有權移轉登記，或向稅捐稽徵機關申請房捐納稅義務人變更手續之義務。倘若手續上應另出立字據，或需要甲方之簽蓋章時，甲方應無條件應付不得刁難推諉或藉故向乙方要求補貼加價等情。

第7條　本件買賣標的物，甲方保證為自己所有，確無產權糾紛等情事。日後如有第三人主張權利時，甲方應負責解決，絕不使乙方蒙受任何虧損。

第8條　甲方保證本件買賣標的物全部所有權並無與他人經過訂立買賣契約及抵押權、典權、質權等他項權利之設定，抑或供為任何債權之擔保等瑕疵在前無訛。如於日後發現此等瑕疵時，甲方願負責理清，倘因而致損害時仍應負其賠償責任。

第9條　如於甲方違反前貳條契約條件之一時，乙方除依債務不履行之規定行使其權利外，並得依法追究甲方之刑責。

丙方願與乙方負連帶履行債務之責任非至乙方之債務完全履行後丙方之保證責任不歸消滅。

第10條　本件買賣標的物及工廠有關營業水電以及人事費或應繳稅捐工會費，自民國○○年○月○日以後則歸乙方負責繳納，但以前之部分由甲方負責完納，否則甲方應負責賠償因此致乙方所受之損害。

第11條　甲方自本買賣契約訂立日起，不得藉用○○廠號或以該廠任何關係名義對外交涉。若甲方違背前項約定致乙方受有損害時。乙方得請求損害賠償甲方不得異議。

第12條　甲方出賣工廠以前廠方所有對內外未清之債權債務，乙方不為承擔或受讓，該項債權債務仍由甲方取得或償還之，但乙方不得代甲方收取該項債權否則甲方得追究其刑責。

第13條　本件買賣費用議定負擔如下：

一、本買賣契約印花及公證費增值稅均由甲方負擔。

二、本買賣工廠建物產權移轉登記及工廠名義變更登記諸費用則歸乙方負擔。

第14條　本件買賣嗣後不論任何理由於一方不得解除契約或主張買回等情。

第15條　本件買賣標的物如左：（略）

第16條　本契約壹式貳份，甲、乙雙方各執乙份為憑。

賣方（甲方）：○○○　印

身分證

字號：
住址：
買方（乙方）：○○○ 印
身分證
字號：
住址：
保證人（丙方）：○○○ 印
身分證
字號：
住址：

中 華 民 國 ○ ○ 年 ○ 月 ○ 日

〈範例3-1-14〉

機器買賣契約書

立契約書人○○○（以下簡稱甲方）○○○（以下簡稱乙方）茲就機器買賣事宜訂立本契約，條款如後：

第1條 甲乙雙方約定有關後記機器之買賣事宜，甲方賣出、乙方買進。

第2條 買賣總金額為○○元整。乙方依照下列方式支付款項予甲方：

一、本日（訂約日）先交付定金○○元整。

二、甲方必須在民國○○年○月○日前將後記之機器安裝於乙方總公司所在地之工廠。乙方未支付之餘款，俟交貨時一次付清。

第3條 甲方於第2條第2款乙方支付餘款同時，應將後記機器之所有權移轉予乙方。

第4條 在甲方尚未將機器交付予乙方之前，若有故障、毀損或遺失時，應由甲方負責，亦即乙方免除支付價金義務。

第5條　甲方保證後記機器所具之性能與說明書相符，並須在第3條交付前先行試機。以證明其性能。

第6條　有關後記機器之品質、性能，由甲方對乙方保證，並以三年為限。在此期間，若非乙方之過失而發生自然性故障，甲方負有賠償損失及修理之義務。

第7條　若發生第6條之情形，雖經甲方修復，而機器仍然無法操縱，或其性能降低長達一個月時，乙方可依據下列方式選擇其一，向甲方提出要求：

一、換取同種類機器。其條件為乙方須就已使用該機器之時間長短支付貨款，每一年乙方應支付甲方相當於第2條總金額五分之一款項。

二、退還機器。但甲方得扣除乙方使用機器所應付如前一之款項，其餘定金退還予乙方。有關使用機器之時間，其計算方法則無論乙方是否使用，規定從第2條甲方交付機器日始至乙方提出退還機器要求之日止，為使用時間。

第8條　乙方若未能在第2條日期前支付餘額以交換機器，則甲方毋需催告，本契約視同作廢，甲方得將該機器搬回。

有關前述甲方之機器搬運費、安裝費及搬回時所需之一切費用，應由乙方負擔。甲方除上述權利外，尚可將定金沒收，作為損害賠償。

第9條　甲方若未能在第2條所列日期前交付機器，乙方得向甲方催告，於十日之內交付機器。在此期限內，甲方若仍然無法交付。則本契約視同作廢。乙方得請求甲方退還第2條之定金及與定金同額之損失賠償。

第10條　本契約壹式參份，當事人及見證人各執乙份為憑。

賣方（甲方）：○○○　印

住址：

身分證

統一編號：
買方（乙方）：○○○ 印
住址：
身分證
統一編號：
見證人：○○○ 印
住址：
身分證
統一編號：

中 華 民 國 ○ ○ 年 ○ 月 ○ 日

〈範例3-1-15〉

動產買賣預約契約書

預約者張三（以下簡稱甲方）與預約權利者太子股份有限公司（以下簡稱乙方），對下列契約標的，依照下列約定訂立買賣預約：

第1條 關於本預約的買賣價款為新臺幣○○○元整。
買賣標的物：○○○○○○

第2條 乙方至中華民國○○年○月○日為止，必須表示應買的意願。當乙方表示意願時，甲乙雙方成立買賣契約。

第3條 當乙方表示上記應買意願時，需將第1條記載的價款支付給甲方，而甲方則必須將上記價款的收據和契約標的物交給乙方。

第4條 本契約書壹式貳份，於簽名蓋章後雙方各執乙一份。

甲方：張三
地址：○○市○○路○○號
乙方：太子股份有限公司
地址：○○市○○路○○號

常務董事：李四

地址：○○市○○路○○號

中　華　民　國　○　○　年　○　月　○　日

〈範例3-1-16〉

汽車買賣定型化契約範本

注意：契約簽訂前，應有三日之審閱期間。

式樣一：汽車附條件買賣契約書

買受人	名稱		電話	
	住居所			
出賣人	名稱		電話	
	營業所			

交易雙方為買賣車輛，訂立契約約款如下：

第1條　標的物

車型：　　，排氣量：　　，式樣：　　，

數量：　　，車身顏色：　　，產地：　　，

出廠年份：　　，其他配備詳如附件一。

第2條　標的物規格、顏色之變更或停止供應

本契約標的物之車輛，非經他方同意，契約當事人任何一方不得要求變更規格、顏色或配件。

本契約標的物之車輛因供應廠商改良、變更或停止供應，致出賣人不能依原約定給付者，出賣人應即通知買受人，買受人得解除契約，請求返還已付價金，及自受領日起至返還日止依法定利率計算之利息。

前項情形，買受人如願按出賣人所定價格標準核算，多退少

補，受領改良或變更後之標的物者，出賣人不得拒絕。

第3條　價金之給付

一、總價

現金交易總價（含營業稅）：新臺幣　　佰　　拾　　萬　　仟　　佰　　拾　　元整。

分期付款總價（含營業稅）：新臺幣　　佰　　拾　　萬　　仟　　佰　　拾　　元整。

現金交易總價與分期付款總價差價：新臺幣　　佰　　拾　　萬　　仟　　佰　　拾　　元整。

二、付款方式

頭期款：

付款日：中華民國　　年　　月　　日。

現金：新臺幣　　佰　　拾　　萬　　仟　　佰　　拾　　元整。

票據：　　年　　月　　日。

行庫分行：　帳號：　票號：

交車款：

付款日：中華民國　　年　　月　　日。

現金：新臺幣　　佰　　拾　　萬　　仟　　佰　　拾　　元整。

票據：　　年　　月　　日。

行庫分行：　帳號：　票號：

分期付款（扣除頭期款、交車款以外者）：

分期金額：

分期數：

利率及其種類：

每期應付之日期、本金、利息詳如附件：分期攤還表。

三、付款地點。

第4條　價金範圍

本契約所載價金除另有約定外，包括進口關稅、商港建設費、貨物稅、營業稅、交車前之運費、運送保險費及其他應由出賣人負擔之稅費；但不包括申請牌照之手續費、車輛保險費、監理規費、牌照稅、燃料稅等應由買受人負擔之稅費。

本契約訂立後，前項稅費調整之利益或不利益均由買受人承受及負擔，但因可歸責於出賣人之事由致增加負擔者，其增加部分由出賣人負擔。

第5條　提前清償

買受人得隨時提前清償，出賣人不得拒絕。

買受人提前清償者，應按攤還表所示之未償還本金給付。出賣人不得加收手續費、提前解約金或其他任何費用。

第6條　匯率與關稅等之變動

第一種情形：（在國內製造或已進口之車輛）

車輛價格以本契約訂立時約定之價格為準，其後縱因匯率變動、關稅調整，概不受影響。

第二種情形：（尚未進口之車輛）

本契約訂立之後，成本縱有調高或降低，概依本契約所定之價格為準。但匯率、關稅、商港建設費等稅費於結關完納之日有調高或降低者，一律以實際結關日之匯率、稅率為準計算價格，其因可歸責於出賣人之事由應結關而未辦理結關手續，致蒙受較高稅率或較高匯率之不利益者，其提高部分由出賣人負擔。

第7條　交車地點及會同檢視義務

交車地點雙方約定為：

縣　　區鎮　　街

市　　市鄉　　里　　鄰　　路

段　　巷　　弄　　號

買賣雙方應於車輛交付時或交車前會同檢視車輛。

第8條　交車日期、遲延催告及解除契約

第一種情形：（國內製造已出廠或國外製造已進口者）

雙方約定交車日期為中華民國　　年　　月　　日。

出賣人逾交車日期未交付車輛，經買受人催告後　日仍未履行者，買受人得解除契約，並請求返還已支付之價金，及自受領日起至返還日止依法定利率計算之利息，但約定利率較高者，從其約定利率。

前項情形，買受人證明有其他損害者並得請求賠償。

第二種情形：（國內製造尚未出廠或國外製造尚未進口者）

雙方預定交車日期為中華民國　　年　　月　　日。

出賣人應於本契約訂定後　　日以書面通知買受人確定交車日期，出賣人逾期未通知或所通知確定交車日期逾預定交車日期達　　日以上者，買受人得解除契約，並請求返還已支付之價金，及自受領日起至返還日止依法定利率計算之利息，但約定利率較高者，從其約定利率。

前項情形，買受人證明有其他損害者並得請求賠償。

前二項規定，於出賣逾確定交車日期未交付車輛經買受人催告後　　日，仍未履行者，亦適用之。

第9條　標的物之使用及危險負擔

標的物之利益及危險，除當事人另有約定者依其約定外，自交付時起，均由買受人承受負擔。

第10條　瑕疵擔保責任或保固責任

出賣人應依民法及其他法令規定對買受人負瑕疵擔保責任。

出賣人自交車之日起　　個月，或行駛　　公里範圍內（以先到者為準），對車輛本身之瑕疵零件負更新或修復之責任，但損害係因買受人未依使用手冊使用車輛，或未依保養手冊所載時間、里程、場所保養或維修所致者，出賣人不負保固責任。車輛因天然災害、自然耗損或因可歸責於買受人之事由致生損壞者，亦同。

第11條　召回檢修或回收

買賣標的物經原製造廠商召回檢修或回收或經主管機關下令召回檢修或回收者，出賣人應於接到通知後七日內通知買受人；其召回檢修者，並應同時安排檢修之時間與地點。

前項召回檢修之情形，出賣人應負檢修之義務。

第12條　品質擔保

出賣人應擔保買賣標的物符合交車時之環保及其他相關法令之規定標準，車輛未達規定標準而能改善者，買受人得訂定相當期限催告出賣人改善，逾期未改善或不能改善者，買受人得解除契約，請求返還已給付之價金，及自受領日起至返還日止，依法定利率計算之利息。如有其他損害，並得請求賠償。

第13條　因標的物重大瑕疵之解約或更換新車

本買賣標的物有下列情事之一，經雙方同意之專業機構（____）鑑定證實係因機件瑕疵所致，非因使用者之故意或過失所致者，出賣人除應負擔鑑定費用外，並應依買受人之請求更換同型新車予買受人：或解除契約、請求退還已付之價金及自受領日起至返還日止依法定利率計算之利息：

一、交車後　　日之內，於行駛中煞車失靈，經送出賣人檢修二次而未修復者。

二、交車後　　日之內，於行駛中突然起火燃燒者。

三、交車後　　日之內，於行駛中突然熄火故障，經送出賣人檢修二次而未修復者。

四、交車後　　日之內，於排檔時發生暴衝者。

五、交車後　　日之內，於行駛中引擎溫度升高至極限，經送出賣人檢修二次而未修復者。

六、其他重大瑕疵，有危害生命安全或身體健康之虞，經送出賣人檢修二次而未修復者。

第14條　保證書及使用說明書之交付及其應記載之內容

出賣人應於訂約後，至遲於交車時交付標的物之中文保證書及中文使用說明書，該保證書及使用說明書為本契約之一部分。

前項保證書應包含下列事項：

商品之名稱、種類、數量、若有製造號碼或批號，其製造號碼或批號。

保證內容。

保證期間及起算方法。

製造商名稱、地址。

若有經銷商，其名稱、地址。

交易日期。

第1項使用說明書應包含下列事項：

標的物組件、功能說明。

正確使用方法。

操作程序。

危險警語與避免方式。

簡易故障處理。

維修服務處所及其他相關資訊。

本買賣標的物性質上或使用上有危害人體健康或生命安全之虞者，應於保證書或使用說明書以醒目、套色、粗大之字體或圖樣標明。

出賣人應將中文保證書及中文使用說明書張貼或陳列於出賣人之處所，供消費者閱覽。

第15條　因買受人違約價金之沒收

因可歸責於買受人之事由致違反本契約給付價金約定連續兩期且其遲延給付之價金逾總金額五分之一者，經出賣人定十日以上之期間催告，買受人仍未履行者，出賣人得解除契約，沒收買受人已付之價金。

因可歸責於買受人之事由致受領遲延者，經出賣人定三十日以上之期間催告，買受人仍未履行者，出賣人得解除契約，沒收買受人已付之價金。除本契約另有約定外，買受人得將由本契約所生之債權讓與第三人，其債務並由該第三人承擔，但買受人應負連帶給付之責。

第一、二項得沒收之已付價金不得逾買賣標的物現金交易總價之百分之十，逾百分之十者縮減為百分之十，但出賣人能證明其所受損害超過買賣標的物現金交易總價之百分之十者，不在此限。

第16條　買受人受領遲延，出賣人之義務

因可歸責於買受人之事由受領遲延者，除依前條第2項之規定外，出賣人僅就故意或重大過失負其責任。出賣人並得請求買受人賠償其提出及保管汽車之必要費用。

第17條　不可歸責於雙方當事人價金返還

因不可歸責於雙方當事人之事由，致給付不能者，出賣人應返還買受人已付之價金，及自受領日起至返還日止依法定利率計算之利息。

第18條　代辦義務及手續費用

買受人得委任出賣人代辦申請牌照及動產擔保交易登記等手續，出賣人不得拒絕。代辦手續費為新臺幣　元整。出賣人得複委任他人辦理。

第19條　契約之刪改

本契約訂立後，若有任何增刪修改，須經雙方當事人書面同意。

第20條　印花稅之負擔

本件印花稅各自貼用負擔。

第21條　附條件買賣特別約款

一、（保留所有權約款及買受人取得所有權之條件）

買受人自繳清全部價金之日起取得標的物之所有權；於買受人未繳清全部價金前標的物之所有權仍歸出賣人保

有。

二、（標的物之使用及危險負擔）

買受人自取得標的物之占有之時起得使用標的物，但於取得標的物所有權之前，應以善良管理人之注意保管及使用之。

標的物之利益與危險，除當事人另有約定者依其約定外，自買受人取得標的物之占有之時起，由買受人承受及負擔。

三、（買受人不履行契約時，出賣人行使物權請求權及（或）債權請求權之一）

標的物所有權移轉於買受人前，買受人有左列情形之一，致妨害出賣人之權益者，出賣人得取回占有的標的物：

不依約定給付價款者。

不依約定完成特定條件者。

將標的物出賣、出質或為其他處分者。

出賣人取回占有前款標的物，其價值顯有減少者，得向買受人請求損害賠償。

四、（買受人不履行契約時，出賣人行使物權請求權及（或）債權請求權之二）

出賣人依前項約定取回標的勿，而買受人拒絕交付標的物時，出賣人得聲請法院假扣押，如經登記之契約載明逕受強制執行者，依該契約聲請法院強制執行。）

五、（買受人不履行契約時，出賣人行使物權請求權及（或）債權請求權之三）

出賣人依第3項約定取回標的物時，應於三日前通知買受人。

出賣人不經前款事先通知，逕行取回標的物時，如買受人在出賣人取回的標的物後十日內付清如附件分期攤還表所示之未償還本金及其遲延利息者，買受人得請求出賣人交付標的物並取得標的物所有權。

六、（買受人不履行契約時，出賣人行使物權請求權及（或）債權請求權之四）

買受人得於出賣人取回占有標的物後十日內，以書面請求出賣人將標的物再行出賣。出賣人縱無買受人之請求，亦得於取回標的物後三十日內將標的物再行出賣。

出賣人依前款約定再行出賣標的物者，應於取回標的物後三十日內，經五日以上之揭示公告，就地公開拍賣之，並應於拍賣十日前，以書面通知買受人。

標的物為可分割者，於拍賣所得價足以清償未繳價款及費用時，應即停止。賣得價金應先抵充費用，次充利息，再充原本，如有剩餘，應返還買受人，如有不足，出賣人得繼續追償。

七、（買受人不履行契約時，出賣人行使物權請求權及（或）債權請求權之五）

買受人未為前項第1款請求，出賣人亦未依前項第1款約定再行出賣者，出賣人無償還買受人已付價金之義務，出賣人亦不得行使第3項第2款之權利，本契約並即失其效力。

八、（出賣人之損害賠償義務）

出賣人出賣標的物違反第6項第2款約定者，買受人得請求損害賠償。

九、（買受人不履行契約時，出賣人行使物權請求權及（或）債權請求權之六）

買受人有第3項第1款之情形，且有連續兩期遲延給付分期款，所遲延之價額並已達全部價金百分之二十者，出賣人得不行使取回標的物之權利，而請求買受人一次清償如附件一分期攤還表所示之未償還本金及其遲延利息。

十、（標的物保險被保險人之記載）

本件買賣標的物由買受人負擔保險費為標的物投保；上開保險之被保險人應為出賣人。

十一、（其他約定事項）

買受人有動產擔保交易法第五章之情形者，應依該法規定負刑事責任。

買受人應依出賣人之要求，提供必要文件，協助出賣人向登記機關辦理標的物附條件買賣登記及必要之變更登記。

買受人付清全部價金後，出賣人因買受人或利害關係人之書面請求應即出具證明書，俾買受人或利害關係人得憑以向登記機關註銷附條件買賣登記；出賣人於收到買受人或利害關係人上開書面請求後十日內，未交付證明書者，應按日給付請求人遲延金新臺幣元，並負損害賠償責任。

附條件買賣登記規費由　　負擔。

第22條 管轄

雙方因本買賣契約而發生訴訟者，同意由　地方法院為管轄法院。

第23條 補充規定

本契約如有未盡事宜，由買受人及出賣人本誠信原則協議之，或依民法或其他相關法令定之。

本契約書正本一式二份，副本　　份，由買受人及出賣人各持正本一份、副本　　份為憑。

中　華　民　國　　年　　月　　日

立契約書人：

買受人：

法定代理人：

身分證統一編號：
出賣人：
法定代理人：
營利事業統一編號：

式樣二：汽車分期付款買賣契約書

注意：契約簽訂前，應有三日之審閱期間。

買受人	名稱		電話	
	住居所			
出賣人	名稱		電話	
	營業所			

交易雙方為買賣車輛，訂立契約約款如下：

第1條　標的物

車型：　　，排氣量：　　，式樣：　　，數量：　　，車身顏色：　　，產地：　　，

出廠年份：　　，其他配備詳如附件一。

第2條　標的物規格、顏色之變更或停止供應

本契約標的物之車輛，非經他方同意，契約當事人任何一方不得要求變更規格、顏色或配件。

本契約標的物之車輛因供應廠商改良、變更或停止供應，致出賣人不能依原約定給付者，出賣人應即通知買受人，買受人得解除契約，請求返還已付價金，及自受領日起至返還日止依法定利率計算之利息。

前項情形，買受人如願按出賣人所定價格標準核算，多退少補，受領改良或變更後之標的物者，出賣人不得拒絕。

第3條　價金之給付

一、總價

現金交易總價（含營業稅）：新臺幣　　佰　　拾　　萬　　仟　　佰　　拾　　元整。

分期付款總價（含營業稅）：新臺幣　　佰　　拾　　萬　　仟　　佰　　拾　　元整。

現金交易總價與分期付款總價差價：新臺幣　　佰　　拾　　萬　　仟　　佰　　拾　　元整。

二、付款方式

頭期款：

付款日：中華民國　　年　　月　　日。

現金：新臺幣　　佰　　拾　　萬　　仟　　佰　　拾　　元整。

票據：　　年　　月　　日。

行庫分行：　帳號：

票號：

交車款：

付款日：中華民國　　年　　月　　日。

現金：新臺幣　　佰　　拾　　萬　　仟　　佰　　拾　　元整。

票據：　　年　　月　　日。

行庫分行：　帳號：

票號：

分期付款（扣除頭期款、交車款以外者）：

分期金額：

分期數：

利率及其種類：

每期應付之日期、本金、利息詳如附件：分期攤還表。

三、付款地點。

第4條　價金範圍

本契約所載價金除另有約定外，包括進口關稅、商港建設費、貨物稅、營業稅、交車前之運費、運送保險費及其他應由出賣人負擔之稅費；但不包括申請牌照之手續費、車輛保險費、監理規費、牌照稅、燃料稅等應由買受人負擔之稅費。

本契約訂立後，前項稅費調整之利益或不利益均由買受人承受及負擔，但因可歸責於出賣人之事由致增加負擔者，其增加部分由出賣人負擔。

第5條　提前清償

買受人得隨時提前清償，出賣人不得拒絕。

買受人提前清償者，應按攤還表所示之未償還本金給付。出賣人不得加收手續費、提前解約金或其他任何費用。

第6條　匯率與關稅等之變動

第一種情形：（在國內製造或已進口之車輛）

車輛價格以本契約訂立時約定之價格為準，其後縱因匯率變動、關稅調整，概不受影響。

第二種情形：（尚未進口之車輛）

本契約訂立之後，成本縱有調高或降低，概依本契約所定之價格為準。但匯率、關稅、商港建設費等稅費於結關完納之日有調高或降低者，一律以實際結關日之匯率、稅率為準計算價格，其因可歸責於出賣人之事由應結關而未辦理結關手續，致蒙受較高稅率或較高匯率之不利益者，其提高部分由出賣人負擔。

第7條　交車地點及會同檢視義務

交車地點雙方約定為：

縣　　區鎮　　街

市　　市鄉　　里　　鄰　　路

段　　巷　　弄　　號

買賣雙方應於車輛交付時或交車前會同檢視車輛。

第8條　交車日期、遲延催告及解除契約

第一種情形：（國內製造已出廠或國外製造已進口者）

雙方約定交車日期為中華民國　　年　　月　　日。

出賣人逾交車日期未交付車輛，經買受人催告後　　日仍未履行者，買受人得解除契約，並請求返還已支付之價金，及自受領日起至返還日止依法定利率計算之利息，但約定利率較高者，從其約定利率。

前項情形，買受人證明有其他損害者並得請求賠償。

第二種情形：（國內製造尚未出廠或國外製造尚未進口者）

雙方預定交車日期為中華民國　　年　　月　　日。

出賣人應於本契約訂定後　　日以書面通知買受人確定交車日期，出賣人逾期未通知或所通知確定交車日期逾預定交車日期達　　日以上者，買受人得解除契約，並請求返還已支付之價金，及自受領日起至返還日止依法定利率計算之利息，但約定利率較高者，從其約定利率。

前項情形，買受人證明有其他損害者並得請求賠償。

前二項規定，於出賣逾確定交車日期未交付車輛，經買受人催告後　　日，仍未履行者，亦適用之。

第9條　標的物之使用及危險負擔

標的物之利益及危險，除當事人另有約定者依其約定外，自交付時起，均由買受人承受負擔。

第10條　瑕疵擔保責任或保固責任

出賣人應依民法及其他法令規定對買受人負瑕疵擔保責任。

出賣人自交車之日起　　個月，或行駛　　公里範圍內（以先到者為準），對車輛本身之瑕疵零件負更新或修復之責任，但損害係因買受人未依使用手冊使用車輛，或未依保養手冊所載時間、里程、場所保養或維修所致者，出賣人不負保固責任。車輛因天然災害、自然耗損或因可歸責於買受人之事由致生損壞者，亦同。

第11條　召回檢修或回收

買賣標的物經原製造廠商召回檢修或回收或經主管機關下令召回檢修或回收者，出賣人應於接到通知後七日內通知買受人；其召回檢修者，並應同時安排檢修之時間與地點。

前項召回檢修之情形，出賣人應負檢修之義務。

第12條　品質擔保

出賣人應擔保買賣標的物符合交車時之環保及其他相關法令之規定標準，車輛未達規定標準而能改善者，買受人得訂定相當期限催告出賣人改善，逾期未改善或不能改善者，買受人得解除契約，請求返還已給付之價金，及自受領日起至返還日止，依法定利率計算之利息。如有其他損害，並得請求賠償。

第13條　因標的物重大瑕疵之解約或更換新車

本買賣標的物有下列情事之一，經雙方同意之專業機構（____）鑑定證實係因機件瑕疵所致，非因使用者之故意或過失所致者，出賣人除應負擔鑑定費用外，並應依買受人之請求更換同型新車予買受人：或解除契約、請求退還已付之價金及自受領日起至返還日止依法定利率計算之利息：

一、交車後　　日之內，於行駛中煞車失靈，經送出賣人檢修二次而未修復者。

二、交車後　　日之內，於行駛中突然起火燃燒者。

三、交車後　　日之內，於行駛中突然熄火故障，經送出賣人檢修二次而未修復者。

四、交車後　　日之內，於排檔時發生暴衝者。

五、交車後　　日之內，於行駛中引擎溫度升高至極限，經送出賣人檢修二次而未修復者。

六、其他重大瑕疵，有危害生命安全或身體健康之虞，經送出賣人檢修二次而未修復者。

第14條　保證書及使用説明書之交付及其應記載之內容

出賣人應於訂約後，至遲於交車時交付標的物之中文保證書及中文使用説明書，該保證書及使用説明書為本契約之一部分。

前項保證書應包含下列事項：

商品之名稱、種類、數量、若有製造號碼或批號，其製造號碼或批號。

保證內容。

保證期間及起算方法。

製造商名稱、地址。

若有經銷商，其名稱、地址。

交易日期。

第1項使用説明書應包含下列事項：

標的物組件、功能説明。

正確使用方法。

操作程序。

危險警語與避免方式。

簡易故障處理。

維修服務處所及其他相關資訊。

本買賣標的物性質上或使用上有危害人體健康或生命安全之虞者，應於保證書或使用説明書以醒目、套色、粗大之字體或圖樣標明。

出賣人應將中文保證書及中文使用説明書張貼或陳列於出賣人之處所，供消費者閱覽。

第15條　因買受人違約價金之沒收

因可歸責於買受人之事由致違反本契約給付價金約定連續兩期且其遲延給付之價金逾總金額五分之一者，經出賣人定十日以上之期間催告，買受人仍未履行者，出賣人得解除契約，沒收買受人已付之價金。

因可歸責於買受人之事由致受領遲延者，經出賣人定三十日以上之期間催告，買受人仍未履行者，出賣人得解除契約，沒收買受人已付之價金。除本契約另有約定外，買受人得將由本契約所生之債權讓與第三人，其債務並由該第三人承擔，但買受人應負連帶給付之責。

第一、二項得沒收之已付價金不得逾買賣標的物現金交易總價之百分之十，逾百分之十者縮減為百分之十，但出賣人能證明其所受損害超過買賣標的物現金交易總價之百分之十者，不在此限。

第16條 買受人受領遲延，出賣人之義務

因可歸責於買受人之事由受領遲延者，除依前條第2項之規定外，出賣人僅就故意或重大過失負其責任。出賣人並得請求買受人賠償其提出及保管汽車之必要費用。

第17條 不可歸責於雙方當事人價金返還

因不可歸責於雙方當事人之事由，致給付不能者，出賣人應返還買受人已付之價金，及自受領日起至返還日止依法定利率計算之利息。

第18條 代辦義務及手續費用

買受人得委任出賣人代辦申請牌照及車輛保險等手續，出賣人不得拒絕。

代辦手續費為新臺幣元整。

出賣人得複委任他人辦理。

第19條 契約之刪改

本契約訂立後，若有任何增刪修改，須經雙方當事人書面同意。

第20條 印花稅之負擔

本件印花稅各自貼用負擔。

第21條 買受人遲延給付分付款價金

買受人連續兩期遲延分期付款價金，且所得遲付之價額已達全部價金之五分之一者，出賣人得不解除契約，請求買受人一次清償如附件分期攤還表所示未清償本金及其遲延利息。

第22條 管轄

雙方因本買賣契約而發生訴訟者，同意由　地方法院為管轄法院。

第23條 補充規定

本契約如有未盡事宜，由買受人及出賣人本誠信原則協議之，或依民法或其他相關法令定之。

本契約書正本一式二份，副本　　份，由買受人及出賣人各持正本一份、副本　　份為憑。

中　華　民　國　　年　　月　　日

立契約書人：買受人：

法定代理人：

身分證統一編號：

出賣人：

法定代理人：

營利事業統一編號：

附件

分期攤還表

範例一：假設年利率＝16%貸款月數：24（單元：元）

期數	月繳本息A	利息B	償還本金C	未償還本金D
0				500,000
1	24,482	6,667	17,815	482,185
2	24,482	6,429	18,052	464,133
3	24,482	6,188	18,293	445,840
4	24,482	5,945	18,537	427,303

5	24,482	5,697	18,784	408,518
6	24,482	5,447	19,035	389,484
7	24,482	5,193	19,288	370,195
8	24,482	4,936	19,546	350,650
9	24,482	4,675	19,806	330,843
10	24,482	4,411	20,070	310,773
11	24,482	4,144	20,338	290,453
12	24,482	3,872	20,609	269,824
13	24,482	3,598	20,884	248,942
14	24,482	3,319	21,162	227,780
15	24,482	3,037	21,444	206,335
16	24,482	2.751	21,730	184,605
17	24,482	2,461	22,020	162,585
18	24,482	2,168	22,314	140,272
19	24,482	1,870	22,611	117,600
20	24,482	1,569	22,913	94,747
21	24,482	1,263	23,218	71,529
22	24,482	954	23,528	48,001
23	24,482	640	23,842	24,159
24	24,482	322	24,159	0

註：期（月）繳金額=貸款本金×{(年利率÷12)/[1-(1/(1+年利率÷12)^{n}]}

n=貸款月數

利息（B）=上一期未償還本金（D）×年利率÷12

償還本金（C）=A–B

未償還本金（D）=上一期未償還本金–本期償還本金

附件

分期攤還表

範例二：假設年利率=16%貸款月數：12（單元：元）

期數	月繳本息A	利息B	償還本金C	未償還本金D
0				50,000
1	4,537	667	3,870	46,130
2	4,537	615	3,921	42,209
3	4,537	563	3,974	38,235
4	4,537	510	4,027	34,208
5	4,537	456	4,080	30,128
6	4,537	402	4,135	25,993
7	4,537	347	4,190	21,803
8	4,537	291	4,246	17,557
9	4,537	234	4,303	13,255
10	4,537	177	4,360	8,895
11	4,537	119	4,418	4,477
12	4,537	60	4,477	0

註：期（月）繳金額=貸款本金 $\times \dfrac{\text{年利率} \div 12}{1-\left(\dfrac{1}{1+\text{年利率} \div 12}\right)^{n}}$

n＝貸款月數

利息（B）=上一期未償還本金（D）×年利率÷12

償還本金（C）=A–B

未償還本金（D）=上一期未償還本金-本期償還本金

式樣三：汽車分期付款買賣契約書

注意：契約簽訂前，應有三日之審閱期間。

買受人	名稱		電話	
	住居所			
出賣人	名稱		電話	
	營業所			

交易雙方為買賣車輛，訂立契約約款如下：

第1條　標的物

車型：　　，排氣量：　　，式樣：　　，

數量：　　，車身顏色：　　，產地：　　，

出廠年份：　　，其他配備詳如附件一。

第2條　標的物規格、顏色之變更或停止供應

本契約標的物之車輛，非經他方同意，契約當事人任何一方不得要求變更規格、顏色或配件。

本契約標的物之車輛因供應廠商改良、變更或停止供應，致出賣人不能依原約定給付者，出賣人應即通知買受人，買受人得解除契約，請求返還已付價金，及自受領日起至返還日止依法定利率計算之利息。

前項情形，買受人如願按出賣人所定價格標準核算，多退少補，受領改良或變更後之標的物者，出賣人不得拒絕。

第3條　價金之給付

一、總價

現金交易總價（含營業稅）：新臺幣　　佰　　拾　　萬　　仟　　佰　　拾　　元整。

二、付款方式

訂金：

付款日：中華民國　　年　　月　　日。

現金：新臺幣　　佰　　拾　　萬　　仟　　佰　　拾元整。

票據：　　年　　月　　日。

行庫分行：　帳號：　票號：

餘款：

付款日：中華民國　　年　　月　　日。

現金：新臺幣　　佰　　拾　　萬　　仟　　佰　　拾元整。

票據：　　年　　月　　日。

行庫分行：　帳號：　票號：

三、付款地點。

第4條　價金範圍

本契約所載價金除另有約定外，包括進口關稅、商港建設費、貨物稅、營業稅、交車前之運費、運送保險費及其他應由出賣人負擔之稅費；但不包括申請牌照之手續費、車輛保險費、監理規費、牌照稅、燃料稅等應由買受人負擔之稅費。

本契約訂立後，前項稅費調整之利益或不利益均由買受人承受及負擔，但因可歸責於出賣人之事由致增加負擔者，其增加部分由出賣人負擔。

第5條　匯率與關稅等之變動

第一種情形：（在國內製造或已進口之車輛）

車輛價格以本契約訂立時約定之價格為準，其後縱因匯率變動、關稅調整，概不受影響。

第二種情形：（尚未進口之車輛）

本契約訂立之後，成本縱有調高或降低，概依本契約所定之價格為準。但匯率、關稅、商港建設費等稅費於結關完納之日有調高或降低者，一律以實際結關日之匯率、稅率為準計算價格，其因可歸責於出賣人之事由應結關而未辦理結關手續，致蒙受較高稅率或較高匯率之不利益者，其提高部分由出賣人負擔。

第6條　交車地點及會同檢視義務

交車地點雙方約定為：

縣　　區鎮　　街

市　　市鄉　　里　　鄰　　路

段　　巷　　弄　　號樓

買賣雙方應於車輛交付時或交車前會同檢視車輛。

第7條　交車日期、遲延催告及解除契約

第一種情形：（國內製造已出廠或國外製造已進口者）

雙方約定交車日期為中華民國　　年　　月　　日。

出賣人逾交車日期未交付車輛，經買受人催告後　　日仍未履行者，買受人得解除契約，並請求返還已支付之價金，及自受領日起至返還日止依法定利率計算之利息，但約定利率較高者，從其約定利率。

前項情形，買受人證明有其他損害者並得請求賠償。

第二種情形：（國內製造尚未出廠或國外製造尚未進口者）

雙方預定交車日期為中華民國　　年　　月　　日。

出賣人應於本契約訂定後　　日以書面通知買受人確定交車日期，出賣人逾期未通知或所通知確定交車日期逾預定交車日期達　　日以上者，買受人得解除契約，並請求返還已支付之價金，及自受領日起至返還日止依法定利率計算之利息。

前項情形，買受人證明有其他損害者並得請求賠償。

前二項規定，於出賣逾確定交車日期未交付車輛，經買受人催告後　　日，仍未履行者，亦適用之。

第8條　標的物之使用及危險負擔

標的物之利益及危險，除當事人另有約定者依其約定外，自交付時起，均由買受人承受負擔。

第9條　瑕疵擔保責任或保固責任

出賣人應依民法及其他法令規定對買受人負瑕疵擔保責任。

出賣人自交車之日起　　個月，或行駛　　公里範圍內（以先到者為準），對車輛本身之瑕疵零件負更新或修復之責任，但損害係因買受人未依使用手冊使用車輛，或未依保養手冊所載時間、里程、場所保養或維修所致者，出賣人不負保固責任。車輛因天然災害、自然耗損或因可歸責於買受人之事由致生損壞者，亦同。

第10條　召回檢修或回收

買賣標的物經原製造廠商召回檢修或回收或經主管機關下令召回檢修或回收者，出賣人應於接到通知後七日內通知買受人；其召回檢修者，並應同時安排檢修之時間與地點。

前項召回檢修之情形，出賣人應負檢修之義務。

第11條　品質擔保

出賣人應擔保買賣標的物符合交車時之環保及其他相關法令之規定標準，車輛未達規定標準而能改善者，買受人得訂定相當期限催告出賣人改善，逾期未改善或不能改善者，買受人得解除契約，請求返還已給付之價金，及自受領日起至返還日止，依法定利率計算之利息。如有其他損害，並得請求賠償。

第12條　因標的物重大瑕疵之解約或更換新車

本買賣標的物有下列情事之一，經雙方同意之專業機構（____）鑑定證實係因機件瑕疵所致，非因使用者之故意或過失所致者，出賣人除應負擔鑑定費用外，並應依買受人之請求更換同型新車予買受人：或解除契約、請求退還已付之價金及自受領日起至返還日止依法定利率計算之利息：

一、交車後　　日之內，於行駛中煞車失靈，經送出賣人檢修二次而未修復者。

二、交車後　　日之內，於行駛中突然起火燃燒者。

三、交車後　　日之內，於行駛中突然熄火故障，經送出賣人檢修二次而未修復者。

四、交車後　　日之內，於排檔時發生暴衝者。

五、交車後　　日之內，於行駛中引擎溫度升高至極限，經送出賣人檢修二次而未修復者。

六、其他重大瑕疵，有危害生命安全或身體健康之虞，經送出賣人檢修二次而未修復者。

第13條　保證書及使用說明書之交付及其應記載之內容

出賣人應於訂約後，至遲於交車時交付標的物之中文保證書及中文使用說明書，該保證書及使用說明書為本契約之一部分。

前項保證書應包含下列事項：

商品之名稱、種類、數量、若有製造號碼或批號，其製造號碼或批號。

保證內容。

保證期間及起算方法。

製造商名稱、地址。

若有經銷商，其名稱、地址。

交易日期。

第1項使用說明書應包含下列事項：

標的物組件、功能說明。

正確使用方法。

操作程序。

危險警語與避免方式。

簡易故障處理。

維修服務處所及其他相關資訊。

本買賣標的物性質上或使用上有危害人體健康或生命安全之虞者，應於保證書或使用說明書以醒目、套色、粗大之字體或圖樣標明。

出賣人應將中文保證書及中文使用說明書張貼或陳列於出賣人之處所，供消費者閱覽。

第14條 因買受人違約價金之沒收

因可歸責於買受人之事由致受領遲延者，經出賣人定三十日以上之期間催告，買受人仍未履行者，出賣人得解除契約，沒收買受人已付之價金。除本契約另有約定外，買受人得將由本契約所生之債權讓與第三人，其債務並由該第三人承擔，但買受人應負連帶給付之責。

第1項得沒收之已付價金不得逾買賣標的物現金交易總價之百分之十，逾百分之十者縮減為百分之十，但出賣人能證明其所受損害超過買賣標的物現金交易總價之百分之十者，不在此限。

第15條 買受人受領遲延，出賣人之義務

因可歸責於買受人之事由受領遲延者，除依前條第2項之規定外，出賣人僅就故意或重大過失負其責任。出賣人並得請求買受人賠償其提出及保管汽車之必要費用。

第16條 不可歸責於雙方當事人價金返還

因不可歸責於雙方當事人之事由，致給付不能者，出賣人應返還買受人已付之價金，及自受領日起至返還日止依法定利率計算之利息。

第17條 代辦義務及手續費用

買受人得委任出賣人代辦申請牌照及車輛保險等手續，出賣人不得拒絕。

代辦手續費為新臺幣　元整。

出賣人得複委任他人辦理。

第18條 契約之刪改

本契約訂立後，若有任何增刪修改，須經雙方當事人書面同意。

第19條 印花稅之負擔

本件印花稅各自貼用負擔。

第20條　管轄

雙方因本買賣契約而發生訴訟者，同意由　地方法院為管轄法院。

第21條　補充規定

本契約如有未盡事宜，由買受人及出賣人本誠信原則協議之，或依民法或其他相關法令定之。

本契約書正本一式二份，副本　　份，由買受人及出賣人各持正本一份、副本　　份為憑。

中　　華　　民　　國　　　　年　　　　月　　　　日

立契約書人：買受人：

法定代理人：

身分證統一編號：

出賣人：

法定代理人：

營利事業統一編號：

〈範例3-1-17〉

動產貨物買賣契約書（法院公證處例稿）

出賣人○○○茲與買受人○○○訂立動產買賣契約，內容如左列各條所載：

第1條　出賣人○○○茲將第5條所載之動產出賣與買受人，經買受人同意承買。

第2條　買賣價金約定為新臺幣○○○元。

第3條　買受人本日交付出賣人價金新臺幣○○○元，並由出賣人受領訖。

第4條　出賣人已將買賣標的物點交與買受人。

第5條　買賣標的物如左：（略）

第6條　恐口無憑，爰立此約，雙方各執乙份。

出賣人：

住址：

買受人：

住址：

中　華　民　國　○　○　年　○　月　○　日

〈範例3-1-18〉

動產貨物買賣契約書
（關於清償地、清償期及清償費用之約定）

立契約書人大大實業有限公司（以下簡稱甲方）建展陶瓷有限公司（以下簡稱乙方），雙方茲就買賣茶具事宜，訂立本件契約，條款如後：

一、買賣標的：仿古茶具精品、次級品各壹百組（樣式、規格另行列表）

二、價金：精品每組新臺幣（下同）壹千元整，次級品每組伍百元整，合計壹拾伍萬元整。

三、送貨地點：甲方公司所在地或其所指定之地點。

四、送貨日期：乙方應於訂約後一個月內按甲方指定之地點、組數如期送達。如有遲延，應依遲交部分之貨款按千分之二計罰違約金，乙方不得異議。

五、清償費用：原則上運送費、包裝費由乙方負擔。惟甲方所指定送貨地點不在臺北、桃園兩界內，按實際里程數每公里伍元酌收運送費用。

六、甲方或其指定受領之人於受領第1條之茶具後，應即時驗收。茶具如具瑕疵，應於受領後七天內以書面通知乙方更換，逾期乙方不負瑕疵擔保責任。

七、甲方應憑乙方所開出之統一發票及送貨簽收單將貨款乙次付清給乙方。

八、本契約壹式貳份，甲乙雙方各執乙份。

立契約書人　買方（甲方）：大大實業有限公司

公司地址：

代表人：○○○　印

住址：

身分證

統一編號：

營利事業統一編號：

賣方（乙方）：建展陶瓷有限公司

公司地址：

代表人：○○○　印

住址：

身分證

統一編號：

營利事業統一編號：

中　華　民　國　○　○　年　○　月　○　日

〈範例3-1-19〉

動產買賣契約書

賣主○○○（以下簡稱甲方）與買主○○○（以下簡稱乙方）茲經雙方協議訂立○○物品之買賣契約，條款如後：

第1條（標的）

一、品名：

二、數量：

三、單價：

四、交付日期：○○年○○月○○日

五、交付場所：

六、價款總額：新臺幣○○○元整

七、支付期限：○○年○○月○○日

八、支付方法：

第2條（所有權移轉）

物品的所有權在交付物品時，由甲方移轉給乙方。

第3條（危險負擔）

在物品交付前所發生的損失、毀損、減量、變質及其他一切損害，除可歸責於乙方的部分之外，全由甲方負擔；在物品交付之後所發生的這些損害，除可歸責甲方的責任之外，全由乙方負擔。

第4條（檢查及交付）

甲方遵從乙方的指示，在約定期限將物品帶到交付場所交給乙方，乙方在接收物品後十天內進行物品的檢查。物品的交付在乙方檢查終了的同時完成。若因檢查延誤使甲方受損害，乙方須負責賠償。

第5條（瑕疵品更換）

甲方必須將不合格品、超過契約數量的部分和其他由乙方歸還的物品，自墊費用，從乙方發出通知之日起數日內，進行更換。

經過前項的期間以後，若甲方仍未更換，乙方可使用甲方先墊的費用，將物品送還或寄存，或將物品販賣以後，先行保管或寄存此金額。

第6條（償還）

買賣價款在支付期內以現金（或支票）支付。

利用支票支付的情況，必須在支票兌現終了後，始生清償債務的效力。

以支票的方式給付時，如果發生第9條各項其中之一的事實時，依照甲方的請求，乙方必須以現金償還。

第7條（扣除）

當甲方對乙方負有債務時，不論本件債權的清償期是否屆至，本件債權可與甲方對乙方所負擔之債務互相抵銷。

第8條（滯納金）

乙方怠忽買賣價款的償還時，自清償期之翌日起至支付完畢之日止，按日以價款之○分之○計算滯納金。

第9條（期限利益的喪失）

若有下列所述的情形，當甲方提出請求時，乙方必須立刻一次償還全部的債務：

一、乙方對於甲方關於買賣價款支付債務及其他一切債務或本契約以外的契約之債務遲延支付時。

二、乙方受到假扣押、假處分、租稅滯納處分及其他公權力的處分、或者進行公司重整手續或受破產的宣告時。

三、乙方受到事業主管機關停止營業或註銷營業執照、營利事業登記證的處分時。

四、乙方決定減少資本，停止營業或變更營業，或做出解散的決議時。

五、乙方所交付支票屆期未能兌現時。

六、乙方違反本契約的條款時。

七、其他當乙方的財務狀況惡化或有惡化之虞的事由發生時。

第10條（物品的任意處分）

交付日屆至時，若乙方怠忽履行收取物品等契約義務時，甲方可將物品任意處分，賣得的金額充當甲方所受損害之賠償金；若額度不足時，可向乙方請求賠償。

第11條（瑕疵擔保）

甲方若交付與契約條件不符合之物品，或物品有品質不良、數量不足、變質及其他瑕疵時，甲方須負責；乙方可向甲方提出更換物品或瑕疵修補、價款減額等要求。若因瑕疵的存在而無法達到本契約的目的時，乙方可解除本契約。不管任何情形，都不得妨礙損害賠償的請求。但乙方若在接受物品後應進行檢查的期間過後仍未發出通知時，則喪失解除權或請求權。

第12條（即時解除）

若發生第9條各項中的任一事實時，甲方可不必進行催告或先行給付，而逕行解除本契約。

甲方違反本契約條項，或者是怠忽本契約及其他契約上的債務之履行時，乙方可不必進行催告或先為給付而逕行解除本契約，同時可對甲方請求損害賠償。

第13條（不可抗力免責）

若因不可歸責於甲方之天災地變、戰爭、暴動、內亂、法令的改廢制度、公權力等的命令處分、同盟罷業及其他爭議行為、運輸機構的事故、以及其他不可抗拒的外力，造成契約的全部或一部分的履行延遲或無法交付物品時。關於本契約不能履行之部分為無效。

第14條（情事變更）

若因物價波動劇烈或其他情事而導致本契約的條件顯著不合理時，各當事者可提出本契約的條件變更申請。若未經達成協議或因本契約的條件變更無法達成契約的目的時，可解除本契約。

第15條（合意管轄）

因本契約而發生之權利義務的相關訴訟，同意以○○地方法院為管轄法院。

第16條（公證書的手續）

當甲方提出請求時，乙方對於本契約附帶執行承諾公證書的作成手續，毫無異議，願意配合。

第17條（另行協議）

關於本契約未規定之事項，以及本契約之解釋另行協議。甲乙雙方願共同遵守。

第18條　本契約書壹式貳份，雙方各持執乙份。

甲方：

住址：

乙方：

住址：

中　華　民　國　○　○　年　○　月　○　日

〈範例3-1-20〉

原料販賣與製品購買契約書（OEM代工委託）

○○股份有限公司（以下簡稱甲方）與○○股份有限公司（以下簡稱乙方），對於原料販賣、製品購買等相關事宜，締結以下之契約：

第1條（基本契約）

本契約是關於甲乙之間原料販賣、製品購買交易等共通事項的規定。

買賣的目的物、支付條件及金額，依照甲乙雙方交換的備忘錄來規定之。

第2條（交易內容）

乙方將原料賣給甲方，甲方基於乙方之指示將原料的全部或一部分加以使用，製造成品後賣給乙方。

關於前項條約，甲方所使用之原料中，含有乙方指示而由甲方向其他公司購買的原料在內。

第3條（個別契約）

乙方賣給甲方的原料與甲方賣給乙方的製品的品名、規格、數量、單價、交貨日期、支付條件、金額等，除了本契約及備忘錄之規定外，個別的買賣則依照甲乙雙方之間所訂立的原料買賣契約、製品買賣契約（以下兩契約稱為「個別契約」）之規定。

第4條（原料的交付與檢查）

乙方於約定日期限內在約定場所將原料交付給甲方，甲方則根據備忘錄規定的期限，完成原料之檢查。

第5條（原料的價款支付及所有權移轉）

原料的買賣價款，在交付原料後依照乙方的請求，在乙方指定的場所，利用現金或支票支付。若備忘錄或個別契約中有特別規定時，則可以其他票據支付。

以支票或其他票據支付時，在支票或其他票據兌現終了之前，不具有價款償還之效力。

原料的所有權在買賣價款支付時移轉給甲方。

第6條（製品的交付與檢查）

甲方於約定期限內在約定場所將製品交付給乙方，乙方在備忘錄規定的期限內，完成製品之檢查。

第7條（製品的價款支付及所有權移轉）

製品的買賣價款，在交付製品後依照甲方的請求，在甲方指定的場所，利用現金或支票支付。若備忘錄或個別契約中有特別規定時。則可以其他票據支付。

製品的所有權在製品交付時移轉給乙方。

第8條（危險負擔）

原料或製品的危險負擔，在交付的同時移轉給對方。

第9條（賣主的保證責任）

乙方或甲方交付給對方的原料或製品與契約條件不同，或者是因交付前的原因而導致品質不良、數量不足、變質或其他瑕疵時，則賣方均須負責。

第10條（抗辯權的不行使）

甲方基於第2條乙方的指示，對於原料和製品（以下總稱為

「委託製造品」）等相關事由，不論原因，對乙方不可行使抗辯權或留置權。

第11條（抵銷）

甲方或乙方對對方負擔其他債務時，不論契約上的債權清償期是否屆至，對其債權或其他債務的相對額可逕行扣除。

第12條（製造指示書）

甲方必須遵照乙方所發行的製造指示書，進行製品的製造。

若發生無法遵從乙方指示的事情時，甲方必須立刻通知乙方接受其指示。

第13條（製造基準）

若因必須歸責甲方的事由，致未依訂立的基準使用原料，或製造出品質優良的製品時，甲方必須賠償乙方的損失。

第14條（管理義務）

甲方對於委託製造品，必須善盡善良管理人之義務，進行使用或保管。

甲方對於委託製造品，遵照乙方指定的方法進行管理表示，而相關事項必須備妥帳簿，明白地記錄收支情形。

甲方對於委託製造品，若未得到乙方事前承諾之書面證明，不得作其他目的之轉用或轉讓給第三者，也不可進行借貸或提供擔保。

第15條（保險）

甲方對於乙方交付之委託製造品，在乙方收取製品之前必須遵從乙方的指示，由甲方進行保險。

第16條（委託）

甲方未得到乙方承諾，不得將製品製造的一部分或全部委託他人。

甲方得到乙方的承諾，將製品之製造委託他人時，甲方對於委託者所做之一切行為，必須對乙方負責。

按照前項的情形，甲方未確保本契約之履行，必須另行與委託者締結承攬加工契約。

第17條（報告書）

甲方對於委託製造品的製造、出貨及出納等相關狀況，必須作成乙方指定的諸報告書，同乙方提出，並不得延誤。

第18條（調查）

乙方可視需要隨時進入甲方的工作場所，對於委託製造品的管理、作業的進行狀況及其他本契約相關的事項進行調查，對相關帳簿可進行閱覽及作業的指導。

第19條（機密保持）

甲方未得乙方之承諾，不得將製品的製造狀況、製造條件及其他機密事項，向他人發表。

乙方在必要的時候，可對甲方進行禁止第三者參觀之約束。

第20條（保證人）

在乙方認為必要時，甲方必須選定乙方同意的保證人。

保證人對於基於本契約及個別契約所訂定的債務，負有連帶履行之責。

保證人的責任在契約修改或延長期限時依然相同。

第21條（擔保）

甲方在乙方提出請求時，必須提供乙方所指定之擔保。

第22條（期限利益的喪失）

若符合以下各項的任何一項時，甲方對於甲乙之間所訂定的一切個別契約的期限的利益，完全喪失，同時必須以現金立刻償還債務的金額：

一、甲方對於債務的履行違反個別契約時。

二、甲方因其他債務而受強制執行、假扣押、假處分等保全處分、租稅滯納處分等，或是提出破產、和議、公司重整、拍賣手續申請或解散時。

三、甲方開立之支票不能兌現時。

四、其他如甲方財產狀況惡化等因素造成甲方債務履行遭遇困難的事實發生或乙方預料可能發生履行不能事由時。

第23條（即時解除等）

當前條的任何一項事實發生時，乙方不必進行催告及先為自己之給付，可以逕行解除個別契約的全部或一部分，或者不予解除，但為保全乙方的權利，而提出移轉所有權的請求。但不妨礙乙方損害賠償之請求。

依照前項的敘述，個別契約的全部或一部分解除時，或不進行解除，但做出移轉所有權的請求時，甲方必須遵從乙方的指示，保持委託製造品的原狀，將製造相關事項在乙方指定的場所交付給乙方或乙方指定者。

第24條（情事變更）

如因物價波動劇烈或其他情事使得個別契約的履行顯著不合理時，甲方或乙方可提出個別契約的變更申請。若未能達成協議，或因變更而無法達到契約的目的時，可解除契約。

第25條（有效期間）

本契約的有效期間，從契約締結之日起壹年內有效，但期間終了後壹個月內，若雙方沒有提出任何新條件時，則本契約以同一條件續延壹年。當延長期間終了時，也可以相同方式再延長。

第26條（修改、解除）

不管前條的規定如何，若甲方或乙方因不得已的事由而想要修改本契約，應在三個月以前提出書面通知，或解除本契約。

第27條（契約終了後的規定適用）

本契約期滿後或解除時，關於現存之個別契約，各條款仍具效力。

第28條（合意管轄）

因本契約、備忘錄及個別契約所發生之權利義務的相關訴訟，甲乙方均同意由○○地方法院為管轄法院。

第29條（疑義）

對於本契約未規定之事項或產生疑義之事項，甲乙雙方秉持誠意進行協議。

第30條（契約份數）

本契約書壹式貳份，甲乙雙方各持有乙份。

甲方：

乙方：

中　華　民　國　○　○　年　○　月　○　日

〈範例3-1-21〉

船舶買賣契約書

立契約書人○○○有限公司（以下簡稱甲方）、○○○有限公司（以下簡稱乙方）茲就船舶買賣事宜，訂立本契約，條款如後：

第1條　甲乙雙方約定有關後記船舶之買賣事宜，甲方賣出、乙方買入。

第2條　買賣總金額為○○○元整。乙方依照下列方式支付款項予甲方：

一、本日（訂約日）先交付定金○○元整。

二、甲方必須在民國○○年○月○日前將後記之船舶點交與乙方，並將下列登記交件及使用權證明文件交付與乙方。乙方未支付之餘款，俟船舶點交及辦理船舶所有權、漁業權移轉登記完畢並經船舶所在地航政主管機關蓋印證明時一次付清：

(一)甲方公司同意出售本契約標的物之全體股東會議紀錄參份。

(二)乙方公司及法定代表人印鑑證明書參份。

(三)乙方法定代表人資格證明書參份。

(四)乙方公司章程及董監事、股東名冊參份。
(五)乙方法定代表人户籍謄本參份。
(六)乙方公司執照，營業登記證影本各參份。
(七)稅捐處出具之最近無欠稅證明書正本。
(八)船舶所有權登記證正本。
(九)船舶噸位證書正本。
(十)船舶國籍證書正本。
(十一)設備目錄正本。
(十二)航海記事簿正本。
(十三)法令所規定之其他文書正本。
(十四)船舶檢查薄正本。
(十五)漁業執照正本。
(十六)漁業權拋棄申請書。
(十七)船舶無線電壹執照正本。
(十八)契約漁船船圖，暨進口器材規格說明書。
(十九)船舶堪航力證書正本。
(二十)貨艙、冷藏室及其他供載運貨物部分適合於受載運送與保存證書正本。
(二一)船舶無共同海損分擔額並不負擔救助及撈救報酬額證書正本。

第3條　甲方於第2條第2款乙方支付餘款同時，應將後記船舶之所有權及漁業權移轉登記與乙方。

第4條　在甲方尚未將船舶點交與乙方之前，若有故障、毀損或遺失時，應由甲方負責，亦即乙方免除支付價金義務。

第5條　甲方保證後記船舶所具之性能與說明書相符，並須在第3條交付前先行試航，以證明其性能。

第6條　有關後記船舶之品質、性能，由甲方對乙方保證，並以一年為限。在此期間，若非乙方之過失而發生自然性故障，甲方負有賠償損失及修理之義務。

第7條　若發生第6條之情形，雖經甲方修復或補充完整，而船舶仍然無法維持繼續作業或短欠，或其性能降低長達一個月時，乙方可依據下列方式選擇其一，向甲方提出要求：

一、換取同種類船舶。其條件為乙方須就已使用該船舶之時間長短支付船價，每半年乙方應支付甲方相當於第2條總金額三分之一之款項。

二、退還船舶。但甲方得扣除乙方使用船舶所應付如前款之款項，其餘定金退還與乙方。有關使用船舶之時間，其計算方法則無論乙方是否使用，規定從第3條甲方點交船舶日始至乙方提出退還船舶要求之日止，為使用時間。

第8條　乙方若未能在第2條日期前支付餘額以交換船舶，則甲方毋須催告，本契約視同作廢，甲方得將該船舶移動、航行並停泊於原船籍港。

有關前述甲方之船舶移動、航行費，以及停泊時所需之一切費用，應由乙方負擔。甲方除上述權利外，尚可將定金沒收，作為損害賠償。

第9條　甲方若未能在第2條所列日期前點交船舶，乙方得向甲方催告，於十日之內點交船舶。在此期限內，甲方若仍然無法點交，則本契約視同作廢。乙方得請求甲方退還第2條之定金、以及與定金同額之損害賠償。

第10條　約定事項：

一、雙方同意以基隆港為點交處所。漁船內所存燃料油歸還甲方。

二、本契約買賣標的物之保險，其受益人應於點交同時變更指定為乙方，變更後之保險費由乙方負擔。

三、所有甲方僱用之人員（包括船員），於本契約買賣標的物點交清楚同時，由甲方負責遣散與乙方無關。

四、本契約買賣標的物交接前所屬之所有費用，包括僱用人員薪資，船員分紅，及其他一切所有債務及稅捐概由甲方負責處理與乙方無涉。

五、自交接後有關本契約買賣標的物之一切權責事務，統由乙方處理與甲方無涉。

六、甲方保證本契約買賣標的物毫無產權糾葛及絕無其他設定抵押情事，如有其他設定抵押情事發生時應視為違約處理。

七、所有甲方負擔之應付款項，如因甲方未付致涉及乙方權益時，在尾款範圍之金額內乙方得代甲方逕行墊付，抵付尾款，如超出尾款金額則應由甲方負責處理。

八、如本契約書涉訟時，雙方同意由臺灣臺北地方法院管轄。

第11條　本契約壹式參份，當事人及見證人各執乙份為憑。

賣方（甲方）：
公司名稱：○○○有限公司
公司地址：
代表人：○○○　印
住址：
身分證
統一編號：
營利事業統一編號：
買方（乙方）：
公司名稱：○○○有限公司
公司地址：
代表人：○○○回
住址：
身分證
統一編號：
營利事業統一編號：
見證人：○○○　印

住址：
身分證
統一編號：
中　華　民　國　○　○　年　○　月

註：

一、船舶當然為動產（參民法第66、67條）；除海商法有特別規定外，適用民法關於動產之規定（參海商法第6條），惟由其登記制度、強制執行、領土延長、抵押等可知船舶具有不動產性。因此於船舶買賣契約書內，應明確記載移轉登記過戶船舶所有權。雙方當事人所應履行的手續及必須的證件。

二、船舶為物，係所有權之標的，其在法律上之地位，常類似於自然人或法人，從船名、國籍、船籍港等得知船舶又具人格性。故本實例第3條各款規定船舶權利的文件。

〈範例3-1-22〉

不動產附買回條件契約書

出賣人（即原買受人）○○○（以下簡為甲方）買受人（即原出賣人）○○○（以下簡稱為乙方）茲為不動產買回經雙方同意訂立買回契約條件如下：

第1條　乙方前於民國○○年○月○日，將後開不動產附保留買回權之特約條件以新臺幣○○○元整之價金，出賣與甲方，並訂立不動產買賣契約私證書及將買賣標的物點交移轉完成買賣在案。今因乙方依上開買賣契約第○條之規定，為行使買回權，而甲方亦願依本契約條件同意由乙方買回之。

第2條　乙方為行使買回權，即將其前向甲方所受領之賣渡價金新臺幣○○○元整返還於甲方，而甲方即日經向乙方悉數收訖。

第3條　甲乙雙方間，前次買賣所由甲方已開支○○○費用計新臺幣

○○元整，依約應由乙方償還與甲方，於乙方承認上開金額無訛即於本契約成立同時，由乙方如數支付甲方收訖。

第4條　本件買回標的物之○○○部分，經甲方改良○○○（如有益費、保存費）共計支出新臺幣○○元，乙方亦承認無訛並願將該款項照數償還甲方，而甲方亦親向乙方收訖。

第5條　甲方於本買回契約成立同時，應將再買賣標的物連同其所改良之物全部交付乙方。

第6條　甲方應於民國○○年○月○日以前，備妥登記有關文件交與乙方向所轄地政事務所申請為買回之所有權移轉登記手續。

第7條　甲方保證在承買期間中確無與他人訂立過買賣契約及為抵押權、典權等他項權利之設定，或供為任何債權之擔保。如日後發現有此等瑕疵時，甲方應負責理清，倘因而致乙方受有損害時仍應負其賠償之責。

第8條　本件買回標的物應負徵稅如有積欠者甲方應即繳清，不得連累乙方，其因此致乙方受有損害時，乙方得向甲方請求賠償。

第9條　本買回契約費用及登記費用或增值稅，均由乙方負擔之。

第10條　本契約壹式貳份，甲、乙雙方各執乙份為憑。

賣方（甲方）：○○○　印
身分證字號：
地址：
買方（乙方）：○○○　印
身分證字號：
地址：

中　華　民　國　○　○　年　○　月　○　日

〈範例3-1-23〉

動產附買回條件契約書

出賣人○○○以下簡稱為甲方，買受人○○○以下簡稱為乙方，茲為動產買賣附買回條件經雙方同意訂立契約條件如下：

第1條　甲方願將其所有後開動產之產權出賣與乙方，而乙方願意依約付價承買之。

第2條　本件買賣價金經甲乙雙方當面議定為新臺幣○萬○仟○佰元整。

前項價金即日由乙方全額付清與甲方，而甲方確已如數親收足訖。

第3條　本件買賣標的之截斷機甲方保證並無任何瑕疵，而乙方亦確認其確屬完整無訛。

第4條　本件買賣標的物即日由甲方交付乙方收受完畢，而乙方確已收到無誤。

第5條　甲方保證本件買賣標的物為甲方之完全所有，毫無上手來歷不明，或提供於他人為債權擔保，或設定任何負擔，或與第三人糾葛等情事。

嗣後如有第三人出為主張權利，或發生糾紛時，甲方願負完全責任，併排除一切障礙使乙方取得完全所有權。

第6條　本件買賣標的物交付處所為甲方工廠，運離工廠移置他處之拆除費用及運搬費用，概由乙方負擔。

第7條　本件買賣標的物在未運離甲方工廠時，甲方對乙方應擔保其物依民法第373條之規定危險移轉於乙方時，無滅失或減少其價值之瑕疵。但如因不可抗力天災地變火燒等，或不能歸責於甲方之事由者不在此限。

第8條　本件買賣標的物，甲方得於本契約成立之日起○年○月內（即截至中華民國○○年○月○日止），返還所受領本契約第2條所載買賣價金新臺幣○萬○仟○佰元整與乙方，而向乙方買回本件買賣標的物，甲乙雙方確諾之。

第9條　甲方於前條買回限期內，同乙方買回本件標的物時，除買回費用應由甲方負擔外，乙方因本件買賣所支出之費用亦應由甲方返還與乙方。

第10條　乙方因改良本買賣標的物所支出之費用及其他有益費用，而增加價值時甲方於買回時應就其現存價值償還與乙方。

第11條　乙方在本契約第8條規定買回期間存續中，不得就本件買賣標的物為任何處分行為，或提供於第三人設定質押負擔等他項權利或出租出典於第三人。

第12條　乙方如違反前條約定時應賠償甲方因而所生之損害。

第13條　甲方如未於本契約第8條規定買回期限屆滿日以前備足所受領價金全額，向乙方買回買賣標的物時，即應喪失買回權。

第14條　本件動產買賣標示如下：

臺灣省○○工業鐵工廠製品四開截斷機○成新品○臺附○○製裁刀○把及全都附屬品在內。

第15條　本契約壹式貳份，甲、乙雙方各執乙份為憑。

賣方（甲方）：○○○　印

身分證字號：

地址：

買方（乙方）：○○○　印

身分證字號：

地址：

中　華　民　國　○　○　年　○　月　○　日

〈範例3-1-24〉

試驗買賣契約書

出賣人○○機械製造廠代表人○○○簡稱甲方，承買人○○鐵工廠負責人○○○簡稱乙方，茲為買賣（施盤）機械先行試驗經雙方同意訂立契約條件如下：

第1條　乙方向甲方購買後開標示機械約定先行試驗後如合意時，即行成交，於契約成立日起一星期內，由甲方將買賣標的物運到乙方工廠而甲方允諾之。

第2條　試驗之期間以○日為限，自接到機械之翌日起算之。

第3條　前項之試驗如不合時，乙方應即將機械退回以作買賣不成立。

前條退回所需運費由乙方負擔。

第4條　在試驗期間中，乙方對買賣機械有自由使用之權，而因此有所損害者乙方應負賠償之責。但其損害係因製造欠妥，或因運輸中之損壞者不在此限。

第5條　試驗期間屆滿乙方不即為表示，並將機械退還與甲方時，視為試驗合格買賣應即成立乙方認諾之。

第6條　買賣價款議定為新臺幣○○○元整，於契約成立同時由乙方繳付保證金新臺幣○○元整，甲方如數收訖。如買賣成立時本保證金應充價金之一部，如買賣不成立者由甲方全數返還之。

第7條　試驗後乙方認為不合格，或試驗尚未完畢需要繼續試驗時，得向甲方請求更換或延長期間，但甲方不同意時得拒絕之。

第8條　試驗後如乙方認為合格者，應於試驗期終止日起算○日內將貨款全部付清不得拖延短欠等情。

第9條　本買賣契約撰繕費由○方負擔。

第10條　本契約壹式貳份，甲、乙雙方各執乙份為憑。

賣方（甲方）：○○○ 印
身分證字號：
地址：
買方（乙方）：○○○ 印
身分證字號：
地址：

中　華　民　國　○　○　年　○　月　○　日

〈範例3-1-25〉

貨樣買賣契約書

立貨樣買賣契約出賣人○○商行負責人○○○稱為甲方，同承買人○○商店店東○○○稱為乙方，茲為○○貨物買賣經雙方同意議定條件如下：

第1條　乙方向甲方訂購○○貨物，如契約成立同日由甲方交付貨樣同品同種同類同質之貨物○○○件，甲方應於○日內交付乙方。

第2條　甲方如不能照期交付或僅能為一部之交付者，應於○日前通知乙方延緩日期；但乙方不同意時得解除契約。因此致乙方受有損害時，乙方得請求賠償甲方決無異議。

第3條　如因天災事變或其他不可抗力事由，致甲方不能照期交貨或不能為全數之交付者，得延緩期日。但其延緩日數應經雙方議定之。

第4條　本件買賣貨款議定每件新臺幣○仟○佰元，共新臺幣○萬○仟○佰元整，乙方應於交貨同時悉數付清予甲方。如乙方不為付清者，甲方得將貨物停止交付，並定相當期間催其付款，逾期仍不付時，甲方得解除契約。甲方因此所受之損害亦得請求賠償。

第5條　乙方預知屆期不能付款者，得於○日前通知甲方展延日期交貨，倘甲方不同意時，得為契約之解除如有損害亦得請求賠償。

第6條　甲方所交付貨物，如與樣品不相同時，乙方得請求更換或解除買賣契約，甲方無異議。因此致乙方受有損害者，亦得請求賠償。

第7條　貨價如有升降變動者，各不得主張增減，或藉故解除契約等情。

第8條　本契約壹式貳份，甲、乙雙方各執乙份為憑。

賣方（甲方）：○○○ 印
身分證字號：
地址：
買方（乙方）：○○○ 印
身分證字號：
地址：

中　華　民　國　○　○　年　○　月　○　日

〈範例3-1-26〉

土地分期付款買賣契約書

印花

賣方○○○（以下簡稱甲方）
買方○○○（以下簡稱乙方）
保證人○○○（以下簡稱丙方）

上列當事人就土地分期付款買賣事宜，訂立合約如下：

第1條　甲乙雙方約定有關後記土地之買賣事宜，甲方賣出、乙方買進。

第2條　乙方依照下列方式付款予甲方：

一、買賣總金額為新臺幣○○元（每一平方公尺○○元，根據實際土地丈量面積）。

二、付款方式：

(一)本合約訂立時預付定金○○元，但與本條款二(三)之金額合計，抵沖款項。

(二)於民國○○年○月○日前支付○○元（與本條款二(一)合計總金額之三成）。

(三)雙方約定自民國○○年○月始至○○年○月止，每月二十日之前為限，以本利平均分期支付，六十個月內付清，年利率定為○○%，依照所附之本利一覽表，以直接送達或郵寄方式支付。

三、為擔保支付分期付款之本金與利息，乙方須開出與此同面額、以每月之交付期為期滿之支票六十張，由連帶保證人丙背書，與本條第2款第(二)目之金額，同時交付予甲方。

四、如經由第4條第2款之手續催告支付分期付款金額，然乙方並未履行時，則乙方即失去期限之優惠，餘款並須一次付清。

第3條　有關後記之土地，甲方須履行下列事項：

一、於民國○○年○月○日前完成土地之分筆登記手續，辦理所有權之移轉以與前條第2款第(二)目之款項交換，並認同乙方在該土地建築住宅及使用。

二、乙方支付前條第2款第(二)目之金額時，甲方須將後記土地之所有權移轉予乙方，其辦理移轉之所需費用，得由乙方負擔，同時乙方須對甲方設定該土地之抵押權，以確保未付清之款項，並登記其手續。

第4條　乙方若有不履行或違反本合約之有關情形時，得依照下列事項處理：

一、未支付第2條第2款第(二)目之款項，則毋須催告，本合約即視同作廢，乙方不得請求歸還定金。

二、對第2條第2款第(三)目之分期付款金額之支付，乙方若已拖延三次以上，甲方即須以三十天之催告支付，以存證信函催告支付，如在上述期間內仍未交付，則本合約視同自動解除，乙方並應返還該土地。

三、若發生本條第2款之解除合約情形，乙方須支付相當總金額二成之金額作為賠償損失，甲方得從已收取之金額內扣除之，如有餘款則須退還乙方。

四、有關款項之遲延交付，乙方應支付日息六分作為遲延賠償金。

第5條　後記土地乃由乙方作為住宅建築使用，乙方不得任意將土地與地上建築物租賃予第三者，或轉移所有權。

第6條　後記土地之稅金，以所有權過戶登記日為基準，當日後之課稅由乙方負擔、並於支付第2條第2款第(二)目之金額時，交付予甲方。

第7條　若無甲方之書面同意，乙方不得將後記土地之形狀作顯著之變更。

第8條　連帶保證人丙○○○須保證乙方依照本契約記載之一切債務負責，並負履行之責任。

第9條　甲乙雙方於民國○○年○月○日前至法院辦理公證事宜，認同本契約各條款金錢債務並載明應逕受強制執行。

第10條　本契約壹式貳份，甲乙雙方各執乙份為憑。

賣方（甲方）：○○○　印
身分證字號：
地址：
買方（乙方）：○○○　印
身分證字號：
地址：
保證人（丙方）：○○○　印
身分證字號：
地址：

中　華　民　國　○　○　年　○　月　○　日

附件：土地之標示

所在地：

地號：

地目：

面積：○○○坪

（附圖○面第○○號紅斜線部分）

〈範例3-1-27〉

房屋分期付款買賣契約書

賣方○○○（以下簡稱甲方）

買方○○○（以下簡稱乙方）

保證人○○○（以下簡稱丙方）

保證人○○○（以下簡稱丁方）

上列當事人就房屋分期付款買賣事宜，訂立合約如下：

第1條　本買賣總金額定為新臺幣○○元整。乙方於民國○○年○月○日預付定金○○元予甲方，甲方如數領訖。另乙方於民國○○年○月○日前支付甲方○○元，以為本買賣之頭期款，餘款○○元則依照月息一分之利率加算利息，採分期攤還方式，自民國○○年○月○日至○月○日共計○個月期間，將按月攤付之金額於每月○日前往甲方之營業所支付。然前述之付款期間，若乙方所交付之頭期款額增加，則甲方須清帳修改乙方所欠之分期付款金額。

第2條　本買賣房屋之交付，以乙方付清本買賣金額○○萬元（百分之三十）作為交換。

第3條　本買賣房屋所有權申請移轉之日期，定為前條交付款項時，同時乙方得就本買賣房屋設定抵押權，雙方就此應於登記申請手續之時言明。又各登記手續費用，得由乙方負擔。

第4條　本買賣房屋之租稅及其他稅金，自房屋買賣契約成立日起，即由乙方負擔。

上述之負擔金額可由甲方暫時墊付，但若甲方請求時，乙方應立即支付。

第5條　乙方在分期付款付清前，如無甲方之書面同意，不得將該房屋轉賣、租賃予他人，或由他人占有，亦不得裝潢，改造或增建該建築物。

第6條　乙方未能支付每月之分期付款金額時，甲方得對乙方以存證信函催告支付，乙方於收取催告書三十日後，依然未予履行，則甲方得請求乙方立即一次付清餘款。另甲方除對乙方請求交付餘款外，亦可解除本合約。

第7條　甲方得以其名義為該房屋建築物訂立火險契約，其保費由乙方負擔。若保費先由甲方代付，乙方即須還予甲方。有關保險公司之選擇，保額之多寡，決定權歸於甲方。而一旦該項建築物發生燒燬情事，因上述保險仍在於彌補甲乙雙方之損失，故甲方應以所領取之保險理賠金充當乙方付予甲方之分期付款金額，以及其他本契約上之各種債務，若有餘額仍應交付予乙方。但如毀損乃屬乙方之故意過失引起，則保險理賠悉由甲方獲得，乙方不得有任何異議。

第8條　乙方遲延支付分期付款、代墊金時，則須以每月百元日息十分之利率向甲方支付賠償金。

第9條　本買賣房屋之所有權移轉與分期付款皆已完成，若因天災或其他不可抗力之因素以致滅失、毀損時，其損失由乙方負擔。

第10條　乙方應選定連帶保證人貳名，會同甲方於民國○○年○月○日前，將本契約內容製成公證書。

第11條　乙方與保證人同意，若未能履行本契約之金錢債務時。毋須催告即無異議接受強制執行。

第12條　本契約中未約定之事項，悉依民法之規定。

第13條　本契約書壹式貳份，由甲、乙雙方各執乙份為憑。

賣方（甲方）：○○○ 印
身分證字號：
地址：
買方（乙方）：○○○ 印
身分證字號：
地址：
連帶保證人（丙方）：○○○ 印
身分證字號：
地址：
連帶保證人（丁方）：○○○ 印
身分證字號：
地址：

中　華　民　國　○　○　年　○　月　○　日

〈範例3-1-28〉

動產貨品分期付款買賣契約書

印花

賣方○○○（以下簡稱甲方）
買方○○○（以下簡稱乙方）
保證人○○○（以下簡稱丙方）

今甲方○○○（賣方兼所有人）與乙方○○○（買方兼使用者）就產品之分期買賣事宜，訂立合約如下：

第1條　本合約之標的物○○產品之分期付款總額定為新臺幣○○元整。乙方得依照下列規定支付款項予甲方：
一、頭期○○元。
二、餘款○○元，分○○期支付，各期分別為○○。
三、月息○○元，即月利率為百分之○。

第2條　乙方預付○○元予甲方，餘款自民國○○年○月○日至民國

○○年○月○日止，每月○日前各支付○○元。前條一至三款合計總價款為○○元，與現金交易價差額為○○元。

第3條　乙方與其保證人得就上述提供擔保，於本合約成立時，以前條所載之金額與日期，開出支票○張交付甲方。

上述支票之保管處理權限屬甲方，每交付支票，即視為乙方償還貨款。

第4條　甲方於本合約訂立之同時，將○○產品交予乙方，以交換乙方之支票，並同意乙方對該產品之使用。

第5條　乙方若未能支付第2條付款金額、及其他應付之各項費用，須自支付日始以日息○分支付甲方作為遲延損失金。

第6條　乙方須以正當之方式使用○○產品，若有違反，甲方得立即解除本合約。

第7條　乙方若違反第2條之規定，即失去對○○產品之使用權，並應立即將該產品歸還甲方。

第8條　本契約壹式貳份，甲、乙雙方各執乙份為憑。

賣方（甲方）：○○○　印

身分證字號：

住址：

買方（乙方）：○○○　印

身分證字號：

住址：

保證人（丙方）：○○○　印

身分證字號：

住址：

中　華　民　國　○　○　年　○　月　○　日

〈範例3-1-29〉

建設機械分期付款買賣及使用借貸契約書

賣主○○股份有限公司（以下稱為甲方）與買主陳五（以下稱為乙方）關於○○機械的分期付款買賣及使用借貸，按照下述條款締結契約：

第1條　甲方將左列商品（以下簡稱標的物）賣給乙方，由乙方購買：

一、品名、型式、數量、機械編號。

二、買賣價格（包括安裝工程費在內）

三、使用場所。

四、交付期限。

第2條　甲方用卡車或貨車將物件載到乙方指定之場所交付乙方，卸貨費用和到安裝場所為止的運費及安裝費用，由乙方負責。

第3條　乙方應支付價款中之○○（新臺幣，以下同）元及第12條的保險費○○元，在締結本契約的同時，以現金支付甲方，剩餘金額○○元按第4條規定以分期付款之方式支付。

第4條　乙方在締結本契約的同時，為支付買賣價款之剩餘金額，應開立以支付日期為到期日，以甲方為受款人的支票二十張，交付甲方。

不論前項的約定為何，甲方可請求乙方以現金付清。

第5條　當乙方拖延第3條之分期付款金額的支付時，必須以總金額的百分之○計算損害金，以現金支付甲方。

第6條　標的物的所有權在乙方完全付清本契約所訂定的價款時移轉給乙方。

第7條　甲方交付給乙方的標的物在交付後所產生的損失、毀損及損害，由乙方負擔。但有可歸責於甲方的過失時，不在此限。

第8條　乙方根據第6條的規定在取得標的物所有權之前的期間，甲方同意乙方無償使用標的物。若移轉所有權之前解除本契約或因其他事由而終止契約時，乙方必須立刻將標的物歸還甲方。
乙方除將標的物做◯◯用途之外，不得使用於其他用途。

第9條 甲方對於標的物操作上的不順利及其他瑕疵必須負責。若瑕疵無法修補時，乙方可向甲方請求更換新品。
乙方發現標的物有瑕疵時，必須在收取標的物後◯◯天內（隱藏的瑕疵則在收取標的物三個月以內）對甲方提出通知。若乙方不為前述之通知，則喪失瑕疵擔保請求權。
甲方交付標的物後三個月內，對標的物的故障負修復之責任。但若標的物故障的原因必須歸咎於乙方，或因不可抗力、自然耗損及其他不屬於甲方責任範圍內的原因，則不在此限。

第10條 除前條規定外，標的物交付後的修理費及其他標的物使用之一切費用由乙方負擔。

第11條 對於標的物乙方應負善良管理人之責，並負有保管之義務。

第12條 乙方對於標的物必須遵從甲方的指示，以甲方為受益人，乙方為要保人，締結損害保險契約，並將保險證書交付甲方。乙方直到標的物所有權移轉給自己之前，都必須持續履行保險契約。
若乙方不履行前項的保險契約時，甲方可自行締結保險契約，而請求乙方付費。
因保險事故的發生，甲方領取保險金時，若依本契約之規定，乙方對甲方的債務清償期未到時，可將此保險金充當剩餘債務金額的償還金，若沒有剩餘時，則甲方應歸還給乙方。

第13條 若因標的物的設置或保管的瑕疵而使他人受到損害時，一切的責任由乙方負責。

第14條 以下所規定之事項，乙方必須事先得到甲方之承諾：
一、變更第1條所規定的使用場所，或將其占有權轉讓給第三者時。

二、對於標的物的現狀加以改變，或者附加其他物件時。

第15條　乙方對於標的物不得做出轉讓、轉貸、質押及其他有損甲方的行為。

若物體被查封或受強制執行或受到租稅徵收處分時，乙方必須明示其標的物為甲方所有，而且要將上記事件立刻通知甲方，遵從其指示。

第16條　甲方可隨時對標的物所在的場所及乙方的營業場所進行標的物的檢查及給予使用的建議，或陳述意見。

第17條　若有下列各項事由發生時，乙方喪失由乙方負擔的一切債務的期限利益：

一、乙方對於本契約中所規定之一切債務的其中一項條款不履行時。

二、乙方受到假扣押、假處分、破產的聲請、刑事訴追、營業的取消處分、停止支付的處分、或其他有顯著喪失信用的事由發生時。

三、乙方結束營業時。

當前項第2款及第3款的事由發生時。乙方必須立刻通知甲方。

第18條　當發生前條第1項各事由時，甲方可不必做任何催告，逕行解除本買賣及使用借貸契約，並可請求乙方歸還標的物。但如乙方或乙方的保證人提出擔保，甲方應允時，則不在此限。

第19條　當本買賣及使用借貸契約解除時，甲方請求乙方交付標的物，乙方必須將標的物運到甲方的營業所歸還。

第20條　本買賣契約解除時，甲方若因乙方不履行本契約以及因標的物使用上，本買賣價款等使甲方蒙受損失時。乙方必須將支付給甲方的金額和相對額進行扣抵，甲乙雙方進行清算。

乙方不將標的物歸還甲方時，甲所蒙受之損失與乙方對甲方的債務同額，乙方必須立刻將剩餘債務相當額支付給甲方。

第21條　當甲方接受乙方歸還之標的物時，乙方附加於標的物的物品尚未去除時，其所有權由甲方無償取得。

第22條 若因天災地變、法令的改廢制定、公權力的命令處分、同業罷工及其他爭議行為、運輸機關的事故及其他不可抗力，使得標的物的全部或一部分交付遲延或無法交付時，甲方不必負責。而不能履行之部分，在本契約中取消。若包括其他的部分在內，本契約目的無法達到時，則可解除本契約，不過，在履行一部分標的物交付的情況下，關於標的物的歸還，以第19條及第20條為準。

第23條 乙方變更住址時，必須通知甲方。若怠忽其責，而由甲方寄給乙方舊住址的郵件誤時或無法送達時，所產生的損失甲方不必負責。

第24條 本契約中，甲方的承諾及乙方對甲方的通知均以書面進行。

第25條 甲方及乙方對關於本契約的一切訴訟，同意以○○地方法院為管轄法院。

第26條 保證人對於本契約中乙方一切金錢債務相關事項，對甲方負連帶保證責任。

第27條 保證人受到假扣押、假處分、破產的聲請及刑事追訴，以及其他保證人的不適當事由發生時，甲方可對乙方提出要求，重新約定適當的保證人。

當前項各事由發生時，乙方必須立刻通知甲方，並對甲方所要求之重立保證人立刻實行，不得延誤。

第28條 當乙方及保證人怠忽本契約上的金錢債務之履行時，必須立刻接受強制執行，不得異議。

第29條 乙方為了對甲方擔保因本契約所生目前及將來負擔的一切債務，將其所有的左列不動產為甲方設立的抵押權：（略）

第30條 為證明本契約成立，本契約書登式參份，各自簽名蓋章後，甲方、乙方及乙方連帶保證人各執乙份。

甲方：

住址：

姓名：
乙方：
住址：
姓名：
連帶保證人：

〈範例3-1-30〉

電器產品按月分期付款買賣契約書

立契約書人○○○（以下簡稱甲方）、○○○（以下簡稱乙方），今就按月分期付款買賣事宜訂立契約條款如後：

第1條　本購買契約於甲方將合約號碼填入本契約時成立。

第2條　本商品於乙方以現款支付分期付款購買申請金（頭期款）後交予乙方，其所有權於貨款完全付清時移轉予乙方。在此之前，乙方將以善良管理人之身分注意管理、使用本商品。

第3條　貨款之分期文付方式如表（略）。以匯入甲方指定銀行、郵局（劃撥存款）或以開支票方式支付。若不以匯款交付，則直接以現金交付予甲方。

第4條　在貨款全數付清之前，乙方對該產品不得有典當、轉售、讓渡、轉典等侵害甲方所有權之一切行為。本商品若因第三者強制執行、假扣押、以致甲方之所有權受到損害，或有受損害之可能時，除立即將情形聯絡甲方外，乙方並將努力解決之。

第5條　乙方與保證人丙之地址、本商品之設置地點，若遇有變更，必事先向甲方知會。又乙方或保證人丙之地址有變更時，餘額之支付方式願聽從甲方之指定。

第6條　本商品於貨款付清之前，因火災、竊盜、遺失等原因而毀損或滅失。餘額即由乙方立即以現款付清。

第7條　若因乙方之原因而耽誤付款之規定日期，則除耽誤之分期付款金額外，乙方願意支付甲方每月相當於現金定價百分之〇・五之金額，以作為耽誤費用。

第8條　付款於支付日期始即遲延，雖受甲方之催告，亦未能於指定日前支付時，即失去分期付款之利益、餘款受甲方立即付清之請求或本合約即刻被解除、本商品被撤回等之情事，乙方亦無異議。

第9條　因前項或乙方之原因，以致本商品歸還予甲方，乙方願依照電器業界之習慣，根據下列之計算，支付甲方折舊費用與解除合約所需之費用。本商品之歸還如於一個月之內，折舊金額為相當於分期付款買賣定價之百分之三十；如於合約成立二個月後，則除上述之比例金額外，每月再追加以分期付款買賣定價之百分之七十除以買賣月數減一之數字所計算出之金額。未滿一月者，以日數計算之。但若本商品之價值顯著減少時。則不在此限。

第10條　若因乙方之故，以致本合約之一部分變更時，由乙方支付予甲方相當於本商品按月分期付款定價百分之一之金額，以為業務手續費。

第11條　有關第8條之解除合約，如七日內乙方以現金支付本商品按月分期付款定價之折舊費用，及解除合約所需之費用與遲延賠償金時，本商品應歸於乙方。

第12條　萬一解除合約，本商品無法歸還甲方，乙方即以現金支付分期付款總額之款項。

第13條　若乙方對折舊費用，解除合約所需費用之支付比甲方所指定之日期遲延，則願另以現金支付根據法定利率所計算之延遲賠償金。

第14條　解除合約時，已支付之分期付款金額優先充當折舊費、解除合約所需之費用、延遲賠償金、及其他費用，乙方不得有異議。

第15條　乙方若違反本合約條款中之任何一項，除第8條外，甲方得請求其立即付清餘款、解除合約，或請求歸還本商品，乙方皆無異議。又歸還商品與第九條同，應支付折舊費與其他費用。

第16條　本商品若被課稅，由乙方負擔。

第17條　若本合約引起爭執上之訴訟，乙方同意由甲方營業所在地，或履行付款義務地所管轄之地方法院審理。

第18條　保證人丙方願與乙方同負與本合約有關之一切責任。

第19條　本契約壹式貳份，甲、乙雙方各執乙份為憑。

賣方（甲方）：○○○ 印
身分證字號：
地址：
買方（乙方）：○○○ 印
身分證字號：
地址：
保證人（丙方）：○○○ 印
身分證字號：
地址：

中　華　民　國　○　○　年　○　月　○　日

〈範例3-1-31〉

分期付款機器買賣契約書

賣方○○○（以下簡稱甲方）
買方○○○（以下簡稱乙方）
保證人○○○（以下簡稱丙方）

上列甲乙雙方就後記機器之買賣事宜，訂立合約如下：

第1條　甲方向乙方保證，根據本合約之各項條款，將後記機器售予乙方，乙方買受之。

第2條　買賣價款與付款條件規定如下：

一、總金額新臺幣○○元整。

二、付款方式：

(一)於本合約成立時，即付定金○○元。

(二)餘款○○元，在交貨試機完成後，分二十期平均攤付。

(三)分期付款之交付日期，以定金支付日該月之翌月開始，每月二十日之前截止。

(四)為支付上述分期付款，乙方應與丙方以共同匯出之名義，匯出支票二十張付予甲方。支付日期訂於機器交付之時。

第3條　交貨之時間與方法規定如下：

一、交貨時間：民國○月○日前。

二、交貨地點：約定於乙方之○○工廠，應安裝妥當，並先行試機。

三、交貨方法：於試機完成後，甲方應將機器交付予乙方，乙方則須依第2條第2款第(四)目之約定，將二十張分期付款之支票支付予甲方。

第4條　後記機器之所有權暫由甲方保留，俟乙方付清第2條之全部貨款時，再將所有權移轉予乙方。

第5條　後記機器交貨之後，若因不可抗力之因素。而致機器毀損、遺失時，一切責任歸由乙方負擔。

第6條　丙方與乙方須連帶對甲方保證，對本合約書必須負擔之一切債務（除貨款債務外，包括毀損、賠償債務）並負完全支付之責任。

第7條　乙方或丙方若發生左列事情，則與本合約有關之債務毋須通知催告，即自動消失分期付款之利益，所有餘款皆必須一次付清：

一、乙方或丙方之支票無法兌現，或停止付款時。

二、乙方或丙方因滯納公家租稅，或有破產、和解暨其他類似判決上之手續者。

三、就後記機器發生假扣押、假處分等手續者。

四、後記機器因乙方之故意或重大過失，以致毀損、滅失者。

五、乙方從未支付第2條之分期付款時。

六、其他違反本合約之事項。

第8條　後記機器乙方應根據正確用法使用之，並由優秀之管理人員負責保管。

第9條　乙方發生第7條之情事者，即失去使用後記機器之權利，且該機器必須歸還甲方。

第10條　若發生第9條之情形，甲方可對撤回之機器作適度之評價，並據貨款與評價之間的差額作為損害賠償金，連同已收取之貨款，抵銷債務，如有餘額則退還乙方。

第11條　甲方須保證後記機器之性能完全與說明書（如附文）相符，且交貨後一年內自然發生之故障，甲方亦須負責修理。

第12條　後記機器交貨後經三個月者，除前條規定之情形外，甲方不負保證所有瑕疵之責任。即使交付後三個月內，亦只容許交換機器，因機器故障而發生之損害，甲方不負其責。

第13條　有關本合約乙方之債務，期滿後之賠償金訂為日息四分。

第14條　對於後記機器，乙方須為甲方辦理由總貨款扣除定金之餘額作為投保火險之金額，並為保險金請求權設置質權之手續，其費用由乙方負擔之。

第15條　甲乙雙方於民國○○年○○月○○日前至法院辦理公證事宜，認同本契約各條款金錢債務及後記機器給付義務並載明應逕受強制執行。

第16條　本契約壹式貳份，甲、乙雙方各執乙份為憑。

賣方（甲方）：○○○　印

身分證字號：
地址：
買方（乙方）：○○○ 印
身分證字號：
地址：
保證人（丙方）：○○○ 印
身分證字號：
地址：
中　華　民　國　○　○　年　○　月　○　日

附機型說明：

一○○式○年型○○機馬達（○馬力），連同附件一組

〈範例3-1-32〉

繼續性商品交易契約書(一)

立契約書人○○○股份有限公司（以下簡稱甲方）、○○○股份有限公司（以下簡稱乙方），今就繼續性商品交易事宜訂立契約條款如後：

第1條　甲乙雙方約定，甲方將其製造下列內容之商品連續賣予乙方，乙方買進。
商品內容：合成清潔劑、肥皂、牙膏、洗髮精。

第2條　貨款之支付方式，以每月底甲方所交貨物之數量為準，乙方於第二個月底前以現金交付。但如獲甲方之同意，乙方得以九十日內之支票支付甲方。

第3條　乙方若有不支付貨款、支票無法兌現、停止付款或違反本合約條款之情事，則毋須通知催告，乙方即失去貨款債務期限之利益，並須一次付清本合約所規定之一切債務。

第4條　本合約不預先訂定期限。

第5條　乙方就第1條之產品保證，以甲方所定之批發價銷售，並指導其所屬之零售店亦當以此價格銷售。

前項甲乙雙方，及乙方所屬之零售店間，得另根據甲方所定之條件訂立再銷售價格合約。

第6條　乙方之銷售地區約定為○○○，如欲放上述地區外銷售，必須獲得甲方之書面同意。

第7條　乙方於甲方要求時，為履行本合約之債務，須依照甲方之指定，採取下列一種或同時二種之方式：

一、推舉甲方同意之連帶保證人。

二、提供不動產作為擔保、並根據事先約定付清款項以避免甲方行使所有物返還請求權。

三、提供保證金。

四、寄託有價證券：

五、乙方之賒賬債權讓渡予甲方。

六、交付庫存之甲方製品。

第8條　乙方違反本合約之條款，或依據第3條債務失去期限之利益，與發生下列之情形時，甲方為顧及其未來，可解除本合約：

一、乙方之信用有重大變化時。

二、乙方之公司組織上有重大變化時。

第9條　若發生與本合約有關之爭執，雙方同意以甲方總公司所在地之地方法院為管轄法院。

甲方：

公司名稱：

公司地址：

負責人：○○○　印

住址：

身分證

統一編號：

公會會員證書字號：

乙方：
公司名稱：
公司地址：
負責人：○○○　印
住址：
身分證統一編號：
公會會員證書字號：
連帶保證人：○○○　印
姓名：
住址：
身分證統一編號：

中　華　民　國　○　○　年　○　月　○　日

〈範例3-1-33〉

繼續性商品交易契約書(二)

賣方○○○（以下簡稱甲方）
買方○○○（以下簡稱乙方）
保證人○○○（以下簡稱丙方）

上列當事人就繼續性商品交易事宜訂立契約如下：

第1條　甲乙雙方約定，甲方就其所製造之商品（另附價格、品名一覽表）賣出，乙方買進。上述價格之變更，須由甲方通知乙方始得生效。

第2條　本合約之個別買賣交易，於甲方承諾乙方之訂貨時，合約即告成立，其方式、條件另計之。

第3條　根據本契約交易之付款，原則上定為立即付現（直接交予甲方或匯款），但如甲方同意時得再另外協定，以針對個別交易要求使用支票或直接付款方式支付。

第4條　乙方買賣責任數量約定為每月○○箱，若無法達成此數量之期限持續半年以上，則於甲方支付酬謝金時，乙方可能受到不利之待遇。

第5條　甲方應參考銷售數量、合作態度，於每年六月及十二月對乙方贈送酬謝金。

前項酬謝金由乙方寄存於甲方作為交易保證金。

第6條　丙方向甲方擔保，乙方絕對負責因本合約所形成之目前負擔，及將來必須負擔之賒貨款項、支票款項、借貸款項與其他一切債務，而以債權最高限額○○元、順序○○號方式，對其所有之後記不動產設定抵押權，並應立刻辦理登記手續。

第7條　乙方與丙方在甲方請求債權額時，應向甲方保證將乙、丙方所有之後記不動產所有權移轉於甲方，作為根據本契約乙方應清償之債務，甲方並得立即辦理保全請求移轉所有權之假扣押手續。

依照上述之償還商品款項，甲方應依下列不動產恰當之評價額，評估乙方之債務額，若不動產評價額尚不足抵償債權額，甲方可對不足額請求還清。

第8條　乙方與丙方關於後記不動產中之建築物，就甲方所指定之金額投保火險，若保險事故發生於債務還清之前，則應以保險金支付甲方，以抵償對甲方之債務額。

乙方與丙方根據前項保險合約，就保險金請求為甲方設定質權，並就保險公司所承諾之事項取得書面證明後，將該證書寄託予甲方。

第9條　乙方在本合約中止前將新臺幣○○元寄存於甲方作為交易保證金。但如獲甲方之同意，可以第5條第2項所寄存之酬謝金代替。

第10條　乙方為向甲方擔保本合約上之債務，得設定左列格式之質權，將股票寄存於甲方。

	公司行號	面額	股票數量	號碼與符號
1	○○公司	○○○元	○股票○張	甲第○○號
2				
3				

第11條　丙方就乙方根據本合約所負擔之債務金額向甲方保證乙方負責支付，同時負連帶履行之責任。

第12條　乙方或丙方如發生下列之情形，則毋須通知催告，即失去本合約之期限利益，必須一次付清餘款：

一、期限內皆未支付款項。

二、支票有無法兌現之事實或停止支付時。

三、稅金受滯納處分時。

四、擔保物及其他資產受強制執行時。

五、有破產、和解（若為公司，則公司重整）或拍賣之提議時。

六、乙方或丙方將所擔保之不動產占有權移轉他人、變更占有名義或設定租賃權等使用、收益權時。

七、乙方或丙方有減損所擔保之不動產價值行為時。

八、其他違反本合約之事項時。

第13條　有關本合約中乙方之債務，逾期支付之賠償金定為日息○分。

第14條　本合約之持續期間為訂立日起貳年為限，如於期滿前參個月，甲、乙雙方未向對方聲明拒絕更換新約之表示時，即視同契約之自動持續，以後亦同。

但乙方須於合約期滿前對甲方付清一切債務。

第15條　乙方就本合約有關之履行債務地點，為甲方總公司之所在地。

關於本合約引起之爭執，雙方同意以甲方總公司所在地之地方法院為管轄法院。

第16條 本契約壹式貳份，甲、乙雙方各執乙份為憑。

賣方（甲方）：○○○ 印
身分證字號：
地址：
地址：
買方（乙方）：○○○ 印
身分證字號：
地址：
保證人（丙方）：○○○ 印
身分證字號：
地址：

中 華 民 國 ○ ○ 年 ○ 月 ○ 日

〈範例3-1-34〉

營業讓渡契約書(一)

立契約書人○○○（以下簡稱甲方）、○○○（以下簡稱乙方），今就營業讓渡事宜訂立契約條款如後：

第1條 甲、乙雙方就左列營業之讓渡事宜訂立契約，甲方將店鋪讓渡予乙方，乙方支付價金新臺幣○○元整。店鋪座落○○市○○路○○號。

第2條 乙方毋須沿用本契約成立前甲方之商號，且毋須繼承甲方之債務。

第3條 甲方於中華民國○○年○月○日前，須將第1條之店鋪租賃權讓渡予乙方，並須事先獲得出租人之同意。讓渡之同時，甲方須就營業用之動產與營業用之帳簿、文件等營業繼承所需之各種手續完成移交。

甲、乙雙方須於中華民國○○年○月○日前完成專利權與商標權之移轉登記申請，以及電話之名義變更申請等各種手續。

第4條　乙方須於完成前條義務之同時，支付第1條所訂之價金予甲方。

第5條　甲方須讓渡予乙方之營業財產範圍如附表所列。（附表略）

第6條　乙方於本契約成立時起滿貳拾年間，不得從事與甲方同一性質之營業。

第7條　與本項營業有關之租稅，於本契約成立前由甲方負擔，本契約成立後則由乙方負擔。

第8條　乙方若因甲方無法履行義務，致○個月以上未能開始營業時，得解除本契約，解除契約之同時，甲方須負擔乙方因解除契約之一切損害賠償。

第9條　本契約壹式貳份，甲、乙雙方各執乙份為憑。

甲方：○○○　印
身分證字號：
地址：
乙方：○○○　印
身分證字號：
地址：

中　華　民　國　○　○　年　○　月　○　日

〈範例3-1-35〉

商號讓渡契約書

立契約書人○○○（以下簡稱甲方）、○○○（以下簡稱乙方）茲訂立商號讓渡契約如後：

第1條　甲方就中華民國○○年○月○日向經濟部登記商號「○○」目前使用中位於○○市○○路○號之商號，以新臺幣○○元整之價款將經營○○業務之權利讓與乙方。

第2條　甲方於本契約成立之同時，須辦理前條記載營業項目之歇業登記手續。

第3條　甲乙並須於中華民國○○年○月○日前完成商號讓渡之移轉登記手續。

第4條　乙方於前條之移轉登記手續完成後。須支付甲方第1條記載之價款。

第5條　本契約壹式貳份，甲、乙雙方各執乙份為憑。

甲方：○○○　印
身分證字號：
地址：
乙方：○○○　印
身分證字號：
地址：

中　華　民　國　○　○　年　○　月　○　日

〈範例3-1-36〉

營業讓渡契約書(二)

立契約書人趙錢即興國商行（以下簡稱甲方）孫李（以下簡稱乙方），雙方茲就營業讓渡事宜。訂立本件契約，條件如後：

一、讓渡標的：甲方願將獨資設立，座落○○縣○○鎮○○路○號之興國商行，讓渡予乙方經營。

二、本件讓渡價格及其計算標準：

(一)興國商行全部生財器具、存貨作價為新臺幣（下同）貳拾萬元。生財器具及存貨另列清冊並分別標明價格。

(二)上開生財器具、存貨經盤點如有增減變化數量，則依清冊所記載價格，增減給付現金。

(三)甲方應收未收款約計伍萬元（詳移交清冊），悉數由乙方承受，不另計價。惟乙方應承受甲方對外所欠一切債務（詳移交清冊）。

三、付款辦法：於簽訂本契約之同時，乙方交付甲方拾萬元；其餘款於點交完訖之日一次付清。

四、點交日期及地點：雙方訂定本年十二月十五日為點交日期，並定於商行現場為點交地點。

五、特約事項：

(一)本件點交以前，所有甲方對外所欠一切債務，概由乙方承受，並由乙方將營業承受承擔債務之情事通知各債權人。點交前所積欠一切稅捐、水電費用、房租、員工薪資亦同。

(二)商號名稱或延用原名稱，或變更名稱，悉依乙方自便，甲方不得置喙。甲方並應協同乙方辦理商號變更登記手續，不得藉故推辭。

(三)商號現承租座落○○縣○○鎮○○路○號之租賃權，由甲方讓與乙方，並由甲方負責出租人與乙方辦理續租○年，與乙方另行換立租約，如出租人不允續租或要求增加租金式提出其他條件，致乙方受損害，甲方應負賠償之責。

六、違約處罰：任何一方違反本契約所列各條情形之一，即以違約論，他方有權解除契約。如係乙方違約，願將已付款項，任由甲方沒收；若係甲方違約，則應按所收之款項加倍返還以為違約處罰。若有其他損害，仍得請求賠償。

七、甲乙雙方應各覓保證人，就甲乙雙方之違約對他方應負之賠償費任，各負連帶賠償之責，並均拋棄先訴抗辯權。

八、本契約壹式肆份，由甲乙雙方及保證人各執乙份為憑。

立契約書人甲方：趙錢即興國商行

保證人：

乙方：孫李
保證人：
中　華　民　國　○　○　年　○　月　○　日

註：

一、本實例為營業承受，受讓人並概括承受營業之資產及負債，是為典型的併存的債務承擔。惟有時營業之負債過鉅或不明確，為避免不必要之負擔。實務上，通常受讓人率皆不願承受營業之負債，而約定「……一切債務由讓渡人自理，與受讓人無涉。」條款。

二、又本件既係併存的債務承擔，對於到期之債權自通知或公告時起；未到期之債權自到期時起二年以內，原債務人與承擔人仍負連帶責任（參照民法第305條第2項），是對債權人並無不利可言，故毋庸催告債權人是否承認，對債權人亦生效力。

〈範例3-1-37〉

營業讓渡通知書

存證信函第　號
寄件人：孫李
收件人：○○○

敬啓者：緣趙錢君前所經營之興國商行對臺端計尚積欠貨款新臺幣伍仟元整。因本人業與趙錢君達成營業讓渡協議，並於本年十二月十五日起正式接管該商行，是本人除對上揭貨款債務予以承受，同意依約履行外，並祈臺端一本初衷續予關照，不吝賜教，實所至盼。

註：按依民法第305條第1項規定，併存的債務承擔（營業讓渡）須對債權人為承受之通知或公告始生承擔債務之效力，是才有以此存證信函為通知之必要。

〈範例3-1-38〉

營業讓渡之聲明敬告啟事

一、茲據當事人孫李先生來所委稱：「

(一)本人業於七十六年十二月一日，讓受趙錢先生所經營興國商行之全部營業，並辦妥變更登記在案。本人願履行原商行對外所負之一切義務，惟對嗣後趙君在外一切行為或渡事的業務則概與本商行無涉，凡有與其發生糾葛情事，本商行亦概不負責。

(二)前揭營業讓渡情事，惟恐各界未察。特妥請聚信法律事務所黃榮謨律師代理周知各界，並祈各舊雨新知續予鼎力支持，不勝感激。」等語前來。

二、合代啓事如上。

聲明人：興國商行
負責人：孫李
營業所：臺北市○○路○號
聚信法律事務所
黃榮謨　律師
事務所：臺北市寧波西街○○號○樓
電話：（○二）三四一七八四二（代表號）

註：同前例。

〈範例3-1-39〉

工廠盤讓契約書

立契約書人興國工業股份有限公司（以下簡稱甲方）鳳河實業股份有限公司（以下簡稱乙方），雙方茲就工廠盤讓事宜，訂立本件契約，條款如後：

一、盤讓標的：乙方所有座落○○縣○○鎮○○路○號廠房連同基地，暨全部生財設備及原料、半成品、製成品，其數量細目暫以乙方○○年○○月○○日庫存清冊所載名稱、數量為準。（另附庫存清冊）

二、本件讓售價格及計算辦法：

(一)廠房房地、生財設備及原料、半成品、製成品細目，總折價為新臺幣（下同）壹仟伍百萬元整。

(二)上開原料，經盤點如有增減變化數量，則依乙方原料進料成本價格計算；半成品如有超過或不足之數，則視加工之程度，在百分之五十以內者，按原料成本價格計算；逾百分之五十以上者，依成品市面批發價格計算；成品有超過或不足之數，依成品市面批發價格計算，由雙方以現金給付或補足。

(三)生財設備如有短缺、滅失者，得依乙方帳面所列設備殘值計算，由甲方於尾款中予以扣除。

(四)乙方應收未收款約計玖拾萬元（詳移交清冊），除在本年十月份以前之帳款由乙方自理外，十一月份起之帳款均以九折計算由甲方承受，至交割後所有發生一切之損失。乙方不負任何責任。乙方並負責通知各廠商，並於甲方收受帳款給與一切必要之協助。

三、付款辦法：

(一)前條第一款之價格，於本契約成立同時，甲方交付乙方伍百萬元，餘款壹仟萬元，俟原料、成品、廠房房地生財設備點交清楚同時，一次付清。

(二)前條第4款應收帳款之價格，甲方應於交收後給乙方折淨數之半數；其餘半數由甲方開立一個日期之支票交付乙方。

四、交收日期及地點：雙方訂定本年十二月十五日為交收日期。並定於○○縣○○鎮○○路○號廠房現場為點交地點。

五、特約事項：

(一)交收之日，雙方均須派代表二人以上，負責辦理。

(二)本件交收以前，所有乙方對外所欠一切債務或其他糾紛，概由乙方負責澄清，與甲方無涉。

(三)本件交收以前，所有積欠一切稅捐及水費、電費瓦斯電話費用，概由乙方負擔。

(四)廠房房地移轉。除土地增值稅由乙方負擔；其餘契稅、公證費、代書費及其他必要費用概由甲方負擔。

(五)乙方現有僱用之職工，除甲方同意留用外，餘均應由乙方負責遣散。

(六)乙方聲明本件盤讓，業經其公司董事會及股東會依法表決通過，附件之會議紀錄如有虛偽不實，應由乙方負責。

六、違約處罰：任何一方有違背本契約所列條件之一者即作違約論。他方有權解除契約。又甲方違約，願將已付款項，任由乙方沒收充作違約賠償；若係乙方違約，應加倍返還所收之款項與甲方，以賠償甲方。

七、為確保本件契約之履行，乙方應另覓保證人貳名。保證人對於乙方違約時，加倍返還其所收受款項，應負連帶保證責任，並願拋棄先訴抗辯權。

八、本契約書壹式肆份，甲乙雙方及保證人各執乙份為憑。

立契約書人　甲方：興國工業股份有限公司

代表人：○○○

乙方：鳳河實業股份有限公司

代表人：○○○

連帶保證人：○○○

連帶保證人：○○○

中　華　民　國　○　○　年　○　月　○　日

貳、互易契約

一、說明

互易爲雙方當事人約定互相移轉金錢以外之財產權之契約，例如以物易物之契約。

二、契約當事人之法定權利義務

互易契約雙方當專人均負出賣人之義務，亦均有買受人之權利。互易之效力準用買賣之規定，唯當事人之一方移轉財產權並應貼補金錢者，其金錢部分亦準用關於買賣價金之規定。

三、互易契約應訂明之基本條款

(一)雙方當事人。
(二)互易之標的物明細。
(三)互易之時間、地點、方法（程序）。
(四)有金錢貼補之情形者，其方法。
(五)其他特約事項。

四、契約範例

〈範例3-1-40〉

動產汽車互易契約書

立互易契約人○○○簡稱甲方，同○○○簡稱乙方，茲為汽車互易經雙方同意締結契約條件如下：

第1條　甲方將其所有後開第一標示卡車一輛，與乙方所有後開第二標示卡車二輛，彼此互易約諾之。

第2條　前條互易標的物連同有關文憑證件，於契約訂立同時互相點交清楚，並限於一個月內會同向有關機關辦理過户手續，各不得有怠慢或刁難等情。

第3條　本件互易甲方願補貼乙方新臺幣○○元整，即日於乙方憑收據確實向甲方如數親收足訖。

第4條　本件互易標的物雙方確認為自己所有，保證與他人毫無瓜葛，又無來歷不明情事，日後如有第三人出為異議或發生障礙時，應出首抵禦排除一切障礙，不得使他方蒙受損害。

第5條　甲乙雙方各保證其互易之標的物，未經與他人預約買賣及供為任何債權之擔保等瑕疵在前為礙，倘有是情，除應即為理清外，並應負責賠償他方之損害。

第6條　如違背前二條契約，對方除得依債務不履行之規定行使權利外，並得追究其刑責。

第7條　關於互易標的物應負之稅賦及其他債務甲乙方各應負責即為繳納或理清。

第8條　本互易諸費，除契約代書費印花稅費對半負擔外，對於過戶一切費用由甲乙方各自負擔之。

第9條　乙方所僱用之司機○○○及車掌○○○、○○○，甲方應與乙方同一條件繼續僱用之；但被僱用人倘有反對時不在此限。

第10條　本件互易標的物列開於下：

第一標示（甲方所有部分）：

一、年式：

二、出品廠牌：

三、製造號碼：

四、牌照號碼：

第二標示（乙方所有部分）：

一、年式

二、出品廠牌：

三、製造號碼：

四、牌照號碼：

第11條　本契約書壹式貳份，甲乙雙方各執乙分為憑。

立互易汽車契約書人　○○○　印

○○○　印

中證人　○○○　印

○○○　印

中　華　民　國　○　○　年　○　月　○　日

〈範例3-1-41〉

房屋互易契約書

立互易房屋契約人○○○（以下簡稱甲方）同○○○（以下簡稱乙方），茲為房屋互易經雙方同意締結契約條件如下：

第1條　甲方將其所有後開第一標示不動產房屋壹棟與乙方所有後開第二標示不動產房屋壹棟彼此互易約諾之。

第2條　前條互易標的物連同有關文憑證件，於契約訂立同時互相點交清楚，並限於壹個月內會同向有關機關辦理過户手續各不得怠慢或刁難等情。

第3條　本件互易甲方願補貼乙方新臺幣○○元整即日於乙方憑收據確實向甲方如數親收足訖。

第4條　本件互易標的物各方確認為自己所有，保證與他人毫無瓜葛，日後如有第三人出為異議或發生障礙時，各應出首抵禦排除一切障礙，不得使他方蒙受損害。

第5條　各保證其互易之標的物未經與他人預約買賣及供為任何債權之擔保等瑕疵在前為礙，倘有是情，除應即為清理外並應負負賠償他方之損害。

第6條　如違背前二條契約時，對方除得依債務不履行之規定行使權利外並得追究其刑責。

第7條　關於互易標的物應負稅賦及其他債務，甲乙方各應負責即為繳納或理清。

第8條　本互易諸費除契約代書費印花稅費對半負擔外，對於過戶一切費用由甲乙方各自負擔之。

第10條　本件互易標的物列開於下：

第一標示（甲方所有部分）

一、座落：○○市○段○地號，面積：○○坪

二、門牌：○○市○區○里○路○號共貳層樓房乙棟。

三、面積：壹樓○○平方公尺、貳樓○○平方公尺。

以上所有權全部先將有關產權登記。附件及平面圖於本契約日交與乙方收執營業。

第二標示（乙方所有部分）

一、座落：○○市○段○地號，面積：○○公頃。

二、門牌：○○市○區○里○路○號共貳層樓房乙棟。

三、面積：壹樓○○平方公尺、貳樓○平方公尺。

第11條　本契約壹式貳份，甲乙雙方各執乙份為憑。

立互易房屋契約書人　○○○　印

○○○　印

中證人　○○○　印

○○○　印

中　華　民　國　○　○　年　○　月　○　日

〈範例3-1-42〉

土地交換契約書

當事人錢方（以下簡稱甲方）、○○股份有限公司（以下簡稱乙方）對於後記表示的土地交換締結如下之契約。

物件的表示：

所有權狀標示(一)：（甲方所有部分）

所有權狀標示(二)：（乙方所有部分）

第1條　甲方和乙方各自對於其所有之前記物件進行交換。

第2條　本土地之交換為等價交換，甲乙兩者之間並未進行金錢及其他授受。

第3條　甲方與乙方對於互易之標的物之阻礙所有權完全行使的一切權利及未繳納租稅，至辦理所有權移轉登記前須負責除去或繳納。

所有權移轉登記終了後，萬一前項的瑕疵及負擔被發現時，則以同樣方式處理。

第4條　交換標的物的所有權移轉登記申請至中華民國○○年○月○日前，由甲乙雙方協同至所轄登記機關辦理。

第5條　甲乙雙方在本契約書及土地交換契約證書作成所有權移轉登記申請時，必須同時將其他必要文件交付對方。

第6條　交換證書製作的費用、所有權移轉登記所需之登錄規費及各項租稅，由甲乙雙方各自負擔。

第7條　關於交換土地之任何稅捐，到中華民國○○年度，由交換前的原所有者負擔。

第8條　在本契約期間中，若甲方之地上建築物損失或產生其他變化，契約的效力仍然存續，關於這點，由甲乙雙方互相確實約定。

第9條　若甲乙雙方任何一方違約導致對方蒙受損害，則可向違約之一方請求與損害相當額度之賠償，而違約者必須負責賠償，不得有異議。

第10條　關於本契約中未規定之事項，一切依照法律的規定圓滿處理。

第11條　按照上記締結土地交換契約，作成契約書壹式貳份以為憑證，甲乙雙方各執乙一份。

甲方：

乙方：

中　華　民　國　○　○　年　○　月　○　日

參、交互計算

一、說明

交互計算者，謂當事人約定，以其相互間之交易所生之債權債務爲定期計算，互相抵銷，而僅支付其差額之契約。其計算期如無特別訂定時，法定爲六個月計算一次。

二、契約當事人之法定權利義務

(一)債權債務之除去

應記入交互計算中之債權債務範圍，由當事人自由定之。確定後則不得僅憑一方意思任意除去。匯票、本票、支票及其他流通證券，記入交互計算中者，如證券之債務人不爲清償時，當事人得將該記入之項目除去之。此項除去之權利只能在計算後一年內行使之。

(二)利息之約定及支付

記入交互計算之項目，得約定自記入之時起，附加利息。由計算而生之差額，亦得請求自計算時起，支付利息。

(三)交互計算契約

當事人間訂有存續期間者，因其期間之屆滿而終止。未訂有存續期間者，當事人之一方，得隨時終止交互計算契約而爲計算。

三、交互計算契約應訂明之基本條款

(一)雙方當事人。

(二)交互計算之債權債務範圍。

(三)交互計算之計算期。

(四)交互計算之存續期間。

(五)利息之約定。

(六)其他特約事項。

四、契約範例

〈範例3-1-43〉

交互計算契約書(一)

立交互計算契約人○○○以下簡稱為甲方，同立契約人○○○以下簡稱為乙方，茲為交易相互節省清償之手續而靈活資金之運用起見，經雙方協議同意訂立交互計算契約如下：

第1條　甲乙雙方約定應編入交互計算之範圍為相互間平常繼續交易上所生之債權債務均得計入交互計算。

第2條　因交易所授受之匯票本票支票或其他有價證券亦得記入交互計算，但與交易無關之票據證券則不得計入交互計算。

第3條　經記人計算中之債權債務，除票據或證券等債權債務，如其票據或證券之債務人不為清償者得就該記入項目除去外，其餘部分各不得任意除去。

第4條　應編入交互計算之債權債務，若原附有利息或附有擔保以及保證人之責任時，亦應依舊記入計算。但擔保以及保證人之責任仍不失其效力。

第5條　應記入交互計算之債權債務，如未附有利息者，亦應自記入之時起依年息百分之五計算附加利息。

第6條　經記人交互計算之債權債務，各不得請求支付或履行，亦不得為債權之讓與或為質權之標的，又不得與交互計算之償權相抵銷。

第7條　交互計算之計算期，約定應以每貳個月之末日結算一次。

第8條　前條之計算，應由甲乙雙方會同結算，就其期間內交易所生債權債務合併結算，將其總額相互抵銷後算定其差額。

第9條　因不得已事情不能會算時，得作成計算書送達他方，而他方接受計算書後應為承認之表示確定其差額。

第10條　對於他方提出計算書內容如有發現錯誤或遺漏者，應於三日內陳述異議以及請求除去或改正。倘沈默不為聲明異議者即視為承認其差額。

第11條　經結算抵銷而生之差額確定後，於超過債務之一方應即交付其差額與他方。

第12條　由結算而生之差額未能即時支付時，得記入次期交互計算中，但自應支付日起加算按每百元日息○分計算之遲延利息。

第13條　本契約存續期間暫定自契約成立日起至○○年○月○日。前項期間雖在存續中，甲乙雙方各得隨時終止契約。（或約定除被宣告破產或受法院查封財產時得為終止外絕不得任意終止契約）

第14條　本契約存續期間屆滿或經終止時，應即截止債權之記入並應為結算而算定其差額及請求支付。

立契約人　甲方：

住址：

乙方：

住址：

中　華　民　國　○　○　年　○　月　○　日

〈範例3-1-44〉

交互計算契約書(二)

○○公司董事長○○○

○○貿易行經理○○○

上當事者間俾節省清償之手續而靈活資本之運用互相間約定，因交易上所生之債權債務為定期計算互相抵銷，而支付其差額契約條件如下：

一、上當事者間自○年○月○日起至○年○月○日止六個月間（或者○年或○月），雙方約定為○○交易所生債權債務以為抵銷而支付其差額。

二、交互計算存續期間中，任何一方均不得就該交互計算項目之債權債務為獨立請求。

三、依民法之規定不得為抵銷者外，（參照民法第三三八條至第三四一條）對於○○○亦不得合人交互計算。（註：依民法之規定不得為抵銷之債權債務不得合為交互計算，雖毋須另為規定，但本條對此外於當事者另定不為合入計算時，以之併列示之為例）

四、依本票或支票等其他商業證券所生之債權債務得合入交互計算。但證券之債務人不為清償時，當事人得就關於該債務之項目除去交互計算。

五、第1條所定之期間終止時，當事人以其日閉鎖計算迅將記載各項目債權債務之計算提出於對方，要求其承認。當事人雙方承認前項計算書後對其各項目不得異議；但錯誤或脫漏不在此限。

六、對編入交互計算之各項目各不得附利息（或者自編入之日起各附百元日息○角○分之利息）。

七、承認第5條之計算書時，因抵銷所生差額，負有給付義務之當事人應即時（或○日內）支付與對方。

八、因抵銷所生差額，負有給付義務之當事人不於前條之期日（或期間內）給付時，應將計算閉鎖之日起附加年息○分（或法定銀行利息）之利息給付與對方。

九、各當事人得任意解除交互計算，是時準用第5條乃至第8條之規定。

立契約人　○○公司

董事長○○○

○○貿易行

經理○○○

中　華　民　國　○　○　年　○　月　○　日

〈範例3-1-45〉

交互計算契約書(三)

同立契約人○○○與○○○間為交互計算締結契約條件如下：

第1條　當事人間約定自民國○年○月○日起至民國○年○月○日之六個月間（或者○月或○年）。對雙方間○○○交易所生債權債務總額互相抵銷，而支付其殘額交互計算而各約諾之。

第2條　依民法規定不得為抵銷者外對於○○○亦不得為交互計算。（注意：依民法規定不得抵銷之債權債務，不得為交互計算，雖免另規定於本條，但此外當事人間特約不得為交互計算時，亦應依本條附載為例）

第3條　票據其他之商業證券所生之債權債務得記入交互計算。但證券債務人不履行清償時，得將該債務項目由交互計算中除去。

第4條　第1條所定期間終了時，自應將其計算閉鎖，迅將記載各項目之債權債務計算書提出對方請求其承認，當事人間一經承認後對各項目之債權債務除有錯誤或脫漏外不得有任何異議。

第5條　交互計算所記入之各項目得附加依照臺灣銀行核定放款利率計算之利息（或者自記入之日起附加利息）。

第6條　第4條所載之計算書經承認後，應支付因抵銷所生差額之當事人應隨時（或限○日內）支付對方。

第7條　應支付因抵銷所生差額者，於前條之期日（或期間內）不履行給付時，應自計算閉鎖之日起至給付日止，對其款額應附加給付每百元日息○角○分計算之利息（或銀行利息）。

第8條　各當事人得隨時解除交互計算，此時亦準用第4條至前條之規定辦理之。

第9條　本契約壹式貳份，當事人各執乙份為憑。

立交互計算契約人：○○○　印

住址：

身分證統一編號：

立交互計算契約人：○○○　印
住址：
身分證統一編號：

中　華　民　國　○　○　年　○　月　○　日

肆、贈與契約

一、說明

贈與爲當事人約定，一方以自己之財產無償給與他方，他方允受之契約。

二、契約當事人之法定權利義務

(一)贈與人之義務

1.移轉財產權

贈與契約一經成立，贈與人即有移轉財產權之義務。

2.債務不履行責任

贈與人僅就其故意或重大過失對受贈人負責。對於經公證之贈與或爲履行道德上義務而爲之贈與，給付遲延時，受贈人得請求交付贈與物；其因可歸責於贈與人之事由致給付不能時，受贈人得請求賠償贈與物之價額，但不得請求遲延利息或其他不履行之損害賠償。

3.贈與人擔保責任

贈與人原則上不負瑕疵擔保責任。除非是故意不告知其瑕疵或保證其無瑕疵。

(二)贈與人之權利

1.拒絕履行

贈與人於贈與約定後，其經濟狀況顯有變更，如因贈與致其生計有重大影響或妨礙其扶養義務之履行者，得拒絕履行。

2.撤銷贈與

贈與物之權利未移轉前，贈與人得撤銷其贈與。其一部已移轉者，得就未移轉之部分撤銷之。但經公證之贈與或爲履行道德上之義務而爲贈與者，不適用之。附有負擔之贈與，如贈與人已爲給付而受贈人不履行其負擔時，贈與人得請求受贈人履行其負擔，或撤銷其贈與。受贈人因故意不法之行爲，致贈與人死亡或妨礙其爲贈與之撤銷者，贈與人之繼承人得撤銷其贈與。受贈人對於贈與人或最近親屬有故意侵害之行爲，依刑法有處罰之明文者或對贈與人有扶養義務而不履行者，贈與人得撤銷其贈與。

3.請求返還贈與物

贈與經撤銷後，贈與人得依關於不當得利規定請求返還贈與物。

三、贈與契約應訂明之基本條款

(一)贈與人及受贈人。

(二)贈與標的物。

(三)移轉所有權之期限。

(四)費用負擔。

(五)有負擔之贈與者，其負擔。

(六)如爲定期贈與之條款。

四、其他應注意之事項

(一)受贈人僅於贈與之價值限度內有履行負擔之責任。

(二)定期給付之贈與除贈與人另有約定外，因贈與人或受贈人之死亡，失其效力。

(三)贈與契約，雖是贈與，但亦應經受贈人同意允受，故贈與契約，亦應經受贈人簽章。

五、契約範例

〈範例3-1-46〉

不動產贈與契約書(一)

贈與者○○○（以下簡稱甲方）、受贈者○○○（以下簡稱乙方）雙方締結如下贈與契約：

第1條　甲方將後記之不動產依以下各條約訂贈與乙方。

第2條　甲方會同乙方於中華民國○○年○月○日進行後記之不動產移轉登記及交付占有手續。

第3條　前條之交付占有係以現有狀況下交付乙方。而自簽約日始至中華民國○○年○月○日止，乙方得承受為後記不動產建築物之出租人。

甲方須將前述房屋租賃契約書交付予乙方。

第4條　乙方受贈後記之不動產後，應負扶養甲方夫妻之責。

乙方應自後記不動產租賃所得租金○元於每月底前交付予甲方。

當甲方夫妻之一生病或乙方生子時，雙方得重新酌商前項之約定。

第5條　乙方如有下列情形之一時，甲方得撤銷本契約：

一、無法履行前述之扶養義務時。

二、對甲方犯下重大罪行。

第6條　乙方若因前條任一事由遭致撤銷契約時，不得將後記之不動產轉議，並應立即將之歸還甲方。

第7條　根據第2條所述後記不動產於辦理移轉登記或交付日之前損壞時，則撤銷後記不動產建築物之贈與，而僅贈與土地。乙方得不支付第4條第1項中之扶養費。

第8條　本契約壹式貳份，甲、乙雙方各執乙份為憑。

附不動產標示：

一、土地：座落於○○市○○街○○段○○號。

面積：○○坪。

二、建築物：

建築物：木造房屋二層。

面積：一樓○○坪、二樓○○坪。

前列建築物正租賃中

立契約人　贈與人（甲方）：

住址：

身分證統一編號：

受贈人（乙方）：

住址：

身分證統一編號：

中　華　民　國　○　○　年　○　月　○　日

〈範例3-1-47〉

不動產贈與契約書(二)（法院公證處例稿）

立契約人○○○（以下簡稱甲方）○○○（以下簡稱乙方）因贈與事件經合意訂立本契約，其內容如下：

第1條　甲方願將其所有第2條記載價值約新臺幣○○○元之oo贈與乙方。

第2條　贈與物如下：（略）

第3條　甲方應將前條所載贈與物原始憑證交付乙方。

第4條　辦理所有權移轉登記須用甲方印章時，甲方應隨時供給印章並予到場。

第5條　本契約經公證後生效。

贈與人：○○○　印

住址：

受贈人：○○○ 印
住址：

中華民國○○年○月○日

〈範例3-1-48〉

不動產附負擔贈與契約書（法院公證處例稿）

立約人贈與人○○○受贈人○○○因附負擔贈與不動產，訂立條件如下：

第1條　贈與不動產標示：
一、○○市○○段○○號○等則建○○公頃所有權應有部分二分之一。
二、○○市○○段○○號○等則田○○公頃所有權全部。

第2條　贈與人願將前項不動產贈與受贈人，受贈人允受上述贈與。

第3條　受贈人應對贈與人負扶養義務，否則得撤銷贈與。

第4條　贈與契約生效後，贈與人應將贈與之標的物所有權移轉登記與受贈人。

第5條　契約生效後，贈與物之一切稅捐由受贈人負責繳納。

第6條　本契約經法院公證後生效。

贈與人：
住址：○○市○○街○○號
受贈人：
住址：○○市○○街○○號

中華民國○○年○月○日

〈範例3-1-49〉

不動產土地及房屋附負擔贈與契約書

贈與人（父）○○○簡稱甲方，受贈人（三女）○○○簡稱乙方，茲因甲方產育有四女，長女○○○已成人于歸，次女○○○幼亡，參女○○○長成待婚，四女○○○尚幼以外，並無產生男兒，故曾收養○○○為養子，但不守家教放浪無度自早脫離家庭而不知去向已不能為靠，考慮老後待養按將乙方招夫配婿而依靠其扶養起見，甲方願將所有財產中提出一部分不動產土地及房屋附負擔扶養義務贈與乙方，茲將雙方訂立應遵守條件列記於下：

第1條　甲方願將其所有後開標示不動產土地及房屋贈與乙方，而乙方亦願依約允受贈之。

第2條　本件贈與不動產土地及房屋於契約成立同時，甲方將其所有權及地上物一併移交與乙方掌管使用收益。

第3條　本件贈與成立後甲方應備齊有關文件會同乙方，向地政機關聲請辦理本件贈與土地及房屋產權移轉登記手續，倘登記手續上需要甲方出立字據或蓋章時，甲方須即無條件應付之不得刁難或請求任何費用，關於本件贈與及登記所需諸費悉由甲方負擔支理之。

第4條　自本件贈與成立日起，乙方應負扶養其祖母父母等之義務，關於妹妹之出嫁費用，乙方亦應盡量贈助之。

第5條　乙方受贈後，如違背前條所定扶養義務時，甲方得撤銷贈與，而乙方應將贈與土地及房屋交還甲方收回決無異議。

第6條　乙方在第4條扶養義務未完全履行前，非經甲方同意不得將受贈不動產土地及房屋為之處分，或設定典權抵押權等他項權利，抑或供為任何債權之擔保，又應自任耕作不得出租等行為確約之。

第7條　本件贈與土地及房屋，甲方確認為自己所有，與他人毫無交加或來歷不明情事，嗣後如有第三人出為異議，或發生故障時，甲方自應即予抵禦理清一切障礙不得使乙方蒙受損害。

第8條　甲方保證本件贈與標的土地，並無設定他項權利之瑕疵在前為礙，倘有是情甲方應自為理清，否則應賠償乙方因之所受之損害。

第9條　甲方確認本件贈與不動產土地及房屋，在贈與前並無積欠稅金，倘有是情甲方應負責繳清。

第10條　甲方對本件贈與將來開始繼承時，加入所有財產中計算之。

第11條　本契約壹式貳份，甲、乙雙方各執乙份為憑。

附贈與不動產標示：

一、土地部分（略）

二、房屋部分（略）

贈與人（甲方）：

住址：

身分證統一編號：

受贈人（乙方）：

住址：

身分證統一編號：

中　華　民　國　○　○　年　○　月　○　日

〈範例3-1-50〉

動產贈與契約書

印花

贈與者○○○（以下簡稱甲方）、受贈者○○○（以下簡稱乙方）雙方就贈與圖書事宜簽訂本契約，其條件如下：

第1條　甲方將後記之圖書贈與乙方。

第2條　甲方於中華民國○○年○月○日前將後記圖書交付予乙方。

第3條　乙方將受贈之圖書陳設於乙方協會之閱覽室，並委任管理員、提供會員閱覽，保管費用由乙方負擔。

第4條　乙方若未能履約、或善盡保管之義務時，甲方得撤銷本契約。

第5條　乙方如欲解散協會，則對所受贈圖書之處理須遵照甲方之指示。

第6條　本契約壹式貳份，甲、乙雙方各執乙份為憑。

附圖書標示：

一、○○○全套○卷○冊○○出版社發行。

二、○○○全套○卷○冊○書店發行。

立契約人　贈與人（甲方）：○○○　印

住址：

身分證統一編號：

受贈人（乙方）：○○○　印

住址：

身分證統一編號：

中　華　民　國　○　○　年　○　月　○　日

〈範例3-1-51〉

附期限動產贈與契約書

印花

贈與者○○○（以下簡稱甲方）、受贈者○○○（以下簡稱乙方），雙方就贈與事宜締結契約如下：

第1條　甲方於乙方屆至第2條所列之期限時，贈與乙方○○出版社出版之大英百科全書壹套。

第2條　本贈與契約因乙方成年而生效。

第3條　乙方成年時，甲方應於壹個月內購得○○出版社出版之大英百科全書壹套贈與乙方。

第4條　甲方於乙方尚未屆至第2條所列之期限前死亡時，本契約即告失效。

第5條　本契約壹式貳份，甲、乙雙方各執乙份為憑。

立契約人　贈與人（甲方）：○○○ 印

住址：

身分證統一編號：

受贈人（乙方）：○○○ 印

住址：

身分證統一編號：

中　華　民　國　○　○　年　○　月　○　日

〈範例3-1-52〉

附停止條件之動產贈與契約書

印花

贈與者○○○（以下簡稱甲方）、受贈者○○○（以下簡稱乙方），雙方就贈與事宜締結契約：

第1條　甲方於乙方完成第2條所列之條件時，贈與乙方○○製○○牌之鋼琴壹臺。

第2條　本贈與契約生效之條件為乙方必須通過大學入學考試。

第3條　乙方達成第2條之約定時，甲方應於一個月內購得○○製○○牌之鋼琴壹臺贈與乙方。

第4條　甲方於乙方尚未達成第2條所列之條件前死亡時，本契約即告失效。

第5條　本契約壹式貳份，甲、乙雙方各執乙份為憑。

立契約人　贈與人（甲方）：○○○ 印

住址：

身分證統一綿號：

受贈人（乙方）：○○○ 印

住址：
身分證統一編號：
中　華　民　國　○　○　年　○　月　○　日

〈範例3-1-53〉

債權及股票附負擔贈與契約書

贈與人○○○簡稱甲方，受贈人○○○簡稱乙方，茲為債權及股票附負擔義務贈與，經雙方同意議訂條件如下：

第1條　甲方自願將第2條記載債權及股票贈與乙方，而乙方願遵守契約負擔義務受贈之。

第2條　本件贈與標的如下：

一、債權：

(一)債務人○○○　住○○○○○。

(二)債權額新臺幣○萬○仟元整。

(三)利息為月息○分。

(四)清償期限民國○○年○月○日。

(五)利息支付期每月末日。

前述債權包括該債權附隨之一切權利在內為贈與。

二、股票：

(一)○○股份有限公司，設○○○○○。

(二)面額新臺幣○元股票○○張。

(三)股票字號○○○○○。

前述股票包括其利益在內為贈與。

第3條　甲方於本契約成立同時，將前條所列債權及股票之權利全部即移轉與乙方取得收益。

第4條　甲方與債務人○○○間於民國○○年○月○日所訂立之金錢借貸契約私證書，及有關權利證明文件以及股票○張，即日全都交付乙方收執完畢。

第5條　甲方保證贈與標的債權尚有效存在，而以該債務人○○○無抵銷或減輕及債之消滅等原因，或其他瑕疵在前無訛。

第6條　本贈與契約成立後，由甲方負責將債權贈與要旨以存證信函通知債務人○○○。

第7條　甲方對於股票之贈與，於本契約成立後，亦應負責向○○股份有限公司聲請過户手續。

第8條　乙方受贈甲方本贈與標的權利後，如甲方逝世時，乙方應負擔其喪葬費。

第9條　乙方違背前條義務時，甲方之繼承人得撤銷贈與乙方不得異議。

第10條　本契約壹式貳份，當事人各執乙份為憑。

立契約人　贈與人（甲方）：
住址：
身分證統一編號：
受贈人（乙方）：
住址：
身分證統一編號：

中　華　民　國　○　○　年　○　月　○　日

〈範例3-1-54〉

死因贈與契約書

印花

贈與人○○○（以下簡稱甲方）、受贈者○○○（以下簡稱乙方），雙方議定下列贈與事宜，其條件如下：

第1條　甲方將下列土地及建築物無償贈與乙方：

一、土地：

座落於○○市○○路○○段○○巷○○號。

面積：○○坪。

二、建築物：

木造瓦屋貳層：一樓○○坪、二樓○○坪。

第2條　前條之贈與於甲方死亡時生效，贈與物之所有權亦於當時歸屬乙方。

第3條　甲方應於中華民○○年○月○日前會同乙方辦理所有權之移轉及保全手續。

第4條　甲、乙雙方若均死亡，則本契約失效。

第5條　乙方若對甲方施予重大之羞辱、或有其他不法行為依刑法有處罰之明文者時，甲方得撤銷本契約。

第6條　本契約壹式貳份，甲、乙雙方各執乙份為憑。

立契約人　贈與人（甲方）：○○○　印

住址：

身分證統一編號：

受贈人（乙方）：○○○　印

住址：

身分證統一編號：

中　華　民　國　○　○　年　○　月　○　日

〈範例3-1-55〉

定期性贈與契約書

印花

贈與者○○○（以下簡稱甲方）、受贈者○○○（以下簡稱乙方），雙方就定期性贈與事宜締結契約如下：

第1條　甲方提供乙方監護、養育其子○○○（以下簡稱丙方）之養育補助費，於每年六月底及十二月底無償贈與新臺幣各○○元整。

第2條　前條定期贈與期間，自中華民國○○年六月三十日始至丙方成年為止。

第3條　在第2條所列期間內，若丙方死亡，本契約即告失效。
同前期間內，若乙方死亡，丙方得繼承其受贈者之地位。

第4條　乙、丙雙方倘有不法行為依刑法有處罰之明文者，甲方得撤銷本契約。

第5條　本契約壹式貳份，甲、乙雙方各執乙份為憑。

立契約人　贈與人（甲方）：○○○ 印
住址：
身分證統一編號：
受贈人（乙方）：○○○ 印
住址：
身分證統一編號：

中　華　民　國　○　○　年　○　月　○　日

伍、租賃契約

一、契約當事人之法定權利義務

(一)出租人之義務

1.交付租賃物

並保持合於約定使用、收益狀態。

2.瑕疵擔保責任

(1)權利瑕疵擔保責任

擔保第三人就租賃物不得主張妨害承租人使用收益之權利。

(2)物的瑕疵擔保責任

租賃物爲房屋或其他供居住之處所者如有危及承租人或同居人安全或健康之瑕疵，承租人得終止租約。

(3)修繕之義務

租賃物之修繕除契約另有訂定或另有習慣外，由出租人負擔。

(4)負擔稅捐義務

租賃物應納之一切稅捐，由出租人負擔。

(5)有益費用之償還義務

出租人應償還承租人就租賃物支出之有益費用，但以該費用增加物之價值，且出租人知情而不爲反對之表示者爲限。

(二)出租人之權利

1.**催告承租人支付租金權**

如承租人於催告所定期間內不爲支付，出租人得終止契約。但租賃物爲房屋者，遲付租金之總額，非達二個月之租額，不得終止契約。其租金約定於每期開始時支付者，並應於遲延給付逾二個月時，始得終止契約。

2.**留置權**

對租賃物所生之債權，出租人得對承租人之物置於該不動產者行使留置權至承租人提出擔保爲止。

3.**損害賠償講求權**

對於承租人之重大過失致租賃物失火毀損滅失或因承租人之同居人，得承租人承諾而使用收益之第三人應負責之事由致租賃物毀損滅失者，承租人負擔損害賠償責任。

4.**契約終止權**

承租人違反約定方法致違反租賃物之性質而爲租賃物之使用收益，經出租人阻止仍繼續爲之者，出租人得終止契約。

(三)承租人之義務

1.**租賃物爲動物**

其飼養費用由承租人負擔。

2.**保管租賃物**

承租人應以善良管理人之注意，保管租賃物。

3.**通知**

遇有修繕或防止危害之事由，承租人應即通知出租人。

4.支付租金

承租人應依約定日期支付租金。因自己之事由致不能爲租賃物全部或一部之使用收益者，亦不得免除支付租金義務。

5.返還租賃物

承租人於租賃關係終止後，應返還租賃物。

(四)承租人之權利

1.終止契約權

於租賃物爲房屋或其他供居住處所有物的瑕疵且危及安全或健康時爲之。

2.租金減少請求權

租賃關係存續中，因不可歸責於承租人之事由，致租賃物之一部滅失者，承租人得按滅失之部分請求減少租金。耕地之承租人因不可抗力，致其收益減少或全無者，得請求減少或免除租金。耕地之租金減免請求權承租人不得預先拋棄。

3.孳息請求權

耕作地之承租人因租賃關係終止時未及收獲之孳息及所支出之耕作費用，得在孳息之價額內請求出租人償還之。

4.工作物取回權

承租人就租賃物所增設之工作物，得取回之。

5.讓與不破租賃

出租人於租賃物交付後，承租人占有中縱將其所有權讓與第三人，其租賃契約對於受讓人仍繼續存在。但對於未經公證之不動產租賃契約，其期限逾五年或未定期限者，並不適用。（參民法第425條）。

土地與其上之房屋同屬一人所有，而僅將土地或僅將房屋所有權讓與他人，或將土地及房屋同時或先後讓與相異之人時，土地受讓人或房屋受讓人與讓與人間或房屋受讓人與土地受讓人間，推定在房屋得使用期限內，有租賃關係。其期限不受第449條第1項二十年規定之限制（參民法第425條之1）。

租用基地建築房屋，承租人房屋所有權移轉時，其基地租賃契約，對於房屋受讓人，仍繼續存在（參民法第426條之1）。

6.優先承買權

租用基地建築房屋，出租人出賣基地時，承租人有依同樣條件優先承買之權。承租人出賣房屋時，基地所有人有依同樣條件優先承買之權。

不論是出租人出賣基地，或是承租人出賣房屋，出賣人應將出賣條件以書面通知優先承買權人。若其於通知達到後十日內未以書面表示承買者，視為放棄。倘出賣人未以書面通知優先承買權人而為所有權之移轉登記者，不得對抗優先承買權人（參民法第426條之2）。

7.租賃承受

出租人就租賃物設定物權，致妨礙承租人之使用收益者，則租賃契約對於物權人仍繼續存在。

二、租賃契約應訂明之基本條款

(一)承租人與出租人。

(二)租賃標的物。

(三)稅賃期限。

(四)租金及其他費用負擔之約定。

(五)使用租賃物之限制或使用辦法。

(六)出租人之義務。

(七)其他特約事項。

三、訂立租賃契約應注意事項

(一)不動產之租賃契約，其期限逾一年者，應以字據訂立之。未以字據訂立者，視為不定期限之租賃。

(二)未定期限之租賃契約，當事人得隨時終止之。

(三)租賃之期限不得逾二十年，但租用基地建築房屋者，不在此限。

(四)承租人非經出租人承諾，不得將租賃物轉租於他人。但租賃物為房屋時，除有特約禁止外，承租人得將房屋之一部分轉租他人。

(五)承租人雖轉租，但其與原出租人關係仍為繼續，對次承租人所生之損害仍應負賠償責任。

四、契約範例

〈範例3-1-56〉

基地租賃契約書

立契約書人出租人○○○（以下簡稱甲方）承租人○○○（以下簡稱乙方），茲因土地租賃事宜，經雙方協議同意訂定各條款如左：

第1條　甲方所有座落○○鄉鎮區○○段○○小段○○地號等土地○筆，面積共計○○公頃，全部自願出租予乙方建築使用。

第2條　本約租賃期間，自民國○○年○月○日起，至民國○○年○月○日止，共計○年。

第3條　本約租金為每月新臺幣○○○元整。於每月○日付清當月租金。

第4條　本約租賃保證金新臺幣○○○元整，於簽訂本約之同時由乙方壹次付予甲方。於租期屆滿後，甲方應無息壹次返還乙方。

第5條　本約租金若以保證金抵付後，仍積欠租金達貳月時，甲方得終止契約，收回自用，並得依法追索積欠之租金。

第6條　本約土地之稅捐由甲方負擔。

第7條　本約簽訂後生效，雙方應遵守履行，任何一方不得提出異議，其有未盡之事宜，適用現行有關法令之規定及一般社會慣例。

第8條　本約同文壹式貳份，雙方各執乙份為憑。

立契約書人　出租人（甲方）：
住址：
身分證統一編號：
承租人（乙方）：
住址：
身分證統一編號：

中　華　民　國　○　○　年　○　月　○　日

〈範例3-1-57〉

土地租賃契約(一)

印花

出租人○○○（以下簡稱甲方）
承租人○○○（以下簡稱乙方）

前述當事人間就出租人所擁有之後記土地約定下列之租賃事宜：

第1條　甲方向乙方保證，乙方可依照下列方式使用甲方所有之後記土地。
標的物之用法與露天自用轎車停車場。

第2條　甲乙雙方約定每月租金為新臺幣○○元整，由乙方於每月底往甲方所支付。

第3條　租賃期間從本合約訂立日始至民國○○年○月○日止。

第4條　依本合約第1條所約定，乙方租地使用之鋼筋水泥設施、水溝及其他一切工程之維護費用，由乙方自行負擔。

第5條　乙方歸還租地時，應以使用時之狀態交付予甲方，雖乙方租地所附屬之附件具有殘留價值，乙方亦不得向甲方請求償金。

第6條　乙方不得讓渡根據本合約取得之租賃權或轉租。

第7條　如未得甲方之容許，乙方擅自變更第1條所規定之租地使用法，與遲延支付租金貳個月以上及違反第6條之規定時，甲方得毋須催告終止本契約。

第8條　乙方若延期歸還租地，甲方得依遲延日數向乙方請求依租金額○倍之違約金。

第9條　本契約壹式貳份，甲乙雙方各執乙份為憑。

附標的物之表示：
所在地：○○市○○段○○小段○○地號，○○公頃。
東南方部分○○坪（如附圖所示）（圖略）
出租人（甲方）：○○○　印
住址：

身分證統一編號：
承租人（乙方）：○○○　印
住址：

〈範例3-1-58〉

店房屋租賃契約書

立房店屋租賃契約出租人○○○（以下簡稱為甲方）承租人○○○（以下簡稱為乙方）乙方連帶保證人○○○（以下簡稱為丙方）茲經雙方協議訂立房屋租賃契約條件列明於下：

第1條　甲方房房屋所在地乃使用範圍

第2條　租賃期限經甲乙雙方洽訂為○○年○個月即自民國○○年○月○日起至民國○○年○月○日止。

第3條　租金每個月新臺幣○○○元整（收款附據），乙方不得藉任何理由拖延或拒納（電燈費及自來水費另計）。

第4條　租金應於每月○日以前繳納，每次應繳○○年○個月份乙方不得藉詞拖延。

第5條　乙方應於訂約時，交於甲方新臺幣○○萬○仟元作為押租保證金，乙方如不繼續承租，甲方應於乙方遷空、交還店房屋、扣除乙方積欠債務後無息退還押租保證金。

第6條　乙方於租期屆滿時，除經甲方同意繼續出租外，應即日將租賃房屋誠心按照原狀遷空交還甲方，不得藉詞推諉或主張任何權利，如不即時遷讓交還房屋時，甲方每月得向乙方請求按照租金伍倍計算之違約金至遷讓完了之日止，乙方及連帶保證人丙方，決無異議。

第7條　契約期間內乙方若擬遷離他處時乙方不得向甲方請求租金償還、遷移費及其他任何名目之權利金，而應無條件將該店房屋照原狀返還甲方，乙方不得異議。

第8條　乙方未經甲方同意，不得私自將租賃店房屋權利全部或一部分出借、轉租、頂讓或以其他變相方法由他人使用店房屋。

第9條　店房屋有改裝施設之必要時，乙方取得甲方之同意後得自行裝設，但不得損害原有建築，乙方於交還店房屋時自應負責回復原狀。

第10條　店房屋不得供非法使用或存放危險物品影響公共安全。

第11條　乙方應以善良管理人之注意使用店房屋，除因天災地變等不可抗拒之情形外，因乙方之過失致店房屋毀損，應負損害賠償之責。店房屋因自然之損壞有修繕必要時，由甲方負責修理。

第12條　乙方若有違約情事，致損害甲方之權益時須負責賠償損害，如甲方因涉訟所繳之訴訟費、律師費用，均應由乙方負責賠償。

第13條　乙方如有違背本契約各條項或損害租賃店房屋等情事時丙方應連帶負賠償損害責任，並願拋棄先訴抗辯權。

第14條　甲乙丙各方遵守本契約各條項之規定，如有違背任何條件時，甲方得隨時解約收回店房屋，因此乙方所受之損失甲方概不負責。

第15條　印花稅各自負責，店房屋之稅捐由甲方負擔，乙方水電費及營業上必須繳納之稅捐自行負擔。

第16條　本件租屋之房屋稅、綜合所得稅等，若較出租前之稅額增加時，其增加部分，應由乙方負責補貼。乙方決不異議。

第17條　租賃期滿遷出時，乙方所有任何傢俬雜物等，若有留置不搬者，應視作廢物論，任憑甲方處理，乙方決不異議。

第18條　上開條件均為雙方所同意，恐口無憑爰立本契約書貳份各執乙份存執。以昭信守。

立契約人（甲方）：○○○　印

身分證統一編號：

立契約人（乙方）：○○○　印
身分證統一編號：
乙方連帶保證人（丙方）：○○○　印
身分證統一編號：
住址：
中　華　民　國　○　○　年　○　月　○　日

〈範例3-1-59〉

房屋轉租契約書

轉租人○○○（以下簡稱甲方）、承租人○○○（以下簡稱乙方），當事人間房屋一部轉租締約條件如左：

第1條　轉租人經得出租人之同意，就承租之座落○○市○區○段○○小段○地號（門牌○○市○區○里○路○號）貳層樓房。其樓上全部建坪○○坪轉租與承租人為居住使用而承租人依約承租之。

第2條　轉租期限：自民國○○年○月○日起，至○○年○月○日止計○年。

第3條　租金：

一、每月租金新臺幣○○○元，每月○日以前繳納。

二、保證金新臺幣○○○元，於轉租期滿交還房屋扣除乙方積欠債務後無息返還。

第4條　使用轉租物之限制：

一、本轉租房屋係供住家之用。

二、未經甲方同意，乙方不得將轉租房屋全都或一部轉租、出借、頂讓，或以其他變相方法由他人使用轉租房屋。

三、乙方於轉租期滿應即將轉租房屋遷讓交還，不得向甲方請求遷移費或任何費用。

四、轉租房屋不得供非法使用，或存放危險物品影響公共安全。

五、轉租房屋有改裝施設之必要，乙方取得甲方之同意後得自行裝設，但不得損害原有建築，乙方於交還轉租房屋時並應負責回復原狀。

第5條　危險負擔：乙方應以善良管理人之注意使用轉租房屋，除因天災地變等不可抗力之情形外，因乙方之過失致轉租房屋毀損時，應負損害賠償之責。轉租房屋因自然之損壞有修繕必要時，由甲方負責修理。

第6條　違約處罰：

一、乙方違反約定方法使用轉租房屋，或拖欠租金達貳期以上，經甲方催告限期繳納仍不支付時，不待轉租期限屆滿。甲方得終止租約。

二、乙方於終止租約或轉租期滿不交還房屋，自終止租約或轉租期滿之翌日起，乙方應支付按房租壹倍計算之違約金。

第7條　其他特約事項：

一、轉租房屋之稅捐由甲方負擔，乙方水電費自行負擔。

二、乙方遷出時，如遺留傢俱雜物不搬者，視為放棄，得由甲方處理之。

三、乙方如覓有保證人，應與保證人負連帶保證責任。

四、本契約轉租期限未滿，一方擬終止租約時，須得對方之同意。

第8條　原出租人對於轉租人將租賃物房屋一部轉租與承租人一節承諾之。

第9條　本契約壹式肆份，當事人及連帶保證人各執乙份為憑。

轉租人（甲方）：○○○　印

住址：

身分證統一編號：

承租人（乙方）：○○○ 印
住址：
身分證統一編號：
連帶保證人：○○○ 印
住址：
身分證統一編號：
出租人：○○○ 印
住址：
身分證統一編號：

中　華　民　國　○　○　年　○　月　○　日

〈範例3-1-60〉

轉租契約書

○○建設股份有限公司（以下簡稱甲方）與吳三（以下簡稱乙方）按照以下的約定締結契約：

第1條（轉租物件）

甲方在以下所揭示之○○建設大樓（以下簡稱大樓）中，按照以下之表示將○○○（以下簡稱轉租物）轉租給乙方，乙方為○○使用目的得為使用收益。

大樓標示：○○市○○區○○路○○號地，○○建設大樓鋼筋混凝土造地下○層、地上○層之建築物。

轉租物的表示：

○○樓○○號室○○平方公尺（○○坪）。

○○樓○○號室○○平方公尺（○○坪）。

○○樓○○號室○○平方公尺（○○坪）。

位置如附圖所表示。（圖略）

第2條（契約期間）

轉租期間為中華民國○○年○月○日始至中華民國○○年○

月○日止。若甲乙任何一方在期間終了一個月前沒有其他意思表示，則本契約以同一條件可續約壹年。其後契約期間終了也比照同樣方法辦理。

甲乙雙方得隨時於3個月前以書面通知他方終止契約。但乙方若不進行前述預告而支付相當於三個月租金的金額，也可即時終止本契約。

第3條（租金）

租金每個月新臺幣○○○元整，於每月○日前給付，給付方式：（略）

乙方遷出或遷入之月，其日數不足一個月者，租金按日計算。

本契約期間中，關於法令規定之事由或因經濟情勢的變動、租稅及其他負擔的增加等不得已的事項，甲方得請求乙方增加租金。

第4條（諸費用的負擔）

乙方除第3條的租金以外，另須負擔以下諸費用，隨同第3條的租金一併支付給甲方：

一、共益費○○○元整。其益費包含公共部分管理清掃費、冷暖氣費用平均分攤費用及其他公共設施的維修、公共消耗品費等等一併計算在內。

二、基於乙方的需要，對於轉租物進行裝潢或裝修時所需費用。但關於修繕、修補、物品補給費用區分等，按照大樓管理之規定辦理。

第5條（押租金）

乙方在本契約成立時，為了擔保本契約，將押租金支付給甲方。

押租金○○○元整。金額相當於第3條所規定的租金的十個月份。

在乙方承租期間，押租金無利息暫留甲方處，於契約終止，乙方的轉租物完全交還甲方，並扣除乙方積欠債務，由甲方歸還乙方。

第6條（違約處罰）

甲方在乙方對於本契約所規定之租金的支付或損害賠償及其他乙方應履行之責任未履行時，毋須催告，可將第5條所規定的押租金的全部或一部分予以沒收，充當賠償金。

乙方對於本契約所規定之押租金不得用來抵扣乙方對甲方所負擔之其他金錢債務。

本條第1項情況下，乙方接到抵充通知之日開始一週內，要將充當償還金的押租金額補足。

第7條（禁止事項）

乙方不得為下列行為：

一、乙方對於轉租物的租賃權的一部分或全部，不得讓與或轉租給第三者。

二、乙方未得到甲方之承諾，對於轉租物不得有第三者同設一室名義的揭示，以及利用來當作第三者之聯絡事務所等。

第8條（依約定使用轉租物）

乙方必須依照第1條所規定之目的使用轉租物。

即使在第1條所規定的目的範圍內使用，若有住宿、廣告看板的設置等的特別利用時，必須得到甲方的承諾。

第9條（禁止規定）

關於大樓的使用，乙方必須遵守大樓的規則，不得做出以下之行為：

一、危害建物保全之行為。

二、損及其他租賃者之行為。

三、違反其他大樓規定之行為。

第10條（管理義務）

乙方對於轉租物件必須盡善良管理者之注意義務，小心使用。

甲方對於轉租物的保全、預防犯罪、衛生等，可進行狀況調查，乙方必須從旁協助。

第11條（轉租物之使用修繕）

甲方對於轉租物之使用收益須負責必要的措施或修繕，使乙方能維持正常使用收益狀態。

關於修繕、改裝等細目，按照大樓內規定辦理。

若在甲方的正常管理下，而乙方的轉租物內發生偷盜或其他第三者造成之損害時，乙方必須自行負責，同時自付費用處理解決。

甲方若因天災地變或其他甲方不可抗力的事由而對乙方造成損害時，甲方不必負責。

第12條（賠償義務）

若有可歸咎於乙方或其使用人（包括承包人在內）之責之事由發生致甲方受損害時，乙方必須對甲方負一切損害賠償之責。

若有可歸咎於甲方或其使用人（包括承包人在內）之責之事由發生致乙方在轉租物使用上蒙受損失時，甲方必須對乙方負一切損害賠償之責。

若因天災、火災、偷盜等事故，以及電氣、瓦斯、自來水、冷暖氣、電梯及其他本建物附屬設備器具等起因而發生之事故，若非甲方之責，而是其他原因導致乙方及其代理人、使用人、承包人及關係人蒙受損失時，甲方不必負一切賠償責任。但若甲方在事故發生承認自有過失時，則不在此限。

第13條（遲延利息之請求）

乙方基於前第3條、第4條及第12條之規定，屆期未將租金等諸費用支付給甲方時，甲方對該金額可計算遲延期間，或依第6條的規定，在利用押金或契約保證金充當償還金之前的期間，可向乙方請求遲延利息。

依第7條的規定，以押租金或契約保證金充當債務償還金時，若乙方到規定日期為止，尚未進行填補時，甲方對該金額的遲延期間可以向乙方請求遲延利息。

第14條（修繕）

乙方未得到甲方之承諾，不可在轉租物中進行固定設備的建造或修理。

第15條（契約解除）

乙方若有以下所揭示之行為時，甲方可以不經任何催告，即解除本契約：

一、第3條及第4條規定之租金及其他諸費用的支付遲延三個月以上時。

二、有其他違反本契約之行為時。

第16條（契約終止）

除因有第15條的規定及甲乙雙方同意解約外，乙方在解散或被第三者吸收、合併，或宣告破產時，本契約即自動終止。

第17條（轉租物的交還）

本契約終止時，乙方對於轉租物相關設施的裝修或諸設備，必須撤去或恢復原狀，迅速交還甲方。

前項的恢復工程。甲方可在乙方負擔費用的條件下進行。

第18條（其他費用請求之禁止）

乙方對於第17條所規定的裝修及其他物件，不得向甲方提出購買的請求。

乙方在交還物件時，不得對甲方提出立即遷出費，轉移及其他一切類似的要求。

第19條（遲延使用費）

本契約終了開始到完全交還轉租物為止的期間，乙方對於甲方必須以相當於租金及其他諸費用的金額當成遲延使用費來支付甲方。

第20條（協議事項）

本契約未規定之事項，或有疑義產生時，按照法令及一般營業用大樓的商業習慣，在甲乙雙方協議下訂定措施。

第21條（契約份數）

本契約書壹式貳份，甲乙雙方各自簽名蓋章後，分別持有乙份。

甲方：

乙方：

中　華　民　國　○　○　年　○　月　○　日

附特約條款：

一、本契約終了時，不管第17條及第18條的規定為何，若乙方的轉租部分及共有部分的隔間，以及乙方轉租部分及以外的部分的隔間，甲方可以扣除轉租期間折舊用之後的剩餘價格來購買。但折舊期間以十年為限，償還方法採取定率法。

〈範例3-1-61〉

房屋轉租同意書

立同意者人○○○茲將所有座落於○市○區○路○號，共○層樓房。原於民國○○年○月○日，出租於承租人○○○且訂立租賃契約並公證在案。今本人同意原承租人將租賃物，轉租於次承租人○○○作為○○之使用。恐口無憑，特立本同意書為據（但因次承租人應負責之事由，所生之損害，原承租人亦負賠償責任）。

立同意書人：

住址：

中　華　民　國　○　○　年　○　月　○　日

〈範例3-1-62〉

終止租賃契約同意書(一)（法院公證處例稿）

出租人○○○與承租人○○○訂立房屋租賃契約，於民國○○年○月○日在○○地方法院公證處公證（公證書○○字第○○號）茲因情事變更，已無繼續租賃之需要。經雙方協議同意終止上述租約，自即日起該契約失效，對於交還房屋及返還押租金等事項，雙方業已辦理清楚，並無未了手續。特立同意書為證。

出租人：

承租人：

中　華　民　國　○　○　年　○　月　○　日

〈範例3-1-63〉

終止租賃契約書同意(二)（法院公證處例稿）

出租人○○○（以下簡稱甲方）承租人○○○（以下簡稱乙方）茲為終止租賃關係經雙方同意訂立本終止契約條件如下：

第1條　甲乙雙方間於民國○○年○月○日所締結之○○地方法院公證處○○年度○○字第○○號不動產房屋租賃附強制執行契約公證書，其租賃期間原約定截至○○年○月○日止○年在案，茲因○○○○經甲乙雙方同意以本日起終止租賃關係。

第2條　乙方將承租占有中之後開租賃房屋，按照原約定回復原狀，並遷讓返還甲方完畢。

第3條　甲方經受交還租賃物時，檢查房屋內外確認無任何損壞，亦無短少物品而收回無誤。

第4條　乙方將租賃物房屋遷讓返還甲方時，其房屋內外確無任何增設，或改裝物件未拆除去，或其他物件留存該處無誤。

第5條　甲方承認乙方在租賃期間中之租金均已付清，並無積欠亦無任何債權債務關係存在無訛。

第6條　甲乙雙方間於立本終止契約同時，對上開租賃契約公證書所載之有關權利義務即歸消滅，嗣後互不得為任何之主張或請求。

附租賃物標示：○○○○○。

出租人：

住址：

承租人：

住址：

中　華　民　國　○　○　年　○　月　○　日

〈範例3-1-64〉

終止租賃契約同意書(三)（法院公證處例稿）

立同意書人○○○（即原出租人）○○○（即原承租人）

右當事人間於中華民國○○年○月○日請求○○地方法院公證之租賃契約，經雙方同意於本年○月○日終止。原租賃物及公證字號如左：

一、原公證書字號：○○年度公字第○○號

二、原租貨物榜示：（略）

特別約定事項：

同意人：

同意人：

中　華　民　國　○　○　年　○　月　○　日

〈範例3-1-65〉

船舶租賃契約書

出租人○○○以下簡稱甲方，承租人○○○以下簡稱乙方，茲為船舶租賃純雙方洽議同意訂立契約條件如下：

第1條　甲方將其所有（臺灣號）機漁船（登記號碼○字第○號）船舶檢查簿號碼（○字第○號）壹艘出租與乙方，為捕漁使用之目的，而乙方願依約承租之。

第2條　本租賃期間議定自民國○○年○月○日起至民國○○年○月○日止滿○年間為限。

前項期間於甲方得隨時伸縮之。

第3條　租金約定每月新臺幣○○○元整，乙方應以每月末日至甲方住所，如數提繳清楚不得有遲延短欠情事。但甲方向乙方受取租金時，應出立收據與乙方執存，其收據應貼印花由乙方負擔之。

第4條　甲方於租約訂立同時，將第1條所載租賃標的物之機漁船及船舶機器備品全部以○○港碼頭現場交付乙方，而乙方經驗收清楚。

第5條　租賃標的船舶應繳一切有關稅捐由甲方負責，如營業有關稅捐盡歸乙方負責繳納之。

第6條　關於船長或其他船員之僱傭以及解僱均由乙方自行為之，於甲方不得有異議。

第7條　乙方應以善良管理人之注意保管租賃物，並應以租賃物之性質而使用之。

第8條　租賃標的船舶之修繕，除船舶機器之曲軸氣筒汽筒蓋活塞部分，由甲方負擔外，其餘機器之損壞之修理由乙方負擔之。

前項修繕若屬甲方部分時，乙方應即通知甲方鑑定後，始得進行。其進行期間不拘長短或屬於何方之負擔，不得主張減少租金。

第9條　乙方對於租賃物之船舶如有必要之增設改造時，應經甲方同意始得為之，不得擅自進行否則其損害乙方應負賠償責任。

前項如經甲方同意所增設改造部分於契約終止時，全都歸屬甲方取得，乙方決不向甲方請求任何補償。

第10條　租賃物之船舶因乙方或其受僱之重大過失或故意，毀損或失火焚燒滅失或沈沒者，乙方均應負損害賠償之責。但天災地變或事變戰爭或不可抗力者，均不在此限。

第11條　乙方對於租賃物之船舶除依第7條之規定使用外，並應遵守政府法令絕不得有充走私資匪等不法行為之使用或未經甲方之同意而使第三人使用或轉租讓與等情事。

乙方違反前項約定時，除甲方得隨時解除契約外，乙方應負完全責任，如有損害時亦應負責賠償。

第12條　租賃期間存續中如甲方將船舶所有權移轉與第三人時，應事先通知乙方，而乙方應依甲方通知所定日期地點將租賃物交還甲方，而乙方決無異議。

第13條　本租約解除或終止時，乙方應將租賃物之船舶及機器修復油漆，並在○○港內交還甲方。

第14條　租賃船舶之機器備品另作目錄交與乙方，如需替置或不足時由乙方負補充之責。

第15條　本契約未訂明事項依照民法及海商法之規定或其他有關法令辦理。

第16條　本契約壹式貳份，甲、乙雙方各執乙份為憑。

出租人（甲方）：○○○　印

住址：

身分證統一編號：

承租人（乙方）：○○○　印

住址：

身分證統一編號：

中　華　民　國　○　○　年　○　月　○　日

〈範例3-1-66〉

汽車租賃契約書

印花

出租人：○○○
承租人：○○○

上述當事人間就出租人所擁有之後記汽車約定下列之租賃事項：

第1條　承租人必須依照法令之規定駕駛或僱請他人駕駛後記汽車。

第2條　租金由下列方式中採較高額之計算，於每月五日前，由承租人將上月份之租金送交或匯予出租人。
一、每月新臺幣○○○元整。
二、每行駛拾公里○○○元（距離之尾數轉入下月份，最後一月則去除）。

第3條　本合約之持續期間至民國○○年○月底。

第4條　因駕駛後記汽車致使他人造成損害，不論承租人有無過失，其賠償金與訴訟手續等解決事件所需之費用（包括出租人部分）悉由承租人負擔。

第5條　承租人必須於每月底記錄行駛距離，前於次月三日前以書面通知出租人。

第6條　包括換零件在內之修理及本合約成立後，加裝法令所規定之附屬裝備等一切費用，皆由承租人負擔。

第7條　承租人需經常無息記存常備金○○○元予出租人，作為合約保證金。

第8條　承租人違反本合約之條款，出租人得不經由催告終止本合約。

第9條　若承租人發生第8條之情形，出租人得將第7條之合約保證金視為違約金而取得，且其損害如超出該金額時，出租人可就超出之部分另行請求。

第10條　本合約期滿時，承租人應將後記汽車以使用時之狀態歸還，不得請求退還必要費用或有益費用。

第11條　本契約壹式貳份，甲、乙雙方各執乙份為憑。

出租人：○○○　印
住址：
身分證統一編號：
承租人：○○○　印
住址：
身分證統一編號：

中　華　民　國　○　○　年　○　月　○　日

〈範例3-1-67〉

停車場租賃契約書

甲方○○停車場、乙方○○○，甲、乙雙方按照以下的約定，締結關於甲方汽車停車場的契約：

第1條　甲方對於甲方所有的停車場，按照本契約書記載之條件，供乙方便用。
一、停車場的所在地。
二、停車場編號第○○號。

第2條　乙方利用前條之停車場，只能保管按照以下表示的車輛：
一、登錄名號：
二、車輛名稱：
三、年份及型式：
四、車牌號碼：
五、駕駛者姓名：○○○
六、所有者姓名：○○○

第3條　契約期間由中華民國○○年○月○日起，迄中華民國○○年○月○日止。上述契約期間期滿前壹個月，甲乙雙方可基於合意，繼續本契約。

第4條　乙方支付保證金○○○元整（新臺幣，以下同）給甲方，保證金無利息。契約期滿時，上述保證金扣除未支付之使用費，或其他損害的償還金以後，餘額由甲方歸還乙方。

第5條　租金一個月為金額○○○元整，乙方在每個月月末之前，將翌月份租金支付給甲方，或甲方的指定人。

若因地價、路線價的高漲或租稅負擔的增加，以及其他原因，甲方可配合狀況在契約期間內，給予一個月的預告期間更改租金與保證金。

第6條　乙方使用停車場僅限於停車場的範圍內，不得進入其他區域，有困擾他人的一切行動。

第7條　甲乙雙方中任何一方，若因情況無法配合（包括甲方的本件土地使用目的的變更在內），而在本契約期間內必須解約時，至少在壹個月前必須以書面通知對方。在同期間終了的同時，乙方要將第1條記載的停車場交還給甲方，並不得以轉移費或任何其他名義，向甲方提出請求。

如甲方主動提出解約，應歸還乙方已繳納的使用費。

第8條　乙方對於第1條的停車場維持現狀使用，除第2條所表示之車輛以外，尤其是危險物品絕對不可以放入車庫。同時，本契約之權利不得隨意轉讓或轉租，或交給第三者使用。

第9條　甲方可視需要在停車場範圍內建設工作物，或進行停車場改建工程，或是埋設地下物。

第10條　不論任何理由，乙方絕不可對停車場的設施、設備等進行任何變更。

第11條　乙方變更第2條之記載車輛時，必須取得甲方書面之同意。

第12條　乙方或乙方的代理人、使用人、駕駛者、同乘者、來客等與乙方有關係者，因故意或過失導致停車場及其設施，以及停車場的汽車及其附屬品蒙受損害時，乙方必須負責賠償。

第13條　由於天災、地變等不可抗力所造成的損害，使乙方蒙受損失時，甲方不必負責。

第14條 當有以下任一情形發生時，甲方可以不經通知催告，即可解除本契約，拒絕乙方車輛的進入。使用費已納的部分，不必還給乙方。乙方必須立刻從停車場將第2條的車輛及其他附屬品、殘留品等搬出，如果乙方的殘留物未搬出，則其殘留物可由甲方任意處分，乙方不得提出任何異議：

一、毫無理由壹個月以上未使用停車場。

二、使用費遲付壹個月以上。

三、乙方使用停車場時，顯著損害停車場設備或場內其他車輛時。

四、乙方違反或不履行本契約所規定的義務。

五、其他如乙方受到破產宣告、拍賣、刑罰等，違背甲方信賴的行為時。

第15條 保證人保證對於本契約上的債務，與乙方負連帶履行之責。

第16條 本契約規定的解釋產生疑義時，以及本契約未規定之事項，雙方秉持誠意進行協議。

第17條 為證明本契約，本契約製作成貳分，甲、乙雙方各持乙份。

甲方：

乙方：

連帶保證人：

中　華　民　國　○　○　年　○　月　○　日

〈範例3-1-68〉

店鋪租賃契約書

大樓公司（以下稱為甲方）與○○公司（以下稱為乙方）雙方就甲方建築中，下列大廈內之店鋪（以下稱為本店鋪）訂立租賃契約。

標的物：○○市○○路○○號上柒層鋼筋水泥建築附地下室貳層（建坪○坪之中地下壹層如附圖所示位置之店鋪○坪）

第1條　甲方自民國○○年○月○日為第一期，以後之十年間將本店舖出租予乙方，乙方承租之。

第2條　租金定為每月新臺幣○○○元整。以每月底為限，乙方須將下月份之租金送往甲方營業所或以甲方指定之方式支付。

第3條　乙方得預先將保證金○○萬元分參次送往甲方營業所寄存於甲方。

第一次：新臺幣○○元。民國○○年○月○日。

第二次：新臺幣○○元。民國○○年○月○日。

第三次：新臺幣○○元。民國○○年○月○日。

第4條　前項保證金由甲方保管五年，自第六年始於每年底各歸還新臺幣○○元予乙方，但此保證金不付利息。

第5條　乙方得與甲方協議，將本合約書上之店位移轉予他人。

甲方無正當之原因不得拒絕前項移轉之同意。

第1項之移轉包含讓渡、請求退還保證金之權利。

第6條　在合約期間內，乙方可於六個月前提出或提出後支付六個月份之租金，終止本租賃契約。

依據前項終止契約時，寄存中之保證金在甲方將本店舖出租予他人前，不予退還。

第7條　有關冷暖氣、瓦斯、自來水、電器等費用，甲方應判斷其適當之基準，負擔其該負擔之部分。

第8條　本店舖供乙方作為餐廳使用，如欲變更用途或內部裝潢與設備時，須事先與甲方協議。如甲方認為將對同大樓內之其它店舖造成負面影響，或有其他正當理由，得拒絕同意上述變更。

第9條　本店舖之內部裝潢、設施等附屬於建築物，不屬於獨立之權利。

第10條　乙方於接受本店舖交付之同時，應支付新臺幣○○元予甲方作為權利金。但權利金不退還。

第11條　乙方於接受本店舖交付之同時，應交付予甲方新臺幣○○元作為押金。但押金視為乙方須負擔債務之擔保，不付利息。

第13條 本合約於甲乙雙方任何一方進行至第1條第一期前得予終止契約。如為乙方提出終止契約要求，寄存之保證金於終止契約前六個月內之金額可退還；

但若為甲方提出終止契約，除該保證金須立即予以退還外，另須付五成之違約金。

出租人（甲方）：

公司名稱：

公司地址：

負責人：○○○ 印

身分證統一編號：

公會會員證書字號：

承租人（乙方）：

公司名稱：

公司地址：

負責人：○○○ 印

身分證統一編號：

公會會員證書字號：

中 華 民 國 ○ ○ 年 ○ 月 ○ 日

〈範例3-1-69〉

地下街店鋪租賃契約書

○○地下街股份有限公司（以下簡稱甲方），在○○市○○區○○路○號地興建地下樓一層（一部分為地下二樓）的鋼筋混凝土建築物。王中（以下簡稱乙方）租賃其一部分，甲乙雙方締結後記契約：

第1條（租賃物）

甲方在前記建築物完成後，按照以下約定將一部分租賃給乙方：

一、租賃預定面積為地下一樓〇〇平方公尺（以下簡稱預定面積），位置及形狀如附圖所示。（略）

二、租賃費用及支付期間、租賃期間、占有移轉期間及其他租賃條件，另行締結租賃契約。

三、租賃契約由甲方基於法律規定來進行，甲乙雙方在不違反政府法令的範圍內確認租賃契約之成立、存續、變更或消滅。

第2條（使用目的）

本件租賃物只當成〇〇營業用之店鋪，乙方也只能基於同一目的進行租賃。

關於營業項目的詳細情形，另備備忘錄規定。

第3條（店鋪的設備）

內裝設備工程的施行區分，如附表所示。（略）

同表的B工程（乙方負擔甲方施工）費用的負擔基準，另備備忘錄規定。

第4條（租稅）

對乙方設備課徵之租稅，由乙方負擔。

進行前項的支付手續時，乙方事先要將該工程費的支出相關課稅必要文件提出給甲方，並接受其指示。

第5條（租賃物的變更）

乙方對於第1條的預定面積、位置及形狀，若甲方基於政府的法令、工程上的理由、甲方的設計變更或與鄰近大樓的聯絡、店鋪位置的配置等情形，將來答應可進行若干增減異動，乙方對此不得提出任何異議。

第6條（契約定金）

乙方在締結本契約時，必須將第7條所規定的人店押租金的百分之五的金額支付給甲方，當成契約定金。

契約定金免付利息。

乙方到指定日期為止仍未繳納入店押租金而使契約解除時，或乙方因自己的情形解除本契約時，甲方可將契約定金當成違約金無條件投入，乙方對此不得提出任何異議。

第7條（入店押租金）

乙方期待○○地下街的完成，且為確實租賃店舖，配合第1條所規定的預定面積，按照以下日期支付入店押金○○元（以一平方公尺相當○○○元的比例來計算，若因第5條的規定而使預定面積增減異動時，則須按比例計算），分成四次按照甲方指定的方法，支付給甲方。

第一次：中華民國○○年○月○日○○○元整。

第二次：中華民國○○年○月○日○○○元整。

第三次：中華民國○○年○月○日○○○元整。

第四次：中華民國○○年○月○日○○○元整。

入店押租金計算：中華民國○○年○月○日。

保證金：○○○元整。

面積：增減○○平方平尺。

入店押租金：增減○○○元。

第四次的入店押租金是以前條的契約定金充當入店押租金後的餘額。

第8條（入店押租金支付遲延）

乙方於入店押租金支付日期遲延支付時，甲方可立刻解除本契約。但甲方承認其遲延係有不得已的理由，則規定一定的期限保留解除契約的權利。乙方在甲方指定的期間內應將遲付之押租金支付給甲方。

乙方的租賃面積增加的結果，使得前條所規定的追加入店押租金到甲方指定日期為止，乙方還沒有辦法支付時，處理情形與前項相同。

第9條（入店押租金的歸還）

第7條的入店押租金歸還的方法，如後所示，入店押租金免付利息。

一、相當於入店押租金三分之一的金額，從入店（地下街一齊開業）之日起十年內可以保留，從第十一年開始，接下來的十五年內一年一次，在甲方每年決算期最後一天，由甲方平均每年歸還給乙方。

二、相當入店押租金三分之二的金額，在前項的平均每年歸還期間終了後或租賃契約終止時，在租賃物歸還的同時由甲方一併歸還給乙方。

第10條（歸還期不變原則）

乙方若因自己的原因而停止入店，或在入店後解除租賃契約，或者是乙方違反本契約之規定，而甲方解除本契約或租賃契約時，在歸還入店押租金時，按照前條規定的辦法辦理，不必一併歸還。但若甲方決定新的入店者，同時新入店者的入店押租金全都支付終了，則不在此限。

第11條（租賃契約）

不論乙方是否入店，若不能配合甲方的要求，拖延租賃契約的締結時，甲方認為乙方並沒有誠實入店的意思，則可解除本契約，乙方對此不得提出任何異議；在入店後，仍必須立刻將租賃物歸還甲方，方可退店。此時，入店押租金的歸還準用前條之規定。

第12條（權利轉讓的禁止）

乙方若未經甲方之書面同意，不得將本契約上的權利義務轉讓第三者，或設定擔保或其他處分。

第13條（免責事項）

在乙方入店前，若因天災地變等不應歸咎甲方的理由而使○○地下街的建設工程中斷時，在甲乙雙方協議下做善後處置，其結果若工程無法完成時，本契約歸於無效，甲方須返還乙方已納之押租金及保證金。

入店後若因天災地變及其他不得歸咎甲方的理由而使租賃契

約不可能存續時，甲方須返還乙方已納之押租金及保證金。

第14條（特約事項）

甲方若依政府的法令無法將租賃物租給乙方時，必須立刻解除本契約，並將乙方已納之入店押租金及契約證明金全部歸還乙方，以免除因本契約所造成之一切責任；乙方也不得請求任何損害賠償。

乙方入店後，若因政府的法令而無法繼續租賃契約時，依照上述方式辦理。

第15條　本契約書壹式貳份，甲乙雙方各自簽名蓋章後分別持有乙份。

甲方：○○地下街股份有限公司

董事長：方天才

地址：

乙方：王中

地址：

中　華　民　國　○　○　年　○　月　○　日

〈範例3-1-70〉

住宅社區設施租賃契約書

租賃人住宅社區（以下簡稱甲方）和出租人○○○（以下簡稱乙方），甲乙之間對以下的設施締結租賃相關契約：

第1條（總則）

甲方對於以下所標示為甲方所有之設施（以下簡稱「租賃設施」）按照本契約所記載之條件，租賃給乙方：

一、租賃設施的所在地：

二、租賃設施的表示：

乙方按照以下的用途使用租賃設施。但如得到甲方的承諾，則可以變更：（略）

乙方對於租賃設施的範圍、路燈等必須遵從甲方的指示，同時與租賃設施所在範圍內之租賃住宅的居住者及其他設施租賃者共用。

甲方配合必要，可在租賃設施範圍建設建築物或工作物，或加以裝修。

第2條（乙方的使用開始可能日）

乙方的租賃設施的使用開始日為中華民國○○年○月○日，乙方從此日之後必須立刻開始使用租賃設施。

甲方配合自己的狀況可變更前項規定之使用開始日，此時必須儘速通知乙方，並以通知單上記載之日期為前項的使用開始日。

第3條（契約期間）。

本契約期間，按照前條第1項或第2項的規定，從使用開始日算起一年內為限。

到前項契約期滿之日為止，若甲乙雙方任何一方沒有提出申請，則本契約按同一條件繼續有效，期間一年。以後也以同樣的情形辦理。

第4條（租金）

租賃設施的租金為每月新臺幣（以下同）○○○元整。

第5條（租金的變更）

若有下列各款之一情形，甲方可以增加租金及押金的金額：

一、與租賃設施範圍有關的地租、維持管理費，租賃設施或附屬設施（以下簡稱「附帶設施」）課徵之房屋稅及其他租稅負擔增加時。

二、甲方對於租賃設施、附帶設施或租賃設施的範圍進行改良時。

第6條（押租金）

乙方為擔保損害賠償及其他由本契約所發生之債務應支付押租金○○○元整給甲方，由甲方收訖。

甲方依第19條、第20條第1項或第3項而解除契約之日，或因第19條規定，本契約拒絕更換而告期滿之日（以下稱為「契約終止日」）算起貳拾壹天內，應將押租金扣抵應償還債務後，剩餘的金額還給乙方，押租金不付利息。

乙方依照前項之規定在甲方歸還押租金時，直到契約終止日為止之前所使用的電氣、瓦斯、自來水等的使用支付收據要提示給甲方。

第7條（共益費）

乙方除了組金之外，必須負擔以下各款所揭示之費用（以下稱為「共益費」）：

一、租賃設施內社區共用的電費、自來水費、瓦斯費。

二、租賃設施的室外垃圾處理費。

三、租賃設施的室外給水設施、污水處理設施及其他排水設施、遊戲設施和其他建築物等的維持或營運所需之費用。

四、具有租賃設施的社區內之道路、植樹、花壇、草地等的清潔、消毒及照顧所需之費用。

五、其他關於甲方認為對社區內居住者具有共通利益的必要費用。

前項共益費的金額，由甲方決定之，甲方若因物價的變動、附帶設施和租賃設施的範圍改良等理由，可變更共益費的金額。

第8條（租金及共益費的支付義務）

乙方對於租金及共益費的支付義務，按第2條第1項或第2項之規定，從使用開始日發生。

屬於租賃設施使用開始日或契約終了日的月分，若乙方的租賃期間未滿一個月，則租金及共益費以三十日為基準按日計算，若尾數不足十元，則以四捨五入法計算。

第9條（租金及共益費的支付日期）

乙方應依前條第2項之規定，將每月的租金及共益費按照甲方規定的日期，支付給甲方，而其他每個月的租金等在每個月底按照甲方規定的方法，支付給甲方。

第10條（延遲支付利息）

若因可歸責於乙方之事由而遲延支付租金及共益費的全部或一部分時，乙方必須將遲延支付利息支付給甲方。

第11條（租賃設施使用上的注意事項等）

關於租賃設施的使用方法等，乙方必須遵從甲方的指示，並以善良管理人之注意，小心使用。

第12條（業務委託的禁止）

乙方禁止將業務委託他人。

第13條（乙方的修理義務）

關於租賃設施方面，以下各項之修理或更換，由乙方負責進行並負擔費用。

一、壁紙的更換。

二、油漆粉刷。

三、浴缸的更換。

四、其他甲方所指定的小修理物件。

甲方應將前項的修理細目，事先通知乙方。

第14條（恢復原狀的義務）

若因可歸責於乙方之事由而使租賃設施污損、破損或未經甲方同意而變更租賃設施之原狀時，乙方必須立刻將其復原。

第15條（必須得到甲方承諾之事項）

乙方對於以下各款之行為，須事先得甲方之書面承諾：

一、進行租賃設施的更改、增建或其他工作時。

二、打算在租賃設施範圍內施工時。

三、對租賃設施的全部或一部分，除第1條第2項所規定的用途以外，要另行使用時。

四、在有租賃設施的社區內（甲方事先規定的場所除外）揭示與業務有關的廣告時。

第16條（對於甲方的通知）

乙方或乙方的連帶保證人，若有符合以下各款之一之事由時，必須立刻通知甲方：

一、乙方連續十天以上封閉租賃設施時。

二、乙方或乙方的連帶保證人住址或主要辦公室的所在地或負責人姓名或公司名稱進行變更時。

三、乙方或乙方的連帶保證人死亡，或受禁治產之宣告或解散時。

四、乙方的連帶保證人受到強制執行、假扣押、假處分的處分時。

五、乙方的連帶保證人被宣告破產，或提出重整申請時。

六、租賃設施污損、破損或喪失時。

甲方在乙方無正當理由，連續七天以上封閉租賃設施時，可對乙方進行重新開放租賃設施的勸告。

乙方必須配合甲方的勸告。

第17條（轉賃等的禁止）

乙方不得將租賃設施的全部或一部分進行轉租，或讓與租賃設施的租賃權。並不得以租賃設施與其他租賃設施進行交換。

乙方不論任何名目，都不得有與前項禁止行為類似的行為。

第18條（動物飼養的禁止）

乙方在有租賃設施的社區內，禁止飼養小鳥與魚類之外的其他動物。

第19條（甲方的契約解除權等）

乙方有下列之一之行為時，甲方毋須催告，可立即終止契約或拒絕契約的重新更換：

一、租賃設施的租賃申請書上記載虛偽的事項或因其他不正行為租借租賃設施時。

二、三個月以上未支付租金等費用時。

三、遲延租金等費用的支付，而甲方認定其不具有支付能力時。且其遲延支付之行為顯著傷害到甲乙雙方的信賴關係時。

四、未得甲方之承諾，有第15條各項規定之行為時。

五、對於第16條第1項之規定怠忽對甲方的通知時。

六、因故意或重大之過失而導致租賃設施、附帶設施或租賃設施範圍受到污損、破損或滅失時。

七、按照第16條第2項之規定不配合甲方的勸告時。

八、違反第12條、第18條及第23條第2項之規定時。

九、有擾亂共同生活秩序的行為時。

十、在業務方面，受到主管機關的取消許可處分，或註銷營利事業登記時。

十一、其他違反本契約的事項。

乙方應於契約終止時立即將租賃設施原狀歸還甲方。

第20條（契約終止）

乙方欲終止本契約時，須有一個月以上的預告期間，向甲方提出契約終止的申請，而在契約終止通知書上所記載的契約終止日，為本契約終止之日。

乙方依前項之規定，向甲方提出契約終止的通知，到契約終止通知書上所記載的契約終止日之前，必須將租賃設施原狀歸還甲方。

乙方向甲方提出契約終止通知，將租賃設施歸還給甲方時，甲方在接到通知之日的第二天開始算起，一個月內終止本契約。

第21條（關於不法使用的賠償金等）

乙方到契約終止日為止，不交出租賃設施時，從契約終了的翌日算起，到交出日為止（以下在本條中稱為「不法使用期間」），須將相當於租金一・五倍的金額支付給甲方。

第13條及第14條的規定，若在乙方的不法使用期間內，則以此項規定為準。

第22條（連帶保證人）

乙方在締結本契約的同時，應甲方的要求，必須找有資力者擔任連帶保證人。

乙方的連帶保證人基於本契約之規定，關於乙方對甲方所負之一切債務，和乙方共同負連帶責任。

第23條（連帶保證人的變更等）

乙方的連帶保證人符合第16條第1項第3款、第4款及第5款之規定，或者乙方的連帶保證人喪失甲方要求資格時，甲方可要求乙方重新選任新的連帶保證人。

乙方基於前項的規定，須立刻找到符合甲方要求資格的連帶保證人。

第24條（租賃設施相關調查）

當甲方想要對租賃設施的管理及其相關事項進行調查時，乙方必須全力配合。

第25條（甲方的聯絡人）

甲方基於本契約選出一位對乙方負責聯絡事務者，乙方原則上對甲方的一切聯絡。都由此聯絡人擔任。

第26條（契約份數）

本契約書壹式參份，當事者各自簽名蓋章後，甲乙雙方及保證人各持有乙份。

甲方：○○市○○區○○路○○號地○○住宅社區

理事：

乙方：○○○

住址：

乙方連帶保證人：○○○

住址：

中　華　民　國　○　○　年　○　月　○　日

〈範例3-1-71〉

百貨公司專櫃租借契約書

◯◯百貨公司董事（以下簡稱甲方）和王大年（以下簡稱乙方）之間，對於乙方在甲方店鋪內進行◯◯販賣等相關事宜，二者之間締結以下契約：

第1條　乙方在店鋪內甲方所指定的場所，在甲方的監督下，進行◯◯的販賣業務。

第2條　乙方的店名為◯◯百貨公司◯◯部。

第3條　由於乙方的販賣是在甲方的店鋪內、甲方的名義下經營其業務，因此乙方必須經常留意維護甲方的信用。

第4條　關於販賣所需諸設備器具的費用與人事費，由乙方負擔：

第5條　乙方的從業員必須遵從甲方的服務規定。

第6條　按照甲方的指示，乙方販賣所需之包裝等消耗品，由甲方支付。

第7條　關於商品的訂購方面，種類、品質及價格等由乙方負責，必須進行充分的選擇與正當的販賣。

第8條　商品的種類、販賣方法、價格等，若甲方有所指示時，乙方必須遵從。

第9條　乙方在甲方的名義下，與其他人進行商業交易行為時，交易上的所有責任，由乙方負責。

第10條　如果必須對乙方進行經理事務時，甲方可查核乙方的商品貨品與帳簿。

第11條　銷售金額的收納事務每天在甲方的監督下進行。

第12條　甲方在每月二十日結算銷售金額，將其總額的百分之◯作為佣金，扣除乙方分擔額，餘額在翌月五日支付給乙方。

第13條　當甲方提出一定期間休業，或指定乙方賣場伸縮移動時，乙方不得異議。

第14條 乙方的銷售額最低限度。為一個月○○○元整。若其銷售業績無法達到最低限度金額，則按照第12條的百分比的方式。在一年二次的決算期間，每一年進行調整清算。

第15條 契約期間為本契約成立日起，滿一年為止。

第16條 契約期間內，甲乙雙方得隨時於一個月前以書面通知他方終止契約。

第17條 若發生下述情形，甲方可逕行終止契約。

一、乙方有損及甲方信用的行為時。

二、乙方有使甲方直接、間接蒙受損害的行為時。

三、乙方有擾亂甲方店則的行為時。

四、乙方不遵從甲方的監督指示時。

五、甲方認為乙方沒有經營能力時。

第18條 乙方未得甲方之承諾，不得將其名義與租賃權讓渡他人。

第19條 因租借期滿或解約時，以及本契約終了時，乙方直至與甲方清算終了之前，未得甲方之承諾，不得將乙方設備等什物與商品攜出。清算終了時，乙方必須立刻將其物件去除。若違反此規定，甲方可任意處置乙方之物品。

第20條 關於乙方的商品及其他物件之喪失、毀損等，若非甲方之故意或重大過失，則甲方完全不必負責。

第21條 乙方對於甲方所收取的商品保險金，沒有任何請求權。

第22條 不屬於上述各條款的任何事項，則另行交換備忘錄，予以規定。

第23條 基於上述契約，甲方直接或間接蒙受損害時，由下述連帶保證人一併負責：（略）

附備忘錄：

○○百貨店（甲方）與○○○（乙方），以及乙方的使用人（丙方）之間，關於服務事項，以下述方式製作備忘錄：

一、乙方與丙方締結僱傭契約中關於丙方依勞基法享有一切福利，由乙方負責。

二、甲方對於乙方僱用丙方時的方法，人員數沒有特別的限制，惟其資格一定要按照甲方所規定的僱用基準（原則上，需滿十八歲以上）。

三、基於前條的規定，乙方在錄用丙時，必須事先提出其履歷表照片，交由甲方備查。

四、甲方給予乙方與丙方的從業標誌，在不需要時，必須儘速歸還甲方。

五、在甲方另外規定的就業規則，與店員必須遵守的事項的履行上，甲方可監督乙方與丙方。甲方所指定的制服由乙方負擔，必須和丙方一起穿著。

六、若甲方認為乙方與丙方的行為有損甲方的信用，或擾亂公司秩序等，則按照甲方所規定的懲戒規則進行處置。

七、乙方與丙方須參加甲方所企劃之教育訓練。

八、乙方在關於自己營業上所發行的票據或支票，不得使用甲方的名稱。

九、乙方不得使用甲方名義之便條、信封。但在營業場內面對顧客時，則不在此限。

十、乙方須向甲方購買甲方所規定的包裝材料來使用。但乙方在本契約的營業場以外，不得使用這些包裝材料。

甲方：
地址：
乙方：
地址：

中　華　民　國　○　○　年　○　月　○　日

〈範例3-1-72〉

名店街專櫃租借契約書

股份有限公司臺北名店街（以下簡稱甲方）與○○○（以下簡稱乙方），關於甲所經營的名店街之營業事項，按照下述的方式締結契約：

第1條　乙方商店的販賣場所與營業面積，在甲方所指定的○○○場所。此外，營業專櫃為○○專櫃。

第2條　營業時間自○○時○○分至○○時○○分止。

若甲方變更營業時間，則乙方必須遵從。

第3條　乙方販賣商品所需之費用，由乙方負擔。

第4條　乙方須繳給甲方的佣金，為營業額的百分之○。一個月的最低責任額（佣金）為新臺幣○○○元。

第5條　甲方對於乙方的銷售金，每十天計算一次，扣除前項的佣金，在結算日五天後，支付給乙方。

第6條　乙方將保證金○○○元整。支付給甲方。

當乙方不履行債務致甲方受損時，保證金可充當賠償費。

第7條　前條的保證金從中華民國○○年○月○日起，十年內無息留置甲方處。從第十一年開始以後十年內，按日計算加付五厘的利息，每年平均攤還乙方。

第8條　基於本契約，營業所必須之專櫃、專辦機器，以及附屬設備，由乙方負擔，所有權歸屬乙方。

第9條　以下所揭示之經費，為基於甲方計算，每月乙方要支付給甲方之經費：

一、電話費。

二、瓦斯費。

三、一般照明以外所使用的電氣經費。

四、水費。

五、特種共同廣告等所需的費用。

六、其他必須的公共費用。

前項經費的支付日期與方法，按照甲方的指示。

第10條　乙方因營業上的需要，要進行店內設備的補修或重新裝潢時，須事先以書面方式通知甲方，得到甲方的同意，而費用由乙方負擔。

第11條　乙方須遵從甲方所規定的諸規則。營業方面，要遵從甲方的方針。不得有損及甲方信用的行為。此外，甲方可因下述情形而終止本契約：

一、依政府主管機關之命令時。

二、乙方積欠支付給甲方的債務，而於甲方催告後一個月內，仍不履行其義務時。

三、乙方的行為顯著有損甲方的名譽，或毀損其利益時。

四、乙方違反本契約各條款其中之一時。

五、甲方由於經營上的必要情況，或乙方因不得已之事由，而無法營業時。

在前項各款的情形下，乙方所蒙受損失，甲方不必負責。

第12條　若乙方對甲方的諸設施造成損害時，乙方必須賠償。

前項的損害額以賠償當時的時價為基準，或在雙方協議下決定。

第13條　若甲方因天災或不可歸責於甲方的火災、竊盜，以及諸設備的毛病等，導致乙方受損時，不必對乙方負責。

第14條　對於商品的火災保險費，由乙方負擔。

第15條　乙方基於本契約之權利義務，不可讓與或轉借給第三者，或提供作為擔保。

第16條　甲方終止契約時，乙方不得對甲方提出任何異議。所產生之損失，也不得請求賠償。

第17條　本契約終止或變更時，在一個月前要通知對方。

第18條　本契約因期間屆滿，或因其他事由而終了或消滅時，乙方必須儘速撤去從業員、委託商品及營業物等。

第19條　本契約條款解釋適用上產生疑義或有本契約未規定的事項須

解決時，甲乙雙方秉持誠意進行協議。

第20條　本契約的有效期間，自中華民國○○年○月○日起，迄中華民國○○年○月○日止。

第21條　為避免日後糾紛，本契約書壹式貳份，甲乙雙方各負責人簽名蓋章後，各持乙份。

甲方：○○股份有限公司臺北名店街
地址：○○市○○路○○號
董事長：○○○
乙方：○○○
地址：○○市○○路○○號

中　華　民　國　○　○　年　○　月　○　日

〈範例3-1-73〉

保管箱租賃契約書

印花

出租人○○○（以下簡稱甲方）
承租人○○○（以下簡稱乙方）

上述當事人間就出租人所據有之保管箱約定下列之租賃事宜：

第1條　甲乙雙方約定，甲方將保管箱（商品冷藏、展示櫥）出租予乙方，乙方承租之。

第2條　出租之期間、使用目的、租金等條件如下：

一、期間：自本契約訂定日起滿壹年整。但如甲乙雙方皆無異議，可視同期間之自動延長。

二、使用目的：展示並保存甲方所製造之商品。

三、租金：每月新臺幣○○○元整。乙方應於每月二十日前將租金直接送往或匯款至甲方住所支付。

四、特約：

(一)使用場所亦得為乙方之住所。

(二)禁止轉租。

第3條　前項租金之支付，乙方如有不履行之情形，甲方毋須催告得終止本契約，並撤回租賃物。

第4條　乙方應以善良管理人之維護與義務保管使用租賃物，並努力推銷甲方產品，不得有用於其他目的、毀損租賃物或減少其價值之行為。

第5條　租賃物自然發生之故障修繕費用由甲方負擔。

前項以外之故障修繕費用則由乙方負擔。

第6條　若乙方違反本契約或其支票無法兌現、抑或其他乙方之信用發生重大變化時，甲方得終止本契約，收回租賃物件。

第7條　如有第三者對租賃物執行扣押、假扣押時，乙方應申明其為甲方之所有物，以防止扣押、假扣押之執行。若第三者強制執行，則排除執行所需要之一切費用悉由乙方負擔。

第8條　有關租賃物滅失時之賠償，定為甲方取得之金額依照定額法（耐用年限為○年）扣除與使用期間相當之折舊餘額。

若有毀損時將修理費用視為賠償金，如無法修理則視為滅失處理。

第9條　本契約壹式貳份，甲、乙雙方各執乙份為憑。

出租人（甲方）：○○○印

住址：

身分證統一編號：

承租人（乙方）：○○○印

住址：

身分證統一編號：

中　華　民　國　○　○　年　○　月　○　日

〈範例3-1-74〉

動產機器租賃契約書

印花

出租人○○○（以下稱為甲方）與承租人○○○（以下稱為乙方）雙方就甲方所有之機器訂立租賃契約如下：

第1條　標的物為另附目錄之機器。（附件略）

第2條　乙方應依照一般之用法使用標的物。

第3條　租金定為每月新臺幣○○○元整。以每月底為限交付予甲方。

第4條　乙方應以位於○市○路○號甲方所有之工廠內，其所指示之合適場所使用。

第5條　包括換零件在內之標的物修理，其費用由乙方負擔。

第6條　即使乙方歸還標的物之其中一部分，本合約第3條之租金亦不變更。

第7條　乙方不得以交換、追加之任何方式，將其他機器搬入第4條所規定之工廠內。

第8條　標的物之全部或一部分無法以一般之修理而繼續使用，或乙方無法達成本合約訂立之目的時，乙方得將情形通知甲方，立刻終止本合約。

第9條　乙方不履行本合約所載明之債務時，甲方得不經由催告終止本合約。

第10條　除前二條之外，甲方或乙方未於三個月前預告對方，則本合約不得終止。

第11條　乙方於歸還標的物時，除必須修理因乙方之責任引起之原因而致毀損之部分外，需以最初使用時之狀態交予甲方。

第12條　本契約書壹式貳份，甲、乙雙方各執乙份為憑。

出租人（甲方）：○○○　印

住址：
身分證統一編號：
承租人（乙方）：○○○　印
住址：
身分證統一編號：
中　華　民　國　○　○　年　○　月　○　日

〈範例3-1-75〉

租賃合約書（臺北市租賃商業同業公會統一印製）

租賃內容

一、出租人：某某租賃股份有限公司（以下簡稱出租人）。

二、承租人：○○○（以下簡稱承租人）。

三、租賃標的物：○○○○○（以下簡稱標的物）。

四、標的物出賣人：
名稱：
地址：

五、製造廠商：
名稱：○○○股份有限公司（以下簡稱製造商）。
地址：

六、預定交付日：中華民國○○年○月○日。

七、交付及起租日：以承租人出具驗收證明文件之日為交付及起租日，但向國外進口標的物以提貨單據交付承租人之日為交付及起租日期。

八、承租人使用標的物處所：

九、出租人購置標的物成本：
(一)購置價格：
(二)其他費用：

(三)總計：

十、租賃期間：○○個月，自起租日起算。

十一、租期、租金及租金給付方式：

(一)租金期數：每○月為一期，共○期。

(二)每期租金數額：

(三)租金給付方式：每期期初給付之。

(四)預付金額：

(五)其他事項：

十二、租金支付地點：

十三、保證金：

十四、保險：

(一)保險種類：

(二)保險金額：

十五、手續費：按租賃總成本百分之○計算，於簽訂本約之同時由承租人交付出租人。

十六、優先承購權：

(一)價金：

(二)給付日：中華民國○○年○月○日租期屆滿日前。

十七、其他條款：本約所訂立之租賃內容及租賃條件，為出租人與承租人間雙方合意之事項，其修改或變更，非經雙方書面同意不生效力。

本約經出租人與承租人雙方詳細審閱，同意後於中華民國○○年○月○日在○○省○○縣市簽訂。

出租人：某某租賃股份有限公司

法定代理人：○○○（簽署與職稱）

住址：

承租人：

法定代理人：○○○（簽署與職稱）

住址：

承租人連帶保證人：○○○身分證統一編號：

住址：

租賃條件

一、租賃標的：出租人茲願將「租賃內容」所載標的物，包括全部補充配件、增設之工作物、修繕物、以及附屬或定著於該標的物上之從物在內，租與承租人，承租人亦願承租該標的物。本約內租賃標的物任何一項均係承租人依其自由意思所選定，且在其選擇時，已明白表示並未依賴出租人之任何陳述或建議。

二、交付與驗收：

(一)1.出租人茲同意通知出賣人將標的物送至「租賃內容」所定之承租人使用標的物之處所，並由出賣人於該「租賃內容」內所預定之交付日期或以前交付之。如標的物係向國外採購，共全部貨價及（或）到埠費用，已由出租人於收到提單及其他貨運單據時付與信用狀開發銀行及（或）海關及港務機關者，出租人亦得將全部貨運單據交與承租人，由承租人向海關或港務機關繳款提貨及辦理其他進口手續。

2.上述出租人交付貨運單據與承租人之日，即視同「租賃內容」內所稱之交付日期，而向海關或港務機關提貨及辦理其他進口手續，所生之責任與計入貨價成本以外之費用由承租人負擔。

3.不論國內購買或國外採購出租人均不負遲延責任。

(二)交付時承租人應以自己費用，對標的物為詳細之檢查與必要之試驗，以查明其是否與訂單或買賣合約規定者相一致。如未發現任何瑕疵，得代表出租人驗收之，並將驗收結果立即以書面通知出租人。如為國外採購，其貨運單據，所載名稱、規格、數量與租約或信用狀相同時，承租人不得拒絕接受。不論當時標的物之狀況為何或標的物在何處，提單之交付即視為完成標的物之交付與驗收，由承租人出具交貨與驗收證明。

(三)若有任何原因（包括不可抗力）未於預定日完成交付，或標的物事後發現不合承租之需要、或與原定貨合約、信用狀或租賃合約不一致或有其他瑕疵，其一切之危險與所受之損害，由承租人單獨負擔並解決，並將結果通知出租人。如需出租人協助，出租人不得推諉，但不因此影響出租人按期收取租金及其他權益。

三、租期與租金：

(一)本約租賃期間自「租賃內容」所定之「交付及起租日」起算，迄於付清最後一期租金，及依本約規定所需付給出租人之一切費用之日為止，不因任何理由而受影響。但如逾原約定之租期，出租人仍得終止租約，要求返還租賃標的物，承租人並須付清約定之各期租金及所欠費用。

(二)除本約規定之其他費用外，承租人應按「租賃內容」中規定之期數、金額、幣別、依各期給付日期，給付租金與出租人。

(三)按時支付各期租金及本約規定之其他費用，係承租人應絕對履行之條件，如任何一期租金，或其他費用或各該租金或費用之任何部分到期後逾參日仍未支付者，承租人即被認為拒絕付款與違約，對遲延後之給付，並應自原定之給付日起至清償日止，按月息百分之貳加算違約金。

(四)租賃標的物如係自國外進口支付外幣價款，而承租人以新臺幣支付租金或優先承購價金，則支付日外對新臺幣之兌換率與贖單日之兌換率比較，有升降時，其外幣價款部分，應按新匯率調整其應增加或退還之租金金額。其調整公式如下：

購買價格（外幣價款部分）美金（如為其他外幣同）〇

○○元×該期租金率（即每一期租金所占總成本之百分比）×升降差額（即租金繳付日每一美元兌換新臺幣之金額－贖單日每一美元兌換新臺幣之金額）=為正數時則為應補收之租金，為負數時為應退之租金。

(五)租賃標的物如係進口設備，出租人於成本結算完妥起租後，如因法令變更或其他原因須致增補關稅或其他費用時，承租人應無條件同意該項增加費用為標的物成本之一，並願依變更後之成本繳付租金，其計算由出租人為之。

四、標的物使用處所、標示及安全維護：

(一)承租人應將標的物放置於「租賃內容」內規定之使用處所，非經出租人書面同意，不得移置他處。

(二)承租人對於在區分上屬於動產之標的物，應使其與他物分離，非經出租人書面同意，不得定著於任何不動產或附合於其他動產。

(三)承租人同意不將標的物或其在本約上之利益為出賣、出讓、轉租、出質、抵押或其他處分。

(四)承租人應保全租賃物不致受強制執行或被留置或受其他法律上權益或實質上之侵害。萬一發生上述有損出租人權益情事，承租人除立即通知出租人外，並應儘速設法解決之，如出租人採取必要之措施，其所支付一切費用仍由承租人負擔。

(五)承租人對標的物上表彰出租人名稱、所有權、租賃關係或抵押權之任何標章、識別、烙印、油漆、廠牌、貼紙及金屬片等不得將其除去、污穢、塗抹、隱匿或消滅。

(六)出租人或其授權代表，有權（但無義務）隨時進入其認為標的物放置之處所，檢查、試驗或檢視該標的物之使用情形，並得審查與該標的物有關之帳表簿冊。

五、使用：

(一)承租人應由合格人員。遵照政府有關法令，於業務範圍內，依製造廠所訂之指導手冊或規定，操作使用標的物。

(二)因標的物之使用而發生之一切費用，包括電力、機油、及潤滑油等以及修理材料，必要之補充配件等費用在內，均由承租人負擔之。

(三)因租賃物本體及其設置、保管使用等，致使第三者遭受損害時，由承租人負賠償責任。

(四)租賃物係交通運輸工具者，僅限承租人自用，非經許可不得對外攬載客貨收費營業，承租人應雇用領有駕駛執照之合格人員，遵照政府有關法令使用之，如發生意外事件由承租人負全部責任。

六、維護修繕及修改：

(一)承租人應以自己費用維護標的物，使其經常保持良好狀態，如需修繕應以自己費用修繕之，凡修護上需要之配件、機具、工具、服務均由其負擔，並應使合格人員實施修護。

(二)非經出租人書面同意，承租人對標的物不得為任何更改或增設工作物。

(三)承租人在標的物上所更換之配件或從物，應無留置權、其他限制物權或他人合法權利之糾葛，且更換之配件或從物，其價值、品質及其效用至少應與被更換之配件或從物相當。其更換之配件及從物，成為標的物之構成部分，屬於出租人所有。

七、毀損與滅失：

標的物之任何部分，不論是否因不可抗力或其他原因而遺失、被竊、毀損、滅失或被沒收、沒入、盜竊、扣押、公用徵收、徵用而發生之危險，全部由承租人負擔。承租人依本約規定應支付之各項給付，不因標的物遭受損害，而減少或免除，其時，承租人並應為如下之措置：(1)將標的物中受損之部分換去，代以性質相當，且經出租人認為具有相同效能及品質之物。各該換補之物，並成為標的物之構成部分，屬出租人之所有。或(2)立即支付出租人關於該受損部分未付之租金全部與其他費用（得按給付時銀行當時擔保放款利率折成現值計付），出租人於收到該項給付後應將該部分上一切權利及利益讓與承租人，不得再講求償還，亦不負對租賃物或第三人任何擔保責任。

八、保險：

(一)出租人有權為標的物加保各種保險，其保險事故種類及保險人由出租人決定之，至其保險應連續至本合約租金、違約金及費用全部清償為止，保險費用由承租人負擔，如承租人怠於續保，應負擔危險損失之責，亦得由出租人代為續保，所付之保險費，仍由承租人負擔，保險契約應以出租人（或其受讓人或其抵押權人）為受益人。

(二)承租人應向出租人索取保險契約之副本，承租人對保險契約上所訂條件與約款，負有履行之義務，承租人應盡其所能使保險契約保持有效，而不得有任何妨害或有減損其效力之行為。

(三)保險事故發生時，承租人應於二十四小時內以書面通知保險人及出租人，如法律之需要，承租人茲委任出租人為其代理人，得為和解或追償採取一切行動，收受有關之金錢給付，並為一般代理上一切行為。

(四)標的物中任何部分遭受損害，而經出租人與保險人認為在經濟實用原則上可以修繕者，應將賠償金額完全用於修復其損害。

(五)標的物中任何部分因遺失、被竊、毀壞或損害至保險人認為不能修復或修復需費過鉅者，保險人應將賠償金額給付出租人，俾可抵銷或免除本約第7條內承租人應負擔之債務。

九、賠償負擔與償付：

(一)承租人同意遵守有關本約及標的物之一切法令規章，同意負擔或代出租人給付一切執照費，以及目前或將來政府就標的物之出售與使用所課之各種稅捐或費用，並負擔因標的物之使用或運用而發生之一切危險與責任。

(二)承租人茲並同意於標的物因設計、製造、交付、占有、利用、遷移或再交付而受損害，支出費用，或負擔債務，不論其原因為何，對於出租人及其員工，代理人或受讓人同意免其責任，防止其損害並負代辯護之責。

(三)承租人如怠於各該給付時，凡由出租人代付之任何支出，均應立即由承租人償還出租人，此賠償義務，不因本約終止而消滅。

十、擔保：

(一)出租人同意在可能範圍內將標的物上製造廠商或出賣人所為之擔保保證，或其他出租人可享受之權益，轉讓與承租人，惟其費用及標的物一切瑕疵由承租人負擔。

(二)出租人對於標的物是否具有可售性，或特殊用途之適用性，並未為任何明示或默示之擔保，亦不負任何擔保之責任，出租人對標的物之修繕、保養、瑕疵及其使用亦不負任何責任。

十一、承租人之聲明：

(一)承租人（如為法人）係依所在地法律組織成立，現仍合法存在之公司，依法得經營規定業務，擁有一定財產，訂立本約及履行其契約義務。

(二)承租人無任何法律、規章、命令、公司章程條款、契約條款、契約義務或任何文件，對於承租人或承租人之財產，限制其簽訂本約，履行本約有關條款或為標的物之使用。

(三)承租人目前並無違約行為，以致對其作業、財產及財務狀況有重大不利之影響，同時亦無對其本身或資產有重大影響之訴訟或行政訴訟事件在進行或即將發生。在票據交換所並無退票之紀錄。

(四)承租人送與出租人之最新資產負債表、損益計算書，皆屬完全與正確，且其內容足以表示其當時之財務狀況及營運情形，並迄至目前為止，其會計情形並無重大變化。

(五)本約簽訂前，承租人或其代表人送與出租人之所有報表文件，現仍真實有效。

十二、手續費、保證金及其他擔保：

(一)承租人所繳納之手續費，繳納後不論本租約有否執行或解約或中止，概不退還，但如為向國外採購進口租賃標的物，經申請輸入許可證，未獲核准，致本租約不能成立時，承租人得申請退還之。

(二)承租人如繳納有保證金，該保證金按照「租賃內容」得抵充租金或於租期屆滿無息返還，但承租人若違反本合約任何約定包括本約第13條違約各款之情形時，承租人所繳付之保證金，得任憑出租人無條件沒收。

(三)出租人與承租人雙方間除本合約外，若有任何交易往來，承租人提供有其他擔保時，均視為出租人債權之共同擔保，此項擔保品之處分及處分方法與時期、價額等，承租人均委任出租人全權代表逕行處理之，本合約即作為授權文件，在本合約承租人之義務未完全履行前，決不撤銷委任。

十三、違約：

(一)承租人若有下列情形之一，出租人得以違約論：

1.承租人對本約規定之任何一項給付，到期未依規定給付，且遲延達參日之久者。

2.承租人對本約其他明示或默示之規定，未曾遵守或履行，雖能補正而未於柒日內補正者。

3.出租人認為承租人於議定本約時，曾為虛偽陳述，或於本約內或承租人提供與出租人與本約有關之任何文件或證件內，所為之陳述或保證，經證明其重要部分為不確實者。

4.承租人或其保證人無支付能力，重整、破產、死亡、停止支付或請求停止支付，財務情況實質上發生惡化時，與債權人和解，已受解散破產或重整之申請、停業、公司股東直接間接變動，經出租人認為其結果將增加出租人之風險者。

5.標的物或承租人之財產或擔保品，被聲請或實施假扣押、假處分或強制執行。

6.承租人對任何一項付款義務到期不履行者，或遭受票據交換所之拒絕往來處分者。

7.標的物之保險人解保或滿期不允續保，或逾期未繳保險費致保單失效者。

(二)如上述任一事由發生，出租人得自由裁量，認定承租人違約，行使下列一項或數項權利：

1.使承租人（承租人茲無條件同意）於接獲出租人書面通知時以自己費用，迅即依本約第14條規定，將標的物全部返還出租人，出租人或其代理人進入承租人使用標的物之處所或認為標的物所在地之處所，開啓門鎖將標的物自不動產或其他動產上拆除，立即予以移去，對其因此所發生之損害，出租人不負賠償責任。

2.將標的物以公開或不公開方式出售他人，而毋須通知承租人，或為公告，或將標的物為其他處分、使用、再出租或不為任何使用收益；實行上述任一行為，悉依出租人之意思決定之，承租人不得主張任何權利，並毋須將其行為或不行為或就使用收益之所得，報告承租人。

3.書面請求承租人，承租人亦無條件同意，於通知書內指定之給付日，向出租人為賠償之給付，其應賠償之金額，為(1)所有未付租金之全部。(2)「租賃內容」內所定之優先承購價格，兩者按當時銀行擔保放款利率計算之折算現值。與(3)其他依本約規定給付或償還出租人之費用，此三者相加之和。外加自書面通知之給付日或原訂給付日起，至清償日止，依月息百分之二計算之違約金。

4.出租人依法所得行使之其他權利或救濟或聲請法院強制承租人履行本約或請求損害賠償或就標的物之全部或一部終止租約。

(三)除上述以外，承租人對本約規定之一切賠償義務，及因違約或因出租人之請求法律救濟或訴訟而發生之法律費用及其他各費，包括第14條規定之將標的物送至指定地點及回復其物之原狀所為之支出在內，仍復繼續負責。本節所稱之法律救濟，並不排除本節以外或依法律規定。得請求之其他救濟，亦得一併請求。同時出租人對某一項違約所為之拋棄權利，並不構成對其他違約事項之拋棄權利或對其法律上其他既有權利之拋棄。

十四、租賃標的物之返還：

(一)本約期滿或租約終止時，承租人拋棄優先承購權，承租人應以自己之危險與費用，將標的物回復原狀並送至出租人指定之地點返還與出租人，除因通常機器磨損而生之損害外，如出租人受有其他損害，承租人應賠償之。

(二)租賃物未完整返還清楚以前，承租人仍願負履行本合約所規定之全部義務。

十五、讓與及設押：

承租人非經出租人書面同意，不得將本約所生之權利讓與他人，或將標的物轉租或允許第三人使用與占有；出租人就基於本約所得主張之權利與利益，得全部或一部讓與他人並毋須通知承租人，出租人亦得將租賃物設定抵押予第三人，嗣後抵押權人實行抵押權時，本租賃合約即為終止。不得異議。但如實行抵押權係因可歸責於出租人之事由，而承租人並無過失者，出租人應負責解決，不使承租人遭受損失。

十六、承租人給付租金之義務：

承租人茲同意其依本約所負應給付租金及其他各費之義務，不論情況如何均應絕對履行，不附任何條件；除非有本約所規定之事故，不得解除本約，承租人願在現行及未來法律許可範圍內，拋棄對標的物租賃所賦與之終止、解除、撤銷或放棄各權，本約非依本約所定事故，而因其他任何原因或法律關係所生不承認本約而被全部或一部終止時，承租人仍願依本約規定支付租金，與並未「終止」或並未「不承認」相同，凡依本約支付之各期租金及其他費用，皆為終結性之支出，承租人同意不以任何理由，請求返還全部或一部。

十七、業務及組織之報告：

(一)承租人應於每年一、四、七、十一共四個月份將報繳營業稅單影本於次一個月檢寄出租人，並於出租人請求時，承租人應將出租人所要求之表報（包括資產負債表、損益計算書、債務明細表及資產明細表，但不以此為限）送與出租人，並於必要時加請會計師簽證。

(二)承租人於合併、減資、或營業上有變更時、或租賃物放置場所、行政區域、門牌號碼變更時，應以書面通知出租人，並即辦妥出租人認為必要之手續。

(三)承租人因故更易董事長、總經理或董監事人數達二分之一以上時，應立即書面通知出租人，並視需要辦妥出租人認為必要之手續包括換保或（及）增保手續。

十八、會計與納稅制度：

出租人與承租人及其保證人均同意，除非承租人完全履行本契約各項條件，並實行優先購買權，否則不論相互間所採用之會計科目與記帳方式為何，發票或收支憑證如何開立，以及如何報繳稅款，均不影響出租人對出租標的物之全部所有權，及本租賃契約訂立各方之權利或義務。

十九、連帶保證人：

(一)連帶保證人保證承租人切實履行本租賃合約之規定，如承租人有違約情事，保證人個別及共同願負連帶清償責任，及放棄我國民法債篇第二章第二十四節各法條暨其他法律規章內有關保證人所得主張之一切抗辯權，並願遵守下列各項：

1.保證責任包括承租人因租賃所生，現在及將來之全部租金、票據、借據暨因承租人不履行債務所生之違約金、遲延利息、各項費用及損害賠償及訴訟費用等一切責任。

2.本合約有效期間，如因承租人與出租人同意而修改本合約之任何內容及任何條款時，保證人無論有無接到通知，均應無條件繼續負保證責任。

3.如承租人另提供有擔保品擔保本約之履行，出租人毋須經保證人同意或通知保證人，得拋棄、變賣、改變、修補、遷移承租人所提供之擔保品，保證人不得據此抗辯或主張減免保證責任。

4.租賃合約書或承租人所出給出租人之票據其要件有欠缺，或請求之手續不完備。或擔保品有追索、瑕疵等情事時，保證人仍負全部保證責任。

5.承租人不論處於何種狀態，如解散、重整、破產等並不影響保證人之保證責任。

6.本保證對保證人之繼承人、遺囑執行人、遺產管理人、受讓人均具效力，保證人要求退保時，在承租人覓妥出租人認可之保證人，辦妥保證手續並經出租人以書面通知，始得解除保證責任，未解除前，保證人縱使登報或以存證信函聲明退保，概不生效。

(二)出租人認為連帶保證人之信用轉為低落，或其保證能力顯為不足時，得要求承租人另覓出租人認可之連帶保證人保證，承租人不得拒絕。

二十、補充保證：

承租人於本約簽訂後，於出租人請求時，仍應隨即以自己費用，作成其所需之文件或補行其所請求之行為，使本約目的更能有效達成。

二一、優先承購權：

本約屆滿時，承租人有權按「租賃內容」內所訂之價格優先購買標的物；為行使該優先購買權，承租人必須將其購買意思於租約屆滿一百八十天前以書面通知出租人。

二二、續租：

如承租人於租期屆滿時擬予續租。其租期、租金及優先承購價金於租期屆滿前六個月另行議訂。

二三、通知：

依本約規定所為之通知，應作成書面、付清掛號郵資，寄至本約所開地址或經他方書面另定之地址。

二四、其他規定事項：

本約任何一項規定，如依一地之法律為無效者，僅該部分為無效，而不影響其他有效之部分。出租人於一項違約之棄權，並不構成其他違約事項或其法律上既有權利之棄權，本約各節標題，係為便利閱讀而設，並無限制或拘束任何一項條文之效力，解釋本約應適用中華民國法律及命令，如因本約或任何有關事件發生爭執時，承租人及連帶保證人，茲同意以臺灣臺北地方法院為第一審管轄法院，但出租人在承租人住所地，其財產以及標的物所在地法院起訴者，不在此限。如需以出租人名義對第三人採取法律行動或其他救濟程序，應先獲得出租人之同意，所有責任及費用由承租人自行負責。

〈範例3-1-76〉

訂購單（臺北市租賃商業同業公會統一印製）

中　華　民　國　　　年　　　月　　　日

訂購號碼

賣主

臺照

茲依照承租人與貴公司約定之物品購買條件，本公司基於與承租人簽訂之租賃合約，向貴公司訂購下列物品。敬請查照，並將訂購承諾書迅賜送下為荷。

訂購人　租賃股份有限公司

地址：

電話：

交貨日期：民國　年　月　日

交貨處所：

貨款支付條件：

期支票（以收妥第一期租金為條件）

承租人：

【特約條款】

一、茲承諾本契約所定物品之訂購。確係基於上記承租人之指定，而充為訂購人與承租人所訂立租賃合約之標的物無誤。

二、賣主特向承租人及訂購人保證，約定物品之品質、性能、規格、式樣、交貨條件或其他事項，完全符合承租人之使用目的，絕不有誤。

三、有關約定物品之瑕疵擔保，有期限保證，保養服務，或其他賣主之優惠提供，履行義務等，悉由賣主直接向承租人負責為之。

四、約定物品之交貨，以承租人完成驗收並將租賃物交貨與驗收證明書交付與訂購人時為收訖時間，同時該租賃物之所有權及危險負擔始視為由賣主轉移予訂購人。

五、約定物品如有品質、性能不良、規格、式樣不符或有其他瑕疵，或賣主違反交貨條件不履行保證保養義務，暨其他違約情事發生，不論通知有否遲延，賣主應聽從訂購人或承租人之任意選擇，將契約之全部或一部解除、補修更換代替品或請求損害賠償，絕無異議。

六、本契約訂立後如因稅法規定變更而增加稅賦，運費或其他費用之增加等概由賣主負擔，絕不變更約定價金。

七、因天災、地變、爭議暴動及其他不可抗力或不能歸責於訂購人或承租人之事由致使契約之全部或一部不能履行、遲延等情事發生時，訂購人概不負其責任。

八、如承租人因故不簽訂或不履行租賃契約時，訂購人得無條件解除本契約。

九、賣主領取貨款時應以本承諾書所用印章為憑。

項目	名稱及明細	數量	單位	單價	金額
				NT$	NT$
合計新臺幣					

租　賃　股　份　有　限　公　司

〈範例3-1-37〉

訂購承諾書（臺北市租賃商業同業公會統一印製）

中　華　民　國　　年　　月　　日

訂購號碼

買主

下列訂購事項及特約條款，本公司完全同意接受無誤。

交貨日期：民國年月日

印花

貨款支付條件：

期支票（以收妥第一期租金為條件）

賣主

蓋章

臺照

地址：

交貨日期：民國　年　月　日

交貨處所：

承租人：

蓋章

【特約條款】

一、茲承諾本契約所定物品之訂購，確係基於上記承租人之指定，而充為訂購人與承租人所訂立租賃合約之標的物無誤。

二、賣主特向承租人及訂購人保證，約定物品之品質、性能、規格、式樣、交貨條件或其他事項，完全符合承租人之使用目的，絕不有誤。

三、有關約定物品之瑕疵擔保，有期限保證，保養服務，或其他賣主之優惠提供，履行義務等，悉由賣主直接向承租人負責為之。

四、約定物品之交貨，以承租人完成驗收並將租賃物交貨與驗收證明書交付與訂購人時為收訖時間，同時該租賃物之所有權及危險負擔始視為由賣主轉移予訂購人。

五、約定物品如有品質、性能不良、規格、式樣不符或有其他瑕疵，或賣主違反交貨條件不履行保證保養義務，暨其他違約情事發生時，不論通知有否遲延，賣主應聽從訂購人或承租人之任意選擇，將契約之全部或一或解除、補修更換代替品或請求損害賠償，絕無異議。

六、本契約訂立後如因稅法規定變更而增加稅賦，運費或其他費用之增加等概由賣主負擔，絕不變更約定價金。

七、因天災、地變、爭議暴動及其他不可抗力或不能歸責於訂購人或承租人之事由致使契約之全部或一部不能履行、遲延等情事發生時，訂購人概不負其責任。

八、如承租人因故不簽訂或不履行租賃契約時，訂購人得無條件解除本契約。

九、賣主領取貨款時應以本承諾書所用印章為憑。

項目	名稱及明細	數量	單位	單價	金額
				NT$	NT$
合計新臺幣					

○ ○ 租 賃 股 份 有 限 公 司

陸、借貸契約

一、使用借貸

(一)說明

使用借貸，乃當事人一方（貸與人）以物交付他方（借用人）使用，約定他方於無償使用後返還其物之契約。其契約，因借用物之交付始爲成立。

(二)契約當事人之法定權利義務

1.貸與人之權利義務

(1)交付借貸物

即使借用人使用其物之義務。

(2)擔保責任

貸與人知有瑕疵而故意不告知，致借用人蒙受損害者，貸與人負賠償之責。

(3)終止權

貸與人於有下列情形之一時得終止契約：

A.貸與人因不可預知之情事，自己需用借用物者。

B.借用人違返約定或依物之性質而定之方法使用借用物，或未經貸與人同意，允許第三人使用者。

C.因借用人怠於注意，致借用物毀損或有毀損之虞者。

D.借用人死亡者。

2.借用人之權利義務

(1)使用方法

借用人應依約定方法，使用借用物。無約定方法者，應以依借用物之性質而定之方法用之。非經貸與人同意，不得允許第三人使用借用物。

(2)注意義務

借用人應以善良管理人之注意，保管借用物。

(3)借用物返還

借用人應於契約所定期限屆滿時。返還借用物。未定期限者，應於依借貸之目的使用完畢時返還之。

(4)連帶責任

數人共借一物者，對於貸與人，連帶負責。

(三)使用借貸契約應訂明之基本條款

1.貸與人及借用人。

2.借用物。

3.借用期間。

4.其他特約。

(四)訂立使用借貸契約應注意事項

1.使用借貸契約須以物之交付，始為成立。

2.使用借貸爲無償契約。

二、消費借貸

(一)說明

消費借貸，乃當事人一方（貸與人）移轉金錢或其他代替物之所有權於他方（借用人），而約定他方以種類、品質、數量相同之物返還之契約。其契約，因金錢或其他代替物之交付始爲成立。

當事人之一方對他方負金錢或其他代替物之給付義務而約定以之作爲消費借貸之標的者，亦成立消費借貸。

(二)契約當事人之法定權利義務

1.貸與人之權利義務

消費借貸約定有利息或其他報償者，如借用物有瑕疵時，貸與人應易以無瑕疵之物，但借用人仍得請求損害賠償。若爲無償消費借貸，僅於貸與人明知其物有瑕疵而故意不告知借用人時，負擔保責任。

2.借用人之權利義務

消費借貸契約中約定利息或其他報償者，應於契約所訂期限支付之。未定期限者，應於借貸關係終止時支付之。但其借貸期限逾一年者，應於每年終支付之。借用人應於約定期限返還與借用物種類、品質、數量相同之物。未定返還期限者，借用人得隨時返還。貸與人亦得定一個月以上之相當期限，催告返還。

借用人應返還與借用物種類、品質、數量相同之物。如不能者，應以其物在返還時、返還地所應有之價值，償還之，返還時或返還地未約定者，以其物在訂約時，或訂約地之價值償還之。

3.金錢借貸之返還

關於金錢借貸之返還，除契約另有訂定外，依下列規定：第一，以通用貨幣爲借貸者，如於返還時已失其通用效力，應以返還時有通用效力之貨幣償還之。第二，金錢借貸，約定折合通用貨幣計算者，不問借用人所受領貨幣價格之增減，均應以返還時有通用效力之貨幣償還之。第三，金錢借貸約定以特種貨幣爲計算者，應以該特種貨幣，或按返還時，返還地之市價，以通用貨幣償還之。

以貨物或有價證券折算金錢而為借貸者，其性質仍為金錢債權，故縱有反對之約定，仍應以該貨物或有價證券按照交付時，交付地之市價所應有之價值，為其借貸金額。

(三)消費借貸契約應訂明之基本條款

1.貸與人與借用人。

2.消費借貸標的物。

3.借貸期限。

4.利息或報償之計算方式。

5.其他特約事項。

(四)訂立消費者借貸契約應注意事項

1.消費借貸契約亦以金錢或其他代替物之交付而成立。

2.關於利息之約定，不得超過法定上限。

(五)契約範例

〈範例3-1-78〉

土地使用借貸契約書

立契約書人貸與人○○○（以下簡稱甲方）借用人○○○（以下簡稱乙方）茲經雙方同意訂立土地使用借貸契約，協議條款如左：

第1條　甲方願將自有土地座落○○市○○鄉鎮○○段○○小段○○地號土地總面積○○平方公尺（○○坪）。

第2條　借用期限定為○年（自民國○○年○月○日起至民國○○年○月○日止）。

第3條　乙方借用期間，不得轉租或轉借他人使用，並不得在借用土地上為建築任何工作物或房屋抑或其他使用。

第4條　乙方自訂約日起至返還借用物之日止，須以善良管理人之注意保管借用之物。

若乙方違反前項義務致借用物變更地形等損害者應負賠償責任。

第5條　借用期限屆滿前甲方因不可預知之情事自己需用借用物或乙方之死亡，得隨時聲明終止契約而收回借用物之土地，乙方不得異議。

第6條　乙方借用期間，一切費用概由乙方負責，按照規定繳納。

第7條　乙方借用期間，不得放置違禁品或其他易燃物體，倘有損害，應負賠償之責。

第8條　乙方如違反本約各款之規定時，甲方得終止借用，不得異議。

第9條　本約經雙方簽名蓋章公證後生效。

第10條　本契約壹式貳份，甲、乙雙方各執乙份為憑。

貸與人（甲方）：○○○　印
住址：
身分證統一編號：
借與人（乙方）：○○○　印
住址：
身分證統一編號：

中　華　民　國　○　○　年　○　月　○　日

〈範例3-1-79〉

房屋使用借貸合約書（法院公證處例稿）

立合約書人貸與人○○○（以下簡稱甲方）借用人○○○（以下簡稱乙方）茲經雙方同意訂立房屋借用合約，協議條款如左：

第1條　甲方願將自有房屋座落：○○路○巷○號○棟間無條件借與乙方使用。

第2條　借用期限定為○○年（自民國○○年○月○日起至民國○○年○月○日止）。

第3條　乙方借用期間，不得轉租或轉借他人使用，房屋內部如需裝修改造，應徵得甲方同意後為之，惟合約屆滿後應由乙方無條件自行拆除回復原狀後交還甲方，不得異議。

第4條　乙方借用期間，一切費用概由乙方負責。按照規定繳納。

第5條　乙方借用期間，不得放置違禁品或其他易燃物體，倘有損害，應負賠償之責。

第6條　乙方如違反本約各款之規定時，甲方得終止借用，不得異議。

第7條　本約經雙方簽名蓋章公證後生效。

甲方（貸與人）：

住址：

乙方（借與人）：

住址：

中　華　民　國　○　○　年　○　月　○　日

〈範例3-1-80〉

動產使用借貸契約書（法院公證處例稿）

第1條　貸與人○○○將第3條所載之動產，無償貸與借用人○○○使用。借用人約定於使用後，返還其物。

第2條　借貸期間：民國○○年○月○日起至民國○○年○月○日止共○年。

第3條　借用物如下：○○○○○。

第4條　借用人應在其住所或○○○使用借用物，不得搬移他處。

第5條　借用人如就借用物增加工作物者，應事先將設計書及費用估計書提示貸與人，徵得其同意。

第6條　借用人返還借用物時，可否取回所增加之工作物及應否回復原狀，取決於貸與人。

如貸與人不允借用人取回所增加之工作物時，應償還其費用，但以其現存之增加價額為限。

第7條　恐口無憑，爰立此約，雙方各執乙份。

貸與人：
住址：
借用人：
住址：

中　華　民　國　○　○　年　○　月　○　日

〈範例3-1-81〉

金錢消費借貸契約書(一)（法院公證處例稿）

貸與人○○○（以下簡稱甲方）借用人○○○（以下簡稱乙方）茲為金錢消費借貸，經雙方同意訂立本借貸契約，條件如左：

第1條　甲方於民國○○年○月○日將金錢新臺幣○○元貸與乙方，而乙方願依本約借用之。

第2條　甲方於本契約成立同時，將前條金錢如數交付乙方親收點訖。

第3條　本借貸金錢約定利息，其計算方法按每百元日息新臺幣○○分○○厘。

第4條　前條約定利息之支付期為每月○○日，由乙方支付甲方，不得有拖延短欠。

第5條　本借貸金錢期間自民國○○年○月○日起至民國○○年○月○日止。

第6條　乙方於借貸期間屆滿時，應將借用金錢向甲方全都清償，不得為部分清償或怠於履行。

第7條　乙方如逾清償期限時，其逾期後違約金定為每百元按日新臺幣○○分計算。

第8條　乙方如有怠於支付利息貳次以上時，雖在借貸期間存續中，甲方得隨時終止本借貸契約，乙方不得有異議。

第9條　本借貸契約依前條為終止時，乙方應即將借用金錢全部及積欠利息一併清還甲方，不得拖延短欠。

第10條 本借貸契約之履行地點，為甲方之住所所在地。
第11條 乙方如有對於借貸金錢不為清償時應逕受強制執行。

貸與人：
住址：
借用人：
住址：

中　華　民　國　○　○　年　○　月　○　日

〈範例3-1-82〉

金錢消費借貸契約書(二)（法院公證處例稿）

第1條　立契約人貸與人○○○，借用人○○○，借用人之連帶保證人○○○。
第2條　借貸金額：
第3條　利息：
第4條　清償期限及方法：
第5條　逾期不為清償，連帶保證人願負連帶清償之責任並應逕受強制執行。
如有壹期不為清償，視為全部到期，應逕受強制執行。

貸與人：
借用人：
連帶保證人：

中　華　民　國　○　○　年　○　月　○　日

〈範例3-1-83〉

金錢消費借貸契約書(三)

立借貸契約書人○○○（以下簡稱甲方）、○○○（以下簡稱乙方）茲為借款事宜，經雙方同意訂立本約，其條件如左：

一、甲方於○○年○月○日貸與乙方新臺幣○○元整，並如數交付乙方親收點訖。

二、借貸期間自民國○○年○月○日起至民國○○年○月○日止，期滿乙方應連同本利向甲方全部清償，不得藉故延欠。

三、本借貸利息以新臺幣每百元日息○分○厘計算，應於每月○日由乙方支付甲方，不得拖延短欠。

四、乙方如遲延清償時，其逾期後遲延利息為新臺幣每百元日息○分計算。

五、乙方如有怠於支付利息時，甲方得隨時終止本約，乙方不得異議。

六、本契約終止時，乙方應即將全部借款及積欠利息一併償還甲方，不得拖延短欠。

七、本契約之履行地為甲方之住所所在地。

人、本契約壹式肆份，講求法院公證，除存案一份外，當事人各執乙份。

甲方（貸與人）：

住址：

乙方（借用人）：

住址：

連帶保證人：

住址：

中　華　民　國　○　○　年　○　月　○　日

〈範例3-1-84〉

借款契約書

立契約書人趙錢（以下簡稱甲方）孫李（以下簡稱乙方）雙方茲因借款事宜，訂立本契約，條款如後：

一、甲方願貸與乙方新臺幣（下同）壹拾萬元整，於訂立本約之同時，由甲方給付乙方，不另立據。

二、借貸期限為壹年，自七十五年十二月十六日起至七十六年十二月十五日止。

三、利息每萬元月息壹百伍拾元，乙方應於每月十五日給付甲方，不得拖欠。

四、屆期未能返還，乙方除照付利息外，並按利率壹倍加計之違約金給付甲方。

五、本契約之債權，甲方得自由讓與他人，乙方不得異議。

六、乙方應覓保證人壹名，確保本契約之履行。而願與乙方負連帶返還本利之責任，並拋棄先訴抗辯權。

立契約書人

甲方：趙錢

乙方：孫李

連帶保證人：

中　華　民　國　〇　〇　年　〇　月　〇　日

柒、僱傭契約

一、說明

僱傭，乃當事人約定，一方（受僱人）於一定或不定期限內為他方（僱用人）服勞務，他方給付報酬之契約。

二、契約當事人之法定權利義務

(一)受僱人之義務

受僱人應自服勞務，非經僱用人同意，不得使第三人代服勞務。一方違反者，他方即得終止契約。受僱人曾明示或默示保證其具有特種技能者，如無此種技能或不能勝任時，僱用人得終止契約。僱用人如受領勞務遲延，受僱人無補服勞務之義務，仍得請求報酬。

(二)僱用人之義務

非經受僱人同意，不得將勞務請求權讓與第三人。報酬應依約定之期限給付之。無約定者，依習慣。無約定與習慣者，應於每期屆滿或勞務完畢時給付之。

三、僱傭契約應訂明之基本條款

(一)僱用人與受僱人。

(二)工作期限。

(三)工作項目及時間、地點。

(四)工作報酬（待遇）計算方式與給付方法。

(五)福利、休息與休假。

(六)其他特約事項。

四、訂立僱傭契約應注意事項

(一)僱傭契約定有期限者，於期限屆滿時其僱傭關係消滅。而未定期限，亦不能做勞務之性質或目的是其期限者，各當事人得隨時終止契約。但有利於受僱人之習慣者，從其習慣。

(二)勞動基準法規定勞動契約分爲定期契約及不定期契約。臨時性、短期性、季節性及特定性工作得有定期契約。有繼續性工作應爲不定期契約。

(三)勞動契約應載明事項如下：

1.工作場所及應從事之工作有關事項。

2.工作開始及終止之時間、休息時間、休假、例假、請假及輪班制之換班有關事項。

3.工資之議定、調整、計算、結算及給付之日期有關事項。

4.有關勞動契約之訂定，終止及退休有關事項。

5.資遣費、退休金及其他津貼、獎金有關事項。

6.勞工應負擔之膳宿費、工作用具費有關事項。

7.安全衛生有關事項。

8.勞工教育、訓練有關事項。

9.福利有關事項。

10.災害補償及一般傷病補助有關事項。

11.應遵守之紀律有關事項。

12.獎懲有關事項。

13.其他勞資權利義務有關事項。

(四)勞動契約不得違反勞動基準法、工會法及其他法令之強制禁止規定，亦不得牴觸事業與工會所訂之團體協定。

五、契約範例

〈範例3-1-85〉

聘　書

臺灣省（臺北市）
教育廳（局）立案 ○○小學聘書○○字第○○號

茲聘請（敦聘）

○○○先生為本校○年級○任教員，聘期自○○年○月○日起，至○○年○月○日止，每週任課○○分鐘，薪金按照規定每月致送新臺幣○○○元整。

此聘

校長

中　華　民　國　○　○　年　○　月　○　日

〈範例3-1-86〉

一般僱傭契約書

茲雙方合意約定下列諸條：

一、勞務範圍由雙方另行商訂之。

二、僱傭期間無定，但雙方有一造欲解僱時，應於壹個月前通知對方。

三、僱佣人除供受僱人膳宿外，每月應付薪金○○元整，按月於月終付給。

四、受僱人平日行為應自檢束，不得呼朋引伴行為不軌，或著奇裝異服。

五、受僱人非經僱傭人同意，不得擅自外出。

六、僱佣人不得於晚間十一時後至次晨五時前，使喚受僱人從事工作，否則須加倍付予工資（一晚按一日計算）。

七、本契約壹式貳份，雙方各執乙紙為憑。

僱佣人：○○○（簽章）

受僱人：○○○（簽章）

介紹人：○○○（簽章）

中　華　民　國　○　○　年　○　月　○　日

〈範例3-1-87〉

勞動契約書(一)

立契約人○○公司（工廠）（以下簡稱甲乙方），雙方同意訂立契約，共同遵守約定條款如下：

一、契約期間：（擇一訂定）

(一)定期契約：自中華民國○○年○月○日起至○○年○月○日止，契約期滿，終止勞雇關係。

(二)不定期契約：自中華民國○○年○月○日起，乙方在甲方服務。

二、工作項目：

乙方接受甲方之監督指揮，擔任下列各項工作：

(一)

(二)

(三)

(四)

(五)其他與上述工作相當之職務與工作。

三、工作地點：

乙方接受甲方之監督指揮，於下列各點，擔任本契約所定之工作。

(一)

(二)

(三)

(四)

四、工作時間：

(一)乙方每日正常工作時間為○小時，自○時○分起至○時○分止；乙方連續工作四小時，甲方至少應給予三十分鐘之休息。

(二)甲方因業務需要延長乙方工作時間時，依勞動基準法之規定辦理。

(三)甲方如採晝夜輪班制時，工作班次，每週更換一次，但經乙方同意者，不在此限。

五、休假：

(一)乙方於每星期有一日之休息，作為例假。

(二)政府法令規定之假日，甲方均應給假。

(三)甲方於乙方繼續工作滿一定期間者，應依勞動基準法第三十八條規定給予乙方特別休假，休假日期由雙方協商排定之。特別休假如因年度終了或契約終止而未休者按未休日數發給工資。

(四)甲方經徵得乙方同意使其於本契約所訂休假日工作者，工資應加倍發給。

六、請假：

(一)乙方得因婚、喪、疾病或其他正當事由請假，但應事先辦理請假手續，經甲方核准後，方得離去；病假及偶發事件，不及事先請假時，應委託家屬或同事代為辦理，否則一律以曠工論。前述假期，依照政府頒布之「勞工請假規則」辦理。

(二)乙方（女性）分娩前後，甲方應給予產假，假期依勞動基準法規定辦理。

(三)前列(一)、(二)項之假期內工資給付標準依照勞動基準法規辦理。

(四)各種請假日數之計算，係以該年度一月一日起至十二月三十一日止。

七、工資：

(一)甲方應按（日、週、月）給付乙方工資○元，甲方不得預扣乙方工資作為違約金或賠償費用。

(二)按月給付之工資，甲方應於每月○日及○日兩次發給。

(三)工資及平均工資之計算悉依勞動基準法之規定辦理。工資之調整由雙方協議並參酌甲方之薪給制度定之。

八、勞工保險：

甲方應於乙方到職當日起，為乙方辦理勞工保險；如逾期或未辦理，致乙方權益受損時，由甲方依法賠償。

九、福利：

乙方於服務期間內，依法享受甲方提供之各項福利措施。

十、年終獎金及紅利：

甲方於營業年度終了時，如乙方於該年度工作無過失時，應酌給獎金或分配紅利。

十一、退休：

乙方繼續服務屆法定年限，甲方應依法為乙方辦理退休。

十二、終止契約：

(一)甲方預告終止契約：

有勞動基準法第11條所定之情形之一者，甲方得依同法第16條規定預告乙方終止契約，並依規定給付資遣費，如未依規定預告而終止契約者，應給付預告期間之工資。

(二)甲方不經預告終止契約：

乙方有勞動基準法第12條所定之情形之一者，甲方得依同條之規定，不經預告乙方終止契約。

(三)乙方預告終止契約：

乙方得依勞動基準法第15條規定預告甲方終止本契約；如非依法令規定不經預告逕行終止契約，致甲方生產或工作停頓時，乙方應負賠償責任。

(四)乙方不經預告終止契約：

甲方有勞動基準法第14條所定之情形，乙方得依同條規定，不經預告甲方終止契約；並得依同法第17條規定請求甲方給付資遣費。

十三、離職及服務證明：

本契約終止時，乙方應依甲方之規定辦妥離職手續，並得要求甲方發給服務證明書，甲方不得拒絕。

十四、膳宿費之負擔：

(一)甲方提供宿舍，乙方住用，每月應支付住宿費○○元。

(二)乙方食用甲方提供之伙食，每天（早、中、晚）餐每月應支付伙食費○○○元。

十五、制服工具費之負擔：

乙方之制服及工作器具由甲方免費提供；如使用期屆滿或不

可抗力之原因損壞，應由甲方免費更換。

十六、安全衛生：

(一)乙方應接受甲方依勞工安全衛生法令規定所施予工作上必要之安全衛生教育及訓練。

(二)甲方應提供完善之工作場所，工作場所有立即發生危險之虞時，甲方應即命乙方退避至安全場所。

(三)乙方應接受體格檢查或健康檢查。前述之檢查由甲方指定適當之醫院或醫師為之，並由甲方負擔費用。

(四)甲方依法所訂並已明示之安全衛生工作守則乙方應確實遵守。

十七、職業災害賠償：

如乙方發生職業災害，甲方應依勞動基準法規定給予乙方職業災害補償。

十八、普通災害補助：

如乙方發生普通災害或傷、病、殘廢、死亡時，甲方應給予乙方適當之補助或撫卹。

十九、職業訓練：

甲方應依乙方之技能水準施予或提供適當之職業訓練。

二十、工作規則之遵守：

甲方依法訂立並已公開揭示之工作規則，雙方有遵守之義務。

二一、獎懲：

乙方之獎懲依前述工作規則規定辦理。

二二、權利義務之其他依據：

甲乙雙方僱傭期間之權利義務，悉依本契約規定辦理，本契約未規定事項，依政府有關法令規定辦理。

二三、法令及團體協約之補充效力：

本契約所規定之事項與團體協約或政府有關法令規定相違背時，依團體協約或有關法令規定辦理。

二四、契約修訂：

本契約經雙方同意，得隨時修訂。

二五、本契約壹式貳份，由雙方各執乙份存照。、

立契約書人

甲方：○○○公司（工廠）

地址：

代表人：○○○簽章

身分證統一號碼：

乙方：○○○簽章

地址：

身分證統一號碼：

中　華　民　國　○　○　年　○　月　○　日

註一：

一、契約期間：

勞動契約依勞動基準法之規定分為定期契約及不定期契約兩種。有繼續性工作應為不定期契約；臨時性、短期性、季節性及特定性工作得為定期契約。定期契約之定義，依照勞動基準法施行細則之規定。

二、工作項目：

(一)工作項目係勞動契約之重要內容，為避免調動時勞資糾紛，應採列舉方式，約定之工作項目，雙方應共同遵守。

(二)工作項目應與乙方工作技能及意願配合。

三、工作地點：

(一)工作地點為勞動契約之重要內容，為避免調動時勞資糾紛，應明白約定；如有二個以上，應詳細列舉。

(二)工作地點為地區或廠場，得因事業單位之組織狀況及工作性質自行明定。

四、工作時間：

(一)正常工作時間依勞動基準法第30條規定不得超過八小時。

(二)延長工作時間及延時工資之給付，同法第三章及第四章有明文規定。

(三)輪班工作依同法第34條規定辦理。

五、休假：

依勞動基準法第36、37、38及第39條規定訂定。

六、請假：

(一)依照政府頒布之「勞工請假規則」規定。

(二)產假依勞動基準法第13條及第50條規定辦理。

七、工資：

(一)依勞動基準法第21、22、23、26條規定訂定。

(二)工資之計算方法、標準並得參照奉核准之工作規則辦理。

八、勞工保險：

參照勞工保險條例規定。

九、福利：

依勞動基準法第8條規定，並請參照職工福利法規。

十、年終獎金及紅利：

(一)依照勞動基準法第29條規定訂定。

(二)公司法第235條規定公司章程應訂明分紅成數。

十一、退休：

依照勞動基準法退休章、勞工退休金條例之規定。

十二、終止契約：

(一)勞動契約不論是定期契約或不定期契約，均得因雙方當事人之同意而立即終止。

(二)惟如僅為當事人一方之意思表示時，應受勞動基準法第二章有關規定之限制。

(三)依同法之規定，終止契約可分為預告與不經預告。

十三、離職及服務證明：

依勞動基準法第19條規定訂定，並且規定乙方離職應遵守之事項。

十四、膳宿費之負擔：

如係免費提供膳宿時，應另予明定。

十五、制服工具費之負擔：

如需由乙方負擔費用，應另予明訂。

十六、安全衛生：

依照勞動基準法第8條及勞工安全衛生法第8、11、19、211條規定訂定。

十七、職業災害賠償：

參考勞動基準法有關規定。

十八、普通災害補助：

可於本契約明定或於工作規則訂明處理辦法與標準。

十九、職業訓練：

職業訓練（或進修）之費用如為甲方負擔，可要求乙方延長一定期間之服務年限，但應事先約定，乙方如違反約定，甲方得請求賠償損失。

二十、工作規則之遵守：

勞動基準法第70條規定。

二一、獎懲：

工作規則已有獎懲事項，如奉主管機關核准，可逕據以處理。

註二：

訂定勞動契約須知

一、事業單位與勞工訂立書面契約可依所附參考樣本按其實際情形酌為增減，但其增減之內容不得違反法令之規定。

二、僱用勞工如為女工、童工時，應依勞動基準法之規定增訂保護條款。

三、定期契約勞工之僱用必須符合勞動基準法及其施行細則之規定；定期契約如為續約時，應增訂前後年資合併之條款。

四、工作項目採列舉方式訂明，其內容並應與乙方工作技能及意願相配合。

五、雇主不得以強暴、脅迫、拘禁或其他非法之方法，強制勞工從事勞動。

六、任何人不得介入他人之勞動契約，抽取不法利益。

七、事業單位如有分支機構時，勞動契約履行之地點，應明白約定。

〈範例3-1-88〉

臨時工僱傭契約書

○○公司（以下簡稱甲方）與○○○（以下簡稱乙方）雙方締結如下勞動契約書：

第1條　甲方根據左列之勞動條件，雇用乙方為臨時勞工，乙方須確實遵從甲方之指示：

一、契約期間：自民國○○年○月○日起至民國○○年○月○日止。

二、就業場所：○○市○○路○○號甲方之臨時販賣店。

三、職務：銷售、訂貨、搬運及其他相關事務。

第2條　乙方服務期間如下：

一、工作時間：一日實際工作時間為七小時三十分、休息時間為一小時。

二、休假：每週休假乙天。

三、休假日加班：若因業務上不得已之理由，得遵照勞動基準法之規定於假日加班。

第3條　甲方支付乙方薪資之辦法如左：

一、每日新臺幣○元（所得稅由乙方負擔）。

二、加班津貼：工作時間外之加班須另支付加班津貼。

三、支付方式：每月○日（如支付日逢銀行休假日，則提前一日）以當地通用貨幣為工資之給付。

第4條　本契約第1條期間屆滿時，本契約即自動終止。乙方不得要求第3條工資以外之退職津貼及其他一切之給付，而在本契約期間著因重大過失而導致甲方之損失，乙方應負損害賠償之責任。

第5條　本契約壹式貳份，甲、乙雙方經簽名蓋章後各執乙份為憑。

立契約人

僱傭人（甲方）：

工廠名稱：

工廠地址：

負責人：○○○簽章

住址：

身分證統一編號：

公會會員證書字號：

受僱人（乙方）：○○○簽章

住址：

身分證統一編號：

中　華　民　國　○　○　年　○　月　○　日

〈範例3-1-89〉

團體協約（臺北市政府社會局編印範本）

第一章　總則

一、○○○公司（以下簡稱甲方）與○○○公司○○產業工會（以下簡稱乙方）為保障雙方權益，協調雙方關係，發揮工作效能，共謀合作增產，依據團體協約法訂立本協約以資共守。

二、本協約適用範圍限於全體職員及甲方所訂人事管理規則所稱之作業員。

三、甲方確認乙方有權代表全體會員與甲方接洽涉及勞資關係問題，所稱乙方會員係指依法加入乙方，按月繳納會費者而言。

四、本協約規定事項，與甲方所訂管理規則及各項規程有牴觸者，仍以本協約為準。

五、甲乙雙方辦理團體交涉事項時，以書面行之，對方應於三十日內答覆之。

第二章　工會活動

六、工會活動遇有需要事前經甲方同意時得在工作時間內舉行。

七、甲方應在廠內提供適當地點給予乙方為辦公場所。

八、乙方之職員及會務人員在工作時間外辦理會務者得向甲方申請支給原職位之加班費或出差費，但以事前經甲方認可者為限。

九、乙方會員因會務受訓講習，甲方得依其規定支給薪資及原職位餐旅費，逾時應檢附證明文件發給加班費。

十、乙方為辦理工會活動得經甲方核准借用設施及場所。

第三章　工作時間及休息

十一、從業員每日正常工作時間定為八小時，其作息時間視工作性質分別訂定之。

十二、甲方因業務需要必須延長工作時間或例假日照常工作時，均應事先徵得乙方同意。

十三、甲方因業務需要得依勞動基準法第34條之規定採用晝夜輪班制。

十四、從業員用餐時間定為四十五分鐘（輪班者三十分鐘），因工作性質在休息時間中應繼續工作者，得分別依勞動基準法之規定，另定作息時間。

第四章　例假、休假及請假

十五、依照政府規定之例假日，從業員薪津甲方均應照給，如因業務需要照常工作時，依現行辦法加給當日工資。

十六、從業員繼續工作滿一定期間者，依照勞動基準法第三十八條之規定給予特別休假，如因業務需要不休假時應發給不休假獎金。

十七、從業員之公假：公傷假或因事務、婚喪、疾病及女從業員分娩，應依照現行有關規定給假，請假者應事先依照本公司人事管理規則第十一章規定辦理之。

十八、乙方辦理會務人員得向甲方請公假，其公假時限依據工會法第三五條規定辦理之。

第五章　工廠紀律

十九、從業員除應遵守本協約所訂事項外，並應遵守甲方一切章則及通告誠實擔負業務上之工作責任。

二十、從業員不得洩漏公司業務上之一切機密及毀謗公司聲譽與信用或對公司有不利之行為。

二一、從業員在業務上應接受上級主管或負有監督責任者之指揮與監督，不得抗違，如有意見應於事前或事後述明核辦。

二二、從業員負有業務上監督責任者，應致力運用工作單位之組織機能，使其發揮最大效能，並對屬下從業員之意見，或陳述應善加處理。

二三、從業員上下班或外出應遵守規定出入，並應服從警衛人員之檢查。

第六章　僱用及解僱

二四、甲方對從業員除工作契約期滿者外，非徵得乙方同意，不得隨意不經預告而解僱之，但違反本公司人事管理規則第十四章第3條第1項解僱或免職所列各款之一者不在此限。

二五、如有下列情事之一者，得於法定期間內經預告解僱從業員之全部或一部，並依勞動基準法辦理：

(一)工廠如全部或一部歇業時。

(二)工廠因不可抗力，必須停工一個月以上時。

(三)工廠因變更編制減少生產或變更製造方法時。

(四)從業員於其所承受之工作不能勝任時。

前項一至三款應先呈請主管機關核准，但第4款事實之認定發生爭執時交由工廠會議認定之。

二六、從業員因公傷經二年治療仍未痊癒。由甲方發給其三個月薪資額之撫慰金，並予停薪留職六個月，但於公立醫院證明痊癒後得予復工（職）。如期滿仍未痊癒者，依法令及本公司規定辦理資遣或退休。

第七章　賞罰及考驗

二七、甲方對從業員賞罰與考驗，應遵照本公司「人事管理規則」有關規定辦理之。

第八章　福利

二八、為安定從業員生活，提高工作情緒，努力生產，以求事業之發展有關福利設施甲方應積極加強。

二九、甲方應依職工福利金條例提撥職工福利金，辦理職工福利事業。

第九章　安全衛生及災害撫卹

三十、甲方對工廠安全設備及衛生設備應依「工廠安全及衛生管理人員設置辦法」及有關法令之規定設置安全及衛生管理人員。

三一、甲方應設置適用之醫務室聘任合格醫師及護士力求充實醫務設備。

三二、甲方對從業員疾病傷亡撫卹等依照人事管理規則第十七章第2條辦理之。

三三、甲方應每年邀請衛生單位來廠，對全體從業員切實施行健康檢查，乙方應盡力協助之。

三四、罹患左列疾病之從業員，甲方得令其請假休養治療之。並依本約第17條辦理：

(一)精神病以及患有傳染性之疾病。

(二)對原有工作不堪勝任之私傷病。

(三)其他由衛生機關所規定應予停止工作治療之病。

第十章　勞資會裁及勞資爭議

三五、甲乙雙方依照勞動基準法第83條之規定設置勞資會議處理雙方有關事項。

三六、凡經勞資會議決議事項，雙方應確實履行。

三七、甲乙雙方間發生勞資爭議時應本和平協調精神協商解決，如仍無法解決，應報請主管機關及有關單位依法處理。

第十一章　待遇

三八、甲方應本勞資兼顧之原則訂定合理薪資標準。

三九、從業員待遇如因物價波動甲方應酌量調整之。

四十、甲方因業務需要延長工作時間，應支付加班費，延長二小時者應照本日每小時工資額最少加給三分之一，其後延長二小時者最少加給三分之二。

四一、甲方正常工作時間內因原料供應中斷或修理機器影響部分或全部停工時薪資應照常發給。

四二、甲方如遇意外事故或產品滯銷致影響部分或全部停工時，甲方如不依照第25條辦理時其停工期間工資應依照左列標準發給之：

(一)二個月以內者，發給工資三分之二。

(二)兩個月以上者，發給工資二分之一。

四三、甲方為勵行增產獎勵乙方，於年度終了時，應發年終獎金，並得視業務酌量加發獎金，以示鼓勵。

第十二章　附則

四四、本協約有效期間定為二年，期滿前二個月，應由雙方互派代表會商，續約或重新訂約。

四五、本協約經甲、乙雙方同意後，由雙方代表簽章，並自呈報主管機關認可之翌日起生效。

四六、本協約所未定之事項，甲、乙雙方應遵照政府有關法令及甲方現行規章辦理之。

四七、本協約正本肆份，由甲乙雙方各執乙份，另貳份呈報主管機關核備。

立協約人

甲方：

乙方：

見證：

中　華　民　國　○　○　年　○　月　○　日

〈範例3-1-90〉

工作規則（臺北市政府社會局編印範本）

第一章　總則

一、本公司暨所屬工廠員工管理事項，除勞工法令另有規定外，均依本規則行之。

二、本規則所稱員工，係指受僱在本公司所屬各廠工作之男女員工。

三、本公司員工服務悠久，成績卓著者於業務需要時得視其學歷經歷程度甄選後轉任為職員。

四、本規則如發生疑義時由勞資會議研議意見呈報董事會決定之。

第二章　僱用

五、員工之僱用須先辦理審查登記，於需要時甄試僱用之。

六、新進之員工予以四十日之試用，試用期間之工資得按其工作性質定之，凡試用不合格者不予僱用。

七、新進員工有左列情形之一者，不得僱用：

(一)通緝有案者。

(二)受禁治產之宣告尚未撤銷者。

(三)經本公司醫務機構或指定醫師，特約醫院檢查體格不合者。

第三章　到工（職）

八、經甄試錄取之員工應於接到通知三日內辦理報到手續，逾期即以備取依次遞補，但事先呈經核准延期到工者不在此限。

九、員工辦理報到手續，應填妥左列書表（格式另定）並隨交最近一吋半身照片六張。

(一)詳歷表。

(二)保證書。

(三)防諜連保切結者。

(四)戶口謄本。

十、前條手續辦妥後由人事單位填發員工證。

前項員工證如有遺失，應即聲明作廢，並向人事單位申請補發。

十一、員工到工經分派工作後，應即赴派定單位工作不得藉故請求變更。

第四章　保證

十二、員工應覓具保證，其保證人之資格必須合於下列之一：

(一)殷實商號壹家（經管財物員工為限）。

(二)現任公教人員或現職軍官二人。

(三)有固定職業之公民或本公司之員工二人。

前項(二)、(三)兩款，同一保證人擔保本公司員工以二人為限。

本公司董事長及監察人不得作保。

十三、被保證人如有下列情形之一者，保證人應連帶負賠償及追繳之責任並明定於保證書內：

(一)違背法紀者。

(二)侵占或虧欠公款（物）者。

(三)毀損公物者。

(四)不依本公司規定擅自越權處理業務，致公司發生損害。

(五)其他情形致本公司蒙受名譽或財物損失者。

十四、人事單位於接到保證書後應即予以對保，如有不合格者，應即通知換保。

十五、保證人遇有解職或死亡，及其他事故喪失其資格時，被保證人應另行覓保補辦保證手續。

十六、原保證人申請退保時，由人事單位通知被保證人限期另行覓保。

十七、被保證人中途換保，須俟新保證書經人事單位對保後，始得取回原保證書。

十八、被保證人解僱或辭工時，應將經手事項交代完畢，離職後始得取回原保證書，保證人始得解除保證責任。

十九、保證人聲請退保須以書面說明理由，並應俟被保證人另覓保證人手續完備後，始得解除保證責任。

第五章　工作時間及服務準則

二十、本公司員工保證書由人事單位保存，並每年定期辦理對保，必要時得隨時對保。

二一、員工每日工作時間以八小時為原則，每週工作總時數不超過四十八小時。

二二、因天災、事變、季節等關係，於取得產業工會或工人同意後，得延長工作時間，但每日總工作時間不得超過十小時，其延長之總時間男工每月不得超過四十六小時，女工每月不得超過二十四小時。

二三、本公司工廠晝夜輪班部門工作班次至少每週更換一次。

二四、員工應遵照規定時間上工下工，其打卡時間除特許者外規定如下：

(一)上班：上班前三十分鐘起打卡。

(二)下班：下班前三分鐘打卡。

(三)上工員工未到達工作場所前交班員工不得擅自退工，其延長之工作時間視為加班。

二五、員工不得遲到早退或擅離職守，如有遇遲到或礦工情事者按照下列規定處理之：

(一)遲到：在規定上工時間三分鐘後，到十五分鐘以內始到工者為遲到，逾十五分鐘者以曠工論，不足一小時者以一小時計，超過四小時者以曠工一日論。

(二)早退：在規定下工前十五分鐘以內，擅自離廠或離開工作場所者為早退，逾十五分鐘者以曠工半日計。

(三)遲到或早退於一個月內滿三次者以曠工一日論。

(四)員工公出須經主管核發公出證明向人事單位登記，否則以曠工半日論。

(五)未經請准給假而缺工者為曠工。

二六、員工對於物料成品及機器設備等，應注意愛護並不得浪費損毀及私自攜帶外出。

二七、員工不得私自攜帶危險品，及非工作必備工具進廠，非報經廠方許可者，不得擅領外人進廠參觀或攝影。

二八、員工在工作時間內非有重要事故，經主管認可後不得會客，會客時間以十五分鐘為限，員工會客地點應在指定場所，不得領入其他場所或宿舍。

二九、員工除遵守法令外，並應遵守公司暨工廠所定之規章及服從主管人員之指導。

三十、員工在下班前應將各工作處理完畢，所用工具收拾清楚，始得離開工作地點。

三一、員工在上下工及進出廠時。應依照規定嚴守秩序，若有攜帶物品出場者，應接受守衛人員之檢查。

三二、員工攜物出廠時應先向廠方領取放行證方得通行，廠方認為不需要者不在此限。

三三、本公司或工廠因工作之需要，在不影響其原有津貼，且確認該員工能力所能勝任，並在本公司或原廠內為原則調動員工工作時，不得拒絕。

三四、員工上工時應佩帶工具證或其他規定之標幟。

三五、員工在工作時間應佩帶穿著規定之制服及安全裝備。

三六、員工上下班打卡不得託人代辦，違者以曠工半日論，其受託人之處分亦同。

三七、員工不得在宿舍工廠內賭博或打架，並不得在工廠內飲酒或於上工前酗酒。

三八、員工及眷屬户籍變更時。應即通知人事單位備查。

第六章　請假

三九、員工在工作時間內因重要事故必須離廠者，應先報請主管核准。將請假單送人事室單位登記方得離廠，核定程序另訂之。

四十、員工請假分為下列七種：

(一)事假：請事假一次不得超過五日，全年合計不得超過十四日，超過十四日時徵得員工同意得以特別休假抵充，再超過者以曠工論。

(二)病假：應檢具本廠醫師或公立醫院或特約醫院或勞保指定醫院證明書，始得申請病假，全年合計以三十日為限，超過日數徵得員工同意，得以事假日數及特別休假日抵充，如再逾限可停薪留職一年。但公傷病留職停薪期間不予限制。

(三)婚假：員工結婚給予婚假七日（包括例放假日）。

(四)喪假：承重祖父母、父母或配偶之喪得請喪假七日；祖父母、外祖父母、配偶之承重祖父母、父母或子女之喪五日，為人養子女者，如遇本生祖父母、父母之喪時得給喪假三日，如因路程關係得酌給往返路程假。

(五)分娩假：女性員工經檢具出生證明得請分娩假八星

期，三個月以上流產得請四星期，三個月以下之流產依病假之規定辦理。

(六)公假：因照政府法令參加服役受訓考試或集會等，合於公假規定者，得檢具證件呈請核給公假。

(七)公傷假：因執行職務受傷，得檢具有關證件報請給予公假。

四一、員工請假應事先填具請假單呈請核准，如患急病或特殊事故未能事先請假者，得取具有效證明，病假於三日內，事假於二日內補行請假，否則視為曠工論。

四二、計算全年事病假日數，自每年元月一日起至十二月三十一日止，中途到工者，除分娩假、婚喪假特准病假，仍依照規定處理外，其他病事假等，得依比例遞減。

四三、員工請假理由不充分或有妨礙工作時，主管人員得斟酌情形不予准假，或縮短給假日期。

第十章　休假

四四、員工繼續工作四小時至少應有半小時之休息，但實行輪班制或其工作有連續性或緊急性者，僱主得在工作時間內另行調配其休息時間。

四五、員工每七日中至少有一日之休息作為例假，請公假或事病假一次滿五日以上者，及其在請假期間如遇星期例假日期，均應包括在內，不另給休息例假。

四六、凡經法律規定應放假之紀念或其他休息日均給假休息。

四七、員工繼續工作滿一定期間得給予特別休假，其休假期間如下：

(一)工作一年以上未滿三年者每年七日。

(二)工作三年以上未滿五年者每年十日。

(三)工作五年以上未滿十年者每年十四日。

(四)工作十年以上者其特別休假每年加給一日，其總數不得超過三十日。

前項年資以前年度終了時之年資計算為準。

應給特別休假人員，如基於工作上之需要不能休假者，或其本身不願休假者，得照休假日數加倍發給工資。

四八、因工作需要徵得產業工會同意後，得於例假日或法令規定假日加班。惟星期例假日應另定期補休。法令規定例假日應加倍發給工資，員工不得拒絕。

四九、員工之特別休假日期，應於每年一月及七月，由各該單位排定呈請廠長核定發行之。

五十、因天災、事變或實發事件延長工作時間者，應於事後補給員工之休息。

第八章　工資

五一、員工工資採日給制度並於每月定期分二次發給。

五二、員工按期以其所任工作核定其工資，工資表另定之。

五三、因員工的工作時間外加班，其工資計算為延長二小時內者，照平日每小時工資額加給三分之一，延長三至四小時應照平日每小時工資額加給三分之二。因天災、事變或突發事件延長工作時間者按平日每小時工資額加倍發給。

五四、員工在請假期間之待遇依下列規定辦理：

(一)事假：在假期間工資停止發給。

(二)病假：病假期間，自不能工作請假治療之日起至第三日，僱主應照發給工資二分之一津貼，自第四日起所領勞保普通傷病給付與原應發給工資二分之一津貼之差額部分，僱主仍應發給，但以一個月為限。

(三)婚喪假：在規定假期中工資（包括實物代金）照給。

(四)分娩假：女性員工在廠服務滿六個月者，遇有生育或流產等情事，在規定請假期間內工資（包括實物代金）照給，其服務未滿六個月者減半支給。

(五)公傷假：員工因工受傷在假期內工資（包括實物代金）除勞保給付外補給其差額。

(六)公假：合於公假規定者在假期內工資（包括實物代金）照給。

第九章　福利

五五、本公司依照「職工福利金條例」之規定，提撥福利金，辦理福利事業，員工得享受一切職工福利設施。

五六、員工一律參加勞工保險，經僱用後或解僱後，依照規定向人事單位辦理投保或退保手續。

五七、本公司於每年年終依照規定發給員工年終獎金，中途到職者按照其僱用日期比例計算之，未到年終離職者不發。

第十章　考績

五八、員工每年元月舉行定期考績一次。

五九、員工有曠工或申誡以上之處分者，其考績不得列為甲等以上。

六十、員工之考績以領班（班長）為初核、管理員、股長為複核，主任（課長）為決核。

六一、員工請病假超過規定每一天扣半分，遲到早退扣一分，事假超過規定每一天扣一分，曠工一天扣三分。

六二、員工全年皆勤者，考績加五分。

六三、員工記大功一次考績加九分，記功一次加三分，嘉獎一次加一分。

六四、員工記大過一次考績減九分，記過一次減三分，申誡一次減一分。

六五、年度考績內同級功過得相抵，但記大過三次者應除名。

六六、大功過一次抵功過三次，功過一次得抵嘉獎申誡三次，嘉獎一次抵申誡一次。

第十一章　年資計算

六七、員工服務年資之計算規定如下：

(一)有下列情形之一者，其年資併計：

1.本公司關係企業間之調動者。

2.奉准給假者。

3.在試用實習期間。

(二)有下列情形之一者，離職期間年資不計：

1.因案停職准予復職者。

2.自請停薪留職者。

(三)有左列情形者，不計前資：

因辭職或免職後，復經僱用者。

第十一章　獎懲

六八、員工之獎勵分下列六種：

(一)獎狀。

(二)嘉獎（嘉獎三次為記功一次），每次發獎金二百元。

(三)記功（記功三次為記大功一次），每次發獎金四百元。

(四)記大功：每次發給獎金一千元。

(五)獎金（參酌情況核定）

(六)晉級（記大功二次晉薪一級）

六九、員工有下列情形之一者，斟酌其應獎勵程度依前條之規定予以獎勵：

(一)對業務工作有特殊貢獻或提供有利計畫經採納施行有效者。

(二)利用廢料有克難成果者。

(三)對舞弊或危害公司權益情事，能事先舉發或防止，而免受損失者。

(四)研究改善生產設備有特殊功績者。

(五)施救意外災害，減少財物及人命損失者。

(六)全年無遲到早退及請假者（公傷及公假不在此限）。

(七)其他特殊功績，或善行之事實，或當選為好事代表者。

七十、員工之懲罰分下列五種：

(一)申誡（申誡三次為記過一次）。

(二)記過（記過三次為記大過一次）

(三)記大過。

(四)除名。

七一、有下列事實之一者予以申誡：

(一)攜帶物品入廠出售者。

(二)在一個月內忘帶員工證二次以上者。

(三)擅離職守者。

(四)工作廠內男女嬉戲有妨礙工作者。

(五)隨地便溺者。

(六)踐踏原料或成品者。

(七)不遵守工作守則情節輕微者。

七二、有下列事實之一者予以記過：

(一)未按照規定穿戴安全裝備有具體事證者。

(二)妨礙他人工作有具體事證者。

(三)塗寫牆壁機器有礙觀瞻有具體事證者。

(四)未經許可不俟接替人員到達工作位置逕自先行下班有具體事證者。

(五)爬越廠區圍牆者。

(六)託人打卡或代人打卡者。

(七)同事間有爭執不服勸導者。

(八)原料缺少及機器損害有隱瞞遲報影響生產者。

(九)未經奉准擅引外人進人廠區者。（守衛人員連帶處分）

(十)違反工作守則情節重大者。

七三、有下列情事之一者予以記大過：

(一)違背工作方法影響生產或導致廠方蒙受重大損失有具體事證者。

(二)工餘材料隱匿不點有具體事證者。

(三)在工作時間內擅離崗位或偷懶睡覺有具體事證者。

(四)因疏忽過失致使公物蒙受嚴重損害者。

(五)對上級人員有關職務之查詢，有故意隱瞞或不實之報告者。

(六)機器、車輛、儀器及具有技術性之工具，非使用人擅自操作者。（倘因而損害並應負賠償責任）

七四、有下列事實之一經查屬實者予以除名：

(一)在工作時間內或工作場所受刑事處分而無改易罰金或罰鍰之宣告者。

(二)向外洩漏本廠生產技術或業務上之秘密有具體事證者。

(三)故意使機件障礙或故意損壞重要公物有具體事故者。

(四)偷竊公司物件或產品有具體事證者。

(五)在廠內打人或互毆有具體事證者。

(六)無故連續曠工三日，或全月曠工累積逾六日者。

(七)捏報事實或浮開費用，意圖不法所得有具體事證者。

(八)參加非法組織者。

(九)模仿上級主管簽字或盜用印信者。

(十)公然侮辱上級之行為有具體事證者。

(十一)與包商勾結或接受包商金錢有具體事證者。

七五、員工如有懲罰獎勵等情事，應由主管部門列舉事實送人事單位，依照本規則所定條款簽呈廠長或公司指定主管核定後公布，其屬除名處分者，應報請主管機關核准。

七六、員工平日功過於年度考績時互相抵銷。

七七、員工犯有過失如牽涉法律範圍者，除照本規則處理外並移送司法機關依法處理。

七八、公司遇有下列情事之一者經呈準主管機關解僱員工：

(一)全部或一部分停工或歇業者。

(二)因不可抗力停工在一個月以上者。

(三)員工對於其所承受之工作確不能勝任時。

七九、為前條情事解僱員工時應先預告，其預告之時間依左列規定：

(一)員工繼續工作三個月以上未滿一年者於十日前預告之。

(二)員工繼續工作一年以上者於二十日前預告之。

(三)員工繼續工作三年以上者於三十日前預告之。

八十、員工於接到前條預告後，為另謀工作得於工作時間請假外出，但每星期不得超過二日，至遠地另謀工作得予以一次合併給假，其給假期內工資包括食物代金照給。

八一、本規則第七十九條規定預告期滿，除員工應得工資照給外，並另給與該項預告期間之工資之半數。其不依第79條之規定而即時解僱者，須給員工以該條所定預告期間之工資。

八二、依第七十八條規定解僱員工除按前條給與預告期間工資外，另依照本規則資遣之規定發給資遣費。

八三、員工因受懲處除名或自行辭退者，不適用本章之規定。

八四、員工離工應依照本廠規定辦妥一切離（職）工手續後，始得申請本廠發給工作證明書。

第十四章　資遣

八五、經醫師證明患有嚴重之傳染病或其他痼疾有礙工作或公共衛生者，得予資遣。

因特准病假已達到規定之期限仍不能回公司服務者。

八六、資遣員工發給資遣費，以離職月份之（工）資（薪）給標準包括食物代金及其他經常性之給予並依服務年資依左列規定發給之：

(一)工作每滿一年與發給相當於一個月平均工資之資遣費。

(二)工作未滿一年者以比例計算發給，未滿一月者以一月計。

八七、前項資遣費之發給不適用於自行辭職者或因犯廠規而被除名之人員。

第十五章　退休

八八、員工合於下列情事之一者，應准其自願退休：

(一)工作十五年以上，年滿五十五歲者。

(二)工作二十五年以上者。

八九、員工有左列情事之一者，應命令退休：

(一)年滿六十歲者。

(二)心神喪失或身體殘廢不堪勝任職務者。

九十、員工退休年齡之認定，以户籍記載為準。

九一、員工工作年資依下列規定計算：

(一)工作年資應以連續服務同一工廠為限，轉廠年資不予計入，但由廠方調動者不在此限。

(二)工廠因轉讓或其他事故變更業主，其員工未依勞動基準或其他法律資遣，並繼續被僱用者，其原任之工作年資應予併計。

九二、員工退休金之給與規定如下：

(一)依第八十八條規定自願退休之員工及第八十九條規定命令退休之員工，按其工作年資每滿一年給予二個基數，工作年資超過十五年者，每逾一年增給一個基數之退休金，其剩餘年資滿半年者以一年計算，未滿半年者以半年計。合計最高以四十五個基數為限。

(二)第89條第1項第2款命令退休之員工，其心神喪失或身體殘廢係執行職務所致者，依前款規定加給百分之十。

九三、退休金基數之計算方法，以核准退休前六個月平均工資所得為準。

九四、工廠辦理員工退休時，其退休金應自退休之日起一個月內發給，並於給與退休金後：其退休事實表及員工具領收據副本或影本一併存案備查。

九五、勞工請領退休金之權利，自退休之次月起，因五年間不行使而消滅。

第十六章　撫卹

九六、員工在職死亡除依勞工保險條例申請死亡給付外，其在本公司工作一年以下者，給予三個月工資之撫卹金，每滿一年，加給一個月，最高以二十五個月為限，凡因公死亡者，得申請特別撫卹。

九七、員工到工後如未辦妥勞工保險時，發生意外事故致員工受傷比照勞保條例規定予以補助。

第十七章　附則

九八、本規則未盡事宜悉依政府法令規定辦理。

九九、本規則經本公司董事會通過並呈請主管機關核准後公布施行，修正時亦同。

捌、承攬契約

一、說明

承攬，乃當事人約定，一方（承攬人）為他方（定作人）完成一定工作，而他方俟工作完成後，給付報酬之契約。約定由承攬人供給材料者，其材料之價額，推定為報酬之一部。

二、契約當事人之法定權利義務

(一)承攬人之權利義務

1.工作義務

完成一定工作之義務。

2.承攬人之擔保責任

承攬人之完成工作，應使其具備約定的品質，及無減少或滅失價值，亦無不適於通常或約定使用之瑕疵。

3.承攬人之法定抵押權

承攬之工作為建築物，或其他土地上之工作物，或為此等工作物之重大修繕者，承攬人就承攬關係報酬額，對於其工作所附之定作人之不動產，請求為抵押權之登記，或對於將來完成之定作人之不動產，請求預為抵押權登記。如承攬契約已經公證者，承攬人須單獨申請之，就修繕報酬所登記之抵押權，於工作物因修繕所增加之價值限度內，優先於成立在先之抵押權。

(二)定作人之權利義務

1.給付報酬：報酬應於工作交付時給付之，無須交付者，應於工作完成時給付。

2.給予協力：工作需定作人之行爲始能完成者，定作人如經定期催告而仍不爲其行爲時，承攬人得解除契約。

3.工作有瑕疵者，定作人得定相當期限，請求承攬人修補，承攬人不於期限內修補者，定作人得自行修補，並得向承攬人請求償還修補必要之費用。但修補所需費用過鉅者，承攬人得拒絕修補。

4.承攬人不於定作人催告期限內修補瑕疵，或因修補所需費用過鉅拒絕修補或其瑕疵不能修補者，定作人得解除契約或請求減少報酬。但瑕疵非重要，或所承攬之工作爲建築物或其他土地上之工作物者，定作人不得解除契約。

5.因可歸責於承攬人之事由，致工作發生瑕疵者，定作人除得請求修補或解除契約，或請求減少報酬外，並得請求損害賠償，如所承攬之工作爲建築物或其他土地上之工作物，而其瑕疵重大致不能達使用之目的者，定作人得解除契約。

6.工作進行中，因承攬人之過失，顯可預見工作有瑕疵或有其他違反契約之情事者，定作人得定相當期限，請求承攬人改善其工作或依約履行。承攬人不於期限內依照改善或履行者，定作人得使第三人改善或繼續其工作，其危險及費用，均由承攬人負擔。

7.因可歸責於承攬人之事由，致工作逾約定期限始完成，或未定期限而逾相當時期始完成者，定作人得請求減少報酬或請求賠償因遲延而生之損害，如以工作於特定期限完成或交付爲契約之要素者，定作人得解除契約，並得請求賠償因不履行而生之損害。但工作遲延後，定作人受領工作時不爲保留者，承攬人對於遲延之結果，不負責任。

8.因可歸責於承攬人之事由，遲延工作，顯可預見其不能於限期內完成而其遲延可爲工作完成後解除契約之原因者，定作人得解除契約，並請求損害賠償。

(三)危險之負擔

工作物毀損滅失之危險，於定作人受領前，由承攬人負擔。受領後或受領遲延者，均由定作人負擔。但其危險之發生，係因定作人所供給材料之瑕疵或其指示不適當所致，而承攬人及時將其情事通知定作人者，其危險雖發生於受領之前，仍應由定作人負擔。定作人所供給之材料，在危險移轉前因不可抗力而毀損滅失者，承攬人不負責任。

三、承攬契約應訂明之基本條款

(一)承攬人及定作人。

(二)承攬工作名稱、地點、範圍。

(三)報酬及給付方法。

(四)工作期限。

(五)工作材料與監督、管理。

(六)其他特約事項如保證、違約處罰等。

四、訂立承攬契約應注意事項

(一)定作人之瑕疵修補請求權、修補費用償還請求權、減少報酬請求權、損害賠償請求權或契約解除權，均因瑕疵發見後一年間不行使而消滅，但瑕疵自工作物交付後經過一年（工作依其性質無須交付者自工作物完成時起算）始發見者，不得主張前揭權利。

(二)承攬人故意不告知其工作之瑕疵者，瑕疵發見期限延長爲五年。

(三)工作爲建築物，或其他工作上之工作物，或爲此等工作物之重大修繕者，瑕疵發見期限定爲五年。承攬人故意不告知瑕疵時，則延長爲十年。

(四)承攬工作未完成前，定作人得隨時終止契約，但應賠償承攬人之損害。

五、契約範例

〈範例3-1-91〉

承印書籍承攬契約書

立合約人 ○○學　校
○○印刷廠 （以下簡稱甲乙方），甲方「○○○○」一書，經標價結果，交由乙方承印，雙方訂定條款如後：

一、數量：○○本，每本○○頁。

二、價款：每本新臺幣○○元，全部價款合計新臺幣○○元整。

三、規格：二十四開本，用○○磅木造紙，版面照原樣本，沖皮封面燙金（顏色另選）。

四、印刷裝訂：印刷須明晰，不得多字少字，前後顛倒，上下顛倒及字行歪斜，行間疏密不等；精緻精裝，不得顛倒或有缺頁。

五、交貨日期：限於○年○月○日，乙方將印製成品交甲方指定地點驗收；原稿及鋅版一併交與甲方。

六、付款辦法：立約後甲方付予乙方總價百分之○，即新臺幣○○元整，其餘價款須俟印製成品交清，經驗收無誤，甲方一次付清餘款百分之○，即新臺幣○○元整。

七、價款追加或追減：本合約全都價款○○元整，如因頁數增減，其總價應按實際頁數核算，追加或追減其總價之金額。但追減總價之金額，以不超過百分之○為限。

八、罰則：交貨限期屆滿，每逾一日，罰總價千分之○。

九、保證：乙方須覓資本額在○○萬元以上之同業兩家，以為保證，如乙方不能履行本合約之義務，保證人應繼續完成，倘甲方蒙受損失，保證人須負賠償之資，並放棄先訴抗辯權。

十、有效期限：本合約訂立後，經對保無誤之日起生效，至價款付清後失效。

十一、附則：本合約正本貳份，雙方各執乙份（印花自貼），副本○份，交由甲方備用。

立合約人　甲方：○○學校
校長：○○○（簽名蓋章）
乙方：○○印刷廠
負責人：○○○（簽名蓋章）
營業登記證號碼：○○字第○○號
地址：○○○○
保證人：甲乙○○○印刷廠
負責人：甲乙○○○（簽名蓋章）
營業登記證號碼：甲乙○○字第○○號
地址：甲乙○○○○

中　華　民　國　○　○　年　○　月　○　日

〈範例3-1-92〉

承攬加工契約書

立加工契約人○○○簡稱為甲方，○○○簡稱為乙方茲為加工○○物經當事人間同意訂立契約條件於下：

第1條　乙方願向甲方承製○○物之零件，而甲方允諾付其加工費用。

第2條　乙方承製○○物所需一切材料概由甲方供給之。

第3條　乙方所承製之成品應悉數交與甲方，不得有私自出賣或處分等行為。

第4條　加工期間訂自民國○○年○月○日起，至民國○○年○月○日止滿○年○月為限。

第5條　乙方所加工數量，每月不得少於○○組，而甲方亦應按此數量供給材料，各認諾之。

第6條　本加工契約存續期間內，乙方非經甲方事先許諾，不得向第三人承製同樣製品。

第7條　因乙方不慎將甲方供給之材料，或製品失竊或違背契約第3條之規定，私自出賣或處分時，乙方應負完全賠償一切之責任。

第8條　乙方承製○○物之加工費，經當事人間議定每組（拾貳個）新臺幣○佰○拾元，甲方應於每月○日依照乙方實交數量計付加工費，不得有遲怠情事。

第9條　甲方如拖延或短付前條加工費時，乙方得對甲方所供給之材料，或已成製品為行使留置權，甲方無異議。

第10條　乙方有違背本契約第3條、第5條、第7條之約定時，甲方得隨時解除契約，乙方應將甲方既提交之材料及成品交與甲方，乙方無異議。

第11條　甲方有違背本契約第5條約定，遲延供給材料時，或第8條約定遲延給付時，乙方得隨時解除契約，甲方無異議。

第12條　本契約履行地點經雙方約定（○○處所）○○工廠內為之。

第13條　本契約壹式貳份，甲、乙雙方各執乙份為憑。

定作人（甲方）：○○○　印

住址：

身分證統一編號：

承攬人（乙方）：○○○　印

住址：

身分證統一編號：

中　華　民　國　○　○　年　○　月　○　日

〈範例3-1-93〉

承攬工程契約書(一)

合約編號	
工程名稱	

立合約人：業　主　　　　　　　　○○○（以下簡稱甲方）
　　　　　承包商（工程機關）　○○○（以下簡稱乙方）經雙方同意訂立本合約，其條款如下：

一、工程名稱：

二、工程地點：

三、合約總價：全部工程總價新臺幣○億○仟○佰○拾○萬○仟○佰○拾○元整。詳細表附後。

四、工程期限：本工程應於雙方簽訂合約後十日內開工，並於○○○日曆工作天內完成。

五、合約範圍：本合約包括合約條文、工地說明書、開標紀錄、標單（工程估價單、單價分析表）、圖樣、施工規範及說明書、投標須知、保證書及保密切結等文件一切章程在內。

六、圖說規定：乙方應依據設計圖樣及施工規範與說明書負責施工，如施工圖樣與說明書有不符合之處，應以施工圖樣為準，或由雙方協議解決之。

七、合約保證：

(一)乙方應提供兩家以上殷實舖保或金融機構（銀行、保險公司、信託公司）或等值有價證券及不動產之保證，保證者應負本合約之一切責任。

(二)保證者有中途失其保證資格、能力或自行申請退保時，乙方應立即覓保更換，原保證者於換保手續完成，並接甲方通知後，始得解除其保證一切責任。

(三)保證者應俟本合約失效時，始得解除其保證一切責任。

八、甲方指派監工員職權：

(一)甲方得選派具備監工資格之人員監督乙方有關工程之施工。

(二)甲方監工人員依據本工程合約所定範圍執行下列任務：

1.審核乙方提出工程進度表及監督實際施工。

2.對乙方所選派之監工人員及工人有監督之權。

3.就工程圖樣及施工說明書範圍施工並監督。

4.工程材料進場及工作進行時之檢驗。

(三)甲方監工人員執行任務時，如遇困難、阻礙或工程不合規定時，乙方應隨時解決及改正。

九、乙方監工員：乙方應選派富有工程經驗之監工人員常駐工地負責管理施工之一切事宜。並接受甲方施工監督。

十、材料檢查：

(一)關係本工程所使用之材料，其品質或等級不甚明瞭時則以中材為準。

(二)本工程使用材料，甲方應於進場時即行檢查之。

(三)特殊材料之檢驗如須委託其他機械辦理者，其費用由乙方負擔。

(四)檢驗不合格之材料乙方應即撤離工地。

(五)檢驗合格已運入工地材料，非經甲方同意不得撤離工地。

十一、會同監督之工程：凡必須會同甲方監工人員共同監督進行之工作，雙方監工人員均應配合所訂施工時間如期到達工地，共同監督進行。若甲方未能如期到達，因而造成乙方之損失，乙方得要求甲方展延工期及損失賠償。

十二、甲方供給之材料與租借機具設備：

(一)凡規定由甲方供給之材料或租借機具，應按需用時間由乙方領用；如果甲方未能及時如數供給，甲方應核實補償乙方之損失。

(二)乙方認為其品質或規格與合約規定不符時，應即通知甲方更換之，倘在乙方使用期間甲方要求返還，因此而使乙方受損害時，甲方應予補償，由甲乙雙方協商解決之。

(三)乙方對於甲方點交無償供給之材料及租借機具設備應

善加保管，對於供給之材料，如認有不足時，乙方應於得標後三十日內，向甲方提出申請，經甲乙雙方核實結果，如確有不足時，應由甲方補足之。如有剩餘時，乙方應按甲方指定場地交還，租借之機具設備，如有遺失或毀損時。乙方應在甲方指定期間修復原狀，繳還或賠償之。

十三、工程變更：甲方對工程有隨時變更計畫及增減工程數量之權，乙方不得異議，對於增減數量，雙方參照本合約所訂單價計算增減之。惟如有新增工程項目時，得由雙方協議合理單價。倘因甲方變更計畫，乙方須廢棄已完成工程之一部或已到場之合格材料時。由甲方核定驗收後，參照本合約所訂單價，或比照訂約時料價計給之。

十四、工程終止：甲方認為工程有終止之必要時，得解除合約全部或一部分，一經通知乙方，應立即停工。並負責遣散工人，其已完成工程，及已進場材料，由甲方核實給價。倘因此而使乙方蒙受損害時，甲方應予補償。

十五、工期延長：因下列原因及甲方之影響，致不能工作者，得照實際情況延長工期：

(一)人力不可抗拒之事故。

(二)甲方之延誤。

(三)工程之變更。

十六、工料價格變動之調整：工程進行期間。如遇物價波動時，依最近中央政府年度總預算施行條例第7條規定補貼標準辦理。

十七、一般損害：工程開工以後交接以前，如有損（焚）毀或滅失，由乙方負擔之。但如遇天災或人力不可抗拒之災禍不在此限。

十八、天然災害：

(一)因天災或人力不可抗拒之原因，致使已完工程及機具器物遭受損害時，乙方應於事實發生後，將實在狀況及損失數字通知甲方核實補償之，但如有保險賠償及其他可彌補之款項，應從損害額中扣除之。

(二)前項損害額由甲乙雙方協議定之。

十九、驗收（及）接管：乙方於工程完成時，應即通知甲方：

(一)甲方接獲乙方前項通知時，甲方應於十五日內初驗，俟驗收合格後，經甲方通知乙方送達領款發票日起三日內付清承包價款。

(二)驗收時如有局部不合格時，乙方應即在限期內修理完成後，再行申請甲方復驗。

(三)經驗收合格後，甲方應即行接管。

二十、部分使用：

(一)甲方於工程完成一部分如因提前使用得先驗收其完成部分。

(二)甲方對於未完成部分，在不妨害乙方施工原則下，亦可徵得乙方之同意使用之。

(三)甲方對使用部分工程負保管之責。

(四)如由於甲方之使用以致乙方遭受損害時，甲方應賠償其損害額，其數額由甲乙雙方協議定之。

二一、付款辦法：乙方支領工款所用之印鑑應為簽訂本合約所用之印鑑。並繳存甲方印鑑二份：內一份存主計單位，其領款辦法得如下列規定辦理：

(一)有預付款者：

1.在訂約時乙方繳存甲方等於本工程總包價百分之三十之工程保證金，上項保證金得以金融機構（銀行、保險公司、信託公司）或等值有價證券及不動產保證之。於合約簽訂後乙方得領預付款工程總價百分之三十。

2.開工後每日由甲方將乙方在該期內完成之工程估驗

計算。支付該期估驗總價百分之六十五，如遇物價指數應予調整時，則在每月月終按月份依進度計算補行計價。

3.全部工程完成並經正式驗收，乙方並繳存保固切結及保不漏切結，除保留工程總價百分之一作為工程保固金，於保固期滿後發還外，其餘尾款結清。

4.進場材料：

(1)成品：經檢驗合格後，按成品單價百分之五十付款。

(2)單項材料：經檢驗合格後，按單項材料單價百分之三十付款。

(二)無預付款者：

1.在工程訂約時乙方應繳存甲方等於工程總價百分之一之工程保證金，上項保證金得以金融機構（銀行、保險公司、信託公司）或等值有價證券保證之。

2.工程開工後每○日由甲方將乙方在該期內完成之工程估驗計價，支付該期估驗計價百分之九十五，如遇物價指數應予調整時。則在每月月底按進度計算補行計算。

3.全部工程完成並經正式驗收，乙方並已繳存保固切結及保不漏切結，除保留工程總價百分之一作偽工程保固金，俟保固期滿後再行發還外，其餘尾款結清，並無息退還乙方所繳存之全部工程保證金。

4.進場材料：

(1)成品：經檢驗合格後，按成品單價百分之六十付款。

(2)單項材料：經檢驗合格後，按單項材料單價百分之四十付款。

二二、保固：工程自經甲方驗收合格之日起，由乙方保固○年，在保固期間工程倘有損壞坍塌、屋漏或其他之損壞時，乙方應負責免費於期限內修復，如延不修復，甲方得動用保固金代為修復。

前項保固金得以金融機構（銀行、保險公司、信託公司）或等值有價證券及不動產保證之。

二三、逾期責任：由於乙方之責任未能按第4條規定期限內完工，每過期一天須扣除工程總價千分之一。

二四、甲方有按期付款之義務：

(一)甲方有按期付款之義務，如每期付款逾上開各條規定七日以上，致乙方遭受損失，應由甲方負責賠償之。

甲方應付工程款，無故遲延，經乙方催告無效時，乙方得中止工程。並隨時通知甲方，乙方因此所受之損失，由甲方賠償之。

二五、甲方之終止合約權：

(一)工程未完成前甲方得隨時終止合約，但應賠償乙方所生之損害，而乙方有左列各款之一者，甲方得終止本合約，甲方因此而有損失，乙方應負賠償之責。

如乙方無力賠償時，應由保證人賠償之：

1.乙方未履行本合約規定。

2.乙方能力薄弱，任意停止工作，或作輟無常，進行遲滯有事實者，甲方認為不能如期竣工時。

(二)依據前項終止合約時，已完成工程部分經過檢查合格者，為甲方所有。甲方應按合約單價於終止合約十天內付乙方承包金額。

(三)乙方領有預付款者，結算後如尚有餘額，應退還甲方。

二六、乙方之終止合約權：甲方有左列情事之一者，乙方得終止本合約，甲方必須賠償所受一切損失：

(一)因甲方違反合約之事實，致工程無法進行時。

(二)甲方顯無能為力按合約規定支付工程款時。

(三)甲方要求減少工程達三分之一以下者。

(四)訂約後，甲方在六個月內仍無法使乙方開工者。

二七、保險：乙方應將工程標的物及工程用材料（包括甲方供給材料），依甲方規定投保營造保險，保險費由甲方列入工程標單內。

二八、施工安全與配合：

(一)乙方應遵照「勞工安全衛生法」及「營造安全衛生設施標準」規定切實辦理。

(二)乙方對維護交通、環境衛生應配合甲方之施工環境，設置有關顯明標誌，以策安全，倘因疏忽而發生意外，乙方應負一切責任。

(三)乙方對工地設備，應求齊全，諸如工人之食宿、醫藥衛生、材料、工具儲存、保管、交還等，均應有充分之作業規定與設備，其設置地點之選擇，以施工方便、安全為原則，但事先應先與甲方協調並經同意之。

(四)在施工期間，甲乙雙方應儘量協調配合，以便利施工。

(五)乙方對於有機密性之工程，無論任何文件、地點、時效等均應代為保密，不可任意洩漏，否則應負法律責任。

二九、合約分存：本合約正本貳份，雙方各執乙份，副本〇〇份，由甲乙雙方分別存轉，每份合約附件，計圖樣〇張、施工說明書〇張、標單〇〇張、開標紀錄〇〇張、投標須知、保證書、領款印鑑等。

立合約人　甲方：〇〇〇

乙方：〇〇〇

連帶保證人：〇〇〇銀行

負責人：

地址：

監約人：

對保人：

中　華　民　國　〇　〇　年　〇　月　〇　日

〈範例3-1-94〉

物品委託保養承攬契約書

印花

委託者○○○有限公司（以下簡稱甲方），受託者○○○股份有限公司（以下簡稱乙方）茲就委託○○物品專業保養服務事宜締結本契約，雙方議定條件如下：

第1條　甲方委託乙方保養○○產品，乙方應供給必要之原料。

第2條　乙方須依照甲方委託保養之指示，於指定日期提供例行性預防保養。

第3條　甲方對乙方所提供保養之原料、樣品及成品，不得混淆，應安置存放於適當場所，並標示其狀態及數量。

第4條　乙方供給保養原料時，甲方應即行驗收，若有瑕疵，則須立刻通知乙方，乙方應接受甲方之指示。

第5條　甲方所驗收來自乙方之保養原料、樣品及成品等，悉為乙方之所有物。

第6條　乙方應隨時檢查所供給之保養原料庫存狀態。
甲方要求乙方於特定期限內提出有關前項之明細表。

第7條　保養費結算日期訂為每月○○日，並於翌月○○日以現金支付。

第8條　乙方於甲方指定之日期內完成保養時，應立即通知甲方，並於甲方指定之地點接受檢查，保養標的如仍有故障，乙方須自行負擔其保養材料費。

第9條　乙方未經甲方允許，不得將○○商品委託他人保養。

第10條　本契約有效期間自中華民國○○年○月○日始，迄中華民國○○年○月○日止。

第11條　本契約壹式貳份，甲、乙雙方各執乙份為憑。

立契約人　委託人（甲方）：
公司名稱：

公司地址：
負責人：○○○ 印
住址：
身分證統一編號：
公會會員證書字號：
受託人（乙方）：
公司名稱：
公司地址：
負責人：○○○ 印
地址：
身分證統一編號：
公會會員證書字號：

中 華 民 國 ○ ○ 年 ○ 月 ○ 日

〈範例3-1-95〉

合建契約書(一)

立合建契約書人地主：李一、劉二（以下簡稱甲方），建主：陳三（以下簡稱乙方）。茲為合作興建房事宜，雙方協議訂立契約，條款如下：

一、基地及土地面積：

甲方提供所有座落臺北市北投區新民段臺小段001、002、003號參筆土地，面積零點零肆伍參公頃，全部提供乙方規劃、設計建造七層之大樓，其所需之建造工程費、設計費由乙方負擔。

二、建物之分配：

(一)甲方分得總建物面積坪數百分之肆拾參：即貳樓B、C、參樓A、B、肆樓A、B、C、伍樓B、陸樓B、柒樓C（如附件一）。

(二)乙方分得總建物面積坪數百分之伍拾柒：即壹樓A、B、C、貳樓A、參樓C、伍樓A、C、陸樓A、C、柒樓A、B（如附件一）。

前述總建物面積坪數分配比例，誤差若超過百分之貳，超過之一方應補貼另一方，其補貼價額，依每一樓價目表核算（如附件二）。

(三)地下室之車位原則上為三個，由乙方取得一車位，甲方取得二車位，若車位為四個，甲方取得三車位，乙方取得一車位，車位超過四個時，增加之車位，歸甲、乙雙方共有。

(四)屋頂使用權A、B棟七層樓屋頂歸乙方，C棟樓頂歸甲方，C棟樓頂所需之樓梯由甲方委託乙方架設，費用由甲方負擔。

三、建照及起造人名義：

建築執照及起造人，以甲、乙雙方及雙方所指定之名義人共同具名申請之。甲、乙雙方訂約之日起二天內，甲方提出有關變更名義資料交王丁建築師，乙方於訂約之日起七日內，須將其所指定之起造名義人之有關資料送王丁建築師。施工中，甲乙雙方均得變更起造人名義，他方不得刁難。

四、保證金：

由乙方付甲方保證金計新臺幣壹佰伍拾萬元整。

(一)付款辦法：

1.簽約時付保證金新臺幣壹佰萬元整，甲方應於簽約日起算二日內，將有關變更起造人名義資料交與乙方，辦理起造人名義變更登記手續與乙方所指定名義人之名下。

2.簽約時由乙方開壹個月之期票伍拾萬元交付甲方。

(二)退款辦法：

甲方應按照下列乙方達成該工程之進度三日內，照下列標準退還保證金：

1.二樓地板完成時，退還新臺幣伍拾萬元整。

2.總結構體完成後，退還新臺幣伍拾萬元整。

3.水電內、外管完工即交屋，交屋後退還新臺幣伍拾萬元整。

五、建築執照及設計圖：

(一)乙方應依照核准圖（附件三）及施工說明書（附件四）確實施工，並應如期完工，如發現偷工減料或施工不良，甲方得隨時要求改正之。

(二)自合約簽訂之日起四天內開工，全部工程自開工之日起，依工務局標準以四百八十個工作天內完工（即取得使用執照日為完工日），如天災地變、政令限制或不可抗力及工程變更等，不在此限。

(三)水電內外管線完成後即交屋，乙方應會同甲方驗收，並由乙方負責保固一年。

六、甲方保證其所提供之土地產權清楚，並絕不影響申請使用執照及土地移轉登記。如發生糾紛由甲方負責，且不得影響乙方工程之進行。

七、稅捐之分擔：

(一)本契約成立前應納之土地增值稅、地價稅等一切稅款由甲方負責。

(二)自本契約成立之日起，土地增值稅、地價稅等一切稅款，由甲方負擔百分之肆拾參，乙方負擔百分之伍拾柒。

八、產權之移轉：

(一)甲方於七樓混凝土結構完成，應準備土地所有權狀、印鑑證明……等過户證件，交由乙方指定之陳銘福代書

（註：國內之知名代書）辦理過户手續，辦理土地合併及持分之代書費、印花稅及規費等費用，甲方負擔百分之肆拾參，乙方負擔百分之伍拾柒。

(二)本工程領照或辦理產權移轉登記及有關事宜，需甲方提供有關證件或簽章時，甲方應無條件協助辦理。

九、乙方出售其所分得之房屋及土地，如需甲方會同蓋章或辦理手續時，甲方應無條件協助辦理。

十、甲、乙雙方申請使用執照、起造人名義及水電內外管線工程等所需印章，由甲、乙雙方交付王丁建築師保管使用。

十一、水電內外管線工程費用由乙方負擔，溫泉管線之裝置，應由乙方向有關機關申請，無論核准與否，乙方應負責裝設建築線內之溫泉內管線，工程費用由乙方負擔。溫泉外管線於有關機關核准後裝設。工程費用甲方負擔百分之肆拾參，乙方負擔百分之伍拾柒。

十二、乙方分得之房屋，自簽約日起參個月內，乙方有優先出售權，甲方不得異議，但如買主滿意甲方分得之房屋，甲方雖在上開期間內出售甲方分得之房屋，乙方不得異議。

十三、開工時甲方負責建築線位置及鄰房鑑界線，如發生錯誤時，由甲方負責立刻解決，不得影響工程進度，有關費用由甲方負擔。

十四、開工後，甲方不得變更任何設計，但工程完工後再變更時，所需費用由甲、乙雙方議價後，由甲方負擔，其追加工程以不致影響本工程之施工為主。

十五、甲方推派〇〇〇先生負責與乙方共同決定有關工程之進行。

十六、乙方所分得之房屋內部隔間、裝修及材料由乙方處理，甲方不得異議，但不得影響甲方分得房屋之結構安全。

十七、乙方分得之房屋及土地移轉登記之手續，由乙方指定王丁代書辦理。

立契約人

甲方：李一
劉二
乙方：陳三
見證人：李永然律師

中 華 民 國 ○ ○ 年 ○ 月 ○ 日

〈範例3-1-96〉

合建契約書(二)

立契約書人地主○○○（以下簡稱甲方），建主○○○（以下簡稱乙方），茲因合作興建房屋事宜，經雙方協議同意訂定各條款如下：

第1條　甲方所有座落○○○○地號土地壹筆，如附圖所示，約○○坪，願提供與乙方合作興建房屋。

第2條　本約甲方所提供之土地雙方協議同意興建肆層式鋼筋混凝土造之集合住宅，除依法應設置之公私道路用地外，其餘可建土地，乙方應依法合理充分利用。

第3條　本約雙方合作興建房屋，其土地規劃，建築設計，請領建造執照，鳩工庀材，營造施工及有關之風險等，均由乙方負責處理並負完全責任，其各類費用亦均由乙方負擔，概與甲方無涉。乙方營造施工過程中，甲方得隨時親自或派員監督。

第4條　本約甲乙雙方按附圖所示之擬建房屋為準，採立體分屋方式，由甲方取得百分之○○，乙方取得百分之○○。若雙方分取之房屋户數未能整數時，其間之差額，得經雙方之同意，由取得之一方按協議價格以現金補償對方。

第5條　本約有關建築設計文件圖説應徵求甲方同意，並按前條雙方分配之位置，標明於圖説上，各自具名或指定第三人為起造人，由乙方負責提出申請建造執照。

第6條　本約興建房屋事宜，均依現行建築法令辦理，若法令變更而受有限制時，則依變更後之法令辦理。

第7條　凡畸零地及水利地之合併承買等事宜，均由甲方備齊所需證件交由乙方負責辦理。惟費用由甲方負擔，產權亦歸屬甲方所有。

第8條　本約土地之地上物由乙方負責處理應於簽約後○日內清理完畢，惟甲方應從旁協助。地上物理清之日起壹個月內，乙方應提出申請建造執照，乙方並應先期通知甲方備齊請照所需之有關證件交付乙方。

第9條　本約乙方應於領取建造執照之日起貳個月內開工，於開工之日起○○○個工作天內建築完竣，於建築完竣後○○月內領得使用執照，並以接輸水電完妥之日為完工日。惟如因政令變更或其他天災地變等不可抗力之原因而延誤時，經雙方同意者不在此限。

第10條　本約甲方應於乙方工程進度至一樓頂板完成時辦理基地合併、分割、地目變更等手續，其所需之各項費用，由雙方各半負擔。乙方工程進度至三樓頂板完成時，雙方會同辦理乙方分得房屋之應有基地持分產權移轉登記。其所需之各項費用由乙方負擔，增值稅由甲方負擔。

第11條　本約保證金為新臺幣○○○元整，於本約簽訂時，由乙方壹次交付甲方，甲方應於本約第9條所定之完工日，壹次無息返還全部保證金予乙方。以支票為保證金之交付或返還，若各該支票一部分或全部不能兌現時，則以違約論處。

第12條　甲乙雙方應切實照約履行，如甲方違約時，甲方除將所收之保證金加倍全部退還（無息）予乙方外，同時並須賠償乙方已施工之工程損失及其他因該工程而支出之一切費用（可由乙方另列清冊），如乙方違約時，甲方得將已收之保證金予以沒收。如工程逾期時，乙方每逾壹天應賠償甲方分得間數總售價金額千分之一之逾期違約金，違約之一方應於違約日起拾天內履行賠償，不得拖延，否則，未違約之一方，得請求法院依法強制執行抵償。

第13條 申請建造、使用執照、接水電等須甲方蓋章或出具證件時，甲方應隨時提供，所需費用由乙方負擔。

第14條 本約有效期間內，如因政府變更都市計畫致無法全部履行或只履行一部分契約時，甲方應將本約第11條所收之保證金依照可建之土地比率於上開情事發生之日起一個月內無息退還予乙方，若在該土地上乙方業已施工之工程損失，政府有意補償時，其土地部分歸屬甲方，建物部分歸屬乙方。如有用甲方名義須甲方協助者，甲方應無條件親自辦理或備齊證件及加蓋印章給乙方，甲方不得藉故刁難或異議，如甲方須乙方協助者，乙方亦應無條件協助辦理清楚。

第15條 本約所定之土地，其應繳之一切稅費，在開工日以前者，均由甲方負擔，開工日以後者、由甲乙雙方各半負擔。

第16條 本約成立之日起，甲、乙雙方不得以本約土地向任何公私機關或個人辦理他項權利設定，於契約存續期間，甲方亦不得將本約土地提供予第三人建築或出售予他人。

第17條 甲、乙雙方對本約權利均不得轉讓、典當或作保。

第18條 本約土地如有來歷不明、瓜葛糾紛或他項權利設定，訂立三七五租約等情事應由甲方於本約成立之日起一個月內理清，所需之一切費用由甲方自行負擔，惟地上物清理按本約第8條辦理之。

第19條 甲方戶籍地址以本契約記載為準，如有變更時甲方應即以書面通知乙方，否則因此誤時誤事致乙方蒙受損失時，甲方應負責賠償。

第20條 本約若有未盡事宜，悉依照有關法令規定及一般社會慣例處理。

第21條 本約建物構造——施工說明：

一、結構；鋼筋混凝土構造，依政府核定圖樣施工、防火、防颱、耐震、安全堅固。

二、外牆：正面貼高級馬賽克後面水泥粉光。

三、內牆：除廚廁隔間外餘不隔間，其餘牆面為水泥粉光、漆PVC漆。

四、平頂：水泥粉光後加PVC漆。

五、浴廁：地面舖馬賽克，牆面貼白磁磚到頂，玻璃纖維浴缸、冷熱水龍頭、馬桶及面盆均為白色國產高級品（和成牌或電光牌），毛巾架、鏡箱等附件俱全。

六、廚房：地面舖紅鋼磚，牆面貼白磁磚到頂，不銹鋼廚具全套。另設電鍋、排油煙機專用插座，及冷熱水龍頭、掛廚。

七、地面：一樓層石子，二、三、四樓貼PVC地板，一樓不設圍牆。

八、門窗：住家客廳採用落地鋁門窗，外窗採用高級鋁窗（中華或力霸），一樓店舖為鐵捲門，二樓以上每户大門為雕花大門附高級名鎖，後門採用檜木材料，陽臺加裝曬衣架及洗衣插座。

九、電力：每户獨立電錶採用單相三線式110V及220V供電，客廳、餐廳、臥室、浴廁、廚房預留電燈座一處。插座孔兩處，開關一只，並留設電視天線暗管及電話線管。

十、水力：地下蓄水池屋頂水塔間接供給。設總錶一只，另各户設分錶一只，總錶與分錶差額由分錶各户共同負擔。

十一、屋頂：鋪設防水層上覆泡沫混凝土，具防水隔熱之效果。

十二、樓梯：磨石子階梯加PVC扶手鐵欄杆。

十三、地下設蓄水池須加裝電助抽水機送到屋頂儲水塔。

第22條　本約前條（即21條）之訂定均係大原則，其細部及詳細設計應由乙方依一般慣例辦理，其使用材料除特定產品外，其餘均以臺灣出品之高級品為原則。

第23條　本約土地內現有電柱之遷移等一切費用手續均由乙方負責辦理，如需甲方各項證件或簽章時，甲方應無條件即時協助，不得刁難。

第24條　除本約土地外，其餘甲方所有之土地，若甲方未有使用計畫時於本約建築期間內，甲方同意由乙方無償使用。

第25條　甲方分得之建物，可委由乙方代售，代售費用另議。

第26條　本契約書之權利義務及於甲方之繼承人及受贈人。

第27條　本約自簽訂日起生效，至雙方工務及財務理清之日起失效。

第28條　本約同文壹式貳份，雙方各執乙份為憑。

印花各自購貼

立契約書人甲方：

住所：

身分證統一號碼：

立契約書人乙方：

住所：

身分證統一號碼：

見證人：

中　華　民　國　○　○　年　○　月　○　日

〈範例3-1-97〉

委建契約書

立契約書人委建人○○○（以下簡稱甲方）與建方○○○（以下簡稱乙方）本契約不動產標示委建事項經甲乙雙方同意訂立條款如後，以資共同遵守：

第1條　房地標示：本契約房屋座落臺北市○○區○○段○○小段○○地號土地內定名「○○名宮」，經暫編號A區○棟○樓之房屋臺户。

第2條　房屋面積：本契約房屋面積包括室內、陽（平）臺及走道、樓梯間、屋頂突物（僅限於水箱及樓梯間，其餘部分不計入）、地下室、電梯間等公共設施分攤面積在內計約○○坪（實際面積以地政機關複丈後，建築改良物所有權狀所記載之面積為準），但雙方同意建築改良物所有權狀記載面積加上本條前列（陽臺走道、樓梯間……）公共設施分攤面積等，即相當於本契約所載面積，若有增減，而其面積差額未逾百分之二時，雙方均不得異議，若增減面積誤差超過百分之二時，其誤差超過百分之二部分，即以該户出售時之平均單價為計算基準由雙方互為補償之。

第3條　本大樓之屋頂除水箱、樓梯間外，乙方得投資、規劃，其使用權歸乙方，但乙方應對甲方提供較一般人優惠之服務。

第4條　本大樓地下室產權登記為本大樓全體所有權人共有，地下室除機電設備外，其餘場地如遇空襲時，應開放為公共避難場所，地下室平時作為停車場，由本大樓管理委員會統籌管理，其辦法另詳載於本大樓管理委員會管理章程。

第5條　甲方所訂購房屋之室內隔間裝飾及設備工程，其施工標準悉依臺北市政府工務局核准之建造執照圖説按圖施工，如甲方要求變更或增減等，須徵求乙方同意，惟屬大樓整體裝置者不得刪減，變更後之工程款由雙方協議定之，但以不少於本契約所訂之總價為原則。如有超過者，其超過部分甲方應於提出變更經乙方同意時，將雙方議定之工程款一次付清予乙方，甲方未繳清增加之工程款前，乙方不予施工，如雙方對變更後工程款未能達成協議或甲方拒絕或延遲交付所增加變更之工程款時，視為甲方取消變更或增減乙方仍按本契約原定項目施工。

第6條　工程期限：本契約房屋建築工程，乙方應於本契約簽訂後參個月內開工，自開工之日起柒佰個工作天完工，並以開始申請使用執照為完工日期。但如有後列情形之一時不在此限，乙方不負遲延完工之責：

一、甲方未依約定付款辦法之規定交付價款時。

二、甲方要求變更內部隔間與設計，致遲延完工時。

三、因不可抗力之原因如天災人禍或政令法規限制等不可歸責於乙方之事由，以致工程不能如期進行時。

四、本工程屋外排水溝及巷道舖設工程，不受本條約完工時限之拘束，水電等之接通供應悉憑各該公用事業單位作業程序而決定。

第7條　保固期限：本契約房屋自領到使用執照之日起，對本契約房屋建築結構，乙方應負責保固壹年，但天災或不可歸責於乙方之原因而發生損毀者不在此限（門、窗、玻璃及水電配件、油漆、磁磚等乙方不負責保固）。

第8條　甲方訂購本房地總價款為新臺幣○○仟○○佰○○拾○○萬○○仟元整，包括下列房屋及裝修土地價款：

一、房屋及裝修價款新臺幣○○佰○○拾○○萬○○仟元整。

二、土地價款為新臺幣○○佰○○拾○○萬○○仟元整，包括建築基地、道路用地及地上物補償金、土地改良費、公共設施用地等費用。

第9條　付款辦法：本契約房地總價為新臺幣○○仟○○佰○○拾○○萬○○仟元整，分為自備款新臺幣○○佰○○拾○○萬○○仟元整，優惠貸款新臺幣○○佰○○拾○○萬○○仟元整，銀行貸款新臺幣○○佰○○拾○○萬○○仟元整，甲方應按照下列進度，將分期付款表上之金額，經乙方通知繳款期限內繳付乙方，絕不拖延短欠。

第10條　貸款辦法：本契約房屋甲方如須辦理銀行貸款時，應另行與乙方簽訂委託代辦貸款契約書及委任（授權）書以憑辦理貸款事宜。

第11條　甲方如全部或一部不履行本契約（第9條）所訂工程進度之約

定付款時，其逾期部分甲方願自通知交款日後第五天起，按日加付千分之一計算滯納金，上項滯納金於補交其應付款時一併付與乙方，如逾期滯納達十五天，經乙方催告仍延不交付者，即視為甲方違約，乙方得解除本契約及代辦貸款委託書，代管印章委託書等與本契約有連帶關係之約定，甲方同意將已繳之款項現金部分由乙方沒收，以為抵償乙方所受之損失，乙方並得將甲方所訂購之房地另行出售予第三者或為其他處分，甲方絕無異議，甲方若依前條約定之付款規定，以票據支付時，甲方保證兌現，如有遭退票情形等，視為甲方未繳付，依前述約定方式處理。

第12條　本約房屋如乙方非因第5條之情形而逾期交屋時，其每逾一日按買賣總價千分之一計算違約金付與甲方，如乙方因本身因素不履行交屋或有半途發生糾葛不能出賣等情事時，除應將既收價款全數退還甲方外，並應賠償所付價款同額之損害金予甲方作為乙方不履行本契約之損害賠償總額。倘因政府頒布禁建等不可歸責於乙方之事由，致使乙方不能交付本契約房屋時，雙方同意解除本契約，乙方應將甲方所繳付價款加計利息（按照銀行一年期定期存款利息計算）退還甲方。

第13條　本契約房屋已登記於甲方名義，如甲方違約拒付款項，經乙方催告仍不交付時，甲方同意名義變更為乙方或乙方所指定之人，甲方不得另有其他之請求。

第14條　甲方訂購本房屋土地，其房屋產權及基地產權之移轉登記事項，乙方負責於本房屋建造完成，經政府主管單位發給使用執照，及甲方依約履行其義務後，乙方負責聘請代書與甲方共同委託統籌辦理，甲方應按照乙方通知之時間內，將應提出之證件及在有關文件上蓋章，連同各項稅捐交與乙方或委託之代書以資辦理。甲、乙雙方應負擔之費用如後：

一、建物登記費、土地登記費、印花稅、契稅、監證費（或公證費用）各項規費及代辦產權登記代書費用由甲方負擔。

二、本契約土地移轉過户前之土地價款及移轉過户時所發生之增值稅由乙方負擔。

三、本契約房地移轉登記及質押貸款之抵押權設定登記移轉規費，公定契紙、印花稅、保險費及代辦手續費均由甲方負擔。

四、自領到使用執照之日起所發生之房屋稅、地價稅、工程受益費不論甲方已否遷入或抬頭為任何一方，均由甲方負擔如數繳清不得異議。

五、以上各項應由甲方負擔之費用，如由乙方先行墊付或代繳甲方應如數歸還。

第15條 產權登記：本契約房地產權登記由乙方指定代理人，統一辦理土地移轉登記，建物所有權登記及貸款抵押權設定登記等手續。

第16條 本契約房地，乙方保證產權清楚，絕無任何糾紛或設定他項權利情事，如有任何糾葛，乙方應負責清理，不得損害甲方之權益。

第17條 甲方同意於本房屋完工並接通水電之日起，無論所開列單據之抬頭為任何一方，均應負擔後列費用：

一、本户水電基本費用。

二、本房屋自領得使用執照日起之房屋稅。

三、屬於本房屋公共使用應由全體住户分擔之水電費用。

四、屬於本建築清潔保持、公共設施及設備之整理、操作與維護等事項，應由全體住户分擔之管理費用。

五、本房屋有關公共管理費用之分擔。

第18條 本契約房屋於建造完成經主管機關發給使用執照後，甲方應付清後列款項稅費等，乙方始行交屋，甲方如不協辦或遲延逾期，致影響本契約各項產權登記或施工進度時視同違約，並應負責賠償乙方一切損失：

一、繳付本約第14條第一三四款約定應付之稅捐。

二、辦妥產權登記及代辦貸款等費用，並預付乙方肆個月利息。

三、付清因逾期付款之滯納金。

四、付清本房屋之所有優惠貸款。

第19條　通知送達：甲乙雙方所為之徵詢、洽商或通知辦理事項均以書面按本約所載住址掛號郵寄為之，如有拒收或無法投遞致退回者，均以郵局第一次投遞之日期為送達日期。

甲方之住址如有變更時，負有通知乙方之義務。

第20條　其他事項：

一、如甲方半途要求本契約房屋變更設計，須以書面徵得乙方同意後委託乙方辦理，所需工程費用經雙方議定價格後，差價由甲方於變更同時給付乙方，但以不減少於原定總價為原則，如甲方未在約定期間內給付時，乙方即視為甲方已取消變更設計之要求，乙方為避免影響工程之進度，得按原合約圖說施工，甲方絕無異議。

二、乙方通知交屋並發給遷入證明前，甲方絕不進入本約房屋自行裝潢施工。

三、本契約書於付清所定價款辦妥交屋手續、土地移轉登記完畢甲方領取所有權同時，本契約書及本約有連帶關係之契約、附件，甲方得一併由乙方收回作廢。

第21條　本契約之約束與效力：

一、甲方未付清房地價款及未取得乙方同意前不得將本契約房地之權利與義務自行轉讓他人，但經雙方同意後，本契約所約定事項對甲乙雙方權利與義務之受讓人或合法繼承人具有同等約束力。

二、本契約附件視為本契約之一部分，與本契約具有同等效力，附件未規定者，依據本契約之規定。

第22條　未盡事宜：本契約如有未盡事宜，必要時由甲乙雙方洽定之。

第23條 契約分存：上開契約事項經雙方同意，恐口無憑特立本契約書壹式貳份，甲乙雙方各執乙份為憑，並自簽訂日起生效，印花稅由甲乙雙方自行貼銷。

第24條 有關本契約之權義，雙方同意以臺灣臺北地方法院為管轄法院。

立契約書人 甲方：
法定代理人：
住址：
身分證號碼：
電話：
乙方：
住址：
身分證號碼：
電話：

中 華 民 國 ○ ○ 年 ○ 月 ○ 日

玖、出版契約

一、說明

出版契約，乃當事人約定，一方（出版權授與人）以文學、科學、藝術或其他之著作，爲出版而交付於他方（出版人），他方擔任印刷或以其他方法重製及發行之契約也。投稿於新聞紙或雜誌經刊登者，推定成立出版契約。

二、契約當事人之法定權利義務

(一)出版權授與人（著作權人或其受讓人及繼承人）之義務

1.出版權之移轉

著作財產權人之權利，於合法授權實行之必要範圍內，由出版人行使之。

2.瑕疵擔保義務

出版權授與人應擔保其於契約成立時，有出版授與之權利。如著作受法律（如著作權法）上之保護者，尚應擔保該著作有著作權。

3.告知曾出版義務

出版權授與人，已將著作之全部或一部，交付第三人出版，或經第三人公開發表，爲其所明知者，應於契約成立前，將其情事告知出版人。

4.不爲不利處分之義務

出版權授與人，於出版人得重製發行之出版物未賣完時，不得就其著作之全部或一部，爲不利於出版人之處分。但契約另有訂定者，不在此限。

5.著作交稿後因不可抗力滅失時之負擔

著作交付出版人後，因不可抗力滅失者。如出版權授與人尚另存有稿本，有將該稿本交付於出版人之義務。無稿本時，如出版權授與人係著作人，且不多費勞力，即可重作者，應重作之。惟出版權授與人交稿本或重作時，得請求出版人相當之賠償。

(二)出版人之義務

1.印刷發行之義務

出版人應以適當之格式重製著作，並應爲必要之廣告及用通常之方法推銷出版物。而出版物之賣價，雖由出版人定之，但不得過高，致礙出版物之銷行。

2.尊重著作人人格利益

出版人對於著作，不得增減或變更。

3.給付報酬之義務

給付報酬與否，由當事人自由約定。如依其情形，非受報酬即不爲著作之交付者，視爲允與報酬，出版人有出數版之權者，其次版之報酬及其他出版之條件。推定與前版相同。

4.危險負擔

著作之危險於交付時移轉於出版人。交付後因不可抗力滅失者，出版人仍應給付報酬。

5.再版義務

出版人於出版契約，僅約定一版式未約定版數者，僅得出一版。如約定數版或永遠出版者，於前版之出版物賣完後，即有再版之義務。怠於此義務者，出版權授與人得聲請法院，令出版人於一定期限內，再出新版，逾期不遵行者，喪失其出版權。

6.著作物之修訂

出版人於重製新版前，應予著作人以訂正或修改著作之機會。

三、出版契約應訂明之基本條款

(一)出版權授與人及出版人。

(二)著作。

(三)出版報酬之約定及計算方式。

(四)出版數。

(五)其他權利義務約定。

四、訂立出版契約應注意事項

(一)著作人格權專屬著作人本身，不得讓與或繼承。

(二)著作財產權存續於著作人生存期間及其死亡後五十年，但著作於著作人死亡後四十年至五十年間首次公開發表者，著作財產權自公開發表時存續十年。

(三)出版人出版著作權人之著作，未依約定辦理致損害著作權人之利益者，視為侵害著作權，著作權人得請求排除侵害及損害賠償。

五、契約範例

〈範例3-1-98〉

出版契約書

○○○有限公司（以下簡稱甲方）與○○○先生（以下簡稱乙方）就甲方出版發行乙方著作「○○○」乙書（以下簡稱本著作）事項，雙方議定如下：

一、本著作經乙方同意交由甲方永遠出版發行，於簽訂本合約時，其出版權及發行權即歸甲方所有，乙方不得再將本著作之全部或一部自行或讓與他人出版發行。惟甲方如怠於新版之印行，乙方得限期令甲方再出新版，逾期不遵行者，甲方喪失其出版發行權。

二、本著作如有侵害他人著作權及違背有關著作出版等現行各項法令或國家政策時，由乙方自行負責，與甲方無涉。本著作因而被有關機關扣留，沒收或禁止發行，致使甲方遭受損失者，乙方應負責賠償出版費用之半數。

三、本著作每銷售一本，甲方應依每本定價百分之○之金額，付與乙方為版酬。惟依出版法及有關法令規定應送各有關機關備查者（依現行法規定共需五本），則不予付酬。

四、著作每版印行冊數，甲方應據實報告乙方，並由乙方在本著作版權頁蓋章認定。如未經乙方蓋章而擅自發行者，應比照第1條後段處理。

五、甲方應於每年○○月○○日及○○月○○日自動依銷行冊數結算版酬，開付○個月支票與乙方，乙方並得隨時清點存留，複查銷行冊數。

六、本著作初版時，甲方應贈送○○本與乙方，惟乙方不得轉售。

七、本著作排印之校對，由甲方負責，惟為求正確無誤，得請乙方作最後之校核。

立合約書人：甲方：

公司名稱：

公司地址：

登記號：

負責人：　　　印

住址：

身分證統一編號：

公會會員證書字號：

乙方：　　　印

住址：

身分證統一編號：

中　華　民　國　○　○　年　○　月　○　日

〈範例3-1-99〉

著作權讓與契約書(一)

立合約者○○○（以下簡稱甲方）受託為○○○（以下簡稱乙方）編著○○○一書，雙方議定如下：

一、乙方應付甲方稿費每千字○百○拾○元整，於簽訂本合約時，先預付○○○元整，餘於甲方交稿時，一次付清。

二、本書預計字數為○○拾○○萬字左右。

三、本書著作財產經甲方同意轉讓與乙方承受，由乙方辦理著作權登記。

四、本書如有侵害他人著作權，及違背有關著作出版等現行各項法令或國家政策時，由甲方自行負責，與乙方無涉。其因而被有關機關扣留、沒收，或禁止發行致使乙方遭受損失者，甲方應負賠償責任。

五、本書版權屬於乙方，甲方不得就本書內容之全部或一部予以割裂，自行出版式轉讓。

六、本書之排版校對，由乙方負責，惟求其正確無誤，得請甲方作最後之校核。

七、甲方同意於○○年○○月○○日完稿，交予乙方出版。

立合約人

甲方：　　印

住址：

籍貫：省市　縣

出生年月日：民國　年　月　日

乙方：

負責人：　　印

登記證：

住址：

中　華　民　國　○　○　年　○　月　○　日

〈範例3-1-100〉

著作權讓與契約書(二)
（國立編譯館世界名著翻譯委員會譯稿合約）

主編者（簡稱甲方）國立編譯館世界名著翻譯委員會

譯　者（簡稱乙方）姓名

職業

住址

著作名稱及作者：原文

中文譯名

第1條　本合約簽訂後本著作之著作權永為甲方所有，並得由甲方委託書局出版發行。

第2條　乙方須注意本著作內容不違反現行法規，並保證無侵害他人著作權或出版權情事。

第3條　本合約簽訂後乙方不得利用本著作之全部或一部為下列之行為：
一、將本著作自行或委託他人印行。
二、將本著作另行讓與第三人。
三、用自己或第三人名義編印與本著作類似之著作。
四、其他足以妨害甲方及出版發行者應享本著作一切利益之行為。

第4條　乙方對第2、3條兩條各項保證不實或違反時，所有甲方及出版發行者因此所受之損失，概由乙方賠償。

第5條　本著作定為○○○○○字其報酬議定如下：
一、稿費每千字以新臺幣○○○元計算，於合約簽定後由甲方付給乙方稿費百分之伍拾，計新臺幣○○○元整。
二、其餘稿費俟全部交稿後付百分之參拾，至乙方照甲方審查意見修正完畢後付清。其不足或超出字數，依實際字數計算。

第6條　本著作限於○○年○月○日由乙方翻譯完竣交與甲方。到期如未完稿，可商請甲方延期交稿，但以延長壹年為限，屆時如仍未完稿，乙方應退還預付稿費。

第7條　本著作送交甲方後，由甲方聘請專家審查，若審查人認為有修改必要，乙方應無酬修改。

第8條　本著作交稿時，乙方應附撰簡明之內容介紹。付印時乙方應負最後排樣校對之責，出版後如有讀者質疑甲方不能代答時，乙方須負答覆之責任。

甲方
代表人　國立編譯館館長兼主任委員　（簽章）
印花　乙方
譯　者　（簽章）
推薦人　（簽章）

中　華　民　國　○　○　年　○　月　○　日

拾、委任契約

一、說明

委任乃當事人約定，一方（委任人）委託他方（受任人）處理事務，他方允爲處理之契約。

二、契約當事人之法定權利義務

(一)受任人之權限

1.受任人之權限依委任契約之訂定。未訂定者，依其委任事務之性質定之。

2.委任人得指定一項或數項事務而爲特別委任，受任人就委任事務之處理，得爲委任人爲一切必要行爲。

3.委任人亦得就一切事務爲概括委任，受任人受此概括委任者，得爲委任人爲一切法律行爲。

(二)受任人之義務

1.受任人處理事務，應依委任人之指示，並與處理自己事務爲同一之注意，其受有報酬者，應以善良管理人之注意爲之。

2.受任人應將委任事務進行之狀況，報告委任人。委任關係終止時，應明確報告其始末。

3.受任人因處理事務所收取之金錢物品及孳息，應交付於委任人。受任人以自己之名義，爲委任人取得之權利，應移轉於委任人。

4.受任人爲自己之利益，使用應交付於委任人之金錢，或使用應爲委任人利益，而使用之金錢，除應自使用之日起支付利息外，如有損害，並應賠償。

5.受任人因處理事務有過失，或因逾越權限之行爲所生之損害，對於委任人負賠償之實。其委任爲無償者，受任人僅就重大過失，負過失責任。

(三)委任人之義務

1.委任人非經受任人之同意，不得將處理委任事務之請求權讓與第三人。

2.因受任人之請求，應預付處理委任事務之必要費用。

3.受任人因處理委任事務，支出必要費用，委任人應償還之，並給付自支出時起之利息。

4.受任人因處理委任事務，負擔必要債務者，得請求委任人代爲清償，未至清償期者，得請求委任人相當之擔保。

5.受任人處理委任事務，因非可歸責於自己之事由，致受損害者，得向委任人請求賠償。

6.委任雖以無償爲原則，但如依習慣或依委任事務之性質，認爲報酬從未約定，亦應結與報酬者，受任人得請求報酬。

三、委任契約應訂明之基本條款

(一)委任人與受任人。

(二)委任事項。

(三)委任權限或期限。

(四)如有報酬者，其報酬事項。

(五)其他特約事項。

四、訂立委任契約應注意事項

(一)概括委任時下列行爲須有委任人特別之授權，始得爲之：

1.不動產之出賣或設定負擔。

2.不動產之租賃其期限逾二年者。

3.贈與。

4.和解。

5.起訴。

6.提付仲裁。

(二)房地產處分之委任書應加蓋印鑑並附印鑑證明，委任書上所蓋之印章應與印鑑證明相同。

五、契約範例

〈範例3-1-101〉

委任契約書(一)

立契約書人○○○（以下簡稱甲方）○○○（以下簡稱乙方）茲就委任事宜訂立本契約，其條件如下：

一、甲方將所有座落○○○處磚造樓房乙幢，以新臺幣○○○元整，委任乙方代理出售。

二、甲方於簽訂本約同時，交付乙方授權書及印鑑證明書乙份，以便乙方與買主交涉處理。

三、本件委任期限至民國○○年○月○日止，屆滿乙方仍未出售本件房屋時，應將授權書及印鑑證明書返還甲方，其代理權並歸消滅。

四、乙方於期限內出售者。甲方願給付報酬○○○元，於委任事務完畢時給付之。

五、乙方認為有必要時，得使第三人代為處理。

六、本契約書壹式貳份，雙方各執乙份為憑。

甲方（委任人）：

住址：

乙方（受任人）：

住址：

中　華　民　國　○　○　年　○　月　○　日

〈範例3-1-102〉

委任契約書(二)

第1條　委託人○○○將所有座落○○○磚造店鋪房屋壹幢，以新臺幣○○○元出售及有關一切行為，委託受託人處理，並經受託人允為處理。

第2條　約定報酬為新臺幣○○○元，於委託事務完畢時給付之。

第3條　受託人認為有必要時，得使第三人代為處理。

第4條　恐口無憑，爰立此約，雙方各執一份。

委託人：

住址：

受託人：

住址：

中　華　民　國　○　○　年　○　月　○　日

〈範例3-1-103〉

委託書

立委託書人張三，茲因事忙，特委託李四持用本人之印鑑章及有關文書證件，辦理臺北市松山區祥和段三小段武壹地號持分四分之一及其地上房屋建號○即臺北市基隆路○段○巷○○號第貳層所有權全部等房地產的全權出售、簽約、收款、用印、交付證件及辦理產權移轉登記等有關之一切事宜。恐口無憑，特立本委託書並附印鑑證明乙份為據。

委託人：張三　印

住址：

身分證

統一編號：

出生年月日：

受託人：李四　印
住址：
身分證
統一編號：
出生年月日：

中　華　民　國　○　○　年　○　月　○　日

〈範例3-1-104〉

授權書(一)（法院公證處例稿）

立委任人○○○與○○○辦理○○○○○契約公證事件，茲因事務冗繁，不克親自到場，特授權○○○君為代理人，並有民法第五百三十四條第一項但書規定之特別代理權，代理本人與○○○君辦理上項契約公證。

立授權書人：

中　華　民　國　○　○　年　○　月　○　日

右授權書確為授權人○○○所出具特予證明。

縣鄉鎮市　村（里）長

中　華　民　國　○　○　年　○　月　○　日

〈範例3-1-105〉

授權書(二)（法院公證處例稿）

授權人○○○今向臺灣○○地方法院公證處辦理○○○○○公證事件，因事不能親自到場，茲依公證法第四條之規定，提出本授權書，委任○○○為代理人，代理授權人到場提出公證之聲請，及代簽署本事件之有關文件，特此委任是實。

授權人：
身分證號碼：
住址或事務所：
中　華　民　國　〇　〇　年　〇　月　〇　日

〈範例3-1-106〉

委託代辦房地貸款契約書

立委辦貸款契約書人〇〇〇（以下簡稱甲方）茲因訂購〇〇〇（以下簡稱乙方）所興建座落臺北市〇〇區〇〇段〇〇小段〇〇地號等土地內經暫編號為〇區第〇棟〇樓之房屋壹户，今甲方委託乙方就上開房屋連同其基地持分土地為抵押物，代為向金融機構設定抵押辦理貸款，以其貸款所得之金額抵付訂購上項房屋土地之部分價款，有關委託及雙方約定事項如後，以資共同遵守：

一、甲方委託乙方代向金融機構申請抵押貸款金額為新臺幣〇佰〇拾〇萬〇仟元整，其申貸意旨為柒年分期按月攤還本息。

二、甲方願以前開房屋、土地，於取得產權後，提供作為抵押物，授權乙方辦理抵押權設定登記予貸款機構，並依貸款機構之規定，覓妥保證人，保證履行償還貸款本息之義務。

三、獲得貸款之金額、期限、利息及分期償還方式，甲方同意依照貸款機構之決定，應行辦理之一切手續，甲方願依貸款機構之規定辦理，並切實履行義務。

四、辦理貸款及抵押權設定登記事項所需之全部手續，甲方保證於乙方通知期限內無條件如期辦妥，不得藉故拖延，並交付相關證件資料、存摺及開具與貸款金額同額之已簽章取款憑條、商業本票等予乙方，其本票到期日授權乙方填載，且同時簽立貸款金額直接撥入乙方指定銀行專户之委託書，其因辦理貸款及抵押權設定登記而生之稅捐、規費、代書代辦費、保險費、信用查詢費、手續費、謄本費等，均由甲方負擔，並於受乙方通知後如期交付乙方以便辦理，否則視為終止本項委託，甲方並應無條件於受乙方通知七日內一次以現金付清全部貸款金額。

五、甲方申請貸款所得之全部金額，係供抵付訂購前開房地部分價款之用，甲乙雙方同意於貸款機構核准貸款時，將該項貸款全部金額均逕行由乙方向貸款機構領取。

六、甲方應依金融機構之規定，辦妥一切手續，俟核定貸款後，始得遷人前開房屋。並自乙方通知交屋日起至乙方取得貸款金額之日止，依金融機構信用放款利率計算支付利息及手續費用予乙方，並於乙方通知交屋時，預付乙方四個月利息，俟正式核算後，多退少補。

七、甲方倘因個人之原因或甲方應具備之貸款條件有瑕疵，以致不能核准或取得貸款時，乙方概不負責，甲方應於乙方通知日起七日內以現金將全部貸款金額一次付清予乙方，否則視同違反甲乙雙方所簽訂之不動產預定買賣契約書，並應賠償乙方因此所發生之一切損失。

八、甲方倘因政府法令或金融政策改變，以致不能獲得金融機構貸款或核貸金額少於本約第1條所列之申貸金額時，甲方應於乙方通知日起七日內以現金將全部或不足之貸款金一次付清予乙方，否則，視同違反甲乙雙方所簽訂之不動產預定買賣契約書。

九、甲方倘於乙方取得貸款金額前終止或解除本委託書與授權，本委託關係即歸消滅，甲方應於終止或解除委託之意思表示之同時一次付清全部貸款金額予乙方，以抵償付乙方應得之價款。

十、本委辦貸款如需甲方補正有關證件或需甲方親自會同辦理時，甲方不得藉任何理由拖延或拒絕。

十一、本委辦貸款契約書壹式貳份，由甲、乙雙方各執乙份為憑，並自簽訂日起生效。

立契約書人甲方：

法定代理人：

身分證號碼：

住址：
乙方：
住址：
身分證號碼：

中　華　民　國　○　○　年　○　月　○　日

〈範例3-1-107〉

委任管理房屋契約書（法院公證處例稿）

立約人○○○（以下稱甲方）因公出國，茲委任○○○（以下稱乙方）代為管理座落○○市○○路○○號加強磚造二樓房屋一棟，約定條件如下：

第1條　乙方接受甲方委任代為管理前開房屋至甲方返國時止。

第2條　在委任期間，乙方對於管理物除有使用、收益及出租（租期每次不得逾二年）權外，不得主張其他權利。

第3條　管理物之稅捐由乙方先行墊付，待甲方回國後照據償還。

第4條　乙方如將管理物出租，所得租金，以百分之參拾作為乙方之報酬金，餘為甲方所有。

第5條　乙方應對管理物盡善良管理人之注意，倘因過失或逾越權限之行為致管理物因而發生損害，應負賠償責任。

第6條　委任期間非經甲方同意不得將管理事務轉委託他人處理。

第7條　本契約經法院公證後生效。

委任人：
住址：
受任人：
住址：

中　華　民　國　○　○　年　○　月　○　日

〈範例3-1-108〉

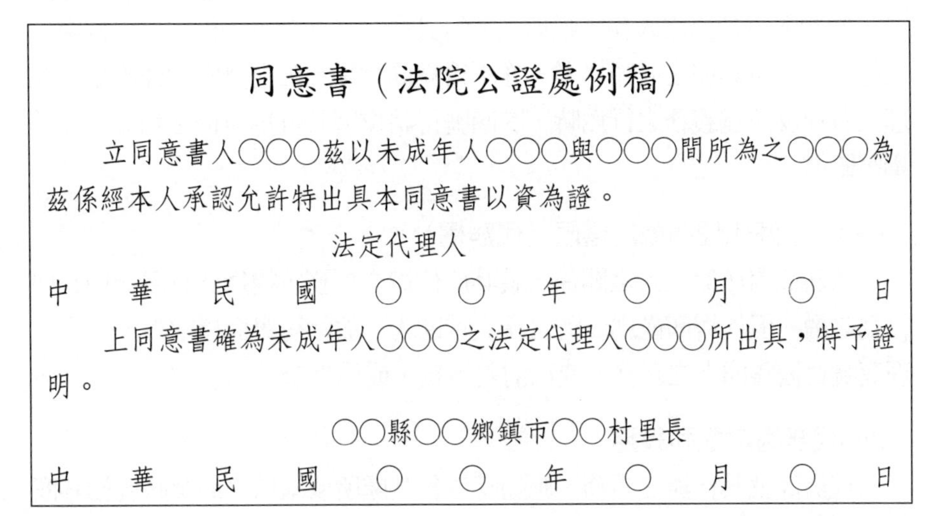

同意書（法院公證處例稿）

立同意書人○○○茲以未成年人○○○與○○○間所為之○○○為茲係經本人承認允許特出具本同意書以資為證。

法定代理人

中　華　民　國　○　○　年　○　月　○　日

上同意書確為未成年人○○○之法定代理人○○○所出具，特予證明。

○○縣○○鄉鎮市○○村里長

中　華　民　國　○　○　年　○　月　○　日

拾壹、經理人及代辦商契約

一、說明

經理人，即有爲商號管理事務，及爲其簽名之權利之人。代辦商，乃非經理人而受商號之委託，於一定處所或一定區域內，以該商號之名義，辦理其事務之全部或一部之人。

二、契約當事人之法定權利義務

(一)經理人之權限（經理權）

經理權乃兼指內部之營業全體之處理權限，及對外之一般商業代理權而言。經理權之授與，得以明示或默示爲之。既經授與後並不因商號所有人死亡、破產或喪失行爲能力而消滅。

經理人，就其所任事務，視爲有代表商號爲原告或被告或其他一切訴訟上行爲之權。其對於第三人之關係，就商號或其分號或其事務之一部。視爲有管理上一切必要行爲之權。經理權得限制於管理部分事務。除有書面之授權外，對於不動產不得買賣或設定負擔。

(二)經理人之義務

同業競爭禁止之義務，經理人非得其商號之允許，不得爲自己或第三人經營與其所辦理之同類事業，亦不得爲同類事業公司無限責任股東。經理人有違反前述義務之行爲時，其商號得請求因其行爲所得之利益，作爲損害賠償。

(三)代辦商代理商號之權限（代辦權）

代辦商對於第三人之關係，就其所代辦之事務，視爲其有爲一切必要行爲之權。但代辦商僅爲商號之獨立輔助人，故除有書面授權外，不得代理商號負擔票據上之義務，或爲消費借貸，或爲訴訟。

(四)代辦商之權利義務

代辦商就其代辦之事務，應隨時報告其處所或區域之商業狀況於其商號，並應將其所爲之交易即時報告之。同業競爭禁止之義務，與經理人相同。

代辦商得依契約所定，請求報酬或請求償還其費用，無約定者，依習慣，或依其代辦事務之重要程度及多寡定其報酬。

三、本契約應訂明之基本條款

(一)商號及經理人（或代辦商）

(二)報酬及其計算、給付方式。

(三)經理權（或代辦權）之範圍與限制。

(四)其他權利義務規定。

(五)保證人。

四、契約範例

〈範例3-1-109〉

經理契約書(一)

行東○○○以下簡稱為甲方

經理○○○以下簡稱為乙方

前當事人間關於經理契約締結條件如下：

第1條　甲方願委任乙方為其○○（地址）○○行經理而乙方承諾之。

第2條　甲方應於每月末日給付乙方月薪新臺幣○○○元整。

第3條　甲方對乙方按月給付前條之薪津外，對於純益即營業上之收入，扣除一切費用之殘額以下列標準給與紅利：

一、純益○○元起至○○元時其○分之若干。

二、純益○○元起至○○元時其○分之若干。

三、純益○○○元起至○○○元時其○分之若干。

四、超過○○○○元時每超○○元增加若干。

前項紅利在每次決算期決算後，三天內支給之。

第4條　乙方應從甲方之指揮，以誠實勤勉為旨，從事甲方營業一切之事務。

第5條　乙方有代理甲方關於其營業一切之裁判上，或裁判外行為之權限，及店員其他使用人選任及解任及簽發票據之權。

第6條　乙方除代理前條權限外如有下列事項應經甲方之許諾始得為之：

一、營業上重要之事項。

二、關於甲方利害關係重大之事項。

三、對於不動產之買買或設定負擔事項。

第7條　乙方除有正當事由經甲方允許外不得廢弛業務。

第8條　乙方除營業上之費用及因營業出勤中之食費外，其食料住居衣服疾病其他一切費用自為負擔之。

第9條　乙方違背本契約品行不良或有其他不正行為時，甲方得隨時終止契約撤回經理權。

第10條　本件經理權因乙方死亡破產，或喪失行為能力而消滅，但甲方之死亡破產或喪失行為能力時，經理權並不因此即歸消滅仍須繼續管理事務。

第11條　甲乙雙方如有正當事由得隨時終止本委任契約各無異議。

第12條　本件經理權之授與於契約成立後，應於拾伍日內向營業所所在地之該管官署申請登記。

第13條　本契約存續期間自訂約日起滿壹年為限。

第14條　本契約壹式貳份，甲、乙各執乙份為憑。

委任人（甲方）：○○○　印
地址：
身分證
統一編號：
受任人（乙方）：○○○　印
地址：
身分證
統一編號：

中　華　民　國　○　○　年　○　月　○　日

〈範例3-1-110〉

經理契約書(二)

委任人○○○簡稱甲方，受任人○○○簡稱乙方，茲由○○○、○○○兩先生介紹經雙方同意訂立經理契約條件於下：

第1條　甲方特委任乙方為○○商行之經理人，而乙方亦願依本約受任之。

第2條　本契約有效期間自民國○○年○月○日起至民國○○年○月○日止滿○年間。

第3條　乙方之每月薪津約定為新臺幣○○元整於甲乙方均承諾之。

第4條　乙方經理○○商行不論盈虧如何，應以每月底結帳一次，並於結帳後參日內將一個月中詳細帳目交於甲方查核，如有疑義盡由甲方質問，倘有舞弊情事乙方應負賠償之責。

第5條　凡○○商行中一切營業事務，以及用人行使悉由乙方負責辦理，甲方不得干涉。

第6條　凡○○商行中如發生虧蝕等情有不能維持之勢時，乙方應將其詳情及帳目報告甲方查核以定進退，如隱不告知者以舞弊論。

第7條　乙方經理○○商行所進出款項或貨件，概由乙方全權負責辦理；但乙方如故意損害甲方者須賠償其損害。

第8條　乙方經理○○商行如遇有營業周轉不靈，須向外借款時，乙方於新臺幣○○元為限度內得便宜處置，如逾限度款額時，應事先徵得甲方承諾，乙方不得專擅。

第9條　乙方如未經甲方書面之授權時，不得將○○商行所有不動產及商品以外之動產物件，為買賣或讓與或設定負擔。

第10條　乙方經理○○商行所有盈餘款項，乙方應寄存○○銀行或○○合作社，不得擅行貸借與私人或他人或留存商行內。

第11條　本契約存續期間中，因遇甲方不得已事由，致○○商行停業或轉讓者，除於破產外甲方應自停業或轉讓之日起，支付乙方薪金○個月。

第12條　乙方於契約期間中，如有不得已事由須請假時，應於事前通知甲方，以便委託合夥人中一人或二人代理乙方之職務。
此項代理人一切行為仍由乙方負完全之責。

第13條　本契約有效期間內甲乙雙方間絕不得中途終止契約，但有特殊事故者不在此限。

第14條　本契約未盡訂明事項依照民法之規定或有關法令解釋之。

第15條　本契約壹式貳份，甲、乙各執乙份為憑。

委任人（甲方）：　印
地址：
身分證
統一編號：
承諾人（乙方）：　印
地址：
身分證
統一編號：
介紹人：
地址：
身分證
統一編號：
介紹人：
地址：
身分證
統一編號：

中　華　民　國　〇　〇　年　〇　月　〇　日

〈範例3-1-111〉

代辦商契約書(一)

委任人〇〇〇簡稱甲方，受任人〇〇〇簡稱乙方，茲由〇〇〇、〇〇〇兩位介紹經雙方合意訂立遵守條件於下：

第1條　甲方願將其經營〇〇工廠出品之〇〇牌〇〇貨件，委託乙方自費在〇縣〇鎮〇里〇路門牌〇號開設分銷處，以〇縣轄內為區域宣傳推銷，而乙方願依約代辦之。

第2條　乙方依前條開設分銷處應用甲方商號之名義，但對外責任除可歸責於甲方之事由外，概由乙方負完全之責任。

第3條　本契約有效期間約定自民國○年○月○日起至民國○年○月○日止計共○年間。

第4條　乙方於契約訂立之日，付交保證金新臺幣○○元整與甲方親收足訖，嗣後憑信取貨。本保證金於期滿或契約終止時無息返還之。

第5條　乙方代辦推銷貨品之價目，應確守甲方寄送之價目表推銷之，如價目有增減時甲方須隨時寄送新價目表通知乙方。

甲方交與乙方之價目約定打○折，於每月底結算一次，同時付清不得拖延短欠。

第6條　除甲方寄送貨品與乙方間之運費，由甲方負擔以外，關於分銷處有關一切費用概歸乙方負擔支理。

第7條　甲方所寄送貨品如有瑕疵等情時，乙方應於接到後○日以內通知甲方，以為交換，如乙方過期不通知者，視為無瑕疵，產品銷售過程中，遇有費者因產品瑕疵請求更換者，概由乙方負責辦理。

第8條　乙方所指定之貨品，甲方須於接到通知後○日內寄送，如須遲延者應即通知乙方。

第9條　乙方向甲方賒取貨品之款額限定以保證金額以下為限度，倘該貨款已達保證金額時，不待本契約第4條規定支付方法之月底結算須即於期前結清。

第10條　乙方訂貨而由甲方發送後，縱因市面清淡不能行銷者亦不得退回。

第11條　本契約存續期間中，甲方不得再於○縣轄區內，另設分銷處委他人為代辦商事務以致損害乙方之推銷營業，如甲方違反前項約定者，乙方除即終止契約外，並得請求違約金新臺幣○○元整，甲方無異議。

第12條　乙方於本契約第4條及第8條應結帳日期，如不將帳目結清或違背契約者，甲方得終止契約，所欠貨款得在保證金中扣抵之。倘保證金不足扣抵，其不足額得再請求之，乙方不得異議。

第13條　本契約因前二條之原因解除或終止契約後，該分銷處所有設備或租賃使用權，應盡歸出資者之乙方取得任意處分之。

第14條　乙方在契約期間中，如因市面清淡不願繼續進行推銷時，得隨時終止契約，但須於兩星期前通知甲方。

第15條　乙方以甲方名義代辦推銷甲方工廠製品期間，如無甲方書面之授權，不得負擔票據上之義務，或為消費借貸或為訴訟上之行為。

第16條　本契約壹式貳份，甲、乙雙方各執乙份為憑。

委任人（甲方）：○○○　印
地址：
身分證
統一編號：
受任人（乙方）：○○○　印
地址：
身分證
統一編號：
介紹人：○○○　印
地址：
身分證
統一編號：
介紹人：○○○　印
地址：
身分證
統一編號：

中　華　民　國　○　○　年　○　月　○　日

〈範例3-1-112〉

代辦商契約書(二)

○○商行行東○○○簡稱甲方，代辦者○○○簡稱乙方，茲為代辦推銷業務經雙方同意議定條件如下：

第1條　甲方委託乙方在○○地域以甲方商號代辦推銷甲方所營業之○○貨品，而乙方承諾之。

第2條　本契約有效期間自民國○○年○月○日起至民國○○年○月○日止○年間。

前項之期間得為更新之。

第3條　本契約甲方委託乙方代辦推銷貨品之種類及一年間之數量如下：

一、○○○（貨品名稱）○○佰件起至○○仟件。

二、○○○（貨品名稱）○○佰件起至○○仟件。

第4條　甲方於前條所列之貨品認其必要時（或者○○時），應送付與乙方。

第5條　甲方依前條為送付貨品與乙方，應提示所送付貨品之銷售價款。

第6條　甲方送付之貨品，如發現有瑕疵等情，應於送付日起三十日內通知甲方，並向甲方要求更換同一貨品；逾期未通知者，視為貨品無瑕疵。

第7條　貨品銷售過程中，遇有消費者因貨品瑕疵請求更換時，概由乙方負責辦理，至甲乙雙方間有關瑕疵貨品之退換處理，悉依前條規定辦理。

第8條　乙方受甲方送付貨品時，應照其指定價格迅予販賣，但於乙方比甲方指定價格較少代價販賣時，視為以指定價格販賣論。

第9條　乙方受委託貨品推銷販賣之方法有以自己之意思決定之權。

第10條　乙方販賣受委託貨品時，應通知甲方，並應於每月末日將商業狀況詳細報告甲方。

第11條　乙方應於每月末日將其代辦推售貨品之價款確實支付與甲方。

第12條　關於代辦推銷貨品一切之費用，由乙方負擔。

第13條　甲方對其委託乙方代理販賣之貨品應依左列區別給付報酬與乙方：

一、○○○（貨品名稱）每○件新臺幣若干元。

二、○○○（貨品名稱）第○件新臺幣若干元。

第14條　前條之報酬，甲方應於每月末日支給乙方，但甲方得與乙方依契約第8條應支付貨品價款之範圍金額抵銷之，又乙方如怠繳貨品價款時，甲方得待至其繳付，停止支給報酬金。

第15條　乙方所管理之場所已無現存之貨品，視為既已販賣，雙方均應分別繳付價款及支付報酬。

第16條　乙方應遵從此契約，並負有以善良管理人之注意，處理委託事務之義務，且應負與自己之財產為同一之注意保管貨品之責。

第17條　乙方非得甲方之允許，不得為自己或第三人經營與其所辦理之同類事業，亦不得為同類事業公司無限責任之股東。

第18條　乙方除有甲方之書面授權外，不得使商號負擔票據上之義務，或為消費借貸或代表商號為原告或被告或其他一切訴訟上之行為。

第19條　本件代辦權因左列各種原因而消滅：

一、代辦權所由授與之法律關係終了。

二、乙方之死亡破產或喪失行為能力。但甲方之死亡破產喪失行為能力時，乙方之代辦權不因此而消滅仍得繼續代辦事務。

三、商號之閉歇或營業終止。

第20條　本契約成立後雙方應於十五日內會同向營業所所在地之主管官署依商業登記法第8條規定，辦理代辦權授與之登記手續。

第21條　本契約壹式貳份，甲、乙各執乙份為憑。

委任人（甲方）：○○○　印
地址：
身分證
統一編號：
承諾人（乙方）：○○○　印
地址：
身分證
統一編號：

中　華　民　國　○　○　年　○　月　○　日

〈範例3-1-113〉

代理店契約書

○○股份有限公司（以下簡稱甲方）與李天（以下簡稱乙方）和王三（以下簡稱丙方），對於商品交易及抵押權設定等相關事宜，締結以下契約：

第1條　對於甲方所批發予乙方之商品種類、數量、單價、交付方法等，另行協議並訂定契約。

第2條　價款在每月十日結算一次，而乙方則以翌月十日為發票日期的支票支付。若支票到期無法支付，或因第8條的規定，乙方喪失償還期限的利益時，不管支票的發票日是否屆至，必須立刻以現金支付甲方。

第3條　乙方對於本契約上應支付甲方的金錢債務之履行若遲延時，以價款總額百分之○計算滯納金。

第4條　甲方對於乙方的資產狀態、營業成績、利益及損失處理狀況、營業方針、交易關係、勞務關係等業務狀況，可進行關係文件的閱覽及要求報告。

當甲方向乙方提出前項要求時，乙方必須立刻配合。

第5條　甲方若因自己的情形或一般業界的景氣，或者對乙方的信用降低時，隨時都可以進行交易方法的變更、或暫時中止交易，或給予三個月的預告期間，終止契約。

第6條　關於乙方對甲方的一切債務，丙方與乙方負有連帶履行之責任。

第7條　丙方為了擔保前項的債務，將其所擁有的後記不動產設定價權限額○○萬元的第○順位的抵押權。

第8條　若有符合下列各款之一之事由時，甲方可不進行催告，即與乙方終止本契約，乙方對於各交易的全部債務，喪失期限利益，必須立刻清償債務。

一、乙方因本契約第二條之規定交給甲方的支票，不論其理由，其中之一被拒絕給付時。

二、乙方或丙方因其他債務而遭強制執行、假扣押、假處分或受破產宣告時。

三、乙方或丙方受到票據交換所的交易停止處分時。

四、丙方未進行擔保物保存的必要行為時。

五、其他乙方或丙方違反本契約條款中任何一項，或對甲方有背信行為時。

第9條　乙方及丙方對甲方提出的擔保物，必須確認除了丙方及其同居家屬外，未被第三人占有；此外，未得甲方書面同意，則不得進行所有權的移轉、抵押權、典權的設定及其他損害甲方的一切行為。

第10條　不論任何原因若擔保物損毀滅失，或價格降低時，乙方或丙方必須立刻通知甲方。

前項的情形，甲方可自行選擇請求乙方及丙方即時給付債務金額，或是請求增加擔保。

第11條　丙方為了擔保乙方對甲方在本契約上的金錢債務之履行，對於後記之不動產，已為甲方向A保險公司投保保險金○○萬元之火險，在保險契約上辦好保險金受益權轉讓的背書，交付甲方，同時必須將情況通知A保險公司。

丙方在甲方與乙方之間的交易契約尚未終了，而且乙方對甲方的債務尚未完全償還之前，對於該不動產火災保險契約續約更新時，未得甲方書面同意，不得變更保險公司、金額及其他保險契約的內容。此外，在更換火災保險契約時，更換的新約適用前項的規定。

當該不動產罹災時，甲方可領取保險金，隨時充乙方對甲方之本契約上的債務償還。

第12條　丙方就擔保物將來之損害，不論任何原因，由第三者接受之賠償金，必須充當乙方對甲方在本契約上之債務擔保，或是承諾由甲方直接提領賠償金。

按照前項的規定，若發生可以提領賠償金的事由時，丙方必須立刻通知甲方，並將領取賠償金之一切必要文件交給甲方。

第13條　本契約的期間，從契約成立之日起，以十年為限。此後，依當事者的協定，可延長契約期間。

第14條　締結本契約所需之費用及抵押權設定登記所需之費用，由乙方及丙方共同負擔。

第15條　關於本契約之一切紛爭，由甲方的主事務所之所在地地方法院為管轄法院。

第16條　本契約書壹式參份，各自簽名蓋章後，分別持有乙份。

附件：

設定抵押權之不動產標示：

所在地：○○市○○路○○號地。

種類：住宅。

構造：磚瓦造兩層建築物。

占地面積：一樓○平方公尺、二樓○平方公尺。

甲方：○○股份有限公司

董事長：張文
住址：
乙方：李天
住址：
丙方：王三
住址：
中　華　民　國　〇　〇　年　〇　月　〇　日

〈範例3-1-114〉

特約經銷店契約書

〇〇股份有限公司（以下簡稱甲方）和〇〇股份有限公司（以下簡稱乙方）之間，對於〇〇正廠零件及用品的買賣。締結下記契約：

第1條（買賣的目的及地區）

甲方按照本契約將丙機械股份有限公司（以下簡稱丙方）製品所使用的〇〇正廠零件及用品（以下簡稱正品）持續賣給乙方，由乙方在指定販賣地區（〇〇市）進行販賣。

第2條（販賣設施、宣傳、服務）

乙方按照本契約之規定，為販賣正品，必須經常進行正品的宣傳、介紹，並設有適當的店舖、修補工廠及其他販賣設備，保有貨源充足的庫存品，且對顧客維持充分的服務。

第3條（禁向第三者購買）

乙方未得到甲方之承諾，不得向甲方以外的第三者購買正品。

第4條（定期訂貨）

乙方對甲方的正品訂貨，必須按照甲方規定的定期訂貨項目規定原則，進行定期訂貨。

第5條（買賣數量的決定）

乙方基於本契約購買正品時，必須事先向甲方訂貨，甲方則配合庫存數量及其他狀況，決定買賣數量。

第6條（買賣價格）

甲方賣給乙方的製品的買賣價格，為另由丙方所指定的價格。

第7條（買賣價款的支付方法）

乙方另外按照甲方規定的方法支付買賣價款。

第8條（製品的交付日期與場所）

買賣標的物的交付日期及場所，依照甲方的指定辦理。

第9條　甲方交付之貨品，如發現有瑕疵等情，應於交付日起三十日內通知甲方，並向甲方要求更換同一貨品；逾期未通知者，視為貨品無瑕疵，貨品銷售過程中，遇有消費者因貨品瑕疵請求更換時，概由乙方負責辦理。

第10條（運費及雜費的負擔）

買賣正品的運費、雜費原則上由乙方負擔。

第11條（所有權轉移的時期）

買賣正品的所有權在乙方支付買賣價款終了時，移轉給乙方。

第12條（危險負擔）

甲方將買賣的正品交付乙方後，該正品因不可歸責於甲方之事由而損失或毀損時，其損害完全由乙方負擔。

第13條（保證金）

乙方基於本契約每次向甲方購買正品時，必須支付甲方所指定的保證金，若乙方對甲方有任一債務無法償還時，甲方隨時可以沒收上述保證金充當償還金額。

第14條（擔保的提供）

乙方為確保基於本契約必須對甲方負責的一切債務能夠償還，應提供適當的擔保。

第15條（純正品販賣的義務）

乙方販賣丙製品售後服務用的零件用品時，必須販賣正品。

第16條（促銷）

乙方必須依照甲方的指示進行正品的促銷活動，努力達成甲方設立的販賣目標。

第17條（再販賣價格的維持）

乙方在正品的販賣上，必須以丙方規定的現販賣價格進行販賣。

乙方對於前項丙方所規定的再販賣價格，打算調降時，必須要得到甲方的允許。

第18條（庫存基準）

關於乙方應保持的正品庫存基準，依照甲乙雙方協議另行規定。

第19條（分配庫存）

若乙方的正品庫存未達前項的庫存基準時，甲方可要求乙方採取正品分配庫存的方式保持定量的庫存品。

第20條（販賣紀錄等的保管）

乙方對於純正品的販賣、購買、庫存紀錄等應進行保管。

第21條（販賣狀況等的報告）

當甲方要求乙方提出關於正品的販賣狀況及其他基於本契約的買賣交易相關事項的報告時，乙方必須儘速提出報告，不得延誤。

第22條（計算文件的提出）

乙方在本契約締結後，應在翌月十五日以前將到每月最後一天為止的借貸對照表及損益計算表向甲方提出，同時在年度決算期的財產目錄、借貸對照表、營業報告書及損益報告書，必須在定期舉行的股東大會結束以後十天內向甲方提出。

第23條（庫存品的調查等）

甲方為調查乙方履行本契約之狀況，隨時可以對乙方的營業場所及修理工廠進行庫存品調查，或者亦可調閱帳簿、傳票及其他營業上的文件，當甲方提出要求時，乙方必須協助。

第24條（保密）

甲方及乙方關於本契約之事項，除丙方之外，不得向第三者洩漏。

第25條（承認事項）

乙方要進行下列事項時，必領事先以書面得到甲方的允許：

一、公司的合併、新股票的發行、資本的減少、解散、營業的轉讓及其他公司的資產或經營上有顯著變更時。

二、變更公司章程。

三、變更職員。

第26條（標幟的揭示）

乙方接受甲方所給予的正品販賣店標幟，必須將該標幟張貼在自己的營業場所及其他場所。

第27條（契約終止）

若符合下述各項的任何一項時，甲方不必進行任何催告，即可終止契約：

一、乙方對於買賣價款的給付遲延，或有其他違反本契約之行為。

二、乙方有不適當且損及甲方的聲譽之行為時。

第28條（解約權的保留）

本契約的終止，甲乙雙方必須在六十天前以書面通知對方。

第29條（契約解除時的措施）

本契約若因第27條或前條之規定而終止時，正品的買賣價款若未完全付清，而買賣契約已全部終止時，乙方必須將依照買賣契約規定甲方所交付的正品以及正品販賣店標幟立刻歸還甲方。

第30條（期限利益的喪失）

若有符合下述各款之一之事由時，則乙方立刻喪失本契約及基於本契約的規定在製品販賣上對甲方所負擔的一切債務之期限利益，必須立刻償還全部債務：

一、依照第27條或第28條本契約終止時。

二、乙方對於基於本契約所規定的債務給付遲延或有其他違反本契約之行為時。

三、乙方遭強制執行或假扣押、假處分等處分時。

四、乙方受到破產、重整手續辦理的聲請時。

五、乙方所開出的支票或其他票據受到不兌現處分時。

第31條（販賣店制度實施細則）

關於本契約中未規定之事項，必須依照丙方所規定的「販賣店制度實施細則」來進行；若「販賣店制度實施細則」未規定，則依照甲方的決定來辦理。

第32條 本契約書壹式參份，甲方、乙方、丙方各自簽名蓋章後，各持有乙份。

甲方：○○股份有限公司

董事長：趙民

乙方：○○股份有限公司

董事長：錢富

丙方：丙機械股份有限公司

董事長：孫正

中 華 民 國 ○ ○ 年 ○ 月 ○ 日

拾貳、居間契約

一、說明

居間契約乃當事人約定，一方（居間人）爲他方（委託人）報告訂約之機會，或爲訂約之媒介，他方給付報酬之契約。

二、契約當事人之法定權利義務

(一)居間人之義務

1.據實報告訂約事項

居間人關於訂約事項，應就其所知，據實報告於各當事人。對於顯無履行能力之人，或知其無訂立該約能力之人，不得為其媒介。以居間為營業者，關於訂約事項及當事人之履行能力或訂立該約之能力，有調查之義務。

2.居間介入（隱名媒介）之履約義務

居間人就其所媒介成立之契約，原則上無為當事人給付或受領給付之權。但當事人之一方。指定居間人不得以其姓名或商號告知相對人者，居間人有不告知之義務。此時應就該方當事人由契約所生之義務，由居間人自己負履行之責，並得為其受領給付。

(二)居間人之權利

1.報酬請求權

居間人因媒介應得之報酬，除契約另有訂定或另有習慣外，由契約當事人雙方平均負擔。其報酬多寡依約定、價目表或習慣給付。但須契約因居間人之報告或媒介而成立者，居間人始得為報酬之請求。

2.費用請求權

居間人支出的費用非經約定不得請求償還。雖已為報告或媒介，而契約不成立者亦同。

3.請求權之限制

居間人違反其對於委託人之義務，而為利於委託人之相對人之行為或違反誠實及信用方法，由相對人收受利益者，不得向委託人請求報酬及償還費用。

三、居間契約應訂明之基本條款

(一)委託人與居間人。

(二)委託標的物或委託事項。

(三)委託期限。

(四)報酬之計算與給付方式。

(五)其他義務特約。

四、契約範例

〈範例3-1-115〉

居間契約書

委託人○○○稱為甲方，居間人○○○稱為乙方，茲為不動產房屋委託出賣訂約之媒介經當事人議定契約條件如下：

第1條　甲方將所有次條記載不動產房屋願以新臺幣○萬○仟元整出賣事宜，委託乙方辦理訂約之媒介一切行為，而乙方承任之。

第2條　本契約不動產房屋標示如下：

一、地號：○市○字○段○地號。

二、門牌號：○市○區○里○路○號。

三、式樣：臺灣式。

四、構造：磚造蓋臺灣紅瓦住屋一幢。

五、建坪：○坪○合○勺○才。

第3條　本契約有效期間自民國○年○月○日起至民國○年○月○日止滿○個月。

期間屆滿後不再另計契約者，本契約自然消滅。

第4條　契約有效期間內，甲方不得擅自另再委託他人，或擅自與他人訂約出賣等情。

第5條　委託事務有關費用由甲方負擔，而乙方必須提示其必要款額憑據或計算書或說明原因，甲方應酌付給之。委託事務終了時應即互相會算多還少補。

第6條　乙方關於訂約事項應就其所知據實報告於甲方，對訂立契約或支付款項無能力之人不得為媒介。

第7條　甲方應於乙方媒介而成立契約辦妥授權事務完竣時，給付乙方新臺幣○○元整為本件辦理委託事務之報酬金。

第8條　前條報酬金於契約有效期間內乙方未完成授權事務者或有符合民法第571條情形時，乙方喪失該項報酬之請求權並應償還費用。

前項情形甲方已有先付費用者，乙方應即退還甲方。

第9條　本契約未盡訂明事項依照民法之規定及有關法令之規定準用之。

第10條　本契約代書費及應貼印花由甲、乙雙方各負擔其半額。

第11條　本契約壹式貳份，甲、乙雙方各執乙份為憑。

委託人（甲方）：○○○　印
住址：
身分證
統一編號：
居間人（乙方）：○○○　印
住址：
身分證
統一編號：

〈範例3-1-116〉

委託銷售契約書(一)

委託人○○○（以下簡稱甲方）為委託○○○公司（以下簡稱乙方）辦理不動產房屋出賣訂約之媒介經當事人議定契約條件如下：

第1條　甲方將所有次條記載不動產房屋願以新臺幣○萬○仟元整出賣事宜，委託乙方辦理訂約之媒介、廣告、企劃及業務代理等一切行為，而乙方承任之。

第2條　本契約不動產房屋標示如下：

一、地號：○○市○○縣○○鄉○○段○○小段○○地號。

二、門牌號：○○市○○區○里○路○號。

三、式樣：西洋歐式。

四、構造：玻璃式鋼筋造住屋樓房乙棟。

五、建坪：○坪○合○勺○才。

第3條　本契約有效期間自民國○年○月○日起至民國○年○月○日止滿○個月。如雙方擬延長之，則須另行訂約。如有銷售不實，全由受託人自行負責，概與甲方無涉。

第4條　甲方保證委託乙方代理銷售之不動產其產權清楚，備妥政府核發之建築執照（建築號碼）。

第5條　委託銷售總價新臺幣○○○萬元整。

第6條　關於委託銷售業務之一切人事費用，廣告企劃、市場調查等有關費用均由甲方負擔，而乙方必須提示其必要款額憑據或計算書或說明原因，甲方應酌給之。

第7條　乙方關於訂約事項，就其所知，應據實報告於甲方，對於訂立契約或支付款項無能力之人不得為媒介。

第8條　甲方應於乙方媒介而成立契約辦妥授權事務完竣時，給付乙方新臺幣○○元整，為本件辦理委託事務之報酬金。

第9條　前條報酬金於乙方在未完成授權事務之前或有符合民法第571條情形時，乙方應喪失該項報酬之請求並應償還費用。

前項情形甲方已有先付費用者，乙方應即退還甲方。

第10條　本契約未訂明事項依照民法之規定及有關法令之規定準用之。

第11條　本契約壹式貳份，甲、乙雙方各執乙份為憑。

委託人（甲方）：○○○　印

住址：

身分證統一編號：

居間人（乙方）：

公司名稱：

公司地址：

負責人：○○○　印

住址：
身分證統一編號：
公會會員證書字號：

中　華　民　國　○　○　年　○　月　○　日

〈範例3-1-117〉

委託銷售契約書(二)

立契約人○○○（以下簡稱甲方）居間人○○○（以下簡稱乙方），茲為不動產房屋委託出賣訂約之媒介，經當事人議定條件如下：

第1條　甲方將所有次條記載不動產房屋願以新臺幣○萬○仟元整出賣事宜，委託乙方辦理訂約之媒介一切行為，而乙方承任之。

第2條　本契約不動產房屋標示如下：

一、土地座落：○○市○○縣○○鄉○○段○○小段○○地號。

二、房屋座落：

地號：○○市○○縣○○鄉○○段○○小段○○地號。

門牌號：○○市○○區○○里○○路○○號。

式樣：臺灣式。

構造：磚造蓋臺灣紅瓦住屋貳層樓房壹幢。

建坪：○坪○合○勺○才。

三、面積依權狀為準。如有銷售不宜，全由受託人乙方自行負責，概與甲方無涉。

第3條　本契約有效期間自民國○○年○月○日起至民國○○年○月○日止滿○個月。

期間屆滿後不再另訂契約者，本契約自然消滅。

第4條　乙方執行前述業務之服務酬勞，經雙方議定如下：

一、按照甲方所提供之房地售價（如附表）取百分之○為乙方之服務酬勞。

二、由甲方擬定房地底價（如附表）交乙方加價銷售，加價都分即為服務酬勞。

第5條　甲方於委託期限內將委託標的物另行再委託他人或自行銷售他人，均視為違約。甲方仍須依前條所定之報酬數額給付乙方，作為違約之處罰。

第6條　廣告費由○方負擔。

第7條　第4條報酬金於契約有效期間內，乙方未完成授權事務或有符合民法第571條之情形時，乙方應喪失該項報酬之請求並應償還費用。

前項情形甲方已有先付費用者，乙方應即退還甲方。

第8條　乙方認為有必要時，得使第三人代為處理。

第9條　本契約未訂明事項依照民法之規定及有關法令之規定準用之。

第10條　本契約代書費及應貼印花由甲乙雙方各負擔其半額。

第11條　本契約壹式貳份，甲、乙雙方各執乙份為憑。

委託人（甲方）：○○○ 印

住址：

身分證統一編號：

居間人（乙方）：○○○ 印

住址：

身分證統一編號：

中　華　民　國　○　○　年　○　月　○　日

No.

<table>
<tr><td colspan="6">房產分析表　　　　年　月　日</td></tr>
<tr><td colspan="6">屋址：　　　　　　　　　　　　樓層：</td></tr>
<tr><td colspan="6">姓名：　　　　　　電話：</td></tr>
<tr><td colspan="6">屋類：□公寓　□大廈　□洋房　□別墅　□套房</td></tr>
<tr><td colspan="6">收費法：</td></tr>
<tr><td colspan="6">建坪數________　地坪數________</td></tr>
<tr><td colspan="6">地下室　　　　　　　車庫</td></tr>
<tr><td>客廳</td><td></td><td colspan="4">售價</td></tr>
<tr><td>餐廳</td><td></td><td colspan="4">1順位貸款____年期____利息____</td></tr>
<tr><td>廚房</td><td></td><td colspan="4">2順位貸款____年期____利息____</td></tr>
<tr><td>1房間</td><td></td><td colspan="4">總貸款額____年期____利息____</td></tr>
<tr><td>2房間</td><td></td><td colspan="4">貸款規費</td></tr>
<tr><td>3房間</td><td></td><td colspan="4">代書費用</td></tr>
<tr><td>4房間</td><td></td><td colspan="4">塗銷</td></tr>
<tr><td>1浴室</td><td></td><td colspan="4">登記</td></tr>
<tr><td>2浴室</td><td></td><td colspan="4">火險</td></tr>
<tr><td colspan="2">結構：鋼筋□　加強磚□</td><td colspan="4">簽約期限____日</td></tr>
<tr><td>電　梯</td><td></td><td colspan="4">訂金________水費________</td></tr>
<tr><td>冷　氣</td><td></td><td colspan="4">頭款________電費________</td></tr>
<tr><td>瓦　斯</td><td></td><td colspan="4">自接額度　管理費</td></tr>
<tr><td colspan="2"></td><td colspan="4">監證費、教育捐、印花稅</td></tr>
<tr><td>位　置</td><td>好□普通□差□</td><td colspan="4">稅金（契稅）</td></tr>
<tr><td>坐　向</td><td>東□西□南□北□</td><td colspan="4">增值稅</td></tr>
<tr><td>交　通</td><td>公車______捷運______</td><td colspan="4">每月支出（－）</td></tr>
<tr><td>市　場</td><td></td><td colspan="4">每月支出（＋）</td></tr>
<tr><td>居　民</td><td></td><td colspan="4">附贈設備：</td></tr>
<tr><td>學　校</td><td></td><td>電　話</td><td></td><td>床　組</td><td></td></tr>
<tr><td>衛　生</td><td></td><td>冷　氣</td><td></td><td>沙　發</td><td></td></tr>
<tr><td>給　水</td><td></td><td>熱水器</td><td></td><td>餐桌椅</td><td></td></tr>
<tr><td>光　線</td><td></td><td>流理臺</td><td></td><td>電　視</td><td></td></tr>
<tr><td>視　野</td><td></td><td>瓦斯爐</td><td></td><td>冰　箱</td><td></td></tr>
<tr><td>邊　間</td><td></td><td></td><td></td><td></td><td></td></tr>
<tr><td>寧　靜</td><td></td><td></td><td></td><td></td><td></td></tr>
</table>

環境分析				
屋址：				
屋齡：□新　□1～2年　□3～4年　□5～6年　□7～8年　□9～10年				
位置：□很好□好□普通□差□很差				
坐向：□坐北朝南□坐南朝北□東西□西東				
公共交通			居民水準□上□中□下	
	公車路線		環境衛生	
	臺汽公司		社區服務	
	捷運系統		消防	
	至市中心時間		垃圾	
	交通瓶頸區		給水	
	停車場		瓦斯	
公共設施			風水特徵	
市場	菜市場		財位	
	百貨公司		對房過高	
	雜貨店		對大樹	
學校	幼稚園		對電線桿	
	國民小學		對屋角	
	國民中學		對死巷（窄巷）	
			對山	
公園			開虎邊	
山水			對溪水	
醫療			對三角形路街	
育樂文化			對祠堂	
			寧靜程度	
			感受	

<table>
<tr><td colspan="8">不動產分析表　　　　年　月　日</td></tr>
<tr><td>地　點</td><td colspan="7"></td></tr>
<tr><td>姓　名</td><td colspan="3"></td><td colspan="2">電　話</td><td colspan="2"></td></tr>
<tr><td>地　址</td><td colspan="7"></td></tr>
<tr><td>委託價</td><td></td><td>刊登價</td><td colspan="2"></td><td>底　價</td><td colspan="2"></td></tr>
<tr><td>售　價</td><td></td><td>收　費</td><td colspan="5"></td></tr>
<tr><td>地　目</td><td></td><td>面　積</td><td colspan="5"></td></tr>
<tr><td>使用分區</td><td></td><td>都市計畫</td><td>內</td><td></td><td>外</td><td colspan="2"></td></tr>
<tr><td>使用現況</td><td colspan="7"></td></tr>
<tr><td>環境分析</td><td colspan="7"></td></tr>
<tr><td>略
圖</td><td colspan="7"></td></tr>
<tr><td>備　考</td><td colspan="7"></td></tr>
</table>

<table>
<tr><td colspan="3">財務談判表　　　　　　年　月　日</td></tr>
<tr><td colspan="3">屋址：</td></tr>
<tr><td colspan="3">委託價</td></tr>
<tr><td colspan="3">平均價　　　底價</td></tr>
<tr><td colspan="3">刊登價　　　日期</td></tr>
<tr><td colspan="3">條件如下</td></tr>
<tr><td rowspan="13">不用現金</td><td colspan="2">1.超額貸款　＋</td></tr>
<tr><td colspan="2">2.全用支票</td></tr>
<tr><td colspan="2">3.</td></tr>
<tr><td colspan="2">4.別棟抵押貸款</td></tr>
<tr><td colspan="2">5.本棟全額貸款</td></tr>
<tr><td>頭款</td><td>貸款</td></tr>
<tr><td>6.</td><td>目前設定情形</td></tr>
<tr><td>7.不動產</td><td></td></tr>
<tr><td>8.淨得</td><td>第一順位貸款__還本利（月）__本金（月）__利息（月）__年限</td></tr>
<tr><td>9.淨得</td><td>第二順位貸款__還本利（月）__本金（月）__利息（月）__年限</td></tr>
<tr><td>10.淨得</td><td>第三順位貸款__還本利（月）__本金（月）__利息（月）__年限</td></tr>
<tr><td rowspan="4">部分現金</td><td>10.</td><td></td></tr>
<tr><td>11.</td><td></td></tr>
<tr><td>12.</td><td></td></tr>
<tr><td>13.</td><td>順位　本金　利息　年限</td></tr>
<tr><td>全現金</td><td colspan="2">14.</td></tr>
<tr><td></td><td colspan="2"></td></tr>
<tr><td></td><td colspan="2"></td></tr>
<tr><td></td><td colspan="2"></td></tr>
</table>

簽約明細分析表

編號	簽約日期	樓別	客戶姓名	定金	簽約金	總價 銷售價格	佣金	佣金損益	

定金補足、簽約追蹤表

編號	簽約日期	樓別	姓名	電話	住址	定金	預繳日期	第一次追蹤	第二次追蹤	第三次追蹤

銷售追蹤表

編號	日期	姓名	住址電話	希望坪數	詢問重點	第一次追蹤	日期	第二次追蹤	日期	第三次追蹤	日期

訂購客戶資料表

編號	購買日期	樓別	姓名	定金	預補日期	日期 再補金額	預簽日期	日期 簽約	總價	住址	電話

發稿銷售之案件

月　日	案　　件		服務費		貸款	承辦員	中　時		聯　合		中央	合計	看屋人數
							市	郊	市	郊			

市場行情表

公開日	建物名稱	地　點	規劃用途	樓別	戶數	坪　數	單　價	貸　款	銷售率	總坪數	總價款	投資興建業務企劃

房產資訊表

日期	性質	姓名	電話	住址	總價	坪數	用途	單價	貸款額	層數	屋齡	空、住、租	貸款年限	貸款利息	房、廳、衛	成交價	其他

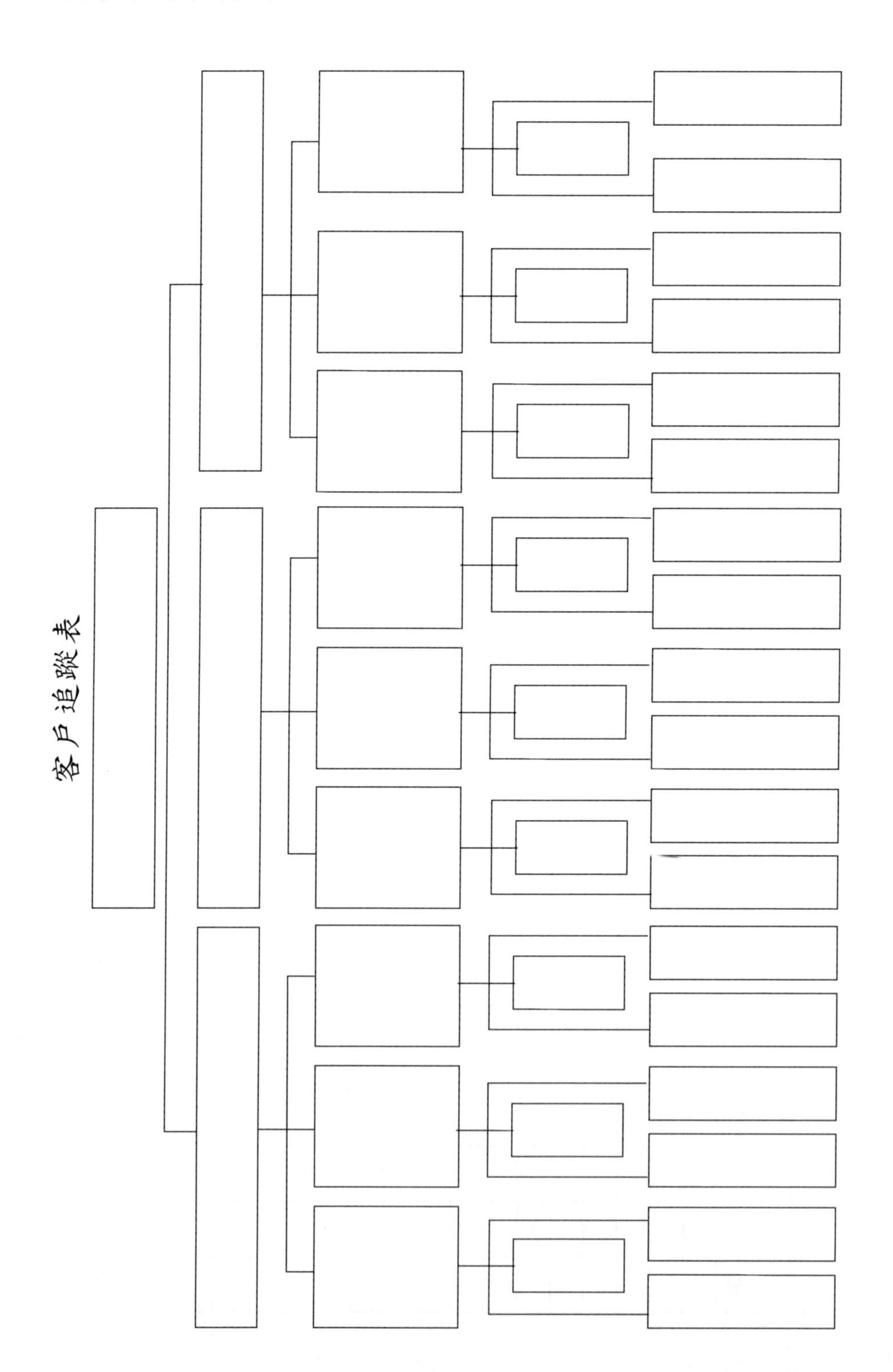
客戶追蹤表

拾參、行紀契約

一、說明

行紀，乃以自己名義（行紀人）爲他人（委託人）之計算，爲動產之買賣或其他商業上之交易，而受報酬之營業。又稱牙行或經紀，以給付勞務而受報酬之方式爲營業。

二、契約當事人之法定權利義務

(一)行紀人之義務

1.契約義務

行紀人爲委託人之計算所爲之交易，係以自己名義爲之，故對於交易之相對人，應自得權利並自負義務。

2.委託買賣指定價額時之義務

委託人於委託出賣，曾指定最低價額，或於委託買人，曾指定最高價額者，行紀人則必須依其限制額以爲買賣。行紀人以低於委託人所指定之價額賣出，或以高於委託人所指定之價額買入者，應補償其差額。而行紀人以高於委託人所指定之價額賣出，或以低於委託人所指定之價額買入者，其利益均歸屬於委託人。

3.保管處置義務

行紀人爲委託人之計算所買人或賣出之物，爲其占有時，適用寄託之規定。

(二)行紀人之權利

1.報酬請求權

行紀人得依約定或習慣，請求報酬、寄存費及運送費，並得請求償還其爲委託人之利益而支付之費用及其利息。

2.拍賣取償權

委託人拒絕受領行紀人依其指示所買之物時，行紀人得定相當期限，催告委託人受領。逾期不受領者，行紀人得拍賣其物，並得就其對於委託人因委託關係所生債權之數額，於拍賣價金中取償之。如有剩餘，並得提存。如爲易於腐壞之物，得不爲催告而逕行拍賣。

3.介入權

行紀人受委託出賣或買入貨幣、股票或其他市場訂有市價之物，除有反對之約定外行紀人得自爲買受人或出賣人。

三、行紀契約應訂明之基本條款

(一)行紀人與委託人。

(二)委託標的物及項目。

(三)委託期限。

(四)報酬之計算及給付方式

(五)其他權利義務之約定。

四、訂立行紀契約應注意事項

行紀人與委託人之關係亦爲委任關係，故行紀契約亦適用關於委任之規定。

五、契約範例

〈範例3-1-118〉

代銷契約書

立委託代銷契約人○○○公司○○○商店（以下簡稱甲乙方），茲經○○○○○○○介紹，由甲方委託乙方為○○市代銷商，代銷甲方一切貨品，雙方議定條件如下：

一、委託期限自○○年○月○日起至○○年○月○日止，共計○年。

二、乙方先付甲方保證金新臺幣○○元整，以後每○個月結算貨款一次，不得拖欠。乙方所繳之保證金，於契約期滿時，由甲方無息退還。

三、貨品價目，照甲方寄送之價目表○折計算，以為酬勞；但乙方對外售價，必須照甲方之定價售出，不得擅自增減。

四、運送貨品費用，由甲方負擔，其餘各費，概由乙方負擔。

五、乙方於收到貨物時，如發現有瑕疵等情，應於寄到後○日內通知甲方；逾期不通知者，視為貨無瑕疵，不得請求更換。

六、乙方所訂之貨物，甲方於乙方通知後○日內送達，如須延遲時，須即通知乙方。

七、乙方向甲方所賒之貨款，每一結帳期內不得超過新臺幣○○元，如超過此數時，應於期前先將超過之數結清。

八、乙方於進貨後，縱因市面清淡，銷路不暢，亦不得將貨品退回。

九、在本約有效期內，甲方不得再在○○市內另招他人為經銷商，以免影響乙方之營業。

十、乙方於應屆結帳時，如不將帳目清結，甲方得隨時終止其契約，乙方所欠之貨款，應於保證金內扣除。

十一、乙方因營業欠佳，不願繼續經銷時，亦得終止契約，但須於壹個月前以書面通知甲方。

十二、本契約壹式貳份，雙方各執乙份為憑。（印花自貼）

甲方委託人：○○○公司

代表人：○○○　印

營業登記證：○字○○號

地址：○○○○○

中　華　民　國　○　○　年　○　月　○　日

〈範例3-1-119〉

販賣（經銷）基本契約書

印花
稅票

立契約書人美味食品工業股份有限公司（以下簡稱甲方）、超級百貨股份有限公司（以下簡稱乙方）、連帶保證人張正義（以下簡稱丙方），乙方為繼續販賣甲方生產之商品，特訂立本契約，基於本契約而生乙方所負之債務，由丙方負保證之責，茲議定如下：

第1條（目的）

甲方應依照本契約將其生產之商品出售與乙方，乙方應予買受而販賣之。

第2條（販賣之標的物）

本契約之販賣標的物為甲方生產之各種包裝及罐頭食品。

第3條（個別販賣契約之訂立）

甲方出售與乙方之商品，其品名、品質、單價、數目、販賣價格、交貨條件、支付價金之條件與期限，以及關於販賣所必要之其他條件，除應基於本契約書而決定者外，應依甲方與乙方每次交易時訂立之個別販賣契約決定之。

第4條（危險負擔）

商品交付前所發生物品之滅失、毀損、減重、變質及其他一切之損害，除可歸責於乙方者外，概由甲方負擔。商品交付後所發生之此等損害，除可歸責於甲方以及在保存有效期限內之變質者外，概由乙方負擔。

第5條（商品交付處所）

除個別販賣契約另有訂定外，商品應於乙方之營業所交付之。

第6條（商品所有權之保留）

商品之所有權，於該物品交付於乙方時，由甲方移轉於乙方。但甲、乙二方得於個別之販賣契約書內另行約定，於販賣價金清償完畢之時，所有權始移轉於乙方。

第7條（商品等之取回）

對於超過契約數量部分之商品，或契約解除後之商品，或經乙方檢查為不良而得由乙方退還之商品，甲方應以其自己之費用，在收到乙方發出通知之日起十日內，全都取回之。

甲方不於前項期間內取回者，乙方得以甲方費用送還之，或將該等商品託管，或出賣而保管其價金，或將價金提存。

第8條（支付價金之時期與條件）

販賣價金應於個別契約所定之日期以現金或支票支付之，有特約時並得以本票支付之。以遠期支票為支付者，其期間不得超過三十日；以本票為支付者，應在六十日內到期。

前項之支票或本票不能兌現者，不發生支付販賣價金之效力。

第9條（抵銷之特約）

甲方對於乙方負有債務時，在前條情形，不問乙方所負債務是否已屆清償期，乙方同意，將其所負債務與甲方對乙方所負債務，按其對等額而抵銷。

第10條（遲延賠償金或遲延利息）

乙方不依限清償買賣價金債務者，甲方得請求乙方自支付期日之翌日起至清償之日止，按每○○元每日○○分計算，給付遲延賠償金（或遲延利息）。

第11條（營業狀況等之報告義務）

甲方得請求乙方提出帳簿，說明營業狀況，乙方不得拒絕。甲方對其內容應嚴守秘密，不得洩漏。

第12條（擔保權之設定）

本契約訂立之時，或訂立之後，甲方得請求乙方提供相當之保證金，或請求乙方為甲方設定抵押權。

第13條（契約之有效期間）

本契約之有效期間為自訂約之日起一年。但經當事人同意，得延長一年。

在前項有效期間中，甲方或乙方均得隨時終止契約，但應於二個月前以書面通知他方。

第14條（終止契約之特約）

乙方有下列各款情事之一者，甲方得不經催告，立即通知乙方終止契約：

一、乙方對於甲方所負之買賣價金或其他債務，遲延履行者。

二、乙方減少資本，或縮小其營業規模者。

三、乙方自己所簽發，或經乙方背書之支票或本票，到期不能兌現者。

四、乙方受查封、假扣押、假處分、拍賣、滯納稅金處分或其他公權力之處分，或不能清償債務而向法院聲請和解或聲請宣告破產，或聲請公司重整者。

五、乙方受主管機關停止營業之處分，或乙方之公司登記被撤銷者。

六、乙方違反個別販賣契約者。

七、乙方之財產狀況惡化，或有客觀事實足認有惡化之虞者。

第15條（情事變更）

因社會經濟及企業界之情事變化，足認依個別契約所定條件為顯不合理者，當事人得變更本契約或解除之。

第16條（不可抗力之免責）

由於天災地變、法令之改廢制定、依據公權力之命令處分、運輸機關之事故、勞工爭議，及其他不得已之情事，致甲方遲延交付或不能交付商品者，乙方雖因而受有損害，亦不得請求甲方給予賠償。

第17條（丙方之保證責任）

乙方基於本契約所發生對於甲方所負之一切債務，均由丙方負連帶清償責任。

第18條（公證書化之協力）

基於本契約或個別販賣契約所發生現存之金錢債務，應逕受強制執行，當事人三方應共同請求法院公證人作成載明此項意旨之公證書。

第19條（合意管轄）

關於由個別販賣契約所發生權利義務之訴訟，當事人三方均合意以臺灣臺北地方法院為第一審管轄法院。

第20條（規定外事項之協議）

本契約未規定之事項及對於本契約之解釋，得以其他方式協議解決之。

第21條（契約份數）

本契約書共作成參份，當事人簽名蓋章後，各執乙份為憑。

甲方：美味食品工業股份有限公司
董事長（法定代理人）：李○○
住址：臺北市中山北路一段○號
乙方：超級百貨股份有限公司
董事長（法定代理人）：陳○○
住址：臺中市自由路○○號
丙方：連帶保證人：張正義
住址：臺中市民權路○○號

中　華　民　國　○　○　年　○　月　○　日

註：前販賣基本約定書有關之民法條文如下：

◇債務人遲延者，債權人得請求其賠償因遲延而生之損害。

前項債務人在遲延中，對於因不可抗力而生之損害，亦應負責。但債務人證明縱不遲延給付，而仍不免發生損害者，不在此限。（民法第231條）

◇遲延之債務，以支付金錢為標的者，債權人得請求依法定利率計算之遲延利息。但約定利率較高者，仍從其約定利率。

對於利息，無須支付遲延利息。

前二項情形，債權人證明有其他損害者，並得請求賠償。（民法第233條）

◇價金雖未具體約定，而依其情形可得而定者，視為定有價金。

價金約定依市價者，視為標的物清償時清償地之市價。但契約另有訂定者，不在此限。（民法第346條）

◇買賣標的物與其價金之交付，除法律另有規定或契約另有訂定，或另有習慣外，應同時為之。（第369條）

〈範例3-1-120〉

總經銷契約書（記帳往來書局經銷合約書）

○○有限公司（以下簡稱甲方）委託○○○書局（以下簡稱乙方）經銷甲方出版發行之圖書，雙方議定如下：

一、甲方將乙方列為經銷書局，乙方享有甲方對經銷書局所提供之優惠交易條件。

二、乙方應於店面明顯處擺設陳列甲方出版發行之圖書，並盡最大之努力銷售甲方出版發行之圖書。

三、甲方賦予乙方特定客户代碼○○○，乙方憑此客户代碼添購圖書享有優先發書之便利。

四、甲方應依乙方之規模大小主動配發新書，並依乙方之營運狀況隨時機動調整。

五、甲方同意乙方添購圖書致生之往來帳款由乙方按月結清。

六、甲方同意委由乙方經銷之圖書依下列折扣批發，唯營業加值稅外加，由乙方自行負擔。

(一)本版書——○折。

(二)外版書——○折。

(三)部分書籍經甲方通知特別折扣批發者，不在此限。

七、甲方同意乙方於每年五月及十一月辦理退換書○次，退書辦法如下：

(一)乙方每年退書最多二次，其退書時期統一為每年○月及○月（每逢退書期間，甲方會另行通知，提醒注意）。但缺頁或有瑕疵者，不在此限。

(二)乙方不在前項所定期間退書者，甲方一律拒收，其往來運費亦由乙方自行負擔。

(三)乙方年度累積退書量應作適當之節制，如退書率過高，於通知之日起未改善者，甲方得註銷記帳往來。

(四)甲方自行批發之新書，如乙方不願銷售者，請勿加蓋店章，於接書後一週內退回，不受第(一)項之期間限制。

(五)乙方之退書單附於包裹內寄回者，請註明退書日期、書名、冊數，書寫清楚以信封入內裝好。

(六)乙方之退書只限於沖抵退書該月份進書帳款，不得就上月份帳款中先行扣抵。

（該月份進書金額－該月份退書金額＝該月份應結金額）

(七)凡有時間性之考試用書，考完即滯銷者，甲方另行通知乙方於考完後即予退書，以減少乙方存貨損失。

八、甲方委由乙方經銷之書籍，甲方於每月○日以前將乙方上月添書之對帳單交乙方核對，乙方應於當月○○日前，按月結清帳款並開立當月○日起算○個月內票據付清書款。

九、乙方未按規定支付甲方帳款時，甲方得暫停發書，並通知乙方改善。乙方經接獲甲方通知後○日內，仍未清償積欠之帳款時，甲方得終止本合約，乙方不得異議。

十、本契約自中華民國○○年○月○日起生效，有效期間為貳年，期間屆滿後，雙方得基於同一基礎另立新約。

十一、甲方與乙方在簽訂本契約前，如未曾有業務上往來，乙方簽約後向甲方進書須以現金支付書款，乙方以現金支付書款達新臺幣壹拾萬元以上時，始享有甲方提供之優惠條件。

十二、乙方之法定代理人個人應為本合約之連帶保證人，甲方認為必要時，得請乙方另覓保證人，保證人與被保證人連帶負賠償責任，保證人並願放棄先訴抗辯權。

十三、甲乙雙方同意因本契約涉訟者，以臺灣臺北地方法院為訴訟管轄法院。

十四、本合約壹式貳份，雙方各執乙份為憑。

十五、本合約如有特約記載事項，於此項註明之。

委託人（甲方）：
公司名稱：
公司地址：
負責人： 印
住址：
身分證統一編號：
公會會員證書字號：
受託人（乙方）：
商店名稱：
商店地址：
負責人： 印
地址：
身分證統一編號：

中　華　民　國　○　○　年　○　月　○　日

〈範例3-1-121〉

總代理契約書

印花

委託者○○○公司（以下簡稱甲方）、受託者○○○商店（以下簡稱乙方）雙方就委託總代理經銷商品事宜締結如下契約：

第1條　甲方委託乙方總代理經銷○○產品。

第2條　委託總代理經銷之商品品名及數量如下：

一、品名：

二、數量：

第3條　甲方於乙方申請補貨時，應即將商品送至乙方商店。

第4條　代銷金之計算及支付方法如左：

一、代銷金為銷售金額之百分之○○。

二、支付方法：由乙方於應還甲方之銷售總額中扣除。

第5條　乙方須以如下方式計算及寄交貨款：

一、銷貨總額之計算日為每月○日。

二、貨款寄送甲方之期限為翌月○日之前。

第6條　本契約壹式貳份，甲、乙雙方各執乙份為憑。

立契約人委託人（甲方）：

公司名稱：

公司地址：

負責人：○○○　印

住址：

身分證統一編號：

公會會員證書字號：

受託人（乙方）：

商店名稱：

商店地址：

負責人：○○○　印

地址：

身分證統一編號：

中　華　民　國　○　○　年　○　月　○　日

〈範例3-1-122〉

發行契約書

國立編譯館（甲方）茲以「○○○○○」共○○冊，委託○○○書局（乙方）發行，雙方議定條件如下：

第1條　甲方委託乙方將上開各書獨家發行，自訂約之日起，為期伍年，在發行期內，乙方不得轉包或分讓與他人發行。

第2條　乙方為取得上開各書之委託發行權，應付給甲方發行酬金，以每千字新臺幣○○元計算，全書共○○冊，字數照滿頁計數，合計○○千字，總計新臺幣○○○元，於訂約時一次付清。

第3條　甲方於本契約簽定時，應即將全部書稿點交乙方。

第4條　甲方保證上開書稿之內容無侵犯他人著作權以及違反現行法令之情事。

第5條　上開書稿，乙方應於接受書稿之日起，在六個月內全部發行，逾期甲方得另委請其他書商印行，並將乙方已交之發行酬金全部沒收於年度終了時繳歸國庫，乙方不得提出異議。

第6條　本書封面應加「主編者：國立編譯館」字樣，版權頁上應載明「著譯作權所有人國立編譯館」及著譯者之姓名，如係大學用書封面及脊頂須印「部編大學用書」之字樣。

第7條　上開之書在排印期中，乙方應照甲方所定規格（包括版式、用紙、字體等）排印。乙方並應負責初校及二校，且應將三校及精校排樣，連同封面、封底及騎縫頁送交甲方校正簽字後，始行上機印刷。

第8條　上開之書之單頁售價，如以二十四開本計算，不得超過新臺幣伍角。其他開本之售價，比例伸算之。

第9條　上開之書出版後，如有讀者對於內容提出疑問，由甲方負責答覆。

第10條　上開之書出版後，乙方應贈送甲方樣書貳拾冊，以備考查，甲方應向乙方以定價七折購買每種壹佰本，分贈國內外有關單位參考。

第11條　上開之書在委託發行期間，甲方認為有修正之必要時，得予以修正。乙方不得拒絕，修訂費用由甲方負擔，乙方則須贈送甲方修訂樣版書貳拾冊備用。

第12條　本契約期滿，經雙方同意得續訂新約，如有一方不願續約，應於期滿前參個月通知對方。

第13條　本契約各條，雙方均應遵守，如有一方違約，他方得宣布本契約終止，違約之一方並應負對方一切損失之賠償責任。

第14條　本契約壹式參份，經雙方簽章後各執乙份為憑，另乙份由甲方轉送教育部報備。

立約人

甲方：國立編譯館

代表人：

館址：臺北市舟山路二四七號

乙方：○○○書局

代表人：

地址：

中　華　民　國　○　○　年　○　月　○　日

拾肆、寄託契約

一、說明

寄託契約，乃當事人一方（寄託人）以物交付他方（受寄人），他方允爲保管之契約。消費寄託，乃寄託物爲代替物時，約定寄託物之所有權移轉受寄人，並由受寄人以種類、品質、數量相同之物返還的特約。寄託物爲金錢時，推定受寄人無返還原物之義務，僅須返還同一數額。如存款於銀行，即屬於金錢消費寄託契約。

二、契約當事人之法定權利義務

(一)受寄人之義務

1.保管寄託物

受寄人保管寄託物，應與處理自己事務爲同一注意，其受有報酬者，應以善良管理人之注意爲之。除非寄託人同意，不得使自己或第三人使用之，也不得使第三人代爲保管或任意變更保管方法。

2.返還寄託物

受寄人返還寄託物時，除返還原物外，應將該物之孳息一併返還，且應於物之保管地或爲之。寄托物定有返還期限者，非有不得已之事由，受寄人不得於期前返還寄託物，但寄託人得隨時請求返還。如未定期限者，受寄人得隨時返還。

3.通知義務

第三人就寄託物主張權利者，除對於受寄人提起訴訟或爲扣押外，受寄人仍有返還寄託物於寄託人之義務。第三人提起訴訟或扣押時，受寄人應即通知寄託人。

(二)寄託人之義務

1.費用償還義務

受寄人因保管寄託物而支出之必要費用，寄託人應償還之，但契約另有訂定者，依其訂定。

2.損害賠償義務

受寄人因寄託物之性質或瑕疵所受之損害，寄託人應負賠償責任。除非寄託人於寄託時非因過失而不知寄託物有發生危險之性質或瑕疵，或該性質及瑕疵爲受寄人所已知者。

3.給付報酬義務

寄託約定報酬者，應於寄託關係終止時給付之。分期定報酬者，應於每期屆滿時給付之。寄託物之保管，因非可歸責於受寄人之事由而終止者，除契約另有訂定外，受寄人得就其已爲保管之部分，請求報酬。

(三)關於消費寄託

自受寄人受領該物時起，適用關於消費借貸之規定。寄託物之利益及危險，於該物交付時，移轉於受寄人。若寄託物之返還定有期限者，寄託人非有不得已事由，不得於期限屆滿前請求償還。

(四)場所主人之責任

旅店或其他以供客人住宿為目的之場所主人，對於客人所攜帶物品之毀損喪失，縱由第三人所致者，均應負責。飲食店、浴堂之主人，對於客人所攜帶通常物品之毀損，喪失、負其責任。

主人得免責事由如下，除此以外，若以揭示限制或免除法定之主人責任者，其揭示無效：

第一，物件之毀損喪失，由於不可抗力或因物之性質，或因客人自己或其伴侶、隨從或來賓之故意或過失所致者。

第二，金錢、有價證券、珠寶或其他貴重物品，非經報明其物之性質及數量，交付保管者。

第三，客人知其物品毀損喪失後，怠於通知主人者。

三、寄託契約應訂明之基本條款

(一)寄託人與受寄人。

(二)寄託物之性質及數量。

(三)訂有期限者，其期限。

(四)訂有報酬者，其報酬之計算與給付方式。

(五)其他特約事項。

四、契約範例

〈範例3-1-123〉

動產家具無償寄託契約書

寄託人○○○（簡稱甲方），受寄人○○○、○○○夫婦（簡稱乙方），茲為動產家具寄託經雙方同意締結契約條件如下：

第1條　甲方因遷往○○地居住而新居狹隘無法容納原有家具，所以將後開動產目錄記載之家具寄託乙方夫婦保管，而乙方願依約受寄保管之，本寄託物於本契約成立日由甲方點交與乙方接管清楚。

第2條　本件寄託係不定期限，但甲方得隨時請求退還，而乙方亦得隨時自動返還寄託物。

第3條　甲方保證本件寄託物全部為甲方之完全所有，並無上手來歷不明或與第三人間有糾葛等之不清或於寄託有不法因素瑕疵，如有上開情事發生，致乙方蒙受損失時。甲方應負其賠償責任。

第4條　本件寄託保管為無報酬，所以乙方不得向甲方請求任何名目之補償。

第5條　乙方在受寄存續期間中除禁止使第三人使用外，乙方自己或其家屬得任意使用寄託物，甲方無異議。

第6條　依前條使用寄託物，致寄託物之自然消耗損失，乙方不負責填補賠償責任，甲方決無異議。

第7條　本件寄託物乙方應存置於（○○地號）乙方或其家屬之住宅內，併應與處理自己事務為同一之注意保管之，對於寄託物之使用應以善良管理人之注意為之。

第8條　前條保管處所，非經甲方同意乙方不得變更之，又不得使第三人代為保管寄託物。

第9條　乙方如違反本契約約定，將寄託物使第三人代為保管，致寄託物發生損害，或因乙方之故意或重大過失，致寄託物滅損時，應負其賠償責任，但因不可抗力縱不使第三人代為保管仍不免發生損害者，不在此限。

第10條　乙方因保管寄託物，而支出之必要費用，不得請求甲方償還。

第11條　寄託物之返還應在該寄託物為保管之地行之。

寄託物因使用上之自然消耗，或減失價值，乙方仍依該物現狀返還之，甲方不得異議。

第12條　本契約未盡事項悉依民法關於寄託之規定及其他有關法令之規定解釋之。

第13條　因本契約發生之訴訟甲乙雙方同意以○○法院為管轄法院。

第14條　本件寄託動產目錄。（略）

第15條　本契約壹式貳份，甲、乙方各執乙份為憑。

甲方：○○○　印

住址：

身分證統一編號：

乙方夫：○○○　印

妻：○○○　印

住址：

身分證統一編號：

中　華　民　國　○　○　年　○　月　○　日

〈範例3-1-124〉

動產家具有償寄託契約書

立寄託契約人○○○稱為甲方，受寄託人○○○稱為乙方，茲因家具物件寄託經雙方同意訂立契約條件如下：

第1條　甲方將其所有後開之家具物件寄託乙方保管而乙方允為保管之。

第2條　本契約寄託期間自民國○○年○月○日起至○○年○月○日止。

第3條　甲方願提出新臺幣伍佰元整給付乙方，為第2條保管期間之報酬金，而乙方於本契約成立同時，另出立收據如數收訖。

第4條　乙方在保管寄託物期間中，以善良管理人之注意為之。

第5條　乙方非經甲方之同意，不得擅自使用，或使第三人使用或代為保管寄託物。

第6條　乙方如違反前條致甲方受有損害者，應負責賠償其損害。

第7條　甲方保證寄託物，確係自己所有並無其他瑕疵等情事，如有甲方應自負其責任。

第8條　本契約成立同時，由甲方將後開寄託物點交與乙方，而乙方確實全部受交付占有保管無訛，且於乙方確認所受交付之寄託物全部完整，均無瑕疵。

第9條　寄託期間存續中，甲方如有必要領回寄託物時，得請求乙方返還寄託物乙方不得異議。

第10條　寄託物標示（略）

立契約人甲方：○○○

住址：○○○○○

乙方：○○○

住址：○○○○○

中　華　民　國　○　○　年　○　月　○　日

〈範例3-1-125〉

股票有償寄託契約書

印花

茲就寄託者○○○（以下簡稱甲方）將所屬物品交由受託者○○○（以下簡稱乙方）存放保管，雙方議定條件如下：

第1條　本契約寄託期間自民國○○年○月○日起至○○年○月○日止。

第2條　甲方將其所有之○○公司股票○股○張，委託乙方保管。

第3條　保管費為每月每股新臺幣○元整，於乙方將寄託物返還時支付。

第4條　乙方不得將寄託物予以出售或提供擔保。

第5條　乙方不得在寄託期間內將寄託物讓予他人保管。

第6條　甲方請求返還寄託物時，乙方須於三日內返還。
乙方遲延返還時，須付遲延損害金每日每股新臺幣○○元。

第7條　保管期間屆滿後，甲方未領回寄託物時，乙方得訂定三日以上之期限，催告甲方將寄託物取回，若期限屆滿，甲方仍未取回，乙方概不負保管及損害賠償之責任。

第8條　本契約壹式貳份，甲、乙雙方各執乙份為憑。

寄託人（甲方）：○○○　印
身分證統一編號：
住址：
受寄人（乙方）：○○○　印
身分證統一編號：
住址：

中　華　民　國　○　○　年　○　月　○　日

〈範例3-1-126〉

商品保管有償寄託契約書

印花

立契約人寄託者（以下簡稱甲方）茲將所屬商品寄放於受寄者○○○（以下簡稱乙方）之倉庫內，雙方並議定條件如下：

第1條　甲方將下列商品寄放於乙方位於○○市○○路○○號之倉庫內，並請乙方代為保管。
商品內容：一般家庭電器用品，但限於能裝箱者。

第2條　前條寄存物以寄放於乙方倉庫東南角十坪面積內得以容納之數量為限。

第3條　甲方對前條寄存物可自由進出搬運，但若因而受損，乙方概不負賠償之責。

第4條　保管費之計算及交付方式如下：

一、不論寄存物品數量多寡，每月寄存保管費為新臺幣○○元整。

二、甲方須於每月底之前將保管費送交乙方辦公處所。

第5條　甲、乙雙方如欲解除本契約，須於一個月前通知對方。

第6條　本契約壹式貳份，甲、乙雙方各執乙份為憑。

受寄人（甲方）：○○○ 印

身分證統一編號：

地址：

受寄人（乙方）：○○○ 印

身分證統一編號：

地址：

中　華　民　國　○　○　年　○　月　○　日

〈範例3-1-127〉

消費寄託契約書

寄託人○○○（以下簡稱甲方），受寄人○○○（以下簡稱乙方），茲為消費寄託經雙方同意締訂契約條件如下：

第1條　甲方將下記代替物寄託乙方而乙方允受寄託：

一、蓬萊種稻谷○仟臺斤。

二、貳號白砂糖每包百公斤入○佰包。

第2條　前條寄託代替物同日由甲方如數交付乙方受領完畢。

第3條　甲方同意乙方得自由消費寄託物。

第4條　寄託物返還期限約定自民國○○年○月○日起至民國○○年○月○日止。

第5條　乙方返還寄託物時，應以寄託當時之種類品質數量相同之物返還之。

第6條　本契約條項之外未締明事項悉依民法之規定。

第7條　本契約壹式貳份，甲、乙方各執乙份為憑。

甲方：○○○ 印
住址：
身分證統一編號：
乙方：○○○ 印
住址：
身分證統一編號：

中　華　民　國　○　○　年　○　月　○　日

〈範例3-1-128〉

精糖消費寄託契約書

印花

茲就寄託者○○○（以下簡稱甲方）將精糖及蛋等寄放於受寄者○○○（以下簡稱乙方）處事宜，雙方言明條件如下：

第1條　乙方須以同種類、同品質、同數量之寄託物返還甲方。

第2條　寄託物之返還期為中華民國○○年○月○日。

第3條　前項返還日期之前，甲、乙雙方均不得要求該寄託物之返還。

第4條　本契約壹式貳份，甲、乙雙方各執乙份為憑。

寄託人（甲方）：○○○ 印
身分證統一編號：
住址：
受寄人（乙方）：○○○ 印
身分證統一編號：
地址：

中　華　民　國　○　○　年　○　月　○　日

〈範例3-1-129〉

<table>
<tr><td colspan="10">

寄託物返還請求書

　　據我方與　貴公司於中華民國○○年○月○日締結之商品保管契約書，保管電器用品乙批，茲因該商品供不應求，敬請　惠予返還為荷。

此致

　　○○○○公司

　　經理　陳○○

立請求書人：○○○　印

身分證統一編號：

住址：

</td></tr>
<tr><td>中</td><td>華</td><td>民</td><td>國</td><td>○</td><td>○</td><td>年</td><td>○</td><td>月</td><td>○　日</td></tr>
</table>

拾伍、倉庫契約

一、說明

倉庫營業人，乃以受報酬而爲他人（寄託人）堆藏及保管物品爲營業之人。倉庫營業人與寄託人間成立倉庫寄託契約，故準用關於寄託之規定。

二、契約當事人之法定權利義務

(一)倉庫營業人之義務

1.塡發倉單

倉庫營業人因寄託人之請求，應由倉庫簿塡發倉單。倉單爲有價證券，倉單上所載之貨物，寄託人或倉單持有人倉單上爲背書，並經倉庫營業人簽名，不生所有權移轉之效力。

2.保管義務

保管約定有期間者，倉庫營業人於約定保管期間屆滿前，不得請求移去寄託物。未定保管期間者，自爲保管時起經過六個月，倉庫營業人得隨時請求移去寄託物，但應於一個月前通知。

3.檢點或摘取樣本之允許

倉庫營業人，因寄託人或倉單持有人之請求，應許其檢點寄託物，或摘取樣本，或為必要之保存行為。

(二)倉庫營業人之權利

1.拍賣權：倉庫契約終止後，寄託人或倉單持有人，拒絕或不能移去寄託物者，倉庫營業人得定相當期限請求於期限內移去寄託物。逾期不移去者，倉庫營業人得拍賣寄託物，由拍賣代價中扣去拍賣費用及保管費用，並應以其餘額交付於應得之人。

2.報酬請求權及損害賠償請求權準用寄託規定。

三、倉單應訂明之基本條款

(一)寄託人之姓名及住址。

(二)保管之場所。

(三)受寄物之種類、品質、數量及其包皮之種類、個數及記號。

(四)倉單填發地及填發之年月日。

(五)定有保管期間者，其期間。

(六)保管費。

(七)受寄物已付保險者，其保險金額、保險期間及保險人之名號。

(八)倉單應由倉庫營業人簽名，並將前列各款記載於倉單簿之存根。

四、契約範例

〈範例3-1-130〉

倉庫契約書

倉庫營業人○○○（以下簡稱甲方），寄託人○○○（以下簡稱乙方），茲為堆藏及保管寄託物訂立倉庫契約條件如下：

第1條　乙方將所有後開標示記載物品寄託與甲方營業○○倉庫堆藏及保管，而甲方有保管該物品之義務。

第2條　甲方保管寄託物應以善良管理人之注意妥加保管，並隨時注意查察保持該寄託物及原狀完整。

第3條　乙方應按照甲方所規定之左列保管費目表，計算支付保管費與甲方之義務。

價目表（略）

第4條　前條保管費支付時期約定每月○日，乙方應支付該月份保管費與甲方一次。但倉庫內堆藏保管之物品，因非可歸責於甲方之事由而滅失致倉庫契約消滅者，甲方得就其已為保管之部分按其已保管日數計算請求保管費，乙方無異議。

第5條　甲方為因堆藏及保管所支出之必要費用，如包裝費代墊之稅捐保險費或凡屬維持原狀而支出之一切必要保管費用，甲方得向乙方請求償還。但以其確有必要，依本契約應由乙方負擔，而情事緊急一時不遑通知乙方所支出者為限。

第6條　乙方對寄託物除於寄託時，非因過失而不知寄託物有發生危險之性質或瑕疵者，免其責外，因寄託物之性質或瑕疵所生之損害，乙方應負賠償責任。

第7條　本契約終了後甲方即無繼續堆藏及保管寄託物之義務，而應將寄託物返還於乙方或倉單持有人。但乙方或倉單持有人，應即返還倉單與甲方，倘乙方或倉單持有人拒絕或不能移去，甲方得定相當期限請求移去，逾期不移去者，甲方即得將寄託物付諸拍賣。

第8條　甲方依前條規定行使拍賣權，就寄託物拍賣其所得價金，扣去因拍賣所生之費用及保管費及甲方為保管所支出之必要費用，以及因遲延移去寄託物所生之保管費用，如有剩餘甲方應將餘額交付於應得之人。

第9條　甲方因寄託物之性質或瑕疵致受有損害者，於受損害賠償之清償前，得對寄託物行使留置權。

第10條　甲方對於寄託物堆藏應盡善良管理人之注意義務而為保管。該寄託物有非因天災等不可抗力之事變致毀損滅失者，甲方應負損害賠償責任。

第11條　甲方除經乙方或倉單持有人之同意或依習慣或有不得已之事由外，應自為保管寄託物，不得使第三人代為保管寄託物。

第12條　甲方未經乙方或倉單持有人之同意亦非習慣或有不得已之事由，而使第三人代為保管者，對於寄託物因此所受之損害甲方應負賠償責任。

第13條　保管期間經雙方約定自民國○年○月○日起至民國○年○月○日止。

前項期間內甲方不得任意請求移去寄託物，但甲方因不可歸責於自己之事由致不能為堆藏保管時，雖在期間中亦得即時請求乙方或倉單持有人移去。

第14條　保管期間屆滿後甲方應將寄託物及其所生孳息一併返還乙方或倉單持有人。

第15條　甲方返還寄託物得在甲方堆藏寄託物之倉庫所在地為之。但寄託物如經乙方或倉單持有人同意或依習慣或有不得已之事由轉使第三人代為保管者，得於寄託物之現在地返還之。

第16條　甲方在保管期間如有第三人就寄託物對甲方提起訴訟，主張寄託物係其所有而對甲方訴請返還或就寄託物為假扣押假處分之執行時，甲方有即時通知乙方或倉單持有人之義務。

第17條　甲方對於倉庫堆藏之寄託物發生霉爛發酵蒸發變質等情形致有減少價格之虞時，應有從速通知乙方或倉單持有人之義務。

第18條　甲方對於前二條危險通知之義務如怠於履行，致乙方或倉單持有人不能依法定程序維護權利因此所受損害，甲方應負賠償之責。

第19條　甲方因乙方或倉單持有人之請求，應許其檢點寄託物俾得查悉寄託物之現狀以防止其損壞滅失或其他減少價格之危險，亦應允許其摘取樣本，甲方絕無異議。

第20條　甲方於本倉庫契約訂立同時應由倉庫簿填發倉單交付乙方收

執。

第21條 前條倉單如遺失、被盜或滅失者，倉單持有人得於公示催告程序開始後，向甲方提供相當之擔保，請求補發新倉單。

第22條 乙方或倉單持有人於倉單填發後認有將寄託物分割為數部分以便分別處分之必要者，甲方自當應其請求為之分割換發各該部分之倉單；但原倉單同時由持有人交還甲方收回。

前項分割寄託物及填發新倉單之費用由請求人負擔之。

第23條 本倉庫契約除因寄託標的物滅失或保管期限屆滿，或因不可歸責於當事人之事由致給付不能解除條件成就、解除權及撤銷權之行使等一般法律行為之消滅原因而歸於消滅外，在乙方或倉單持有人均得隨時終止契約而請求返還寄託物。

第24條 寄託物標示：物品種類、品質、數量、包裝之種類、個數、記號等（略）。

第25條 本契約壹式貳份，雙方各執乙份為憑。

甲方：

公司名稱：

公司地址：

負責人：○○○ 印

住址：

身分證統一編號：

公會會員證書字號：

乙方：○○○ 印

住址：

身分證統一編號：

中 華 民 國 ○ ○ 年 ○ 月 ○ 日

〈範例3-1-131〉

物品寄託倉庫契約書

倉庫營業人○○倉庫合作社（或○○公司）以下簡稱甲方，寄託人○○○以下簡稱乙方，茲為物品寄託倉庫經雙方同意訂立契約條件如下：

第1條　乙方將其所有後開物品計○件願付倉租寄託甲方倉庫堆藏保管，而甲方允為保管並於本契約成立日如數受寄，同時發給倉單與乙方收執。

第2條　乙方對於寄倉應留存印鑑圖樣在甲方，備提貨或過户時核對，否則甲方不負意外之責。

第3條　倉單所記載之寄託物名稱種類品質價格等均係根據乙方原包入庫，倘有貨物與包裝內容或價格不符合情事，甲方不負鑑定之責，又重量未經甲方過磅者，甲方亦不負其責，凡倉單之受讓人或貨物之保險人等如欲審查檢點寄託物時，均須攜帶倉單或備具憑證受甲方允諾始得行之。

第4條　凡寄託物如混有違禁物品或危險品未經告知致觸犯刑章或釀成災害時，概歸乙方負一切責任。

第5條　倉單之轉讓非經乙方背書及甲方負責人員在倉單批註簽名者，不生效力。

第6條　凡出倉憑倉單及印鑑為之，倘倉單或印鑑圖章遺失時，應即報告甲方，在未通知以前寄庫物被出庫提取甲方亦不負責。

第7條　甲方對於寄託物所負損害賠償之責任，以確係甲方有故意或重大過失者為限。

第8條　前條損害賠償金額如寄託物市價高於進庫時，應依損害時市價計算之。

第9條　寄託物如因天災地變兵禍盜劫蟲蝕鼠咬等不可抗力，或潮霉燥蝕罷工防疫自然變質或因氣候變遷而發生之自然損失，其他一切不可避免之情事致受損害者，甲方概不負責。其約定於倉房外或露天堆置者，因陽光雨露風砂以及其他倉房外或露天堆置所不能免之損害，甲方亦不負責。

第10條 甲方因遇事機迫切或預防災患得先將寄託物移動而後通知乙方，因甲方並無為前項之義務，所以因此發生之損害甲方免負責任，如因不移動而致發生損害時甲方亦不負其責。

第11條 甲方所發倉單有效期間為六個月，期滿時應出倉，倘再繼續寄託者，必須更換新倉單。

第12條 倉租雙方約定每月新臺幣○元，乙方應於前條規定出倉或更換新倉單時，一次繳清。但乙方如不照期繳清者，甲方得將乙方之寄託物之全部或一部自由出售抵償倉租或其他費用，乙方不得異議。

第13條 凡寄託物乙方須自行保足火險，否則如受損失時，甲方概不負責，關於寄託物之火險承保事宜為期迅速，須由甲方委託特約保險公司辦理之。

第14條 本契約壹式貳份，甲、乙雙方各執乙份為憑。

甲方：
公司名稱：
公司地址：
負責人：○○○ 印
住址：
身分證統一編號：
公會會員證書字號：
乙方：○○○ 印
住址：
身分證統一編號：

中 華 民 國 ○ ○ 年 ○ 月 ○ 日

拾陸、運送契約

一、運送營業

(一)說明

運送契約，乃當事人約定，由運送人為他方（託運人或旅客）運送物品或為人之運送，而他方支付報酬之契約。運送人，謂以運送物品或旅客為營業，而受運費之人。

(二)契約當事人之法定權利義務

1.運送人之權利

(1)運費請求權

運送人於運送完竣始得請求運費。如運送物於運送中因不可抗力而喪失者，則不得請求。且應返還其因運送而已受領之數額。

(2)留置權

運送人為保全其運費及其他費用得受清償之必要，按其比例，對於運送物有留置權。但受貨人得提存有爭執之費用數額，請求運送物之交付。

(3)寄存權

受貨人所在不明或對運送物受領遲延或有其他交付上之障礙，或因受領權之歸屬有訴訟致交付遲延時，運送人應即通知託運人，並請求其指示。

如託運人未即為指示，或其指示事實上不能實行，或運送人不能繼續保管運送物時，運送人得以託運人之費用，寄存運送物於倉庫。

(4)拍賣權

運送物如有不能寄存於倉庫之情形，或有易於腐壞之性質，或顯見其價值不足抵償運費及其他費用時，運送人得拍賣之。但應通知託運人及受貨人。

2.託運人及受貨人之權利

運送物有喪失、毀損或遲到，運送人應負責任，運送物之喪失、毀損或遲到係因運送人之故意或重大過失所致者，如有其他損害，託運人得請求損害賠償。運送物送達目的地，並經受貨人請求交付後，受貨人取得託運人因運送契約所生的權利。

3.託運人之義務

(1)塡發託運單

託運人因運送人之請求，應塡給託運單。

(2)交付必要文件

託運人對於運送人，應交付運送上及關於稅捐、警察所必要之文件，並爲必要之說明。

(3)告知運送物性質

運送物依其性質，對於人或財產有致損害之虞者，託運人於訂立契約前，應將其性質告知運送人。如怠於此告知者，對於因此所受之損害，應負賠償之責任。

(4)支付運費

託運人應依約定給付運費。

4.運送人之義務

(1)塡發提單

運送人於收受運送物後，因託運人之請求，應塡發提單。

(2)按時運送

按約定之時運送，或於習慣或特殊之相當期間內運送之。

(3)依從指示

運送人非有急迫之情事，並可推定託運人若知有此情事亦允許變更其指示外，不得變更託運人之指示。

(4)通知義務

運送物到達目的地時，運送人應即通知受貨人。

(5)許爲中止、返還之義務

運送人未將運送物之達到通知受貨人前，或受貨人於運送物到達後，尙未請求交付運送物前，託運人對於運送人，如已塡發提單者，其持有人對於運送人，得請求中止運送，返還運送物，或爲其他之處置。

5.運送人之損害賠償義務

(1)事由

運送人應負損害賠償責任之事由如下：

A.運送人對於運送物之喪失、毀損或遲到，除因不可抗力或運送物之性質，或託運人或受貨人之過失所致者外，應負責任。

B.運送物因包皮有易見之瑕疵而喪失或毀損時，運送人如於接收該物時不爲保留異議者，應負責任。

C.運送物爲數運送人相繼運送者，除其中有能證明無前項所規定之責任者，對於其所有前運送人應得之運費及其費用，負其責任。

D.運送人於受領運費及其他費用前交付運送物者，對於其所有前運送人應得之運費及其費用，負其責任。

(2)範圍

運送人所負損害賠償責任之範圍如下：

A.運送物之喪失、毀損或遲到，係因運送人之輕過失所致者，其損害賠償額，應依其交付時目的地運送物之價值計算之。但應將運費及其他費用，因運送物之喪失、毀損而無須支付者扣除。

B.運送物之喪失、毀損或遲到，因運送人之故意或重大過失所致者，託運人除得請求賠償上述損害外，如有其他損害，並得請求賠償。

C.金錢、有價證券、珠寶或其他貴重物品之喪失或毀損，託運人未於託運時報明其性質及價值者，運送人不負責任。價值報明者，以所報價額爲限，負其責任。

D.因運送物之遲到而生之損害賠償額，不得超過因其全部喪失可得請求之賠償額。

(3)責任之免除

運送人可不負責任之情形如下：

A.運送人能證明運送物之喪失、毀損或遲到，係因不可抗力或因運送物之性質，或託運人或受貨人之過失所致者。

B.受貨人受領運送物，並支付運費及其他費用，而對於運送人之損害賠償請求權不爲保留，或未於受領後十日內通知運送物內部有不易發見之喪失或毀損者。

(三)託運單與提單

1.託運單

託運單乃託運人所作成關於運送事項之證據文件。託運人因運送人之請求應填給託運單，作為運送之證據方法。託運單應記載下列事項，並由託運人簽名：

(1)託運人之姓名及住址。

(2)運送物種類、品質、數量及其包皮之種類、個數及記號。

(3)目的地。

(4)受貨人之名號及住址。

(5)託運單填給地及填給年月日。

2.提單

提單乃運送人交與託運人運送物品之收據，亦即提取貨物之憑證。運送人於收受運送物後因託運人之請求，應填發提單。提單應記載下列事項，並由運送人簽名：

(1)託運人之姓名及地址。

(2)運送物種類、品質、數量及其包皮之種類、個數、記號。

(3)目的地。

(4)受貨人之名號及住址。

(5)運費之數額，及其支付人為託運人或受貨人。

(6)提單填發地及填發年月日。

3.提單之特性

(1)文義證券：提單填發後，運送人與提單持有人間，關於運送事項，依其提單之記載。

(2)有價證券：提單縱為記名式，仍得以背書移轉於他人。除非提單上有禁止背書之記載。

(3)物權證券：交付提單於有受領物品權利之人時，其交付就物品所有權移轉之關係，與物品之交付有同一效力。

(4)贖回證券；受貨人請求交付運送物時，應將提單交還。

運送人交與託運人之提單或其他文件上，有免除或限制運送人責任之記載者，除能證明託運人對於其責任之免除或限制明示同意外，不生效力。

(四)關於旅客運送之規定

1.旅客運送人對於旅客因運送所受之傷害，及運送之遲到應負責任。除非其傷害係因不可抗力或因旅客之過失所致。

2.運送人對於旅客所交託之行李的權利義務適用物品運送之規定。

3.對於旅客未交託之行李，如因自己或其受僱人之過失，致喪失或毀損者，運送人仍須負責。

4.運送人交與旅客之票、收據或其他文件上，有免除或限制運送人責任之記載者，除能證明旅客對於責任之免除或限制明示同意外，不生效力。

5.旅客之行李及時交付運送人者，運送人應於旅客到達目的地時返還之。

6.運送人對旅客之行李亦有拍賣權。

(五)契約範例

〈範例3-1-132〉

物品運送契約書

運送○○汽車貨運有限公司以下簡稱甲方，託運人○○○以下簡稱為乙方，茲為物品運送經雙方協議同意訂立本運送契約條件如下：

第1條　乙方將其工廠所生產之○○○物品託於甲方運送（臺中—臺北及臺中—高雄間），而甲方願依本契約之規定及限於甲方行車區間為原則承受運送。

第2條　託運物品之交運地點約定於乙方工廠，甲方受乙方通知時，應即派員到乙方工廠負責接運之，同時乙方應詳實填具託運單並簽名蓋章交付甲方。

第3條　乙方對於託運物品，每件包裝封捆妥帖，包皮上註明受貨人姓名或行號及地址，其不能標註者，應另拴牌簽標明之。

第4條　託運之物品如有包裝不妥者，甲方應通知乙方整理，如乙方不整理時，乙方應在託運單上註明自負喪失毀損責任。

第5條　託運之物品如係危險物或易損壞物者，乙方應按其性質在包皮上分別註明忌火、忌水、輕放、爆炸品或易損壞品字樣，如不註明致有喪失毀損時，甲方不負責任，如因而毀損他人及汽車運輸業之貨物財產及車輛者，乙方應負賠償責任。

第6條　乙方託運物品不得夾帶違禁物，如發現被主管機關究辦或因而致損害時，甲方概不負任何責任，且已收運雜費不予退還。

第7條　乙方對於已託運之物品如需取消託運或變更託運時，應憑提單辦理。

第8條　甲方收受乙方託運物品後應詳實填發提單交付乙方收執。

第9條　甲方收受乙方託運物品後應在二十四小時內起運，並應依照乙方指示以及其期間內運送之，並自收受時起迄於交付時止應負保管之義務。

第10條　運送物喪失毀損或遲到者，甲方均應負損害賠償之責任。但係因不可抗力或因運送物之性質或因乙方及受貨人之過失而致喪失毀損或遲到者，甲方概不負責。

第11條　甲方對已收運之物品如因路阻不能運送者，應即通知乙方，如在路阻之處無電訊可資通知，或情形急迫不及通知時，甲方應斟酌情形為必要之處置。

甲方如確知運輸路線在短期內能恢復時，得俟恢復通車後繼續運送之。

第12條　乙方因前條情形取消託運，運送物如已起運，甲方得照已為運送部分收取運雜費，如乙方需將託運物品運回者，除已運送部分照收運雜費外，運回費免收，變更託運者，依實際情形計收之。

第13條　甲方將託運物品運抵終點時，應即依照下記方法處理之：

一、受貨人在鄉鎮市區內者，甲方應直接送到其處所。

二、受貨人在遠離或交通不便地區者，甲方應即通知受貨人前來提貨。

第14條　提單持有人如將提單遺失應即向甲方聲明，並在當地覓具妥善保證，經甲方認可後方得提貨，如在聲明前已被人持憑提單領去，甲方概不負責。

第15條　甲方就託運物品運抵終點後，如受貨人所在不明或對運送物受領遲延或有其他交付上之障礙時，甲方應即通知乙方並請求其指示。

乙方未即為指示，或其項指示事實上不能實行，或甲方不能繼續保管運送物時，得代為寄託倉庫，乙方無異議。

第16條　託運物品逾交付期間一個月仍未交付者，該運送物視同喪失，乙方得請求損害賠償。但因不可歸責於甲方之事由致未能交付者不在此限。

第17條　甲方給付託運物喪失賠款以後，如將失物全部或一部查出時，應將該運送物品交付乙方或受貨人，並收回全部或一部賠款。

前項查出之運送物經通知後，乙方或受貨人不願提取或逾期一個月不來提取者，甲方得自行處理之。

第18條　本契約託運物品之運費雜費，均依照甲方規定之運雜費表計算。

前項運雜費由乙方負責給付甲方為原則，但依提單記載由受貨人負擔支付者，甲方應向受貨人請求之。

第19條　本契約有效期間約定自民國○○年○月○日起至民國○○年○月○日止○年間。

第20條　本契約壹式貳份，雙方當事人各執乙份為憑。

甲方：

公司名稱：

公司地址：

負責人：○○○ 印
住址：
身分證統一編號：
公會會員證書字號：
乙方：○○○ 印
住址：
身分證統一編號：

中　華　民　國　○　○　年　○　月　○　日

〈範例3-1-133〉

旅客運送契約書

運送人（船舶所有人）○○公司以下簡稱為甲方，旅客○○○以下簡稱為乙方，茲為以船舶供旅客運送經雙方協議同意締結旅客運送契約條件於下：

第1條　本件運送係以甲方所有之中華民國籍○○輪旅行船之全部為契約標的。

第2條　本契約旅客所交託行李之種類為○○○○○。

第3條　本契約運送期限定自民國○○年○月○日起至民國○○年○月○日為止滿○年○月。

第4條　本件運送區間為中華民國臺灣省基隆港至高雄港間。

第5條　乙方對於交託行李之種類、品質、數量、情狀及包皮之種類、個數暨標誌之通知，應向甲方保證其正確無訛。其因通知不正確所發生或所致之一切毀損滅失及費用由乙方負賠償責任。

第6條　本契約乙方於每一航行前給付航行費新臺幣○元整，不得有拖延短欠情事。

第7條　前條航行費依船隻可使用之期間負擔航行費，但因航行事變所生之停止仍應繼續負擔航行費。

前項船舶之停止，係因甲方或其代理人之行為或因船舶之狀態所致者，乙方不負擔航行費，如有損害並得請求賠償。

第8條　本契約未盡事宜悉依民法、海商法及其他有關法令之規定。

第9條　本契約壹式貳份，雙方當事人各執乙份為憑。

甲方：
公司名稱：
公司地址：
代表人：○○○　印
住址：
身分證統一編號：
公會會員證書字號：
乙方：○○○　印
住址：
身分證統一編號：

中　華　民　國　○　○　年　○　月　○　日

〈範例3-1-134〉

船舶運送契約書

運送人（船舶所有人）○○公司下簡稱為甲方，託運人○○○以下簡稱為乙方，茲為以件貨運送經雙方協議同意締結運送契約條件如下：

第1條　乙方願依本契約條項委由甲方所有中華民國籍貨物船○○輪運送下列所載物品，而甲方允諾之。

第2條　運送貨物之種類重量及容積如下：
一、貨物種類：（略）
二、重量或容積：（略）
三、包裝種類個數：（略）

第3條　前條運送物品之受貨人如下：
姓名：○○○。

住所：○○○

第4條　運送貨物之裝載港及目的港如下：

一、裝載港：（略）

二、目的港：（略）

第5條　乙方怠於運送物品之裝卸致船長猶豫發航時，應從其延緩日數起，每日給付甲方新臺幣○○○元整之損害金。

第6條　甲方應於民國○○年○月○日以前，運送貨物到達目的港。

前項期間中因不可抗力致不能發航，或航行之日託運人乙方怠於裝卸，而使船長猶豫之日數不算在內。

第7條　甲方於前條第1項所定期日內不能將運送貨物送達目的港時，乙方或受貨人得對甲方請求每一日新臺幣○○元之賠償金，甲方無異議。

第8條　本件運送之運費定為新臺幣○○○元整。

第9條　乙方所裝載貨物如不及約定之數量時仍應負擔全部運費。

第10條　甲方貨物裝載後應發給載貨證券與乙方收執。

第11條　乙方對於交運貨物之種類品質數量情狀，及皮包之種類個數暨標誌之通知，應向甲方保證其正確無訛，其因通知不正確所發生或所致之一切毀損滅失及費用，由乙方負賠償責任。

第12條　本契約未盡訂明事項悉依民法、海商法及有關法令之規定。

第13條　本契約壹式貳份，雙方當事人各執乙份為憑。

甲方：

公司名稱：

公司地址：

負責人：○○○　印

住址：

身分證統一編號：

公會會員證書字號：

乙方：○○○　印

住址：

身分證統一編號：

中　華　民　國　○　○　年　○　月　○　日

〈範例3-1-135〉

郵件運送契約書

運送人○○○郵局代表人○○○以下簡稱甲方，託運人○○○以下簡稱為乙方，茲為郵件運送經雙方協議同意訂立本郵件運送契約條件如下：

第1條　乙方將其工廠所生產之○○○○物品託於甲方運送（臺北—高雄間），而甲方願依本契約之規定承受運送。

第2條　甲方應常備足容郵件及其處理人員之車輛或地位，並應妥籌保管郵件之方法。

第3條　甲方應於開行前將交運郵件逐件接收，到達後向交運時所指定之郵政機關逐件點交。

第4條　甲方除對於禁寄物品外，不得拒絕郵件之接收及遞送。

第5條　如乙方保留選擇貨物運出日期，而未及時通知甲方，則自約定屆滿日起乙方負擔所增的費用及以後的風險。

第6條　乙方對於託運物品每件包裝封捆妥帖，包皮上註明受貨人姓名或行號及地址，其不能標註者，應另拴牌簽標明之。

第7條　託運之物品如有包裝不妥者，甲方應通知乙方整理，如乙方不整理時，乙方應在託運單上註明自負喪失毀損責任。

第8條　託運之物品如係危險物或易損壞物者，乙方應按其性質在包皮上分別註明忌火、忌水、輕放、爆炸品或易損壞品字樣，如不註明致有喪失毀損時，甲方不負責任，如因而毀損他人之貨物財產者，乙方應負賠償責任。

第9條　乙方託運物品不得夾帶違禁物，如發現被主管機關究辦或因而致損害時，甲方概不負任何責任，且已收郵件之資費不予退還。

第10條　甲方風險負擔至貨物交由收件人保管時為止，以後風險移由乙方負擔。

第11條　甲方收受乙方託運物品後應在二十四小時內起運，並應依照乙方指示以及其期間內運送之，並自收受時起迄於交付時止應負保管之義務。

第12條 交貨時檢查品質，丈量過磅及計數費用由乙方負擔。

第13條 運費、保險費由乙方負擔。乙方並應提出產地證明書。

第14條 乙方自貨物到達約定地點起負擔以後的費用。

第15條 如有必要甲方須提供防雨的油布，費用由乙方負擔。甲方並應提供該貨物習慣上的包裝。

第16條 運送物喪失毀損或遲到者，甲方均應負損害賠償之責任。但係因不可抗力或因運送物之性質或因乙方及受貨人之過失而致喪失毀損或遲到者，甲方概不負責。

第17條 甲方對已收運之物品如因路阻不能運送者，應即通知乙方，如在路阻之處無電訊可資通知，或情形急迫不及通知時，甲方應斟酌情形為必要之處置。

甲方如確知運輸路線在短期內能恢復時，得俟恢復通車後繼續運送之。

第18條 乙方因前條情形取消託運，運送物如已起運，甲方得照已為運送部分收取郵件之資費，如乙方需將託運物品運回者，除已運送部分照收郵件之資費外，運回費免收，變更託運者，依實際情形計收之。

第19條 甲方就託運物品運抵終點後，如受貨人所在不明時或對運送物受領遲延或有其他交付上之障礙時，甲方應即通知乙方並請求其指示。

乙方未即為指示，或其指示事實上不能實行，或甲方不能繼續保管運送物時，得代為寄託倉庫，乙方無異議。

第20條 託運物品逾交付期間一個月仍未交付者，該運送物視同喪失，乙方得請求損害賠償。但因不可歸責於甲方之事由致未能交付者不在此限。

第21條 甲方給付託運物喪失賠款以後，如將失物全部或一部查出時，應將該運送物品交付乙方或受貨人，並收回全部或一部賠款。

前項查出之運送物經通知後，乙方或受貨人不願提取或逾期一個月不來提取者，甲方得自行處理之。

第22條　本契約託運物品之郵件資費，均依照甲方規定之郵件資費表計算。

前項郵件資費由乙方負責給付甲方為原則，但約定由受貨人支付者，甲方應向受貨人請求之。

第23條　本契約有效期間約定自民國○○年○月○日起至民國○○年○月○日止○年間。

第24條　本契約壹式貳份，雙方當事人各執乙份為憑。

甲方：
名稱：
地址：
代表人：○○○　印
住址：
身分證統一編號：
乙方：○○○　印
住址：
身分證統一編號：

中　華　民　國　○　○　年　○　月　○　日

〈範例3-1-136〉

鐵路運送契約書

運送人臺灣鐵路管理局以下簡稱甲方，託運人○○○以下簡稱為乙方，茲為鐵路物品運送經雙方協議同意訂立本鐵路運送契約條件如下：

第1條　乙方將其工廠所生產之○○○○物品託於甲方運送（臺中—臺北及臺中—高雄間）而甲方願依本契約之規定於該行車區

間承受運送。

第2條　甲方應洽妥種類容量適當的車輛，遵限在約定地點裝車，同時乙方應詳實填具託運單並簽名蓋章交付甲方。

第3條　指定裝運地車站有二個以上時，由甲方依習慣或有利者決定之。

第4條　如乙方保留選擇裝車時間地點而未通知甲方，則約定交貨期滿日起一切風險費用歸乙方負擔。

第5條　乙方對於託運物品每件包裝封捆妥帖，包皮上註明受貨人姓名或行號及地址，其不能標註者，應另拴牌簽標明之。

第6條　託運之物品如有包裝不妥者，甲方應通知乙方整理，如乙方不整理時，乙方應在託運單上註明自負喪失毀損責任。

第7條　託運之物品如係危險物或易損壞物者，乙方應按其性質在包皮上分別註明忌火、忌水、輕放、爆炸品或易損壞品字樣，如不註明致有喪失毀損時，甲方不負責任，如因而毀損他人之貨物財產者，乙方應負賠償責任。

第8條　乙方託運物品不得夾帶違禁物，如發現被主管機關究辦或因而致損害時，甲方概不負任何責任，且已收運雜費不予退還。

第9條　乙方對於已託運之物品如需取消託運或變更託運時，應持憑提單辦理。

前項取消或變更託運，其運雜費之計收退補及損害賠償，依民法第642條之規定辦理。

第10條　甲方收受乙方託運物品後應詳實填發提單交付乙方收執。

第11條　甲方收受乙方託運物品後應在二十四小時內起運，並應依照乙方指示以及其期間內運送之，並自收受時起迄於交付時止應負保管之義務。

第12條　零擔時，乙方負擔風險直至貨物交車站接管時為止，整車時乙方負擔風險直至裝上車上，其後歸甲方負擔。

第13條　運到鐵路車站為止的內陸運費由乙方負擔。

第14條　交貨時檢查品質丈量過磅及計數費用由乙方負擔。

第15條　裝車工資按車站規則如不包括在運費內，則由乙方付費將貨物裝入火車。

第16條　運費、保險費由乙方負擔。乙方並應提出產地證明書。

第17條　如有必要甲方須提供防雨的油布，費用由乙方負擔。甲方並應提供該貨物習慣上的包裝。

第18條　運送物喪失毀損或遲到者，甲方均應負損害賠償之責任。但係因不可抗力或因運送物之性質或因乙方及受貨人之過失而致喪失毀損或遲到者，甲方概不負責。

第19條　甲方對已收運之物品如因路阻不能運送者，應即通知乙方，如在路阻之處無電訊可資通知，或情形急迫不及通知時，甲方應斟酌情形為必要之處置。

甲方如確知運輸路線在短期內能恢復時，得俟恢復通車後繼續運送之。

第20條　乙方因前條情形取消託運，運送物如已起運，甲方得照已為運送部分收取運雜費，如乙方需將託運物品運回者，除已運送部分照收運雜費外，運回費免收，變更託運者，依實際情形計收之。

第21條　甲方將託運物品運抵終點時應即通知受貨人前來提貨。

第22條　提單持有人如將提單遺失應即向甲方聲明，並在當地覓具妥善保證，經甲方認可後方得提貨，如在聲明前已被人持憑提單領去，甲方概不負責。

第23條　甲方就託運物品運抵終點後，如受貨人所在不明或對運送物受領遲延或有其他交付上之障礙時，甲方應即通知乙方並請求其指示。乙方未即為指示，或其指示事實上不能實行，或甲方不能繼續保管運送物時，得代為寄託倉庫，乙方無異議。

第24條　託運物品逾交付期間一個月仍未交付者，該運送物視同喪失，乙方得請求損害賠償。但因不可歸責於甲方之事由致未能交付者不在此限。

第25條　甲方給付託運物喪失賠款以後，如將失物全部或一部查出時，應將該運送物品交付乙方或受貨人，並收回全部或一部賠款。

前項查出之運送物經通知後，乙方或受貨人不願提取或逾期一個月不來提取者，甲方得自行處理之。

第26條　本契約託運物品之運費雜費，均依照甲方規定之運雜費表計算。

前項運雜費由乙方負責給付甲方為原則，但依提單記載由受貨人支付者，甲方應向受貨人請求之。

第27條　本契約有效期間約定自民國○○年○月○日起至民國○○年○月○日止○年間。

第28條　本契約壹式貳份，雙方當事人各執乙份為憑。

甲方：臺灣鐵路管理局
地址：
代表人：○○○　印
住址：
身分證統一編號：
乙方：○○○　印
住址：
身分證統一編號：

中　華　民　國　○　○　年　○　月　○　日

〈範例3-1-137〉

航空運送契約書

運送人○○航空公司以下簡稱為甲方，託運人○○○以下簡稱為乙方，茲為航空物品運送經雙方協議同意訂立本航空運送契約條件如左：

第1條　乙方願依本契約條項委由甲方所有中華民國籍航空貨物運輸機交運下列所載物品而甲方允諾之。

第2條　運送貨物之種類重量及體積如下：

一、貨物種類：（略）

二、重量或體積：（略）

三、包裝種類個數：（略）

第3條　前條運送物品之受貨人如下：

姓名：○○○

住所：○○○

第4條　運送貨物之交運地及目的地如下：

一、交運地：（略）

二、目的地：（略）

第5條　乙方怠於運送物品之裝卸致機長猶豫起航時，應從其延緩日數起，每日給付甲方新臺幣○○○元整之損害金。

第6條　甲方應負於民國○○年○月○日以前將運送貨物到達目的地之責。

前項期間中因不可抗力致不能起航，或起航之日託運人乙方怠於裝卸，而使機長猶豫之日數不算在內。

第7條　甲方於前條第1項所定期日內不能將運送貨物到達目的地時，乙方或受貨人得對甲方請求每一日新臺幣○○○元之賠償金，甲方無異議。

第8條　本件運送之運費定為新臺幣○○○元整。

第9條　乙方所裝載貨物如不及約定之數量時仍應負擔全部運費。

第10條　甲方貨物裝載後應發給空運提單與乙方收執。

第11條　乙方對於交運貨物之種類品質數量情狀，及包皮之種類個數暨標誌之通知，應向甲方保證其正確無訛，其因通知不正確所發生或所致之一切毀損滅失及費用，由乙方負賠償責任。

第12條　本契約未盡訂明事項悉依民法、民用航空法及有關法令之規定。

第13條　本契約壹式貳份，雙方當事人各執乙份為憑。

甲方：

公司名稱：
公司地址：
代表人：○○○　印
住址：
身分證統一編號：
公會會員證書字號：
乙方：○○○　印
住址：
身分證統一編號：

中　華　民　國　○　○　年　○　月　○　日

貳、承攬運送

一、說明

承攬運送，乃以自己（承攬運送人）之名義，爲他人（委託人）之計算，使運送人運送物品而受報酬之營業。承攬運送準用關於行紀之規定。

二、契約當事人之法定權利義務

(一)承攬運送人之義務

1.注意之責任

承攬運送人對於託運物品之喪失、毀損或遲到應負責任。除非其能證明對物品之接收、保管、運送人之選定、在目的地之交付及其他與承攬運送有關事項未怠注意。

2.賠償之責任

承攬運送人怠於注意，致運送物品喪失、毀損或遲到所生損害，應負賠償之責。

(二)承攬運送人之權利

1.報酬請求權

承攬運送人所得請求之報酬，包括承攬費及運送費。

2.留置權

承攬運送人為保全其報酬及墊款得受清償之必要，按其比例對於運送物有留置權。

3.介入權

承攬運送除契約另有訂定外，得自行運送物品。如自行運送，其權利義務與運送人同。

4.介入之擬制

如就運送全部約定價額，或承攬運送人填發提單於委託人者，視為承攬運送人自己運送，不得另行請求報酬。

三、承攬運送契約應訂明之基本條款

(一)承攬運送人與委託人。

(二)承攬運送之目標物。

(三)運送地點及期限。

(四)報酬之計算與給付方式。

(五)其他限制或特約事項。

四、契約範例

〈範例3-1-138〉

承攬運送契約書(一)

承攬運送人○○運輸有限公司以下簡稱為甲方，委託人○○○以下簡稱為乙方，茲為承攬物品運送經雙方協議同意訂立承攬運送契約條件如下：

第1條　乙方將下記物品委託於甲方經辦運送，而甲方依約承運之。

第2條　承攬運送之物品種類及數量等項如下：（略）

第3條　承攬運送物之發送地與目的地及受貨人姓名行號住所等項如下：（略）

第4條　承攬運送期間約定自民國○○年○月○日起至民國○○年○月○日止。

第5條　甲方承攬運送之報酬經雙方議定為新臺幣○○○元整，於本契約成立同日乙方先付新臺幣○○元與甲方憑據收訖，餘額俟將貨物完成後付清。

第6條　甲方應依所約定處所向乙方接收運送物，並自受領運送物迄交付於運送人之前，應為安全之保管，有為防止盜難火災等之適當處置之義務。

第7條　甲方對於運送人之選擇，如由乙方自己指定運送人者，甲方須遵照即行締結契約，如非乙方所指定者，甲方應選擇誠實之運送人而與其訂立運送契約，亦應負有不以較通常運送條件為不利之條件之義務。

第8條　甲方與運送人訂立之運送契約上所發生之權利義務，均由甲方自為取得並負擔之。

第9條　甲方須為物品託運上所必要一切行為，及如物品之包裝或稅捐之代納等亦應代為處理。

第10條　甲方對於運送契約所生之關於運送物之處分權及損害賠償請求權或處分，及對運送人之指示運費及其他費用之支付與文件之交付及必要之說明等一切權利義務，必須切實行使履行之義務。

第11條　甲方向乙方接收運送物即查驗過磅，並應向乙方領取說明交付運送上有關貨物之稅捐及管制等所必要之文件。

前項運送物如有數量不足或包裝不妥不適於運送者，及包皮有易見瑕疵者，應即告知乙方整理，或由甲方代為適當之改裝或處理；但乙方應負擔其費用。

第12條　乙方託運物如係危險品者，應告知甲方以備防危，否則對甲方因此所受損害乙方應負賠償之責。

第13條　甲方有將其運送之進行情形顛末報告乙方之義務，如甲方基於與運送人之契約所取得之損害賠償請求權者，有移轉於乙方之義務。

第14條　甲方對於運送物之接收、保管、運送人之選擇、在目的地之交付及其他與承攬運送有關事項之處理，如有怠於注意致運送物喪失毀損或遲到所生之損害，甲方應負賠償責任。

第15條　甲方所為乙方承攬運送上代為墊付之運費稅捐包裝等費用，得提交憑證請求乙方歸墊並得依照法定利率請求附加利息。

第16條　本契約壹式貳份，雙方當事人各執乙份為憑。

甲方：
公司名稱：
公司地址：
代表人：○○○ 印
住址：
身分證統一編號：
公會會員證書字號：
乙方：○○○ 印
住址：
身分證統一編號：

中　華　民　國　○　○　年　○　月　○　日

〈範例3-1-139〉

承攬運送契約書(二)

承攬運送人○○汽車貨運行以下簡稱為甲方，託運人○○○以下簡稱為乙方，茲為承運貨物經當事人間協議同意締結承攬運送契約條件如下：

第1條　乙方將下列貨物託於甲方經辦運送，而甲方願依約以自己所有之載貨汽車裝載承運之。

第2條　承運貨物之種類、品質、數量及包皮之種類個數及記號開列於下：（略）

第3條　承運貨物之發送地與目的地及受貨人姓名行號及住址開列於下：（略）

第4條　承攬運送期間約定自民國○○年○月○日起至同年○月○日為○個月。

第5條　甲方應依乙方之通知，即派駛空車至約定處所接收運送物，而貨物之裝卸均由甲方負責為之，但甲方得收取裝卸費。

第6條　甲方承運貨物以整車為運送，其運費依照所用車輛之載重量計算以每○公斤為計算單位，不足○公斤者作○公斤計之。

第7條　承運整車貨物因空車前往裝運，或回程空駛甲方得收空駛費。

第8條　承運整車貨物因應歸責乙方或受貨人之原因，稽延貨物裝卸或使已裝貨物之車輛滯留者，甲方得收車輛滯留費。

第9條　甲方對已承運之貨物，如因交通發生故障或危險致不能運送時，應即通知乙方，而乙方因此情形取消託運者，貨物如已起運，甲方得照已為運送部分收取運雜費，如需將貨物運回者，除已為運送部分照收運雜費外，運回運費免收，如變更託運者，依實際情形計收運雜費。

第10條　乙方託運貨物時，應將貨物點交甲方查驗過磅，並應說明交付運送上有關貨物之稅捐及管制等所必要之文件。

第11條　乙方應將託運之貨物包裝封捆妥帖，如有包裝不妥時，甲方應通知乙方為適當之改裝或整埋，不整理者，因此所生喪失毀損由乙方自負責任。

第12條　甲方自接收承運貨物迄於交付前，應妥為注意預防盜難火災之適當處置保管之義務。

第13條　乙方託運之貨物如係危險品或易損壞物品者，應在包皮上註明忌火、忌水、輕放、爆炸品或易損壞品等字樣，若不註明致有喪失毀損者，甲方概不負責。

第14條　甲方承運貨物應填發提單交付乙方收執。

第15條　甲方應將承運物於約定期間內運送之，若不依期完成則應負遲延之責。

第16條　甲方承運貨物如有民法第650、651條之情形，或交通發生故障或危險等情形足以危害運送物之安全，或致有喪失毀損之危險或遲延或妨礙運送等情形時，須為必要之注意及處置。

第17條　甲方將承運貨物運到目的地時，除運費約定由受貨人支付者，應即通知受貨人前來提貨外，其他均由甲方負責直接送交與受貨人收取。

第18條　乙方託運貨物之運雜費及其他費用均依照甲方價目表之規定計付之。

第19條　甲方應以善良管理人之注意為運送承攬，對於運送人或區間承攬運送人之選定，應妥為注意與訂立運送契約，依該契約所發生之權利義務均由甲方負之。

第20條　甲方對於運送人或區間承攬運送人，須使履行運送契約所生一切權利義務，如有不履行時甲方對於乙方應負直接履行契約之義務。

第21條　甲方關於運送契約之締結，及其運送進行情形有報告乙方之義務。

第22條　甲方對於承運貨物之喪失毀損或遲到或係運送人之債務不履行，均應負損害賠償責任。

第23條　本契約壹式貳份，雙方當事人各執乙份為憑。

甲方：

公司名稱（或商號名稱）：

公司地址（或商號地址）：

負責人：○○○　印

住址：

身分證統一編號：

公會會員證書字號：

乙方：○○○ 印
住址：
身分證統一編號：
中　華　民　國　○　○　年　○　月　○　日

〈範例3-1-140〉

承攬運運輸契約書

立約人○○○○圖書館

○○○○運輸公司：（以下簡稱乙甲方）茲因甲方將圖書託乙方運輸，特議定條件如下：

一、數量：總計○萬○仟冊。

二、運送地點：自甲方木柵書庫搬運至甲方總館。

三、運送限期：於○年○月○日前全部運送至甲方總館，每遇陰雨一日，得向後順延一日。

四、運費：每車運費為新臺幣○○元整，現以載重五噸之卡車預估約計○○車（如有增減核實計算），訂約之日起甲方先付予乙方定金○○元整，其餘之數，俟全部運到甲方指定地點無誤後付清。

五、裝卸人工：甲方除派一人隨車監督外，其餘裝卸人工概由乙方負責。

六、防雨設備：乙方承運卡車須隨帶防水篷布，如中途遇雨，須隨時妥為覆蓋，以防潮濕。

七、罰則：

(一)倘因運輸上之過失，致甲方蒙受損失時，乙方應負賠償責任。

(二)如超過期限，每逾一日，罰新臺幣○○元，如逾期達○天，甲方得取消合約，乙方並應加倍返還已付之定金。

八、保證責任：乙方應覓有運輸車○輛以上之同業兩家以為保證，乙方如不能履行合約義務時，保證人須繼續完成及負一切連帶賠償責任，並願放棄先訴抗辯權。

九、合約份數：本合約壹式伍份，甲乙雙方各執正本乙份，保證人各執副本乙份，其餘副本乙份交甲方備用。

立合約人　甲方：○○○○圖書館
館長：○○○ 印
乙方：○○○運輸公司
負責人：○○○　印
管業登記證號碼：○○字第○○號
地址：○○○○
保證人(一)：○○商號
負責人：○○○
身分證號：○○○○○○○
住址：○○○○
保證人(二)：○○商號
負責人：○○○
身分證字號：○○○○○○○
地址：○○○○

中　華　民　國　○　○　年　○　月　○　日

拾柒、合夥契約

一、說明

合夥，乃二人（合夥人）以上互約出資（金錢或其他財產權，或以勞務、信用或其他利益代之），以經營共同事業之契約。合夥契約或其事業之種類，非經合夥人全體或以契約約定爲一合夥人全體三分之二以上之同意，不得變更。合夥財產爲合夥因經營事業之目的所集合的財產，屬於全體合夥人公同共有。

二、契約當事人之法定權利義務

(一)執行事務與代表合夥

合夥之決議，應以合夥人全體之同意或以合夥契約約定由合夥人全體或一部之過半數決定之。但關於合夥契約或其事業種類之變更，非經合夥人全體三分之二以上之同意，不得爲之。

合夥之事務，除契約另有訂定或另有決議外，由合夥人全體共同執行之。如約定或決議由合夥人中數人執行者，由該數人共同執行之。合夥之通常事務，得由有執行權之各合夥人單獨執行之。惟其他有執行權之合夥人中任何一人，對於該合夥人之行爲有異議時，應停止該事務之執行。

合夥之決議，其有表決權之合夥人，無論其出資之多寡，推定每人僅有一表決權。

合夥人中之一人或數人，依約定或決議執行合夥事務者，非有正當事由不得辭任，非經其他合夥人全體之同意，不得將其解任。

合夥人依約定或決議執行合夥事務者，於執行合夥事務之範圍內，對於第三人，爲他合夥人之代表。

第537條至第546條關於委任之規定，於合夥人之執行合夥事務準用之。

(二)合夥人之權利

1.共同執行權

除合夥契約另有約定或另有決議外，各合夥人均得執行事務。

2.聽取報告權

依契約或決議無執行事務權利之合夥人，縱契約有反對之約定，仍得隨時檢查合夥事務及其財產狀況，並得查閱帳簿。

3.費用償還請求權

合夥人因合夥事務而支出的費用，對於合夥有償還請求權。但合夥人執行合夥事務，除契約另有訂定外，不得請求報酬。

4.利益分配請求權

各合夥人均有享受利益分配之權利，故合夥之決算及分配利益，除契約另有訂定外，應於每屆事務年度終爲之。

(三)合夥人之義務

1.注意義務

合夥人履行依合夥契約所負擔之義務，應與處理自己事務爲同一注意，其受有報酬者，應以善良管理人之注意爲之。

2.出資義務

合夥人有出資之義務，但各合夥人除有特別訂定外，無於約定出資外增加出資之義務，因損失致資本減少者，合夥人亦無補充之義務。

(四)退夥與入夥

1.退夥

退夥之事由及其效力如下：

(1)聲明退夥：合夥未定有存續之期間，或經訂明以合夥人中一人之終身爲其存續期間者，各合夥人得聲明退夥，但應於兩個月前通知他合夥人，且不得於退夥不利於合夥事務之時期爲之。合夥縱定有存續期間，如合夥人有非可歸責於自己之重大事由，仍得聲明退夥，不受前揭限制。

(2)法定退夥，其事由有三：

A.合夥人死亡者。但契約訂明其繼承人得繼承者，不在此限。

B.合夥人受破產或禁治產之宣告者。

C.合夥人經開除者。合夥人之開除須有正當之事由，且應取得其他合夥人全體之同意，並通知被開除之合夥人。

(3)退夥之效力：

A.退夥人與他合夥人之結算，應以退夥時合夥財產之狀況爲準。合夥事務於退夥時尚未了結者，於了結後計算，並分配其損益。

B.退夥人之股份，不問其出資之種類，得由合夥人以金錢抵還。

C.合夥人退夥後，對於其退夥前合夥所負之債務，仍應負責。

2.入夥

合夥成立後，非經合夥人全體之同意，不得允許他人加入爲合夥人。加入爲合夥人者，對其加入前合夥所負之債務，與他合夥人負同一責任。

(五)合夥之解散及清算

1.解散之事由

(1)合夥存續期間屆滿者。但合夥所定期間，雖已屆滿，合夥人仍繼續其事務者，視爲以不定期間，繼續合夥契約。

(2)合夥人全體同意解散者。

(3)合夥之目的事業已完成或不能完成者。

2.合夥之清算

(1)合夥解散後，其清算由合夥人全體或其選任之清算人爲之。

(2)合夥財產於清算時，應先清償合夥之債務。如有剩餘，始得返還各合夥人之出資。不足返還或於返還後尙有剩餘，按各合夥人之出資額比例返還或分配之。

三、合夥契約應訂明之基本條款

(一)各合夥人。

(二)合夥事務之名稱、業務。

(三)各合夥人出資額。

(四)執行事務之分配。

(五)盈餘之分配及虧損之分擔。

(六)定有期限者，其期限。

(七)其他權利義務分擔。

四、訂立合夥契約應注意事項

(一)合夥人執行事務之分配應詳盡規定，以杜爭議。

(二)合夥財產之會計工作應詳實處理，避免紛爭。

五、隱名合夥

(一)說明

隱名合夥，乃當事人約定一方（隱名合夥人）對於他方（出名營業人）所經營之事業出資，而分受其營業所生之利益，及分擔其所生損失之契約。

(二)契約當事人之法定權利義務

1.隱名合夥人與出名營業人之關係

(1)隱名合夥人出資，其財產權即應移轉於出名營業人。

(2)隱名合夥之事務，專由出名營業人執行之。故因執行事務，對於第三人所生之權利義務，只由出名營業人享有及負擔。

2.隱名合夥人之權責

(1)隱名合夥人得於每屆事務年度終查閱合夥之帳簿，並檢查其事務及財產之狀況。如有重大事由，法院因隱名合夥人之聲請，得許其隨時爲查閱及檢查。

(2)隱名合夥人，僅限於其出資之限度內，負分擔損失之責任。若有應歸隱名合夥人之利益，應即支付之。

(3)隱名合夥人如參與合夥事務之執行，或爲參與執行之表示，或知他人表示其參與執行而不否認者，縱有反對之約定，對於第三人仍應負出名營業人之責任。

3.隱名合夥契約之終止

(1)終止原因：

A.存續期間屆滿者。

B.當事人同意者。

C.目的事業已完成或不能完成者。

D.出名營業人死亡或受禁治產之宣告者。

E.出名營業人或隱名合夥人受破產之宣告者。

F.營業之廢止或轉讓者。

G.依民法第686條之規定得聲明退夥者。

(2)隱名合夥契約終止時，出名營業人應返還隱名合夥人之出資及給與其應得之利益，但出資因損失而減少者，僅返還其餘額。

(三)隱名合夥契約應訂明之基本條款

1.隱名合夥人及出名營業人。

2.合夥事務。

3.出資額。
4.盈餘之分配。
5.定有存續期限者，其期限。
6.其他特約事項。

六、契約範例

〈範例3-1-141〉

商業合夥契約書（法院公證處例稿）

立約人○○○（以下稱甲方）○○○（以下稱乙方）茲合夥經營○○○餐廳，雙方議定條件如下：

第1條　甲方以所有座落○○市○○路○○號加強磚造二樓房屋一棟，作為出資，乙方除以勞務為出資外，並出資新臺幣○○○元整作為營業資本。

第2條　由乙方擔任經理，綜理營業事務，由甲方遴聘會計一人，掌理帳簿記載及金錢計算保管事務。

第3條　每月底結算一次，分配利潤。

第4條　營業利潤以四六成分折，甲方四成，乙方六成。倘有虧蝕，由雙方依利潤分成比率負擔。

第5條　合夥營業期間定為○年，即自民國○○年○月○日起至民國○○年○月○日止，倘經雙方同意，可於期滿時另行續約，或於期間屆滿前終止契約。

第6條　房屋稅捐及營業稅捐均由合夥負擔。

第7條　本契約經法院公證後生效。

合夥人　甲方：
住址：
乙方：
住址：

中　華　民　國　○　○　年　○　月　○　日

〈範例3-1-142〉

合夥經營文具行

立合夥契約人○○○○、○○○○、○○○○（以上簡稱甲、乙、丙方），茲合夥於○○市經營文具行，並協議訂定條款如後：

一、資金：共計新臺幣參拾萬元整，由甲、乙、丙三方各出資壹拾萬元整。

二、人事：甲方任經理，綜理行務兼理總務與業務，並為本行對外之代表人，乙方任副經理負責批發，丙方任會計主任，負責財務與稽核工作。其詳細職務分掌辦法另訂之。

三、合夥期間：定期○年，自民國○○年○月○日起，至民國○○年○月○日止，屆期合夥人如願繼續合作，本契約得再繼續延長時間。

四、決算盈虧：每半年一次，即六月三十日、十二月三十一日。

五、盈利：除百分之拾作為公積金外，餘各按百分之參拾平分。

六、行政處理：例行事務由經理決定，有關人事、經費部分，須由甲乙丙三方面共同決定。

七、退股與增資：

(一)退股與增資應於決算時，依多數之同意取決之。

(二)合夥人非經其他合夥人之同意，不得擅將股權轉讓予他人。

八、本契約經法院公證後生效。合計參份各執乙份為憑。

九、合夥期滿，如不繼續合夥，所存之公積金餘額，應各按參分之壹平分。

合夥人

甲方：○○○

乙方：○○○　（簽章）

丙方：○○○

中　華　民　國　○　○　年　○　月　○　日

〈範例3-1-143〉

共同經營合夥契約書

立合夥契約人○○○（以下簡稱為甲方）○○○（以下簡稱為乙方）○○○（以下簡稱為丙方）○○○（以下簡稱丁方），茲因甲方前以獨資經營之○○○工廠為擴張事業（或○○○）特邀乙丙丁方組織合夥為營利之目的，互約出資共同經營○○○工廠事業經全體當事人同意訂立合夥契約互應遵守條件列開於下：

第1條　本合夥以前以甲名義經受主管機關許可發給○○縣市市府○○字第○○號商業登記證及○○字第○○號營業登記證暨○○字第○○號工廠登記證之商號名稱（○○磚瓦工廠）管業種類（製造加工磚瓦批發零售）廠址（○○○○號）營業所在地（○○○號），以上於本合夥之名稱事業種類及廠址營業所在地均適用之。

第2條　本合夥總資本額經全體合夥人協定為新臺幣○○萬元整，作為○○股而每股為新臺幣○○仟元整。前項資本額經合夥人全體同意得依各認股數比例增加之。

第3條　合夥人互約出資之種類數量及其認股數如下：

一、甲○○以現開設在○○○號獨資經營之○○磚瓦工廠營業權及該不動產廠房及附屬建物，暨廠內所設置動產機械器具及有關一切設備造作以及原動力電氣用水等設施全部（詳細如後開第一標示及第二標示記載）之所有權估價為新臺幣○○仟元為出資而認股○○股。

二、乙以金錢新臺幣○○仟元整為出資而認股○○股。

三、丙以金錢新臺幣○○仟元整為出資而認股○○股。

四、丁以技術及勞務代為出資而認股○○股。

第4條　合夥人以金錢為出資者，於合夥契約訂立日起○○日內一次如數交付於合夥代表人收存，以其他物為出資者，則動產部分應隨時移轉交付與合夥占有，至不動產部分除物之交付外，按合夥人認股數比例於一個月內向地政機關為共有申請辦理所有權移轉登記。

合夥人如有違背前項約定不履行義務時，除應負損害賠償責任外願受他合夥人之決議處分。

第5條　合夥人以物為出資者，其合夥人對該物之瑕疵及權利瑕疵均須依買賣之原則負其擔保責任。

第6條　合夥人以金錢或以物為出資之財產以及將來因合夥事務執行所取得之財產或基於合夥財產所取得之天然法定孳息，及因合夥財產之滅失毀損對第三人所生之損害賠償債權，均屬於合夥財產，為全體合夥人之公同共有。

第7條　合夥財產在合夥關係存續中，各合夥人不得請求分拆並不得私自出售其應有部分，或提供為擔保設定任何他項權利等行為。但合夥人為保全合夥財產之充實與穩固，如經全體合夥人同意者不在此限。

第8條　合夥人違背前條之約定致合夥蒙受損害時，除合夥所受損失應由該違反之合夥人負責賠償外，願受他合夥人決議處分。

第9條　合夥人在合夥契約存續中，非經他合夥人全體同意，不得將自己之股份權轉讓於第三人或為其他處分。但就已確定之請求權或將來之利益分配及利息暨清算後，剩餘財產分配等請求權或將其股份權轉讓於他合夥人者不在此限。

第10條　合夥人經他合夥人之同意就其股份權轉讓於合夥人以外之人，或為其他處分者，讓與人對於讓與前之合夥債務於讓與後仍應負責，其受讓人亦應與他合夥人負同一責任。

第11條　本合夥經全體合夥人推舉（乙）為合夥代表人，對外關係代表合夥行使合夥有關法律行為，或法律行為以外之事實之權，及為合夥之商業營業工廠諸登記名義人。

第12條　對內關係之通常合夥事務，約定由合夥人中之（甲）（乙）（丁）三人共同執行之，其各分擔合夥事務執行範圍如下：

一、合夥人（甲）擔任合夥會計，執掌金錢出納及有關合夥業務之收支結算等事務之執行責任。

二、合夥人（乙）除對外關係為合夥代表外，並擔任合夥營業上一切銷售事務之執行責任。

三、合夥人（丁）擔任管理工廠一切工作，及廠內諸設備機械器具之保養並對勞工技術人員負監督責任。

第13條　執行合夥事務之合夥人為合夥之代理人，其以合夥之名義所為法律行為、因而所收取之金錢、物品、孳息或權利，均應移轉於合夥之名義，不得私自保管，以自己之名義為合夥之計算者亦同，全部屬於合夥財產而所負擔之債務亦為合夥債務。

第14條　執行合夥事務之合夥人，應以忠實及有相當之注意執行事務，如因故意或過失對於合夥造成損害時，該合夥執行人應負其損害賠償責任。

第15條　合夥人享有管理一定範圍之合夥事務，雖得由有執行權之各合夥人單獨執行；但其他有執行權之合夥人中有人對該合夥人之行為有異議時，應即停止該事務之執行。

第16條　前條之異議應於事務結束前為之，而有執行權之合夥人遇有異議仍單獨執行，因此所受損害應負賠償責任。

第17條　合夥代表人及管理合夥事務之合夥人，如為合夥起訴訂立和解契約，接受仲裁公斷，受票據上之義務，讓與不動產，或設定負擔、為贈與、借貸或為他人保證等重要事項，應經全體合夥人決議並以書面授權或承諾始得行使。

第18條　執行合夥事務之合夥人，非有正當事由不得辭任，而他合夥人亦不得將其解任，但經全體合夥人之同意或決議解任者，不在此限。

第19條　本合夥應備置簿冊如下：

一、合夥股份登記簿。

二、合夥財產登記簿。

三、依商事會計法規所定帳簿。

前項簿冊及文卷之保存期限約定至本合夥清算結束為止。

第20條　前條之簿冊，須先經合夥人全體認可蓋章後，開始使用而後增加或增設之各種簿冊亦同。

第21條　執行合夥事務之合夥人，不得請求任何報酬；但因執行合夥事務代墊支出之款項費用得憑據向合夥請求償還。

第22條　本合夥事業年度以每年○月○日至○月○日為止。

第23條　本合夥以每事業年度終決算一次，並為損益之分配，其分配之成數按照各合夥人認股份額比例為之，（丙）不負擔損失之分配。

第24條　無執行合夥事務之合夥人，有監督或檢查合夥事務及其財產狀況並得查閱帳簿。

第25條　合夥人得隨時聲明退夥，因合夥人之死亡、受破產、禁治產宣告及經合夥人之債權人就股份聲請扣押而未於二個月內清償或提供相當之擔保者，即視為退夥。

第26條　合夥人為聲明退夥時，不得於退夥有不利於合夥事務之時期為之，並應於兩個月前向各合夥人以書面聲明之。

第27條　合夥人聲明退夥，或因法律規定退夥時，退夥人與他合夥人間之結算，應以退夥時合夥財產之狀況為準。而退夥人之股份得由合夥以金錢抵還之。但於退夥時，尚未了結之合夥事務得於了結後計算分配損益。

第28條　退夥人對於退夥後所生之合夥債務當然不負責任，但就退夥前所生之合夥之債務仍應負責。

第29條　本合夥契約成立後，非經合夥人全體之同意，各合夥人不得任意允許他人加入為合夥人。

第30條　加入合夥人對於入夥前合夥所負之共同債務，與他合夥人應負同一責任。

第31條　合夥因有下列情形之一而解散：

一、合夥存續期間屆滿時。

二、合夥人全體同意解散時。

三、合夥之目的事業已完成，或不能完成時。

前項第1款如合夥存續期間屆滿，經合夥人全體同意延長期間，或合夥人仍繼續其事務時不解散。

第1項第3款合夥之事業不能完成包括擔任合夥事務執行之有力合夥人之退夥，或因喪失合夥財產大半或全部，合夥人又不肯增資，使事業之經營為不能，或因合夥人間感情破裂已無共同繼續事業希望在內。

第32條 合夥解散後，其清算事務由合夥人全體，或由合夥人中一人或數人或另選任他人為清算人。

第33條 被選任為清算人之合夥人，非有正當理由不得辭職，其他合夥人非經合夥人全體過半數之決議亦不得將其解任，而另選任第三人為清算人。

第34條 執行清算人開始清算時，應先就合夥現事務整理結束，並收取合夥所有債權及清償債務而後返還各合夥人之出資額，尚有賸餘財產則按照各合夥人應受利益分配成數分配之。

第35條 合夥財產不足清償合夥債務時，其不足額應由合夥人連帶負責清償；但以勞務為出資之合夥人不受損失之分配。

第36條 本合夥存續期間自民國○○年○月○日起至民國○○年○月○日止。

第37條 本合夥契約成立後，對於合夥契約事項，及事業種類或營業地址之增刪變更，非經全體合夥人之同意不得為之。

經合夥人同意而為之增刪或變更之行為，應另以契約為之。

第38條 本合夥契約成立後，甲應即依商業登記法第8條規定，將合夥人之姓名住址出資之種類數額向主管官署聲請登記。

第39條 本契約壹式肆份，合夥人各執乙份為憑。

合夥人（甲方）：○○○ 印

住址：

身分證統一編號：

合夥人（乙方）：○○○ 印

住址：
身分證統一編號：
合夥人（丙方）：○○○　印
住址：
身分證統一編號：
合夥人（丁方）：○○○　印
住址：
身分證統一編號：
中華民國合夥人（甲方）：○○○　印
住址：
身分證統一編號：

中　華　民　國　○　○　年　○　月　○　日

〈範例3-1-144〉

工廠合夥契約書

同立合夥契約書人○○○、○○○、○○○、○○○、○○○等五人茲就出資為共同經營製材工廠事業事宜，經立合夥契約人全體同意訂立本合夥契約，條款如後：

第1條　合夥以經營製材工廠及其附隨事業為目的。

第2條　合夥名稱定為○○製材工廠，廠址設於○○（所在）營業事務所設在○○○○○（處所）。

第3條　合夥事業種類、合夥名稱、廠址及管業處所非經合夥人全體之同意不得變更之。

第4條　本合夥之工廠登記、商業登記、營業登記等有關一切向主管機關之登記，應一律以合夥組織為聲請登記。

第5條　合夥資本金定為新臺幣○○○元整，分為○○股每股為新臺幣○○元整。

第6條　合夥人姓名及合夥人出資金額及認股數開列於下：
合夥人○○○認○股而出資新臺幣○○○元整
…………。
前項各出資金限至民國○○年○月○日作一次繳清否則即開除合夥人之資格。

第7條　合夥人於訂立合夥契約前共同出資，以合夥人○○○名義向第三人○○○購買之○○○○○地號等○筆土地（即本合夥廠址用地）共面積○公頃○公畝及經主管機關申請許可新建築之座落○○○○○號工廠房屋及附屬建物等，一切全部為全體合夥人之共有財產，而各該出資額視為前條應出資金額之一部。

第8條　合夥人共同出資購買之土地及建築之房屋，各該合夥人應有部分為○○○、○○○（各○分之○）、○○○（○分之○）、○○○（○分之○）、○○○（○分之○），應按上開各該合夥人應有部分比例，向○○地政事務所申請辦理共有權取得登記，或房屋第一次保存登記。

第9條　合夥之工廠內所設置製材機器及有關一切設備造作原動力電氣用水等設施全部，亦為全體合夥人之共有，即各合夥人享有按出資比例之共有權。

第10條　本契約第7條所載合夥財產，非至合夥之解散或經全體合夥人同意，任何合夥人不得請求分拆亦不得私自出售其應有持分，或設定他項權利等有礙合夥利益之一切行為。

第11條　合夥人違背前條之規定致合夥蒙受損害時，除合夥所受損失應由該違背之合夥人負責賠償外，得經他合夥人決議將該合夥人予以處分。

第12條　合夥人非經他合夥人全體之同意，不得將自己之股份轉讓第三人，但合夥人間之轉讓者不在此限。
如股份之設質亦同。

第13條　本合夥業務年度以自一月一日起至十二月末日止。

第14條　合夥之結算，於每業務年度終為之。執行事務合夥人應於年度終了後作成資產負債表及事業概況對各合夥人為結算報告。

第15條　合夥損失利益分配其成數，按照各合夥人出資額之比例為之。

第16條　合夥人之利益分配定於每年事業年度結算有盈餘時為之。但損失之分配，於退夥人退夥時，或合夥解散時為之。

第17條　合夥內部關係之事務執行之方法，由全體合夥人議決定之。

第18條　合夥事務之執行，應由合夥人全體之過半數決定之，而合夥人不論其認股多寡均有一表決權。

第19條　合夥之通常事務依照下開規定訂其事務執行範圍，由各合夥人分擔負責執行之：

一、關於合夥營業上之普通定貨之承受製造，及販賣之事項一切事務由合夥人○○○負責處理之。

二、關於合夥財產及工廠內工作事務，或勞工技術人員由合夥人○○○負責管理或監督之。

三、關於合夥會計及收支結算之事務，由合夥人○○○負責辦理之。

四、關於合夥所設置之合夥人名簿，合夥股份登記簿合夥財產登記簿帳簿，以及其他簿冊或文書卷及登記事務，由合夥人○○○負責辦理或保管之。

第20條　本合夥刻製（○○○製材工廠印）○寸方形牛角質廠印一顆使用，向金融機關開設甲種存户及領取支票簿或乙種存户時，應一律以合夥名義將上開廠印，及指定合夥人○○○之私章共兩顆，登記為印鑑，專用以合夥簽發支票或提領存款。

第21條　本合夥之廠印由合夥代表人○○○保管，支票簿及甲乙種户存款存摺，由合夥人○○○保管；合夥人○○○專用私章，由其本人保管；但該私章僅限於為合夥簽發支票及提領存款專用，其在其他合夥有關文書蓋用者，對於合夥及其本人均不生效力。

第22條　各合夥人對於合夥事務之執行權，非經其合夥人之同意不得剝奪之。

第23條　各合夥人對於合夥通常事務，雖得單獨為執行，但他合夥人對該執行之行為有異議時該執行合夥人應即停止事務之執行，否則對合夥因此所受損害應負賠償責任。

第24條　合夥事務執行人，遇有下列重要事項之一時，應經合夥人全體之議決同意或書面之授權否則不得行使：

一、就合夥財產供他人設定質權或抵押權或債務承擔時。

二、就合夥名義為借貸或為他人之債務保證時。

三、就合夥財產為讓與出租贈與時。

四、關於鉅額或大量交易之事務，或承受票據法上之義務時。

五、起訴調解和解接受仲裁公斷，或訂立其他債權物權契約等行為時。

第25條　各合夥事務執行，如有違背前條約定或其他有損害合夥利益及危害合夥之行為時，除應負其損害賠償責任外，受他合夥人為適當之處分亦不得異議。

第26條　各合夥人得隨時檢查合夥之事務及其財產狀況，並得查閱帳簿，事務執行之合夥人不得拒絕；但合夥人為未成年人時，得由其法定代理人代理行使此項檢查權。

第27條　合夥人執行合夥事務應與處理自己事務為同一之注意，如違背此義務致合夥發生損害者，該合夥人負其損害賠償責任。

第28條　執行合夥事務之合夥人，負有於每三個月將執行事務狀況及顛末報告股東會之義務。

第29條　執行合夥事務之合夥人，為合夥收取金錢、支票及物品，或取得權利時，應即移交與會計，而會計經收到現款時，亦應即行存儲於合夥所開設之銀行存户內，合夥人均不得私自挪用，或有以自己名義存儲生息等情。

第30條　合夥人如因本身需要，向合夥借款時，應一律出具借據，並按全體合夥人議定利率加附利息返還合夥。

第31條　合夥人執行合夥事務，均不得請求報酬；但為合夥所代支出之費用，或執行事務致受損害之賠償均得向合夥請求償還。

第32條　本合夥推選合夥人○○○為代表人，對外代表合夥執行合夥之一切法律行為，代表人係無薪金，但經股東會議決得支慰勞金。

第33條　合夥人得隨時聲明退夥；但不得於退夥有不利於合夥結算之時期為之，但法定退夥不在此限。

第34條　退夥人之聲明退夥或有法定退夥事由時，與他合夥人間之結算，應以退夥時合夥財產之狀況為準，合夥對於退夥人應返還其出資及其增加財產之應有部分，如合夥財產有減少時，則應按損失分擔之比例負擔其損失，退夥人之股份得由合夥人以金錢抵還之。

第35條　退夥時尚未了結之事項，於了結後計算並分配其損益；但合夥人退夥後對於退夥前合夥所負之債務仍應負責。

第36條　合夥成立後，非經合夥人全體之同意，不得允許他人加入為合夥人；但經允許加入合夥者，因加入當取得對於合夥財產之股份，而對於加入前合夥所負之債務與他合夥人負同一之責任。

第37條　合夥解散後之清算事務由合夥人全體，或由其所選任之清算人為之。其清算人應即了結合夥現事務，收取合夥債權、清償債務及返還出資，並分配剩餘財產與合夥人；但合夥財產不足清償債務時，其不足部分應由各合夥人負連帶責任清償之。

第38條　本合夥契約成立後，經全體合夥人之同意，得隨時補充追加刪除變更之；但應依契約為之，其契約視為合夥契約之一部。

第39條　本契約書壹式伍份，合夥人各執乙份為憑。

合夥人：○○○　印

地址：

身分證統一編號：
合夥人：○○○　印
住址：
身分證統一編號：
合夥人：○○○　印
住址：
身分證統一編號：
合夥人：○○○　印
住址：
身分證統一編號：
合夥人：○○○　印
住址：
身分證統一編號：

中　華　民　國　○　○　年　○　月　○　日

〈範例3-1-145〉

退夥契約書(一)

同立退夥契約人○○○（以下簡稱甲方）○○○、○○○等（以下簡稱乙方）茲就雙方于民國○年○月○日經訂立合夥契約所合夥經營事業因合夥人○○○意欲他遷另圖事業聲明退夥並經合夥人全體之同意議定退夥契約條件如後：

第1條　甲乙雙方合夥經營之舖號（○○行）設○市○區○里○鄰○路○號（商業登記證○○字第○○號、營業登記證○○字第○○號）茲經甲乙雙方協議同意於民國○年○月○日甲方為退夥，脫離合夥關係是實。

第2條　自甲方退夥後即自民國○年○月○日起關於○○行應歸乙方公同共有，繼續經營。爾後該行所生之債權債務及應課稅捐，並其經營有關一切事項均歸乙方負責與甲方無干。

第3條　在合夥中對外所有之債權及債務，並合夥之諸設備概歸乙方享受及負擔支理之。

第4條　第1條合夥截至民國○年○月○日為止之收支決算業經甲乙雙方會算完畢，而甲乙雙方均確認兩方之間就合夥決算並無互負債務，日後任任一方均不得為任何主張或請求，雙方確諾決無異議。

第5條　在合夥期間內，應繳之一切稅捐及任何公課負擔概歸甲方負責繳清之。

第6條　退夥日所有之庫存品折價合算現款有新臺幣○○元，除扣應付之房屋租金及其他一切費用抵付額外，甲方應得額新臺幣○○元，即日由乙方交付甲方如數收訖，剩餘部分均屬乙方之所有，自後雙方均不得主張重行分配，或有任何請求。

第7條　原合夥使用店房（即○○號）合夥期間，係以甲方名義向房東承租，自本約成立，即日由甲乙雙方會同向房東變更承租人名義。

第8條　本契約書壹式參份，當事人各執乙份為憑。

退夥人（甲方）：○○○　印
住址：
身分證統一編號：
退夥人（乙方）：
姓名：○○○　印
住址：
身分證統一編號：
姓名：○○○　印
住址：
身分證統一編號：
姓名：○○○　印
住址：
身分證統一編號：

中　華　民　國　○　○　年　○　月　○　日

〈範例3-1-146〉

退夥契約書(二)

同立退夥契約書人○○○（以下簡稱甲方），茲於民國○年○月○日與○○○（以下簡稱乙方）在○○縣○○鎮○○路門牌第○○號地址共同出資合夥建設○○工廠及諸設備略告完妥但向有關機關以乙方名義申請營業許可並辦理工廠登記未經准許尚未開始製品營業此次甲方另有他圖情願退夥經獲得乙方同意訂立本退夥契約書，條款如後：

第1條　乙方確認甲方對本合夥所投股金新臺幣○萬元整之現款及動產物件計○件估價新臺幣○萬○仟元合共新臺幣○萬○仟元整而允許退還其出資總額而退夥。

第2條　前條退還股金於契約成立同時由乙方備交新臺幣○萬元與甲方親收足訖，剩餘新臺幣○萬○仟元，應於本件工廠於乙方開工製造之日起，十天內先付其半額，尚欠半額，再經一個月以內付清不得拖延短欠等情。但經甲方同意時，得付給工廠產品依照工廠售價打九折以代給付。

第3條　乙方應切實履行前條義務倘有怠慢不履行債務時，甲方得請求賠償其損害外，並得請求○○元整之違約金乙方絕無異議。

第4條　自退夥後，甲方對合夥有關之一切權利義務儘歸乙方取得，並附隨之一切權利或應負關於合夥以來之一切義務，倘有與他人之糾葛亦由乙方自己理清，絕不得牽累甲方，因而致生損害於甲方時，乙方並應負賠償損害之全責。

第5條　本契約書壹式貳份，當事人各執乙份為憑。

退夥人（甲方）：○○○ 印
住址：
身分證統一編號：
退夥人（乙方）：○○○ 印
住址：
身分證統一編號：

中　華　民　國　○　○　年　○　月　○　日

〈範例3-1-147〉

退夥契約書(三)

同立退夥契約書人○○○（以下簡稱甲方），○○○（以下簡稱乙方）○○○（以下簡稱丙方），當事人間曾共同投資在○○縣○○鎮○○路○○號合夥經營○○織布廠其認領股數甲方三股乙方五股丙方二股共十股每股出資金新臺幣○○元共計總資本金○萬○仟元均已繳清並經○○公證處以○年度公字第○○號訂立合夥契約公證在案今因甲方及乙方另有他圖情願退夥獲得丙方同意經三方議定退夥契約條款如後：

第1條　甲方及乙方願將其與丙方共同投資合夥經營○○織布工廠之股份，由丙方承受繼續經營而丙方允諾之。

第2條　本合夥現在財產如後附財產目錄，共新臺幣○○元整，按每一股即有新臺幣○○元整於甲乙丙三方確認無訛。

第3條　前條合夥財產，有不動產房地機械設備原料製品及未收貨款，因嗣後由丙方繼續經營，故以房地機械設備及原料保留與丙方，而退股者甲方及乙方以分配製成品或未收款項充作退股股金為原則。

第4條　前條退股金分發方法議定如下：

一、分發甲方取得部分：

股金之六成以製成品紗布照廠價打九折分發退還，又其二成以○○商行貨款債權，即該商行開發○○銀行支票面額新臺幣○○元乙張充之，剩餘不足額應以現款找清。

二、分發乙方取得部分：

股金之六成以製成品紗布照廠價打九折分發退還，又其二成以○○布莊債權新臺幣○○元及○○布行債權，共新臺幣○○元付交○○○、○○○、○○○支票○紙充之，剩餘不足額應以現款找清。

第5條　前條之分發日期約定如下：

一、支票應於本契約成立日交清；但丙方應負照期兌現之責任。

二、成品紗布應一星期內將庫存全部付與甲乙依照股數均分，不足額應於開始製造一個月內分發清楚。

三、現款限於一個月內付清；但經受款人同意時，得以紗布換價給付之。

第6條　前合夥財產中不動產房地係登記甲方○○○為所有權人，自本退夥契約成立同時應將不動產房地及機械（包括附屬品及其他修理工具）、工廠設備及原料等全部確實點交丙方取得其產權清楚，並應於一個月內會同丙方辦理產權移轉登記手續，其費用由丙方負擔；但丙方不履行第5條義務時得為控制之。

第7條　自退夥後甲方及乙方對於○○織布工廠已無任何權利，對廠務不得有任何之干涉；除丙方不履行本契約第5條所記載之義務時，甲乙方得主張其權利外，丙方即取得該工廠產權及其應有之債權或製造配給權。並應負擔該工廠附隨財產之課徵稅賦，及關於工廠一切之債務。

第8條　甲方及乙方倘日後另設工廠時，丙方不得有任何阻礙之行為，又甲方及乙方亦不得有侵害丙方工廠之權益行為確約是實。

第9條　甲乙丙三方各應遵守本契約條款，各切實履行其義務，倘違背契約致生損害時，應負賠償之完全責任。

第10條　財產目錄、貸借對照表附添於後。（略）

第11條　本契約書壹式參份，當事人各執乙份為憑。

退夥人（甲方）：○○○　印

住址：

退夥人（乙方）：○○○　印

住址：

身分證統一編號：

退夥人（丙方）：○○○ 印
住址：
身分證統一編號：
中　華　民　國　○　○　年　○　月　○　日

〈範例3-1-148〉

隱名合夥契約書(一)

隱名合夥人○○○（以下簡稱為乙方），出名營業人○○○（以下簡稱為甲方），茲為隱名合夥事宜，經當事人間同意訂立契約，條款如後：

第1條　甲方開設○○商行專營○○事業計共資本金新臺幣○○元整，除甲方自出新臺幣○○元整外，餘新臺幣○○元整，由乙方於本契約成立同時一次交清，甲乙方各確認之。

第2條　乙方投入資本新臺幣○○元整後，即為○○商行之隱名合夥人而甲方認諾之。

第3條　甲方應於每屆事務年度終，開具財產目錄借貸對照表，以及營業損益計算書交付乙方查核。

第4條　前條查核時，如乙方發現疑義之處，即可到商行查閱合夥之帳簿，並檢查其事務及財產之狀況。

第5條　本隱名合夥損益應按照合夥出資額比例分配負擔之。

第6條　前條利益之分配，應於損益計算後五日內，由甲方支付乙方，未支付之分配金，於甲方同意時得充作乙方出資之增加。

第7條　關於○○商行營業事務，均由甲方執行之，而乙方不得參與事務之執行。但乙方得隨時查閱合夥之帳簿，並檢查其事務及財產之狀況。

第8條　隱名合夥期間中如遇虧蝕，苟其財產不足資本額半數，甲方應即通知乙方，而乙方得終止契約。

第9條　本隱名合夥，如遇虧蝕時，乙方僅於出資之限度內，分控損失之責任。

第10條　本隱名合夥有效期間，自民國○年○月○日起至○年○月○日止共為○年○月。

第11條　乙方如遇不得已事由，須中途終止契約者，應於年底為之；且須於兩個月前通知甲方。

第12條　契約終止時，甲方應返還乙方所出之資本金額，並支付乙方應得之利益金；但因虧損而減少資本者，得祇返還其剩餘之存額。

第13條　甲乙雙方間所出之資本，如不幸虧蝕淨盡者，以契約終止論；但雙方願意繼續出資者，不在此限。

且甲方有意繼續經營，而乙方亦願意再出資加入時，甲方不得拒絕。

第14條　甲方如中途欲將○○商行出讓於他人時，應先通知乙方，如乙方願意按照時價受讓時，應儘先使乙方受讓，甲方不得無正當理由而拒絕。

第15條　甲方如違背前條或因乙方不願意受讓，將○○商行股份出讓於他人者，出讓之日即為本契約終止之日。

第16條　甲方在契約存續中發生不測者乙方得終止契約。

第17條　本契約未訂明事項依民法或有關法令辦理之。

第18條　本契約書壹式貳份，雙方當事人各執乙份為憑。

出名營業人（甲方）：○○○ 印

商行名稱：

商行地址：

負責人：○○○ 印

住址：

身分證統一編號：

隱名合夥人（乙方）：○○○ 印

住址：

身分證統一編號：

中　華　民　國　○　○　年　○　月　○　日

〈範例3-1-149〉

隱名合夥契約書(二)

出名營業人○○○（以下簡稱為甲方）隱名合夥人○○○（以下簡稱為乙方）因當事人間為隱名合夥契約經雙方同意訂立條款如後：

第1條　乙方願為甲方所經營之○○工廠事業出資而分受其營業所生之利益及分擔其所生損失，甲方認諾之。

第2條　○○工廠總資本額為新臺幣○○元整甲方出資新臺幣○○元整，乙方以其所有後開動產機器，計○件及附屬品一切估計新臺幣○○元整為出資。

第3條　甲方現經營○○工廠，其名稱、製品種類或廠址，非經乙方之承諾不得變更。

第4條　○○工廠之事務，或就對內外關係專由甲方執行之，乙方不得參與事務之執行。

第5條　本隱名合夥期間訂定自本契約成立日起滿○年○月間為限。

前項期間屆滿，經甲乙雙方協議同意時得延長之。

第6條　營業之損益計算，應於每月末日為之，甲方應於每翌月三日以內，開具財產目錄借貸對照表以及營業損益計算書交付乙方查核。

乙方得隨時查閱合夥之帳簿，並檢查其事務及財產之狀況。

第7條　合夥營業所生之利益分配，及分擔其所生損失均依照出資率為之。

第8條　甲方於每次計算營業之損益，其應歸乙方之利益部分，應於計算後五日內支付之。

前項利益雖未支付或領取各不得主張為出資之增加。

第9條　乙方以第二條所載金錢估計為出資之動產機器財產權，於本契約成立同時移屬於甲方，而乙方即為○○工廠之隱名合夥人，甲乙雙方各認諾之。

前項動產機器已經雙方間移交占有完畢。

第10條 本隱名合夥，如遇虧蝕時，乙方僅於出資之限度內，分擔損失之責任。

第11條 乙方如無甲方事先同意，不得將本隱名合夥權利轉讓第三人。

第12條 本隱名合夥契約因有下列情形之一時得為終止：

一、合夥契約存續期間屆滿無續訂契約者。

二、當事人間同意終止者。

三、目的事業已完成或認不能完成者。

四、出名營業人死亡，或受禁治產或破產之宣告者。

五、營業之廢止或轉讓者。

第13條 除前條規定而契約終止外，於合夥人之一人聲明退夥者，合夥契約亦得隨時終止之。

第14條 契約終止時，甲方應返還乙方之出資及授與其應得利益；但其出資因損失而減少者僅返還其餘存額（出資之返還除甲方願意外，乙方不得強要以原出資機件返還）。

第15條 本隱名合夥應存置必要之簿冊，其種類款式應由雙方協定而設置之。

第16條 本契約書壹式貳份，雙方當事人各執乙份為憑。

出名營業人（甲方）：○○○ 印

工廠名稱：

工廠地址：

負責人：○○○ 印

住址：

身分證統一編號：

隱名合夥人（乙方）：○○○ 印

住址：

身分證統一編號：

中華民國 ○○ 年 ○ 月 ○ 日

拾捌、終身定期金契約

一、說明

終身定期金契約，乃當事人約定一方（定期金債務人）於自己或他方或第三人生存期內，定期以金錢給付他方或第三人（定期金債權人）人契約。本契約應以書面訂定，爲要式契約。

二、終身定期金契約之效力

(一)存續期間：關於期間有疑義時，推定其爲於債權人生存期內，按期給付。

(二)給付金額：契約所定之金額有疑義時，推定其爲每年應給付之金額。

(三)給付時期：終身定期金，除契約另有訂定外，應按季預行支付。依其生存期間而定終身定期金之人，如在定期金預付後，該期屆滿前死亡者，定期金債權人取得該期金額之全部。

(四)終身定期金之權利，除契約另有訂定外，不得移轉。

(五)因死亡而終止定期金契約者，如其死亡之事由，應歸責於定期金債務人時，法院因債權人或其繼承人之聲請，得宣告其債權在相當期限內仍爲存續。

三、本契約應訂明之基本條款

(一)終身定期金債權人與債務人。

(二)定期金存續期間。

(三)定期金給付金額（每月、季或年應給付之數額）。

(四)定期金給付時期。

(五)其他特約事項。

四、契約範例

〈範例3-1-150〉

<table><tr><td>

終身定期金契約書

陳○○（以下簡稱甲方）與李○○（以下簡稱乙方），雙方當事人同意訂立終身定期金契約，條款如後：

第1條　債務人乙方，由甲方取得新臺幣○○萬元，並同意按第2條以下之規定，在受款者林○○，有生之年，付予終身定期金。

第2條　債務人乙方直到受款者○○死亡為止，每月月底須付予受款者林○○新臺幣○千元，交款地點訂於債務人乙方之宅邸。但本契約成立之當月，及契約終止之月份日數，若未滿一個月時，則該款項須按日數之多寡，折合付給。

第3條　債務人乙方若未按月付款，甲方可立即解除契約，並對第1條所記之本金要求，以每年五分之利息，連本帶利全數收回。此時，林○○所受之金額，當由上述本利中扣除。

第4條　本契約書壹式貳份，雙方當事人各執乙份為憑。

甲方：○○○　印
住址：
身分證統一編號：
乙方：○○○　印
住址：
身分證統一編號：

中　華　民　國　○　○　年　○　月　○　日
</td></tr></table>

註：

一、本文例之目的，是將終身定期金付予第三者，使第三者收取利益之契約書。故其效力之產生，當以第三者向債務人表示享受契約利益之與否，為停止之條件（見民法第269條第2項）。

二、第1條是說明本契約乃屬於終身定期金契約，同時確立受款者之身分。

三、第2條之目的，在於規定定期金之金額、履行期限及付款地點。履行期限在終身定期金契約中有重要意義，故須載明。至於付款地點，可以明示、暗示等兩種方法表明。若雙方當事人無此項約定，可依民法第314條，視債權人之住所為付款地點。故當事人若欲以不同於上述之地點做為付款場所時，則須另行約定，定明載之。

四、第3條乃確認民法第255條之內容，若不載明，亦不會影響該契約之內容。

五、本契約書可不貼印花。

〈範例3-1-151〉

定期金契約解除通知書

根據民國○○年○月○日，本人與臺端所訂立之終身定期金契約書所載，臺端須於每月月底將付予○市○區○號某人之新臺幣○元攜至本人住所，當面點交。但臺端於○○年○月起，已未能履行此債務，故本人依民法第255條，解除本終身定期金契約。同時要求臺端根據上述契約所記之違約損害賠償金，及上記本金，扣除前記定期金債權人○○○已收到之定期金金額○○元，及此款之利息外，當全數償還。特此為告。

本人：○○○　印

住址：

身分證統一編號：

定期金債務人：○○○　印

住址：

身分證統一編號：

中　華　民　國　○　○　年　○　月　○　日

〈範例3-1-152〉

<table>
<tr><td>

終身定期金證書

本人為答謝臺端之○○行為（恩義、功勞及其他），民國○○年○月○日起，將於每年○月○日付予新臺幣○○元，直至臺端死亡為止。今特以此證書為憑。

定期金債務人：○○○ 印
住址：
身分證統一編號：
定期金債權人：○○○ 印
住址：
身分證統一編號：

中　華　民　國　○　○　年　○　月　○　日

</td></tr>
</table>

拾玖、和解契約

一、說明

和解，乃當事人約定，互相讓步，以終止爭執或防止爭執發生之契約。

二、和解之效力與撤銷

和解有使當事人所拋棄之權利消滅及使當事人取得和解契約所訂明權利之效力。和解除有下列原因外，不得以錯誤爲理由撤銷之：

(一)和解所依據之文件，事後發現爲僞造或變造，而和解當事人若知其爲僞造或變造即不爲和解者。

(二)和解事件經法院確定判決，而爲當事人雙方或一方於和解當時所不知者。

(三)當事人之一方對他方當事人之資格或對於重要之爭點有錯誤而爲和解者。

三、和解契約應訂明之基本條款

(一)和解契約當事人。

(二)和解事項。

(三)雙方各取得之權利或負擔之義務。

(四)履行方式及期限。

(五)其他特約方式。

四、訂立和解契約應注意事項

(一)得和解之事由只限於民事糾紛與刑事告訴乃論事件，如係刑事非告訴乃論事件，縱使和解亦無拘束力。

(二)如訂立代物清償（以物品抵債）的契約，必須載明債務與標的物之內容與使債務消滅的意思。

五、契約範例

〈範例3-1-153〉

土地買賣和解契約書

土地出賣人○○○（以下簡稱甲方）買受人○○○（以下簡稱乙方）茲就土地買賣糾紛事宜，達成和解如下：

一、爭執內容：甲、乙雙方約定，將後述農地買賣作為建築用地，甲方賣出，乙方買進。甲方並應根據土地法第72條申請土地變更登記，然因甲方申請程序不符規定，致被駁回。甲方須就土地增值部分進行賠償之責，然甲方堅持並無賠償損失之義務。

二、和解內容：

第1條　甲、乙雙方於本日同意解除於○○年○○月○○日訂立之農地買賣契約。

第2條　甲方承認申請後述土地變更時因申請程序不符規定，遭主管機關駁回。

第3條　基於以上第2條，甲方須支付乙方如下之損害賠償，並退還定金：

一、中華民國○○年○月○日前退還定金新臺幣○○元整。

二、中華民國○○年○月○日前，支付自買賣契約成立日起至本日之後述相當於增值金額新臺幣○○元之半額作為損失賠償。

第4條　乙方須對甲方所做後述農地所有權移轉之假登記辦理註銷登記手續，以作為前條第一、二款之付款交換條件。

前項之費用與至本日為止所支付之測量費、申請土地變更代辦費、及與後述農地買賣有關，甲方已支出之費用概由甲方負擔。

第5條　甲方將第3條第1、2款之金額付予乙方後，則確認乙方對後述土地無任何權利或請求權；確認甲方除第4條之請求註銷假登記外，對乙方無任何請求權。

第6條　訂立本和解契約書所需費用除上述各條所規定者外，甲、乙雙方各付出之金額視為各別負擔，不得相互請求支付。

第7條　本契約書壹式貳份，雙方當事人各執乙份為憑。

附土地標示：

地址：

地號：

地目：

面積：

出賣人（甲方）：○○○　印

住址：

身分證統一編號：

買受人（乙方）：○○○　印

住址：

身分證統一編號：

中　華　民　國　○　○　年　○　月　○　日

〈範例3-1-154〉

傷害和解書

立和解契約書人○○○/○○○（以下簡稱甲/乙方），緣甲方曾因細故毆傷乙方，茲經友好斡旋兩願息事，成立和解，條款如後：

一、甲方願給付乙方醫藥費新臺幣○○元。

二、乙方放棄刑事告訴權。

三、嗣後雙方保持和睦相處。

四、本和解書雙方簽字後各執乙紙為憑。

甲方：○○○　印
住址：
身分證統一編號：
乙方：○○○　印
住址：
身分證統一編號：
調解人：○○○　印
住址：
身分證統一編號：
調解人：○○○　印
住址：
身分證統一編號：

中　華　民　國　○　○　年　○　月　○　日

〈範例3-1-155〉

醫療事故糾紛處理和解書

○○○（牙科醫師，以下簡稱為甲方），○○○（以下簡稱為乙方），雙方同意達成和解，條款如後：

第1條　於中華民國○○年○月○日，甲方對乙方（乙方之子○○○），進行○○○○治療，對其結果深表遺憾（同情）。

第2條　基於前條之原因，甲方願支付乙方慰問金（和解金）金額○○元，並應以中華民國○○年○月○日前，送交乙方。

第3條　本和解成立後，甲、乙雙方相互尊重對方人格，努力消除彼此間的齟齬，乙方不會做出有損甲方信用的行為，並且除前條規定之外，今後不再向甲方提出任何請求。

第4條　本契約壹式貳份，甲、乙雙方各持乙份為憑。

甲方：○○○　印
住址：
乙方：○○○　印
住址：
見證人姓名：○○○　印
住址：

中　華　民　國　○　○　年　○　月　○　日

〈範例3-1-156〉

和解書（法院公證處例稿）

緣以○○○（以下稱甲方）曾因細故，毆傷○○○（以下稱乙方）茲經友好從中調解，兩願息事成立和解，其條件如下：

第1條　甲方願於和解成立之日起十日內給付乙方醫藥費新臺幣○○元整，屆期如不履行，願逕受強制執行。

第2條　乙方同意於和解成立後，立即撤回刑事傷害案之告訴。

第3條　嗣後雙方保持和睦相處。

第4條　本和解書經法院公證後生效。

立和解書人：○○○　印
住址：

立和解書人：○○○ 印
住址：
調解人：○○○ 印
住址：

中　華　民　國　○　○　年　○　月　○　日

〈範例3-1-157〉

免除通知書

寄件人：趙錢
存證信函第○○號
收件人：孫李

敬啟者：臺端於○○年○○月○○日電匯新臺幣（下同）壹百萬元以償還對本人前欠借款，本人業已收訖。臺端另表示尚欠五天之利息及遲延利息合計伍千元定當三天內補寄等語。查前揭利息為數甚微，且臺端已依約返還全部之本金是毋庸補寄利息，特為此免除之通知，盼請臺端鑑察。

〈範例3-1-158〉

和解契約書(一)

立和解契約書人趙錢（以下簡稱甲方）孫李（以下簡稱乙方），茲就借款債務事宜，訂立本和解契約，條款如後：

一、甲方前於○○年○○月○○日向乙方借款新臺幣（下同）壹百萬元，利息每萬元月息壹百伍拾元，借用期限一年。

二、茲因甲方自○○年○○月起連續五個月未給利息，計結欠乙方利息柒萬伍千元。

三、今甲方同意拋棄期限利益，提前清償全部借款。乙方願捨棄利息之請求。

四、本契約書壹式貳份，雙方各執乙份為憑。

立契約書人　甲方：趙錢 印

住址：

身分證統一編號：

乙方：孫李 印

住址：

身分證統一編號：

中　華　民　國　○　○　年　○　月　○　日

〈範例3-1-159〉

和解契約書(二)（地上權出讓）

立和解契約書人○○成衣工廠（以下簡稱甲方）所有之附紙第一目錄所載建築物，及所有土地之地上權，林某以下簡稱乙方）發生爭執。經雙方協商，於王某（以下簡稱丙方）之調停下，成立和解，條款如後：

一、甲方願將附紙第一目錄內所載建築物及另附第二目錄所載之建築物，及其土地○○平方公尺之地上權，出讓給乙方。

二、甲方願將附紙第一目錄所載建築物及另附第三目錄所載建築物，及其土地○○平方公尺出讓給丙方。

三、另附第二目錄所載建築物土地，及另附第三目錄所載建築物土地之界線，即今工廠東側邊緣向北延伸之線，甲、乙、丙三方皆於當場承認，嗣後不得有任何爭執。

四、為實行上記契約，日後當事人間若有爭執時，由甲、乙、丙各方及調解人當面協議決定。

五、本契約書壹式參份，各執一份為憑。

甲方：

公司名稱：

公司地址：
代表人：○○○ 印
身分證統一編號：
公會會員證書字號：
乙方：○○○ 印
住址：
身分證統一編號：
丙方：○○○ 印
住址：
身分證統一編號：
調解人：○○○ 印
住址：
身分證統一編號：

中　華　民　國　○　○　年　○　月　○　日

註：

一、本和解契約書之目的，在一舉解決甲、乙、丙三方對本件土地建築物及其使用權之爭執。

二、第1項乃甲、乙間之和解條項。

三、第2項乃甲、丙間之和解條項。

四、第3項乃乙、丙間之和解條項，並包含界線之確立。

五、第4項乃和解契約成立後，當事人對本和解契約發生糾紛時之處理方法。

〈範例3-1-160〉

和解契約書(三)（租賃房屋之交還）

出租人○○○（以下簡稱甲方），承租人○○○（以下簡稱乙方）茲就租賃物交還事宜，訂立本和解契約書，條款如下：

第1條　甲方所有門牌號碼之○市○區○路○號之房屋，木造二樓店鋪房屋，五户一棟（政府登記地）由東側算起第二户，面積○○平方公尺，二樓面積○○平方公尺，三樓面積○○平方公尺（現況）之一部分（甲、乙雙方於民國○○年○月○日所簽定之店舖租賃契約書之第1條所載部分）（另附平面圖）根據上記店鋪租賃契約書（確定日期，證人○○○，在民國○○年○○月○○日登記為第○號）所載，該建築物之租賃期限，已於民國○○年十二月底到期。甲、乙雙方均無條件確認。

第2條　乙方已將前記房屋之一樓店面及○○平方公尺（另附平面圖所畫斜線部分，以下簡稱為本件房屋）交還甲方，甲方亦已如數接收。

第3條　甲方要求乙方交還本件租賃標的物之期限止於民國○○年○○月○○日前，乙方於此期限之前，應將本件租賃標的物交還甲方。

第4條　乙方在甲方前記所要求之交屋期限內，民國○○年○○月○○日，至○○年○○月○○日，繳付○○個月之房屋損害賠償費新臺幣○○元。並由民國○○年○○月○○日起，至本件房屋交還為止，每月月底繳付新臺幣○○元。

第5條　乙方如違反下列任何一條規定時，則失去第3條所規定之期限利益，並須立即將本件房屋交還甲方：

一、相當於房屋損害金之租金停繳二次以上時。

二、在本件房屋中擅自改造或變更原狀時。

三、本件房屋用於理髮店以外之用途時。

四、本件房屋之一切稅捐、瓦斯費、水、電費及其他因私人營業所產生之費用，不自行負責時。

五、本件房屋之一部分或全部，絕不得以共同出資者或其他名義轉讓給第三者。

六、本件房屋之修理費，由乙方自行負責。

第6條　乙方違反本契約所規定之事項時，甲方得以任意處理本件房屋內之乙方占有物。甚至將本件房屋及其內部連帶物件一併接收，乙方亦不得提出任何異議。

第7條　雙方同意將本件房屋契約書於○○地方法院公證處辦理公證。

第8條　本契約書壹式貳份，當事人各執乙份為憑。

出租人（甲方）：○○○ 印
住址：
身分證統一編號：
承租人（乙方）：○○○ 印
住址：
身分證統一編號：

中　華　民　國　○　○　年　○　月　○　日

註：

一、和解契約之內容，觸及土地建築物之爭執問題時，必須另紙將土地建築物之標示，以登記簿謄本正確表示，或另表附上平面圖，標明何地，何種建築物，及土地建築物之何部為爭執區域。

二、和解契約條款中，如欲規定房屋及其他建築物之歸還期限時，務須註明：「民國○○年○月○日止」，切不可載為：「自本契約成立之日起二年後」或「民國○○年○月○日起二年內交還」等字樣。在交屋的寬限期中，承租人乙方因處於期限效力內，暫時居住在本件店舖中而已。

三、交屋寬限期雖不收取房租，但可以損害金的名義，收取相當於租金的金額。此時，務必將金額新臺幣○○元，付款方法及付款日期，地點等事先約定，以免日後有誤。一般須付遷移費者，皆不收取損害金。

四、第5條即滯納條款，以本文例而言，即是滯納相當於租金的損害金時之制裁法則。

本條以喪失交還寬限期利益，做為滯納的懲罰。此乃當事人間特定的期限利益喪失條款。此利益，乃有一定期限存在，即開始期至終止期來臨前，當事人所受的利益。此期間通常是關於法律行為之履行，及有關效力消滅等事項。此外，有時亦包括法律行為效力發生之事。在前記各項中，關於履行發生之事，稱為開始期；關於消滅之事，則稱為終止期。例如此文例，交還房屋寬限之效力，會在將來某日確實到期（止於民國○○年○月○日）消滅，故債務人乙方可以在終止期來臨之前，擁有占據本件房屋的權利。所謂喪失期限利益，乃指債權人在交還寬限期未到之前，可立即請求交還房屋。

五、第7條乃是關於從速進行和解的規定。

六、後文是確認和解契約而成立，同時為防止變造、遺失時的一般處理方法。

〈範例3-1-161〉

代物清償和解書

立和解契約書人趙錢（以下簡稱甲方）孫李（以下簡稱乙方），茲就清償債務事宜，訂立和解契約書，條款如後：

一、甲方同意將印刷機乙臺（型錄：八六年平版快速印刷機，號碼：二二四七）交付乙方，代物清償對乙所欠借款。

二、乙方收到第1條之機器，其對甲方借款債權於新臺幣伍拾萬元整範圍內，即歸於消滅不得再為請求。

三、乙方已於簽約日收到第1條之機器，並將甲方所出具之借據擲還無誤。

四、本和解書壹式貳份，甲乙各執乙份為憑。

立契約書人　甲方：趙錢　印

住址：

身分證統一編號：

乙方：孫李　印

住址：

身分證統一編號：

中　華　民　國　○　○　年　○　月　○　日

〈範例3-1-162〉

分期償債和解書(一)
（法院公證處例稿）

立約人○○○（以下稱甲方）前向○○○（以下稱乙方）借用新臺幣○○○元整，茲因屆期無力清償，經徵得乙方同意分期償還，議定條件如下：

第1條　甲方承諾對前開借款分四期償還：第一期於○○年○月○日償還新臺幣○○元整，第二期於○○年○年○日償還新臺幣○○元整，第三期於○○年○月○日償還新臺幣○○元整，第四期於○○年○月○日償還新臺幣○○元整。

第2條　乙方對於前項借款利息，同意拋棄。

第3條　甲方如一期不履行償還，視為全部到期，乙方得請求甲方或其連帶保證人一次償還，並願逕受強制執行。

第4條　本契約經法院公證後生效。

債權人：○○○　印
住址：
債務人：○○○　印
住址：
連帶保證人：○○○　印
住址：

中　華　民　國　○　○　年　○　月　○　日

〈範例3-1-163〉

分期償債和解書(二)

立和解契約書債權/務人（以下簡稱甲/乙方），因債務糾葛涉訟，茲承雙方友好出面調解，同意訂立和解契約，條款如後：

一、乙方所欠甲方票款新臺幣○○元整，約定分三期歸還：第一期本契約成立之日先還○○元整，第二期本年○月○日還○○元整，第三期本年○月○日將餘數○○元整一次還清。

二、乙方所應按前條分期歸還之款，除第一期應給付現金外，第二及第三期之款，應由乙方簽發期票，並由○○○先生（或○○商號）加蓋背書，於本契約簽訂之日一次付給甲方。

三、甲方對前記票款願免除利息。

四、甲方向法院提起請求判令乙方清償票款及准予執行之訴，應即具狀撤回。

五、甲方持有乙方原簽付之支票三張，應即具狀向法院領回，交由雙方見證人轉還乙方。

六、第4條撤回訴訟及第5條領回支票之書狀，均由甲方於本和解書簽訂之日繕妥簽章，交由雙方見證人向法院遞送。

七、乙方應支付甲方已繳付法院之裁判費，及甲方因本案所付律師○○○之公費新臺幣○○元整。並於本和解書簽訂之日一次付清。

八、本和解書壹式○份，雙方當事人及見證人各執乙份為憑。

甲方：○○○ 印

住址：

身分證統一編號：

見證人：○○○ 印

住址：

身分證統一編號：

乙方：○○○ 印

住址：

身分證統一編號：

見證人：○○○ 印

住址：

身分證統一編號：

中　華　民　國　○　○　年　○　月　○　日

〈範例3-1-164〉

債務金額確定及還債和解契約書

債權人○○○（以下簡稱甲方），債務人○○○（以下簡稱乙方），茲就賒帳債務金額及其支付方式事宜，達成和解，條款如後：

爭執內容：甲、乙雙方自中華民國○○年○月○日起至中華民國○○年○月○日止，維持商品（銅板、鋼管等鋼鐵製品）交易契約，其賒帳債務之餘額，甲方主張享有債權新臺幣○○元整，乙方則主張不負任何債務，經調查甲、乙雙方帳簿、票據後，雙方和解如下：

第1條　乙方承認積欠甲方賒帳債務新臺幣○○元整，並自本日起以至債務清償日止，以日息○分計算全部利息，並承擔償還義務。

第2條　乙方對前條債務之本金新臺幣○○元整，如下分次親自送達或寄送至甲方住所：

一、中華民國○○年○月起，至中華民國○○年○月止，每月二十日前支付新臺幣○○元整。

二、中華民國○○年○月○日（最後一次）前支付新臺幣○○元整。

第3條　若乙方如期支付前條之債務，得免除第1條所述之利息支付。

第4條　乙方對於第二條所載之分期付款方式若有任何一次之延遲支付，則毋須甲方通知、催告，立即喪失契約之期限利益。乙方除須一次付清第一條所載金額扣除已支付金額之餘額外，同條規定所孳生之利息亦須一次付清。

第5條　根據前條，乙方應於喪失契約期限利益日一次付清本金餘額與利息合併之金額。若再有延遲，則自當日起訖清償日止，應加付上述金額以日息○分計算之全部利息。

第6條　乙方根據第二條分期付款以清債務時，所開出支票之到期日，不得超過該付款期最後期限。

第7條　甲、乙雙方確定除本契約外，並無任何債務關係。

第8條　有關本契約之糾紛，甲、乙雙方同意由甲方住所管轄法院為第一審法院。

第9條　本契約書壹式貳份，甲、乙雙方各執乙份為憑。

債權人（甲方）：○○○ 印
住址：
身分證統一編號：
債務人（乙方）：○○○ 印
住址：
身分證統一編號：

中　華　民　國　：　○　○　年　○　月　○　日

〈範例3-1-165〉

車禍（人身傷害）和解契約書

肇事者○○○（以下簡稱甲方）及其僱主○○○（以下簡稱乙方）受害者○○○（以下簡稱丙方），當事人間因車禍之爭執，達成和解，條款如後：

一、車禍概要：

(一)車禍日期：中華民國○○年○月○日○時○分。

(二)車禍地點：○○市○○路交叉路口。

(三)汽車權屬：乙方所有。

登記號碼：

車種型式○年型○○轎車。

(四)事實：甲方所駕駛之上述汽車從○○方向朝○○方向行駛至上述交叉路口時，因欲超越前車，以致碰撞同方向騎自行車之丙方，致丙方摔倒受傷。

二、受傷概要：

(一)丙方左大腿骨骨折、左肩撞傷。

住院：自中華民國○○年○月○日起至○○年○月○日止。

門診治療：於中華民國○○年○月○日起三個月。

(二)後遺症：機能雖已大致恢復，卻仍難以從事過於激烈之運動。

(三)自行車嚴重毀損，猶如廢鐵。

三、和解內容：

第1條　甲、乙雙方確認對丙方連帶負擔新臺幣○○元整為損害賠償金。內容如下：

一、治療費與治療有關之各項費用新臺幣○○元整。

二、休業補償金新臺幣○○元整。

三、慰問金新臺幣○○元整。

四、自行車毀損造成之損害（以中古車價格）賠償金新臺幣○○元整。

第2條　甲、乙方依照下列方式將前款之損害賠償金以直接交付或匯款方式支付予丙方：

一、本和解契約成立時即支付新臺幣○○元。

二、中華民國○○年○月○日前交付新臺幣○○元（由保險公司理賠之保險金中支付）。

三、餘額新臺幣○○元於中華民國○○年○月至○○年○月前，每月底為限，因每月新臺幣○○元分期支付。

第3條　前款之金額中若有任何一項甲方或乙方未能於期限內支付，則毋需丙方通知、催告，即失去餘款之期限利益，並須一次付清總金額新臺幣○○元扣除已支付新臺幣○○元之餘款。

第4條　將來如若丙方因本次車禍造成之傷害而發生後遺症時，甲方與乙方願賠償丙方所發生之一切損害。

第5條　丙方答應甲方或乙方於請求汽車保險及其他保險之保險理賠時，儘量給予協助。

丙方願另製作和解書及請願書交付予甲方，以協助減輕甲方刑事上之處罰。

第6條　除本和解書所記載之事項外，甲、乙方與丙方之間並無其他償權、債務存在。

第7條　本契約書壹式參份，甲、乙、丙三方各持乙份為憑。

肇事者（甲方）：○○○　印

住址：

身分證統一編號：

右雇主（乙方）：○○○　印

住址：

身分證統一編號：

受害者（丙方）：○○○　印

住址：

身分證統一編號：

中　華　民　國　○　○　年　○　月　○　日

〈範例3-1-166〉

和解書（因汽車意外事故而導致死亡的情形）

被害者（甲方）：陳○○

加害者（乙方）：李○○

汽車持有者（丙方）：林○○

事故發生日期：中華民國○○年○月○日○時○分左右

事故發生現場：○○縣○○市○○路○○燈前

車牌號碼：

第1條　乙方因前述的意外事故，導致甲方死亡。由於不法行為，對甲方負有損害賠償之支付義務。因此上述不法行為，對甲方繼承人甲方之妻A與甲方之長男B，負有損害賠償義務。

第2條　丙方為前條乙方負擔之損害賠償債務的連帶債務人，負有連帶支付義務。

第3條　乙方、丙方因前述不法行為，對A、B所負損害賠償額，對A

賠償一百萬元，對B賠償一百萬元，總額定為二百萬元，A與B放棄其餘請求。關於本件意外事故，當事者除依和解書規定以外，確認不再有其他權利請求權。

第4條　乙方、丙方連帶支付二百萬元，給予A一百萬元，給予B一百萬元，分二十次支付。以中華民國○○年○月○日為第一次支付日期，每月一次，到月末時，分別支付A、B各五萬元。

第5條　分期付款支付的金額，若乙方、丙方有二次以上不付時，則甲方不必進行催告，乙方、丙方即喪失期限利益，必須即時支付餘額。遲延支付的遲延損害金亦須一併支付。

第6條　丙方為擔保本件損害賠償債務的支付，將其所有之後記不動產設定抵押權，到中華民國○○年○月○日前，必須辦理抵押權設定登記手續。

附不動產標示

所在地：○○縣○○市○○路○○號地。

地號：○號。

地目：菜園。

地積：○・○平方公尺。

立契約人　甲妻A 印

住址：○○市○○路○○號

甲方長男B 印

監護人A 印

加害者乙方：李○○印

住址：○○縣○○市○○路○○號

汽車所有者丙方：林○○印

住址：○○市○○路○○號

〈範例3-1-167〉

車禍（物件毀損）和解契約書

肇事者○○○（以下簡稱甲方）受害者○○○（以下簡稱乙方）雙方於中華民國○○年○月○日於○市○○路十字路口發生汽車相撞，茲訂立和解契約條款如後：

第1條　車禍情形如本和解書附件所記，車禍證明書（係由駕駛中心出具抄本）於中華民國○○年○月○開具。

第2條　甲方汽車修理估價為新臺幣○○元整。

乙方修理汽車費為新臺幣○○元整。

此項協議根據前條估計修理總額，甲方負擔百分之七十、乙方負擔百分之三十。

第3條　根據前條比例計算結果，甲方須於中華民國○○年○月○日前交付新臺幣○○元予乙方。

第4條　除甲、乙雙方分別載錄之和解契約書外，雙方不得再相互要求其他賠償。

車禍證明：（省略）

第5條　本和解契約書壹式貳份，甲、乙雙方各執乙份為憑。

甲方：○○○　印

住址：

身分證統一編號：

乙方：

住址：

身分證統一編號：

中　華　民　國　○　○　年　○　月　○　日

貳拾、保證契約

一、說明

保證，乃當事人約定一方於他方之債務人不履行債務時，由其代負履行責任之契約。

連帶保證，乃保證人對於債權人約定與主債務人負連帶責任之保證。連帶保證人之責任與主債務人無先後之分，債權人得逕向保證人求償。

共同保證，即數人保證同一債務。除契約另有訂定外，應連帶負保證責任，即成立連帶債務。但債權人與各保證人間仍為普通保證關係。

信用委任即委任他人以該他人之名義，及其計算，供給信用於第三人。此時就該第三人因受領信用所負之債務，對於受任人，負保證責任。

二、契約當事人之法定權利義務

(一)保證人與債權人之關係

1.抗辯權

主債務人所有之抗辯，保證人得主張之。即使主債務人拋棄其抗辯者，保證人仍得主張之。

2.先訴抗辯權

保證人於債權人未就主債務人之財產強制執行而無效果前，對於債權人得拒絕清償。

先訴抗辯權喪失之情形：

(1)保證人拋棄先訴抗辯權者。

(2)保證契約成立後，主債務人之住所、營業所或居所有變更，致向其請求清償發生困難者。

(3)主債務人受破產宣告者。

(4)主債務人之財產不足清償其債務者。

3.保證債務之從屬性

主債務人之債務，因錯誤或能力欠缺而無效或得撤銷者，其保證契約亦無效或得撤銷，惟保證人明知其情事而仍為之保證者，其保證仍爲有效。

4.保證責任之範圍

保證責任之範圍，除契約另有訂定外，包含主債務之利息、違約金、損害賠償及其他從屬於主債務之負擔。保證人之負擔較主債務人爲重者，應縮減至主債務人之限度。

5.中斷時效

債權人向主債務人請求履行及爲其他中斷時效之行爲，對於保證人亦生效力。

6.保證人之撤銷權

主債務人於債之發生原因之法律行爲有撤銷權者，保證人對於債權人，得拒絕清償。

7.連帶責任

同一債務，保證人有數人而未明訂其保證數額時。應連帶負保證責任。

(二)保證人與主債務人之關係

1.保證人之代位權

保證人向債權人爲清償後，債權人對於主債務人之債權，於其清償之限度內，移轉於保證人。

2.保證責任除去請求權

保證人受主債務人之委任而爲保證者，有下列各項情形之一時，得向主債務人請求除去保證責任：

(1)主債務人之財產顯形減少者。

(2)保證契約成立後，主債務人之住所、營業所或居所有變更，致向其請求清償發生困難者。

(3)主債務人履行債務遲延者。

(4)債權人依確定判決得令保證人清償者。

(三)保證債務之消滅

1.保證責任因債權人拋棄擔保物權而減免

債權人拋棄爲其債權擔保之物權者，保證人就債權人所拋棄權利之限度內，免其責任。

2.定期保證之免責

約定保證人僅於一定期間內爲保證者，如債權人於其期間內，對於保證人不爲審判上之請求，保證人免其責任。

3.未定期保證之免責

保證未定期間者，保證人於主債務清償期屆滿後，得定一個月以上之相當期限，催告債權人於其期限內，向主債務人爲審判上之請求。債權人仍不爲者，保證人免其責任。

4.連續發生債務未定期保證之免責

就連續發生之債務爲保證而未定有期限者，保證人得隨時通知債權人終止保證契約。此種情形，保證人對於通知到達債權人後所發生主債務人之債務，不負保證責任。

5.主債務擅允延期之免責

就定有期限之債務爲保證者，如債權人允許主債務人延期清償時，保證人除對於其延期已爲同意外，不負保證責任。

三、保證契約應訂明之基本條款

(一)債權人、主債務人、保證人。

(二)保證範圍。

(三)保證期間。

(四)其他約定事項。

四、契約範例

〈範例3-1-168〉

工程保證契約書

立保證契約書人○○○（以下簡稱保證人）今因○○新建工程，水電工程承包人○○工程行與業主○○○訂立合約承包，工程費計新臺幣○○元整，茲由○○○為承包人之保證人，所有應行擔保各節開列於後：

一、保證人保證承包人凡關於該合約圖說及各種附件內所訂各節應辦之工程及事項，均能切實履行，得業主及建築師之滿意為止。

二、保證人保證承辦商凡關於該合約各文件內所訂明一切應履行或因故須賠償之處，均能完全負責，萬一該承辦商不能履行，致業主受有損失，保證人願代賠償一切。

自立此保證書後，保證人或其法定代理人，或繼承人，各應始終盡保證人之責至全部合約履行完竣得業主之滿意為止。如承辦商不克盡其職責而發生糾葛時，保證人自願放棄抗辯權，保證人對本契約及所附各項附件內容，均已詳細審閱。特立此保證契約書為憑。

立保證書人廠商：
負負人：
營業登記證號碼：
稅捐稽徵卡片號碼：
地址：
立保證書人廠商：
（以下各項與第一保證人同）
對保人：

中　華　民　國　○　○　年　○　月　○　日

〈範例3-1-169〉

人事保證契約書

立契約書人僱用人　　（以下簡稱甲方）

保證人　　　　　　　（以下簡稱乙方）

茲為被保證人　　　　（以下簡稱丙方）之人事保證事宜，同意訂立本契約，條款如後：

第1條　自民國　年　月　日起至民國　年　日　止，共計三年。

第2條　丙方應確實遵守下列事項

(一)遵守甲方各項規定並盡力達成甲方指派之工作。

(二)絕無營私舞弊、侵占、圖謀不法利益、虧欠公款，或其他不利甲方之行為。

(三)嚴守甲方之營業秘密，絕不洩漏。

(四)不利用職務上所獲知之資訊或藉職務之便侵害甲方或客户之權益。

(五)其他甲方公司員工規則或營業規則之規定。

第3條　丙方違反前條規定，或有可歸責於丙方之事由，致甲方受有損害者以甲方不能依他項方法受賠償者為限，由乙方負損害賠償責任，乙方並同意拋棄先訴抗辯權。

第4條　如丙方於受僱期間，有下列情事者，甲方應通知乙方：

(一)甲方依法得終止僱傭契約，而終止事由有發生乙方保證責任之虞者。

(二)丙方因職務上之行為而應對甲方負損害賠償責任，並經甲方向丙方行使權利者。

(三)甲方變更丙方之職務或任職地點、時間，致加重乙方責任或使其難於注意者。

第5條　乙方受前條通知，得終止本契約。乙方知有前條各款情形亦同。

前項終止，應以書面為之。對於終止前之事由，乙方仍應負責。

第6條　本契約期滿前提三月，若乙方未以書面通知甲方不擬續保者，自期滿日算起，同意再繼續擔任三年之保證人。

第7條　本契約壹式貳份，當事人各執乙份為憑。

甲方：

公司名稱：

公司地址：

負責人：

乙方：

地址：
身分證統一編號：
丙方：
地址：
身分證統一編號：
中　華　民　國　年　月　日

〈範例3-1-170〉

連帶保證契約書

債權人○○○（以下簡稱甲方）連帶保證人○○○（以下簡稱乙方）茲為將來債務保證，經雙方同意訂立保證契約，條款如後：

第1條　乙方對主債務人○○○與甲方間於民國○○年○月○日所訂契約，主債務人向甲方以本金新臺幣○○元整為限度透支借款，乙方自願應甲方之要求與主債務人負連帶保證責任是實。

第2條　乙方應擔保主債務人將來所負首開最高限額之票據上債務之清償，及其遲延利息、違約金、實行擔保物權費用，以及因債務不履行而生之全部損害賠償。

第3條　甲方如未經乙方之同意，對主債務人為超過第1條所約定限度之透支借貸時，乙方就超過額不負責任。

第4條　甲方如同意主債務人將債權擔保物之一部先行解除而拋棄抵押（質押）權，或調換其一部或全部時，乙方之連帶保證責任並不因此而變更，不得藉口以擔保物權情形中途變更而主張免除其責任。

第5條　主債務人如不依約履行債務時，不拘擔保物之多寡，乙方經甲方通知後，應即將主債務人所負之債務全部代為清償，並願意拋棄民法第745條先訴抗辯權。

第6條　乙方之保證債務履行地約定為甲方所在地。

決無異議。

前項訴訟費用乙方應負連帶賠償決不推諉。

第8條　乙方同意甲方得對主債務人所有債權之一部或全部，以及其擔保物權一併轉讓與他人。

第9條　本契約書壹式貳份，當事人各執乙份為憑。

債權人（甲方）：○○○ 印
住址：
身分證統一編號：
連帶保證人（乙方）：○○○ 印
住址：
身分證統一編號：

中　華　民　國　○　○　年　○　月　○　日

〈範例3-1-171〉

共同保證契約書

債權人○○○（以下簡稱甲方），保證人○○○、○○○、○○○三人（以下簡稱乙方）茲為分擔保證債務，經雙方同意訂立本契約，條款如後：

第1條　乙方願分擔保證條債務人○○○於民國○○年○月○日締結金錢消費借貸契約，向甲方借用新臺幣參仟元約定利息按月○○元限於民國○○年○月○日償還之債務，若主債務人不依約履行債務時，乙方即代為履行清償責任。

第2條　乙方對於保證債務之分擔數額約定於下：

一、乙方○○○負擔主債務新臺幣壹仟元整之償還義務。

二、乙方○○○負擔主債務新臺幣壹仟伍佰元整之償還義務。

三、乙方○○○負擔主債務新臺幣伍佰元整及其主債務全部所生之利息，或其他損害及各項費用之償還義務。

第3條　乙方之中如有無資力致不能履行前條分擔債務之償還時，他共同分擔保證人對其不能償還之部分，無代清償之義務，甲方決無異議。（或保證契約成立後，乙方之中如有不幸情事發生致不能履行其分擔債務之償還時，應由他分擔人按比例分擔償還，乙方決無異議）

第4條　乙方仍保有先訴抗辯權甲方無異議。

第5條　以下條文參照其他保證契約文例約定之。

第6條　本契約書壹式貳份，當事人各執乙份為憑。

債權人（甲方）：○○○　印
住址：
身分證統一編號：
保證人（乙方）：○○○　印
住址：
身分證統一編號：
保證人（乙方）：○○○　印
住址：
身分證統一編號：
保證人（乙方）：○○○　印
住址：
身分證統一編號：

中　華　民　國　○　○　年　○　月　○　日

〈範例3-1-172〉

身分保證書

姓名：李○○
出生年月日：民國○○年○月○日生
本籍：○○市○○路○號
現住地：臺北市○○路○號

貴公司（以下簡稱甲方）錄用李○○（以下簡稱被錄用人），本人（以下簡稱乙方）願以下列各條項來對貴公司擔保被錄用人之身分：

一、被錄用人若違反與貴公司之僱傭契約及有故意或嚴重過失而使貴公司在金錢上、業務上、信用上受損時，願意按照貴公司要求賠償損害金。

本人願放棄先訴抗辯權。

二、保證時間自本日起，以三年為限，在期滿前三個月，本人若未以書面通知貴公司更換新保證書時，自期滿日算起，同意再繼續擔任三年的保證人。

恐口無憑，特具此保證書

此致　○○公司　臺照

甲方：○○○　印

公司名稱：

公司地址：

負責人：

住址：

身分證統一編號：

公會會員證書字號：

保證人（乙方）：○○○　印

住址：

身分證統一編號：

中　華　民　國　○　○　年　○　月　○　日

註：

一、請求賠償時，不可超過實際損害額。

二、保證人具有先訴抗辯權（民法第745條），然可放棄（民法第746條第1款）。

三、第2條中雖有「在期滿前三個月，本人若未通知貴公司更換保證書，自期滿日算起，同意再繼續擔任三年保證人」的條文，然此被認為與法理有違，故不具效力。換言之，身分保證的更換在法律上所言必須在期滿後，重新簽訂身分保證契約才能生效。

〈範例3-1-173〉

再保證契約書

出租人○○○（以下稱簡甲方）、再保證人○○○（以下簡稱乙方），茲因甲方於民國○○年○月○日就其所有座落○○○號木造蓋瓦平房建坪○坪一幢，曾受交押租金○○元約定房租每月○○元，於每○末日支付，租期截至○○年○月○日止為一年租期居滿，或因中送終止解除時即返還租賃標的物，否則應給付○○元之違約金等條件，由主保證人為保證租與承租人○○○締結房屋租賃契約在案，而乙方為再保證主保證人上開保證債務，爰經甲乙雙方同意訂立本契約，條款如後：

第1條　乙方對於甲方就主保證人所為擔保上開保證債務即支付租金，或違約金及該契約終了後之租賃標的物之返還並其他損害義務之履行，如不履行債務時，願代負履行清償責任。

第2條　甲方對於乙方為請求履行再保證責任時，非經就主債務人及主保證人之財產先為強制執行而無效者，乙方得拒絕其請求甲方無異議。

第3條　乙方之再保證責任除主債務，或保證債務，其中有一消滅而消滅外，非至主保證人完全履行保證債務不歸消滅。

第4條　以下條件參照其他保證契約文例約定之。

第5條　本契約書壹式貳份，雙方各執乙份為憑。

出租人（甲方）：○○○ 印
住址：
身分證統一編號：
再保證人（乙方）：○○○ 印
住址：
身分證統一編號：

中　華　民　國　○　○　年　○　月　○　日

〈範例3-1-174〉

求償保證契約書

同立契約當事人○○○農會法定代理人○○○（以下簡稱甲方），茲依○○機關貸付農資規定，保證約外人○○○等○名為購置農田灌溉用抽水機，向經濟部○○機關借款，為避免甲因而受有損害由契約當事人○○○（以下簡稱乙方）出為負責甲方因連帶保證所生一切損失之償還全責，經甲乙雙方同意締結求償債務保證契約條件如下：

第1條　乙方對於甲方為約外人○○○等○名之連帶保證人向○○機關申請貸放農田灌溉用抽水機購置設施水利資金新臺幣○萬○仟元整，為保障甲方免予受損，乙方願負責賠償甲方因此所受一切損失。

前項乙方之責任非至約外人○○○等○名對○○機關所負上開債務有關附帶一切債務及甲方所受代償損失債務有關附帶一切債務等完全清償完畢不歸消滅，乙方並願拋棄先訴抗辯權。

第2條　前條約外人○○○等○名所申請貸款如經○○機關為增減之決定時，以該○○○等○人實獲貸放金額為準，乙方應依本契約履行義務。

第3條　本件契約成立後，如因○○機關與申請貸款人○○○等○名間，尚須甲方為連帶保證人追約締訂附帶契約等情事所生之代償代履行義務等損失亦視為本契約之一部分，乙方仍應依本契約履行義務。

第4條　本契約所謂甲方所受損失係指代償債務總額及代償債務所支出之費用暨訴訟費用（包括律師酬金、代書費、赴訟旅費、繕宿等費），並代償金之利息等之總額。

第5條　乙方在約外人○○○等○人與○○機關間本件債務未清償完畢之前，應負責督導該○○○等○名遵照○○機關所定方法日時履行債務之清償，以防止甲方損害之發生。

第6條　乙方在未完全履行依本契約對甲方所負義務，或約外人〇〇〇等〇名未完全對〇〇機關清償首開債務以前，乙方非經甲方書面同意不得將其所有主要不動產之全部或一部為處分，或設定典權抵押權等之行為。但不動產之出租不在此限。

第7條　本契約未盡事項概依民法及有關法令解釋之。

第8條　因本契約所發生之訴訟合意以〇〇地方法院為管轄法院。

第9條　本契約書壹式貳份，當事人各執乙份為憑。

甲方：〇〇農會
地址：
法定代理人：〇〇〇　印
住址：
身分證統一編號：
乙方：〇〇〇　印
住址：
身分證統一編號：

中　華　民　國　〇　〇　年　〇　月　〇　日

〈範例3-1-175〉

信用委任契約書

立契約書人趙明義（以下簡稱甲方）、元利有限公司（以下簡稱乙方）、丙商行（以下簡稱丙方），甲方委任乙方供給信用於丙方，議定如下：

第1條（信用委任的範圍）

甲方委任乙方將乙方所生產之高級〇〇一百五十包（每包一百公斤）出售於丙方，總價款經三方約定為新臺幣拾萬元。

丙方應於受領前項貨物後一個月內，以現金一次支付總價款新臺幣拾萬元於乙方。

第2條（供給信用之期限）

乙方同意於本契約訂立後十五日內，將前條之貨物出售於丙方，並運交丙方受領。

第3條（先訴抗辯權之放棄）

丙方不於第1條第2項所定之期間內，一次支付總價款完畢者，乙方得逕向甲方請求其代負全部之履行責任，甲方應即一次以現金全部清償。

第4條（違約金之約定）

甲方不履行前條之責任者，除仍應負全部之履行責任外，並應按每遲延一日以新臺幣○○元計付違約金於乙方。

第5條（公證書化之約定）

甲方與丙方因本契約所負債務，應逕受強制執行，本契約當事人應共同請求法院公證人就本契約書作成公證書，並載明應逕受強制執行之意旨。

第6條（契約份數）

本契約書壹式肆份，除當事人各執乙份外，以乙份為繕本提出於公證處。

立契約人　甲方：趙明義
住址：臺中市復興路○號
乙方：元利有限公司
董事長：朱立松
住址：臺中市民權路○號
丙方：丙商行
負責人：王民本
住址：臺中市中正路○號

中　華　民　國　○　○　年　○　月　○　日

註：◇委任他人以該他人之名義，及其計算，供給信用於第三人者，就該第三人因受領信用所負之債務，對於受任人，負保證責任。（民法第756條）

〈範例3-1-176〉

票據債務保證契約書

立契約書人陳○○（以下簡稱甲方），潘○○（以下簡稱乙方），甲方為保證沈○○對於乙方之票據債務，經雙方議定如後：

第1條　甲方保證沈○○（五十歲，臺北市人，住臺北市松江路○號）於現在及將來所簽發交付於乙方之支票，如有不能兌現之情事者，以該支票債務新臺幣伍拾萬元為限（利息另計），由甲方負連帶清償責任。

第2條　保證期間自立約日起至民國○○年○月○日止共○○年○月。

第3條　第1條之支票以經乙方在民國○○年○月○日以前提示而不能兌現者為限，甲方始負責任。同年○月○日以後提示者。不在甲方保證範圍之內。

第4條　乙方將第1條之支票背書轉讓於第三人，經第三人於民國○○年○月○日以前揭示而不能兌現，致乙方追索而為清償者，甲方對於乙方亦應負連帶償還責任。

第5條　本契約書壹式貳份，雙方各執乙份為憑。

立契約人　甲方：陳○○

住址：臺北市西園路一段○號

乙方：潘○○

住址：板橋市文化路二段○號

中　華　民　國　○　○　年　○　月　○　日

〈範例3-1-177〉

簡單的繼續保證書

茲保證福昌服裝加工廠（負責人：廖○○先生）向貴公司陸續購買布料，如有拖欠貨款或其他不履行債務情事者，保證人願負連帶清償及履行責任，保證期間自立約日起至民國○○年○月○日止共○個月。

此致

勝益紡織股份有限公司

保證人：高本立

住址：桃園市福德街○號

身分證統一編號：

中　華　民　國　○　○　年　○　月　○　日

〈範例3-1-178〉

最高額保證契約書

立契約書人全盛行（以下簡稱甲方）、林○○（以下簡稱乙方）、蔡○○（以下簡稱丙方），丙方為保證乙方履行對於甲方所負之債務，經三方當事人約定由丙方與乙方依下列條款對於甲方負連帶履行責任：

第1條（保證債務之最高限額）

因乙方向甲方購買貨物所生現有及將來之一切貨款債務，以及因乙方不履行債務所生之損害賠償，由丙方與乙方負連帶清償責任。

乙方如簽發支票交付於甲方作為貨款之交付方法者，支票之發票日期必須在本契約第2條所定之保證期間內；支票如有不能兌現之情事者，丙方願負連帶清償責任。

前項之保證，以新臺幣參拾萬元為限。

第2條（保證期間）

保證期間自民國○○年○月○日起至同年○月○日止共五個月。

第3條（通知義務）

乙方或丙方有下列各款情事之一者，該兩方或其中之一方應即通知甲方：

一、有陷於支付不能之狀態或破產之虞者。

二、受查封、假扣押、假處分、拍賣、滯納稅金處分或其他公權力之處分者。

三、被銀行、信用合作社等金融機關拒絕往來者。

四、丙方之財產狀況惡化或有惡化之虞者。

五、丙方罹病或其他不幸事故者。

第4條（保證人變更及追加）

保證人有前條所列各款情事之一者，甲方得要求乙方變更或追加保證人，乙方不得拒絕。

第5條（保證債務之履行）

乙方於清償期屆至而不清償者，或乙方簽發之支票不能兌現者，或乙方及丙方有違反契約之情事者，甲方不問有否其他擔保，得直接請求丙方清償債務之全部或一部。

第6條（契約份數）

本契約書壹式參份，當事人各執乙分為憑。

立契約人　甲方：全盛行

負責人：邱義煌

住址：臺中市民生路○號

乙方：林○○

住址：南投縣草屯鎮中正路○號

丙方：蔡○○

住址：臺中市中山路○號

中　華　民　國　○　○　年　○　月　○　○

註：◇就連續發生之債務為保證而未定有期間者，保證人得隨時通知債權

人終止保證契約。

前項情形，保證人對於通知到達債權人後發生主債務人之債務，不負保證責任。（民法第754條）

〈範例3-1-179〉

機械讓售擔保契約書

陳○○（以下簡稱甲方）與王○○（以下簡稱乙方）雙方同意訂立機械讓售擔保契約如下：

第1條　賣方甲為向買方乙擔保於民國○○年○月○日甲方向乙方借用六萬元之利息年率○分，分為每個月攤付，清償期為民國○○年○月○日之債務，將左列機械以買賣形式把所有權移轉給乙方，而乙方亦同意此項所有權之移轉：

一、設置在○○市○○路○○號賣方陳某所有之○○工廠。

二、某種機械器具一式依現狀為準。

三、機械明細參照另附「目錄明細表」。

第2條　買方乙同意以左列條件將前條標的物租借給賣方甲使用，而甲方亦同意該租借條件：

一、租金定為每個月新臺幣○○元，於每月末日前付給乙方。甲方若按期付給乙方租金時，就不必再負擔前項借款之利息。

二、若甲方滯納此項租金二個月以上時，乙方可不經催告手續而立刻解除機械租借契約。

三、依上項規定解除機械租借契約時，甲方須即刻將前條標的物交付給乙方。

第3條　若甲方故意或因過失而將標的物全部或一部毀損或滅失，而使其擔保價值顯著減低時，即失去第1條債務期限之利益，同時前條租借契約亦失效，甲方須將殘存標的物交付給乙方，聽任乙方任意處分。詳細辦法依照第6條規定進行。

第4條　乙方對本件標的物，除擔保目的外不得予以處分。

第5條　甲方若在第1條規定的債務清償期限民國○○年○月○日前，將該條標示的本金及利息（由甲方付給乙方的第2條租費扣除）付清時，本契約標的物的所有權應移轉給甲方，而乙方必須即刻將該標的物交給甲方。

第6條　如果甲方無法在前條規定的限期內付清第1條之債務本金及利息時，租賃契約當然失效。甲方應立刻將本契約之標的物移交給乙方，隨即由乙方任意處方，並把出售該標的物價金充為債務的本金和利息，倘若有餘額即還給甲方，若是不足清償債務，乙方可再向甲方請求清償餘額。甲乙雙方都同意上述各條款之契約。

第7條　本契約書壹式貳份，雙方各持乙份為憑。

賣方兼租借人（甲方）：陳○○　印

住址：

身分證統一編號：

買方兼出租人（乙方）：王○○　印

住址：

身分證統一編號：

中　華　民　國　○　○　年　○　月　○　日

註：

一、通常在契約書的前頭都有記載此類前文，實際上這並非一定要記載的事項，但因有此前文能明確說明契約當事人及契約種類，所以還是寫上去較為妥當。

二、第1條是明記被擔保債權的內容。

三、第1條係標明讓售擔保的標的物。標的物的內容要詳細又具體地予以記載，不得有遺漏之處。

四、第2條是闡明賣方甲讓售該標的物後，所能保留的占有權及使用權。一般讓售擔保成立後其標的物的使用權要由債權人和債務人雙方來議定，所以甲乙雙方必須詳細記載其約定。

五、第2條第1款至第3款是約定有關本件標的物的租賃契約內容及其解約事由的詳情。因為讓售擔保和租賃權是屬於不同的兩回事，所以雙方必須事先約定有關解約的事由。

為使擔保標的物能充分為債務人所使用，在收取實質上相當於利息的租金時，超過了利息限制法所規定部分，不可以租金名義請求給付。

六、第3條後段所言喪失債務期限之利益，使債權人能執行擔保權，執行時，即使沒有特約，債權人亦可請求債務人交還目的物。

七、第4條規定擔保權人之義務，擔保權人如果違約處理標的物（處理本身已有效，而第三者亦已取得所有權）時，則對於債務人必須擔負不法行為責任或是債務不履行責任。

八、第5條是利用標的物讓渡，使債權擔保成為優先接受還債的方式而簽訂歸屬型契約。

九、第6條規定租賃契約解除事由，租金在實質上即為利息，如果因甲方拖延而解除此契約時，必須另外訂一特約。

貳拾壹、無名契約

一、債權讓與

(一)說明

債權讓與契約，乃以移轉債權爲內容之契約。債權人除左列三種情形外，原則上得將債權讓與第三人：

1.依其性質不得讓與者（如身分上之諸權利）。

2.依當事人之特約不得讓與者，但不得以此特約對抗善意第三人。

3.債權禁止扣押者。

(二)契約當事人之法定權利義務

1.債權讓與之效力

債權讓與契約成立後，原債權、該債權之擔保及其他從屬權利，除與讓與人有不可分離關係者外，均應隨同移轉於受讓人。至於未支付之利息，以推定隨其原本移轉於受讓人。

2.證明文件之交付與必要情形之告知

讓與人應將證明債權之文件交付受讓人，並應告以關於主張該債權所必要之一切情形。

3.債權讓與之通知

債權之讓與，非經讓與人或受讓人通知債務人，對於債務人不生效力。受讓人將讓與人所立之讓與字據提示於債務人者，與通知有同樣效力。

4.表見讓與之效力

讓與人已將債權之讓與通知債務人者，縱未爲讓與或讓與無效，債務人仍得以其對抗受讓人之事由，對抗讓與人。且此項通知，非經受讓人同意不得撤銷。

5.抗辯權及抵銷權之援用

債務人於受通知時所得對抗讓與人之事由，皆得以之對抗受讓人。如債務人於受通知時，對於讓與人有債權者，如其債權清償期先於所讓與之債權或同時屆至者，債務人仍得對於受讓人主張抵銷。

(三)債權讓與契約應訂明之基本條款

1.讓與人與受讓人。

2.債權的內容（金額及憑證等）。

3.通知義務履行者。

4.保證事項。

(四)訂立債權讓與契約應注意事項

1.受讓人應查明債務人對於第三人之債權內容，如：

(1)是否爲呆帳等不良債權？

(2)該債權是否附有抗辯事由？

(3)第三債務人是否可以主張抵銷？

(4)是否爲不得讓與之債權？

2.債權讓與應通知第三債務人。

3.讓與人應交付債權之證明文件及債權擔保之文件。

二、債務承擔、概括承受與營業合併

(一)說明

1.債務承擔

債務承擔契約乃以移轉債務爲內容之契約。

2.概括承受

就他人之財產或營業概括承受其資產及負債者，因對於債權人爲承受之通知或公告，而生承擔債務之效力。債務人關於到期之債權，自通知或公告時起，未到期之債權，自到期日起，二年以內與承擔人連帶負其責任。

3.營業合併

營業與他營業合併，而互相承受其資產及負債者，其情形與概括承受相同，其合併之新營業並對於各營業之債務，負其責任。

(二)契約當事人之法定權利義務

1.債權人與第三人之債務承擔契約

第三人與債權人訂立契約承擔債務人之債務者，其債務於契約成立時，移轉於該第三人。

2.債務人與第三人之債務承擔契約

第三人與債務人訂立契約承擔其債務者，非經債權人承認，對於債權人不生效力。

3.債務人或承擔人之催告

債務人或承擔人得定相當期限，催告債權人於該期限內確答是否承認。如逾期不爲確答者，視爲拒絕承認。債權人拒絕承認時，債務人或承擔人得撤銷其承擔之契約。

4.抗辯權之援用及限制

債務人因其法律關係所得對抗債權人之事由，承擔人亦得以之對抗債權人。但不得以屬於債務人之債權爲抵銷。承擔人因其承擔債務之法律關係所得對抗債務人之事由，不得以之對抗債權人。

5.從屬債權之存在與例外

從屬於債權之權利，不因債務之承擔而妨礙其存在。但與債務人有不可分離之關係者，不在此限。至於由第三人就債權所爲之擔保，除該第三人對於債務之承擔已爲承認外，因債務之承擔而消滅。

(三)債務承擔契約應訂明之基本條款

1.債權人、債務人與承擔債務者。

2.債務之內容。

3.履行之方式。

4.其他特約事項。

(四)訂立債務承擔契約應注意事項

1.併存的債務承擔契約（由第三人加入債務關係與原債務人一併負擔同一責任）比免責的債務承擔契約（承擔人代替原債務人負擔債務）更能擔保債務之履行。

2.承擔人必須爲有資力者。

(五)契約範例

〈範例3-1-180〉

債權讓與契約書(一)

印花
稅票

甲商行（負責人：張○○，以下簡稱讓與人）為清償對於乙公司（以下簡稱受讓人）所負之新臺幣拾貳萬元票款債務，除已給付現金新臺幣肆萬伍仟元外，其餘部分由讓與人將下例債權，依本契約書讓與受讓人，作為清償：

第1條（債權的內容）

讓與之債權金額為新臺幣柒萬伍仟元整。

前項債權為自民國○○年○月○日起至同年○月○日止，讓與人出售○○○○貨物於丙商行（負責人：李○○）應收之貨款債權。

第2條（保證）

讓與人保證其讓與受讓人之債權，未附有丙商行可以對抗受讓人之事由。

第3條（解除約款）

受讓人於有下列各款情事之一時，得不經催告解除本契約：

一、丙商行於債權之清償期屆至後，不向受讓人提出給付，或僅提出一部之給付者。

二、丙商行於受到本契約之通知時，有得對抗讓與人之事由，而向受讓人對抗者。

前項情形，受讓人得僅就未由丙商行獲得給付之部分，解除本契約。

依前二項情形解除本契約後，受讓人未能由丙商行獲得給付之部分，仍應由讓與人負清償之責，並自本契約訂立之日起至清償之日止，按每百元每日○分○厘計付利息。

第4條（通知）

本債權讓與由受讓人通知丙商行。

第5條（證明文件之交付）

有關證明債權之文件，由讓與人於本契約訂立之日交付於受讓人。

第6條　本契約書壹式貳份，雙方各執乙份為憑。

讓與人：甲商行　印

負責人：張○○　印

住址：臺中市民生路○號

受讓人：乙公司　印

法定代理人：林○○　印

住址：彰化市中山路○號

中　華　民　國　○　○　年　○　月　○　日

〈範例3-1-181〉

債權讓與契約書(二)

立契約書人趙錢（以下簡稱甲方）孫李（以下簡稱乙方）茲因雙方就債權讓與事宜，訂立本契約，條款如後：

一、甲方同意將對大大貿易有限公司（以下簡稱債務人）之貨款債權新臺幣（下同）貳拾萬元整及基於該債權而生之利息及其他權利讓與乙方，以抵償對乙方所欠債務。

二、甲方同時將證明債權之文件（買賣契約書、簽收單、請款單及發票）交付乙方收執，不另立據。如乙方收取前開債權需甲方協力，甲方並應無條件給予一切必要之協助。

三、本件債權讓與之通知由甲、乙雙方分別逕向債務人為之。

四、本契約書壹式貳份，甲乙雙方各執乙份為憑。

立契約書人　甲方：趙錢　印

乙方：孫李　印

中　華　民　國　○　○　年　○　月　○

〈範例3-1-182〉

債權讓與通知書(一)（讓與人出具）

存證信函第○號

寄件人：趙錢

收件人：大大貿易有限公司

敬啓者：貴公司前於民國○○年○○月份陸續向本人購貨，累積貨款總計新臺幣貳拾萬元整，本人因業務關係業於○○年○月○日將上開債權讓渡予孫李，並交付買賣契約書、簽收單、請款單及發票，爰依民法第二百九十七條規定，通知如上，請逕向其給付為荷。

註：按依民法第297條第1項規定，債權讓與須踐行通知之手續，否則對債務人不生效力，是以才有以存證信函通知債務人之必要。

〈範例3-1-183〉

債權讓與通知書(二)（受讓人出具）

寄件人：孫李

存證信函第○號

收件人：大大貿易有限公司

敬啓者：按本人業已受讓趙錢對貴公司之貨款債權新臺幣貳拾萬元整，並執有買賣契約書，貴公司之簽收單、請款單及發票。爰依民法第297條規定，特此通知。並祈依原定付款期日惠予賜付。

註：依民法第297條第1項規定，由讓與人或受讓人為通知皆可，其餘同前例之補充說明。

〈範例3-1-184〉

債權人出具之收據（即受領證書）

茲收到趙錢先生（編號第○號）繳交汽車分期付款買賣第五期價款新臺幣貳萬元整，特出具此據為憑。

此致

趙錢　先生

立據人：老松汽車股份有限公司

代表人：○○○

中　華　民　國　○　○　年　○　月　○　日

〈範例3-1-185〉

併存的債務承擔契約書

立契約書人趙○○（以下簡稱甲方）、江○○（以下簡稱乙方），甲方為承擔陳○○對於乙方所負之債務，經雙方議定如後：

第1條　承擔之債務，內容如下：

一、債務金額：新臺幣貳拾陸萬元。

二、債務種類：陳○○所簽發彰化銀行○○分行民國某年月日上開金額之支票，經乙方為付款之提示，而不獲支付之票款債務。

三、清償日期：民國○○年○月○日。

第2條　債務承擔之條件如下：

甲方對於前條之債務，願作為併存的（重疊的）債務承擔人，與陳○○對於甲方連帶負清償責任。

本契約書壹式參份，除乙份提出於公證處外，雙方各執乙份為憑。

第3條　違約金之約定如下：

甲方不依本契約履行債務時，對於未清償部分之金額，應自清償日期之翌日起至實際為清償之日止，按每百元每日○○計付違約金。

第4條　公證書化之約定如下：

雙方應就本契約書，共同請求法院公證處作成公證書，載明：「應逕受強制執行」文句。

第5條　本契約壹式參份，除乙份提出於公證處外，雙方各執乙份為憑。

甲方：趙○○　印

住址：彰化市福鎮街○號

乙方：江○○　印

住址：彰化市中山路○號

中　華　民　國　○　○　年　○　月　○　日

〈範例3-1-186〉

清償證明書（亦屬受領證書）

茲證明借款人孫李先生前欠立證明書人借款新臺幣壹百萬元，業已全部清償完畢。借款人孫李先生前為擔保本借款，提供所有座落○○縣○○段○○小段○○地號土地乙筆為立證明書人設定債權金額壹佰萬元之抵押權，立證明書人願協同辦理上項抵押權之塗銷登記。恐口說無憑，特出具本證明書。

此致

孫李　先生

立證明書人：趙錢

中　華　民　國　○　○　年　○　月　○　日

注：欲塗銷抵押權登記，清償證明書是不可或缺的必備文件。

〈範例3-1-187〉

貨款或其他債權支付方法承諾書

本行對於甲商行（負責人：張○○先生）應支付之貨款新臺幣柒萬伍仟元，本行已接獲通知，甲商行既經於民國某年月日訂立契約書委任乙公司向本行收取，本行茲承諾上開貨款只向受任人（乙公司）支付。

此致

乙公司

丙商行　印

負責人：李○○　印

住址：臺中市民族路○號

中　華　民　國　○　○　年　○　月　○　日

〈範例3-1-188〉

委任取款契約書

甲商行（負責人：張○○，以下簡稱甲方）為清償對於乙公司（以下簡稱乙方）所負之新臺幣壹拾貳萬元票據債務，除已給付現金新臺幣肆萬伍仟元外，其餘部分依本契約由甲方委任乙方收取下列債權抵償：

第1條（委任取款之內容）

甲方自民國○○年○月○日起至同年○月○日止，出售○○○貨物於丙商行（負責人：李○○）應收之貨款債權共計新臺幣柒萬伍仟元，委任乙方收取之。

第2條（貨款債權處分之禁止）

甲方非經乙方之書面同意，不得將前條之貨款債權讓與，或自行受領，或為其他一切有礙於乙方收取之行為。

第3條（解除之禁止）

甲方對於乙方所負之票款債務清償完畢以前，甲方不得解除本契約。

第4條（抵償之方法）

乙方受甲方之委任向丙商行收取所得之款，核實抵銷甲方對於乙方所負之票款債務。乙方收取所得之款，不足以抵償者，就不足之額乙方仍得請求甲方清償。

第5條（假扣押等處分之通知）

本契約第1條所列甲方對於丙商行之貨款債權，如有被第三人聲請假扣押或其他強制執行處分之情事者，甲方應即通知乙方。

甲方：甲商行 印
負責人：張○○ 印
住址：臺中市民生路○號
乙方：乙公司 印
法定代理人：林○○ 印
住址：彰化市中山路○號

中　華　民　國　○　○　年　○　月　○　日

〈範例3-1-189〉

債務承認書

　　茲承認本行對於貴公司所負之買賣價金債務，迄本日為止，共為新臺幣○○元整。

　　此致

育英股份有限公司

華成商行　印

負責人：林阿義　印

中　華　民　國　○　○　年　○　月　○　日

〈範例3-1-190〉

債務人出具之借據（即債權證書）

　　茲借到新臺幣（下同）壹拾萬元整並收受無誤。願於○○年○月○日以前全數返還。利息每萬元月息壹佰伍拾元，於每月十五日給付。如屆期未能返還本金，除利息照付外，並加計壹倍之違約金計算。恐口說無憑，特出具本借據。

　　此致

趙錢　先生

立借據人：孫李

中　華　民　國　○　○　年　○　月　○　日

〈範例3-1-191〉

免責的債務承擔契約書(一)
（第三人與債權人間）

立契約書人趙錢（以下簡稱甲方）孫李（以下簡稱乙方），雙方茲就債務承擔事宜，訂立本契約，條款如後：

一、乙方願承擔大大貿易有限公司（以下簡稱債務人）對甲方之下列債務，並願確實履行：

(一)債務性質：貨款。

(二)債權憑證：買賣契約書、簽收單、請款單及發票。

(三)債務總額：新臺幣（下同）貳拾萬元整。

(四)清償日期：○○年○月○日

(五)遲延利息：每逾一日，按每萬元日息伍元計付。

(六)其他條件：悉依債權憑證記載。

二、債務人自本契約簽訂日起就第1條所記載之債務，全部免責。

三、本契約書壹式貳份，甲、乙雙方各執乙份為憑。

立契約書人　甲方：趙錢 印

乙方：孫李 印

中　華　民　國　○　○　年　○　月　○　日

註：

一、本實例毋須經債務人同意，即生第三人承擔債務之效力。惟通常情形，債務人會一起參與訂約。本實例得略加修改為「乙方願承擔丙方對甲方之下列債務」。

二、若原債務有第三人為擔保者（不論係人保、物保），尚須第三人對於此債務承擔為承認。此際，亦應邀同一起訂立承擔契約為宜，參照民法第304條第2項。

〈範例3-1-192〉

免責的債務承擔契約書(二)
（第三人與債務人間）

立契約書人孫李（以下簡稱甲方）大大貿易有限公司（以下簡稱乙方），雙方茲就債務承擔事宜，訂立本契約，條款如後：

一、甲方願承擔乙方對趙錢（以下簡稱債權人）之下列債務，並願確實履行。

(一)債務性質：貨款。

(二)債權憑證：買賣契約書、簽收單、請款單及發票。

(三)債務總額：新臺幣（下同）貳拾萬元整。

(四)清償日期：○○年○月○日

(五)其他條件：悉依債權憑證記載。

二、本件債務承擔應由乙方定一定期限催告債權人是否承認。如債權人拒絕承認或逾期不為確答，任何一方得隨時撤銷本件契約，不得異議。

三、本件契約如經債權人承認，乙方就第1條記載之債務，全部免責。

四、本契約書壹式貳份，甲乙雙方各執乙份為憑。

立契約書人　甲方：孫李　印

乙方：大大貿易有限公司

代表人：○○○　印

中　華　民　國　○　○　年　○　月　○　日

註：

一、本實例須經債權人承認，對債權人始生債務承擔之效力。是為避免麻煩，不妨邀同債權人參與承擔契約之訂立。

二、若原債務有第三人為擔保者，參照實例3-1-184之註。

〈範例3-1-193〉

債務承擔契約書

債權人○○銀行（以下簡稱甲方），債務承擔人（以下簡稱乙方），債務人孔祥（以下簡稱丙方），同意訂立債務承擔契約，條款如後：

第1條　乙方基於丙方中華民國○○年○月○日的銀行交易約定書，以及中華民國○○年○月○日契約證明，將對甲方負擔全部的債務，代替丙方承擔。

第2條　丙方由於前條乙方承擔債務，與前條債務完全無關。

第3條　乙方基於本契約所承擔的債務，必須遵從第1條記載證書的各條項來履行義務。

第4條　基於本契約所承擔的債務，若乙方不履行，須逕受強制執行，不得有任何異議。

第5條　各當事者承認基於原契約所設定的抵押權的存續，從本契約簽訂日開始一個月，必須進行約定關於本債務承擔之抵押權登記的附記變更登記，若在這段期間內不進行登記，債權人可解除本契約。

第6條　抵押物提供者王宇同意本債務承擔契約，並約定關於前條登記，當盡力協助。

第7條　連帶債務者劉中同意本債務承擔契約，並約定按照第1條記載的規定，與債務承擔人負連帶責任。

第8條　保證人鄧清同意本債務承擔契約，按照第1條記載的原契約規定，與債務承擔人負有連帶保證責任。

第9條　乙方與抵押提供者王宇，連帶債務者劉中，保證人鄧清不履行本債務時，因代位而由貴行取得的權利，在與貴行的交易進行中，若未取得貴行之同意，不得行使本權利。

若貴行提出請求，則權利或順位無償讓渡給貴行。

第10條　為證明上記契約，作成本證書，由甲方持有。

甲方（債權人）：○○銀行 印
丙方（債務人）：○○○ 印
乙方（債務承擔人）：孔祥 印
抵押提供者：王宇 印
連帶債務者：劉中 印
保證人：鄧清 印

中　華　民　國　○　○　年　○　月　○　日

〈範例3-1-194〉

債務履行承擔契約書
（借款債務的履行）

張三（以下簡稱甲方），李四（以下簡稱乙方），王二（以下簡稱丙方），乙丙雙方茲就債務承擔事宜，訂立本契約，條款如後：

第1條　履行承擔人丙方，承擔債務人乙方對債權人甲方所負擔之債務履行，約定代替債務人乙方償還，並得債權人甲方同意。

基於債務人乙方對於債權人甲方負擔之中華民國○○年○月○日簽訂的金錢消費借貸契約書，本金○○元，償還日期中華民國○○年○月○日，利息為一年一成，每月月末支付。若應支付款項逾二月份以上未支付持，按照本利完全支付的特約，到中華民國○○年○月○日為止，償還已支付利息之本利金全部的債務。

第2條　履行承擔人丙方對於前條的債務，按照前條的金錢消費契約書的要旨，必須償還給債權人甲方。

第3條　履行承擔人丙方在第1條的債務償還終了時，基於中華民國○○年○月○日所簽訂的動產買賣契約書的規定，對債務人乙方所負擔的債務得以免除。

第4條　本契約書壹式貳份，由雙方各持乙份為憑。

履行承擔人：王二　印

債務人：李四　印

中　華　民　國　〇　〇　年　〇　月　〇　日

〈範例3-1-195〉

催告債權人承認債務承擔書

存證信函第〇號

寄件人：大大貿易有限公司

收件人：趙錢

敬啓者：緣本公司前欠臺端〇〇年〇〇月份貨款總額新臺幣貳拾萬元整。今有孫李（住〇〇市〇〇路〇號）願承擔本公司對臺端所欠前揭債務，並保證確實履行。查孫君殷實可靠，有口碑，必能依約履行。爰依民法第302條規定，希請臺端於文到七日內賜為承認之覆復，實所至盼。

註：

一、本實例在於補充前實例第2條之定期催告。依民法第302條須定相當期限，所謂相當期限應視個別情形及交易慣例定之。

二、若債權人未於一定期間內為確答，只要第三人與債務人尚未撤銷該承擔契約，債權人仍非不得為承認。

此際不得逕以其逾期為承認，即認其失效。

〈範例3-1-196〉

約定之併存債務承擔契約書

立契約書人趙錢（以下簡稱甲方）大大貿易有限公司（以下簡稱乙方）孫李（以下簡稱丙方）茲就債務承擔事宜，訂立本契約，條款如後：

一、丙方願承擔乙方對甲方之下列債務，與乙方連帶負責履行，此項承擔並經得甲方同意。

(一)債務性質：貨款。

(二)債權憑證：買賣契約書、簽收單、請款單及發票。

(三)債務金額：新臺幣（下同）貳拾萬元整。

(四)清償日期：〇〇年〇月〇日。

(五)其他條件：悉依債權憑證記載。

二、本契約書壹式參份，當事人各執乙份為憑。

立契約書人　甲方：趙錢 印

乙方：大大貿易有限公司

代表人：〇〇〇 印

丙方：孫李 印

中　華　民　國　〇　〇　年　〇　月　〇　日

註：本實例為併存的債務承擔，與前揭實例不同，即債務人之債務並不因第三人之承擔而免責。易言之，第三人係加入而與債務人負連帶履行之義務。

第二章　物權相關契約

壹、共有

一、說明

共有，爲數人就一物享有一所有權。分別共有，乃數人就一物按其應有部分而共享一所有權。而公同共有則爲數人基於公同關係對於一物而共同享有一所有權。公同關係之發生係依法律之規定（如繼承之公同共有）或契約（如合夥契約）之約定。

二、契約當事人之法定權利義務

(一)共有人之內部關係

分別共同之應有部分不明者，推定其爲均等。

各共有人得自由處分其應有部分，並按其應有部分，對於共有物之全部有使用收益之權。但共有物之處分、變更及設定負擔，應得共有人全體之同意。共有物之管理，除契約另有訂定外，應由共有人共同爲之。其管理費用與其他負擔，除契約另有訂定外，應由各共有人按其應有部分分擔。

共有物之簡易修繕及其他保存行爲，得由各共有人單獨爲之。但共有物之改良，非經共有人過半數且其應有部分合計已過半數者之同意，不得爲之。

(二)請求權之行使

各共有人對於第三人，得就共有物之全部，爲本於所有權之請求。但回復共有物之請求，僅得爲共有人全體之利益爲之。

(三)共有物之分割

除因物之使用目的或契約訂有期限而不能分割之情形外，各共有人得隨時請求分割共有物。契約定不能分割之期限不得逾五年。共有物之分割依共有人協議之方法行之。不能協議時，法院得因任何共有人之聲請，爲下列之分配：

1.以原物分配於各共有人。但如共有人中有不能按其應有部分受分配者，得以金錢補償之。

2.變賣共有物，以價金分配各共有人。各共有人對於他共有人因分割而得之物，按其應有部分，負擔保責任。

(四)公同共有人之權義關係

公同共有人之權利義務，依其公同關係所由規定之法律或契約定之。其權利及於公同共有物之全部。故公同共有物之處分及其他權利之行使，除公同關係所由規定之法律或契約另有規定外，應得公同共有人全體之同意。公同關係存續中，各公同共有人不得請求分割其公同共有物，其分割方法原則上依關於共有物分割之規定。

三、共有契約應訂明之基本條款

(一)分管契約

1.共有人。

2.共有物之明細記載。

3.分管之界限。

4.共有人之間約定事項。

(二)分割契約

1.共有人。

2.共有物之記載。

3.各共有人分得部分。

4.費用之分擔或補貼。

5.所有權登記義務。

6.其他特約。

(三)共有契約

1.共有人。

2.共有物之記載。

3.共有物費用之分擔。

4.其他權利義務約定。

四、契約範例

〈範例3-2-1〉

不動產共有契約書

立契約書人○○○（以下簡稱甲方）○○○（以下簡稱乙方）○○○（以下簡稱丙方）茲為不動產共有，經當事人協議，訂立條款如後：

第1條　甲、乙、丙參方係合夥人，於民國○○年○月○日，以共同資金，購買○○市○○區○○段○○小段○○地號，面積○○公頃土地乙筆，並逕向○○地政事務所○○年○月○日，收件字號○○號，所有權移轉登記為甲、乙、丙公同共有完竣在案。

第2條　前條不動產之各項應納稅捐及改良費用，由合夥人共同支付。

第3條　關於公同共有物之簡易修繕及其他保存行為所需費用，由合夥人共同支付。

第4條　共有物之管理費及其他負擔，由合夥人共同支付。

第5條　共有不動產之管理、處分、改良或設定擔保等行為，須經全體同意或依合夥人規定為之。

第6條　共有人退夥時，對本件不動產之共有權，經由合夥人退還出資及利益分配後，即移轉於他人共有決無異議。

第7條　合夥如有新加入之合夥人者，該合夥人對於本件共有不動產，當然取得公同共有人資格。

第8條　本約對於共有人之繼受人或繼承人，均屬有效。

第9條　本契約經法院公證後生效。

第10條　本契約壹式參份，當事人各執乙份為憑。

共有人（甲方）：○○○　印
住址：
身分證統一編號：
共有人（乙方）：○○○　印
住址：
身分證統一編號：
共有人（丙方）：○○○　印
住址：
身分證統一編號：

中　華　民　國　○　○　年　○　月　○　日

〈範例3-2-2〉

共同壁使用同意書

立協議書人○○○（以下簡稱為甲方），○○○（以下簡稱為乙方），茲為使用共同壁牆經甲乙雙方協議同意訂下列條款：

第1條　甲方所有座落○○門牌○號與乙方所有座落○○門牌○號房屋毗鄰，兩屋間原已使用共同牆壁，今因甲方需要就所有房屋拆除重建兩屋間之共同牆壁，而乙方承諾並配合之。

第2條　甲方重建房屋為加強磚造二層樓屋，與乙方房屋之共同牆壁之建築費用，全部為新臺幣○○元整。

第3條　甲方重建兩屋間之共同牆壁之建築費用，由甲乙雙方各負擔二分之一，而乙方承諾部分分擔額即新臺幣○元整，於本協議書訂立同日，全部一次交付甲方收訖另立收據為憑。

第4條　乙方將來重建私有房屋之樓屋時，當然有權使用甲方建築二層共同牆壁，甲方概同意而不得向乙方再請求任何補償費用。

第5條　乙方將來重建私有房屋，而申請建築執照如需甲方另立字據或出面蓋章時，甲方必須無條件應付不得刁難或異議。

第6條　甲、乙雙方對於使用其共同牆壁所需保養費用，由雙方各負擔其費用額之半數。

第7條　甲方重建兩屋間之共同牆壁對於乙方負如同買賣瑕疵擔保之責任；甲乙雙方將來增建三樓或四樓時亦同。

第8條　甲乙雙方將來增建三樓或四樓時，亦應使用共同牆壁為原則，不論何方先行興建者應墊付其建造費用，於建築完妥後，憑建築師估價決定數額由雙方各負擔其半額費用。

第9條　甲方重建房屋之共同牆壁，應保持原來共同牆壁界線之原位置，不得越界，如有越界建築時應恢復原狀。

第10條　甲方重建房屋應對於甲乙雙方所有兩屋間之共同牆壁部分先行施工，並將乙方房屋修復及內壁抹灰粉刷及保持房屋堅固安全。

第11條　甲方對於兩屋間之共同牆壁之建造工程，應自甲方重建房屋開工之日起○天內完竣，不得逾期，如有超越期限尚在停工時，乙方得隨時逕行招商代行建造，所需一切費用應由甲方立即無條件認付之。

第12條　甲方在施工建造共同牆壁時，倘需拆除乙方房屋之一部或其他障礙物時，乙方應予甲方便利，而甲方必須防止損害至最少之限度，並加以防備危險之注意，為工作時倘因致有損害，其損害不論包商或工人之所為，甲方皆應負一切損害賠償責任。

第13條　本協議書對於甲乙雙方房屋之繼承人或產權受讓人仍有同一之拘束效力，雙方均應負本協議書所約定事項明告之義務。

第14條　本契約經法院公證後生效。

第15條　本契約書壹式貳份，雙方當事人各執乙份為憑。

甲方：○○○　印

住址：

身分證統一編號：
乙方：○○○ 印
住址：
身分證統一編號：
中 華 民 國 ○ ○ 年 ○ 月 ○ 日

〈範例3-2-3〉

共有物分割契約書（法院公證處例稿）

主約人○○○因共有土地之分割，經協議訂立分割條件如下：

第1條　各共有人應協同辦理分割登記，不得故意刁難。

第2條　辦理分割登記全部費用，由各共有人平均負擔。

第3條　共有物分割後，各共有人應分得之土地，各自營業，並各自負擔分割後之稅捐。分割前應納之稅捐由各共有人平均負擔。

第4條　分割後各共有人所取得之土地標示：

一、○○市○○段○○地號○○等則田○○公頃所有權全部歸○○○取得。

二、○○市○○段○○地號○○等則建○○公頃所有權全部歸○○○取得。

三、○○市○○段○○地號○○等則田○○公頃及同上段○○地號○○等則田○○○公頃所有權全部歸○○○取得。

第5條　本契約經法院公證後生效。

共有人：
住　址：
共有人：
住　址：
共有人：
住　址：
中 華 民 國 ○ ○ 年 ○ 月 ○ 日

〈範例3-2-4〉

共有房屋分管契約書

立契約書人○○○（以下簡稱甲方）○○○（以下簡稱乙方）茲為共有建物各自分管使用，同意訂立條款如後：

第1條　雙方合意依第2條所定，各自分管使用收益所持分部分。

第2條　甲乙雙方間所均等，共有之座落○○市○○路○○號，加強磚造，二層樓房乙棟。一樓面積○○平方公尺。二樓○○平方公尺。依下列條款分管使用之：

一、甲方分管部分：

本建物一樓包括附屬建物全部………。

二、乙方分管部分：

本建物二樓部分………。

第3條　雙方同意嗣後，就共有土地分割時，願依本分管契約所訂定為準，申辦分割登記各取得分管上地之所有權。

第4條　本約訂定後，雙方依約分管，使用收益，不得逾越所應分管範圍而侵害他方。

第5條　關於本件物之保存行為及其所需費用，除各分管部分之簡易修繕，由分管人單獨負擔外均由雙方依比率分擔。

第6條　本共有建物之改變或重大修繕，應經雙方協議同意後，始得為之，且其費用除同意時另有約定外，均應分擔之，而所改良物亦為共有物。

第7條　本共有建物房屋稅由甲方負擔三分之二，乙方負擔三分之一。地價稅各自分擔二分之一。水電費依各人實際使用分擔之。

第8條　雙方如有任一方將其所有權讓與第三人時，同負履行本約之責任。若因而導致之損害，出讓人亦同負擔損害賠償之責任，絕不得異議。

第9條　本約對雙方之繼承人同生效力。

第10條 分管位置圖：

一、如圖所示，紅色表示A區部分為甲方所分管部分。

二、如圖所示，綠色表示B區都分為乙方所分管部分。圖略（地籍為據）

第11條 本契約經法院公證後生效。

第12條 本契約書壹式貳份，雙方當事人各執乙份為憑。

共有人（甲方）：○○○ 印

住址：

身分證統一編號：

共有人（乙方）：○○○ 印

住址：

身分證統一編號：

中 華 民 國 ○ ○ 年 ○ 月 ○ 日

貳、地上權

一、說明

地上權者，乃以在他人土地上有建築物或其他工作物或竹本為目的而使用其土地之權，除契約另有訂定或另有習慣外，得將其權利讓與他人。

二、契約當事人之法定權利義務

(一)地上權人的權利

1.相鄰權。（民法第774至798條）

2.地上權人所有之工作物或竹木於地上權消滅時，得取回之，但應回復土地原狀。

3.請求土地所有人補償建築物之時價。

(二)土地所有人之權利

1.收取地租。

2.以時價購買地上權人之工作物或竹木。

3.地上權人積欠地租達二年之總額者，得撤銷其地上權。

(三)存續期間

1.地上權未定有存續期間時地上權人得隨時拋棄其權利。

2.若有支付地租之訂定者，地上權人拋棄其權利時，應於一年前通知土地所有人或支付未到期之一年地租。

三、地上權設定契約應訂明之基本條款

1.土地所有權人及地上權人。

2.地上權設定之上地標示。

3.地上權設定目的。

4.定有地租約定者，其支付方式及金額。

5.定有存續期間者，其期間。

6.地上權設定登記，費用或稅捐之分擔。

7.其他特約事項。

四、訂立本契約應注意事項

1.地上權人縱因不可抗力妨礙其土地之使用，地上權人亦不得請求免除或減少租金。

2.地上權不因工作物或竹木之滅失而消滅。

五、契約範例

〈範例3-2-5〉

地上權買賣契約書

立契約收人○○○（以下簡稱甲方）○○○（以下簡稱乙方），茲為地上權買賣事宜，經當事人協議，訂立條款如下：

第1條　不動產標示：

一、座落：臺北市○○路○號。

二、地號：臺北市○○段○○小段○○地號。

三、地目：宅地。

四、面積：○○平方公尺。

第2條　地上權標示

一、○○法院民國○○年○月○日收文○號第○順位地上權。

二、用途：建物。

三、有效期限：○年。

租金：每平方公尺每年○元。

租金付款時間：每年的○月○日。

第3條　地上權人甲方，同意將前記地上權出售給乙方，乙方同意以新臺幣○○元的售價收買。

第4條　對前記地上權買賣移轉登記申請時，乙方需付清真實金額給甲方。

第5條　本契約書壹式貳份，當事人各執乙份為憑。

賣方（甲方）：○○○　印

住址：

身分證統一編號：

買方（乙方）：○○○　印

住址：

身分證統一編號：

中　華　民　國　○　○　年　○　月　○　日

〈範例3-2-6〉

地上權設定契約書(一)

立契約書人林某某（以下簡稱甲方）李某某（以下簡稱乙方）茲為地上權設定事宜，經當事人協議，訂立條款如後：

第1條　乙方將後記土地，為甲方設定地上權。

第2條　地上權設定目的是為了甲方所有的鋼筋水泥建物。

第3條　地上權有效期限，自立約日起○年為限。

第4條　租金為每平方公尺新臺幣○元，於每年○月○日付給。

第5條　乙方必須辦理前記地上權設定的登記手續。

第6條　本契約書壹式貳份，當事人各執乙份為憑。

地上權（甲方）：林○○ 印

住址：

身分證統一編號：

土地所有人（乙方）：李○○ 印

住址：

身分證統一編號：

中　華　民　國　○　○　年　○　月　○　日

不動產標示（省略）

〈範例3-2-7〉

地上權設定契約書(二)

土地所有權人王翔（以下簡稱甲方）與地上權人周立（以下簡稱乙方）為設定地上權事宜，訂立契約如下：

一、甲方為其所有之下列土地之建築使用（或者為某某原因）而為乙方設定地上權：

(一)○○市○○路○○號地。

(二)○○宅地○○平方公尺。

二、乙方每年必須付地租○○元給甲方。

前項地租支付的時期，定於每年十二月三十一日。

三、締結本契約此年的地租金額○○元，必須在同年十二月三十一日前支付。

四、乙方因不可抗力致妨礙土地的使用時，不得請求地租之免除或減額。

五、前條情形，若剩下的土地無法達到乙方行使地上權的目的時，乙方可解除本契約。但解除之月以前之地租，必須在同年十二月三十一日之前支付。

六、乙方若因不可抗力而持續三年以上完全不能使用土地時，可以拋棄其權利。

前項情形，該年的地租到拋棄之月為止，必須在同年的十二月三十一日支付。

七、乙方若持續兩年未支付地租或宣告破產時，甲方可撤銷其地上權。

八、本地上權的存續期間從契約生效之日起算三十年。

九、乙方在本地上權消滅時，必須將土地恢復為本契約締結時的原狀。設於土地上之工作物或竹木等，必須去除，但若甲方欲依時價購買時，則乙方除○○事由外，不得拒絕。

十、締結本契約時，工地現狀以書面及圖面的方式附帶在契約書中。

十一、本契約書壹式兩貳份，當事人各執乙份為憑。

甲方：（簽名蓋章）
住址：
乙方：
住址：

中　華　民　國　○　○　年　○　月　○　日

參、地役權

一、說明

地役權者，謂以他人土地（供役地）供自己土地（需役地）便宜之用之權。地役權不得由需役地分離而爲讓與，或爲其他權利之標的物，此爲地役權之從屬性。

需役地經分割者，其地役權爲各部分之利益，仍爲存續，但地役權之行使，依其性質只關於需役地之一部分者，僅就該部分爲存續，供役地經分割者亦同。此爲地役權之不可分特性。地役權依時效而取得者，以繼續並表見者爲限。

二、契約當事人之法定權利義務

(一)地役權人之權利義務

1.土地使用權。
2.因行使或維持其權利，得爲必要之行爲，但應擇於供役地損害最少之處所及方法爲之。
3.準用民法第767條關於所有權之保護。
4.維持其設置的義務。
5.設置物允許供役地所有人使用的義務。
6.給付地役權代價之義務（於有償契約時）。

(二)供役地人之權利義務

1.請求地役權代價之權利。
2.使用供役地上設置權。
3.分擔維持供役地上設置之義務。
4.不得有不利於地役權行使之行爲。

三、本契約應訂明之基本條款

1.地役權人及供役地人。
2.需役地及供役地之標示。
3.地役權代價之金額及給付方式。
4.地役權存續期間。
5.其他權利義務約定。

四、契約範例

〈範例3-2-8〉

地役權設定契約書

立契約書人○○○（以下簡稱甲方）○○○（以下簡稱乙方），茲為簽訂地役權設定契約書，經當事人協議，訂立條款如後：

第1條　供役地所有人甲方，對於地役權人乙方所有之臺北市○○段○○小段○○地號的土地，為便於通行，將其所下列土地設權給乙方：

一、地號：臺北市○○段○○小段○○地號。

二、面積：土地面積○平方公尺。

第2條　前項土地擁有地役權部分如下：

第1條土地東部○○地號的邊界線起，往西○○平方公尺，從乙方所有的土地邊界線起向南方公路三十公尺，面積二十平方公尺，附圖表於後。

第3條　甲方對於前項土地的部分，以其費用，每年修復一次，以便通行。

第4條　乙方為酬謝，每年付新臺幣○元給甲方，於每年十二月三十一日支付。

第5條　乙方若有兩年以上不付前條酬謝金時，甲方可請求消滅地役權。

第6條　地役權有效期限，自立約日起三十年為限。

第7條　在本地役權契約有效期內，隨時與需役地同時移轉，即使需役地所有權人轉移，地役權也不消滅。

第8條　本契約書壹式貳份，當事人各執乙份為憑。

供役地所有人（甲方）：○○○　印

住址：

身分證統一編號：

地役權人（乙方）：○○○ 印
住址：
身分證統一編號：

中　華　民　國　○　○　年　○　月　○　日

〈範例3-2-9〉

地役權變更契約書

立契約書人○○○（以下簡稱甲方）○○○（以下簡稱乙方），茲為簽訂地役權變更契約書，經當事人協議，訂立條款如後：

第1條　後記土地在民國○○年○月○日收文第○號○順位地役權登記，雙方當事人同意變更。

第2條　地役權範圍：東側長○公尺，寬○公尺，面積○平方公尺。

第3條　不動產標示：

一、座落：臺北市○○段○○小段○○地號。

二、地目：宅地：

三、面積：○平方公尺。

第4條　本契書壹式貳份，當事人各執乙份為憑。

供役地所有人（甲方）：○○○ 印
住址：
身分證統一編號：
地役權人（乙方）：○○○ 印
住址：
身分證統一編號：

中　華　民　國　○　○　年　○　月　○　日

註：不動產標示，需記載供役地。

肆、抵押權

一、說明

抵押權者，謂對於債務人或第三人不移轉占有而供擔保之不動產，得就其賣得價金受清償之權。抵押權不得由債權分離而爲讓與或爲其他債權之擔保（民法第860條）。

以地上權、永佃權、典權爲標的物之抵押權爲準抵押權，準用關於抵押權之規定。最高限額抵押權，就繼續的法律關係將來可能發生之債權，預定一最高限度，而以抵押物供擔保之抵押權（民法第881條之1～第881條之17）。

二、契約當事人之法定權利義務

(一)抵押權擔保範圍

抵押權所擔保者爲原債權、利息、遲延利息及實行抵押權之費用，但契約另有訂定者，不在此限。

(二)抵押權之效力

抵押權標的物之範圍包括主物及從物、從權利，由抵押物分離之天然孳息或法定孳息，以及因抵押物之滅失而得受之賠償金。

(三)抵押權之權利

將抵押權與債權讓與或爲其他債權之擔保，但不得由債權分離而爲讓與或爲其他債權之擔保。另可請求停止抵押人足使抵押物之價值減少之行爲或爲必要之保全處分。其費用由抵押人負擔。

抵押物之價值減少時，抵押權人得請求抵押人回復原狀或提出相當的擔保。如價值減少事由不可歸責於抵押人時，尙可於抵押人得受損害賠償之限度內，請求提供擔保。

(四)抵押人之權利

不動產所有人得就同一不動產上設定數抵押權，其次序依登記之先後定之。設定抵押權後，於同一不動產上得設定地上權及其他權利，甚至將不動產讓與他人，抵押權均不因此受影響。

(五)物上保證人之權利

物上保證人（提供自己之不動產爲他人設定抵押權的第三人）代爲清償債務或因此抵押權之實行而喪失其抵押物所有權時，依關於保證之規定，對債務人有求償權。

(六)抵押權之實行

抵押權人於債權已屆清償期而未受清償者，得聲請法院拍賣抵押物就其價金而受清償。其價金按各抵押權人之次序分配之，其次序相同者，平均分配之。抵押權人於債權清償期屆滿後，爲受清償，得訂立契約取得抵押物之所有權，或用拍賣以外之方法處分抵押物。但其方法不可有害於其他抵押權人。另抵押權人得拋棄其抵押權或將其次序讓與同一債務人之其他抵押人。

三、本契約應訂明之基本條款

(一)抵押權人、抵押人或物上保證人。
(二)抵押物之標示。
(三)所擔保之債權範圍。
(四)抵押權存續期限。
(五)登記義務及稅捐或其他費用之分擔。
(六)其他約定事項。

四、訂立本契約應注意事項

(一)抵押權人如與債務人或物上保證人約定，於債權已屆清償期而未受清償時，抵押物之所有權移轉於抵押權人者，其約定爲無效。
(二)動產抵押須以書面訂立契約，非經登記不得對抗第三人。不動產抵押非經登記，不生效力。

五、契約範例

〈範例3-2-10〉

抵押權設定契約書(一)

立抵押契約書人○○○（以下簡稱甲方）○○○（以下簡稱乙方），茲因抵押借款事宜，訂立本契約書，雙方議定條款如後：

一、甲方貸與乙方新臺幣○元整，利率月息○分。

二、乙方將其所有座落○○二層樓房乙棟，計建坪五十坪，及基地○○，作為抵押，以擔保前條債務。

三、抵押期限為○年，即民國○○年○月○日起至民國○○年○月○日止，期滿經雙方同意得繼續抵押，但應另訂契約。

四、乙方如屆期不清償債務時，甲方得聲請法院裁定拍賣抵押物清償，乙方不得異議。

五、乙方應於契約成立後二十日內協同甲方辦理抵押權設定登記。

六、本契約書壹式貳份，雙方各執乙份為憑。

甲方（抵押權人）：

住址：

乙方（抵押人）：

住址：

中　華　民　國　○　○　年　○　月　○　日

〈範例3-2-11〉

抵押權設定契約書狀（一般抵押權）

土地／建築改良物 抵押權設定契約書
下列 土地／建物 權利人／義務人 經雙方同意設定抵押權特訂立本契約

土地標示	土地座落			地號	地目	等則	面積			設定權利範圍	擔保權利金額
	鄉鎮市區	段	小段				公頃	公畝	平方公尺		
	○○	○○	○○	○○	建		零	零	○○	所有權全部	與建物共同擔保債權額新臺幣伍佰萬元

建築改良物標示	建號	建物門牌				基地座落			主要用途	構造			建物面積（平方公尺）								建築完成期日	附屬建物				
		鄉鎮市區	街路段	巷弄	號數	段	小段	地號		建築式樣	平房或樓房層數	主要建築材料	地面層	二層	三層	四層		地下層	地平面騎樓	共計		用途	主要建築材料	面積（平方公尺）	設定權利範圍	擔保權利金額
	○○	○○區	○○路		○號	○○	○○	○○	居住	本國式	二層樓房	加強磚造	○○	○○						○○		陽臺	加強磚造	○○	全部	與土地共同擔保債權額新臺幣伍佰萬元

提供擔保權利種類	所有權
擔保權利總金額	債權額新臺幣伍佰萬元整

債務清償日期	民國○○年○月○日
利息	按年息百分之七計算
遲延利息	無
違約金	無
權利存續期間	自民國○○年○月○日起至民國○○年○月○日止計○年
聲請登記以外之約定事項	1.交付利息日期及方法：每月○日以現金支付利息壹次 2.本件係擔保借款 3. 4. 5.

訂立契約人	權利人／義務人	姓名或名稱	權利範圍	出生年月日	住址								身分證統一編號	蓋章
					縣市	市區鄉鎮	村里	鄰	街路	段	巷弄	門號牌		
	權利人即債權人	林丁	債權全部	○○○	臺北市	○○區			○○路			○○	○○○…	印
	義務人即設定人兼債務人	李王	債務全部	○○○	臺北市	○○區			○○路			○○	○○○…	印

立約日期	中華民國○○年○月○日

〈範例3-2-12〉

抵押權設定契約書(二)

立抵押契約書人張三（以下簡稱甲方）李四（以下簡稱乙方），茲因抵押借款事宜，雙方議定條款如後：

一、乙方將座落○○市○○段○○小段○○地號面積○坪基地及其地上建築物即○○市○○路○○巷○號平房一棟，設定抵押權與甲方，向甲方借款新臺幣壹拾萬元。

二、利息按月利率○分計算，於每月一日支付。

三、本借款期限○年，即自○○年○月○日起，至○○年○月○日止，期滿應一次還清。但如乙方不按第2款之規定按時付息累積達兩期者，甲方於期限屆滿前，得請求返還借款。

四、本契約簽訂之日，乙方應將抵押物有關之所有權狀及其他有關文件交付甲方收執，並協同辦理抵押權登記。

五、抵押期限內抵押物應付之一切稅捐，應由乙方依法按期繳納。

六、本契約書壹式貳份，雙方各執乙份為憑。

立約人（甲方）：張三　印
住址：
身分證統一編號：
立約人（乙方）：李四　印
住址：
身分證統一編號：

中　華　民　國　○　○　年　○　月　○　日

〈範例3-2-13〉

抵押權設定契約書(三)（法院證公證處例稿）

第1條　抵押權人（貸與人）：○○○。
抵押人（借用人）：○○○。
連帶保證人：○○○。

第2條　借貸金額：新臺幣○萬元整，已交付借用人收支，不另出據。
約定利息：按照中央銀行核定放款利率計算。

第3條　清償期：中華民國○○年○月○日。

第4條　清償地：貸與人之住所。

第5條　特約事項：
一、連帶保證人就借用人之債務，負完全保證責任，並拋棄先訴抗辯權。
二、借用人應以其座落○○段○○地號建地○○公頃○○公畝○○公厘及地上建物即門牌號碼○○市○○路○號鋼筋水泥造樓房壹棟，為貸與人設定第壹優先順位抵押權登記，並限於本年○月○日前辦妥聲請登記手續，逾期貸與人得解除契約請求返還借款及依前記標準計算之利息，如有損害，並得請求賠償。

貸與人：○○○　印
住址：
借用人：○○○　印
住址：
連帶保證人：○○○　印
住址：

中　華　民　國　○　○　年　○　月　○　日

〈範例3-2-14〉

抵押權移轉登記聲請書及契約書

收件	日期：中華民國　年　月　日　時	收件者章	
	字號：　字第　號		

土　地 建築改良物（1.所有權2.他項權利）登記聲請書					
受文者	臺北市○○地政事務所				
聲請登記事由	抵押權移轉	登記原因	買賣	原因發生日期	中華民國七十六年十二月一日
標示及權利內容	詳附契約書				

附繳證件			備註	
	1.他項權利移轉契約書　二份	6.原抵押權設定契約書　一份		
	2.委託書　一份	7.他項權利證明書　一份		
	3.印鑑證明　一份	8.		
	4.戶籍謄本　二份	9.		
	5.債權讓與通知書　一份	10.		

聲請人	權利人／義務人	姓名或名稱	出生年月日	住址：縣市	鄉鎮市區	村里	鄰	街路	段	巷	弄	號	身分證統一編號	蓋章
	權利人即權抵押權取得人	趙錢	26.5.4	詳附契約書										
	義務人即原抵押權人	孫李	28.9.10	詳附契約書										
	有雙方代理人	王大	32.12.7	臺北市○○區○○里○鄰○○路○號										

登記費	元	合計	元
書狀費	元	收據	字　號
罰鍰	元	核算者	

<table>
<tr><td colspan="6">本案處理經過情形（以下各欄聲請人無須填寫）</td></tr>
<tr><td colspan="2">審查意見</td><td>項目</td><td>辦理時間蓋章</td><td>項目</td><td>辦理時間蓋章</td></tr>
<tr><td rowspan="2">初審</td><td rowspan="2"></td><td>登簿</td><td></td><td>通知領狀</td><td></td></tr>
<tr><td>校簿</td><td></td><td>異動通知</td><td></td></tr>
<tr><td rowspan="2">複審</td><td rowspan="2"></td><td>繕簿</td><td></td><td>加註地價冊</td><td></td></tr>
<tr><td>校狀</td><td></td><td>歸檔</td><td></td></tr>
<tr><td rowspan="2">核定</td><td rowspan="2"></td><td>書狀用印</td><td></td><td>統計</td><td></td></tr>
<tr><td>交付發狀</td><td></td><td>縮影</td><td></td></tr>
</table>

土地／建築改良物 抵押權設定契約書

左列土地／建物經權利人／義務人雙方同意設定抵押權特訂立本契約

土地標示	坐落：鄉鎮市區	坐落：段	坐落：小段	地號	地目	等則	面積：公頃	面積：公畝	平方公尺	設定權利範圍	擔保權利金額
	古亭	古亭	古亭	一五〇〇	建		零	零	五十	所有權全部	新臺幣伍萬元

建築改良物標示	建號	建物門牌：鄉鎮市區	建物門牌：街路段	建物門牌：巷弄	建物門牌：號數	基地座落：段	基地座落：小段	基地座落：地號	主要用途	構造：建築樣式	構造：平房或樓房層數	構造：主要建築材料
	1500	古亭區	羅斯福路	150巷	80	古亭	古亭	1500	住宅	本國宅	平房	加強磚造

建物面積（平方公尺）：地面層	二層	三層	四層	地下層	地平面騎樓	共計	建築完成日期	附屬建物：用途	附屬建物：主要建築材料	附屬建物：面積（平方公尺）	設定權利範圍	擔保權利金額
50.49						50.49	71.65				所有權全部	新臺幣伍萬元

提供擔保權利種類	所有權全部
擔保權利總金額	新臺幣拾萬元整

〈範例3-2-15〉

土地/建築改良物他項權利移轉契約書

下列土地/建物他項權利經權利人/義務人雙方同意移轉特訂立本契約：

土地標示	土地座落			地號	地目	等則	面積			原設定權利範圍	原設定權利價值
	鄉鎮市區	段	小段				公頃	公畝	平方公尺		
	景美	興隆		○○	建		○	○○	玖捌	持分肆分之壹	共同擔保債權額新臺幣參拾萬元整
	以下空白										

建築改良物標示	建號	建物門牌				基地座落			主要用途	構造			建物面積（平方公尺）													建築完成日期	附屬建物			原設定權利範圍	原設定權利價值
		鄉鎮市區	街路段	巷弄	號數	段	小段	地號		建築式樣	平房或樓房層數	主要建築材料	地面層	二層	三層	四層	五層	六層	七層	八層			地下層	地平面騎樓	共計		用途	主要建築材料	面積（平方公尺）		
	○○	景美區	○○路	○段	○號	興隆		○○	住宅	住宅	本國宅	肆層	鋼筋混凝土												50.100		加強磚造			所有權全部	共同擔保債權額新臺幣參拾萬元整

<table>
<tr><td colspan="3">權利種類</td><td colspan="11">抵押權</td></tr>
<tr><td colspan="3">原權利總價值</td><td colspan="11">新臺幣參拾萬元整</td></tr>
<tr><td rowspan="2">移轉或變更</td><td colspan="2">原因</td><td colspan="11">讓與買賣</td></tr>
<tr><td colspan="2">內容</td><td colspan="11">民國七十五年四月五日臺北市○○地政事務所收件字第○○號抵押權設定登記，權列總價值新臺幣參拾萬元整之移轉登記</td></tr>
<tr><td>聲請登記以外之約定事項</td><td colspan="13">1.以下空白
2.
3.
4.
5.</td></tr>
<tr><td rowspan="7">訂立契約人</td><td rowspan="2">權利人／義務人</td><td rowspan="2">姓名或名稱</td><td rowspan="2">出生年月日</td><td colspan="8">住址</td><td rowspan="2">身分證統一編號</td><td rowspan="2">蓋章</td></tr>
<tr><td>縣市</td><td>鄉鎮市區</td><td>村里</td><td>鄰</td><td>街路</td><td>段</td><td>巷弄</td><td>門牌號</td></tr>
<tr><td>權利人即抵押權取得人</td><td>趙錢</td><td>26.5.4.</td><td colspan="8">臺北市○○區○○里○鄰○○路○號</td><td></td><td></td></tr>
<tr><td>義務人即原抵押權人</td><td>孫李</td><td>28.9.10</td><td colspan="8">臺北市○○區○○里○鄰○○路○號</td><td></td><td></td></tr>
<tr><td></td><td></td><td></td><td></td><td></td><td></td><td></td><td></td><td></td><td></td><td></td><td></td><td></td></tr>
<tr><td></td><td></td><td></td><td></td><td></td><td></td><td></td><td></td><td></td><td></td><td></td><td></td><td></td></tr>
<tr><td></td><td></td><td></td><td></td><td></td><td></td><td></td><td></td><td></td><td></td><td></td><td></td><td></td></tr>
<tr><td colspan="2">立約日期</td><td colspan="12">中華民國○○年○月○日</td></tr>
</table>

〈範例3-2-16〉

房屋抵押權設定契約書（法院公證處例稿）

立約人○○○（以下稱甲方）○○○（以下稱乙方）因抵押借款事，雙方議定條件如下：

一、甲方貸與乙方新臺幣○元整，利率月息○分。

二、乙方將所有座落○○市○○路○巷○號磚木造平房住宅一棟，作為抵押，以擔保前項債務。

三、抵押期限為○年，即自民國○○年○月○日起至民國○○年○月○日止。

四、乙方如屆期不清償債務時，甲方得依法拍賣抵押物清償。

五、乙方應於契約成立後十日內協同甲方辦理抵押權設定登記。

六、本契約經法院公證後生效。

抵押權人：
住址：
抵押人：
住址：

中　華　民　國　○　○　年　○　月　○　日

〈範例3-2-17〉

土地抵押借款契約書

立契約書人債權人○○○（以下簡稱甲方）債務人○○○（以下簡稱乙方），茲因土地抵押借款事宜，經雙方同意訂立條款如後：

第1條　乙方所有下列土地提向甲方抵押借款。
土地：○○鄉鎮區○○段○○小段○○地號土地乙筆，面積○公頃所有權全部。

第2條　本約抵押借款金額新臺幣○萬元整。

第3條　本約抵押借款期間，自民國○○年○月○日起，至民國○○

年○月○日止，共計○年。期限屆滿之日清償。

第4條　本約抵押借款利息，依中央銀行核定之放款利率計算，並於每月一日計提利息。

第5條　本約抵押借款之土地應提向政府主管機關辦理抵押權設定登記，並於辦妥抵押權設定時，甲方應將全部借款一次交付予乙方。

第6條　本約辦妥抵押權設定登記後，其土地所有權狀、他項權利證明書及設定契約書均由甲方收執。

第7條　本約辦理抵押權設定登記，所需之印稅、登記費及代辦費均由乙方負擔。

第8條　本約期限屆滿前後，若乙方還清借款時，甲方應會同辦理抵押權塗銷登記，不得藉詞刁難或故意拖延，若乙方屆期不清償，甲方得依法聲請法院拍賣抵押之不動產土地。

第9條　本約自簽訂日起生效。

第10條　本契約書壹式貳份，雙方各執乙份為憑。

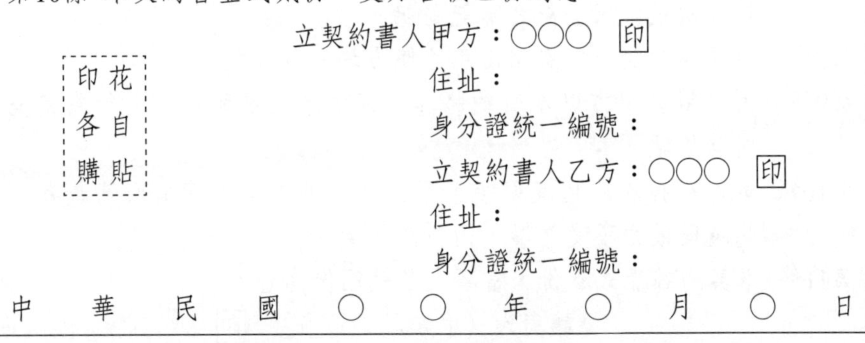

立契約書人甲方：○○○　印

印花各自購貼

住址：

身分證統一編號：

立契約書人乙方：○○○　印

住址：

身分證統一編號：

中　華　民　國　○　○　年　○　月　○　日

〈範例3-2-18〉

抵押權次序讓與契約書

讓與人○○○（以下簡稱甲方）受讓人○○○（以下簡稱乙方）茲為抵押次序權讓與事宜，經債務人○○○（以下簡稱丙方）之同意，訂立讓與契約，條款如後：

第1條　甲方基於民國○○年○月○日在公證處作成○○年度公字第

〇號抵押權設定契約公證書，對丙方供擔保不動產座落〇〇地號土地一筆面積〇〇平方公尺，經〇〇地政事務所民國〇〇年〇月〇日收件〇字第〇號登記設定第一次序抵押權，而乙方對於同一不動產曾於民國〇〇年〇月〇日締訂之抵押權設定契約書，及經〇〇地政事務所民國〇〇年〇月〇日收件〇字第〇號設定登記取得第二次序抵押權各在案。

第2條　甲方茲為乙方之利益願將其第一抵押次序權讓與乙方，而乙方亦依約受讓之。

第3條　前條抵押次序權之讓與，代金約定為新臺幣〇元整，於契約成立同時由乙方如數支付甲方收訖。

第4條　乙方對於甲方支付前條讓與代金，同時就其債權全額即取得甲方之位次，甲方無異議。

第5條　本件讓與之抵押次序權於甲方擔保確係存在並無瑕疵情事。

第6條　甲方於契約讓與後不得將其抵押權以法律行為使其消滅。

第7條　甲乙雙方於本契約成立後，應共同向〇〇地政事務所為申請辦理兩抵押權登記之附記登記。

第8條　訂立契約及登記費用由甲乙雙方均分負擔之。

第9條　丙方對於甲方以本契約將其抵押次序權讓與乙方之行為完全同意無訛。

第10條　本件抵押次序權讓與後，甲方之抵押權有因清償而消滅者，此讓與效力不受影響，丙方無異議。

第11條　本契約書壹式參份，當事人各執乙份為憑。

讓與人（甲方）：〇〇〇　印
住址：
身分證統一編號：
受讓人（乙方）：〇〇〇　印
住址：
身分證統一編號：
債務人（丙方）：〇〇〇　印
住址：
身分證統一編號：

中　華　民　國　〇　〇　年　〇　月　〇　日

〈範例3-2-19〉

抵押權拋棄契約書

立契約人抵押權人○○○（以下簡稱甲方）、債權人○○○（以下簡稱乙方）、債務人○○○（以下簡稱丙方）茲就抵押權拋棄事宜，訂定契約如後：

第1條　抵押權人甲方在民國○○年○月○日簽訂抵押權設定金錢消費借貸契約書中，借予債務人丙方新臺幣○元，為擔保此債權，取得丙方所有下列不動產第○順位之抵押權（民國○○年○月○日○○法院收文第○號第○順位抵押權設定登記），今甲方放棄此抵押權，由丙方債權人乙方繼任甲方之抵押權順位。

第2條　丙方同意前條抵押權之放棄。

第3條　甲方須立刻辦理第一條抵押權放棄之附記登記手續。

第4條　本契約書之製作、登記及其一切有關費用由乙方負擔。

第5條　不動產標示（省略）。

第6條　本契約書壹式參份，當事人各執乙份為憑。

抵押權人（甲方）：○○○ 印
住址：
身分證統一編號：
債權人（乙方）：○○○ 印
住址：
身分證統一編號：
債務人（丙方）：○○○ 印
住址：
身分證統一編號：

中　華　民　國　○　○　年　○　月　○　日

〈範例3-2-20〉

抵押權設定契約書狀（最高限額抵押權）

土地 / 建築改良物 抵押權設定契約書

下列 土地 / 建物 經 權利人 / 義務人 雙方同意設定抵押權特訂立本契約

土地標示

土地座落			地號	地目	等則	面積			設定權利範圍	擔保權利金額
鄉鎮市區	段	小段				公頃	公畝	平方公尺		
○○	○○	○○	○○	建		零	零	○○	所有權全部	與建物共同擔保本金最高限額新臺幣伍佰萬元

建築改良物標示

建號	建物門牌				基地座落			主要用途	構造			建物面積（平方公尺）								建築完成日期	附屬建物				
	鄉鎮市區	街路段	巷弄	號數	段	小段	地號		建築式樣	平房或樓房層數	主要建築材料	地面層	二層	三層	四層		地下層	地平面騎樓	共計		用途	主要建築材料	面積（平方公尺）	設定權利範圍	設定權利金額
○○	○○區	○○路		○號	○○	○○	○○	居住	本國式	二層樓房	加強磚造	○○	○○								陽臺	加強磚造	○○	全部	與土地共同擔保本金最高限額新臺幣伍佰萬元

提供擔保權利種類	所有權
擔保權利總金額	最高限額新臺幣伍佰萬元整

債務清償日期	依各個債務契約所約定之清償日期
利息	依各個債務契約所約定之利率計算
遲延利息	依各個債務契約所約定之計收標準計算
違約金	依各個債務契約所約定之計收標準計算
權利存續期間	自民國○○年○月○日起至民國○○年○月○日止計○年
聲請登記以外之約定事項	1.交付利息日期及方法：依各個債務分別規定 2.設定原因：借款以及其他債務之擔保 3.如附件其他約定事項所載 4. 5.

訂立契約人	權利人／義務人	姓名或名稱	權利範圍	出生年月日	住址								身分證統一編號	蓋章
					縣市	鄉鎮市區	村里	鄰	街路	段	巷弄	門號牌		
訂立契約人	抵押權人即債權人	臺灣省合作金庫代表理事長　○○○	債權全部	○○○	臺北市	○○區			○○路			○○	○○○…	印
訂立契約人	右代理人	臺灣省合作金庫○○支庫　經理　○○○		○○○	臺北市	○○區			○○路			○○	○○○…	印
訂立契約人	義務人即債務人	李王	債務全部	○○○	臺北市	○○區			○○路			○○	○○○…	印
立約日期		中華民國○○年○月○日												

〈範例3-2-21〉

抵押權讓與契約書

立契約書人抵押權讓與人○○公司（以下簡稱甲方）、抵押權受讓人○○公司（以下簡稱乙方）、債務人○○○（以下简稱丙方）茲就抵押權讓與事宜，訂位定契約如後：

第1條　甲方在民國○○年○月○日簽訂抵押權設定金錢消費借貸契約書中，取得丙方所有不動產在民國○○年○月○日○○法院收文第○○號第○順位登記之抵押權（債權額：新臺幣○元，利息：年息○分）。甲方為供其債權人乙方債權之擔保，乃將該抵押權讓與乙方。

第2條　甲方必須協助辦理前條抵押權讓與登記手續。

第3條　主債務人丙方對於第一條抵押權之讓與沒有異議。

第4條　不動產標示（省略）。

第5條　本契約書壹式參份，甲、乙、丙各執乙份為憑。

甲方：
公司名稱：
公司地址：
負責人：○○○　印
住址：
身分證統一編號：
公會會員證書字號：
乙方：
公司名稱：
公司地址：
負責人：○○○
住址：
身分證統一編號：
公會會員證書字號：

丙方：○○○
住址：
身分證統一編號：

中　華　民　國　○　○　年　○　月　○　日

〈範例3-2-22〉

更換抵押擔保物契約書

立契約書人○○○（以下簡稱甲方）○○○（以下簡稱乙方）新擔保物提供人○○○（以下簡稱丙方）緣甲乙方間前經於中華民國○○年○月○日在臺灣○○地方法院公證處作成○○年度公字第○號不動產抵押權設定承銷商品契約公證書，由乙方提供其所有座落○○縣○○鎮○○段第○○地號建地○分○厘○毛○糸與甲方，設定權利價值新臺幣○萬元整抵押權並經聲請管轄○○地政事務所○○年○月○日收件○字第○號辦理抵押權設定登記完畢，均已生效在案，茲為乙方因故請求甲方同意將上開已為設定抵押權登記完畢之擔保物與丙方所有後開土地更換擔保設定抵押權，經甲乙丙方同意訂立本契約如下：

第1條　丙方為擔保乙方與甲方間，於中華民國○○年○月○日依臺灣○○地方法院公證處○○年度公字第○號不動產抵押權設定承銷商品契約公證書（以下簡稱公證書）上所生之債務願就第七條不動產標示記載之不動產提供於甲方設定抵押權，經三方約定設定抵押權利範圍金額最高限度為新臺幣○萬元整，此項抵押權非至乙方完全履行原公證書契約上義務後不歸消滅。

第2條　丙方保證前條所提供之擔保物，係丙方完全所有絕無來歷不明，或供第三人設定抵押權在前為阻礙情事，如有違背該項保證，丙方願負甲方因此所受一切損害賠償責任。

第3條　丙方就本件所提供之擔保物，願於本合約成立後，即向該管地政事務所申請辦理設定權利價值新臺幣○○萬元整，其存續期間自民國○○年○月○日起至○○年○月○日止之第一順位抵押權登記手續，其費用由乙方擔保。

第4條　甲方願拋棄乙方依原公證書所提供之座落○○縣○○鎮○○段第○○地號建地○分○厘○毛○糸之抵押權，即設定於民國○○年○月○日、地政事務所○字第○號收件，設定權利價值新臺幣○萬元整之抵押權全部。

第5條　甲方應於本契約成立後，即向○○地政事務所，申請辦理前條之抵押權塗銷登記手續，其費用由乙方負擔。

第6條　乙方及丙方除應依照本契約切實履行義務外，均應按照原公證書上所載文義履行義務，乙方及丙方均無異議。

第7條　抵押不動產標示（略）。

第8條　本契約書壹式參份，當事人各執乙份為憑。

抵押權人（甲方）：○○○　印
住址：
身分證統一編號：
抵押人（乙方）：○○○　印
住址：
身分證統一編號：
抵押人（丙方）：○○○　印
住址：
身分證統一編號：

中　華　民　國　○　○　年　○　月　○　日

〈範例3-2-23〉

補充抵押擔保物契約書

抵押權人○○○（以下簡稱甲方）抵押權設定人○○○（以下簡稱乙方）茲為補充抵押擔保物，經雙方同意訂立本契約，條款如後：

第1條　甲乙雙方間曾於民國○○年○月○日經訂立不動產抵押借款

契約，其擔保債權額為新臺幣○元整，借款期間○○，利息約定○○，遲延違約金○○，因○○（原因）雙方商議決定由乙方補充擔保抵押物，而乙方願補供左記下列不動產與甲方設定抵押權為上述債權之共同擔保：

補充擔保抵押物標示：

一

二

第2條　（保證抵押物權利瑕疵擔保條款文例參照前例）

第3條　（保證抵押物瑕疵擔保條款文例參照前例）

第4條　（設定抵押權後禁止設定人行使行為不得侵害抵押權條款文例參照前例）

第5條　乙方於本契約成立後，應負責就補充擔保物與甲方向地政機關申請辦理抵押權設定登記手續。

第6條　甲乙雙方於民國○○年○月○日訂立不動產抵押借款契約書，除依本契約為補充擔保抵押標的物之約款當履行其義務外，前於本契約未記載事項仍於原契約之約款，遵守履行義務各無異議。

第7條　本契約壹式貳份，當事人各執乙份為憑。

抵押權人（甲方）：○○○　印

住址：

身分證統一編號：

抵押人（乙方）：○○○　印

住址：

身分證統一編號：

中　華　民　國　○　○　年　○　月　○　日

〈範例3-2-24〉

抵押權塗銷登記聲請書

收件	日期：中華民國　　年　月　日　時	收件者章	
	字號：　　字第　　號		

<table>
<tr><td colspan="12">土　　地
建築改良物 塗銷登記聲請書</td></tr>
<tr><td colspan="2">受文者</td><td colspan="10">臺北市〇〇地政事務所</td></tr>
<tr><td colspan="2">聲請登記事由</td><td>抵押權塗銷登記</td><td>登記原因</td><td>清償</td><td>原因發生日期</td><td colspan="6">中華民國　〇〇年　〇月〇日</td></tr>
<tr><td colspan="2">標示及聲請內容</td><td colspan="4">詳附登記清冊</td><td rowspan="4">備註</td><td colspan="5" rowspan="4">75.11.20收件第〇〇號設定新臺幣參拾萬元之抵押權全部塗銷。</td></tr>
<tr><td rowspan="3">附繳證件</td><td colspan="2">1.債務清償證明書　二份</td><td colspan="3">4.印鑑證明　一份</td></tr>
<tr><td colspan="2">2.他項權利證明書　一張</td><td colspan="3">5.戶籍謄本　二份</td></tr>
<tr><td colspan="2">3.委託書　一份</td><td colspan="3">6.原抵押權設定契約書　一份</td></tr>
</table>

<table>
<tr><td rowspan="7">聲請人</td><td rowspan="2">權利人
義務人</td><td rowspan="2">姓名或名稱</td><td rowspan="2">出生年月日</td><td colspan="9">住　址</td><td rowspan="2">身分證統一編號</td><td rowspan="2">蓋章</td></tr>
<tr><td>縣市</td><td>鄉鎮市區</td><td>村里</td><td>鄰</td><td>街路</td><td>段</td><td>巷</td><td>弄</td><td>號</td></tr>
<tr><td>權利人即所有權人</td><td>趙錢</td><td>27.8.11</td><td colspan="9">臺北市〇〇區〇〇里〇鄰〇街〇號</td><td></td><td></td></tr>
<tr><td>義務人即抵押權人</td><td>孫李</td><td>35.4.25</td><td colspan="9">臺北市〇〇區〇〇里〇鄰〇街〇號</td><td></td><td></td></tr>
<tr><td></td><td></td><td></td><td colspan="9"></td><td></td><td></td></tr>
<tr><td></td><td></td><td></td><td colspan="9"></td><td></td><td></td></tr>
<tr><td></td><td></td><td></td><td colspan="9"></td><td></td><td></td></tr>
</table>

登記費	元	合計	元
書狀費	元	收據	字　號
罰鍰	元	核算者	

本案處理經過情形（以下各欄聲請人無須填寫）					
審查意見		項目	辦理時間蓋章	項目	辦理時間蓋章
初審		登簿		通知領狀	
		校簿		異動通知	
複審		繕狀		加註地價冊	
		校狀		歸檔	
核定		書狀用印		統計	
		交付發狀		縮影	

伍、質權

一、說明

動產質權，乃因擔保債權，占有由債務人或第三人移交之動產，得就其賣得價金受清償之權。

權利質權，乃以可以讓與之債權及其他權利爲標的物之質權。除有特別規定外，準用關於動產質權之規定。

「最高限額質權」乃指債務人或第三人得提供其動產爲擔保，就債權人對債務人一定範圍內之不特定債權，在最高限額內設定者，屬之（民法第899條之1）

二、契約當事人之法定權利義務

質權人於質權存續中，得以自己之責任將質物轉質於第三人。其因轉質所受不可抗力之損失，亦應負責。除契約另有訂定外，質權所擔保者爲原債權、利息、遲延利息、實行質權之費用及因質物隱有瑕疵而生之損害賠償。質權之設定以占有質物爲必要，故質權人對於質物之保管應益善良管理人之注意。所擔保之債權消滅時，質權人應返還質物。

質權人有收取質物所生孳息之權利者，應以對於自己財產爲同一之注意收取孳息，並爲計算。因質物有敗壞壞之虞或其價值顯有減少足以害及質權人之權利者，質權人得拍賣其物，以其價金代充質物。並應於拍賣前通知出質人。

以僅債權爲標的物之質權，其設定應以書面爲之。如有債權證書者，並應交付於債權人。質權以無記名證券爲標的物者，因交付其證券於質權人而生設定質權之效力。以其他之有價證券爲標的物者，並應依背書之方法爲之。質權以有價證券爲標的物者，其附屬於該證券之利息證券、定期金證券或分配利益證券，以已交付於質權人者爲限，其質權之效力及於此類附屬之證券。爲質權標的物之權利，非經質權人之同意，出質人不得以法律行爲使其變更或消滅。

三、本契約應訂明之基本條款

(一)出質人與質權人。

(二)質權標的物之記載。

(三)所擔保債權。

(四)清償期。

(五)其他約定事項。

四、訂立本契約應注意事項

預先約定於債權清償期屆滿而未受清償時，質物之所有權移轉於質權人者，其約定為無效。

五、契約範例

〈範例3-2-25〉

質押借款契約書

立質押契約書人張三（以下稱甲方）李四（以下稱乙方），因質押借款事宜，雙方議定約款如後：

第1條　乙方將新力牌學生情人CF-550S收錄音機乙臺設定質權與甲方，向甲方借款新臺幣三萬元。

第2條　利息按月息一分計算，於每月十五日給付。

第3條　本借款期限一年，即自○○年○月○日，至○○年○月○日止。期滿時乙方應一次還清。乙方不按前條規定之日期給付利息，累積達兩期者，甲方於期限屆至前，得請求返還借款。

第4條　乙方應將約定之質物交付甲方保管。

第5條　如屆期無清償債務時，甲方得依法拍賣質物，就賣得價金受清償。

第6條　本契約書壹式貳份，雙方各執一份為憑。

立約人甲方：張三　印

乙方：李四　印

中　華　民　國　○　○　年　○　月　○　日

〈範例3-2-26〉

動產質權設定契約書（法院公證處例稿）

立約人○○○（質權人）○○○（出質人）因設定質權事，訂立條件如下：

第1條　債權額：新臺幣○○元整。

第2條　利率：月息○分。

第3條　付息日期：每月○日。

第4條　清償期：民國○○年○月○日。

第5條　質物：縱縫紉機貳臺。

第6條　出質人如屆期不清償債務時，質權人得依法拍賣質物清償債務。

第7條　契約訂立之日質權人應將貸款交付出質人，同時出質人應將質物移轉質權人占有。

第8條　本契約經法院公證後生效。

質權人：

住址：

出質人：

住址：

中　華　民　國　○　○　年　○　月　○　日

〈範例3-2-27〉

金錢消費借貸動產轉質契約書

立契約書人轉質人○○○（以下簡稱甲方）和轉質權人○○○（以下簡稱乙方）茲因金錢消費借貸動產轉質事宜契約書，約款如下：

第1條　轉質人（甲方）以第五條所記載之質物為轉質，各轉質權人（乙方）借新臺幣五十萬元整，甲方已如數收訖。

第2條　前條借款清償期訂於民國○○年○月○日，但甲方可在此期限內隨時清償債務並拿回質物。

第3條　第一條借款之利息訂為每月新臺幣○○元整，於每月底付給。

第4條　本金及利息之清償地點，以清償時乙方寄居地為準。

第5條　甲方為擔保債務之履行，將與丙方在民國○○年○月○日所簽定之質權設定契約書中所載下列質物之質權設定轉質權予乙方。

一、（某某物）。

二、（某某物）。

第6條　前條轉質權除擔保本金和利息外，亦擔保因債務不履行所產生損害之賠償及實行質權和保存質物所需之費用。

第7條　本契約書正本壹式貳份，甲乙雙方各執乙份為憑。

轉質人（甲方）：○○○　印

住址：

身分證統一編號：

轉質權人（乙方）：○○○　印

住址：

身分證統一編號：

中　華　民　國　○　○　年　○　月　○　日

〈範例3-2-28〉

權利質權設定契約書

立契約書人趙錢（以下簡稱甲方）孫李（以下簡稱乙方），茲就權利質權設定事實，訂立本契約，約款如後：

一、雙方確認甲方對乙方有債權新臺幣（下同）貳拾萬元整。

二、乙方同意將對大大貿易實業有限公司（以下簡稱債務人）之債權壹拾萬元，設定權利質權予甲方以為前揭債務之擔保。

三、乙方為前揭之設定，應將對債務人之借據交付甲方收執，不另立據。並負責將設定事實通知債務人。

四、債務人按月所應支付利息壹千元，自立約日起即由甲方受領，乙方不得異議。又若債務人因債務屆期向甲方為清償乙方亦不得異議。

五、本契約書壹式貳份，雙方各執乙份為憑。

立契約書人甲方：趙錢 印

乙方：孫李 印

中　華　民　國　○　○　年　○　月　○　日

〈範例3-2-29〉

權利質權轉換契約書

立契約書人轉質人○○○（以下簡稱甲方）轉質權人○○○（以下簡稱乙方），茲就簽訂權利質權轉質契約書事宜，條款如下：

第1條　轉質人甲方以第5條所記載之權利為轉質，向轉質權人乙方借新臺幣○○元整，甲方已如數收訖。

第2條　前條借款清償期訂於民國○○年○月○日，但甲方可在期限內隨時清償債務以消滅乙方之轉質權。

第3條　第1條借款之利息訂為每月新臺幣○○元整，於每月底付給。

第4條　本金及利息之清償地點，以清償時乙方寄居地為準。

第5條　甲方為擔保債務之履行，將與丙方於民國○○年○月○日如下列所訂之權利質權契約書設定轉質權予乙方：

一、甲方對原權利出質人丙方有債權新臺幣○○元整。

二、原權利出質人丙方以其對○○公司（以下稱債務人）之債權新臺幣○○元，設定權利質權予甲方以為前揭債務之擔保。

第6條　前條轉質權除擔保本金和利息外，亦擔保因債務不履行所產生損害之賠償及實行質權和保存質物所需之費用。

第7條　本契約書壹式貳份，當事人各執乙份為憑。

轉質人（甲方）：○○○ 印

住址：

身分證統一編號：

轉質權人（乙方）：○○○ 印

住址：

身分證統一編號：

中　華　民　國　○　○　年　○　月　○　日

〈範例3-2-30〉

債權附抵押權設定質權契約書

債務人○○○（以下簡稱乙方）茲因乏款使用特將其左開債權附抵押權供質押向債權人○○○（以下簡稱甲方）借款，經雙方同意訂立本契約書，條款如後：

第1條　甲方基於本約貸與乙方新臺幣○○元整（或代替物），而乙方應切實遵守本契約借用之，並於訂約同日經當事人間將上項借款（或代替物）授受清楚。

第2條　前條借款期間定自民國○○年○月○日起至民國○○年○月○日止為屆滿。

第3條　在借用期間，乙方應於每月○日按原金每百元日折○計算支付利息。

第4條　遲延違約金按前條利率增加○計算之。

第5條　乙方為擔保債務完全履行，將下列之債權設定質權，且以質權標的債權所附隨之抵押權，亦連同供為本件債務之擔保屬實：

一、質權標的之債權標示：

(一)債權人○○○（即乙方）住○○○○○○○。

(二)債務人○○○（即第三債務人）住○○○○○○○。

(三)債權額新臺幣〇〇〇元整。

(四)清償期限民國〇〇年〇月〇日。

(五)利息按每百元日息〇〇計算逐月繳息一次。

(六)債權發生原因民國〇〇年〇月〇日成立之抵押權設定金錢消費借貸。

(七)債權憑證民國〇〇年〇月〇日經〇〇地方法院公證處，作成〇年度公字第〇號公證書正本。

二、前質權標的債權所從屬之抵押權標示：

為擔保前記債權之目的，於民國〇〇年〇月〇日經〇〇地政事務所收件第〇號設定第一順位抵押權登記不動產。

〇〇縣〇鎮〇段〇地號。

〇等則田〇甲〇分〇厘〇毛〇系。

以上所有權全部設定抵押權。

第6條　前條記載擔保債權附隨抵押權之債權憑證，及土地所有權狀一紙，他項權利證明書〇紙，於乙方既同日交付與甲方占有，並應即會同向所轄地政事務所，申請辦理抵押權設質登記之附記登記，並應連名將本件設質之要旨通知第三債權人〇〇〇為要。

第7條　乙方保證本件提供為擔保之債權，暨從屬之抵押權，並無無效、撤銷或其他之瑕疵，及抵銷之原因讓與設質等禁止特約之存在。

第8條　有下列各項情形之一時，甲方雖在本件債務清償期前，得任意直接收取質權標的之債權，以充本件債務之清償：

一、擔保債權屆清償期時。

二、第三債權人，或其他利害關係人，及其他之第三人，為擔保債權之償還時。

三、擔保債權附隨之抵押物件受拍賣或因公收用時。

四、擔保債權附隨之抵押權消滅時。

第9條　本債權存續中，關於擔保債權或其抵押權，遇有下列事由發生時，乙方應即通知甲方，而依照甲方指定增供擔保或追加連帶保證人，或將借用款項之一部或全部為清償之：

一、第三債權人或保證人之身分資格有變動時。

二、擔保債權從屬之抵押權受有消除之請求時。

三、擔保債權附有之抵押物件受有拍賣之通知時。

四、擔保債權附隨之抵押物件之第三取得人請求代價之清償時。

五、第三債務人受其他利害關係人提供原金之全部或一部之清償時。

六、擔保債權或其從協屬之抵押權，因無效撤銷或其他事由而失其效力時。

七、擔保債權之第三債務人怠於支付利息或違背其他債權履行時。

第10條　（以下之條文可參照前面契約文例）。

第11條　本契約書壹式貳份，當事人各執乙份為憑。

質權人（甲方）：○○○　印

住址：

身分證統一編號：

出質人（乙方）：○○○　印

住址：

身分證統一編號：

中　華　民　國　○　○　年　○　月　○　日

陸、典權

一、說明

典權，乃支付典價，占有他人之不動產，而爲使用收益之權，典權之期限不得逾三十年。惟約定期限不滿十五年者，不得附有到期不贖即作絕賣之條款。

二、契約當事人之法定權利義務

(一)典權人之權利

1.占有典物並使用收益之權。

2.典權存續中，除契約另有約定或另有習慣外，典權人得將典物出租於他人，但典權定有期限者，租賃之期限不得逾原典權期限。典權未定期限者，租賃不得定有期限。對於典物因出租所受之損害，應負賠償責任。

3.將典物轉典於他人。但典權定有期限者，轉典期限不得逾原典權之期限。未定期限者，轉典亦不得定期限。轉典之典價，不得超過原典價。對於典物因轉典所受之損害，應負賠償責任。

4.將典物轉與他人，並得爲抵押權之標的物。

5.優先購買典物之權。

6.按時價找貼而取得典物之所有權。

7.於典物因不可抗力致全部或一部滅失時滅失部分之價値限度內爲重建或修繕。

(二)典權人之義務

1.以善良管理人之注意保管典物。

2.負損害賠償義務。

3.分擔典物因不可抗力致全部或一部滅失時之損失。

4.土地法規定，典權人負繳納地價稅、土地改良物稅及土地增値稅之義務。

(三)出典人之權利義務

1.讓與典物所有權於他人。

2.設定不牴觸典權之擔保物權。

3.回贖典物。

4.返還典權人所支付之重建修繕發與典物有益費用。

5.瑕疵擔保責任準用關於買賣規定。

三、本契約應訂明之基本條款

1.典權人與出典人。

2.典物之標示。

3.典權訂有期限者，其期限。

4.典權。

5.其他約定事項。

四、訂立本契約應注意事項

典權除訂立書面契約外尚須登記否則不生效力。

五、契約範例

〈範例3-2-31〉

房屋典權契約書

立典權契約書人○○○（以下簡稱甲方），茲將座落○○市○○路○○號樓房一棟，出典與○○○（以下簡稱乙方）使用，雙方議定條款如下：

一、甲方將前記房屋，出典與乙方，為期○年，自○○年○月○日起至○○年○月○日止。

二、典權為新臺幣○○元，於本約成立後一次付清。

三、與期屆滿，甲方以原典價交還乙方，同時乙方將原典物點交甲方。

四、典權存續期間，乙方應負妥善保管之責，如有故意或過失，致典物全都或一部滅失，應負贈賠償責任，倘因出於不可抗力者，應依法處理。

五、典期屆瀰滿，甲方如不贖回典物。乙方得依法拍賣典物，抵償債權。倘乙方不履行交還原典物，應給付違約金，每日新臺幣○○元，以賠償甲方因而所受之損害。乙方不得異議。

六、典權存續期間，如乙方為使用便利，對典物加以整修時，應先徵得甲方同意，典期屆滿，負責回復原狀。

七、乙方非經甲方同意，不得將典物轉典或出租他人。

八、本約經雙方簽字後生效。

立約人　出典人：○○○　印

典權人：○○○　印

中　華　民　國　○　○　年　○　月　○　日

〈範例3-2-32〉

金錢借貸不動產典權設定契約書

典權人（以下簡稱甲方）和出典人（以下簡稱乙方）雙方當事人簽訂金錢借貸典權設定契約書，內容如下：

第1條　甲方以下列條件借給乙方新臺幣○○元，乙方如數收到。

第2條　本件借款清償期訂於民國○○年○月○日。

第3條　甲方不得請求本件借款之利息。

第4條　本件借款清償地以甲方當時所居地為主。

第5條　乙方為擔保債務之履行，將其所有左列不動產辦理典權設定登記予甲方：

土地座落：臺北市○○段○小段○。

建物門牌：臺北市○○路○○號。

建築構造：木造瓦磚兩層樓房乙棟。

面積：地面層○○平方公尺、二層○○平方公尺。

以上不動產所附帶之圍牆、庭木、庭石等皆保持現狀。

第6條　甲方可按原狀使用前條不動產，從而獲取利益，然須擔保前條不動產之管理費用及一切稅負。

第7條　本件不動產典權存續期限定於民國○○年○月○日。

第8條　本契約書壹式貳份，乙份為憑。

典權人（甲方）：○○○　印

住址：
身分證統一編號：
出典人（乙方）：○○○ 印
住址：
身分證統一編號：
中　華　民　國　○　○　年　○　月　○　日

註：不動產典權存續期限不得超過三十年。

〈範例3-2-33〉

轉典契約書

轉與權人○○○（以下簡稱甲方）原典權人○○○（以下簡稱乙方）茲為典權轉典事宜，經雙方合意訂立契約，條款如後：

第1條　乙方經出典人○○○之同意，將其向出典人取得之下記典權轉典與甲方，而甲方將典權轉受之。原典權標示：
一、典物○○○○○○○○○○
二、典價○○○○○
三、期限○○○○○○○
四、典權設定登記○○○○○○○○○○
五、特約○○○○○○○○

第2條　前條轉典期間自民國○○年○月○日起至民國○○年○月○○日止滿○年（不得逾越原典權期限）。

第3條　典價○○○○○（不得超越原典價）。

第4條　於轉典契約成立當日，乙方將典物全都移轉與甲方占有收益使用。

第5條　轉典期間內，甲方應負善良保管之責，如有故意或過失致典物全部或一部滅失，應負賠償責任。

第6條　甲方對於典物為使用便利，非先徵得乙方同意，不得加以整修或添設等行為。

第7條 典權期限屆滿，乙方應備足第3條所載典價，同甲方贖回典物，而甲方應將典物負責回復原狀，返還乙方各無異議。

第8條 典權存續期間，非經乙方之同意，甲方不得將典物為再轉典，或讓與及出租與他人。

第9條 本契約經雙方簽名蓋章後生效，同時應向主管地政機關辦理典權轉典登記手續。

第10條 本契約未儘事項應依民法及有關法令之規定辦理。

第11條 本契約壹式貳份，當事人各執乙份為憑。

轉曲權人（甲方）：○○○ 印

住址：

身分證統一編號：

轉典人（乙方）：○○○ 印

住址：

身分統一編號：

中 華 民 國 ○ ○ 年 ○ 月 ○ 日

第三章　動產擔保交易法相關契約

壹、動產抵押

一、說明

動產抵押者，謂抵押權人對於債務人或第三人不移轉占有，而就供擔保債權之動產設定動產抵押權，於債務人不履行契約時，抵押權人得占有抵押物，並得出賣，就其實得價金優先於其他債權而受清償之交易。

動產抵押得設定最高限額抵押契約。即由所有人提供抵押物，與債權人訂立在一定金額的限度內，擔保現往已發生及將來可能發生之債權之抵押權設定契約。

二、契約當事人之法定權利義務

(一)存續期間

動產抵押權有效存續期間，如契約有約定則按其約定。如契約未約定則自登記之日起有效期間一年。但期滿前三十日內債權人得申請延長。

(二)擔保範圍

動產抵押權所擔保之範圍依序爲：

1.抵押權人占有抵押物及實行抵押權之費用。

2.利息及遲延利息。

3.原本債權。

4.契約約定的違約金。

(三)動產抵押權之效力

動產抵押權標的物的範圍包括主物、從物、從權利、孳息及抵押物的代替物（如保險金）。

(四)抵押權人（債權人）之權利

債務人不履行契約或任意處分抵押物（如遷移、出賣、出質、移轉所有權等）時，抵押權人得占有抵押物，如抵押物已為第三人善意有償取得時，並得追蹤占有。抵押權人於占有抵押物後，並得將其出賣，就價金優先受償。債務人或第三人拒絕交付抵押物時，抵押權人並得聲請法院假扣押，甚或聲請法院強制執行。

(五)回贖

債務人得於抵押權人占有抵押物後之指定或法定期限內，履行契約上之義務而回贖其抵押物。如抵押權人未依法定程序出賣或拍賣者，債務人得請求損害賠償。

三、動產抵押契約應訂明之基本條款（依動產擔保交易法第16條）

(一)契約當事人之姓名或名稱、住居所或營業所。
(二)所擔保之債權金額及利率。
(三)抵押物之名稱及數量，如有特別編號、標識或說明者，其記載。
(四)債務人或第三人占有抵押物之方式及其所在地。
(五)所擔保債權之清償方法。
(六)債務人不履行債務時，抵押權人行使動產抵押權及債權方法。
(七)如有保險者，其受益人應為抵押人之記載。
(八)管轄法院之名稱。
(九)其他條件之記載。
(十)訂立契約年月日。

四、訂立動產抵押契約應注意事項

(一)動產擔保交易，應以書面訂立契約。非經登記，不得對抗善意第三人。
(二)以契約約定債務人拋棄本法規定之權利者，或約定於債權已屆清償期而未清償時，抵押物之所有權移屬於抵押權人者，其約定皆無效。
(三)動產抵押之標的物為與工商業及農業有關之動產。依本法列舉者為準。

五、契約範例

〈範例3-3-1〉

動產抵押契約書(一)

立動產抵押契約書人王甲（以下簡稱甲方）張乙（以下簡稱乙方）茲因甲方為擔保乙方對於其所有之債權，由甲方提供抵押物，為乙方設定抵押權，並約定條款如下：

一、所擔保之債權：包括本金新臺幣○○元（在本契約有效期間內，得分次循環動用，但在同一時間，其動用總額以上開金額為最高限額）及其利息、逾期利息、暨違約金以及債權不履行致乙方蒙受損害之賠償。至債權之質實金額及各種利息違約金之計算方法以及債務之清償期，另立借據，透支約據、本票、約定書、委任保證契約為憑，並作為本契約之附件，各該附件所規定事項之效力與本契約同。

二、抵押物：其名稱、數量、特別標誌、說明以及占有抵押物者之姓名、名稱及方式及所在地，詳黏附於本契約之標的物明細表。

三、本契約所擔保之債務縱未屆清償期，乙方亦得隨時通知甲方清償其全部或一部，甲方願即照辦，絕無異議。

四、抵押物於登記後如有黏貼標籤或烙印之必要時，甲方應協助乙方或登記機關辦理。其因此而支出之費用，全部應由甲方負擔。

五、甲方及抵押物提供人切實聲明：前開抵押物完全為甲方或抵押物提供人合法所有，並與任何第三人之權利無關。如日後發生任何糾葛致使乙方遭受損害時，

縱其事由非可歸責於甲方及擔保物提供人，亦願負連帶賠償責任。

六、本契約存續中，甲方及抵押物提供人保證抵押物占有人對於抵

押物必盡善良管理人之注意。所有因抵押物支出之捐稅、修理、保養等一切費用，亦與乙方無涉。

七、抵押物之現狀發生變動時，不論其原因如何，甲方及抵押物提供人應即時通知乙方。其因抵押物現狀之變動或價值之低落致不能或不足使本契約第1條開列之全都債權獲得清償時，乙方因此所遭受之損失，甲方及抵押物提供人願負連帶賠償責任。

八、抵押物應按乙方指定置於○○市○○路○號，甲方保證決不擅自遷移。抵押物為交通工具，經乙方同意得由甲方或抵押物提供人或其他第三人使用者，一經乙方通知，甲方或抵押物提供人應即負責將抵押物停放於指定處所。

九、抵押物應向乙方同意之保險公司投保乙方所指定之保險，並應以乙方為唯一受益人，保險金額及條件應商得乙方之同意，一切保險費用均由甲方負擔，所有保單及保費數據均交由乙方保管；乙方如代為墊付保費，經通知甲方限期償還，甲方未如限辦理時，乙方得將墊款逕行列入甲方借款金額，依例計息，甲方絕無異議。但乙方並無代為投保或代墊保費之義務。

十、遇有下列情形之一時，乙方得占有抵押物：

(一)有動產擔保交易法第17條第1項所定情事時。

(二)未經乙方允准而抵押物之烙印或黏貼之標籤被損毀時。

(三)未經乙方同意而將抵押物出租時。

(四)因甲方或抵押物提供人或其他第三人之行為，致抵押物之價值顯有減少之虞時。

(五)乙方認甲方借款運用不當時。

乙方依前項規定占有抵押物，甲方或第三人拒絕交付時，乙方得申請法院逕行強制執行。

乙方因占有抵押物所受之損失及支出之費用，均由甲方負資賠償之。抵押物被占有後所生孳息，乙方有權收取，以之抵償收取孳息之費用及甲方債務。

乙方占有處分抵押物，應依動產擔保交易法之有關規定行之。

十一、甲方應覓具經乙方認可之保證人，以為甲方履行本契約所定一切給付責任之保證。保證人並願以本契約為證，聲明拋棄先訴抗辯權（參照民法第739條之1）。

十二、甲方願接受乙方對於借款用途之監督及對於甲方業務財務之稽核。乙方因行使監督稽核之權而需甲方供給任何有關資料時，甲方應即照辦，但乙方並無監督稽核之義務。

十三、本契約所訂給付義務，以乙方營業所在地為履行地。如因本契約所訂事項而涉訟時，不論當時甲方或抵押物提供人或營業所在地，或其國籍有無變更，均以○○地方法院為管轄法院。

十四、本契約書所載甲方、乙方、抵押物提供人、連帶保證人均包括其繼承人、法定代理人、破產管理人或遺產管理人。又甲方、抵押物提供人及連帶保證人等同意本契約書乙方代表人變更時，承受其職務之人，即當然為本契約書權利義務主體之代表人，毋庸為變更之登記。

十五、除本契約所訂之條款外，凡乙方現在或將來所訂與貸款有關之各項章則以及臺灣金融業現在或將來所適用之一切有關章則，甲方均願遵守，決無異議。

十六、本契約有效期限自立約日起至中華民國○○年○月○日止。屆期未清償時得延長期限。本契約副本共參份。

甲方：王甲 印

住址：

抵押物提供人：

住址：

連帶保證人：

住址：

連帶保證人：

住址：

乙方：張乙 印

中　華　民　國　○　○　年　○　月　○　日

〈範例3-3-2〉

動產抵押契約書(二)

立抵押契約書人○○○（以下簡稱立約人）茲邀同連帶保證人○○○（以下簡稱保證人），○○○（以下簡稱貴行）擔保立約人對貴行於民國○○年○月○日起民國○○年○月○日止所發生之票據、借據以及其他一切債務，即本金以新臺幣○○元為限度之清償及其利息、遲延利息、違約金、實行抵押權費用以及因債務不履行而發生之全部損害賠償之清償起見，特提供後開擔保物設定抵押權出押與貴行，並願遵守下列條款：

一、貴行對於根據本契約成立之債務，得分別規定其清償日期，並得隨時中止貸放或減少貸放款項，或收回全部或一部已貸款項，立約人及保證人均願遵從決無異議。

二、利息依照中央銀行核定之貸款當日利率計算，其計付方法願遵守貴行之規定，逾期利息按上項利率計付外，逾期在六個月以內償還時另按原利率之一成加付違約金，超過六個月時另按原利率之二成加付違約金。

三、上項規定利率貴行得依照中央銀行核定利率隨時調整，立約人及保證人當自調整之日起照調整利率負擔利息決無異議。

四、立約人及擔保物提供人切實聲明，所提供之擔保物完全為立約人或擔保物提供人合法所有，他人並無任何權利，如日後發生糾葛致使貴行蒙受損害時，立約人、擔保物提供人及保證人均願負責完全賠償。

五、擔保物之現狀倘發生變動，例如滅失或價值貶落時，立約人應即刻通知貴行，如貴行以現存之擔保物認為不充分時，經貴行之要求，立約人當即負責增加提供相當之擔保物，或不論債務是否到期，願意立即償還其全部或一部。

六、立約人及擔保物提供人於擔保之債務未清償時，或本抵押權未經塗銷登記之前，非經貴行之書面同意，絕不擅自將擔保物轉讓或出押或出租或貸與第三人使用，或設定其影響貴行抵押權之任何權利。擔保物如擬變更、改良、增設、廢棄等情事，亦須經獲貴行書面同意後方得辦理，如因之需要辦理變更登記時，立約人及擔保物提供人並願立即辦理變更登記申請應行之一切手續，並負擔其費用。對於擔保物，立約人或擔保物提供人願以善良管理人之注意妥善使用及慎重保管，絕不鬆怠於修理等保存上應有之行為，擔保物有關之稅捐，修理等一切費用，概由立約人或擔保物提供人負責照付。

七、擔保物應按貴行指定存放於附表所載地點，非經貴行同意，立約人及擔保物提供人決不擅自移動。擔保人經登記後，如有黏貼標籤或烙印之必要時，立約人應協助貴行或（及）登記機關辦理，以資識別。其因而所生之一切費用，均由立約人負擔。

八、擔保物願由立約人按照市價用貴行名義（或以貴行為優先受益人）向貴行指定之保證公司投保火險，貴行認有必要時，並得通知立約人加保兵險或其他各種保險，其一切費用概歸立約人負擔照付，所有保單及保費收據應交貴行收執，如將來未得領取保險金，或雖得領取保險金但不足清償全部債務時，立約人及保證人仍願負責立即清償一切債務之本息、遲延利息、違約金及各項費用，或另繳足擔保物，決不以意外損失為詞圖卸責任。如在未經領受保險金以前，貴行認為必須追加提供相當擔保物時，立約人願意立即照辦。立約人應於擔保物保險期限屆滿以前自動辦理續保手續，如立約人怠於辦理時，貴行得逕行墊付必要費用代辦續保手續，貴行所墊付各項費用，立約人應即償還，否則貴行得併人立約人對貴行所負債務內，並按規定利率計息，但不論任何理由，擔保物保險倘發生中斷不能銜接時，即視為立約人違約。

九、立約人及（或）擔保物提供人如有下列任何情形之一者，貴行得取回占有，或派員占有抵押物：

(一)不履行契約者，或擔保物被遷移、出賣、出質、移轉或受其他處分，致有害於抵押權之行使者。

(二)擅自毀滅擔保物之烙印或黏貼之標籤者。

(三)立約人及（或）擔保物提供人之行為足使擔保物價值顯著減少者。

(四)貴行認為擔保物或借款運用不當或其他有損於貴行權益之原因者。

其因占有擔保物所發生之任何損害或費用均由立約人負擔之。

立約或第三人拒絕交付擔保物時，貴行得依本契約聲請法院強制執行之。

貴行占有擔保物時，如立約人或第三人在貴行占有擔保物後之十日期間內履行契約，並負擔占有費用者，得回贖擔保物；但擔保物有敗壞之虞，或其價值顯有減少，足以妨害抵押權人之權利，或其保管費用過鉅者，貴行於占有後得立即出賣，其出賣所得價金如不足抵還債務本息時，貴行仍得追償之。立約人或第三人在貴行占有指保物後之十日期間內，仍不履行契約時，貴行得出賣所占有擔保物，出賣後立約人或第三人不得請求回贖。

十、擔保物被貴行占有後所生天然或法定孳息或其他任何收益，應歸由貴行抵償所欠債務。

十一、如抵押標的全部或一部因公徵用或其他原因立約人或擔保物提供人領取補償價款時，貴行有權代理立約人及擔保物提供人直接請求領取抵還已到期或未到期之債務，立約人及擔保物提供人決無異議。

十二、立約人及擔保物提供人對於擔保物之處分，以特別之授權委任貴行為全權代理人，並以本契約為授權之證明，在債務之本息、遲延利息、違約金及各項費用未全部清償以前決不撤銷委任。

其擔保物之處分方法、時期、價格等一切均由貴行全權決定，立約人、擔保物提供人及保證人均決無異議。

十三、立約人到期不能清償債務時，貴行得依據前項特別授權處分擔保物，將其所得款項除償還債務本息外，並清償遲延利息、違約金及其他費用，立約人及擔保物提供人決無異議，如有不足當由立約人及保證人負責補足，其抵償債權之先後順序得由貴行任意決定之。

十四、立約人同意貴行有權隨時派員常駐現地或臨時前來實施監督考核押放資金之情形，並查閱有關帳簿及檢點擔保物，因之所發生費用均由立約人負擔，但貴行並無監督或稽核之義務。

十五、本契約借款，應按貴行所核定攤還計畫還款。立約人應依攤還計畫，一次分別開具借據交由貴行收執，非至各期借款全部償清，不得單方申請本抵押塗銷登記。如立約人在任何一期還款到期未能償還，或未能遵守本行規定支付利息時，全部借款均應視為即時到期，一經貴行請求，立約人願立即清償借款本息及違約金。

十六、本契約一經登記後，立約人如不履行本契約時，貴行得隨時依動產擔保交易法第17條第2項規定逕向法院聲請強制執行。

十七、保證人願負連帶負任即單獨清償之責任，並願拋棄先訴抗辯權（參照民法第739條之1）。

十八、本契約以貴行所在地為履行地，立約人、擔保物提供人及保證人均同意以貴行所在地之地方法院為管轄法院，並願拋棄關於法院管轄之抗辯權。其訴訟費用（包括貴行律師費）立約人及保證人均願負責連帶賠償決不推諉。

十九、本契約所載立約人、擔保物提供人及保證人均包括其繼承人、受讓人、法定代理人、破產管理人、遺產管理人。

二十、除本契約規定各條款外，凡貴行及臺灣金融業所訂現在或將來一切章規，立約人、擔保物提供人及保證人均願遵守。

二一、本契約複本○份。

附件：

一、擔保物明細表（內必須列明擔保物名稱、數量、特別標識或說明、占有人名稱、方式及所在地，其用紙應使用「放七○」）

二、擔保物配置圖

此致

照保簽章　　　　　立抵押契約人：

住址：

擔保物提供人

兼連帶保證人：

住址：

中華民國　年　月　日

連帶保證人：

住址：

中華民國　年　月　日

連帶保證人：

住址：

印花

中華民國○○年○月○日　　　　經副襄理印鑑核對

〈範例3-3-3〉

動產擔保交易「動產抵押」

登記申請書

申請人姓名或名稱（法人）營業執照字號	（甲）　　簽章 （乙）　　簽章	代理人姓名籍貫年齡	（甲） （乙）
中　華　民　國	○　○　年	○　月	○　日

註：

一、申請人名稱：申請人如係自然人，則填其姓名，如係法人，則填其組織名稱及主體人姓名。又申請人分兩方，甲方係指抵押人（或買受人），乙方係指抵押權人（或出賣人）。

二、營業執照：係指公司登記、工廠登記或商業登記等執照影本。

三、車輛價格，填標的物說明欄所列車輛估定價值之總和。

四、申請原因欄第1項按動產擔保交易法施行細則第7條有關各款所載，就其中謂之性質填載之。

五、申請登記應具證件，按申請之性質，依照動產擔保交易法施行細則第6條各款規定各檢送一份，惟本申請書應送二份，契約應送正本一份，複本二份。如標的物車輛超過八輛時，應照標的物說明欄格式，另送明細表二份，並繳納登記費○○元，證明書○○元。申請變更或註銷等登記者，其登記費為○○元。

六、申請登記，或各種變更及註銷等登記者，均適用本申請書格式。

七、本申請書辦理動產抵押用白色紙印製。

〈範例3-3-4〉

動產抵押申請書

中　華　民　國　○　○　年　○　月　○　日

受文者：交通部公路局○○區監理所○○監理站

事由：請准辦理動產擔保交易「動產抵押」登記。

說明：一、申請人承受借款人○○○以○○號小自客車○輛辦理動產抵押貸款。

二、茲為辦理動產擔保交易「動產抵押」登記謹按規定檢具文件如下：

(一)動產擔保交易「動產抵押」登記申請書貳份。

(二)動產擔保交易證明書貳份。

(三)動產抵押契約參份。

(四)動產擔保交易登記車輛明細表參份。

(五)切結書壹份。

(六)委託書壹份。

(七)車主身分證影印本及車主聯各壹份。

三、敬請核備准予登記為禱。

申請人：○○○ 印

〈範例3-3-5〉

動產擔保交易登記證明書

○○動產擔保交易登記證明書

編號：　　字第　　號　中華民國　　年　　月　　日填發

動產擔保交易種類		動產抵押	車輛種類及其數量	
申請人名稱（或姓名）	甲		營業所在地或住址	
	乙		營業所在地或住址	
代理人	甲		住　址	
	乙		住　址	
車輛所有人			車輛所在地	
登記記要	第一次	一、動產抵押權之登記 二、登記標的物車輛詳明細表 三、登記擔保金額新臺幣 四、登記期限至　　年　　月　　日止 五、其他規定依所定契約辦理　登記員　年　月　日		

	第二次	登記員　年　月　日
	第三次	登記員　年　月　日
	第四次	登記員　年　月　日
	第五次	登記員　年　月　日
	第六次	登記員　年　月　日

〈範例3-3-6〉

動產抵押契約書(三)

立動產抵押契約書人○○○（以下簡稱立約人）茲向○○銀行（以下簡稱貴行）為擔保對貴行在本金最高限額新臺幣○○元以內於民國○○年○月○日起至民國○○年○月○日止，所成立之債務（另立借據及（或）透支約據或本票及（或）約定書及（或）委任保證契約等，作為本契據之附件，各該附件之規定其效力同於本契約，以及其他一切債務及其利息、遲延利息、違約金、實行抵押權費用，以及因債務不履行而發生之全部損害賠償之清償起見，特提供後開抵押物，設定抵押權抵押與　貴行，並願遵守下列各條款：

一、貴行對於根據本契約所成立之債權，得分別規定其清償日期，並得隨時中止貸放或減少貸放，或收回全部或一部已貸款項，立約人及抵押物提供人均願照辦，絕無異議。

二、利息按各筆債務契約所約定之利率計算，其給付方法願照　貴行規定。逾期利息按各筆債務契約所約定之利率計算。遲延還本違約金依照各筆債務契約所約定之違約金計收標準計算。

三、貴行接受立約人及抵押物提供人所提供抵押物於登記後如有粘貼標籤或烙印之必要時，立約人及抵押物提供人應協助　貴行或凡抵押物增加、減少、移動等均應辦理變更登記，所有登記等費用由立約人及抵押物提供人連帶負擔。

四、立約人及抵押物提供人切實聲明所提供之抵押物，完全為立約人或抵押物提供人合法所有，並無任何他人權利或設定任何負擔。如日後發生糾葛，致使　貴行受有損害時，立約人及抵押物提供人，均願連帶負責完全賠償。

五、抵押物之現狀如因不可歸責於立約人或抵押物提供人之事由發生變動時，立約人及抵押物提供人應即刻通知　貴行。如擬出讓抵押物，或擬設定次順位抵押權或擬設定影響　貴行抵押權之權利，或擬變更抵押物之現狀時，均應事前徵得　貴行書面同意。抵押物之稅捐、修理等一切費用，均由立約人及抵押物提供人連帶負擔。

六、抵押標的物之占有人，應以善良管理人之注意，保管或使用抵押標的物，其因任何原因所生之損害，均由立約人及抵押物提供人連帶擔保之。

七、抵押物之存放地點，應按　貴行指定存放於○○，非經　貴行同意，立約人及抵押物提供人保證決不擅自移動。

八、抵押物之能保險者，立約人及抵押物提供人同意經由　貴行信託部辦理保險手續，並應以　貴行為優先受益人保險足額，保險金額及條件應商得　貴行之同意，一切費用均由立約人及抵押物提供人連帶負擔。所有保單及保費收據應交　貴行收執。如由　貴行墊付保費，立約人及抵押物提供人應即償還，如未即時償還，　貴行得逕列入立約人所欠款金額，並按本契約第二條規定之利率計息。但　貴行並無代為投保或代付保費之義務，如抵押物不幸遭遇損失，保險公司無論因何事由拒絕或延遲賠款或賠款不足時，立約人及抵押物提供人即負責清償債務本息、遲延利息、違約金及各項費用。或另外提供　貴行認可之擔保品，決不藉口意外損失圖卸責任。

九、立約人及（或）抵押物提供人如有下列任何情形之一者，　貴行得取回占有，或派員占有抵押物：

(一)不履行契約者或抵押物被遷移、出賣、出質、移轉出租或受其他處分，致有害於抵押權之行使者。

(二)擅自毀滅抵押物之烙印或粘貼之標籤者。

(三)立約人及（或）抵押物提供人之行為足使抵押物價值顯著減少者。

(四)貴行認為抵押物或借款運用不當及其他原因者。

其因占有抵押物所發生之任何損害或費用均由立約人及抵押物提供人連帶負擔之。立約人、抵押物提供人或第三人拒絕交付抵押物時，　貴行得依本契約聲請法院強制執行之。　貴行占有抵押物時，如立約人、抵押物提供人或第三人在　貴行占有抵押物後之十日期間內履行契約，並負擔占有費用者，得回贖抵押物；但抵押物有敗壞之虞，或其價值顯有減少，足以妨害抵押權人之權利，或其保管費用過鉅者，貴行於占有後得立即出賣之。如立約人、抵押物提供人或第三人在

貴行占有抵押物後之十日期間內，仍不履行契約時，　貴行得出賣占有抵押物，出賣後立約人、抵押物提供人或第三人不得請求回贖。出賣抵押物所得價金抵還債務本息，遲延利息、違約金及各項費用，如有不足時，　貴行仍得追償之。抵償債務之先後得由　貴行任意決定之。

十、抵押物被占有後所生天然或法定孳息或其他任何收益，應由貴行抵償所欠債務。

十一、立約人願接受　貴行對借款用途監督及對立約人業務財務之稽核，如需各項表報立約人應立即供給，但貴行並無監督或稽核之義務。

十二、本契約所規定之義務應以　貴行所在地為履行地，如立約人或抵押物提供人違背或不履行本契約規定之各事項致涉

訟時，立約人及抵押物提供人之住所、居所或營業所等，不論是否在　貴行所在地，或國籍有無變更，立約人、抵押物提供人及保證人同意以　貴行所在地之地方法院為本契約之管轄法院。

十三、本契約所載立約人、及抵押物提供人，均包括其繼承人、受讓人、法定代理人、破產管理人、遺產管理人。

十四、本契約規定如有未認事宜，悉依有關法令及　貴行暨銀行公會之規章及慣例辦理之，有關法令及　貴行暨銀行公會之規章有修訂時，並依各該修正後之規章辦理之。

十五、本契約副本○份。

此致

○○銀行

立動產抵押契據人：

住址：

抵押物提供人：

住址：

中　華　民　國　○　○　年　○　月　○　日

註：

一、申請人名稱：申請人如係自然人，則填其姓名，如係法人，則填其組織名稱及負責人姓名。又申請人分兩方，甲方係指債務人，乙方係指抵押權人。

二、營業執照：係指公司登記、工廠登記或商業登記等執照影本。

三、標的物價格，填附表所列物品估定價值之總和。

四、申請原因欄第1項，按動產擔保交易法施行細則第7條有關各款所載，就其申請之性質填載之。

五、申請登記應具證件，按申請之性質，依照動產擔保交易法施行細則第6條各款規定各具送二份，惟本申請書應送二份，契約應送正本一份，複本三份，標的物明細表應送六份，並繳納登記費○○元，證明書費○○元，申請變更或註銷等登記者，其登記費為○○元。

六、申請登記或各種變更及註銷等登記者，均適用本申請書格式。

〈範例3-3-7〉

動產擔保交易（動產限額／普通抵押）

申請人名稱	（甲） （乙）	申請人職業籍貫年齡住所	（甲） （乙）
申請人（法人）營業執照字號及營業所在地	（甲） （乙）	代理人姓名籍貫年齡住所職業	（甲） （乙）
標的物所有人		標的物所有人	
契約訂立有效期間	自中華民國○○年○月○日　起 至中華民國○○年○月○日　止	標的物價格（總值）	
		擔保債權金額	
申請原因	一、「　　」之登記 二、標的物（如附表）。 三、其他事項之說明：		
附件	一、印鑑證明書○份。　二、切結書○份　三、動產擔保交易抵押契約正本○份副本○份。 四、明細表○份。　五、保險單○份。		

右請

申請人：（甲）
（乙）

臺灣省政府建設廳／○○縣、市政府　登記　代理人：（甲）
（乙）

中　華　民　國　○　○　年　○　月　○　日

一、申請人名稱：甲方填債務人名稱，如為法人者其負責人姓名亦須填列。乙方填抵押權人名稱，◯◯銀行◯◯農會及其負責人等。

二、申請人營業所在地：甲方填債務人住所或營業所在地，乙方填抵押權人營業所在地。

三、標的物所有人：填債務人名稱。

四、契約訂立有效期間：起訖日期應與所訂契約有效日期相同。

五、申請人職業籍貫等：僅填債權人籍貫年齡即可。

六、代理人姓名籍貫：甲方填債務人所委託之會計師、律師等姓名住所、乙方填抵押權人所委託之會計師、律師等姓名住所。自辦者免填。

七、標的物所在地：填◯縣◯鄉◯路◯號（工廠內，或農場內、倉庫內等）。

八、標的物價格：填估計價值（自估或委託徵信機構代估）。

九、擔保債權金額：填雙方洽商完妥後貸款金額（須與契約所訂相同額）。

十、申請原因欄「　　」括弧內填「動產抵押權」之登記。

〈範例3-3-8〉

動產擔保交易登記標的物明細表

標的物名稱	規格及型式	製造廠商	廠牌	出廠年月日	單位	數量	已使用年限	新舊程度	申請人估計		所有地址	保險單有關文件	備註
									單價	金額			
								○成新					
								○成新					

申請人：○○○　蓋章　　　　○　○　年○　月　○　日

註：

一、本表壹式填送陸份。

二、本表各欄均應詳填，不得省略。

三、申請人所蓋印章應與申請書件蓋用者一致。

〈範例3-3-9〉

切結書

查具切結書人依照助產擔保交易法之規定申請「○○○」登記之標的物（與○○○訂立之○○字第○號契約）並無同法施行細則第11條規定各款情事。亦與曾經參加工礦財團抵押權之財產抵押物及已辦動產擔保交易各種登記之標的物並無重複情事。如有不實，願負法律上一切責任，特具此結隨同申請案送請○○縣市政府存證。

借款人：
籍貫：
住址：
具切結書人：
擔保提供人：
籍貫：
住址：

中　華　民　國　○　○　年　○　月　○　日

貳、附條件買賣

一、說明

稱附條件買賣者，謂買受人先占有動產之標的物，約定至支付一部或全部價金，或完成特定條件時，始取得標的物所有權之交易。

二、契約當事人之法定權利義務

(一)出賣人之取回權

標的物所有權尚未移轉於買受人時，買受人如有下列情形之一致妨害出賣人之權益者，出賣人得取回占有標的物：

1.不依約定償還價款者。

2.不依約定完成特定條件者。

3.將標的物出賣、出質或為其他處分者。

4.如取回之標的物價值顯有減少者，得向買受人請求損害賠償。

(二)再出賣之效力

出賣人取回標的物以後，買受人可在一定期限內履行契約，並負擔占有費用而回贖標的物。如買受人未於期限內回贖時，出賣人得將標的物再行出賣。

三、附條件買賣契約應訂明之基本條款（依動產擔保交易法法第27條）

(一)契約當事人之姓名或名稱、住居所或營業所。

(二)買賣標的物之名稱、數量及價格。如有特別編號、標識或說明者，其記載。

(三)出賣人保有標的物所有權，買受人得占有使用之記載。

(四)買賣標的物價款之支付方法。

(五)買受人取得所有權之條件。

(六)買受人不履行契約時，出賣人行使物權及債權之方法。

(七)如有保險者，其受益人應為出賣人之記載。

(八)管轄法院之名稱。

(九)其他條件之記載。

(十)訂立契約年月日。

四、訂立本契約應注意事項

(一)經依本法設定抵押之動產，不得為附條件買賣之標的物。

(二)本契約亦復登記始得對抗善意第三人。

五、契約範例

〈範例3-3-10〉

附條件買賣契約書(一)

立契約書人買受人○○○出賣人○○○茲因買受人向出賣人購買附表一之標的物，依動產擔保交易法第三章規定，雙方約定條款如下：

一、買賣標的物：（詳附表一）

二、買賣標的物業已點交買受人占有使用，但買受人未付清全部價款之前（或買受人所交付支票未全部兌現之前），出賣人保有標的物及其附件之所有權。買受人使用標的物，應遵守下列條件：

(一)標的物應置放於○○○。買受人應以善良管理人之注意保管維護使用。未經出賣人書面同意，不得將標的物移離上述地點。

(二)出賣人得隨時派員至標的物所在地點，檢查標的物之狀況。

(三)買受人不得毀損標的物或塗滅標的物上名稱、商標、廠牌與編號。

(四)標的物（包括零件、附件）因火災、竊盜以及天災地變等不可抗力而發生之損失，概歸買受人負擔。

(五)買受人不得將標的物出借、讓與、出質、出賣、提供擔保或為其他任何處分。

三、買賣標的物價款之支付方法：（詳附表二）

四、買受人取得所有權之條件：買受人付清全部價金時（如係開票據時，於該票據全部兌現時），買受人始行取得標的物所有權。

五、第3條所定付款，如買受人有任何一期未付情事（或所開票據有任何一張不兌現情勢），經出賣人以掛號函發信限期三日催告後（發信日為準），買受人仍未清償時，買受人並願逕受強制執行，出賣人得聲請法院強制執行收回買賣標的物。其已付價款，全部視為買受人使用標的物之折舊損害賠償，不得請求退還。

如標的物有毀損，買受人應按出賣人通知之數額賠償。

六、買受人如將標的物保險，其受益人應列為出賣人。

七、就本契約所生糾紛之一切訴訟（包括連帶保證人部分）以○○地方法院為管轄法院，強制執行收回標的物，則由標的物所在地之地方法院管轄。

八、其他條件：

(一)雙方應即日向管轄登記機關，辦理動產擔保交易附條件買賣契約之登記。如買受人不協同出賣人辦理登記，任憑出賣人隨時收回標的物，並賠償出賣人之一切損失，買受人無異議。

(二)本件動產擔保交易附條件買賣契約登記有效期間為三年，自登記日起算。

(三)出賣人收回標的物十日內，買受人得以現金繳付餘額全部（或未兌付票據全部）及償還出賣人收回之一切費用於出賣人後，領回原標的物。其領回裝置，由買受人自理。

(四)其他未定事項，概依中華民國有關法律之規定辦理。

九、買受人之連帶保證人，就買受人因本契約而生之一切債務，負連帶責任。連帶保證人所負責任，以保證至履行本契約所生全部債務時為止。保證人非經出賣人之書面同意，不得藉故中途退保。

十、出賣人依第5條收回之買賣標的物，經拍賣所得之價金與買受人已付之價金合計總數不足清償全部之貨款時，買受人及連帶保證人仍應負全部清償之責。

買受人：
住址：
身分證字號：
營業證字號：
連帶保證人：
住址：
身分證字號：
營業證字號：
出賣人：

中　華　民　國　○　○　年　○　月　○　日

附表一

名稱	規格	數量	製造號碼	單價		總價		備註

附表二

期別	應付日期	應付金額	備註（如預開票據者，其付款行帳號號碼）	期別	應付日期	應付金額	備註（如預開票據者，其付款行帳號號碼）

〈範例3-3-11〉

附條件買賣契約書(二)

附條件買賣契約書（此契約書可由申請人依動產擔保交易法第27條規定自製）			
買賣標的物之名稱數量及價格	詳動產擔保交易登記標的物明細表	出賣人保有標的物所有權買受人得占有使用之記載	
買賣標的物價款之支付方法		買受人不履行契約時出賣人行使物權及債權之方法	
買受人取得所有權之條件		有保險者其受益人應為出賣人之記載	
其他約定事項	如附件所載（可另附契約）		
發生訴訟時管轄法院之名稱			

訂立契約人	身分	姓名或名稱	年齡	住所或營業所									身分證字號	簽名蓋章或捺指模
				縣市	鄉鎮區村里	鄰	户	街	路	巷	弄	門牌		
	出賣人													
	代理人													
	買受人													
	代理人													
立約日期	中華民國○○年○月○日													

〈範例3-3-12〉

動產擔保交易（附條件買賣）登記申請書

申請人名稱	（甲） （乙）	申請人職業籍貫年齡住所	（甲） （乙）
申請人（法人）營業執照字號及營業所在地	（甲） （乙）	代理人姓名籍貫年齡住所職業	（甲） （乙）
標的物所有人		標的物所在地	
契約訂立有效時間	自中華民國○○年○月○日起 至中華民國○○年○月○日止	標的物價格（總值） 申請原因附件	
擔保債權金額	一、「　　」之登記。 二、標的物（如附表）。 三、其他事項之說明：		

右請

申請人：（甲）
（乙）

臺灣省政府建設廳
○○縣、市政府登記

代理人：（甲）
（乙）

中　華　民　國　○　○　年　○　月　○　日

註：

一、申請人名稱：申請人如係自然人，則填其姓名，如係法人，則填其組織名稱及主體人姓名。又申請人分兩方，甲方係指出賣人，乙方係指買受人。

二、營業執照：係指公司登記、工廠登記，或商業登記等執照影本。

三、標的物價格，填附表所列物品估定價值之總和。

四、申請原因欄第1項，按動產擔保交易法施行細則第7條有關各款所載，就其申請之性質填載之。

五、申請登記應具證件，按申請之性質，依照動產擔保交易法施行細則第6條各款規定各具送二份，惟本申請書應送二份，契約應送正本一份，複本三份，標的物明細表應送六份，並繳納登記費○○元，證明書費○○元，申請變更或註銷等登記者，其登記費為○○元。

六、申請登記，或各種變更及註銷等登記者，均適用本申請書格式。

填表説明及應備書件：

一、附條件買賣登記申請書（紅色）：

(一)申請人名稱：甲方填出賣人名稱如○○公司○○工廠○○農會及其負責人。乙方填買受人名稱，如為法人者，其負責人姓名亦須填列。

(二)申請人營業所在地：甲方填出賣人營業所在地。乙方填買受人營業所在地或住所。

(三)標的物所有人：除填出賣人名稱外，並用括弧註明（在總價款未獲清償前甲方得保有所權）。

(四)契約訂立有效期間：附條件買賣之契約多為分期付款者，但契約內另訂一條：本契約有效期日期自○○年○月○日至○○年○月○日，申請書所填起訖日期，應與此條相同。

(五)申請人職業籍貫等：甲僅填買受人籍貫年齡即可。

(六)代理人姓名籍貫等：甲方填出賣人所委託之會計師、律師姓名住所。乙方填買受人所委託之會計師、律師等姓名住所。自辦者免填。

(七)標的物所在地：填◯縣◯鄉◯路◯號（工廠內或農場內，住宅內等）。

(八)標的物價格：填實際總價款。

(九)擔保債權金額：填除已收定金外未付之價款。

(十)申請原因欄「　　」括弧內填「附條件買賣」之登記。

二、附條件買賣登記切結書：於括弧「　　」填「附條件買賣」字樣，（　　）括弧內填買受人名稱，契約如未編號可免填，具切結書人應填出賣人名稱，如屬法人，並填負責人姓名。

三、附條件買賣標的物明細表：依表式填寫。

四、附條件買賣契約：正本一份，副本三份正本貼印花六元。

五、印鑑證明書：雙方均送印鑑證明書二份，惟買受人應送原本一份複印一份，出資人可送複印本二份，買受人如係法人，其印鑑應由公司或營業登記機關發給，如係自然人，其印鑑應由户政機關發給。

六、附條件買賣證件：買受人如為法人應送公司執照、工廠登記證或營業執照。

參、信託占有

一、說明

稱信託占有者，謂信託人供給受託人資金或信用，並以原供信託之動產標的物所有權爲債權之擔保，而受託人依信託收據占有處分標的物之交易。

二、契約當事人之法定權利義務

(一)信託人之取回權

受託人有下列情形之一者，信託人得取回占有標的物：

1.不照約定清償債務者。

2.未經信託人同意，將標的物遷移他處者。

3.將標的物出質或設定抵押權者。

4.不依約定方法處分標的物者。

信託人取回標的物後之出賣、拍賣程序，以及受託人回贖之權利，準用動產抵押之規定。

(二)標的物出賣處分之責任

信託人同意受託人出賣標的物者，不論已否登記，信託人不負出賣人之責任，或因受託人處分標的物所生債務之一切責任。

三、信託收據應訂明之基本條款

(一)當事人之姓名或名稱、住居所或營業所。

(二)信託人同意供給受託人資金或信用之金額。

(三)標的物之名稱、數量、價格及存放地點，如有特別編號、標識或說明者，其記載。

(四)信託人保有標的物所有權，受託人占有及處分標的物方法之記載。

(五)供給資金或信用之清償方法，如受託人出賣標的物者，其買受人應將相當於第2款所列金額部分之價金交付信託人之記載。

(六)受託人不履行契約時，信託人行使物權及債權之方法。

(七)如有保險者，其受益人應爲信託人之記載。

(八)管轄法院之名稱。

(九)其他條件之記載。

(十)訂立收據年月日。

四、訂立信託收據應注意事項

經依動產擔保交易法設定抵押之動產，不得爲信託占有之標的物。

五、契約範例

〈範例3-3-13〉

信託收據

信託收據（此據可由申請人依動產擔保交易法第32條規定自製）			
信託人同意供給受託人資金或信用之金額		供給資金或信用之清償方法	
標的物之名稱數量價格及存放地點	詳動產擔保交易登記標的物明細表	信託人保有標的物所有權受託人占有處分標的物方法之記載	
受託人出賣標的物者其買受人應將相當於受託人給付之首期金額部分之價金交付信託人之記載			
受託人不履行契約時信託人行使物權及債權之方法			
有保險者其受益人應為信託人之記載			
其他約定事項	如附件所載（可另附契約）	發生訴訟時管轄法院之名稱	

訂立收據	身分	姓名或名稱	年齡	住所或營業所									身分證		簽名蓋章或捺指模
				縣市	鄉區鎮	村里	鄰	戶	街	路	弄	門牌	字	號	
	出賣人														
	代理人														
	買受人														
	代理人														

立約日期　中華民國　○○年○月○日

立信託收據人○○公司（以下簡稱立據人）今出具本信託收據，向○○銀行○○○（以下簡稱　貴行）領到後開單據及（或）貨物（詳如動產標的物），而對該單據及（或）貨物應支付之貨款運什費等資金係依照立據人於民國○○年○月○日所簽訂金額○○元之票據及（或）借據及（或）委任保證契約，由　貴行撥款及（或）保證支付。立據人及連帶保證人深切瞭解動產標的物所載一切貨物之所有權（包括以後由該貨物經加工後之半製品或製品）確屬於　貴行，作爲　貴行債權之擔保。立據人以受託人身分占有處分該項貨物。連帶保證人願與立據人切實保證按照　貴行指定之○○用途使用外，非經貴行書面同意絕不變更用途及（或）遷移出租，設定負擔等影響　貴行權益，並願遵守下列各款：

一、本信託收據上動產標的物所擔保之債權範圍，包括本金、利息、違約金以及因　貴行行使權利所生之一切費用。上述本金、利息利率、違約金標準及清償辦法等，均應依前開票據、借據委任保證契約之規定辦理。立據人並於加工出口式出售占有標的物時，有關其出售價格方法等，應先得貴行之同意，其買受人應將全部價金直接交付貴行，以抵償所欠債務。

二、後開單據及（或）貨物立據人，應在海關規定之報關限期內，辦妥報關及提貨手續，按照　貴行指定之存放地點（○○○）裝置或加工使用，並以　貴行爲受益人投保足額火險，其所需之關稅、各種稅捐、保險費、修理、維護什費等一切費用，均由立據人負擔。

三、信託收據、票據、借據及委任保證契約等有效存續中，立據人應以善良管理人之注意保管或使用信託占有標的物，其因任何原因所產生之損害，均由立據人負責賠償之。

四、信託占有標的物被占有後所生天然或法定孳息或其他任何收益，應由　貴行抵償所欠債務之一部分。

五、立據人如有下列情形之一者，　貴行得取回占有標的物：

(一)違反票據、借據、委任保證契約，暨本信託收據上所載一切規定者。

(二)擅自將標的物遷移、移轉、出質、出租或作其他處分，致有害於貴行所有權之行使者。

(三)未按貴行同意之方式、條件處分信託占有標的物。

(四)立據人之行爲足使信託占有標的物之價値減少者。

(五)貴行認爲立據人對信託占有之標的物或對　貴行供給之資金、信用等運用不當及其他原因者。

六、立據人或第三人拒絕交付信託占有標的物時，　貴行得依據本信託收據聲請法院強制執行之。　貴行無論於占有後立即出賣抑或聲請法院強制執行後拍賣占有標的物，其所得價款如不足抵償本息、違約金以及因行使權利所生之一切費用時，　貴行仍得追償。

七、保證人願負連帶責任，即負全部清償之責任，並願拋棄先訴抗辯權（參照民法第739條之1）。

八、立據人願接受　貴行對借款用途之監督及對立據人業務之稽核，如需各項表報，立據人應立即供給，但貴行並無監督或稽核之義務。

九、本信託收據所規定之義務，以　貴行所在地爲履行地，如涉訟時立據人保證人同意　貴行所在地之法院爲管轄法院。

十、除本信託收據規定各條件外，凡　貴行及臺灣金融業現在及將來之一切規章，立據人保證人均願遵守之。

十一、本信託收據所載立據人、保證人均包括其繼承人、受讓人、法定代理人、破產管理人或遺產管理人。

十二、本信託收據所規定各條款，如有未盡事宜，悉依照動產擔保交易法及有關法令規定辦理。

單據：

單據	保險單	商業發票	領事簽證書	產地證明書	其他文傭	備註

貨物：

貨物名稱	規格	單位	數量	總價	放存地點	特別標識	備註

銀行　臺照

立據人：
地址：
連帶保證人：
地址：
連帶保證人：
地址：
連帶保證人：
地址：

中　華　民　國　○　○　年　○　月　○　日

申　請　人　名　稱	（甲） （乙）	申請人職業籍貫年齡住所	（甲） （乙）
申請人（法人）營業執照字號及營業所在地	（甲） （乙）	代理人姓名籍貫年齡住所職業	（甲） （乙）
標的物所有人		標的物所在地	
契約訂立	自中華民國○○年○月○日　起	標的物價格（總值）	
有效期間	至中華民國○○年○月○日　止	擔保債權金額	
申請原因	一、「　　」之登記 二、標的物（如附表）。 三、其他事項之說明：		
附件			

右請

申請人：（甲）（乙）

臺灣省政府建設廳
○○縣、市政府 登記　代理人：（甲）（乙）

中　華　民　國　○　○　年　○　月　○　日

註：

一、申請人名稱：申請人如係自然人，則填其姓名，如係法人，則填其組織名稱及主體人姓名。又申請人分兩方，甲方係指信託人，乙方係指受託人。

二、營業執照：係指公司登記、工廠登記，或商業登記等執照影本。

三、標的物價格，填附表所列物品估定價值之總和。

四、申請原因欄第1項，按動產擔保交易法施行細則第7條有關各款所載，就其申請之性質填載之。

五、申請登記應具證件，按申請之性質，依照動產擔保交易法施行細則第6條各款規定各具送二份，惟本申請書應送二份，契約應送正本一份，複本三份，標的物明細表應送六份，並繳納登記費○○元，證明書費○○元，申請變更或註銷等登記者，其登記費為○○元。

六、申請登記或各種變更及註銷等登記者，均適用本申請書格式。

填表說明及應備書件：

一、信託占有登記申請書（黃色）：

(一)申請人名稱：甲方填信託人名稱如○○銀行、○○農會及其負責人。乙方填受託人名稱，如為法人者，其負責人姓名亦須填列。

(二)申請人營業所在地：甲方填信託人營業所在地。乙方填受託人住所或營業所在地。

(三)標的物所有人：填信託人名稱。

(四)契約訂立有效期間：起訖日期應與所訂信託收據有效日期相同。

(五)申請人職業籍貫等：僅填受託人籍貫年齡即可。

(六)代理人姓名籍貫等：甲方填信託人所委託之會計師、律師等姓名住所。乙方填受託人所委任之會計師、律師等姓名住所。自辦者免模。

(七)標的物所在地：填○縣○鎮○路○號（工廠內或農場內、倉庫內等）。

(八)標的物價格：填實際價格。

(九)擔保債權金額：填實際價格。

(十)申請原因欄「　　」括弧內填「信託占有」之登記。

二、信託占有登記切結於括弧「　　」內填「信託占有」字樣，括弧（　　）內填「受託人名稱」，信託收據如未編號可免填。具切結書人應填信託人名稱，如屬法人，並填負責人姓名。

三、信託占有標的物明細表：依表式填寫。

四、信託占有收據：收據亦正本一份，副本三份，正本貼印花六元。

五、印鑑證明書：雙方均送印鑑證明書二份，惟受託人應送原本一份複本一份，信託人可送複印本二份，受託人如係法人，其印鑑應由公司登記機關發給，如係自然人，其印鑑應由户政機關發給，信託人如為農會，應由主管機關發給。

六、信託占有證件：受託人如為法人應送公司執照、工廠登記證或營業執照。

第四章　親屬關係

壹、婚約

一、說明

婚約爲男女雙方約定將來結婚之契約。婚約應由男女當事人自行約定。且男須滿十七歲，女須滿十五歲。未成年人訂定婚約，應得法定代理人之同意。

二、契約當人法定權利義務

(一)婚約之效力

婚約不得請求強迫履行。

(二)解除婚約之事由

婚約當事人之一方，有下列情形之一者，他方得解除婚約：（參民法第976條）

1.婚約訂定後再與他人訂定婚約或結婚者。

2.故違結婚期約者。

3.生死不明已滿一年者。

4.有重大不治之病者。

5.有花柳病或其他惡疾者。

6.婚約訂定後成爲殘廢者。

7.婚約訂定後與人通姦者。

8.婚約訂定後受徒刑之宣告者。

9.有其他重大事由者。

(三)解除婚約之效力

解除婚約時，無過失之一方，得向有過失之他方請求賠償其因此所受之損害。即使不足財產上之損害，受害人亦得請求賠償相當之金額。婚約當事人之一方無第976條之理由而違反婚約者，對於他方因此所受之損害，應負賠償之責。雖非財產上之損害，受害人亦得請求賠償相當之金額，但以受害人無過失者爲限。因訂定婚約而爲贈與者，婚約無效、解除或撤銷時，當事人之一方，得請求他方返還贈與物。

三、婚約應訂明之基本條款

(一)當事人雙方。
(二)因婚約而爲贈與者，其記載。
(三)約定結婚期日或期間者，其約定。
(四)其他雙方合意事項。

四、訂立婚約應注意事項

婚約不以書面及公開儀式爲必要。只要雙方意思表示一致，即爲成立。

五、契約範例

〈範例3-4-1〉

訂婚證書

立訂婚書人○○○，○○省○○市人
　　現年○歲，中華民國○○年○月○日○時出生
　　住址○○○○○○○
立訂婚告人○○○，○○省○○縣人
　　現年○歲，中華民國○○年○月○日○時出生
　　住址○○○○○○○
　　茲因雙方情投意合，情願將來永結同心共偕白髮，並邀請○○○、○○○兩位先生為福證謹詹於民國○○年○月○日○時在○○省○○市○○路○○號禮廳正式訂婚除互贈送戒指以作信物外特立本書為證。

立訂婚書人：
立訂婚書人：
證人：
證人：

中　華　民　國　○　○　年　○　月　○　日

〈範例3-4-2〉

<table>
<tr><td colspan="11">

解除婚約同意書（法院公證處例稿）

　　立解除婚約同意書人○○○（以下簡稱甲方）與○○○（以下簡稱乙方）於民國○○年○月○日在○○訂婚，茲因發現彼此性情不投，志趣各異，兩願解除婚約，協議條款如下：

第1條　甲乙雙方訂婚前後互贈之信物，各自返還。
第2條　甲乙方願給甲乙方新臺幣○○元。
第3條　嗣後男婚女嫁各不相干。
第4條　本同意書經雙方簽名蓋章公證後生效。

甲方：
法定代理人：
乙方：
法定代理人：
</td></tr>
<tr><td>中</td><td>華</td><td>民</td><td>國</td><td>○</td><td>○</td><td>年</td><td>○</td><td>月</td><td>○</td><td>日</td></tr>
</table>

貳、結婚及夫妻財產制

一、說明

(一)結婚之要件

結婚應以書面爲之，有二人以上證人之簽名，並應由雙方當事人向戶政機關爲結婚之登記。男未滿十八歲，女未滿十六歲者，不得結婚。而未成年人結婚，應得法定代理人同意。

(二)結婚之限制

與下列親屬，不得結婚，違反者其婚姻無效：

1.直系血親及直系姻親。

2.旁系血親在六親等以內者。但收養而成立之四親等及六親等旁系血親，輩分相同者，不在此限。

3.旁系姻親在五親等以內，輩分不相同者。

4.前述姻親結婚之限制，於姻親關係消滅後，亦適用之。因收養而成立之直系親屬，在收養關係終止後，亦不得結婚。

5.監護人與受監護人於監護關係存續中，不得結婚。但經受監護人父母之同意者，不在此限。

6.有配偶者，不得重婚。且一人不得同時與二人結婚。違反者，其婚姻無效。

(三)結婚之撤銷

結婚撤銷之效力，不溯及既往。其得撤銷之原因如下：

原因	撤銷權人	撤銷權消滅之事由
(1)男未滿十八歲，女未滿十六歲而結婚者	當事人或法定代理人	當事人已達結婚年齡或已懷胎者。
(2)未成年人未得法定代理人之同意而結婚者	法定代理人	法定代理人知悉其事實之日起已逾六個月。結婚後已逾一年或已懷胎者。
(3)監護人與受監護人於監護關係存續中未經受監護人父母之同意而結婚者。	受監護人或其最近親屬	結婚逾一年。
(4)當事人之一方於結婚時不能人道而不能治者	他方當事人	於知悉其不能治之時起已逾三年者。
(5)當事人之一方於結婚時，係在無意識或精神錯亂中者	當事人	回復常態後逾六個月。
(6)因被詐欺或被脅迫而結婚者	當事人	發現詐欺或脅迫終止後逾六個月

二、婚姻之普通效力

(一)冠姓

夫妻各保有其本姓。但得書面約定以其本姓冠以配偶之姓，並向戶政機關登記。冠姓之一方得隨時回復其本姓。但於同一婚姻關係存續中以一次爲限（參民法第1000條）。

(二)同居義務

夫妻互負同居之義務，但有不能同居之正當理由者，不在此限。

(三)夫妻之住所

夫妻之住所，由雙方共同協議之；未爲協議或協議不成時，得聲請法院定之。法院爲前項裁定前，以夫妻共同戶籍地推定爲其住所（參民法第1002條）。

(四)日常家務之代理權

夫妻於日常家務，互爲代理人。夫妻之一方濫用前項代理權時，他方得限制之，但不得對抗善意代理人。

三、夫妻財產制

夫妻得於婚前或婚後以契約約定其夫妻財產制爲共同財產制、分別財產制，其未約定者，則適用「法定財產制」。其契約之訂定、變更或廢止應以書面爲之，且非經登記，不得對抗第三人。

各種夫妻財產權之區別如下：

財產制之區別	所有權關係	管理權與處分權關係	責任關係	清算關係
共同財產制	夫妻之財產成為公同財產	管理權雖屬於夫，但夫處分財產，須得妻之同意	夫妻分別情形負其責任	夫妻各得共同財產之半數

法定財產制	夫妻之財產仍然分離	同上	同上	妻之婚前財產由妻或其繼承人收回
分別財產制	同上	夫妻之財產各自管理處分	夫或妻完全各別負責任	不發生清算問題

四、契約範例

〈範例3-4-3〉

結婚證書

結婚人○○○，男性○○省○○市人○○職業

現年○歲中華民國○年○月○日○時生

住址○○○○○○○

結婚人○○○，女性○○省○○市人○○職業

現年○歲中華民國○年○月○日○時生

住址○○○○○○○

承蒙○○○、○○○兩位先生介紹謹詹於中華民國○○年○月○日○時在○市○區○里○○號○○禮廳舉行結婚典禮恭請○○○先生證婚嘉禮初成良緣遂締看此日桃花灼灼宜室宜家琴瑟和鳴互助精誠共鳴鴛鴦之譜

此證

立結婚證書人：○○○　印

立結婚證書人：○○○　印

證婚人：○○○　印

證人（即介紹人）：○○○　印

證人（即介紹人）：○○○　印

中　華　民　國　○　○　年　○　月　○　日

〈範例3-4-4〉

入贅協議書（法院公證處例稿）

立協議書人○○○（以下簡稱甲方）○○○（以下簡稱乙方）因入贅聯姻事，議定條件如下：

第1條　乙方願入贅甲方為贅夫。

第2條　冠姓約定：○○○○。

第3條　乙方以甲方住所為住所。

第5條　乙方有奉養甲方父母之義務，維持家計之責任，其他一切權利義務悉依法律規定。

第6條　本同意書經簽字或蓋章後生效。

入贅人：

招贅人：

證人：

證人：

中　華　民　國　○　○　年　○　月　○　日

〈範例3-4-5〉

未成年人結婚家長同意書（法院公證處例稿）

立同意收人父○○○母○○○茲因吾女○○○子○○○與○○○君○○○小姐於民國○○年○月○日在○○地方法院公證結婚，本人因事不能於舉行婚禮時到場行使同意權，特以法定代理人身分立此同意書為據。

立同意書人：父○○○（簽名蓋章）
母○○○（簽名蓋章）

國民身分證統一編號	父	
	母	

（證明單位主管簽名或蓋章）

中　華　民　國　○　○　年　○　月　○　日

註：

一、本同意書請村里長或警察所……等機關主管簽證證明。

二、未成年人之父母於舉行婚禮時到場，即不用本同意書。

〈範例3-4-6〉

夫妻分別財產制契約（法院公證處例稿）

立夫妻財產制契約人夫○○○妻○○○經雙方同意，選擇分別財產制為夫妻財產制，訂立契約如下：

第1條　雙方各保有其財產之所有權、管理權及使用收益權。

第2條　專供夫或妻個人使用之物，夫或妻職業上必需之物，夫或妻所受之贈物經贈與人聲明為其特有財產者，妻因勞力所得之報酬等特有財產，均同前條之約定。

第3條　夫或妻對債務之清償，依民法第1023條之規定各自負責。

第4條　夫得請求妻對於家庭生活費用為相當之負擔。

第5條　夫妻財產制契約之訂立、變更或廢止，由雙方共同向管轄法院聲請登記。

第6條　夫妻財產制契約之登記，對於登記前夫或妻所負債務之債權人，不生效力，亦不影響依其他法律所為財產權登記之效力。

第7條　雙方財產如所附目錄所載。

訂約人　夫：

身分證統一編號：

住址：

妻：

身分證統一編號：

住址：

中　華　民　國　○　○　年　○　月　○　日

〈範例3-4-7〉

共同財產制契約

立共同財產制契約人○○○以下簡稱為甲方，同立契約人○○○以下簡稱為乙方，因甲方與乙方由○○○、○○○兩女士之媒介於民國○○年○月○日締結婚約並擬定於民國○○年○月○日在臺灣○○地方法院公證處舉行公證結婚，茲為甲乙雙方協議結果願意於結婚之前約定夫妻共同財產制，因乙方現為未成人，故特經請其法定代理人○○○之同意並邀同媒介人兩位為證人，訂立本共同則產契約各應遵守條件如下：

第1條　甲方與乙方約定自民國○○年○月○日結婚時起除法定特有財產外，對於甲乙雙方現有及將來取得之一切動產及不動產，暨精神上及勞力上所得之財產，願意合併為共同財產而為甲乙雙方之公同共有。

第2條　甲方與乙方約定將來取得之不動產所有權登記，均應用甲乙雙方之名義為取得共同共有權登記。

第3條　甲乙雙方對於共同財產各不得擅自處分其應有部分。

第4條　關於共同財產之，管理使用收益，由甲方任之，其所需管理費用由共同財產負擔之。

第5條　甲乙雙方之一方對於共同財產為處分時，除屬於純粹管理上所必要之處分外，則須由甲乙雙方共同為處分，或一方應事先徵得他方之同意始得為之。

第6條　甲方對於共同財產管理不善，或有浪費之虞時，乙方得請求劃分財產。又乙方認為甲方之管理財產不善有使負債超過資產之虞時，得以廢止本共同財產制。

第7條　甲方對於下列債務由甲方單獨，並就共同財產負清償之責任：

一、甲方在結婚前所負之債務。

二、甲方在婚姻關係存續中所負之債務。

三、乙方因日常家務代理行為所生之債務。
四、除第三款規定外乙方在婚姻關係存續中以共同財產為擔保之債務。

第8條　乙方對於下列債務由乙方個人並就共同財產負清償之責任：
一、乙方在結婚前所負之債務。
二、乙方因職務或營業所生之債務。
三、乙方因繼承財產所負之債務。
四、乙方因侵權行為所生之債務。

第9條　乙方對於下開之債務應由乙方之特有財產負清償之責任：
一、乙方就其特有財產設定之債務。
二、乙方逾越日常家務代理權限之行為所生之債務。

第10條　甲乙雙方間之家庭生活費用，除應由共同財產擔保外，如共同財產不足負擔時，須先由甲方負擔，而甲方無支付能力時，由乙方負擔之。

第11條　甲乙雙方對於共同財產所負之債務，經一方將自己之特有財產為補償時，或個人之特有財產所生之債務，以共同財產為清償者，均得對他方請求補償。
前項補償請求權雖在婚姻關係存續中亦得請求之。

第12條　甲乙雙方如有一方死亡時，對於共同財產應以平均分割取得之。即共同財產之半額歸於死亡者之繼承人，其他半數歸屬於生存之一方。但生存之一方若依法不得為繼承人時，對於共同財產得請求之數額，不得超過離婚時所應得之數額。

第13條　共同財產關係，因民法第1009條至第1011條規定之情形，或因廢止本契約以及改用他種約定財產制，因甲方與乙方離婚，而消滅對於共同財產之分割，於甲乙雙方各取得共同財產之半數。

第14條　本共同財產契約，於甲乙雙方在婚姻關係存續中，得隨時以契約廢止或變更，或改用他種約定財產制契約。

第15條　甲乙雙方訂立本契約後，應依民法第1008條及非訟事件法第44條之規定，經向所轄法院聲請公證，及為夫妻財產契約之登記。

立共同財產契約人：
住址：
立共同財產契約人：
住址：
右法定代理人：
住址：
證人：
住址：
證人：
住址：

中　華　民　國　○　○　年　○　月　○　日

參、離婚

一、說明

(一)兩願離婚之要件

夫妻兩願離婚者，得自行離婚，但未成年人應得法定代理人同意。離婚應以書面爲之，有二人以上證人之簽名並應向戶政機關爲離婚之登記。

(二)判決離婚

夫妻之一方，以他方有下列情形之一者爲限，得向法院請求判決離婚：

1.重婚者。但有請求權之一方於事前同意或事後宥恕，或知悉後已逾六個月，或自其情事發生後已逾二年者，不得請求離婚。

2.與配偶以外之人合意性交者。但有請求權之一方於事前同意或事後宥恕，或知悉後已逾六個月，或自其情事發生後已逾二年者，不得請求離婚。

3.夫妻之一方受他方不堪同居之虐待者。

4.夫妻之一方對於他方之直系尊親屬爲虐待，或受他方之直系尊親屬之虐待，致不堪爲共同生活者。

5.夫妻之一方，以惡意遺棄他方，在繼續狀態中者。

6.夫妻之一方，意圖殺害他方者。但有請求權之一方，自知悉後已逾一年，或自其情事發生後已逾五年者，不得請求離婚。

7.有不治之惡疾者。

8.有重大不治之精神病者。

9.生死不明已逾三年者。

10.被處三年以上之徒刑，或因犯不名譽之罪被處徒刑者。但有請求權之一方，自知悉後已逾一年，或自其情事發生後已逾五年者，不得請求離婚。

11.有前述以外之重大事由，難以維持婚姻者，夫妻之一方得請求離婚。但其事由應由夫妻之一方負責者，僅他方得請求離婚。

(三)子女之監護權

夫妻離婚者，對於未成年子女權利義務之行使或負擔，依協議由一方或雙方共同任之。未爲協議或協議不成者，法院得依夫妻之一方、主管機關、社會福利機構或其他利害關係人之請求或依職權酌定之。

前項協議不利於子女者，法院得依主管機關、社會福利機構或其他利害關係人之請求或依職權爲子女之利益改定之。

行使、負擔權利義務之一方未盡保護教養之義務或對未成年子女有不利之情事者，他方、未成年子女、主管機關、社會福利機構或其他利害關係人得爲子女之利益，請求法院改定之。

前三項情形，法院得依請求或依職權，爲子女之利益酌定權利義務行使負擔之內容及方法。

法院得依請求或依職權，爲未行使或負擔權利義務之一方酌定其與未成年子女會面交往之方式及期間。但其會面交往有妨害子女之利益者，法院得依請求或依職權變更之。

(四)損害賠償及贍養費

夫妻之一方，因判決離婚而受有損害者，得向有過失之他方請求賠償。雖非財產上之損害，受害者若無過失，亦得請求賠償相當之金額。夫妻無過失之一方，因判決離婚而陷於生活困難者，他方縱無過失，亦應給予相當之贍養費。

(五)財產之取回

夫妻離婚時，無論其原用何種夫妻財產制，各取回其固有財產。如有短少，由有管理權之一方負擔。但其短少係由非可歸責於有管理權之一方事由而生者，不在此限。

二、協議離婚應訂明之基本條款

(一)雙方當事人及二人以上之證人。
(二)有子女時之監護權約定。
(三)財產之分配。
(四)贍養費或子女扶養費之約定。
(五)離婚協議自至戶政機關登記後生效。

三、契約範例

〈範例3-4-8〉

離婚書（法院公證處例稿）

立離婚書人○○○與○○○茲因夫妻感情不睦，難偕白首，經慎重考慮後，決定兩願離婚，自即日起，雙方解除夫妻關係，此後男婚女嫁，各聽自由，除下開附款外，並無其他條件。特立此為憑。

一、子女之監護：○○○○○。
二、財產之處置：○○○○○。
三、贍養費之給與：○○○○○。

立離婚書人　男方：○○○（簽名蓋章）
女方：○○○（簽名蓋章）
證人：○○○（簽名蓋章）
證人：○○○（簽名蓋章）

中　華　民　國　○　○　年　○　月　○　日

〈範例3-4-9〉

<table>
<tr><td colspan="11" align="center">悔過書</td></tr>
<tr><td colspan="11">立悔過書人○○○因與夫○○○妻○○○發生○○○○○○○○○○○事件。今蒙夫○○○妻○○○原諒，不予追究，不辦離婚。此後重新做人，決不打罵，決不滋事，決不○○，如果違反，即願接受法律嚴懲並辦離婚。特書立本悔過書，請法院認證。</td></tr>
<tr><td colspan="11" align="center">悔過人：○○○（簽名蓋章）
同意人：○○○（簽名蓋葦）
保證人：○○○（簽名蓋章）</td></tr>
<tr><td>中</td><td>華</td><td>民</td><td>國</td><td>○</td><td>○</td><td>年</td><td>○</td><td>月</td><td>○</td><td>日</td></tr>
</table>

肆、認領與收養

一、認領

認領乃生父承認非婚生子女為其自己之子女。生父對於非婚生子女，得隨時認領。但非婚生子女或其生母對於生父之認領，得否認之，非婚生子女與生母之關係，視為婚生子女，無須認領。

(一)認領之要件

依民國96年5月23日修正之民法第1067條第1項，有事實足認其為非婚生子女之生父者，非婚生子女或其生母或其他法定代理人，得向生父提起認領之訴。如生父死亡，得向生父之繼承人為之。生父無繼承人者，得向社會福利主管機關為之（同條第2項）。

(二)認領之效果

非婚生子女經生父認領者，視為婚生子女。其經生父撫育者，視為認領。認領之效力，溯及於出生時。但第三人已得之權利，不因此而受影響。生父認領後不得撤銷其認領。

此外，非婚生子女經認領者，關於未成年子女權利義務之行使或負擔，準用第1055條、第1055條之1及第1055條之2之規定（參民法第1069條之1）。

二、收養

收養者，乃雙方當事人以取得親子身分爲目的所爲之法律行爲，收養他人子女，須具備下列要件：

(一)收養者之年齡，應長於被收養者二十歲以上。但夫妻共同收養時，夫妻之一方長於被收養者二十歲以上，而他方僅長於被收養者十六歲以上，亦得收養。

(二)有配偶者收養子女時，應與其配偶共同爲之，但夫妻之一方，收養他方之子女者，或夫妻之一方不能爲意思表示或生死不明逾三年者，不在此限。

(三)除爲配偶共同收養外，一人不得同時爲二人之養子女。

(四)有配偶者被收養時，應得其配偶之同意。但他方不能爲意思表示或生死不明已逾三年者不在此限。

(五)不得收養下列親屬爲養子女：

1.直系血親。

2.直系姻親。但夫妻之一方，收養他方之子女者，不在此限。

3.旁系血親在六親等以內，旁系姻親在五親等以內。輩分不相當者。

收養子女，應以書面爲之。未滿七歲之未成年人被收養時，由法定代理人代爲意思表示並代受意思表示。滿七歲以上之未成年被收養時，應得法定代理人之同意。

子女被收養時應得其父母同意。但如有父母之一方或雙方對子女未盡保護教養義務或有其他顯然不利子女之情事而拒絕同意；或父母之一方或雙方事實上不能爲意思表示者，不在此限。

父母之同意應作成書面並經公證。但已向法院聲請收養認可者，得以言詞向法院表示並記明筆錄代之。

收養子女應聲請法院認可或違反其他法律規定者。法院應不予認可。

收養有無效、或得撤銷之原因或違反其他法律規定者。

被收養者爲成年人而有下列情形之一者法院應不予收養認可。

(一)意圖以收養免除法定義務。

(二)依其情形，足認收養於本生父母不利。

(三)有其他重大事由，足認違反收養目的。

養子女與養父母之關係，除法律另有規定外，與婚生子女同。

三、收養契約書之要點

(一)收養者與被收養者及其法定代理人。

(二)改姓之記載。

(三)雙方互相之權利義務約定。

四、聲請認可收養子女程式

聲請認可收養子女事件，以收養人及被收養人為聲請人，但被收養人未滿七歲，而無法定代理人者，得僅以收養人為聲請人。聲請認可收養子女事件，由收養人住所地之法院管轄。但收養人在中華民國無住所或住所不明時，以在中華民國之居所視為住所。無居所或住所不明者，以其在中華民國最後之住所視為住所。無最後住所者，因最高法院所指定之法院為管轄法院。

聲請認可應提出下列文件：

(一)收養契約書。

(二)戶籍資料文件：為證明被收養者非民法第1073條之1所規定不得收養之親屬，最好提出戶籍謄本及親屬系統表。收養當事人之一方為外國人者，應提出該國護照影本。但被收養人未滿七歲，未申報戶口，且無法定代理人者，毋庸提出上開戶籍文件。

(三)被收養者之配偶同意書：有配偶者被收養時，應得其配偶之同意。

(四)成年人被收養時，應取得其本生父母所具無須由其照顧、扶養之證明文件。如未能取得該文件者，應陳明其事由。

(五)未成年人被收養時，收養人應提出職業、財產及健康證明文件。外國人收養我國人為養子女者，並應提出收養行為合於其本國法律之證明書。

收養人已有收養子女者，應記載該子女之現況，如已終止收養者，應陳明終止收養之原因事實。

法院對於聲請事件，認有調查之必要時，得訊問收養當事人及其他關係人。但收養人居住國外，不能親自到場者，得以授權書指定代理人代爲到場。委任他人辦理收養手續之授權書，須經收養人簽名，並經我國駐外機關之認證。授權書內應載明代理人及被收養人，不得作概括委任。

五、契約範例

〈範例3-4-10〉

認領子女同意書(一)（法院公證處例稿）

立認領同意書人○○○於民國○○年○月○日所生男女孩○○○現年○歲，茲同意由其生父○○○認領，特立同意書為證。

認領人：

同意人：

中　華　民　國　○　○　年　○　月　○　日

〈範例3-4-11〉

認領子女同意書(二)（法院公證處例稿）

立認領子女同意書人○○○（以下簡稱甲方）○○○（以下簡稱乙方）我倆於民國○○年間同居，育有○孩○○○乙名（民國○○年○月○日生），現甲乙雙方，已於民國○○年○月○日正式結婚，理應將○○○認領為婚生子女。以上情形，經甲乙雙方同意，特立認領子女同意書公證為憑。

立認領子女同意書人（甲方）：

立認領子女同意書人（乙方）：

中　華　民　國　○　○　年　○　月　○　日

〈範例3-4-12〉

收養子女契約書（法院公證處例稿）

收養人○○○與被收養人○○○間為收養子女事宜訂立契約如下：

第1條　○○○夫婦，茲願共同收養○○○為養子（女）。

第2條　○○○（男女民國○○年○月○日出生，○○省○○縣人）願被○○○夫婦共同收養。

第3條　被收養人之法定代理人○○○同意○○○之被收養。

第4條　被收養人自本收養契約生效之日起，改從收養人姓○○仍名○○。

第5條　收養人與被收養人間，互負扶養之義務，有互享繼承之權利。

第6條　收養人對被收養人，有管教培育之責任。

第7條　本收養契約養經雙方簽名後生效，特立此契約為憑。

收養人：
住址：
被收養人：
法定代理人：
住址：

中　華　民　國　○　○　年　○　月　○　日

〈範例3-4-13〉

終止收養契約（法院公證處例稿）

立約人楊○○
楊○○（以下簡稱甲方），於民國○○年○月間收養楊○○（以下簡稱乙方）為養女，現在雙方同意終止收養，並約定條款於下：

一、自本約成立起雙方即無收養關係，乙方並回復本姓。
二、甲乙雙方私人負債各自負責。
三、本約自雙方簽字後生效，各執乙紙為證。

立約人　甲方：楊○○　印
楊○○　印
乙方：楊○○　印

中　華　民　國　○　○　年　○　月　○　日

〈範例3-4-14〉

終止收養同意書（法院公證處例稿）

立終止收養同意書人○○○（以下簡稱甲方）於民國○○年○月○日收養○○○（以下簡稱乙方）為養子女，茲因感情不洽，雙方同意終止收養關係，並約定條款如下：

第1條　自本同意書生效日起，雙方終止收養關係，乙方回復本姓，由生父（生母）領回。
第2條　甲乙雙方私人負債，各自負責償還。
第3條　甲方願贈乙方○○○。
第4條　本同意書經雙方簽名蓋章公證後生效，各執乙紙為證。

甲方（收養人）：
乙方（被收養人）：
右法定代理人：

中　華　民　國　○　○　年　○　月　○　日

第五章　繼承相關契約

壹、遺囑

一、說明

(一)遺囑之性質

遺囑乃因遺囑人死亡而發生效力之單獨要式行爲。下列行爲必須以遺囑爲之：

1.監護人之指定。

2.遺產分割方法之指定。

3.遺產分割之禁止。

4.遺贈。

5.遺產執行人之指定。

(二)遺囑能力

無行爲能力人及未滿十六歲之限制行爲能力人，均不得爲遺囑。滿十六歲的限制行爲能力人無須經法定代理人之允許得爲遺囑。遺囑人於不違反關於特留分規定之範圍內，得以遺囑自由處分遺產。

(三)遺囑方式

遺囑之方式有五種：

1.自書遺囑：遺囑人應自書遺囑全文，記明年月日，並親自簽名。如有增減塗改，應註明增減塗改之處所及字數，另行簽名。

2.公證遺囑：遺囑人應指定二人以上之見證人，在公證人前口述遺囑意旨，由公證人筆記、宣讀、講解，經遺囑人認可後，記明年月日，由公證人、見證人及遺囑人同行簽名。遺囑人不能簽名者，由公證人將其事由記明，使按指印代之。

3.密封遺囑：由遺囑人在遺囑上簽名後，將其密封，於封縫處簽名，指定二人以上之見證人，向公證人提出，陳述其爲自己之遺囑，如非本人自寫，並陳述繕寫人之姓名、住所，由公證人於封面記明該遺囑提出之年月日及遺囑人所爲之陳述，與遺囑人及見證人同行簽名。密封遺囑如不具備上述方式而具自書遺囑方式時，仍有自書遺囑之效力。

4.代筆遺囑；由遺囑人指定三人以上之見證人，由遺囑人口述遺囑意旨，使見證人中之一人筆記、宣讀、講解，經遺囑人認可後，記明年月日及代筆人之姓名，由見證人全體及遺囑人同行簽名，遺囑人不能簽名者，應按指印代之。

5.口授遺囑：只得於遺囑人因生命危急或其他特殊情形，不能依其他方式爲遺囑時爲之，其方式有二：

(1)由遺囑人指定二人以上之見證人，並口授遺囑意旨，由見證人中之一人，將該遺囑意旨，據實作成筆記，並記明年月日，與其他見證人同行簽名。

(2)由遺囑人指定二人以上之見證人，並口述遺囑意旨、遺囑人姓名及年月日，由見證人全體口述遺囑之爲眞正及見證人姓名，全部予以錄音，將錄音帶當場密封並記明年月日，由見證人全體在封縫處同行簽名。

口授遺囑，遺囑人若並未死亡，於其能依其他方式爲遺囑之時起經過三個月而失其效力。

(四)遺囑見證人資格之限制

遺囑見證人禁止由下列人擔任：

1.未成年人。

2.禁治產人。

3.繼承人及其配偶或其直系血親。

4.受遺贈人及其配偶或其直系血親。

5.爲公證人或代行公證職務之同居人、助理或受僱人。

(五)遺囑之生效時期

遺囑，自遺囑人死亡時發生效力。

二、遺囑應訂明之要點

(一)立遺囑人及見證人。
(二)遺產分配。
(三)遺贈事項。
(四)遺囑執行人之指定。
(五)其他遺言。

三、契約範例

〈範例3-5-1〉

口授遺囑

立遺囑人○○○，民國○○年○月○月生，臺北市人，身分證號碼：○○○○○○○○○○，茲依民法規定，訂立遺囑如下：

一、座落臺北市○○區○○段○○小段○○地號土地及地上建物（即門牌：臺北市○○區○○里○○鄰○○街○○巷○○號）○層樓住宅全棟，本人所有持分○分之○。由長子○○○（民國○○年○月○日生，臺北市人，身分證號碼：○○○○○○○○○○），單獨全部繼承。

二、本人除前項不動產外，目前並無其他財產，嗣後如有累積任何財產，也比照第1項規定，由長子○○○單獨全部繼承。以上意旨，由○○○口授，○○○據實作成筆記，記明年、月、日如後。

立遺囑人：○○○　印
見證人：○○○　印
見證人：○○○　印

中　華　民　國　○　○　年　○　月　○　日

註：

一、本例為口授遺囑。

二、遺囑人因生命危急或其他特殊情形，不能依其他方式為遺囑者，得依下列方式之一為口授遺囑：

(一)由遺囑人指定二人以上之見證人，並口授遺囑意旨，由見證人中之一人，將該遺囑意旨，據實作成筆記，並記明年、月、日，與其他見證人同行簽名。

(二)由遺囑人指定二人以上之見證人，並口述遺囑意旨、遺囑人姓名及年、月、日，由見證人全體口述遺囑之為真正及見證人姓名，全部予以錄音，將錄音帶當場密封，並記明年、月、日，由見證人全體在封縫處同行簽名。

〈範例3-5-2〉

自書遺囑

立遺囑人○○○，民國○○年○月○日生，臺北人，身分證號碼：○○○○○○○○○○○，茲依民法規定，自書遺囑，內容如後：

一、座落臺北市○○區○○段○○小段○○地號土地及地上建物（即門牌：臺北市○○區○○里○○鄰○○街○○巷○○號）○層樓住宅全棟，本人所有持分○分之○，由長子○○○（民國○○年○月○日生，臺北市人，身分證號碼：○○○○○○○○○○），單獨全部繼承。

二、本人除前項不動產外，目前並無其他財產，嗣後如有累積任何財產，也比照第1項規定由長子○○○單獨全部繼承。

立遺囑人：○○○親筆　印

見證人：○○○　印

中　華　民　國　○　○　年　○　月　○　日

註：

一、本例為自書遺囑，除應自書遺囑全文，記明年、月、日並親自簽名。如有增減、塗改，應註明增減、塗改之處所及字數，另行簽名。

二、為遺囑，應注意不能違反特留分之規定。特留分之規定，請參見民法第1223、1224條。

〈範例3-5-3〉

代筆遺囑

立遺囑人○○○，民國○○年○月○日生，臺北市人，身分證號碼：○○○○○○○○○○。茲依民法規定，訂立遺囑如下：

一、座落臺北市○○區○○段○○小段○○地號土地及地上建物（即門牌：臺北市○○區○○里○○鄰○○街○○巷○○號）○層樓住宅全棟，本人所有持分○分之○，由長子○○○（民國○○年○月○日生，臺北市人，身分證號碼，○○○○○○○○○○），單獨全部繼承。

二、本人除前項不動產外，目前並無其他財產，嗣後如有累積任何財產，也比照第1項規定，由長子○○○單獨全部繼承。以上意旨，由○○○代筆，並宣讀、講解，經立遺囑人認可後，按捺指紋，記明年月日如後。

立遺囑人：○○○　印

見證人即代表人：○○○　印

見證人：○○○　印

見證人：○○○　印

中　華　民　國　○　○　年　○　月　○　日

註：

一、本例為代筆遺囑。

二、代筆遺囑，應由遺囑人指定三人以上之見證人，由遺囑人口述遺囑意旨，使見證人中之一人筆記、宣讀、講解，總遺囑人認可後，記明年、月、日，及代筆人姓名，由見證人全體及遺囑人同行簽名，遺囑人不能簽名者，應按指印代之。

貳、繼承

一、說明

(一)繼承人之順位

繼承人之順位如下：

1.直系血親卑親屬。以親等近者爲先。養子女之繼承順位及應繼分與婚生子女同，本順位繼承人中，有於繼承開始前死亡或喪失繼承權時，由其直系血親卑親屬，承襲被代位人之地位直接繼承被繼承人，代位繼承人之應繼分與被代位人相同。

2.父母。

3.兄弟姊妹。

4.祖父母（包括外祖父母）。

5.配偶。配偶有相互繼承遺產之權。如有前四順序之繼承人時，得與此等人共同繼承。如無，則單獨繼承。

(二)應繼分

配偶與各順序血親繼承人共同繼承時之應繼分：

1.配偶與直系血親卑親屬共同繼承時：平均分配。

2.與父毋共同繼承時，配偶二分之一，其餘由父母均分。

3.與兄弟姊妹共同繼承時，配偶二分之一，其餘由兄弟姊妹均分。

4.與祖父母共同繼承時，配偶三分之二，其餘由祖父毋均分。

5.無配偶時，同一順序繼承人均分全部財產。

(三)遺產之公同共有

共同繼承之財產爲公同共有財產。其效力如下：

1.管理：由全體繼承人共同爲之。亦得互推一人管理之。

2.處分：除繼承財產之保存或管理上所必要者外，各共同繼承人不得單獨爲處分。

3.對債務之責任：各共同繼承人就繼承債務負連帶責任。其相互間對繼承債務按其應繼分比例負擔。

(四)遺產之分割

繼承人除法律另有規定或契約（遺囑）另有訂定外，原則上得隨時請求分割遺產。以遺囑禁止分割遺產者，其效力不得逾十年。各共同繼承人亦得訂契約不分割遺產。胎兒爲繼承人時，非保留其應繼分，他繼承人不得分割遺產。胎兒關於遺產之分割，以其母爲代理人。

被繼承人之遺囑，定有分割遺產之方法或託他人代定者，從其所定。但不得違反特留分之規定。如果被繼承人無遺囑或遺囑未指定分割方法或受委託之第三人未指定時，得由各共同繼承人以協議分割之。如不能協議時，得聲請法院代爲決定分割方法，其方法以現物分割爲原則，變價分配爲例外。遺產分割後，各繼承人按其所得部分，對於他繼承人因分割而得之遺產，負與出賣人同一之擔保責任。對於債權則就遺產分割時債務人之支付能力，負擔保之責。

(五)限定繼承

繼承人得限定以因繼承所得之遺產，償還被繼承人債務。繼承人爲限定繼承時，應於繼承人知悉其得繼承之時起三個月內，開具遺產清冊，呈報法院，而依程序清算，清償債務及交付遺贈。

(六)拋棄繼承

繼承人皆得拋棄其繼承權，但應於知悉其得繼承之時起三個月內，以書面向法院爲之，並以書面通知因其拋棄而應爲繼承之人。繼承之拋棄，溯及繼承開始時發生效力。拋棄繼承人即不得享受任何權利，亦不負擔任何義務。同一順序中有人拋棄繼承時，其應繼分歸屬於其他同爲繼承之人。若均拋棄時，則歸於次順序或次親等之直系血親卑親屬繼承。所有繼承人均拋棄時，準用關於無人承認繼承之規定。即於清償債務、交付遺贈後，將剩餘歸屬國庫。

二、契約範例

〈範例3-5-4〉

共同繼承財產管理契約書

立共同繼承財產管理契約人○○○、○○○、○○○、○○○等四人為被繼承人○○○之共同繼承人，已於民國○○年○月○日被繼承人死亡同時開始繼承，因○○○○事由不能即時分割遺產，經共同繼承人全體協議同意在繼承遺產分割前由共同遺承人中互推一人管理，爰經訂立本契約條件如下：

第1條　共同繼承人全體就共同繼承人中互相推定共同繼承人○○○為共同繼承財產之管理人。

第2條　共同繼承財產詳細如後開標示所載，於本契約成立同日，應由共同繼承人全體會同之下悉數移交管理人前去占有管理之。

第3條　管理人對於共同繼承財產之管理權限列開於次：

一、共同繼承財產之出租及訂立契約。其稅金之收取或請求支付租金及返還租賃物等行為。

二、共同繼承財產所生孳息之收益行為。

三、共同繼承債權之受償或向繼承債務人為請求清償行為。

四、共同繼承財產所收取之金錢及物之借貸及其訂立契約或請求償還等行為。

五、前開事項有關法律行為經向法院公證處聲請公證或認證以及向地政機關聲請登記等行為。

六、共同繼承財產有關聲請調解起訴及訴訟上或訴訟外和解聲請強制執行等以及其他一切必要之行為。

七、○○○○○○

第4條　管理人除前條各項行為之權限外對於共同繼承財產之處分行為及其他權利之行使時應經共同繼承人全體同意而特別授權後方得為之。

第5條　管理人就共同繼承財產之保存因防止繼承財產之毀損滅失所必要處分者亦應經共同繼承人全體協議後始得依其議決本旨辦理之。

第6條　管理人對於共同繼承財產之管理上必要範圍內得使用之。

第7條　本契約成立後因繼承財產之變賣出租滅失或毀損（如政令徵收拆毀）借貸所受之金錢物品管理人亦應依本契約之規定管理之。

第8條　管理人對於共同繼承財產之處理事務應以善良管理人之注意為之不得忽略從事。

第9條　管理人就管理所處理之事務如有過失或因逾越權限之行為所生之損害，管理人應負賠償責任。

第10條　管理人為本契約管理金錢或除貸付外其餘現款應悉數儲存銀行或農會合作社，不得有私自保管或使代理人保管情事。

第11條　管理人應於每年六月及十二月結算二次，就管理共同繼承財產之狀況，造就清冊報告或向其他共同繼承人說明。但於非結算期，其他共同繼承人如請求查勘管理事務進行之狀況時，管理人亦應隨時呈閱有關簿帳及報告之義務。

第12條　管理人之報酬定為每年新臺幣○元，於結算報告共同繼承財產之狀況時各付半額。

第13條　因繼承財產之管理所必要之費用由共同繼承財產負擔之。

第14條　管理人於本契約成立同時就任管理，其管理期間至民國○○年○月○日為止。

第15條　管理人為管理上違背本契約或有營私舞弊情事時得隨時解除本件管理契約。

第16條　本契約終止或解除時，管理人應造就清冊報告於全體共同繼承人，並將其所管理中之共同繼承財產全部移交全體共同繼承人接管。倘在其管理中以其名義所取得之金錢物品之占有或債權物權等權利亦應同時全部移轉之。

共同繼承財產標示：

一、不動產部分。

二、動產部分。

三、其他權利部分。

四、債權部分。

共同繼承人：○○○ 印

住　　　所：○○○○○○

共同繼承人：○○○ 印

住　　　所：○○○○○○

共同繼承人：○○○ 印

住　　　所：○○○○○○

共同繼承人：○○○ 印

住　　　所：○○○○

中　華　民　○　○　年　○　月　○　日

〈範例3-5-5〉

遺產分割協議書

立協議書人○○○（以下簡稱甲方）、○○○（以下簡稱乙方）、○○○（以下簡稱丙方）、○○○（以下簡稱丁方）、○○○（以下簡稱戊方）茲就被繼承人○○○之遺產分割事宜，訂立本協議書，條款如後：

一、座落臺北市○○區○○段○○小段○○地號土地○○公頃由甲方取得。

二、座落臺北市○○街○○號○樓房屋及其基地由乙方取得。

三、○○○股份有限公司股票○○萬股及○○○股份有限有司股票○○萬股由丙方取得。

四、○○銀行○○分行定期存款○○萬元及○○郵局郵政儲蓄存款○○萬元整（均含利息）由丁方取得。

五、甲、乙、丙、丁四人願各付戊方新臺幣○○萬元整。

六、前述所載之給與財產均於本日移轉交付與各方取得營業收益納課完畢。
關於不動產部分於契約成立後一星期內向地政機關辦理所有權登記手續，但該項登記所需費用及各項稅捐均由取得人各自負擔。
七、本件繼承應繳納之遺產稅，應由甲、乙、丙、丁、成五人平均負擔，但其他過户所須之稅捐費用，由取得人各自負擔。
八、本協議書壹式伍份，甲、乙、丙、丁、戊各執乙份為憑。

甲方：○○○　印
住址：
身分證統一編號：
乙方：○○○　印
住址：
身分證統一編號：
丙方：○○○　印
住址：
身分證統一編號：
丁方：○○○　印
住址：
身分證統一編號：
戊方：○○○　印
住址：
身分證統一編號：

中　華　民　國　○　○　年　○　月　○　日

〈範例3-5-6〉

繼承權拋棄書(一)（死亡日起二個月內拋棄）

被繼承人○○○於民國○○年○月○日亡故，立拋棄收人係依法享有繼承其遺產之權，惟立拋棄書人自願將其所有財產之應繼分全部拋棄屬實無訛，恐口無憑，

特依民法第1174條規定，出具本拋棄書為據。

此致

立拋棄書人：

住址：

身分證統一編號：

出生年月日：

中　華　民　國　○　○　年　○　月　○　日

〈範例3-5-7〉

繼承權拋棄書(二)（知悉日起二個月內拋棄）

被繼承人○○○於民國○○年○月○日亡故，立拋棄書人於民國○○年○月○日始知悉依法享有繼承其遺產之權，惟立拋棄人自願將其所有財產之應繼分拋棄屬實無訛，恐口無憑，特依民法第1174條規定，出具本拋棄書為據。

此致

立拋棄書人：

住址：

身分證統一編號：

出生年月日：

中　華　民　國　○　○　年　○　月　○　日

第六章　商務契約

壹、說明

國際貿易已經成為臺灣經濟成長不可或缺之一環，對外工商業接觸日益頻繁，且多需訂立契約以明雙方之權利義務，僅就一般契約之格式及要項說明如左：

一、基本條款

(一)訂約日期。訂約日期原則上即為生效日期。例外如技術合作契約書以申請核准之日為生效日期。

(二)訂約地點。可作為訴訟管轄之參考。

(三)契約當事人之名稱及地址。如屬於公司者，並應記明各該公司設立所依據之法律。名稱於第一次出現時應記明全名，並得以括號註明簡稱或代號。地址則為訴訟管轄、通知之依據，不可忽略。

(四)訂定契約之事項或原因記載。

二、定義條款

如有須重複出現之名稱或須說明之字句，均以定義條款確定解釋。

三、主要內容

(一)列明當事人之間意願及相互之權利義務，依契約之目的而異，但以越詳細明訂越好，以杜減紛爭。

(二)需注意是否有違法或與現行法牴觸之約定。其他如稅法、手續、匯率換算等問題亦應詳細列明。

四、一般條款

(一)契約有效期間。

(二)契約終止的解除條件、行使方式等。

(三)不可抗力原因之列舉與處理方法。

(四)契約之轉讓：記載本契約爲不可轉讓或得轉讓者。如爲得轉讓時，其權利、義務負擔。

(五)仲裁條款：

1.仲裁機關之名稱或選定。

2.仲裁人之選定方法。

3.願受仲裁裁斷拘束之記載。

4.仲裁費用之負擔。

(六)訴訟管轄：如契約無仲裁事項約定，則須明定因本契約而生之訴訟管轄事項。

(七)契約所依據之法律。

(八)與其他契約之關係。

(九)契約之修正方式。

(十)通知：雙方聯繫之方法、通知效力發生時期均需訂明。

五、結語

六、署名及封印

貳、契約範例

〈範例3-6-1〉

貿易契約

本契約由○○公司—總公司設於中華民國臺灣省臺北市○○路○○段○○號（以下簡稱賣方）與○○公司—總公司設於美國紐約州○○市○○街○○號（以下簡稱買方）於一九九○年○月○日訂定，雙方同意按下述條件訂立本契約：

第1條　貨物名稱：

品質：

尺寸：依一九八八年○月○日提供予買方的樣品為準。

數量：

單價及總金額：每打US$00CIF紐約，總金額US$000,000CIF紐約。

包裝：

裝運碼頭：

第2條　一九九〇年〇月〇日前裝運，但以可接受的信用狀於一九八八年〇月底前開到賣方為條件，容許分批裝運及轉運。

第3條　賣方給妥船隻遵限裝船並通知買方。如買方保留選擇裝船時間而未通知賣方，則所增的費用及風險由買方負擔。

第4條　貨物越過船舷欄杆，風險移由買方負擔。

第5條　憑一流銀行的不可撤銷的信用狀付款，信用狀以賣方為受益人，並照貨物金額百分之百開發。

第6條　賣方應投保水險、水漬險並加保遺失竊盜險及兵險，保險金額按發票金額的百分之一一〇投保，並須規定如有索賠應在紐約以美金支付。

第7條　貨物須經一家獨立公證行檢驗，其出具品質及數量檢驗證明書應為最後認定標準。

第8條　運到出口地碼頭或鐵路車站為止的內陸運費及交貨時檢查品質丈量過磅及計數費用皆由賣方負擔。

第9條　裝貨港碼頭使用費，裝貨費或駁船費（裝車費）及船內裝艙工資應由賣方負擔。

第10條　運費、保險費、幣值等的異動：

一、茲同意本契約內所列價格全是以目前國際貨幣基金平價匯率新臺幣〇〇元兌換美金一元為準。倘若這項匯率在押匯時有任何異動，則價格應根據這項異動比照調整及清償，俾賣方的新臺幣收入不因而減少。

二、契約中所列價格全是以目前運費率及（或）兵險和水險保險費率為準。裝運時運費率及（或）保險費率如有增加，應歸由買方負擔。

三、交貨前如原料及組成配件的成本增加甚鉅，賣方保留調整契約中所列價格的權利。

四、運費（船、火車）保險費由賣方負擔。

第11條 對於貨物、包件、原料、或履行契約有關活動所課徵的稅捐或規費，如由產地國課徵，歸由賣方負擔；如由目的國課徵，則歸由買方負擔。

第12條 出口報關費用及出口稅由賣方負擔。

第13條 到達目的港卸船費（包括駁船及碼頭使用費），如和運費併付或按GIF Landed條件時由賣方負擔，否則由買方負擔。

第14條 出口簽證、保險單由賣方付費辦理：清潔提單（裝運提單）、商業發票由賣方提出；產地證明書、領事簽證由賣方協辦，買方付費。

第15條 進口國或通過第三國所需由發貨國簽發的證件由賣方協助申領，買方付費。

第16條 如賣方提出的提單為備運提單，應經船公司加批on board字樣；賣方須提供貨物習慣上的包裝（應為外銷包裝）。

第17條 對所裝貨物如有索賠情事發生，則請求索賠的通知必須於貨物抵達卸貨港後即刻以書面提示賣方，並且必須給賣方調查的機會。倘若運送船隻到達卸貨港後二十一天內沒有提示這項預先的書面通知以及提供調查機會，則索賠應不予受理。在任何情況下，賣方對於使用貨物引起的損害、或對於間接或特別的損害、或對於超出瑕疵貨物發票金額的款項均不負責。

第18條 因戰爭、封鎖、革命、暴動、民變、騷動、動員、罷工、工廠封鎖、天災、惡劣氣候、疫病或其他傳染病、貨物因火災或水災而受毀壞，在交貨港因暴風雨或颱風而阻礙裝船或在裝船前有任何其他賣方所無法控制的事故發生，而致貨物的全部或一部分未能交貨，這未交貨部分的契約應予取消。然而，在裝貨期限截止前，如貨物業經備妥待運，但因前述事故之一發生而致未能裝運，則買方於接到賣方請求時，應以修改信用狀方式或其他方式延長裝貨期限。

第19條　有關本契約買賣雙方間所引起的任何糾紛、爭議、或歧見，可付諸仲裁。這項仲裁應於中華民國臺灣省臺北舉行，並應遵照中華民國政府仲裁法規處理及進行。

第20條　本契約的成立、效力、解釋，以及履行均受中華民國法律管轄。

第21條　本契約書壹式貳份，於前文日期簽署，雙方當事人各執乙份為憑。

賣方：
公司名稱：
公司地址：
負責人（經理）：○○○ 印
住址：
身分證統一編號：
買方：
公司名稱：
公司地址：
負責人（經理）：○○○ 印
住址：
身分證統一編號：

中　華　民　國　○　○　年　○　月　○　日

〈範例3-6-2〉

技術合作契約書

本契約由○○公司（以下簡稱技術人），係依美國加州法律設立之公司，主事務所設於美國加州○○市○○大樓；○○公司（以下簡稱合作人），係依中華民國法律設立之公司，主事務所設於中華民國臺灣省臺北市○○路○○段○○號。由於技術人在美國對於膠琺瑯（RUBBER

EAMEL）成形法方面具有珍貴之技術及經驗，該項技術方法可應用於製造及銷售各種橡膠、纖維強化塑膠產品，而合作人在中華民國製造及銷售橡膠、纖維強化塑膠產品，但並非應用膠琺瑯成形法，因此技術人願意協助合作人利用膠琺瑯成形法在中華民國製造上述產品，雙方議定條款如後：

一、名詞定義：

(一)「產品」係指流線型冷卻水皿、浴盆、球形儲水塔及BUDLAC/P-36, P-20膠琺瑯。

(二)「AB」係指纖維強化塑膠或橡膠。

(三)「XY」係指膠琺瑯成形法，即將橡膠注人預先鋪上玻璃纖維之模子之空心及突心部分以製造A、B產品。

二、合作人願意將產品之A B皿模、一套附件及細節工程圖運至○○州○○市技術人處。

三、技術人於收到水皿模並加以分析，將建議修改規格以適用XY方法製模，經合作人同意修改後，技術人即在其適當監督下進行製造產品XY模之空心部分或外表面。

四、在雙方同意之期間，合作人將派遣最多五位代表至○○州○○市技術人處接受約三週膠琺瑯成形法製模之訓練並在技術人協助及指導下製造產品的實心模（或內層表面），合作人代表中最少一人須英語流利並負責翻譯，在此期間之訓練內容並包括工具及設備之使用以供其他膠琺瑯成形作業及本合約第6條之試模，技術人應使合作人代表熟悉生產設計、生產機械、生產過程、產品測試、原料規格、品質控制等技術，並允許合作人代表作成紀錄及圖說，並提供該等技術之有關資料。

五、技術人具有「AB」產品之各項設計能力及有產品之整體發展計畫。

六、技術人將在○○市以XY模試驗產品並保證依膠琺瑯成形法製造之產品具有市場銷售性。

七、AB產品已經初期研充發展正在成長中，且具有發展及創新之潛力者。

八、上述事項完成後，XY模及產品將依合作人指定之方式運交合作人，費用由合作人負擔。

九、技術人具有規模之研究機構從事高級創新研究及發展工作。

十、當合作人具備膠珐瑯成形法製模及生產設備開始作業時，技術人將在雙方同意之期間派遣一位膠珐瑯成形法專家協助並提供技術指導合作人開始作業，期間為兩週，費用由技術人負擔。

十一、權利金為美金〇〇元。所得稅由技術人負擔。合作人應於中華民國政府核准本技術合作，並依規定申報實行日期後，將權利金一次給付技術人。

十二、合作人為使本技術合作申請獲得中華民國政府之核准應負責為必要可行之行為。

十三、如合作人希望自技術人獲得本合約規定內容及期間以外之服務而經技術人同意時，該項額外服務之報酬金不得超過技術人對其國外附屬機構及被特許權人提供相同服務所收取之報酬金。

十四、技術人及合作人應各指定一經理人負責有關履行及簽訂本合約之聯絡事宜。

十五、合作人對於下述事項應守秘密：

(一)合作人應隨時盡力並要求其職工董事就其直接或間接獲自技術人之任何技術知識保持秘密並不得將其公開或洩露給任何第三人。但本約另有規定者不在此限。

(二)本條之規定不得限制合作人利用或散播已公開之任何技術知識，但該技術知識係因合作人未經許可或因其過失而成為公開者，不在此限。

(三)合作人得將有關純為產品使用及裝置之任何技術知識透露予合作人之顧客或經書面同意保持秘密而為合作人製造或改善設備之著名〇〇公司。但對後者透露之技術知識應以該等公司依實際情況為設計、製造、改善本合約規定之任何機械、設備或工廠設施所必要者為限，該等公司於事後並應將全都圖說、規格及其他技術知識返還合作人或於合作人監督下銷毀。

(四)本條之規定於本合約終止後一年仍應有效。

十六、本合約之規定不得被解釋為限制合作人或其附屬機構在中華民國境外銷售產品。

十七、合作人與技術人間往來之一切圖説、規格、手冊、研究報告、説明或其他聯絡文件應以英文為之，於必要時合作人應負責英制與公制度量衡間之換算。

十八、技術人所為之技術知識移轉應視同技術人就其可能擁有或控制之本合約所指技術方法之專利或秘密資料授予特許權。

十九、本合約有效期間為三年，自中華國政府最後核准之日起算。

二十、本合約應以美國加州法律為準據法。

二一、本合約壹式貳份，由雙方合法授權之代表人簽署。

技術人：
公司名稱：
公司地址：
代表人：○○○ 印
住址：
身分證統一編號：
合作人：
公司名稱：
公司地址：
代表人：○○○ 印
住址：
身分證統一編號：

中　華　民　國　○　○　年　○　月　○　日

〈範例3-6-2〉

合作生產契約書

本契約由美國○○公司（以下簡稱甲方）○○公司（以下簡稱乙方）茲就合作生產事宜，訂立本件契約，條款如後：

一、本契約書所稱技術合作製品之對象，係甲方於本契約期間內，甲方在其本國製造販賣之○○○之全部及其附件（以下簡稱本製品）。

二、本契約存續期間內，甲方應向乙方提供左列之技術指導及技術上之協助：

(一)關於乙方財務之計畫、業務之企劃、調度及稽核、研究發展事項。

(二)契約製品製造上必要之設計圖、裝配圖、零件圖、製造工程圖、裝配作業指導書、檢查要領書、保養說明書以及作業管理之指導及設備配置之技術指導。

(三)關於乙方各項設施之籌建，保稅倉庫、儲運單位之設立及經營事項。

(四)甲方對本契約製品如有研究改良，具備專門技術或專利權者，應隨時將其資料提供乙方。

(五)甲方願在其本國工廠指導教育乙方之技術實習員，但乙方欲派遣時，應事先將技術研修發展計畫通知甲方，以徵求甲方同意，甲方應依雙方同意決定之計畫內容實施教育及指導，惟實習員之往返旅費及居留期間各費用應由乙方負擔。

(六)甲方應配合乙方之需要派遣適合之指導技術人員來臺指導乙方，但乙方應負擔其往返旅費（來回飛機票限經濟票席位）、保險費及居留期間各費用，惟被派遣者之資格及派遣期間應得乙方同意。

三、甲方保證將來乙方之製品，其品質與甲方之製品完全一致，乙方不得販賣不合甲方品質管理規定及儲運、包裝、修配檢查規格之製品。

四、乙方製造之契約內製品得標示甲方之商標於乙方名牌內，又其廣告、型錄等亦使用甲方之商標。

五、乙方對甲方依本契約第2條規定所提供之技術指導，應依左列規定支付報酬：

(一)基於本契約甲方給予乙方技術合作實施權，乙方應在本契約生效後三十日內付與甲方美金○萬○仟元整。

(二)乙方應以契約製品之出廠價減去輸入原料之CIF價格及稅捐、廣告費、佣金、折扣等費用後之金額百分之三為技術酬金支付甲方。

(三)本契約存續中，乙方應付與甲方之技術酬金應在計算年度結束起六十日內支付，以十二月底為計算年度之末日。

六、甲方具有本製品之各項設計能力及有產品之整體發展計畫。

七、甲方保證本製品具有市場銷售性，且已經初期研究發展正在成長中，具備發展及創新之潛力者。

八、甲方具有規模之研究機構從事高級創新研究及發展工作。

九、依本契約應為之付款（技術報酬、旅費、居留期間費用等）依中華民國管理外匯辦法，以美金表示，並以美金匯交甲方。

乙方在每年十二月底，應作成契約製品全年之生產量及工廠原價之合計報告書通知甲方，該報告應在上述末日起三十日內通知甲方。

十、甲方保證乙方生產過程中可引進與培植高級科學技術人員，並需要較多研究發展費用，並且乙方能獲得關於科學技術人才訓練及人力資源之調節。

十一、本契約經雙方當事人簽名蓋章後經中華民國政府承認之日起發生效力，其後五年為有效期間。

十二、如有左列情事，本契約可予解除：

(一)甲乙任一方不履行本契約之義務，但應有六十日之預告期間。

(二)本契約之當事人之一方破產，停止營業或與債權人任意和解。

十三、如發生本契約未規定事項，應依書面通知協議處理，得中華國政府許可後發生效力。

十四、與本契約有關所發生之一切爭執、異議或違約，不得向日本及中華民國之裁判機關起訴，而應交付仲裁以解決之，其仲裁裁定為最終裁定，當事人應受拘束。

甲方被乙方提請仲裁時，由國際商事仲裁協會，依其仲裁規則及美國法律加以仲裁。

乙方被甲方提請仲裁時，由中華民國仲裁協會依其仲裁規則及商務仲裁條例加以仲裁。

十五、本契約以中文本為正本，壹式貳份，甲、乙雙方各執乙份為憑。

甲方：
公司名稱：
公司地址：
代表人：○○○　印
住址：
身分證統一編號：
乙方：
公司名稱：
公司地址：
代表人：○○○　印
住址：
身分證統一線號：

中　華　民　國　○　○　年　○　月　○　日

〈範例3-6-4〉

代理店契約書

○○公司（以下簡稱甲方）與○○貿易公司（以下簡稱乙方）茲甲方聘任乙方為其商品之代理店，從事甲方商品之銷售。雙方訂定契約如下：

第1條　甲方聘任乙方為甲方商品（以下簡稱商品）之代理店，從事商品之長期性銷售。

第2條　乙方須將商品銷售予○○縣內之特約零售店，以擴充商品銷售量。

第3條　乙方須於經銷處標示其為甲方之代理店。

第4條　甲方得要求乙方依下列事項提出書面報告：

一、商品庫存量與每月銷售額。

二、價款回收情形。

第5條　乙方對甲方有如下提出報告之義務：

一、每年三月十五日前，提出該年全年銷售數量與金額之預估報表。

二、於每期結算之後兩個月內，提出資產負債表，盈虧表、及其附屬之明細表。

三、稅務申報後，乙方須立即將申報表及其附屬文件影印，送交甲方。

第6條　乙方對甲方訂購商品之目標額為每年新臺幣○○元整。

前項目標額之達成有顯著困難時，甲方得解除乙方代理店之資格。

第1項目標額每年之修訂，由甲方通知乙方。

第7條　乙方須尊重商品銷售之流通管道與流通秩序。

乙方銷售商品時，須掌握特約店之整體性信用狀況，以維護、確保優良特約店。

第8條　乙方支付甲方價款辦法另訂之。

第9條　甲方得酌量乙方之信用狀況，提出如左債務擔保之要求，其詳情另以個別契約定之：

一、保證金之提供。

二、有價證券及儲蓄金抵押權之設定。

三、基本抵押權之設定。

四、保證人。

第10條　當乙方發生下列之情事時，甲方得不經催告，逕行解除本契約。乙方立即喪失契約期限內之權益，並須支付予甲方債務金額，以資補償。

一、各個債務之任何一項未能按時支付時。

二、支票、匯票之任何一次跳票時。

三、宣告破產、和議或公司整頓時。

四、半數以上股權讓渡予他人，以致實際經營者發生變更。

五、除前項情形外，發生合併經營、轉讓等重大組織變更之情事時。

六、乙方拒絕甲方擔保、保證之請求時。

七、未盡向甲方提出報告之義務時。

八、其他違背本契約之行為時。

第11條　本契約之有效期限為締結日（本日）起滿二年，契約屆滿三個月之前，若雙方皆未以書面向對方提出終止要求，則自動延長二年。往後亦以同樣方式終止或延長本契約。

第12條　有關本契約之糾紛，甲、乙雙方同意以甲方本店所在地之地方法院為管轄法院。

第13條　本契約壹式貳份，當事人各執乙份為憑。

甲方：

公司名稱：

公司地址：

負責人：○○○　印

住址：

身分證統一編號：

乙方：
公司名稱：
公司地址：
負責人：○○○ 印
住址：
身分證統一編號：

中　華　民　國　○　○　年　○　月　○　日

〈範例3-6-5〉

特約店契約書

○○股份有限公司（以下簡稱甲方）與○○商店（以下簡稱乙方）為推廣○○商品之銷售，以求共榮共存，特訂立本契約，條款如後：

第1條　有關甲方委託乙方販賣之商品（以下簡稱商品），詳列於本契約書末尾一覽表（略）上。
其他有關商品內容之變更，刪除或追加等，往後則另以書面通知。

第2條　有關商品之展示，應由乙方設置○○專櫃。專櫃及其他展示設施之費用，須由甲方負擔一定之金額。

第3條　商品宣傳所備之小冊、樣品等，由甲方免費提供一定之數量。

第4條　顧客購買商品後，若有退件、索賠之要求時，乙方即應知會甲方。

第5條　甲方務須致力於商品品質之提升與改良，以及商品之宣傳；乙方則須積極促銷產品，並尊重商品銷售及流通之秩序。

第6條　發生商品遭顧客退還、交換等情事時，除甲方之過失外，乙方不得要求甲方退費。

第7條　銷售特約店之招牌由甲方出資設置。

第8條　乙方希望退還銷售商品時，甲方得以商品交易價格扣除百分之十之價格回收，並得將前條所述特約店標識無條件收回。

第9條　本契約有效期限一年。唯於本契約屆滿前一個月，若甲、乙雙方均無提出要求，則本契約有效期自動延長一年，往後亦以同樣原則自動延長或終止。

根據前項，本契約終止時，適用第8條。

第10條　本契約壹式貳份，當事人各執乙份為憑。

甲方：
公司名稱：
公司地址：
負責人：○○○　印
住址：
身分證統一編號：
乙方：
商店名稱：
商店地址：
負責人：○○○　印
住址：
身分證統一編號：

中　華　民　國　○　○　年　○　月　○　日

〈範例3-6-6〉

合併公司設立契約書

○○公司（以下簡稱甲方）○○公司（以下簡稱乙方）茲就雙方為從事共同事業，設立新公司事宜訂立契約，條款如後：

第1條　甲乙雙方依據甲方所提供之設備，及乙方所提供之技術，成立有關藥品製造、販賣之新股份有限公司（以下簡稱新公司），並根據本契約從事營運。

第2條　新公司之概況如本契約書末尾所附之○○藥品工業股份有限公司組織章程（略）之記載。設立時，甲方占百分之五十一股份，乙方占百分之四十九。

前項之股份保有比例，為甲、乙雙方之間持續合作之依據。

第3條　甲方以後記之工廠土地、建築物、機器設備，折價為新臺幣○○元整，作為現物出資；乙方以其既有技術（後記所述之專利及有關之一切技術情報——以下稱技術），折合為新臺幣○○元整，作為現物出資。

第4條　前條技術之處理須以甲、乙雙方與新公司間另計之技術援助契約（本契約所附帶之技術援助契約方案）為依據。

第5條　新公司之幹部由甲方派任董事○名、監事一名；乙方派任董事○名、監事一名。甲方自董事中選派一人為董事長，乙方從中選派一人為副董事長。

第6條　新公司之設立由甲、乙雙方各委派三名事務人員，計六名，以甲方本店事務所為創立事務所，進行籌組工作。

第7條　新公司設立所需經費，甲方負擔百分之五十一、乙方負擔百分之四十九。

第8條　本契約壹式貳份，雙方當事人各執乙份為憑。

甲方：
公司名稱：
公司地址：
代表人：○○○　印
住址：
身分證統一編號：
乙方：
公司名稱：
公司地址：
代表人：○○○　印
住址：
身分證統一編號：

中　華　民　國　○　○　年　○　月　○　日

〈範例3-6-7〉

廣告看板設置契約書

廣告業者○○公司（以下簡稱甲方）與設置場所提供者○○公司（以下簡稱乙方），就大樓屋頂設置廣告看板事宜訂立契約如後：

第1條　設置地點規定於乙方大樓屋頂東北側，面積○○坪。

廣告看板須根據本契約所附圖面設計之尺寸設置，其重量及結構須以不影響本大樓之安全為原則。

第2條　甲方須支付乙方設置費，每年新臺幣○○元整，並以下列方式支付：

一、本契約成立之時，先支付年設置費之三分之一，合新臺幣○○元整，以為定金。

二、設置完成之日，即中華民國○○年○月○日（設置工程完竣之預訂日），支付餘額新臺幣○○元整。

三、自第二年始，應於該年元旦之前付清該年年設置費之金額。

第3條　有關廣告看板之設置、維護、管理、拆除，及拆除後大樓設置部分之原狀恢復等，一切費用與責任悉由甲方負擔。

第4條　甲方若有下列情形時，乙方得催告甲方解除本契約，請求撤除廣告看板：

一、設置費之支付逾期時。

二、看板設施發生危險事件時。

三、甲方未善盡管理、維護之責時。

第5條　甲方應盡拆除廣告看板之義務時，若於指定期限內未能完全拆除，乙方得要求甲方支付每日新臺幣○○元整之損害賠償，直至拆除完畢之日為止。

除前項外，乙方亦得代甲方拆除廣告看板，並得要求甲方支付一切拆除費用。

第6條　本契約有效期間自中華民國○○年○月○日起，至中華民國

○○年○月○日止，為期○○年整。但雖於期限內，若廣告看板發生為其他大樓所遮蔽之情事時，甲方得要求乙方解除本契約。

有關前項但書，甲方不得請求乙方償還已付設置費中未經使用期間之費用。

在第1項所述之解約通告後，甲方完全撤除廣告看板之前，本契約仍視為有效，甲方仍須根據第2條之規定付予乙方設置費。

第7條　本契約壹式貳份，雙方當事人各執乙份為憑。

廣告業者（甲方）：
公司名稱：
公司地址：
代表人：○○○　印
住址：
身分證統一編號：
設置場所提供者（乙方）：
公司名稱：
公司地址：
代表人：○○○　印
住　址：
身分證統一編號：

中　華　民　國　○　○　年　○　月　○　日

〈範例3-6-8〉

商標專用權設定契約書

○○股份有限公司（以下簡稱甲方）為使其所擁有之商標專用權得由○○股份有限公司（以下簡稱乙方）使用，雙方訂定本契約，條款如後：

第1條（商標權之表示）

甲方將其所擁有下列之商標專用權設定通常使用權：

一、登記號碼：商標登記第○○○○號。

二、指定商品：第○類　商品名○○○○○。

第2條（使用權之範圍）

使用地區：臺灣全域（包括澎湖等離島）。

使用期間：中華民國○○年○月○日至中華民國○○年○月○日。

第3條（使用費）

乙方以下方式支付費用予甲方：

一、金額：製品A純銷售額之○○%。

二、支付日：以每月月底為限。

三、支付場所：由乙方親自送交甲方或存入甲方之交易銀行。

第4條（商標之使用）

乙方須使用適當之商標表示法，使用甲方之名稱，務使公眾明確認識該商標為甲方所有。

第5條（使用報告等）

乙方對標籤、印刷物、手冊、廣告等所用之文案，均使用甲方商標之資料，應通告予甲方。

乙方須於每月月底前將該月二十日前所使用商標之一切相關資料做成詳細報告書，向甲方提出報告。

第6條（商標之保護）

第三者若有侵害本件商標之情形，甲、乙雙方須協力對抗該第三者之侵害行為。

乙方若發現第三者之侵害行為應即向甲方報告，雙方並就是否對該第三者採取法律行動加以協議。

第7條（不抗爭性）

乙方對甲方之商標權不得有直接、間接提出異議、或申請取消、無效之行為。

第8條（登記手續）

乙方於本契約締結之同時，應向商標主管機關辦理商標專用權之註冊手續。

前揭註冊手續由甲方協助之。

第9條（終止之手續）

本契約終止時，乙方得將附有甲方商標之製品之A，亦即契約終止時已開始製造，尚在製造過程但已支付使用費之製品加以銷售、推廣。

第10條（協議事項）

有關本契約未定之事項（侵害排除之方法、費用、紛爭時之裁判管轄等），經甲、乙雙方協議後加以解決。

第11條（契約份數）

本契約壹式貳份，甲、乙雙方各執乙份為憑。

甲方：
公司名稱：
公司地址：
代表人：○○○ 印
住址：
身分證統一編號：
乙方：
公司名稱：
公司地址：
代表人：○○○ 印
住址：
身分證統一編號：

中 華 民 國 ○ ○ 年 ○ 月 ○ 日

第七章　公證與認證

壹、說明

公證與認證事務，於公證法修正公布（民國88年4月21日）生效後二年施行新制，爲符世界多數國家公證體系漸趨民間化之潮流，引進民間公證人之設計，與法院公證人制度雙軌並行。法院公證人，配屬地方法院及其分院之公證處，必要時，並得於管轄區域內適當處所設公證分處；民間公證人，應於所屬之地方法院或其分院管轄區域內，司法院指定之地設事務所。

無論是法院公證人或民間公證人，因當事人或其他關係人之請求，就法律行爲及其他關於私權之事實，有作成公證書或對於私文書予以認證之權限。此外，對於下列文書，亦得因當事人或其他關係人之請求予以認證：

(一)涉及私權事實之公文書原本或正本，經表明係持往境外使用者。

(二)公、私文書之繕本或影本。

公證制度之目的，在保障私人權利，疏減訟源。一份經公證或認證之契約，其權利義務明確而內容完整，自可避免無謂紛爭。不論是公證書或認證書，均具有證據力，當事人毋庸陷於舉證困境；而且經舉證或認證者，法院均永久保存，有案可查，無須擔心證據滅失。如果依法作成之公證書記明「應逕受強制執行」者，並取得執行名義。

一、有執行名義之公證書

當事人請求公證人就下列各款法律行爲作成之公證書，載明應逕受強制執行者，得依該證書執行之：

(一)以給付金錢或其他代替物或有價證券之一定數量爲標的者。

(二)以給付特定之動產爲標的者。

(三)租用或借用建築物或其他工作物，定有期限並應於期限屆滿時交還者。

(四)租用或借用土地，約定非供耕作或建築爲目的，而於期限屆滿時應交還土地者。

前述公證書，除當事人外，對於公證書作成後，就該法律行爲，爲當事人之繼受人，及爲當事人或其他繼受人占有所請求之標的物者，亦有效力。債務人繼受人或占有人，主張前述之公證書有不得強制執行之事由提起訴訟時，受訴法院得因必要情形，命停止執行，但聲請人陳明願供擔保者，法院應定相當之擔保額，命停止執行。

二、認證方式

公證人認證文書，應作成認證書。

(一)認證私文書　應使當事人當面於私文書簽名，或承認爲其簽名，並於認證書內記明其事由。

(二)認證公文書之原本或正本　應就其程式及意旨審認該文書是否眞正。

(三)認證公文書或私文書之繕本或影本　應與經審認爲眞正之原本、正本對照相符，並於繕本或影本內記明其事由。

(四)認證文書之翻譯本　特別應審查該翻譯語文是否正確，並將原文連綴其後。

(五)公文書或私文書有增刪、塗改、損壞或形式上顯有可疑之點者應記明於認證書內，必要時，並得於查證。

三、繕本或印本之提出

請求認證私證書，應提出私證書之繕本或印本。

貳、附錄公證法全文

民國32年3月13日制定全文52條，民國32年3月31日公布；民國63年1月15日修正全文67條，民國63年1月29日公布；民國69年6月20日修正第66條，民國69年7月4日公布；民國88年4月2日修正全文152條，民國88年4月21日公布。

第一章　總則

第1條（主管機關）

公證事務，由法院或民間之公證人辦理之。

地方法院及其分院應設公證處；必要時，並得於管轄區域內適當處所設公證分處。

民間之公證人應於所屬之地方法院或其分院管轄區城內，司法院指定之地設事務所。

第2條（公證事項—法律行為）

公證人因當事人或其他關係人之請求，就法律行為及其他關於私權之事實，有作成公證書或對於私文書予以認證之權限。

公證人對於下列文書，亦得因當事人或其他關係人之請求予以認證：

一、涉及私權事實之公文書原本或正本，經表明係持往境外使用者。

二、公、私文書之繕本或影本。

第3條（請求公證之手續）

前條之請求，得以言詞或書面為之。

公證或認證請求書，應由請求人或其代理人簽名；其以言詞請求者，由公證人、佐理員或助理人作成筆錄並簽名後，由請求人或其代理人簽名。

前項請求書或筆錄，準用非訟事件法關於聲請書狀或筆錄之規定。

第4條（代理請求公認證暨例外限制）

公證或認證之請求，得由代理人為之。但依法律規定或事件性質不得由代理人為之者，不在此限。

第5條（使用之文字）

公證文書應以中國文字作成之。但經當事人請求時，得以外國文字作成。

前項文書以中國文字作成者，必要時得附記外國文字或附譯本。

以外國文字作成公證文書或就文書之翻譯本為認證之公證人，以經司法院核定通曉各該外國語文者為限。

第6條（公證事務無土地管轄及除外規定）

當事人或其他關係人，除法律另有規定外，得向任何地區之公證人請求作成公證書或認證文書。

第7條（公證人執行職務之區域）

公證人應以所屬之地方法院或其分院之管轄區域爲執行職務之區域。但有急迫情形或依事件之性質有至管轄區域外執行職務之必要者，不在此限。

違反前項規定所作成之公、認證文書，效力不受影響。

第8條（辦理公證事物之處所及時間）

辦理公證事務，應於法院公證處或民間之公證人事務所爲之。但法令另有規定或因事件之性質，在法院公證處或民間之公證人事務所執行職務不適當或有其他必要情形者，不在此限。

辦理公證事務之時間，依一般法令之規定。但必要時，得於法令所定時間外爲之。

第9條（文書上之簽名）

公證人爲職務上簽名時，應記載其職稱及所屬之法院。民間之公證人並應記載其事務所所在地。

第10條（公證人不得執行職務之情形）

公證人有下列各款情形之一者，不得執行其職務：

一、爲請求人或就請求事項有利害關係者。

二、爲請求人或其代理人或就請求事項有利害關係者之配偶、前配偶、未婚配偶、四親等內之親屬或同居之家長、家屬者。其親屬或家長、家屬關係終止後，亦同。

三、爲請求人或其代理人之法定代理人者。

四、就請求事項現爲或曾爲代理人或輔佐人者。

第11條（公證文書之生效要件）

公證人作成之文書，非具備本法及其他法律所定之要件，不生公證效力。

公證人違反本法不得執行職務之規定所作成之文書，亦不生公證效力。

第12條（公證事務之請求協助）

公證人辦理公證事務，於必要時，得向有關機關、團體或個人查詢，並得請求其協助。

前項情形，亦得商請外國機關、團體或個人為之。

第13條（公證書之執行力）

當事人請求公證人就下列各款法律行為作成之公證書，載明應逕受強制執行者，得依該證書執行之：

一、以給付金錢或其他代替物或有價證券之一定數量為標的者。

二、以給付特定之動產為標的者。

三、租用或借用建築物或其他工作物，定有期限並應於期限屆滿時交還者。

四、租用或借用土地，約定非供耕作或建築為目的，而於期限屆滿時應交還土地者。

前項公證書，除當事人外，對於公證書作成後，就該法律行為，為當事人之繼受人，及為當事人或其繼受人占有請求之標的物者，亦有效力。

債務人、繼受人或占有人，主張第1項之公證書有不得強制執行之事由提起訴訟時，受訴法院得因必要情形，命停止執行，但聲請人陳明願供擔保者，法院應定相當之擔保額，命停止執行。

第14條（守密義務）

公證人、佐理員及助理人，除法律另有規定外，對於經辦事件，應守秘密。

第15條（公證請求之拒絕）

公證人非有正當理由，不得拒絕請求人之請求。

公證人拒絕請求時，得以言詞或書面為之。但請求人要求說明其理由者，應付與理由書。

第16條（公證異議之提出）

請求人或利害關係人，認為公證人辦理公證事務有違法或不當者，得提出異議。

公證人如認異議為有理由時，應於三日內為適當之處置；如認為無理由時，應附具意見書，於三日內送交所屬之地方法院或其分院，法院應於五日內裁定之。

第17條（對公證異議之裁判）

法院認異議為有理由時，應以裁定命公證人為適當之處置；認異議為無理由時，應駁回之。

前項裁定，應附具理由，並送達於公證人、異議人及已知之其他利害關係人。

對於第1項之裁定，得於十日內抗告。但不得再抗告。

抗告，除本法另有規定外，準用非訟事件法關於抗告之規定。

第18條（簿冊文件之保管）

公證人作成之公證書原本，與其附屬文件或已認證之文書繕本、影本，及依法令應編製之簿冊，保存於公證處或事務所，不得攜出。但經法院或其他有關機關依法律調閱或因避免事變而攜出者，不在此限。

公證文書依前項規定調閱而攜出者，公證人應製作影本留存。

第1項文書、簿冊之保存及銷燬規則，由司法院定之。

第19條（貨幣單位）

本法規定之各項金額或價額，均以新臺幣為單位。

第20條（強制執行）

依本法所為罰鍰處分之議決，得為強制執行名義。

第21條（公證事件之準用）

公證事件，除本法另有規定外，準用非訟事件法之規定，非訟事件法未規定者，準用民事訴訟法之規定。

第二章　公證人

第一節　法院之公證人

第22條（公證人之資格）

法院之公證人，應就具有司法人員人事條例第23條第1項所定資格之一者遴任之。

公證人有二人以上者，以一人為主任公證人，處理並監督公證處之行政事務。

法院之公證人，得由地方法院或其分院法官兼充之。

第23條（佐理員之資格）

公證處置佐理員，輔助法院之公證人辦理公證事務，應就具有法院書記官任用資格者遴任之。

前項佐理員，得由地方法院或其分院書記官兼充之。

第二節　民間之公證人

第24條（民間公證人之定義）

民間之公證人爲司法院依本法遴任，從事第2條所定公證事務之人員。

有關公務人員人事法律之規定，於前項公證人不適用之。

第25條（民間公證人之遴任資格）

民間之公證人，應就已成年之中華民國國民具有下列資格之一者遴任之：

一、經民間之公證人考試及格者。

二、曾任法官、檢察官，經銓敘合格者。

三、曾任公設辯護人，經銓敘合格者。

四、曾任法院之公證人，經銓敘合格，或曾任民間之公證人者。

五、經高等考試律師考試及格，並執行律師業務三年以上者。

第26條（公證人之消極資格）

有下列情事之一者，不得遴任爲民間之公證人：

一、年滿七十歲者。

二、曾受一年有期徒刑以上刑之裁判確定者。但因過失犯罪者，不在此限。

三、褫奪公權，尚未復權者。

四、曾任公務員而受撤職處分，其停止任用期間尚未屆滿者。

五、曾依本法免職或受撤職處分者。

六、曾受律師法所定除名處分者。

七、受破產之宣告，尚未復權者。

八、受禁治產之宣告，尚未撤銷者。

九、因身體或精神障礙致不能勝任其職務者。

第27條（候補公證人）

交通不便地區無民間之公證人時，得依有關民間之公證人遴任辦法之規定，就曾在公立或經立案之私立大學、獨立學院法律學系、法律研究所或經教育部承認之國外大學法律學系、法律研究所畢業，並任薦任司法行政人員、薦任書記官辦理民刑事紀錄或委任第五職等公證佐理員四年以上，成績優良，經審查合格者，遴任爲候補公證人。

候補公證人候補期間三年，期滿成績優良者，得遴任爲民間之公證人。

候補公證人，除本法另有規定外，準用關於民間之公證人之規定。

第28條（民間之公證人助理人）

民間之公證人經所屬地方法院或其分院之許可，得僱用助理人，輔助辦理公證事務。

前項許可，必要時得撤銷之。

第1項之助理人其資格、人數、處理事務之範圍及撤銷許可之要由等事項，由司法院定之。

第29條（職前研習及在職研習）

民間之公證人於執行職務前，應經相當期間之研習。但具有第25條第2款或第4款之資格者不在此限。

民間之公證人於執行職務期間內，得視業務需要，令其參加研習。

第30條（遴選研習及任免辦法之訂定）

民間之公證人之遴選、研習及任免辦法，由司法院定之。

第31條（遴任機關）

民間之公證人由司法院遴任之，並指定其所屬之地方法院或其分院。但不得限制其人數。

第32條（執行職務前應踐行之事項）

民間之公證人於任命後，非經踐行下列各款事項，不得執行職務：

一、向所屬地方法院或其分院登錄。

二、加入公證人公會。

三、參加責任保險並繳納保險費。

四、向所屬地方法院或其分院提出職章、鋼印之印鑑及簽名式。

第33條（免職之事由）

民間之公證人任命後有下列情事之一者，應予免職：

一、受刑事裁判確定者。但因過失犯罪者，不在此限。

二、受褫奪公權之宣告者。

三、曾任公務員而受撤職處分者。

四、受律師法所定除名處分者。

五、受破產之宣告者。

六、受禁治產之宣告者。

七、因身體或精神障礙致不能勝任其職務者。

民間之公證人於任命後，發見其在任命前有第26條所定各款情事之一者，亦應予免職。

第34條（免職—未繳強制責任保險費）

民間之公證人未依本法規定繳納強制責任保險費者，得予免職。

第35條（退職年齡）

民間之公證人年滿七十歲者，應予退職。

第36條（公文書）

民間之公證人依本法執行公證職務作成之文書，視爲公文書。

第37條（兼業之禁止）

民間之公證人具有律師資格者，不得執行律師業務。但經遴任僅辦理文書認證事務者，或因地理環境或特殊需要，經司法院許可者，不在此限。

律師兼任民間之公證人者，就其執行文書認證事務相關之事件，不得再受委任執行律師業務，其同一聯合律師事務所之他律師，亦不得受委任辦理相同事件。

除本法另有規定外，民間之公證人不得兼任有薪給之公職或業務，亦不得兼營商業或爲公司或以營利爲目的之社團法人代表人或使用人。但與其職務無礙，經司法院許可者，不在此限。

第38條（執行職務之限制）

民間之公證人及其助理人，不得為居間介紹貸款或不動產買賣之行為

第39條（職務代理人）

民間之公證人因疾病或其他事故，暫時不能執行職務時，得委請所屬之地方法院或其分院管轄區域內之其他民間之公證人或候補公證人代理之。

民間之公證人依前項規定委請代理時，應即向所屬之地方法院或其分院陳報。解除代理時，亦同。

依第1項規定委請代理之期間逾一個月者，應經所屬之地方法院或其分院許可。

第40條（指定代理人及解除代理）

民間之公證人未依前條第1項規定委請代理時，所屬之地方法院或其分院得命管轄區域內之其他民間之公證人或候補公證人代理之。

前條第1項之民間之公證人得執行職務時，所屬之地方法院或其分院應解除其代理人之代理。

地方法院或其分院不能依第1項規定指定代理人時，得命法院之公證人至該地執行職務。

第41條（代理之處所及文書之簽名）

民間之公證人之代理人，執行前2條所定代理職務時，應以被代理人之事務所為事務所。

前項代理人為職務上簽名時，應記載被代理公證人之職稱、姓名、所屬法院、事務所所在地及其為代理之旨。

第42條（代理人之賠償責任及報償）

民間之公證人之代理人應自行承受其執行代理職務行為之效果；其違反職務上義務致他人受損害時，應自負賠償責任。

前項代理人使用被代理公證人之事務所、人員或其他設備，應給與相當報償，其數額有爭議者，得聲請法院裁定。

前項裁定得爲執行名義。

第43條（公證人永久離職—文書之處置）

民間之公證人死亡、免職、撤職或因其他事由離職者，所屬之地方法院或其分院認爲必要時，得指派人員將其事務所之有關文書、物件封存。

第44條（民間公證人死亡之因應措施）

民間之公證人死亡時，其繼承人、助理人或其他使用人，應於知悉後十日內陳報該公證人所屬之地方法院或其分院。

第45條（公證人永久離職—指定兼任）

民間之公證人死亡、免職、撤職或因其他事由離職者，在繼任人未就職前，所屬之地方法院或其分院得指定管轄區域內其他民間之公證人兼任其職務。

前項兼任職務之民間之公證人得在兼任之區域內設事務所。

第1項兼任之職務，在繼任人就職時，所屬之地方法院或其分院應解除其兼任。

第46條（公證人永久離職—文書物件之交接）

民間之公證人免職、撤職或因其他事由離職時，應與其繼任人或兼任人辦理有關文書、物件之移交；其繼任人或兼任人應予接收。

民間之公證人因死亡或其他事由不能辦理移交者，其繼任人或兼任人應會同所屬之地方法院或其分院指定之人員接收文書、物件。

依第43條規定封存之文書、物件，繼任人或兼任人應會同所屬之地方法院或其分院指定之人員解除封印，接收文書、物件。

民間之公證人之交接規則，由司法院定之。

第47條（兼任再行移交程序之準用）

前條之規定，於兼任人將有關文書、物件移交其他民間之公證人時，準用之。

第48條（兼任繼任之表明）

兼任人於職務上簽名時，應記載其爲兼任之旨。

繼任人依前任人或兼任人作成之公證書，而作成正本、繕本、影本或節本時，應記明其為繼任人。

第49條（公證人永久離職—不任命繼任人之處置）

民間之公證人死亡、免職、撤職或因其他事由離職並因名額調整而無繼任人者，司法院得命將有關文書、物件移交於同一地方法院或其分院管轄區域內其他民間之公證人。

第46條及前條第2項之規定，於依前項受命移交之間民之公證人準用之。

第50條（公證人之停職）

第43條、第45條、第46條第3項及第48條第1項之規定，於民間之公證人停職時準用之。

兼任人依前項規定執行職務時，以停職人之事務所為事務所。

第51條（監督機關）

民間之公證人之監督由司法院行之。

前項監督，得由所屬之高等法院、地方法院或其分院為之。

前二項之監督，其辦法由司法院定之。

第52條（監督機關定期檢查保管之文書物件）

依前條規定行使監督權之機關，得定期檢查民間之公證人保管之文書、物件。

第53條（行使監督權之範圍）

監督機關得對民間之公證人為下列行為：

一、關於職務上之事項，得發命令促其注意。

二、對有與其職位不相稱之行為者，加以警告。但警告前，應該通知該公證人得為審請。

第54條（懲戒之事由）

民間之公證人有下列情事之一者，應付懲戒：

一、有違反第1條第3項、第7條第1項、第10條、第14條、第15條第1項、第18條第1項、第32條、第37條、第38條、第41條第1項、第46條、第67條第1項、第69條、第40條、第90條第1項、第98條第2項、第101條第1項、第4項、第108條之行爲者。

二、經監督機關爲第53條之懲處後，仍未改善者。

三、因犯罪行爲，經判刑確定者。但因過失犯罪者，不在此限。

前項第3款行爲，經依第33條規定免職者，免付懲戒。

民間之公證人有下列情事之一者，得付懲戒：

一、有違反第71條至第75條、第80條之行爲者。

二、有其他違反職務上之義務或損害名譽之行爲者。

第55條（懲戒處分）

民間之公證人懲戒處分如下：

一、申誡。

二、罰鍰一萬五千元以上十五萬元以下。

三、停職二月以上二年以下。

四、撤職。

前項第1款、第2款之處分得同時爲之。

第56條（懲戒機關）

民間之公證人之懲戒，由民間之公證人懲戒委員會爲之。

第57條（懲戒委員會之組織）

民間之公證人懲戒委員會，由高等法院或其分院法官四人及民間之公證人三人組織之，主任委員由委員互選之。

民間之公證人懲戒覆審委員會，由最高法院法官五人及民間之公證人四人組織之；主任委員由委員互選之。

第58條（移付懲戒之機關）

民間之公證人應付懲戒者，由高等法院或其分院依職權移送民間之公證人懲戒委員會審議。

地方法院或其分院認其轄區內民間之公證人有應付懲戒之事由者，得報請高等法院或其分院審查移送民間之公證人懲戒委員會審議。

地區公證人公會認其會員有應付懲戒之事由者，得經會員大會或理事、監事聯席會議之決議，送請民間之公證人懲戒委員會審議。

第59條（受理懲戒案件之審議程序）

民間之公證人懲戒委員會受理懲戒案件後，於議決前，應爲相當之調查，並予被懲戒人充分申辯之機會，亦得通知前條之移送機關或公會爲必要之說明。

前項之議決，應作成議決書。

第60條（不服議決之覆審）

受懲戒處分人、依第58條第3項移送懲戒之公證人公會，對於民間之公證人懲戒委員會之議決有不服者，得於議決書送達之翌日起二十日內向民間之公證人懲戒覆審委員會請求覆審。

前條之規定，於前項覆審程序準用之。

關於停職、撤職之處分，經懲戒覆審委員會議決確定後，受懲戒處分人得向原懲戒覆審委員會請求再審議。其請求再審議之事由及程序，準用公務員懲戒法之規定。

第61條（懲戒程序規則之訂定）

民間之公證人懲戒程序規則，由司法院定之。

第62條（懲戒處分之執行）

懲戒處分確定後，民間之公證人懲戒委員會或懲戒覆審委員會應將全卷函送受懲戒處分人所屬高等法院或其分院，報請司法院分別命令執行；其懲戒處分爲停職或撤職者，並應將議決書刊登公報。

第63條（公證人職務之停止）

民間之公證人依刑事訴訟程序被羈押，或依刑事確定判決，受拘役以上刑之宣告，在執行中者，其職務當然停止。

民間之公證人應受懲戒之事由情節重大者，司法院得在懲戒程序終結前，先行停止其職務。

民間之公證人前二項規定停止其職務時，準用第50條之規定。

第64條（復職）

依前條第1項、第2項停止職務之民間之公證人，有下列各款情形之一者，於停止職務之原因消滅後，應許其復職：

一、未受免職、撤職或停職處分者。

二、受拘役以上刑之宣告，經執行完畢而未受免職、撤職或停職處分者。

第65條（公證人之請辭）

民間之公證人得請求辭去職務，司法院於其依本法規定移交完畢後，解除其職務。

第66條（不得有執行職務之起算時點）

民間之公證人經依本法免職、停職、撤職、停止職務、退職或辭職而解除其職務者，自命令送達之翌日起，不得繼續執行職務；其依第63條第1項規定職務當然停止者，自被羈押或受刑之執行時起，不得繼續執行職務。

第67條（強制責任保險）

民間之公證人於執行職務期間，應繼續參加責任保險。

前項保險契約於每一保險事故之最低保險金額，由司法院視情勢需要，以命令定之。但保險人對同一保險年度內之最高賠償金額得限制在最低保險金額之二倍以下。

保險人於第1項之保險契約停止、終止、解除或民間之公證人遲延繳納保險費或有其他足以影響保險契約效力之情形時，應即通知所屬地方法院或其分院及地區公證人公會。

第68條（負賠償責任之要件及請求國家賠償之程序）

民間之公證人因故意違反職務上之義務，致他人之權利受損害者，負賠償責任。其因過失者，以被害人不能依他項方法受賠償時爲限，負其責任。

被害人不能依前項、前條、第145條規定或他項方法受賠償或補償時，得依國家賠償法所定程序，請求國家賠償。其賠償義務機關爲該民間之公證人所屬之地方法院或其分院。

前二項之規定，於第42條第1項之民間之公證人代理人準用之

國家賠償法第4條第2項之規定，於前2項情形準用之。

民間之公證人之助理人或其他使用人，於辦理有關公證事務之行爲有故意或過失時，民間之公證人應與自己之故意或過失，負同一責任。

第69條（按月將公認證書彙送所屬地方法院及分院備查）

民間之公證人應按月於次月十日前，將作成之公證書、認證書繕本或影本，依受理時間之先後順序彙整成冊，送所屬之地方法院或其分院備查。

第三章　公證

第70條（公證之限制）

公證人不得就違反法令事項及無效之法律行為，作成公證書。

第71條（公證書之說明補充或修正）

公證人於作成公證書時，應探求請求人之眞意及事實眞相，並向請求人說明其行為之法律上效果；對於請求公證之內容認有不明瞭、不完足或依當時情形顯失公平者，應向請求人發問或曉諭，使其敘明、補充或修正之。

第72條（疑義公證事件之處理方法）

公證人對於請求公證之內容是否符合法令或對請求人之眞意有疑義時，應就其疑慮向請求人說明；如請求人仍堅持該項內容時，公證人應依其請求作成公證書。

但應於公證書上記載其說明及請求人就此所為之表示。

第73條（請求人之身分證明文件）

公證人作成公證書，應令請求人提出國民身分證或其他身分證明文件，證明其實係本人；如請求人為外國人者，應令其提出護照、其本國使領館出具之證明書或其他身分證明文件。

第74條（須通譯之情形）

請求人不通中國語言，或為聾、啞人而不能用文字表達意思者，公證人作成公證書，應由通譯傳譯之。但經請求人同意由公證人傳譯者，不在此限。

第75條（見證人之在場）

請求人為盲者或不識文字者，公證人作成公證書，應使見證人在場。但經請求人放棄並記明筆錄者，不在此限。

無前項情形而經請求人請求者，亦應使見證人在場。

第76條（授權書之提出）

由代理人請求者，除適用前三條之規定外，應提出授權書；事件依法非受特別委任不得爲之者，並須有特別之授權。

前項授權書，如爲未經認證之私文書者，應依下列方式之一證明之：

一、經有關公務機關證明。

二、於境外作成者，經中華民國駐外使領館或經外交部授權之駐外機構或經其他有權機關授權之團體證明。

三、外國人或居住境外之人作成者，經該國駐中華民國使領館或經該國授權之機構或經該地區有權機關授權之團體證明。

授權書附有請求人之印鑑證明書者，與前項證明有同一效力。

第77條（已得允許或同意證明書之提出）

就須得第三人允許或同意之法律行爲，請求作成公證書，應提出已得允許或同意之證明書。

前條第2項、第3項之規定，於前項情形準用之。

第78條（通譯及見證人之選定）

通譯及見證人，應由請求人或其代理人選定之，見證人得兼充通譯。

請求人或其代理人未選定通譯者，得由公證人選定之。

第79條（見證人之消極資格）

下列各款之人，不得充本法所定之見證人。但第75條第2項之情形，不在此限：

一、未成年人。

二、禁治產人。

三、於請求事件有利害關係者。

四、於請求事件爲代理人或曾爲代理人者。

五、爲公證人之配偶、直系血親或直系姻親者。

六、公證人之佐理員及助理人。

前項第4款至第6款規定之人，如經請求人全體同意者，仍得爲見證人。

第80條（公證書之作成）

公證人作成公證書，應記載其所聽取之陳述與所見之狀況，及其他實際體驗之方法與結果。

第81條（公證書應記載事項）

公證書應記載下列各款事項：

一、公證書之字號。

二、公證之本旨。

三、請求人之姓名、性別、出生地，出生年、月、日、職業、國民身分證或其他身分證明及其字、號、住、居所；為法人或其他團體者，其名稱及事務所。

四、由代理人請求者，其事由與代理人之姓名、性別、出生地、出生年、月、日、職業、國民身分證或其他身分證明與其字、號、住、居所及其授權書之提出。

五、有應逕受強制執行之約定者，其意旨。

六、曾提出已得第三人允許或同意之證明書者，其事由，及該第三人之姓名、性別、出生地、出生年、月、日、職業、住、居所，該第三人為法人或其他團體者，其名稱及事務所。

七、有通譯或見證人在場者，其事由，及其姓名、性別、出生地，出生年、月、日、職業、住、居所。

八、作成之年、月、日及處所。

第82條（公證書字句之要求）

公證書應文句簡明、字畫清晰，其字行應相接續，如有空白，應以墨線塡充或以其他方法表示其為空白。

公證之本旨記載年、月、日及其他數目表示同一內容者，其第一次出現時，應以文字大寫；作成公證書年、月、日之記載，亦應以文字大寫。

第83條（公證書增刪之限制）　公證書文字，不得挖補；如有增加、刪除或塗改，應依下列方法行之：

一、刪除或塗改字句，應留存字跡，俾得辨認。

二、公證書末尾或欄外應記明增刪字數，由公證人、請求人或其代理人、見證人簽名或蓋章。

違反前項規定所為之更正，不生效力。

第84條（公證者之朗讀閱覽及其章戳）

公證人應將作成之公證書，向在場人朗讀，或使其閱覽，經請求人或代理人承認無誤後，記明其事由。

有通譯在場時，應使通譯將公證書譯述，並記明其事由。

為前二項之記載時，公證人及在場人應各自簽名；在場人不能簽名者，公證人得代書姓名，使本人蓋章或按指印，並記明其事由，由公證人簽名。

公證書有數頁者，公證人、請求人或其代理人、見證人，應於每頁騎縫處蓋章或按指印，或以其他方法表示其為連續。但公證書各頁能證明全部連續無誤，雖缺一部分人蓋章，其公證書仍屬有效。

第85條（附件文書之章戳）

公證書內引用他文書或與文書有相同效用之物件為附件者，公證人、請求人或其代理人、見證人應於公證書與該附件之騎縫處蓋章或按指印，或以其他方法表示其為連續。

前3條之規定，於前項附件準用之。

第86條（附件之效力）

依前條規定所為之附件，視為公證書之一部。

第87條（附屬文書之編卷保存）

公證人應將公證書、證明身分、代理人權限、第三人允許或同意之證明書及其他附屬文件，編為卷宗保存之。

前項卷宗，應逐頁連續編號，如請求人請求返還附屬文件時，得將其繕本或影本替代原本保存之。

第88條（公證書原本滅失之補救）

公證書之原本全部或一部滅失時，公證人應徵求已交付之正本、經證明與正本相符之繕本或影本，或向所屬地方法院或其分院請求調閱公證書繕本或影本，經該院院長認可後，依該正本、繕本或影本作成經認證之繕本，替代原本保存之。

前項情形及認可之年、月、日，應記明於替代原本之繕本並簽名。

第89條（公證書原本之閱讀）

請求人或其繼受人或就公證書有法律上利害關係之人，得請求閱覽公證卷內文書。

第73條、第76條、第77條之規定，於依則項爲請求時準用之。

請求人之繼受人及就公證書有法律上利害關係之人請求閱覽時，應提出證明文件。

第76條第2項、第3項之規定，於前項證明文件準用之。

第90條（公證書登記簿之編製）

公證人應編製公證書登記簿及其他相關之簿冊。

前項簿冊及其應載之內容，由司法院定之。

第91條（公證書正本之交付）

公證人得依職權或依請求人或其繼受人之請求，交付公證書之正本。

第73條、第76條、第77條、第89條第3項之規定，於依前項爲請求時準用之。

第92條（公證書正本應記載事項及簽名蓋章）

公證書正本應記載下列各款事項，由公證人簽名並蓋職章或鋼印：

一、公證書之全文。

二、記明爲正本字樣。

三、受交付人之姓名。

四、作成之年、月、日及處所。

違反前項規定者，無正本之效力。

第93條（節錄正本）

一公證書記載數事件，或數人共一公證書時，得請求公證人節錄與自己有關係部分，作成公證書正本。

前項正本，應記明係節錄正本字樣。

第94條（交付正本的原因時點之記載）

公證人交付公證書正本時，應於該公證書原本末行之後，記明受交付人之姓名、事由及年、月、日，並簽名。

第95條（交付繕本影本或節本之請求人）

請求人或其繼受人或就公證書有法律上利害關係之人，得請求交付公證書及其附屬文件之繕本、影本或節本。

第73條、第76條、第77條，第89條第3項之規定，於依前項爲請求時準用之。

第96條（繕本影本或節本之記載及簽名蓋章）

公證書及其附屬文件之繕本、影本或節本，應記載下列各款事項，由公證人簽名並蓋職章或鋼印：

一、公證書及其附屬文件之全文或一部分。

二、記載爲繕本、影本或節本字樣。

三、作成之年、月、日及處所。

第97條（文書之連續及文字之增刪）

公證書正本或公證書及其附屬文件之繕本，影本或節本有數頁時，公證人應於騎縫處蓋章，或以其他方法表示其爲連續。

第82條、第83條之規定，於前項文書準用之。

第98條（閱讀公證遺囑之請求）

公證遺囑，除請求人外，不得請求閱覽或交付正本、繕本、影本或節本。但請求人聲明願意公開或於公證遺囑後死亡者，不在此限。

公證人應於作成公證遺囑之日起十日內製作繕本一份，將其密封，於封面上記明遺囑人之人別資料及作成之年、月、日，加蓋職章後，送交全國公證人公會聯合會保存之。

於有第1項但書之情形，請求人之繼受人或就公證遺囑有法律上利害關係之人，亦得向全國公證人公會聯合會查詢有無第1項之遺囑並請求閱覽。

前二項之規定，於其他遺囑之公、認證，準用之。

第99條（票據作成拒絕證書）

公證人依票據法作成拒絕證書者，不適用第18條、第73條至第77條及第81條之規定。

第四章 認證

第100條（認證書之作成）

公證人認證文書，應作成認證書。

第101條（認證私文書及公文書之方法）

公證人認證私文書，應使當事人當面於私文書簽名，或承認為其簽名，並於認證書內記明其事由。

認證公文書之原本或正本，應就其程式及意旨審認該文書是否眞正。

認證公文書或私文書之繕本或影本，應與經審認為眞正之原本、正本對照相符，並於繕本或影本內記明其事由。

認證文書之翻譯本者，除依前三項規定辦理外，應審查該翻譯語文是否正確，並將原文連綴其後。

公文書或私文書有增刪、塗改、損壞或形式上顯有可疑之點者，應記明於認證書內，必要時，並得為查證。

第102條（私文書之認證）

公證人認證請求人陳述私權事實之私文書，以該文書係持往境外使用者為限，得命請求人親自到場並為具結。

請求人陳述私權事實之私文書，依法律或基於法律授權訂定之命令，得提出於法院或其他機關為一定之證明者，請求人請求認證時，適用前項認證方法之規定。

第103條（具結之程序及結文應記載之文字）

請求人依前條規定具結，應於結文內記載當據實陳述決無虛偽等語。

公證人於請求人具結前，應告以具結之意義及虛偽陳述之處罰。

第104條（請求之手續）

請求認證文書，應提出文書之繕本或影本。

第105條（製作認證書之方法）

認證書應記載下列各款事項，由公證人及在場人簽名，並蓋公證人職章或鋼印：

一、認證書之字號。

二、依第101條規定爲認證之意旨。

三、認證之年、月、日及處所。

爲第101條第1項之認證者，其認證書並應記載第81條第3款、第4款、第6款及第7款所定之事項。

認證書應連綴於認證之文書；由公證人及在場人加蓋騎縫章，或以其他方法表示其爲連續。

第106條（直接認證）

公證人得在認證之文書上以直接註記之方式爲認證，記載前條第1項規定之事項，由其簽名並蓋職章或鋼印。

依前項方式爲第101條第1項之認證者，並應依前條第2項之規定爲記載。但請求書或認證之文書上已有記載者，不在此限。

第107條（認證之準用）

認證，除本章有規定外，準用前章公證之規定。

第五章　公證費用

第108條（公證費用之收取）

公證費用，應依本章之規定收取之，不得增減其數額。

第109條（法律行爲之公證費用收取標準）

請求就法律行爲或涉及私權之事實作成公證書者，其費用除本法另有規定外，按其標的之金額或價額，依下列標準收取之：

一、二十萬元以下者，一千元。

二、逾二十萬元至五十萬元者，二千元。

三、逾五十萬元至一百萬元者，三千元。

四、逾一百萬元至二百萬元者，四千元。

五、逾二百萬元至五百萬元者，五千元。

六、逾五百萬元至一千萬元者，六千元。

七、逾一千萬元至五千萬元者，其超過一千萬元部分，每一千萬元加收二千元；不滿一千萬元者，按一千萬元計算。

八、逾五千萬元者，其超過部分，每一千萬元加收一千元；不滿一千萬元者，按一千萬元計算。

第110條（民事訴訟費用之準用）

關於計算公證事件標的之價額，本法未規定者，準用民事訴訟費用有關之規定。

第110條（典權價額之收取標準）

典權之價額，以其典價爲準。

第112條（私權事實之公證費用收取標準）

公證之法律行爲或涉及私權之事實，其標的之價額不能算定者，收取費用一千元。

第113條（非財產關係之公證費用收取標準）

請求就婚姻、認領、收養或其他非因財產關係之法律行爲或涉及私權之事實，作成公證書者，收取費用一千元。

於非財產關係之公證，並請求爲財產關係之公證者，其公證費用分別收取之。

第114條（特定事項之公證費用收取標準）

請求就下列各款事項作成公證書者，收取費用一千元：

一、承認、允許或同意。

二、契約之解除或終止。

三、遺囑全部或一部之撤回。

四、曾於同一公證處公證人事務所作成公證書之法律行爲之補充或更正。但以不增加標的金額或價額爲限。其增加標的金額或價額者，就增加之部分，依第109條之規定收取費用。

第115條（體驗之公證費用之收取標準）

請求作成公證書，須實際體驗者，依其所需之時間，按一小時加收費用一千元；不滿一小時者，按一小時計算。

第116條（集會決議之公證費用收取標準）

請求就股東會或其他集會之決議作成公證書者，依前條之規定收取費用。

第117條（遺囑之公證費用收取標準）

請求就密封遺囑完成法定方式者，收取費用一千元。

第118條（私權證書之公證費用收取標準）

請求作成授權書、催告書、受領證書或拒絕證書者，收取費用一千元。

第119條（公證費用之加倍收取）

請求就法律行爲作成公證書，並載明應逕受強制執行者，依第109條或第120條所定之費用額，加收二分之一。

第120條（文書認證收取費用之標準）

請求就文書爲認證者，依作成公證書所定之費用額，減半收取之。

第121條（未規定事項公證費用之收取）

本法未規定公證費用之事項，依其最相類似事項之規定收取費用。

第122條（法定時間外公證費用之收取）

公證人因請求人之請求，於夜間、例假日或其他法令所定執行職務時間外之時間執行公、認證職務者，各依本法所定之費用額，加收二分之一。但加收部分最高不得超過五千元。

第123條（特殊場所公證費用之收取）

公證人在請求人病榻前或其他相類場所執行公、認證職務者，加收費用二千元。

第124條（超過基本張數加收費用之基準）

公證人作成之公證書，其張數如超過六張時，超過部分每一張加收費用五十元。

前項之張數，以一行二十五字、二十行爲一張，未滿一張者，以一張計算。

第125條（作成外交翻譯本之公證費用加收之最高限制）

公證人因請求人之請求以外文作成公證書或認證文書之翻譯本者，依本法所定之費用額，加收二分之一。但加收部分最高不得超過一萬元。

第126條（請求停止或可歸責事由致不能完成職務之費用收取標準）

公證人已著手執行職務後，因請求人之請求停止其職務之執行，或因可歸責於請求人或到場人之事由致不能完成職務之執行者，依本法所定之費用額，收取二分之一。但最高不得超過五千元。

第127條（閱覽費之徵收）

請求人或其他就法律上有利害關係之人請求閱覽公、認證卷內文書者，每閱覽一次收取費用二百元。

第128條（民事訴訟費用之準用）

請求交付公、認證書及其附屬文件之繕本、影本或節本者，每份收取二百元。其張數超過六張時，每一張加收五元。

翻譯費每百字收取費用一百元至四百元，由公證人酌定之，其酌定標準由司法院另以命令之。未滿百字者，按百字計算。

郵電費、運送費、登載公報新聞紙費、送達公證文件費、法院之公證人、佐理員出外執行職務之旅費、民間之公證人、助理人出外執行職務及鑑定人、通譯之日費及旅費，準用民事訴訟費用有關之規定。

第129條（收費標準之增減）

本章所定之收費標準，司法院得按情勢需要，以命令減至二分之一，或增至十倍。

第六章　公會

第130條（公證人公會設立之宗旨）

公證人公會，以謀求公證理論與實務之研究發展，砥礪會員品德，增進共同利益，執行民間之公證人之研習、指導、監督及處理其他共同有關事項爲宗旨。

第131條（法律上之獨立人格）

公證人公會爲法人。

第132條（公會之組織依據強制入會及贊助會員）

公證人公會由民間之公證人依法組織之。

民間之公證人除執行律師業務者外，應加入公證人公會，公證人公會不得拒絕其加入。

法院之公證人及執行律師業務之民間之公證人，得加以其所屬法院所在地之地區公證人公會爲贊助會員。

第133條（公會之組織層級及設立）

公證人公會分爲地區公證人公會及全國公證人公會聯合會。

高等法院或其分院所屬地方法院或其分院登錄之民間之公證人總數滿九人者，應於該高等法院或其分院所在地組織地區公證人公會，並以該高等法院或其分院之管轄區域爲組織區域；其未滿九人者，應加入鄰近高等法院或其分院管轄區域內之地區公證人公會，或共同組織之。

全國公證人公會聯合會，應由各地區公證人公會三個以上之發起，及全體過半數之同意，於中央政府所在地組織之。

地區公證人公會應加入全國公證人公會聯合會爲會員。

在同一組織區域內之同級公會，以一個爲限。

第134條（理監事候補理監事之名額任期及常務理監事之選舉方式）

公證人公會置理事、監事，由會員大會選舉之，其名額如下：

一、地區公證人公會，理事三人至十一人，監事一人至三人。

二、全國公證人公會聯合國，理事五人至十七人，監事一人至五人。

前項理事名額不得超過全體會員人數二分之一，監事名額不得超過理事名額三分之一。

公證人公會得置候補理事、候補監事，其名額不得超過理事、監事名額三分之一。

理事、監事名額在三人以上者，得分別互選常務理事及常務監事，其名額不得超過理事或監事總額之三分之一；並由理事就常務理事中選舉一人爲理事長，其不設常務理事者，就理事中互選之。

第1項理事、監事任期三年，連選得連任，理事長之連任以一次爲限。

第135條（全國公證人公會聯合會之組織依據及代表人數）

全國公證人公會聯合會由各地區公證人公會選派之代表，舉行代表大會，行使會員大會職權；其代表之人數，依各地區公證人公會會員人數之比例，於章程中定之。

第136條（章程之訂定及報備）

地區公證人公會應訂立章程，報經所在地高等法院或其分院轉送司法院核准後，向所在地社會行政主管機關報備；章程有變更時，亦同。

全國公證人公會聯合會應訂立章程，報經司法院核准後，向中央社會行政主管機關報備；章程有變更時，亦同。

第137條（地區公證人公會章程之應載事項）

地區公證人公會章程，應載明下列事項：

一、名稱及會址。

二、所屬區域。

三、組織。

四、會員資格之取得與喪失。

五、會員之權利與義務。

六、理事、監事之名額、職權、任期、選任及解任。

七、會員大會及理事、監事會議之召集程序及決議方法。

八、經費及會計。

九、章程修改之程序。

十、其他有關會務之必要事項。

前項章程，並得載明關於公證人互助基金之設置及通用事項。

第138條（地區公證人公會會員大會之召集）

地區公證人公會會員大會由理事長召集之，每年至少召集一次。理事長不爲召集時，監事得召集之。

如有全體會員五分之一以上之請求，表明會議目的及召集理由，請求召集時，理事長應召集之。

理事長受前項之請求後，一個月內不爲召集者，得由請求之會員，經法院之許可召集之。

會員大會之召集，除章程另有規定外，應於三十日前對各會員發出通知。通知內應載明會議目的事項。

第139條（公會之主管機關）

地區公證人公會之主管機關爲該公會所在地之社會行政主管機關。但其目的事業，應受所屬之高等法院或其分院之指導、監督。

全國公證人公會聯合會之主管機關爲中央社會行政主管機關。但其目的事業應受司法院之指導、監督。

第140條（召開會議之陳報及主管機關派員列席）

地區公證人公會舉行會議時，應陳報所在地社會行政主管機關及所屬之高等法院或其分院。

全國公證人公會聯合會舉行會議時，應陳報中央社會行政主管機關及司法院。

前二項會議，各該主管機關得派員列席。

第141條（陳報主管機關之事項）

地區公證人公會應將下列各款事項，陳報所在地之社會行政主管機關及所屬之高等法院或其分院：

一、會員名冊及會員之入會、退會。

二、理事、監事選舉情形及當選人姓名。

三、會員大會，理事、監事會議開會之時間、地點及會議情形。

四、提議、決議事項。

前項陳報，所屬之高等法院或其分院應轉送司法院備查。

第142條（民間公證人規範之訂立及修正）

全國公證人公會聯合會應訂立民間之公證人規範，提經會員代表大會通過後，報請司法院備查，其修正亦同。

第143條（地區公證人公會會員大會之決議）

地區公證人公會會員大會之決議，以會員過半數之出席，出席人數過半數或較多數之同意行之。但下列事項之決議應以出席人數三分之二以上同意行之：

一、章程之訂定與變更。

二、理事、監事及會員代表之罷免。

三、財產之處分。

四、其他與會員權利義務有關之重大事項。

第144條（違反公會章程之處分）

公證人公會之行爲或決議違反法令或公證人公會章程者，司法院或社會行政主管機關得分別施以下列之處分：

一、警告。

二、撤銷其決議。

三、整理。

前項第1款、第2款之處分，所在地高等法院或其分院亦得爲之。

第145條（地區公證人公會之補充責任保險及保險金額）

地區公證人公會，應爲該地區民間之公證人辦理責任保險，以確保民間之公證人因執行職務依第67條規定參加責任保險所不能理賠之損害賠償。

前項保險契約於每一保險事故之最低保險金額，由司法院視情勢需要，以命令定之。但保險人對同一保險年度內文之最高賠償金額得限制在最低保險金額之四倍以下。

第146條（全國公證人公會聯合會之準用）

第137條、第138條、第141條第1項、第143條之規定，於全國公證人公會聯合會準用之。

第七章　罰則

第147條（擅自執行公證事務之罰則）

冒充公證人或候補公證人而執行其職務者，處三年以下有期徒刑、拘役，或科或併科新臺幣三十萬元以下罰金。

第148條（非親自執行事務之罰則）

民間之公證人或候補公證人非親自執行職務，而將事務所、章證或標識提供與無民間之公證人資格之人使用者，處二年以下有期徒刑、拘役，或科或併科新臺幣十五萬元以下罰金。

第149條（虛偽陳述之罰則）

依第102條規定具結之人，就與認證之私文書內容本旨有關之重要事項，爲虛僞之陳述者，處一年以下有期徒刑、拘役或科新臺幣三萬元以下之罰金。

第八章　附則

第150條（駐外人員於駐在地辦理公證事務之依據及準用）

駐外領務人員，得依法令授權，於駐在地辦理公證事務。

前項人員辦理公證事務時，除不得作成第13條之公證書外，準用本法之規定。

第1項之授權辦法，由司法院會同行政院定之。

第151條（施行細則之訂定）

本法施行細則，由司法院定之。

第152條（公布日）

本法自公布生效後二年施行。

參、公、認證書狀範例

請參閱五南圖書出版公司出版之「公、認證書狀範例」，林世超、李惠宗編著。

肆、契約範例

〈範例3-7-1〉

公害防止等協定書

立契約書人周邊住民代表○○○（以下簡稱甲方）建築業者○○公司（以下簡稱乙方）施工業者○○公司（以下簡稱丙方）茲就公害防止事宜，訂立本契約書，條款如後：

第1條　甲、乙、丙三方就乙方所擁有後記土地建築公寓（以下簡稱本棟公寓），乙方與丙方對甲方之住民公害防止及日照阻礙之補償訂立本協定書，並誠實履行本契約之各項規定後，甲方住民同意本件公害之建築。

第2條　乙方與丙方所建築之本棟公寓，將當初計畫之十二層樓建築變更設計為十層樓建築，並將同建築物北側部分（如另圖設計圖面）（略）往後移，其他建築物之詳細情形依照中華民國○○年○月○日○○建築事務所所設計製作之設計圖（本協定書末尾所附）（略）。

第3條　乙方對甲方住民所受之日照侵害，於本日支付補償金新臺幣○○元整，並將此款項預託予甲方住民代表○○○，甲方住民得委任○○○加以分配。

第4條　乙方與丙方為防止本棟公寓基礎工程所帶來之振動造成甲方住民鄰接建築物之損害，須以土鑽施工法進行基礎工程。

除前項外，為將本棟公寓工程對甲方住民造成之損害降至最小程度，乙方與丙方須遵守下列事項：

一、訂定工程施工時間為每日上午八時至晚上八時。

二、車輛出人時，須設置可予誘導之監視人，因確保行人之安全。

三、乙、內雙方之工地負責人或其助手均須常駐於工地事務所，並將其姓名通知甲方。

四、為防止落下物、土砂、塵埃飛散等情事，須採取防布、鐵網等防護措施。

五、甲方住民若有受害之情形發生或有被害之可能而要求暫停工程時，須立即中止工程，俟協調對策、確認安全後再予恢復工程。

第5條　於工程開始之前，乙方與丙方在甲方之參與下，對鄰近周邊之建築物，尤其是柱子、牆壁之接合部分採重點性拍成照片，並以水準儀記錄建築物之狀態，此項紀錄由甲方保管。

工程完成後，乙方與丙方須在甲方之參與下，將鄰近周邊之建築物之狀態進行同右項之觀察測定，確認被害之狀態。前項測定結果發生偏差時，乙、丙兩方連帶負擔費用，並負完全修復之義務。

工程完成後一個月內，乙、丙兩方若未著手前項修復工程，甲方住民得向第三者之工程業者請求承包右項工程，並得向乙、丙兩方請求給付包括承包金及承包所發生之一切費用。

第6條　有關電波阻礙則在甲、乙、丙三方同意之下選定專門技術人員，於工程著手之前事先預測。

乙方與丙方於從事電氣工程之同時，須在本件公寓上設置共同視聽天線，並設於甲方住民住宅之末端，以便恢復甲方住民之視聽。本條之費用由乙、丙兩方共同負擔。

第7條　乙方與丙方除日照侵害外，其餘侵害之損害賠償擔保為新臺幣○○元整，並以甲方名義存入○○銀行活期存款帳戶，且於本契約締結後七日內將存款簿交予甲方。

前項款項於本件公寓建築完成後，與甲方住民間之補償金或損害賠償金額須加以清算，而後以此款項充當之。唯如因本件工程相關事項致使甲方住民發生受傷等人身損害時，則不在此限。

第8條　本協定中乙方與丙方之債務均由乙、丙連帶負全額支付之責。

第9條　本協定中乙、丙兩方之義務係直接對本協定甲方全體住民而言。

第10條　本協定書所規定之事項，須根據各有關政府單位之指導，甲、乙、丙三方以誠意之原則訂定之。

第11條　本契約壹式參份，三方當事人各執乙份為憑。

周邊住民代表（甲方）：○○○　印

住址：

身分證統一編號：

建築業者（乙方）：○○公司　印

公司名稱：

公司地址：
代表人：○○○　　　　　　　　印
住址：
身分證統一編號：
施工業者（丙方）：○○公司　印
公司名稱：
公司地址：
代表人：○○○　印
住址：
身分證統一編號：

中　華　民　國　○　○　年　○　月　○　日

〈範例3-7-2〉

境界確定契約書

立契約書人○○○（以下簡稱甲方）○○○（以下簡稱乙方）茲就境界確定事宜，訂立本契約書，條款如後：

第1條　A地（甲方所有，附件記載一之土地）與B地（乙方所有，附件記載二之土地）之境界為同目錄附圖A點與B點以直線聯結之線，甲、乙雙方確認之。

第2條　根據前條境界線，乙方跨越甲方境界三十公分處屬乙方所有之儲藏室，須於本契約締結後十日內移設至B地上，並自行負擔移設費用。

第3條　前條儲藏室移設完畢後，甲、乙雙方立即共同協力於另表目錄附圖A、B兩點所表示之境界線上設置高五十公分之圍牆，此費用由甲、乙雙方平均負擔。

第4條　除本契約之條項外，有關本件境界彼此確認後，不得持有任何異議。

第5條　本契約壹式貳份，雙方當事人各執乙份為憑。

附不動產標示：

一、所在地：○○區○段○○小段。

地號：○○地號。

地目：宅地。

面積：○○坪（實測○○坪）。

二、所在地：○○區○段○○小段。

地號：○○地號。

地目：宅地。

面積：○○坪（實測○○坪）。

前兩土地之境界於附圖A、B兩點聯結之直線上。

甲方

（A地所有人）：○○○　印

住址：

身分證統一編號：

乙方

（B地所有人）：○○○　印

住址：

身分證統一編號：

中　華　民　國　○　○　年　○　月　○　日

〈範例3-7-3〉

房屋租賃契約書（含公證書）

公證書　　　　本　　　　　　　　　　　　年度公字第　　　　　號

請求人姓名或名稱		性別	籍貫	出生年月日	職業	身分證明文件名稱及其字號	住居所或事務所	備考
證人見證人通譯或已為同意或允許之第三人姓名								
請求公證之法律行為或私權事實	房屋租賃契約							
已得第三人許可或同意者其證明								
約定逕受強制執行者其本旨	承租人如不於租期屆滿時，交還租賃標的物，或不依約給付租金，或違約時不履行違約金；或承租人交還租賃物後，出租人應返還押租金或保證金，出租人不返還時，均應逕受強制執行。							
公證之本旨及依據法條	請求人提出如附件之房屋租賃契約請求公證，並經到場人於公證書上簽名或蓋章，承認該契約依法成立，核與公證法第2條與第13條第1項第1、3款規定符合，應予公證。							

有通譯見證人 或證人到場其事由	
作成證實之日期及處所	本證書於中華民國○○年○月○日在臺灣○○地方法院公證處作成。

右證書經左列在場人承諾無誤簽名於後。

記圖處證公用蓋	請求人 臺灣○○地方法院公證處 公證人

本　正本　於中華民國○○年○月○日在臺灣○○地方法院公證處照原本作成交付與請求人　收執

臺灣○○地方法院公證人

〈範例3-7-4〉

工廠及機具租賃契約書

公證書　　　　本　　　　　　　　　　　　　　　　年度公字第　　　　　　號

請求人姓名或名稱	性別	籍貫	出生年月日	職業	身分證明文件名稱及其字號	住居所或事務所	備考
出租人 大理石股份有限公司 法定代理人 承租人 礦務股份有限公司 法定代理人							
證人見證人通譯或已為同意或允許之第三人姓名							
請求公證之法律行為或私權事實	工廠及機具租賃契約						
已得第三人許可或同意者其證明							

約定逕受強制執行者其本旨	承租人如不於租期屆滿交還租賃物，或不依約給付租金或違約金時不履行違約金時，均應逕受強制執行。
公證之本旨及依據法條	請求人提出如附件之工廠機具租賃契約請求公證，並經到場人於公證書上簽名或蓋章，承認該契約依法成立，核與公證法第2條及第13條、第73條規定符合，應予公證。
有通譯見證人或證人到場其事由	
作成證書之日期及處所	本證書於中華民國○○年○月○日在臺灣○○地方法院公證處作成。

右證書經左列在場人承諾無誤簽名於後。

記圖處證公用蓋

請求人

臺灣○○地方法院公證處

公證人

本　正本　於中華民國　○○年○月○日在臺灣○○地方法院公證處照原本作成交付與請求人　收執

臺灣○○地方法院公證人

〈範例3-7-5〉

錄影帶聯合租售合夥契約書

公證書　　　本　　　　　　　　　　　　年度公字第　　　　號

請求人姓名或名稱	性別	籍貫	出生年月日	職業	身分證明文件名稱及其字號	住居所或事務所	備考
中國聲視行○○○ 佳瑩視聽社○○○ 東方視聽社○○○ 美麗影視社○○○ 勝利視聽社○○○ 翔宇視聽社○○○ 青宏視聽社○○○							

證人見證人通譯或已為同意或允許之第三人姓名	
請求公證之法律行為或私權事實	錄影帶聯合租售合夥契約書
已得第三人許可或同意者其證明	
約定逕受強制執行者其本旨	各合夥人於契約有效期間無故不參加合夥事務之執行或在外兼營與合夥事業相同之業務，應支付合夥新臺幣伍萬元整之違約賠償金，其不履行時，應逕受強制執行。

公證之本旨及依據法條	請求人提出如附件之錄影帶聯合租售合夥契約請求公證，並經到場人於公證書上簽名或蓋章，承認該契約依法成立，核與公證法第2條及第73條規定符合，應予公證。
有通譯見證人或證人到場其事由	
作成證書之日期及處所	本證書於中華民國○○年○月○日在臺灣○○地方法院公證處作成。

右證書經下列在場人承諾無誤簽名於後。

記圖處證公用蓋

請求人　○○○○○○○
　　　　○○○○○○○
　　　　○○○○○○○

臺灣○○地方法院公證處
公證人

本　正本　於中華民國　○○年○月○日在臺灣○○地方法院公證處照原本作成交付與請求人　收執

臺灣○○地方法院公證人

〈範例3-7-6〉

公證遺囑（含公證書）

公證書　　　　本　　　　　　　　　　　　　　　　　年度公字第　　　　號

請求人姓名或名稱		性別	籍貫	出生年月日	職業	身分證明文件名稱及其字號	住居所或事務所	備考
遺囑人 〇〇〇								
證人見證人通譯或已為同意或允許之第三人姓名	見證人 〇〇〇 〇〇〇							
請求公證之法律行為或私權事實	公證遺囑							
已得第三人許可或同意者其證明								
公證之事由及依據法條	後附遺囑意旨書係在遺囑人所指定見證人〇〇〇、〇〇〇在場見證下，由遺囑人在本公證人前口述遺囑意旨，由本公證人依其內容筆記而成，旋經宣讀講解，經遺囑人認可後，由本公證人、見證人同行簽名於上。因遺囑人不能簽名，由本公證人代書其姓名，使按指印代之。 依公證法第2條及第73條規定作成本公證書。							

有通譯見證人或證人到場其事由	依民法第1191條規定，由遺囑人指定二見證人在場見證。
作成證書之日期及處所	本證書於中華民國○○年○月○日在臺灣○○地方法院公證處作成。

右證書經左列在場人承諾無誤簽名於後。

記圖處證公用蓋

請求人　遺囑人　○○○　手印（遺囑人不識字不能簽名，由本公證人代書姓名）

見證人　○○○　印
　　　　○○○　印

臺灣○○地方法院公證處
公證人

本　正本　於中華民國○○年○月○日在臺灣○○地方法院公證處照原本作成交付與請求人　收執

臺灣○○地方法院公證人

〈範例3-7-7〉

公證事件更正補充契約書

（房屋買賣契約）更正/補充契約

後列之當事人間就業經請求公證之契約，因內容有錯誤/遺漏茲經雙方同意更正/補正如左：

原公證書作成日期及處所	中華民國七十六年三月十日在臺灣○○地方法院公證處作成。
原公證書字號	七十六年度公字第N號。
原公證事件	房屋買賣契約。
原公證之契約錯誤或遺漏情形	原公證書附件之契約未填載公共設施部分。
經雙方當事人同意更正或補充情形	茲同意補正公共設施之標示：

原契約當事人：○○○ ○○○ （簽章）

中華民國○○年○月○日

註：請求辦理此種補充契約公證，宜另行提出授權書及印鑑說明。

〈範例3-7-8〉

更正／補充契約書（法院公證處例稿）

後列之當事人間就業經請求公證之契約，因內容有錯誤／遺漏茲經雙方同意更正／補正如下：

原公證書作成日期及處所	中華民國　○○年○月○日在○○○○地方法院公證處作成
原公證書字號	年度公字第　號
原公證事件	
原公證之契約錯誤或遺漏情形	
經雙方當事人同意更正或補充情形	

原買受人：

原出賣人：

中　華　民　國　○　○　年　○　月　○　日

〈範例3-7-9〉

房屋買賣契約更正同意書（法院公證處例稿）

立房屋買賣契約更正同意書人○○○（以下簡稱甲方）○○○（以下簡稱乙方），前於民國○○年○月○日買賣座落○○市○○區○○路○○巷○號○式○○房屋一棟，雙方訂立房屋買賣契約書，並經○○地方法院以○○年○○字第○○號公證在案，茲因該項契約書部分填載錯誤，雙方同意更正如下：

一、建築改良物標示；

二、買賣價款總金額；

三、聲請登記以外之約定事項；

四、訂立契約人；

五、立約日期；

六、右同意書係經甲乙雙方同意更正，各願遵守，並經公證後生效。

甲方（買方）：○○○　印

乙方（賣方）：○○○　印

中　華　民　國　○　○　年　○　月　○　日

國家圖書館出版品預行編目資料

契約書製作範例／張吉人,林裕山編著.
--四版.--臺北市：五南, 2008.12
面； 公分
ISBN 978-957-11-5421-3（精裝）
1.契約
584.319 97019659

1V37

契約書製作範例

主　　編 — 李永然
作　　者 — 張吉人　林裕山
發 行 人 — 楊榮川
總 編 輯 — 王翠華
主　　編 — 劉靜芬
責任編輯 — 李奇蓁　羅一智
出 版 者 — 五南圖書出版股份有限公司
地　　址：106台北市大安區和平東路二段339號4樓
電　　話：(02)2705-5066　傳　　真：(02)2706-6100
網　　址：http://www.wunan.com.tw
電子郵件：wunan@wunan.com.tw
劃撥帳號：01068953
戶　　名：五南圖書出版股份有限公司
台中市駐區辦公室/台中市中區中山路6號
電　　話：(04)2223-0891　傳　　真：(04)2223-3549
高雄市駐區辦公室/高雄市新興區中山一路290號
電　　話：(07)2358-702　傳　　真：(07)2350-236
法律顧問　林勝安律師事務所　林勝安律師
出版日期　1991年 5 月初版一刷
　　　　　1995年 8 月二版一刷
　　　　　2002年 9 月三版一刷
　　　　　2008年12月四版一刷
　　　　　2014年11月四版二刷
定　　價　新臺幣1000元